克尔凯郭尔文集

9

SØREN KIERKEGAARDS SKRIFTER

Christelige Taler og andre Taler (1848-1855)

克尔凯郭尔讲演集
（1848-1855）

[丹] 克尔凯郭尔 著

京不特 译

中国社会科学出版社

图书在版编目(CIP)数据

克尔凯郭尔讲演集：1848—1855／(丹)克尔凯郭尔著；(丹)京不特译．
—北京：中国社会科学出版社，2020.12（2022.4重印）
ISBN 978-7-5203-6225-2

Ⅰ.①克… Ⅱ.①克…②京… Ⅲ.①哲学—演讲—文集—1848—1855 Ⅳ.①B-53

中国版本图书馆 CIP 数据核字(2020)第 129881 号

出 版 人	赵剑英
责任编辑	冯春凤
责任校对	张爱华
责任印制	张雪娇

出　　版	中国社会科学出版社
社　　址	北京鼓楼西大街甲 158 号
邮　　编	100720
网　　址	http://www.csspw.cn
发 行 部	010-84083685
门 市 部	010-84029450
经　　销	新华书店及其他书店
印刷装订	北京君升印刷有限公司
版　　次	2020 年 12 月第 1 版
印　　次	2022 年 4 月第 2 次印刷
开　　本	710×1000　1/16
印　　张	40
插　　页	2
字　　数	635 千字
定　　价	188.00 元

凡购买中国社会科学出版社图书，如有质量问题请与本社营销中心联系调换
电话：010-84083683
版权所有　侵权必究

《克尔凯郭尔文集》编委会

主　　　编：汝　信　Niels-Jørgen Cappelørn
编委会成员：叶秀山　李鹏程　卓新平
　　　　　　Anne Wedell-Wedellsborg
秘　　　书：王　齐

《克尔凯郭尔文集》中文版序

汝 信

《克尔凯郭尔文集》（10卷本）中文版即将与读者见面了。这部选集是由中国社会科学院哲学研究所和丹麦哥本哈根大学克尔凯郭尔研究中心共同合作编选和组织翻译的，由中国社会科学出版社负责出版。选集收录了克尔凯郭尔的主要著作，并直接译自近年来出版的经过精心校勘的丹麦文《克尔凯郭尔全集》，内容准确可靠，尽可能保持原汁原味，这对于中国读者正确理解这位丹麦哲学家的思想将会有所补益。

在西方哲学史上，克尔凯郭尔可以说是一个特殊的人物。他生前默默无闻，其著作也很少有人问津，但过了半个世纪，人们又"重新发现了"他，特别是在第一次世界大战之后，随着存在主义哲学的兴起和发展，他对西方国家思想界的影响越来越大。雅斯贝尔斯曾经这样说："目前哲学状况是以下面这个事实为特征的，即克尔凯郭尔和尼采这两位哲学家在他们生前受到忽视，以后长时期内一直在哲学史上受人轻视，而现在他们的重要性则越来越不断地突出。黑格尔以后的其他一切哲学家正越来越失势而引退，而今天这两个人则不容争辩地作为他们时代的真正伟大思想家而站了出来。"（《理性与存在》）他甚至说，是克尔凯郭尔和尼采"使我们睁开了眼睛"。雅斯贝尔斯的这些话不仅是他个人的看法，而且反映了当时人们的一般意见。克尔凯郭尔和尼采确实代表了在黑格尔之后兴起的另一种以突出个人为特征的西方社会思潮，而与强调精神的普遍性的黑格尔主义相对立。如果说，在黑格尔那里，"存在"只不过是绝对精神自身发展过程中的一个抽象的环节，那么从个人的角度去深入地探索和反思"存在"（"生存"）的意义则是从克尔凯郭尔开始的。

克尔凯郭尔哲学是极其个性化的，他个人的生活经历、性格、情感、心理、理想和追求都深深地渗透在他的哲学思想里，因此我们在阅读他的著作时需要用一种与通常不同的诠释方式。黑格尔曾在《哲学史讲演录》"导言"中说，"哲学史上的事实和活动有这样的特点，即：人格和个人的性格并不十分渗入它的内容和实质"。这种看法可以适用于像康德那样的哲学家，我们几乎可以完全不去了解他的个人生活经历而照样能够读懂他的著作，因为机械般的有秩序的书斋生活似乎没有给他的思想增添什么个性色彩，正如海涅所说，"康德的生活是难以叙述的。因为他既没有生活，又没有历史"（《论德国宗教和哲学的历史》）。但是，对于克尔凯郭尔来说，黑格尔的看法则是完全不适用的。克尔凯郭尔的全部思想都和他的个人生活和体验紧密相连，他的许多著作实际上都在不同程度上带有精神自传的性质，从中我们可以聆听到他在各种生活境况下的内心的独白和生命的呼唤。他自己曾坦率地承认，"我所写的一切，其论题都仅仅是而且完全是我自己"。因此，要理解他的哲学，首先需要弄清楚他究竟是个什么样的人，在他短暂的生命中究竟发生过一些什么样的事，对他的思想和性格的形成和发展又产生了什么样的影响。

关于克尔凯郭尔个人生活的传记材料，应该说是相当丰富的。西方学者在这方面已经写过不少著作，而且至今仍然是研究的热门题目。克尔凯郭尔本人仿佛早已预见到这一点，他在《日记》中说过，不仅他的著作，而且连同他的生活，都将成为许多研究者的主题。在他生前出版的大量著作中有不少是以个人生活经历和体验为背景的，此外他还留下了卷帙浩繁的日记和札记，这些资料不仅是他生活的真实记录，而且是他心灵的展示。他虽然生活在拿破仑后欧洲发生剧变的时代，却一直藏身于自己的小天地里，很少参与社会活动，不过用他自己的话来说，"在别人看来也许是区区小事，对我来说却是具有重要意义的大事"。他孤独地生活，却不断地和周围的人们和环境发生尖锐的矛盾，在他的生活中激起一阵阵的波涛。对他的思想发展和著述活动影响最大的有四件事：作为儿子与父亲的紧张关系，从猜疑到最后和解；作为恋人与未婚妻关系的破裂；作为作家与报刊的论争以及作为反叛的基督徒与教会的冲突。

1813年克尔凯郭尔出生于哥本哈根的一个富商之家，他从小娇生惯养，过着优裕的生活，却从来没有感到童年的欢乐，他是作为一个不幸的儿童而成长起来的。这一方面，是由于他生来就有生理上的缺陷，使他自己不能像别人一样参加各种活动而深感痛苦，用他自己的话来说，痛苦的原因就在于"我的灵魂和我的肉体之间的不平衡"；另一方面，更重要的是由于他从父亲那里所受的家庭教育。他的父亲马可·克尔凯郭尔出身贫寒，没有受过多少教育，依靠个人奋斗和机遇，由一名羊倌而经商致富，成为首都颇有名气的暴发户。这位老人以旧式家长的方式治家甚严，他笃信宗教，对子女们从小进行严格的宗教教育，教他们要敬畏上帝，向他们灌输人生来有罪，而耶稣的慈悲就在于为人们承担罪恶，而被钉上十字架来人为赎罪这一套基督教思想。这在未来哲学家幼小的心灵上打下了不可磨灭的深刻烙印，既使他终身成为虔信的基督徒，又在他的内心深处播下了叛逆的种子。克尔凯郭尔后来批评他父亲的这种宗教教育方式是"疯狂的""残酷的"，他常说，他是没有真正的童年的，当他生下来的时候就已经是一个老人了。他回忆说，"从孩子的时候起，我就处于一种巨大的忧郁的威力之下……没有一个人能够知道我感到自己多么不幸"。"作为一个孩子，我是严格地按基督教精神受教育的：以人来说，这是疯狂地进行教育……一个孩子疯狂地扮演一个忧郁的老头儿。真可怕啊！"问题还不在于严格的宗教灌输，而在于他这个早熟的儿童以特有的敏感觉察到在他父亲表面的宗教虔诚底下掩盖着什么见不得人的秘密，一种有罪的负疚感在折磨着父亲，使之长期处于某种不可名状的忧郁之中。他说，他父亲是他见过的世上"最忧郁的人"，又把这全部巨大的忧郁作为遗产传给了他这个儿子。他曾在《日记》中写道，有一次父亲站在儿子面前，瞧着他，感到他处于很大的苦恼之中，就说："可怜的孩子，你是生活在无言的绝望中啊。"父亲的隐私究竟是什么，克尔凯郭尔始终没有明说，但有一次从他父亲醉酒后吐露的真言中知道了事情的真相，他对父亲的道德行为和宗教信仰之间的矛盾深感困惑和痛苦，这种对父亲的猜疑和不信任造成了他的沉重的精神负担，使他的一生蒙上了阴影。他自己这样说过，"我的出生是犯罪的产物，我是违反上帝的意志而出现于世的"。

克尔凯郭尔一家从1832年起接二连三地发生不幸事件，在两年多的时间内家庭主妇和三个儿女陆续去世，只剩下年迈的父亲和两个儿子。这对这位老人来说自然是莫大的精神打击，过去他一直认为自己是幸运儿，上帝保佑他发财致富并拥有一个舒适的幸福家庭，现在则认为无论财富、名望或自己的高龄，都是上帝借以惩罚他的有意安排，要他眼看着妻子儿女一个个地先他而死去，落得他孤零零地一个人留在世上受折磨。他觉得自己是盛怒的上帝手心里的一个罪人，成天生活在恐惧中，并预感到他的还活着的两个儿子也将遭到不幸。家庭的变故和父亲的悲伤心情同样使克尔凯郭尔蒙受了严重的精神创伤，他把这称为"大地震"。在他的《日记》中记述说，那里发生了大地震，"于是我怀疑我父亲的高龄并非上帝的恩赐，倒像是上帝的诅咒"，"我感到死的寂静正在我周围逼近，我在父亲身上看到一个死在我们所有子女之后的不幸者，看到埋藏他的全部希望的坟墓上的十字架墓碑。整个家庭必定是犯了什么罪，而上帝的惩罚必定降临全家；上帝的强有力的手必然会把全家作为一次不成功的试验而扫除掉"。他相信父亲的预言，就是所有的子女都至多活三十三岁，连他自己也不例外。实际上他虽然照样享受着愉快的生活，内心的痛苦和折磨却使他甚至起过自杀的念头。在《日记》里有这样一段话："我刚从一个晚会回家，在那里我是晚会的生命和灵魂；我妙语连珠，脱口而出，每个人都哈哈大笑并称赞我，可是我却跑掉了……我真想开枪自杀。"克尔凯郭尔父子之间的紧张关系曾导致父子分居，但父亲作了很大努力去改善关系，向儿子作了坦诚的忏悔，儿子深受感动，与父亲重新和解，并更加坚信上帝确实存在。双方和解后不久，父亲就去世了。克尔凯郭尔在《日记》中写道："我的父亲在星期三（9日）凌晨2时去世。我多么希望他能再多活几年呀，我把他的死看作他为了爱我而做出的最后牺牲；因为他不是离我而死去，而是为我而死的，为的是如果可能的话使我能成为一个重要的人。"

他说，从父亲那里继承来的所有东西中，对父亲的追忆是最可珍爱的，他一定要把它秘密保存在自己的心里。我们在他的许多著作中都能发现这种特殊的父子关系所留下的深深的痕迹，这是解读他的哲学思想时必须密切注意的。

除了父亲以外，对克尔凯郭尔的一生发生重大影响的是一位姑娘——雷吉娜·奥尔森，他们之间短暂而不幸的恋爱，在哲学家脆弱的心灵上造成了永远不能愈合的创伤。他初次邂逅雷吉娜是在1837年，当时他正处于自我负罪感的精神痛苦中，结识这位少女给了他重新获得幸福的希望。据他自己说，他一开始就感到"我和她有无限大的区别"，然而在结识她之后的半年内，"我在自己心里充满着的诗情比世界上所有小说中的诗情加在一起还多"。父亲死后，他下定决心向她求婚并得到同意，他感到自己无比幸福，后来他写道："生活中再没有比恋爱初期更美好的时光了，那时每一次会面、每看一眼都把某种新东西带回家去而感到快乐。"但这种幸福感很快就消逝了，他说，在订婚后的第二天，"我内心里就感到我犯了一个错误"，悔恨不已，"在那个时期内，我的痛苦是笔墨难以形容的"。

克尔凯郭尔究竟为什么刚订婚就反悔，他自己并没有说得很清楚，看来这主要是由于心理上的原因。经过短暂的幸福，他又陷入不可克服的忧郁之中。雷吉娜对此也有所察觉，常对他说："你从来没有快乐过，不管我是否同你在一起，你总是这个样子。"但她确实爱上了他，甚至几乎是"崇拜"他，这使他深为感动。他认为，如果他不是一个忏悔者，不是这样忧郁，那么同她结合就是梦寐以求的无比幸福的事了。可是这样就必须对她隐瞒许多事情，把婚姻建立在虚伪的基础上，这不可能使他心爱的人幸福。因此他竭力设法解除婚约，雷吉娜却不愿与他分手，再三恳求他不要离开她。他却克制内心的痛苦，不为所动，坚决退回了订婚戒指，并写信请求她"宽恕这样一个男人，他虽然也许能做某些事，却不可能使一个姑娘获得幸福"。后来他自己说，"这真是一个可怕的痛苦时期：不得不表现得如此残酷，同时又像我那样去爱"。据他在《日记》里的记述，在分手后他哭了整整一夜，但第二天却又装作若无其事。他时刻想念雷吉娜，每天为她祈祷。后来雷吉娜另嫁别人，而克尔凯郭尔始终独身，对她一直不能忘怀。他说："我爱她，我从来没有爱过别人，我也永远不会再爱别人"，"对我来说，只有两个人有如此重要的意义，那就是我已故的父亲和我们亲爱的小雷吉娜，在某种意义上，她对我来说也已经死了"。直到他们解除婚约五年后，他还在《日记》中写道："没有一天我不是从早到晚思念着她。"三年后他又说："是的，你是我的爱，我唯一的爱，当我不得不离开你时，我爱你超过一切。"其间，他也曾试图与雷吉娜恢复关系，但未能成功，终于他意识到他已永远失去了她。他说："我失去了什么？我失去了唯一的爱。"于是他才倾全力于著作活动，他在《日记》中明确指出自己写作的目的就是为雷吉娜："我的存在将绝对地为她的生活加上重音符号，我作为一个作家的工作也可以被看作为了尊敬和赞美她而竖立的纪念碑。我把她和我一起带进了历史。"他说，抛弃了雷吉娜，他不仅选择了"死亡"，而且选择了文学生涯，"是她使我成为一个诗人"，他的遗愿就是死后把他的著作献给雷吉娜以及他已故的父亲。他抱着这样的心情拼命写作，有的著作实际上是为了向雷吉娜倾诉衷肠，是给她的"暗码通信"，如果不了解其背景，别人是难以充分理解的。

　　前面我们着重叙述了克尔凯郭尔和父亲的关系以及他的爱情悲剧，因为这对于理解这位哲学家其人及其著作是至关重要的，也正是因为他有了这样的生活经历和生存体验才使他成为黑格尔所说的"这一个"，而具有与众不同的独特的个性。他说："如果有人问我，我是怎样被教育成一个作家的，且不说我和上帝的关系，我就应该回答说，这要归功于我最感激的一位老人和我欠情最多的一位年轻姑娘……前者以他的高尚智慧来教育我，后者则以她那种缺乏理解的爱来教育我。"他还特别强调，他之所以能成为一个作家，正因为他失去了雷吉娜，如果他和她结了婚，他就永远不会成为他自己了。他注定不能享受家庭幸福，他是一个正如他自己所说的"最不幸的人"。

　　在克尔凯郭尔失恋以后，他的创作活动达到了高潮，在短短的几年内完成并出版了十几部著作。由于他继承了巨额遗产，可以自费出版自己的著作，使他的思想成果得以留传于世。但是，当时他的著作却没有多少读者，有的重要代表作仅销售数十册，社会影响也微不足道。克尔凯郭尔自己曾提到，《哲学片断》一书出版后，始终无人注意，没有一处发表评论或提到它。他为得不到人们的理解而深感痛苦，他说，"本来我写这些东西似乎应该使顽石哭泣，但它们却只是使我的同时代人发笑"。但他一向自视甚高，认为自己富有天才，曾这样写道，"我作为一个作家，当然使丹麦增光，这是确定无疑的"，"虽然在我的时代无人理解我，我终将属于历史"。

　　克尔凯郭尔原以为自己只能活到三十三岁，因此他把出版于1846年的《〈哲学片断〉一书的最后的非学术性附言》当作自己"最后的"

著作而倾注了全部心血。他感谢上帝让他说出了自己需要说的话，觉得在哲学方面已经不需要再写什么别的了。他本打算就此搁笔，隐退乡村当一个牧师了此一生。结果却出乎他自己的预料多活了九年，而且又重新拿起了笔，原因是他同报刊发生冲突，进行了一场论战，即所谓的"《海盗报》事件"，这对他的晚年生活起了相当大的影响。

在当时的丹麦，《海盗报》是由青年诗人哥尔德施米特创办的一家周刊。就其政治倾向来说，《海盗报》站在自由主义立场上用嘲笑和讽刺的方法抨击专制保守和落后的社会现象，但刊物的格调不高，经常利用社会上的流言蜚语，揭发个人隐私，进行人身攻击。这份周刊在一般公众中很受欢迎，发行量相当大。哥尔德施米特在该刊上发表了一篇赞扬克尔凯郭尔的文章，却引起后者极度不满。克尔凯郭尔认为《海盗报》是专门迎合低级趣味的刊物，受到它的赞扬是无异于对他的莫大侮辱，于是他公开在报上发表文章尖锐地批评和揭露《海盗报》，由此引发了该报的全面反击。差不多在1846年整整一年内，《海盗报》连篇累牍地发表攻击克尔凯郭尔的文字，对他的为人极尽揶揄讥讽之能事，甚至就他的生理缺陷、服饰、家产、生活习惯等大做文章，并配以漫画。那时漫画还是颇为新鲜的东西，上了漫画也就成为公众的笑料。这深深地伤害了克尔凯郭尔的自尊心，甚至他在街上也成为顽童们奚落嘲弄的对象。他原先以为在笔战中会得到一些人的支持，但无情的现实却使他极度失望。他不仅没有获得人们的同情，反而感到人们因他受嘲弄而幸灾乐祸。他在《日记》中说，"我是受嘲笑的牺牲者"。他觉得自己处于极端孤立的境地，面对广大的怀有敌意的公众，他说，"如果哥本哈根曾有过关于某人的一致意见，那么我必须说对我是意见一致的，即认为我是一个寄生虫、一个懒汉、一个游手好闲之徒、一个零"。又说，"对于全体居民来说，我实际上是作为一种半疯癫的人而存在的"。在这种情况下，他不愿与人来往，性情也更孤僻了，当他每天上街例行散步时，唯一"忠实的朋友"就是他随身携带的一把雨伞。

"《海盗报》事件"使克尔凯郭尔得出结论，认为一般人都没有独立的主见，在所谓舆论、报刊的影响下，人人就被完全湮没在"公众"之中了。在他看来，多数人总是错的，真理只是在少数人手里。因此，他因自己的孤独而感到骄傲。正如他自己所描写的那样，"我就像一株孤独的松树，自私地与世隔绝，向上成长，站在那里，甚至没有一个投影，只有孤单的野鸽在我的树枝上筑巢"。不过这一事件也使他改变了想隐退去当乡村牧师的想法。"一个人让自己被群鹅活活地踩死是一种缓慢的死亡方式"，他不愿意这样去死，他觉得他的任务还没有完成，还得"留在岗位上"继续写作。不过从1847年起，他的著作的性质发生了很大变化，由前一时期主要探讨美学的、伦理的和哲学的问题完全转向了宗教的领域。

1847年5月5日，克尔凯郭尔过了34岁生日，当天他写信给哥哥，对自己居然还活着表示惊讶，甚至怀疑自己的出生日期是否登记错了。过去他从未认真考虑过33岁以后应该做什么，现在他活了下来，怎么办？这是他面临的新问题。他感到上帝可能有意赋予他特殊使命，让他为了真理而蒙受痛苦，同时作为真理的见证人而向他的同时代人阐明什么是基督教信仰的真义。怀着这样的使命感，他写了一系列"宗教著作"。他在说明自己作为一个作家的观点时说，他"从来也没有放弃过基督教"。这确实是真的，不过他对基督教和怎样做一个基督徒有他自己独特的理解，不仅和官方教会的正统观点不同，有时甚至公开唱反调。随着他的"宗教著作"的陆续出版，他和教会的分歧及矛盾就越来越尖锐化，终于爆发为公开的冲突。他激烈地批评丹麦教会，要求教会当局公开承认自己违背了基督教的崇高理想并进行忏悔。他指责教会已不再能代表《新约》中的基督教，认为他们的布道不符合真正的基督教精神。他觉得对这种情况再也不能保持沉默，必须予以无情的揭露，同时要向公众阐明怎样才能做一个真正的，而不是口头上的基督徒。这就导致他和教会关系的彻底破裂。

克尔凯郭尔生命的最后一年是在同教会的激烈对抗中度过的。过去他写的大部头宗教著作，很少有人认真阅读，因此一般公众并不十分了解他在思想上与教会的严重分歧。于是他改变方式，在短短几个月内接连在报刊上发表了21篇文章，还出版了一系列小册子，并一反以往喜欢用笔名的习惯做法，都署自己的真名发表。这些文章和小册子短小精悍，通俗易懂，没有多少高深的理论，但批判性和揭露性很强。他公然向教会的权威挑战，指名批判自己过去的老师、新任丹麦大主教马腾森，对教会进行的宗教活动以及教士们的生活、家庭和宗教职务都极尽讽刺挖苦之能事，甚至公开号召人们停止参加官方的公共礼拜，退出教会。但是，克尔凯郭尔并未达到预期的目的，他全力发动攻击，马腾森和教会当局却始终保持沉默，轻蔑地置之不理，他企图唤起人们反对教会也徒劳无功，除了得到少数年轻人同情外，遇到的只是公众的冷漠和敌意。他大失所望，再次陷入孤立的困境，在这个时期内他拒不见客，与外界断绝往来。他的唯一在世的哥哥彼得那时在教会中已身居要职，他们之间的最后一点儿兄弟情谊也就此终结了。

1855年10月2日，克尔凯郭尔在外出散步时发病被送往医院救治，他自己意识到末日将临，说"我是到这里来死的"。在医院里，他拒绝了哥哥彼得的探视，拒绝从神职人员那里领受圣餐。他同意童年时期的朋友波森来探望，波森问他还有什么话想说，他起初说"没有"，后来又说："请替我向每一个人致意，我爱他们所有的人。请告诉他们，我的一生是一个巨大的痛苦，这种痛苦是别人不知道和不能理解的。看起来我的一生像是骄傲自大和虚荣的，实际上却并非如此。我不比别人好。我过去这样说，而且总是这样说的。我在肉中扎了刺，因此我没有结婚，也不能担任公职。"在去世前，他还向人表示，他对自己所完成的工作感到幸福和满足，唯一感到悲哀的是他不能和任何人分享他的幸福。他就这样离开了人世，终年42岁。这个反叛的基督徒的葬礼还为教会制造了最后一次麻烦，他的外甥带领一批青年学生抗议教会违背死者的意愿，擅自决定由牧师主持葬礼。葬礼只得草草结束，他被安葬于家庭墓地，但却没有设立墓碑。过去他在《日记》里曾写道，在英国某地，有一块墓碑上只刻着"最不幸的人"这几个字，可以想象并没有人埋藏在那里，"因为这墓穴是注定为我而准备的"。结果却是他死后墓地上连这样的一块墓碑也没有。他的遗嘱指定把他所剩无几的遗产赠给他念念不忘的雷吉娜，也遭到她的拒绝。直到半个世纪以后，年迈的雷吉娜才说出了真心话："他把我作为牺牲献给了上帝。"

综观克尔凯郭尔短暂的一生，他的生活经历虽然没有戏剧性的情节，其内在的精神发展却充满矛盾、冲突、痛苦，有着无比丰富复杂的刻骨铭心的人生体验，迫使他深入地思考和探索在这个世界上生存的意义和个人的价值，这些都体现在他的哲学和宗教思想里。他虽然总是从他个人的视角和以他个人的独特方式去对待这些问题，而这些问题是现代社会里的人普遍关心和感兴趣的,因此具有现代的意义。这也就是我们今天仍然需要认真研究克尔凯郭尔的原因。

　　本选集的出版得到了丹麦克尔凯郭尔研究中心的资助,特此致谢。

天才释放出的尖利的闪电
——克尔凯郭尔简介

尼尔斯·扬·凯普伦

"天才犹如暴风雨：他们顶风而行；令人生畏；使空气清洁。"这是索伦·克尔凯郭尔在1849年的一则日记中所写下的句子。他自视为天才，而且将自己的天才运用到"做少数派"的事业之上。他总是顶风而行，与社会的统治力量及其教育体制相对抗，因为他认为"真理只在少数人的掌握之中"。为了与抽象的"公众"概念相对，他提出了具体的"单一者"（den Enkelte）的概念。

索伦·克尔凯郭尔是丹麦神学家、哲学家和作家，他出生于1813年5月5日，是家中7个孩子当中最小的一个。他在位于哥本哈根市新广场的家中度过的特殊的青少年时期受到了其父浓厚的虔敬主义和忧郁心理的影响。1830年他完成了中等教育，旋即被哥本哈根大学神学系录取。很快地，神学学习就让位给文学、戏剧、政治和哲学，让位给一种放荡的生活，而后者部分的是出于他对家中严苛而阴暗的基督教观念的反抗。但是，1838年5月他经历过一次宗教觉醒之后，加之他的父亲于同年8月辞世，克尔凯郭尔返归神学学习之中，并于1840年7月以最佳成绩完成了他的神学课程考试。

两个月之后，克尔凯郭尔与一位小他9岁的女孩雷吉娜·奥尔森订婚。但是，随后"从宗教的角度出发，他早在孩提时起就已经与上帝订婚"，因此他无法与雷吉娜完婚。经过了激烈的暴风雨式的13个月之后，1841年10月，他解除了婚约。这次不幸的爱情在克尔凯郭尔日后的生活道路中留下了深刻的痕迹，同时它也促使克尔凯郭尔以1843年《非此即彼》和《两则启示性训导文》两本书的出版而成为一名作家。

其实，早在1838年，克尔凯郭尔就出版了自己的第一本书《一个仍然活着的人的作品》。这是针对安徒生的小说《仅仅是个提琴手》的文学评论。丹麦作家安徒生（1805—1875）曾创作了少量的几部小说、一些游记作品、歌剧脚本、舞台剧本以及大量的诗歌，但他最终以童话作家的身份享誉世界。克尔凯郭尔认为，《仅仅是个提琴手》在艺术上是失败的，因为它缺乏了某种"生活观"（Livs-Anskuelse）。在其处女作发表几年之后，1841年，克尔凯郭尔以题为"论反讽的概念"的论文获得了哲学博士学位（magistergrad）①，论文对"反讽"进行了概念化的分析，其中"反讽"既得到了描述，又得到了应用。

克尔凯郭尔就哲学、心理学、宗教学以及基督教所发表的作品大致由40本书以及数量可观的报刊文章组成，这些作品可以被划分为两大阶段：1843—1846年和1847—1851年。除《非此即彼》以及合计共18则启示性训导文之外，第一阶段写作出版的作品还有《反复》、《恐惧与颤栗》、《哲学片断》、《忧惧的概念》、《人生道路诸阶段》和《对〈哲学片断〉所做的最后的、非学术性的附言》；其中出版于1846年的《附言》一书成为区分两阶段的分水岭。所有的启示性训导文是克尔凯郭尔用真名发表的，其余作品则以笔名发表，如Constantin Constantius，Johannes de silentio，Vigilius Haufniensis，Johannes Climacus。克尔凯郭尔写作的第二阶段即基督教时期发表有如下作品：《爱的作为》、《不同情境下的启示性训导文》、《基督教训导文》、《致死之疾病》、《基督教的训练》。这一阶段的作品除了后两部以Johannes Climacus的反对者Anti-Climacus发表之外，其余作品均以克尔凯郭尔的真名发表。

此外，克尔凯郭尔还写有大约充满60个笔记本和活页夹的日记。这些写于1833—1855年的日记带有一种与日俱增的意识，即它们终将被公之于众，而这些日记使我们得以窥见克尔凯郭尔所演练的"在幕后练习台词"的试验。与其发表的作品一样，克尔凯郭尔的日记在1846年前后也出现了一个变化。写于1846年之前的日记表现的是在其

---

① 在现代丹麦的学位制度当中，magister对应于Master's Degree（硕士学位），但是在历史上，magistergrad却是哥本哈根大学哲学系的最高学位，自1824年以来它对应于其他系科的doktorgrad（博士学位），1854年该学位被废除。（译者注）

发表作品背后的一种文学暗流。这些日记无所拘束、坦白、充满试验性，折射出那个年轻且充满活力的作家的洞察力。那些简短的描述和纲要、观察笔记、释义段落，它们充斥着前后彼此的不一致，它们相互之间以及与作者的生活之间存在着或合或离的关系。而写于1846年之后的日记——它们由36个同样的笔记本、共计5700个手写页组成，其内容则成为内向性的自我萦绕和一种自我申辩。其间，克尔凯郭尔一直在诠释着和讨论着他已发表的作品，反思这些作品及其作者在现时代的命运。

在克尔凯郭尔的写作当中，在很大范围内也在其日记当中，他描述了生存的诸种可能性，尤其是三种主要阶段，对此他称为"生存的诸境界"（Existents-Sphærer），即审美的、伦理的和宗教的境界。他的基本观点在于说，每个人首先必须或者说应该——因为并非每个人都能做到这一点——使自身从被给定的环境当中、从其父母和家庭当中、从其所出生和成长的社会环境当中分离出来。然后，他必须开始历经生存的各个阶段（Eksistensstadier），在此进程之中他将获得其永恒的有效性，成为一个独立的个体（individ）。这个个体将成为其自身行动的主体，进而将成长为一个独特的、负有伦理责任的人。直到最终，在负罪感的驱使之下，伦理的人将步入宗教境界。克尔凯郭尔年仅22岁的时候就已经对此主题发表了自己的看法，首先是涉及他自己，同时也关涉所有的人。他试图明白，生活对他而言意味着什么。在1835年的一则日记中他这样写道：

"一个孩子要花些时间才能学会把自己与周围的对象区分开，在很长一段时间内他都无法把自己与其身处的环境区别开来，因此，他会强调其被动的一面而说出，例如，'马打我'（mig slaaer Hesten）这样的句子来。同样，这种现象将在更高的精神境界当中重现。为此我相信，通过掌握另一个专业，通过把我的力量对准另外一个目标，我很可能会获得更多的心灵安宁。在一段时间内这样做可能会起作用，我可能会成功地将不安驱赶出去，但是毫无疑问，这不安仍将卷土重来，甚至更为强烈，如同在享受了一通冷水之后迎来的是高烧一样。我真正缺乏的是要让我自己明白，我应该做些什么，而非我应该知道些什么，尽管知识显然应该先于行动。重要的是寻找到我的目标，明确神意真正希望我所做的；关键在于找到一种真理，一种为我的真理，找到那种我将为之生、为之死的观念。"（日记AA：12）而当一个人找到了这样的真理的时候，这真理只为那个具体的人而存在，这人也就获得了内在的经验。"但是"，克尔凯郭尔提醒说，"对于多少人而言，生活中诸种不同的印迹不是像那些图像，大海在沙滩上把它们画出就是为了旋即将它们冲刷得无影无踪"。

这个真理，这个我作为一个独特的人应该寻找并且使之成为为我的真理，它在这个意义上来说是主观的，即我是作为主体的我在选择它。再进一步说，它还在这个意义上来说是主观的，即我应该以它为根据改造我的主体性和我的人格，应该根据它去行动。根据克尔凯郭尔，真理永远是处于行动中的，因此他还强调我应该做什么。在上述背景之下，很多年之后，克尔凯郭尔在他的主要哲学著作《附言》当中提出了"主观性即真理"的命题。这个命题不应该被理解成在独断的或者相对的意义上说真理是主观的，似乎此真理能够与彼真理同样好。恰恰相反在克尔凯郭尔看来，生存中存在着一种绝对的真理，一种永恒有效的真理，正是这种真理才是作为主体的我、作为个体的我要去参与的；当我选择的时候，它就应该成为为我而存在的真理。不仅如此，当我选择那个永恒有效的真理的时候，我要占有这真理，根据它改造作为主体的我，把它作为我的所有行动的绝对准则。

假如这一切并未发生，假如我的生活纠缠在诸多独断的真理之中并且远离了我的规定性的话，那么只有一种可能性，就是沿着我曾经向前走过的同一条路倒着走回去。克尔凯郭尔曾运用了一个取自古老传说中的意象。传说中有一个人着了一支乐曲的魅惑，为了摆脱音乐的魔力，他必须将整支曲子倒着演奏一遍。"一个人必须沿着他所由来的同一条道路倒行，犹如当把乐曲准确地倒着演奏的时候魔力就被破除了的情形一样（倒退的）。"（日记AA：51）

假如我并未返回出发点以便找到那条通往真理的正确道路，而是使我的生活纠缠在那些独断的真理之中的话，那么我将陷入沮丧之中。有这样一种情形：我有一种强烈的愿望，但我并不知道我所希望的到底是什么，也没有准备好调动我的力量去发现之，因为那将意味着我必须使自己从那种我曾经纠缠其中的生活当中挣脱出来，于是我便无法去希望。克尔凯郭尔把这样的一种情形称为"忧郁"(tungsind)。

"什么是忧郁？忧郁就是精神的歇斯底里。在一个人的生活中会出现一个瞬间，当此之时，直接性成熟了，精神要求一种更高的形式，其中精神将把自身视为精神。作为直接性的精神而存在的人是与整个世俗生活联系在一起的，但是现在，精神将使自身从那种疏离状态中走出来，精神将在自身当中明白自己；他的人格将会在其永恒有效性内对自身有所意识。假如这一切并未发生，运动就会终止，它将被阻止，而忧郁也由此介入。人们可以做很多事情以试图忘掉它，人们可以工作……但是，忧郁仍然在那里。

"在忧郁当中有着某种无可解说的东西。一个悲伤或者担忧的人是知道他为什么悲伤或者担忧的。但是倘若你询问一个忧郁的人，问他为什么会忧郁，是什么压在他的身上，他将会回答你说，我不知道，我无法解释。忧郁的无限性就在这里。这个问答是完全正确的，因为他一旦知道他因何而忧郁，忧郁就被驱除了；可是那个悲伤者的悲伤绝不会因为他知道自己因何悲伤而被驱除。但是，忧郁是罪（Synd）……它是那种没有深刻地、内在性地去希望的罪，因此它是众罪之母……可是一旦运动开始了，忧郁就会被彻底驱除，同时就同一个个体而言，他的生活仍然可能带给他悲伤和担忧。"

在《非此即彼》当中，克尔凯郭尔曾这样写道："很多医生认为忧郁存在于肉体之中，这一点真够奇怪的，因为医生们无法将忧郁驱除。只有精神才能驱除忧郁，因为忧郁存在于精神当中。当精神找寻到自身的时候，所有微不足道的悲伤都消失了，据很多人说产生忧郁的根源也消失了——这根源在于说，他无法在这个世界上立足，他来到这个世界太早或者太晚了，他无法在生活中找到自己的位置。那个永恒地拥有自身的人，他来到这个世界既不太早也不太晚；那个居于其永恒当中的人，他将会在生活当中发现自己的意义。"（SKS 3, pp. 183—184）

有了对忧郁的如是理解，克尔凯郭尔提出了另一个重要的概念：忧惧（angst），在其心理学著作《忧惧的概念》当中他对这个概念做出了阐发。在书中，假名作者 Vigilius Haufniensis 描述了忧惧的诸种现象并且发问道，忧惧或者毋宁说一个人会变得忧惧的事实会揭示出人是什么呢？对此他回答说：人是一个与成为他自己这一任务密不可分的自我。

这位假名作者还描述了这项任务失败的原因，因为个体不仅仅在因善而且也在因恶的忧惧当中受到了束缚，最终，他陷入了妖魔式的内敛当中。

而忧惧又引发出了另一个新的概念：绝望（Fortvivlelse），对此克尔凯郭尔让其身为基督徒的假名作者 Anti-Climacus 在《致死之疾病》一书中做出了分析，该书与《忧惧的概念》相呼应。正是 Anti-Climacus 表达了克尔凯郭尔关于人的最终的观念：人是一个综合体，是一个在诸多不同种的尺度（Størrelse；对应于德文 Grösse）之间的关系，例如时间性与永恒性、必然性与可能性，但是它却是一种与自身发生关联的关系。在书的第一部分中，Anti-Climacus 通过对绝望的不同形式的描述展开了这一观念，在此绝望被理解为人不愿成为自我。在书的第二部分中，作者深入阐明了他对绝望的理解，他认为绝望是罪，以此，他与《忧惧的概念》一书中关于罪的理论相呼应。于是，绝望成了经强化的沮丧，或者是以上帝为背景而思想时的沮丧，也就是说，一个人不愿意成为如上帝所创造的那样的自我，不愿去意愿着或者执行上帝的意志。"心的纯洁性在于意愿一（件事）"，而这个"一"最终就是上帝。

那个意愿着上帝并且因此也意愿着成为如上帝所创造的自我一样的人；那个不再与上帝和其自身相疏离的人——处于这种疏离状态的人或者处于在罪过（Skyld）的封闭的禁锢当中，或者处于关于自我的梦想的非现实的理想图景当中；那个人将真正地走向自我，他将与自我和自我同一性共在，因此，他将在场于生活的实在的场中。克尔凯郭尔在其成文于1849年的三则审美性的、关于上帝的训导书《田野的百合与空中的飞鸟》中这样写道："什么是快乐，或者说快乐是什么？快乐也就是真正地与自我同在，而真正地与自我同在指的就是那个'今天'；在（være）今天，其实就是指在今天。它与说'你在今天'，与说'你与你自身就在今天同在'，说'不幸的明天不会降临到你的头上'同样正确。快乐指的就是同在的时间，它所着力强调的是同在的时间（den nærværende Tid）。因此上帝是幸福的，作为永恒的存在他这样说：今天；作为永恒的和无限的存在，他自身与今天同在。"（SV14，160）

克尔凯郭尔在第一阶段的写作中完成了对三种人性的"生存境界"的描述之后，在第二阶段中他指出了在与基督教的关系之下这三种境界的不足之处。一个人要成为一个真实的自我，首先要通过作为上帝所创造的产物而与上帝建立关联。一个人要成为真正的自我，他首先要认识基督并且使他的罪过得到宽恕。但是，在认识之前同样需要行动。因此，真理总是在行动中的真理，正如信仰总是在作为（Gjerninger）中的信仰一样。

在第二阶段的写作当中，对人性的和基督性的理解同时得到了强化。克尔凯郭尔进一步强调，那个决定性的范畴即在于单个的人，即"那个单一者"（hiin Enkelte）；但是与此同时，他也越来越强调一种以宗教为根基的对于人与人之间的平等关系的把握。这一点与他对于所处时代的不断成熟的批评是并行的。1846年，克尔凯郭尔发表了题名为"文学评论"的作品，对一位年长于他的同时代丹麦作家托马西娜·伦堡夫人（1773—1856）的小说《两个时代》做出了评论。其间，克尔凯郭尔赋有洞见地总结了那个日益进步的现代社会的特征，表达了他的政治和社会思想，指出当今时代呈现出一种平均化和缺乏激情的倾向。

克尔凯郭尔自视自己是一位以"诠释基督教"为己任的宗教作家。他将"清洁空气"，他将把所有的幻象和所有的虚伪都剥除净尽，并且返回"新约的基督教"。在此背景之下，他在自己生命的最后几年当中对丹麦的官方所宣称的基督教以及基督教权威机构展开了攻击。1854年年底，克尔凯郭尔以在名为"祖国"的报纸上所发表的一系列文章开始了他针对教会的战斗。继而，这场战斗又继续在更强烈、更激进的新闻性小册子《瞬间》（共计9册）当中进行。

1855年10月，克尔凯郭尔在街头摔倒了，他病入膏肓，精力耗尽。他被送往了弗里德里克医院（地址即今天的哥本哈根市工艺美术博物馆），11月11日，他在那里告别了人世。

克尔凯郭尔在19世纪末20世纪初之际被重新发现，并且在第一次世界大战之后获得了广泛的国际声誉。他成为辩证神学、存在哲学以及存在神学的巨大的灵感源泉。自20世纪60年代至80年代中期这段时间里，克尔凯郭尔（研究）一度处于低潮。自那以后，克尔凯郭尔获得了巨大的复兴，不仅在学者和研究者中间，而且还在一个更为广泛的公众当中；这种复兴不仅发生在丹麦国内，而且还发生在国际上，包括很多东欧社会主义国家。

这种重新焕发的对于克尔凯郭尔的兴趣反映了一种崭新的对生存进行全面理解的愿望，人们希望在当今众多相对的、划时代的，以及由文化决定的真理之外寻求到一种可能的永恒真理。这种探求不仅仅在知识—哲学的层面之上，而且还应落实到伦理—生存的层面之上。这种寻求还与寻找对个体的意义、伦理学的基础以及宗教与社会的关系这些根本性问题的新的解答联系在一起。

"有两种类型的天才。第一种类型以雷声见长，但却稀有闪电。而另一种类型的天才则具有一种反思的规定性，借此他们向前推进……雷鸣声回来了，闪电也非常强烈。以闪电的速度和准确性，他们将击中那些可见的每一个点，而且是致命的一击。"毫无疑问，克尔凯郭尔属于后一种类型的天才。

（王　齐译）

译者短语

克尔凯郭尔的许多著作都是使用假名（或者说笔名）。但是他的《爱的作为》（亦即《克尔凯郭尔文集》第七卷）和各种陶冶性讲演（比如说《克尔凯郭尔文集》第八卷《陶冶性的讲演集》）都是使用自己的真名发表。这里的《克尔凯郭尔文集》第九卷之中所选的讲演也都是使用真名的。

这里收了《讲演。1848 年》、《"大祭司"——"税吏"——"女罪人"。在星期五圣餐礼仪式上的三个讲演。1849 年》、《一个陶冶性的讲演。1850 年》、《在星期五圣餐礼仪式上的两个讲演。1851 年》和《一个讲演。1855 年》

本书翻译所用的丹麦文原本是哥本哈根大学克尔凯郭尔研究中心出版的 Søren Kierkegaards Skrifter（出版社是 Gads Forlag），这个版本是最新近的版本，但它所选文字内容则是最原始的克尔凯郭尔文本，就是说没有作过各种再版改动的文本。这里我提及版本差异，是因为这个 SKS 文集版与上世纪末的著作版 SV 有一些文字上的不同，而现有的英德法日版翻译依据的都是著作版。我在翻译过程中留意到这差异，并且在大多数有较大差异的地方作了注释提醒；但一些差异不大的地方则往往略过。在翻译之中，我所使用的其他各种语言的对照版本有：Hirsch 的德文版 Sören Kierkegaard – Gesammelte Werke（出版社是 Eugen Diederichs Verlag，1950—1970 年）；Hong 的英文版 Kierkegaard's Writings（出版社是 Printeton University Press）以及 TISSEAU 的法文版 SÔREN KIERKEGAARD OEUVRES COMPLÈTES（出版者是 les éditions de l'Orante）。

下面是文本的具体出处：

Søren Kierkegaards Skrifter，bind 10（全书）：Christelige Taler，1848（英文 Hong 版第十七卷第 1—300 页。德语 Hirsch 版第 20 部 1—324 页。

法语 Tisseau 版第 15 卷 1—282 页）；*Søren Kierkegaards Skrifter*，bind 11（第 245—280 页）：《*Yppersterpræsten*》-《*Tolderen*》-《*Synderinden*》（对照的英文 Hong 版第十八卷 109—144 页。德语 Hirsch 版第 24/25 部 135—165 页。法语 Tisseau 版第 16 卷 335—366 页）；*Søren Kierkegaards Skrifter*，bind 12（第 257—273 页）：*En opbyggelig Tale*（对照的英文 Hong 版第十八卷 145—160 页。德语 Hirsch 版第 27/28/29 部 1—16 页。法语 Tisseau 版第 18 卷 27—42 页）；*Søren Kierkegaards Skrifter*，bind 12（第 277—302 页）：*To Taler ved Altergangen om Fredagen*（对照的英文 Hong 版第十八卷 161—188 页。德语 Hirsch 版第 27/28/29 部 17—40 页。法语 Tisseau 版第 18 卷 1—26 页）；*Søren Kierkegaards Skrifter*，bind 13（第 321—339 页）：*To Taler ved Altergangen om Fredagen*（对照的英文 Hong 版第二十三卷 263—281 页。德语 Hirsch 版第 34 部 259—276 页。法语 Tisseau 版第 18 卷 43—60 页）。

  在翻译的过程中可能免不了一些错误，因此译者自己在此译本出版之后仍然不断寻求改善。另外，如前面提及，这个版本寻求与国内已有的阅读习惯保持和谐，一些名词概念被变换为比较通俗顺口的字词，译者甚至还对一些复合句子进行了改写，但是译者在尾注中对所有这类"译者的创意加工"都给出了说明和解释。译者为了方便读者的阅读理解，有时候也在一些地方加上了一些原文中没有的引号，有的在尾注里作了说明，有的则没有说明（比如说"那善的"这一类概念）。有的句子则是在尾注里做分析解读或者加上一些原文中没有的引号。中文的语法决定了中文的解读常常会有模棱两可的效果，这在诗意阅读上可能会是一种优势，但是既然本书中的文字叙述并不带有"让读者对某句话作多种意义解读"的诗意目的，相反，"对叙述有一个明确无误的理解"是读者领会上下文关联的前提，那么译者在这里的任务就是尽自己的最大努力在翻译成中文的叙述中清除掉各种模棱两可的可能。

  本书中所选都是克尔凯郭尔所写的基督教讲演。在一些地方，克尔凯郭尔使用第一个字母大写的单数第三人称代词（Han、Hans、Ham）来标示基督，并且同时与正常的单数第三人称代词混用，在这样的情况下，为了避免意义上的含糊，译者选择了使用"祂"来作为丹麦语第一个字母大写的单数第三人称代词的对应。比如说："我觉得，去作出

译者短话

一种介于他,那简单的智慧者,和祂,我所信者,之间的比较,这也不是智慧或者深刻,我觉得这是对上帝的讥嘲。"另外,在一些祷告词中,克尔凯郭尔使用第一个字母大写的单数第二人称代词(Du、Din、Dig)来称呼上帝,这里,因为不存在"同时与正常的单数第二人称代词混用"的情况,因而译者仍将之译作"你",而不使用"祢"作为对应词。

我在 2018 年圣诞日完成了本书翻译工作的主要部分,亦即,完成了翻译初稿。随后又断断续续地对文稿进行了通读校检,到了 2019 年 3 月,通读后完成了二稿。然后,我非常感恩地得到了武汉大学博士生蔡玮的帮助,她帮我对照着 Hong 的英译本作了通篇校读,使得我一方面发现改正了不少错误,一方面也加了一些注释,对 Hong 的英译与丹麦文原书有出入的地方作了说明(因为中文版是根据丹麦文原版而不是根据 Hong 的英文版翻译的)。在这里,我向蔡玮女士表示万分感谢。

我向哥本哈根的索伦·克尔凯郭尔研究中心致谢,研究者们的注释工作为我在对原著的理解上带来了极大帮助,尤其是丹文版的出版者和注释者 Niels Jørgen Cappelørn 教授,在我碰上无法自己找到答案的文字疑难时,往往就会去中心(或者去教授家)向教授咨询。如果说这译本最终成为了一个达意的准确译本,那么,在翻译工作中,来自教授的帮助是不可或缺的。我也向丹麦国家艺术基金会致谢,感谢基金会对我这许多年文学翻译和创作的支持和帮助,否则我的翻译工作当然就无法持续下来。

——京不特

2019 年 3 月 28 日。柏林。

总 目 录

讲演（1848 年） …………………………………………（ 1 ）
"大祭司"—"税吏"—"女罪人"在星期五
　　圣餐礼仪式上的三个讲演（1849 年） ………………（465）
一个陶冶性的讲演（1850 年） …………………………（513）
在星期五圣餐礼仪式上的两个讲演（1851 年） ………（539）
上帝的不变性。一个讲演（1855 年） …………………（583）

讲演[1]

索伦·克尔凯郭尔

包含有 B 的文稿

哥本哈根

大学书店 C. A. 莱兹尔出版

毕扬科·鲁诺的皇家宫廷印书坊印刷

1848

目 录

第一部分　异教徒的忧虑 ………………………………（ 1 ）
第二部分　痛苦之斗争中的各种心境 …………………（133）
第三部分　从背后伤害的一些想法
　　　　　——作为陶冶 ……………………………（229）
第四部分　在星期五圣餐礼仪式上的讲演 ……………（363）

克尔凯郭尔讲演集（1848—1855）

注释：

　　[1] 克尔凯郭尔本来似乎是考虑过要为这本书给出一篇前言。他写有一篇 "一篇前言的部分" 的笔记（可参看 *Pap.* VIII 2 B 104 的一页散页稿。在纸页上方写有 "参看日记 NB3，第 30 页"，亦即 1847 年 11 月的日记 NB3：28），内容是： "……那个单个的人，我带着欣喜和感恩将之称作我的读者，他真诚地带着严肃跟随着我的追求；我请求他不要因为如此大量的工作而失去愿望或耐心。我在以前不曾请求；但若他已经忠实地与我一同忍耐了如此之久，那么我也很想请求他一次，继续忍耐下去。——如果痴愚或妒忌会想要把哥本哈根弄成一座集市城，并且要把 '比普通水准更聪明或者非同寻常地勤奋' 弄成一种 '在哥本哈根这个集市城犯罪'，那么好吧，我就请求上帝，请求他会给予我力量和祝福去能够犯这罪，并且为我迄今一直能够得到这力量和祝福而感谢他。正如我们所知道的，再没有别的东西比愚蠢有更强烈的权力欲，——自然，在真相的意义上看，它只在非常无足轻重的程度上确保了自己的统治。然而，没有什么权力是像庸众性那么令人厌恶地残酷的，或者说在 '是残酷的' 之中如此令人厌恶。当然，我确实是激怒了它，或者说迎面痛击了它，只是为了尽我努力去捍卫丹麦的好的精神，以便让这好的精神能够保证让自己去帮助和鼓励其正宗的孩子，而不是让这些孩子在非丹麦精神的差役之中被当成偶像崇拜的牺牲品"（*SKS* 20，257f）。标题 "一篇前言的部分"，似乎是暗示了这段文字是取自一篇不再被保留的前言，并且为保留这段文字所以将之写进日记；不过这也可以是有了一个前言的想法，因而这构思被直接写入日记。根据日记 NB3，这段文字是与《基督教的讲演》有关的。

第一部分

异教徒的忧虑[1]

内　　容

引言
I. 贫困之忧虑。
II. 丰裕之忧虑。
III. 卑微之忧虑。
IV. 高贵之忧虑。
V. 恣肆之忧虑。
VI. 自扰之忧虑。
VII. 犹疑、摇摆和无慰之忧虑。

祈 祷

在天之父！在春天时节，大自然中一切带着崭新的清新和美丽重新归返，自上次至今，飞鸟与百合[2]不曾丧失任何东西，——哦，这样我们也可以毫无改变回归到这些老师们的课时里[3]。唉，但是如果我们在流逝的时间之中损害了健康，那么，愿我们可以通过向原野中的百合和天空的飞鸟学习来重新赢得这健康！——

在复活主日之后的第十五个星期日的福音[4]

一个人不能事奉两个主。不是恶这个爱那个，就是重这个轻那个。你们不能又事奉神，又事奉玛门[5]。所以我告诉你们：不要为生命忧虑吃什么，喝什么；为身体忧虑穿什么。生命不胜于饮食吗？身体不胜于衣裳吗？你们看那天上的飞鸟，也不种，也不收，也不积蓄在仓里，你们的天父尚且养活它。你们不比飞鸟贵重得多吗？你们哪一个能用思虑使身量多加一寸呢？何必为衣裳忧虑呢？你想，野地里的百合花怎样长起来。它也不劳苦，也不纺线。然而我告诉你们：就是所罗门[6]极荣华[7]的时候，他所穿戴的还不如这花一朵呢！你们这小信的人哪！野地的草今天还在，明天就丢在炉里，神还给他这样的妆饰，何况你们呢！所以，不要忧虑说，吃什么？喝什么？穿什么？这都是外邦人所求的。你们需用的这一切东西，你们的天父是知道的。你们要先求他的国和他的义，这些东西都要加给你们了。所以，不要为明天忧虑，因为明天自有明天的忧虑；一天的难处一天当就够了。

引　言[8]

　　那是在西奈的山顶上，律法被立出，在天上的雷电之下[9]；任何动物，唉，无咎的和无心的，如果靠近了圣山，都将被杀，——依据于律法。[10]山上宝训被宣讲，是在山脚下。[11]律法就是以这样的方式与福音发生关系的，它是：天上的东西下落在了大地上。那是在山脚下；福音是如此缓解痛苦，这降临下来的"天上的东西"如此近，现在它就在大地上，但却在更大程度上是"天上的"。那是在山脚下；是的，还有更多：飞鸟与百合也一起来了，——这听上去几乎就是在开玩笑，它们也一起……在游戏之中。尽管严肃因百合与飞鸟的同在而变得越发神圣，这却仍是一种玩笑，恰恰因为飞鸟与百合也同在。飞鸟与百合也同在；是的，还有更多：它们不仅同在，而且它们也一同来授课。固然福音是真正的老师，祂，"教师"[12]——并且在这授课之中是道路和真理和生命[13]，但百合与飞鸟则也同在，作为一种类型的助教。

　　这怎么可能？现在我们看，事情并不是那么麻烦。就是说，百合与飞鸟都不是异教徒，但百合与飞鸟也不是基督徒，所以它们有幸能够在基督教的授课之中提供帮助。看飞鸟与百合，然后你发现，异教徒是怎么生活的，因为他们活得恰恰不是像飞鸟与百合那样；如果你像百合与飞鸟那样地生活，那么你就是一个基督徒，那"百合与飞鸟既不是也不会成为"的基督徒。异教构成与基督教的对立面；但百合与飞鸟不构成与这相互对抗的两方面中任何一方的对立，如果我们可以这样说的话，它们是置身于事外的角色，并且聪明地让自己不进入任何对立。于是，为了不作论断[14]和指责，福音使用百合与飞鸟来阐明异教，而再由此来阐明什么是"对基督徒的要求"。为了阻隔那论断人的因素，百合与飞鸟就被嵌入其间；因为百合与飞鸟不论断任何人，——而你，你当然不应当去论断异教徒，你当然是应当向百合与飞鸟学习。是的，飞鸟与百合在授课时所具的，是一个艰难的任务，一个艰难的位置；而且也没有任何别人能够做这事，所有其他人都那么容易就会去指控和论断异教徒，去赞美基督徒（而不是去教），或者讥嘲地去论断不以这样的方式生活的所谓基督徒。但是百合与飞鸟专注地投入在授课中，根本不会注意到什么，它们既不向左也不向右看[15]，它们不同于通常教师所做的那样，它们既不赞美也不斥责，它们像祂，"教师"——有人这么说他，"他不徇情面"（《马可福音》2：14）[16]，它们不徇他人，它们只徇自身[17]。然而，然而在你看着它们的时候，不向它们学一些什么，则是一种不可能。唉，一个人能够做一切他所能做的，然而那学习者是否从他那里学到什么，有时却仍会是一个可疑的问题。而飞鸟和百合什么都不做，但"不从它们那里学到点什么"，则几乎是一种不可能。一个人岂不是已经能够向它们学习，"授课"是什么，"以基督教的方式授课"是什么，学习这种授课的伟大艺术：一如既往，关注自身，但却是以这样一种方式，如此警醒心神，如此紧扣心弦，如此迎合心意，再看一下学费，又是如此便宜，并且授课方式又是如此动人，以至于"不从中学到点什么"是不可能的！因为，确实，在一个人类的老师做了一切但学习者没有学到任何东西的时候，那么他可以说"这不是我造成的"；哦，但是，在你从百合与飞鸟那里学到了如此许多东西的时候，那么，事情看来是不是这样，就仿佛它们在说"这不是我们造成的"！这些老师对学习者是如此善意，如此善意，如此有人情，与它们被指派的神圣职责如此相称。如果你遗忘了什么，那么它们很愿意马上为你重复，重复再重复，这样你最终必定就会了；如果你不从它们那里学习什么，那么它们也不责备你什么，而只是继续带着罕有的热忱继续授课，一心只专注于教授；如果你从它们这里学到了什么，那么它们就让一切归功于你，装作它们仿佛在这之中根本没有份，就仿佛你对它们没有任何所欠。它们不放弃任何人，无论一个人多么不愿意学习；它们不要求任何依赖，甚至不向那从它们那里学到了最多东西的人提出这要求。哦，你们这些奇妙授课师，如果一个人没有从你们这里学到什么别的东西，如果他学会了去授课，那么，他学到的东西有多么多啊！如果一个人类的老师做了某些他自己所说的事情，那么这已经是很伟大了，通常人们总是话说得很多而很少按这话去做，——唉，但这一关于其他

第一部分　异教徒的忧虑

人的评价，飞鸟或者百合永远都不会这样说。但是你们，——是的，在某种意义上说，你们也确实不做你们所说的事情；你们做，而不说任何东西。但是你们这种寡言的沉默和你们这种对自己年复一年每一天的忠诚，受人珍视或不受人珍视，被人理解或者被人误解，为人所见或者不为人所见，就做这同样的一件事，——哦，这是多么奇妙的"授课"技艺啊！

于是，我们借助于百合与飞鸟来学习认识异教徒的忧虑，这些忧虑是，就是说它们是飞鸟与百合所不具备的，尽管飞鸟与百合有着各种相应的不可或缺的需要。当然一个人也能以另一种方式去认识这些忧虑：通过旅行，到一个异教的国家去看，人们怎样生活，使他们担忧的东西是什么。最后还有第三种方式：通过旅行——然而我在说什么呢，旅行，我们不就是生活在这样的地方吗，一个基督教国家，在这个国家只有清一色的基督徒[18]。因而，我们可以得出结论：在我们这里（尽管有各种相应的"不可或缺的需要"和"压抑性的生活条件"在场）所没有的忧虑，这必定就是异教徒的忧虑。一个人可以这样地得出结论，唉，如果是没有另一种看法，也许会通过去掉这预设前提，来剥夺掉我们"得出结论"的可能性，并且马上以另一种方式来得出结论：在这个国家的人们中间有着这些忧愁，ergo（拉丁语：因此）这个基督教国家是异教的[19]。这样一来，关于"异教徒的忧虑"的说法听起来就会像是一种狡猾的讥嘲。然而我们还是不敢允许自己以一种如此苛刻的目光来瞄准基督教世界[20]，也不敢允许自己使用这种几乎是残酷的讥嘲，一种（要注意！）会击中讲演者自己（他无疑也不是一个怎么完美的基督徒）的残酷。但是，让我们不要忘记，这讲演可能会有着这伏笔，作为一种妙算：如果一个天使要说话，那么他会以这种方式来嘲弄我们，我们这种自己将自己称作基督徒的人，他会以这样的方式，把事情翻转过来，不是去检测我们的中庸的基督教，而是去描述那些异教徒的忧虑，然后不断地补充说"但是这里，这是一个基督教国家，在这个国家里自然没有任何这样的忧虑"，推论的依据是：这些忧虑当然是异教徒的忧虑；或者说反过来，他从"这国家是基督教国家"推断出：这样的忧虑被称作是异教徒的忧虑，肯定是不对的；或者他设想一个基督教国家，在这国家里真地完全都是基督徒，并且就把这国家当作是我

9

们的国家,推断出:这些忧虑在这里不存在,所以它们必定是异教徒的忧虑。让我们不要忘记这一点,让我们也绝不忘记:在基督教世界的异教徒们是沉陷得最深的异教徒。那些在异教国家的异教徒,他们还没有被提升向基督教,他们是在异教之下沉陷的;那些属于"罪的堕落之后的人类"[21]的异教徒,他们则是在被提升了之后再一次沉陷并且沉陷得更深的。

这样,这陶冶性的演说以许多方式搏斗,努力使得"那永恒的"在人身上战胜,但它也不忘记在适当的地方借助于百合与飞鸟首先让人得到对痛苦的缓解而进入微笑。哦,你这斗争着的人,让自己得到对痛苦的缓解吧!人会忘记"去大笑",但是上帝保佑人不会在任何时候忘记"去微笑"!一个人可以不受伤害地遗忘很多东西,并且也会随着年纪变老而甘心让自己遗忘许多他本来会想要记得的东西;但是上帝不允许一个人在其极乐的终结到来之前忘记百合与飞鸟!

注释:

[1][异教徒的忧虑] 本来克尔凯郭尔在第一部分有题献"这个小文本/献给/那个单个的人"。但是在誊清稿中被删去。

[2][飞鸟和百合] 指向《马太福音》(6:24—29)。

[3][回归到这些老师们的课时里] 在《在不同的灵之中的陶冶性讲演》(1847)的第二部分"我们向原野中的百合和天空的飞鸟学习什么"的祈祷文中,百合与飞鸟被作为"被神圣地指派的授课师"。

[4][在复活主日之后的第十五个星期日的福音] 亦即《马太福音》(6:24—34)。按照《丹麦圣殿规范书》(*Forordnet Alter – Bog for Danmark*, Kbh. 1830 [1688], ktl. 381, s. 147):"这一福音由福音书作者马太从第六章第24句一直写到结尾。/(耶稣对自己的弟子说:)"。在誊清稿上,克尔凯郭尔写了对付印版式的意见:"这段福音照《圣殿规范书》的版式印,用同样的字体。"这段福音文字是在《马太福音》(6:24—34),很多年之前,译者在尚未找到中文和合版圣经之前,也曾将丹麦语版书中的这一段译成中文,如下:

"没有人能够侍奉两个主,因为一个人必定是要么恨这一个而爱那一个,要么投身于这一个而蔑视那一个。你们不能同时拜上帝和拜金。所以我对你们说,不要去为你们的生命操心,不要为吃的喝的操心;不要为你们的肉体操心,不要为穿的操心。难道生命不比食物更重要、难道肉体不比衣服更重要?看天上的飞鸟;它们

第一部分　异教徒的忧虑

不播种不收割不储存，而你们在天之父喂养它们；难道你们不比它们更重要么？在你们之中，不用说为之操心，但谁又能用思虑使寿数多加一刻呢？为什么要去为衣服操心？看原野里的百合花，它们怎样生长；它们不工作不纺织。但是我告诉你们，即使是所罗门最荣耀的时候，服饰尚不及这些百合中之一。对于那些在原野今日存在而明日被扔入火炉的野草，上帝尚且赋予它们如此服饰，难道他不为你们作更多服饰么，你们这些信仰薄弱的人们？所以你们无须操心，无须说：我们吃什么或者喝什么或者穿什么。这是异教徒所求；因为你们在天之父知道你们对所有这些东西的所需所求。但首先寻求上帝的国和他的正义，然后所有这些东西都将赋予你们。所以不要为另一个明天操心，因为明天的这个日子当为其自身操心。每天都有其自身难念的账。"

　　[5]〔玛门〕　按布希那的圣经辞典，"玛门"是指"财富、金钱和世俗利益"（Mammon：《Reichthum, Geld und zeitliche Güter》. *M. Gottfried Büchner's biblische Real – und Verbal – Hand – Concordanz oder Exegetisch – homiletisches Lexicon*，第六版，Vermehrt und verbessert v. Heinrich Leonhard Heubner, Halle 1840〔1740〕, ktl. 79, s. 923）。

　　[6]〔所罗门〕　所罗门（约公元前930年去世）是大卫与拔示巴的儿子，四十年以色列王（参看《列王记上》（11：42）。

　　[7]〔极其荣华〕　所罗门以其富贵荣华闻名，参看《列王记上》（10：4—5、7、14—29）。

　　[8]〔引言〕　作为"引言"（丹麦语 Indgang：入口）的对应，克尔凯郭尔也写了一篇"后题"（丹麦语 Udgang：出口）作为第一部分的终结，但是后来被去掉了。在一篇有着"异教徒的忧虑的/后题"的标题的草稿中，有着如下内容：

　　于是，还有一句作为终结中的话。你这斗争着的人，不管你是谁，你也许背负着"现世与尘俗的忧虑"的沉重的十字架，在这场斗争之中经了严酷的考验；或者，你为此而焦虑不安，忧惧，但仍想要得到安慰；或者，你可悲地误入迷途，但仍想要得到指引；——有时候，尤其是在单个的讲演的一开始，你也许觉得这展示不够严肃。然而，不要过早作出判断，只去读，并且放心地读，哦，相信我，每一个人首先需要的东西是让痛苦得到缓解，通过泪中的微笑而令痛苦得到缓解，并且被缓解为泪中的微笑。并非所有被称作是严肃的东西都是严肃；有许多东西只是黑暗的阴郁，人世间心灵的烦躁，一种心情的怨气，不是向上帝叹息，而是以叹息与上帝作对，并且指责自己的命运，一种痴愚昏庸的忙碌，除了那一件必须的事情（见本部分第二个讲演"丰裕之忧虑"中对"他只有一种需要，财富，财富是他唯一需要的东西"注释。对照《路加福音》10：38—42），什么事情都去忙，除了无法为那一件必须的事情留出一瞬间之外，漫长的一生中总是有时间去忙乎所有其他

11

事情。但是，"在泪水减轻痛苦的同时去帮助一个人进入缓解的微笑"，这也是那与上帝有关的、陶冶性的演说（Foredrag）所要做的事情之一，是的，它应当这样做。这演说应当是能够说得很严厉，应当是能够保持让"任务之要求"得以强调、让义务得到荣誉，但它也应当能够引发出微笑。在这里我们并非谈论"尖声大笑的恣纵"，这对于智者来说是一种令人厌恶的东西，而如果将之给予一个受苦的人，则就是无礼的放肆。不，我们讨论的是那"能够做到泪水本身很难做到的事情，使得哭泣对人有助益"的微笑，这微笑，人们通常不觉得它帮得上什么，因为人们认为起到帮助作用的是泪水，——唉，就像一个人在得到了一个小孩子的帮助时的情形，他觉得自己得到了帮助，但他不会真正去想，这小孩子是帮助者。因为，一个小孩子当然是太缺乏经验而无法帮助；而一个微笑也太不够严肃而无法帮助。看，正是这微笑，陶冶性的演说无疑不恭维这微笑，因为陶冶性的演说不恭维任何微笑并且不需要任何人，但是，这微笑是那斗争着的人所需要的。陶冶性的演说祈求上帝（确实，它知道自己祈求的是什么）：愿自己可以通过"以这样的方式说话"来为他引出微笑；它首先打动他去在一瞬间里遗忘掉所有其他肌腱以便拉动微笑的肌腱。相信我，这恰正是严肃的一部分；相信我，这是"一个人在'那永恒的'之中进步并为永恒而成熟"的标志，如果他的情形是这样的话：他受苦（那种"他在之中受考验"的无辜的苦难，或者他自己招致的作为惩罚的苦难）越多，他就越多地让痛苦得到缓解，他借助于这一微笑，借助于这一泪中的微笑，就越是能够去承受他所要承受的东西。不要以为以这样的方式哭泣是虚弱。

设想，如果要找出一个"某单个事件"的例子，设想某个老人，他随着年岁和年岁中的冷静而变得越来越有力、越来越坚韧。他在生命之中经受了许许多多事情，在各种各样的尘世逆境之中饱受考验；现在，他的生活境况有了保障，无忧无虑，就像我们人类所称的，"是幸福的"。在逆境的时间里，没有人看见过他哭泣，也没有人看见他在他人的尘世灾难中哭泣，因为他通常说，你不为这样的事情而哭泣，你尽自己最大的可能去帮忙。但是，这样的一天还是出现了，这天他坐着和青年时代的朋友谈论这生活及其逆境，尤其是谈论生存上的忧虑，这时，一个在场的小孩子，在全部的无辜无邪之中以问题的形式加入了一句话：看，老人微笑了，在同一瞬间他哭了起来。这是怎么一回事，为什么会有这奇怪的事情发生，一个小孩子所说的话，恰恰是在这句话无辜地落进了严肃之中，能够造成这样的效果？这是因为，这孩子完全不懂或者说丝毫感觉不到尘俗生活之忧虑为人带来的"那使人生怨的东西"，而这孩子所说则并不因此毫无意义；甚至这孩子所说是很有意义的，只是（出于很好的理由）完完全全地绕开了"那使人生怨的东西"。因此，在一个这样的场合，你会说："是的，你所说的，那完全是对的，我的孩子"，并且就这样应付了这孩子，你不想再继续让自己进入这话题。唉，这孩子在根本上就是

12

把你带进了尴尬，因此你就试图避开与这聪明的小调皮谈话，确实他自己并不知道他有多么反讽或者他怎么会如此反讽。缘于这孩子所说的东西，你不禁把你的心思集中在唯一的一个印象之中去想许多年下来所经历的所有"使人生怨的事情"，在这相关的话题上，你自己知道这事情是怎么一回事，而这小孩子则对此一无所知；——唉，然而，然而在根本上，事情就是如此，这小孩子所说的完全是对的。这是一个矛盾，你会以微笑待之；但是这小孩子触动你。在一瞬间里，借助于这小孩子的本原性，你开始完全不偏不倚地思考起来，是的，几乎就仿佛你是在永恒之中，如此不偏不倚而且如此令痛苦得到了缓解地对待尘世生活的压力：因此你微笑。这岂不也是很奇怪：那谈论他自己根本不明白的事情的人会走过去说那正确的事情，然后，他自己也根本不明白"他说出了那正确的事情"；并且，这岂不感人：这一神秘的智者是一个小孩子，唉，因而就是说，也就是你自己曾所是的，一个小孩子！——哦，正如这小孩子的情形，那没有学位但却是由上帝派定的教导师们，百合与飞鸟的情形也是如此！（这段文字是在丹麦文版索伦·克尔凯郭尔文集第二十卷第341—345页中：NB4：117，*SKS* 20，341—345）。

[9]［那是在西奈的山顶上……在天上的雷电之下］　指向旧约《出埃及记》（19：1—22，21）上帝在西奈山上显现出自身，给摩西定出十诫。（19：16）"到了第三天早晨，在山上有雷轰、闪电……"和（19：18）"西奈全山冒烟，因为耶和华在火中降于山上。"然后在上帝给出了十诫之后（20：18）"众百姓见雷轰、闪电、角声、山上冒烟，就都发颤，远远地站立。"

[10]［任何动物，……——依据于律法。］　指向《出埃及记》（19：12—13）上帝在显身于西奈山顶之前对摩西所说"你要在山的四围给百姓定界限，说，你们当谨慎，不可上山去，也不可摸山的边界，凡摸这山的，必要治死他。不可用手摸他，必用石头打死，或用箭射透，无论是人是牲畜，都不得活。"也可参看《希伯来书》（12：20）

[11]［山上宝训被宣讲，是在山脚下］　根据《马太福音》（5：1），耶稣坐在一座山的山坡上向门徒们宣讲他的登山宝训。《马太福音》（8：1）则说，在他讲完之后走下山。在《路加福音》（6：17）之中则有关于耶稣从一座山上下来之后，在平地上讲演的叙述。《马太福音》（6：24—34）的这段耶稣教训被称作是山上宝训。在《路加福音》（6：20—49）之中的则被称作是平原宝训。

[12]［教师］　根据《马太福音》（5：1—2），耶稣宣讲并且是"教训"。在《约翰福音》（3：2）中，尼哥底母对耶稣说："拉比，我们知道你是由神那里来作师傅的"。"教师"这一表述也许指向1844年出版的《哲学片断》，之中约翰纳斯·克利马库斯一次次谈及作为"老师"或者"教师"的"时间中的这神"。（见 *SKS* 4，213 - 306）。

[13] [道路和真理和生命] 指向《约翰福音》(14∶6):"耶稣说,我就是道路,真理,生命。"

[14] "论断" 丹麦语"at dømme"一般译作(对人的)"审判"或(对事物的)判断,但是这里所指是人对人判断,因此沿用和合本《马太福音》(7∶1)的译法"论断"。但若这关系是神对人的关系,则译作"审判"。参看和合本《马太福音》(7∶1—2):"你们不要论断人,免得你们被论断。因为你们怎样论断人,也必怎样被论断。"

[15] [既不向左也不向右看] 就是说,不偏离左右,除了自己的目标不关心任何别的东西。在《利未记》(5∶32)中,摩西向以色列人晓谕了上帝给出的律例典章,说:"所以,你们要照耶和华你们神所吩咐的谨守遵行,不可偏离左右。"还有《箴言》(4∶27)。

[16] ["他不徇情面"(《马可福音》2∶14)] 对《马可福音》(2∶14)的随意引用,在经文中是一些法利赛人和希律党人对耶稣说:"夫子,我们知道你是诚实的,什么人你都不徇情面。因为你不看人的外貌,乃是诚诚实实传神的道。"

[17] [只徇自身] 不去关心别人的事情,只关注自身,对自身小心。

[18] 这一句,直译的话应当是"我们不就是生活在这样的地方吗,一个基督教国家,在这个国家里纯粹有着基督徒"。译者参照了Hong的英译对此作了改写。这一句的丹麦文原文是:"vi leve jo paa Stedet, i et christent Land, hvor der er lutter Christne";Hong的英译是:"we are living in the place, in a Christian country where there are only Christians";Hirsch的德译是:"wir sind ja allbereits an Ort und Stelle, in einem christlichen Lande, allwo lauter Christen sind"。

一个基督教国家,在这个国家里纯粹有着基督徒] 在丹麦,路德福音教会是国家教会,国王和(在原则上说)所有丹麦居民在信仰上都对路德的忏悔信书《奥斯堡信条》(Confessio Augustana) 有认同义务。在1845年2月1日的全民统计之中,全部丹麦王国的1350327人口中只有5371人信仰路德福音基督教信仰之外的其他信仰类型,而完全不信基督教的则更少,也就是3670个犹太人。(可参看 Jf. Statistisk Tabelværk, 1. række, 10. hefte, Kbh. 1846, s. III og s. XIV.)

[19] 这句直译应当是"一个人可以这样地得出结论,唉,如果是没有另一种看法,也许会通过去掉这预设前提,来剥夺掉我们'得出结论'的权力的话,并且这就以另一种方式来得出结论:在这个国家的人们中间有着这些忧愁,ergo(拉丁语:因此)这个基督教国家是异教的"。译者参照Hirsch的译本把"权力"改写成"可能性"。

这句的丹麦文原文是:"Saaledes kunde man slutte, ak, hvis ikke en anden Betragtning maaskee tog Magten fra os til at slutte ved at tage Forudsætningen, og nu sluttede paa en anden Maade: disse Bekymringer findes blandt Menneskene i dette Land, ergo er dette christne Land hedensk."

Hong 的英译是 "One could draw this conclusion if, alas, another observation did not perhaps deprive us of the power to draw the conclusion by removing the presupposition, and now one would draw another conclusion: these cares are found among people in this country; ergo, this Christian country is pagan."

Hirsch 的德译是 "So könnte man schließen, I ach, wenn nur nicht eine. andre Betrachtung uns am Ende die Möglichkeit, so zu schließen, nähme, indem sie die Voraussetzung fortnimmt, und nunmehr einen Schluß andrer Art zöge: diese Sorgen finden sich unter den Menschen in diesem Lande, aIso ist dies christliche Land heidnisch."

［20］［基督教世界］　就是说"整个由基督徒构成的社会，所有由基督教人口构成的国家"。

［21］［罪的堕落之后的人类］　关于人类"罪的堕落"，亦即亚当与夏娃的堕落，见《创世记》第3章。

I 贫困之忧虑[1]

所以你们无须操心忧虑,无须说:我们将吃什么?或者我们将喝什么?——所有这些都是异教徒所求。[2]

这忧虑是飞鸟所没有的。飞鸟以什么为生,——我们现在不谈论百合,百合可以轻而易举地做到,它以空气为生;但是飞鸟以什么为生?看,我们都知道,市民权力机构有许多东西要操心忧虑。有时候它有这样的忧虑,"一些人无以为生";而在别的时候,它则又不满足于"一个人以某些事情为生",他被招去问,他以什么为生[3]。那么,飞鸟以什么为生?肯定不会是以它积蓄在仓里的东西为生,因为它不在仓里积蓄[4],——而在严格的意义上也绝没有什么人以自己积蓄在仓里的东西为生。但是,这样的话,飞鸟以什么为生?飞鸟无法为自己给出生活状况的描述;如果它被招去问话,那么它必定会像那个生来瞎眼的人那样回答,——人们问那个生来瞎眼的人是谁赋予了他视觉,他说"我不知道,有一件事我知道,我这生来眼瞎的,如今能看见了"[5];同样这飞鸟必定也会回答"我不知道,但我知道的是,我活着"。那么它何以为生呢?飞鸟以那"日用的饮食[6]"为生,这一从不会是不新鲜的"天赋食物"[7],这一被保存得如此之好而无人能够偷窃的"巨量供给";因为只有能够"被藏到黑夜"的东西,是贼能够偷的[8],白天所用的东西没人能偷。

因而,日用的饮食就是飞鸟赖以为生的食物。日用的饮食是最苛刻地计量出的供给,它恰恰够,但却也根本没有任何更多的,它是贫困所需的那一小点。但是这样飞鸟岂不穷?作为对回答的替代,我们要问:飞鸟穷吗?不,飞鸟不穷。看,在这里我们看出了,飞鸟是授课老师;它是处在这样一种状态,如果我们要根据它的外在境况来论断,我们就说它穷,而它却并不穷;任何人都不会想要去说飞鸟穷。那么,这又是

第一部分　异教徒的忧虑

什么意思呢？这是说，它的境况是贫困，但它却没有贫困之忧虑。如果它被召去问话，——对此可以毫无疑问，权力机构会觉得，它是在最严格的意义上符合"归贫困事务局[9]管"的条件；但是，既然人们随后只是让它重新飞走，那么它就不穷。是的，如果贫困事务局获得过问的许可，那么这飞鸟肯定会穷；因为那样一来，人们就会用那么多的与生活来源相关的问题来折磨它，乃至它自己感觉到自己穷。

因此你们不应当操心忧虑说：我们将吃什么？或者，我们将喝什么？——所有这些都是异教徒所求。因为基督徒没有这种忧虑。基督徒富吗？是啊，完全可能会是这样，有一个富有的基督徒；但我们可不是在谈论这个，我们在谈论一个基督徒，他穷，我们谈论这穷基督徒。他穷，但他没有这种忧虑，因而他穷，却并不穷。就是说，如果一个人身处贫困但却没有贫困的忧虑，那么，他就是穷的但却又并不穷，并且这样一来，一个人，如果他不是一只飞鸟而是一个人，但却又像飞鸟一样，那么这个人就是一个基督徒。

那么穷基督徒以什么为生呢？以那"日用的饮食"为生。在这一点上，他就像那飞鸟。但是飞鸟，固然不是异教徒，却也不是基督徒，——因为基督徒为日用的饮食而祈祷[10]。然而这样一来他岂不就比飞鸟更穷，因为他甚至要为此而祈祷，相反飞鸟则无需祈求而得到？是的，异教徒是这样认为的。基督徒祈求日用的饮食；通过对之的祈求，他得到它，但却不会有什么可藏到黑夜的东西；他对之祈求，通过对之祈求，在他甜美地睡去以便在下一天去得到他所祈求的日用的饮食的同时，在这黑夜里，他就令忧虑消失。因而，基督徒就不像飞鸟或者那发现什么就拿什么的探险家那样地以日用的饮食为生；因为基督徒在他寻求的地方找到日用的饮食，并且通过祈祷来寻求[11]。但是，不管他有多么穷，他也因此有了某种比日用的饮食更多的东西为生，这日用的饮食对于他来说有了一种增添物，一种值得和一种充足，对于飞鸟则不可能有这些；因为基督徒祈求它，因而他知道，这日用的饮食是来自上帝。难道事情本来不就是这样吗，一件卑微的礼物，一样小小的微不足道的东西，如果它是来自那被爱者的话，它对那爱者来说有着无限的价值！因此，基督徒不仅仅说，如果他想着自己尘世的匮乏和需要，日用的饮食对他来说是足够的，而且，在他说"它来自祂[12]，这一点对

17

于我已经足够"[13]的时候，他也还在谈论某种别的东西（任何飞鸟和异教徒都不知道他谈论的是什么），就是说，"来自上帝"[14]。正如那个简单的智者[15]，尽管他不断地谈论着食物和饮品，却仍深刻地谈论"那至高的"，同样，在穷基督徒谈论食物的时候，他也是在简单地谈论"那至高的"；因为，在他说"日用的饮食"的时候，他并没有怎么在想食物，而更多地是在想"他从上帝的餐桌上得到这日用的饮食"。飞鸟并非是以这样的方式来依靠日用的饮食生活。它当然不像一个异教徒那样地为吃而活；它为活而吃[16]，但是，它在严格的意义上活着吗？

基督徒以日用的饮食为生；他以此为生，对此没有任何问题，但是，关于"他该吃什么"或"他该喝什么"也没有任何问题。在这方面，他知道自己是为在天上的父所了知的，在天上的父知道他需要这些东西[17]；穷基督徒不去问及所有那些异教徒所寻求的东西。相反他有别的东西要寻求，他寻求，因此他活着；因为一个人其实到底在怎样的程度上可以说飞鸟"活着"，这还是有疑问的。因此他活着，或者说，他是为此而活着，并且正是因此，我们可以说他活着。他相信，他在天上有一个父亲，每天打开自己温和的手，令所有活着的东西（包括他）都随愿饱足[18]；但他所寻求的不是"变得饱足"，而是"在天上的父"。他相信，一个人不是在"他无法以同样少的东西为生"这一点上，而是在"他无法'唯以日用的饮食'为生"[19]这一点上，与飞鸟不同，他相信，那令人饱足的是祝福[20]；他所寻求的不是"变得饱足"，而是这祝福。他相信（事情是如此，任何麻雀都对此一无所知，而这在严格的意义上对这麻雀构成了怎样的帮助啊），若天上的父没有这意愿，任何麻雀都不会掉在地上[21]。他相信，正如只要他还在这大地上活着，他肯定会得到日用的饮食，同样，他以后极乐地活在彼世，也会是如此。他以这样的方式来解释这句话"生命比饮食更多"[22]；因为固然现世性（Timeligheden）之生命本身无疑比食物更多，但永恒的生命则是不能够拿来同吃喝作比较的，一个人的生命不在于吃喝之中，正如上帝的国不在于吃喝之中[23]。他不断地想着，神圣性之生命被引到尘世的贫困之中，"祂"在荒漠之中受饿[24]并在十字架上受渴[25]；这样，一个人因而不仅仅能够生活在贫困之中，而且是在贫困之中能够生活。——因此他当然就祈求日用的饮食并且为此而感恩，这

第一部分 异教徒的忧虑

是飞鸟所不做的；但是对于他，"祈求"和"感谢"比食物更重要，并且对于他，这就是他的食粮，正如"遵行父旨"是基督的"食粮"。[16]

然而，这样的话，穷基督徒是富有的吗？是的，他确实是富有的。在贫困之中飞鸟没有贫困之忧虑，这穷鸟，它确实不是异教徒，因此也就不穷，尽管穷却不穷；但是它却也不是基督徒，因此它还是穷的——这穷鸟，哦，不可描述地穷！不能够祈祷是多么穷，不能够感恩是多么穷，就仿佛是在不知珍惜的状态之中那样地接受一切，这是多么穷，就好像不是为了自己的恩主（自己对这恩主所欠的是生命）而存在，这是多么穷！因为"能够祈祷"和"能够感恩"，这对于他无疑就是"去存在"；并且"去这样做"就是"去生活"[27]。穷基督徒的财富恰恰就是"为上帝而存在"，这上帝确实不是一次性地给予他尘世的财富，哦不，是每天给予他日用的饮食[28]。每天！是的，每天穷基督徒都有机会去留意自己的恩主，去祈祷和感恩。每次他祈祷和感恩，他的财富就增大，因为每一次他都更明确地感觉到"他为上帝而存在"并且"上帝为他而存在"；而与此同时，每一次富人忘记去祈祷和感恩，尘世的财富当然就变得越来越穷。哦，这样一次性地得到了自己全部一生中的份额是多么穷，相反"每天"都去获得自己的份额，这是怎样的财富啊！几乎每天都有机会去忘却自己得到了自己所拥有的东西，这有多么糟糕啊；每天都被提醒去记得，就是说，被提醒去记得自己的恩主，就是说，记得自己的上帝，自己的创造者，自己的供养者，自己的在天之父，因而记得爱，唯为这爱就值得"去活着"，并且这爱是唯一值得为之"去活着"的，这是多么大的至福啊！

然而，这样的话，穷基督徒是富有的吗？是的，他确实是富有的，并且你也会从这一点上认出他来：他不愿意谈论自己的尘俗的贫困，而更愿意谈论自己在天上的财富。因此他所说的东西有时候听起来会是那么奇怪。因为，就在他周围的一切都在向他提醒着他的贫困的同时，他谈论自己的财富，——哦，因此，除了基督徒之外，没有人理解他。看，据说有一个虔诚的隐士，他很多很多年，对世界来说已经死去，严守着贫困诺言[29]地生活，乃至他赢得了一个富人的友谊和爱戴。然后这富人死去并且把上面说到的那个在如此长久的时间里一直以日用的饮食为生的隐士立为自己全部财产的继承人。但是，在人们去隐士那里告

19

诉他这消息的时候，他回答说："这肯定是一个错误，他怎么能够将我立为继承者呢，因为我在他死去的很久之前就已经死了！"[30]在这财富的旁边，财富看来是多么穷啊！尘俗的财富相对于死亡而言看起来总是穷。但是那在贫困之中没有贫困之忧虑的基督徒，他对于世界来说也是已经死去的，并且是从这个世界死去。因此他活着。因为，飞鸟通过"去死"而停止"去活"，但基督徒则通过"去死"而活着[31]。因此，与他的——贫困，是的，或者说他的财富——相比，一个人能够在自己活着的那么长的时间里用得上的整个世界的财富看上去都是那么穷。一个死人不需要钱，这我们都知道；但是一个活着的人，如果他真正是不需要钱的话，那么，他要么是非常富有——并且这样就完全有可能他不需要更多钱——要么就是一个穷基督徒。

这样，穷基督徒是富有的，他不像那飞鸟。因为飞鸟是：穷，但却不穷；而基督徒则是：穷，但却不穷，富有。飞鸟对更卑微的境况没有忧虑，它不寻求更卑微的，但它也不寻求那更高的；飞鸟自己没有忧虑，但是对于它来说它的生命就仿佛不是任何别人的忧虑的对象。基督徒就像是与上帝共享；他让上帝安排吃的喝的以及所有诸如此类，他则寻求上帝的国和他的正义[32]。穷鸟向上在云中翱翔，不因贫困的忧虑而感到沉重，而基督徒则翱翔得更高；就仿佛飞鸟在自己向天的飞行之中寻找上帝，基督徒则找到了他，并且找到他（哦，天上的至福！），在大地上找到了他；这就仿佛是飞鸟飞进了天空，但天空却被关上了，它只为基督徒而被打开！

所以你们无须操心忧虑，无须说：我们将吃什么？或者我们将喝什么？——所有这些都是异教徒所求。是的，异教徒们为这样的事情操心忧虑。

飞鸟在贫困中没有贫困之忧虑，——它沉默；基督徒在贫困中没有贫困之忧虑，但他不谈论贫困反而谈论自己的财富。异教徒有着贫困之忧虑。他不是在贫困之中没有忧虑，而是（于是这一点完全地对应于那另一点）"在世界之中没有上帝"[33]。看，因此他有疑虑。他不像无忧无虑的飞鸟那样地沉默，他不像那谈论自己的财富的基督徒那样地说话；除了贫困及其忧虑，他在严格的意义上就没有并且也不知道有什么别的可说。他问，我该吃什么，我该喝什么，今天、明天、后天、冬

第一部分　异教徒的忧虑

天、来年春天、在我变老之后，我和我的家人、整个国家，我们该吃什么喝什么？他不仅是，唉，在一个担忧的瞬间问这个问题然后倒过来又后悔，唉，在一个患难的时刻问这个问题然后倒过来又祈求上帝的宽恕。不，他是在世界里没有上帝并且通过这个被他称作是"在严格意义上的生命之问题"的问题来让自己变得了不起；他通过"他只专注于这生命之问题"的想法来使自己对自己意义重大；如果他缺少了什么，他，这个只为这一生命之问题而活着的人，那么他就觉得公众（因为上帝与他毫无关系）不负责任。每一个不专注于此，或者只是不专注于"去支持他"的人，都被他视作是梦想者，甚至那至高的和最神圣的，与这一"现实之最深刻的生命之问题"相比较，都被他视作是虚妄和幻想。他觉得"引导一个成年人去关注飞鸟和百合"是痴愚的，因为，那里又会有什么好看的，你又会从它们那里学到什么呢？如果一个人，像他，是一个认识了"什么是生命之严肃"的男人[34]，是丈夫、公民和父亲，那么，"引导这样的一个人去注目那些百合与飞鸟，就仿佛他没有别的事情可去留意"，这其实就是一种相当低级的玩笑，一种孩子气的突发念头。"如果不是为了体面的缘故"他说，"并且考虑到我的孩子（现在人们按习俗让他们接受宗教课程的教育[35]），那么，我就会直话直说：如果你要回答最重要的问题，那么，在《圣经》里你就只能够找到非常少的一点东西，并且，尤其是有用的东西，非常少，除了个别的漂亮的句子是例外。你阅读基督和使徒；但是能够帮助你去回答那严格意义上的生命之问题的东西，你一点都找不到，这严格意义上的生命之问题就是：他们以什么为生，他们怎么做才能够支付出每个人的份额并支付各种税收和费用。"通过一个奇迹来解决'涨价时间'的问题[36]"是对这个问题的非常空洞无物（intetsigende）的回答，——即使这是真的，它又证明什么呢！事前完全不曾考虑过任何解决方案，然后，等约定的时间到来并且要征税的时候，这时让一个门徒从水中拉出一条鱼来，在它嘴里有一枚让你用来付税的希腊斯达塔银币[37]，——即使这是真的，它又证明什么呢！我在这圣经里就根本看不见严肃，对严肃问题的严肃回答；一个严肃的人不希望被当成一个傻瓜，就仿佛是在一个剧场里。让牧师们去为女人和小孩子们宣讲这一类东西吧；每一个严肃并且受过教育的男人都在内心之中则默然同意我，

21

并且，在那些严肃的人们聚集的地方，在那些公共议事的集会[38]上，在那里人们只敬重对现实有理解力的睿智。"

如此是异教徒的情形；因为异教就是世界里没有上帝，但是基督教很明确地展示了，异教是不敬神。"那不敬神的"还不是"去操心忧虑"，尽管这"去操心忧虑"确实不是"那基督教的"；"那不敬神的"是"根本不愿去知道其他东西"和"根本不愿去知道'这忧虑是有罪的'、'圣经因此说：正如一个人会以贪食醉酒来拖累自己的心，他同样会因谋生的忧虑而拖累自己的心'（路加福音 21：34）[39]"。生命之中到处都是分叉之路。每一个人都会在某个时候，在初始，站在分叉之路上，——这是他的完美，并且不是他的成就（Fortjeneste）；他在终结处所站的地方（因为在终结处，"站在分叉之路上"是不可能的），是他的选择和他的责任。对于那处于贫困的人、那因而无法转身从贫困中走开的人，分叉之路是：要么通过转身沿着"道路"[40]向上走，在基督教的意义上转身离开忧虑，要么通过转向歧路往下走，不敬神地将自己交付给忧虑；因为在永恒的意义上理解，尽管有着分叉之路，但绝不会有两条道路，只有一条道路，另一条是歧路。他在忧虑之中沉陷得越深，他就让自己距离上帝、距离"那基督教的"越远；在他不想要知道任何更高的东西，而相反想要让这忧虑不仅仅应当是最沉重的忧虑（但这忧虑却并非是最沉重的，因为最沉重的是"悔"的痛楚），而且也应当是至高的忧虑的时候，这时，他就沉到了最深处。

但是，那些想要发财的人，掉进许多诱惑和陷阱之中[41]；除了"想要发财"的忧虑之外，贫困之忧虑又会是什么！也许这忧虑不马上要求财富；在严酷需求的逼迫之下，在毫无可能之中，它暂时会满足于比较少的一小点。但这同样的忧虑，如果它让现有的愿望得以实现，如果通向"更多"的前景被打开，它就会不断地欲求越来越多。这样的想法是一种幻觉：如果有人以为，贫困的忧虑，在它并没有想要让自己在敬神的意义上得以康复（如果他想要得到康复，不管是稍少一点还是稍多一点，这救治都可以开始起来）的时候，会在它达到财富（它也并不为这财富而感到满足）之前，找到某种它能够得以满足的境况。哦，贫困之忧虑面前的路是多么漫长，而最可怕的是，在这条路上到处都是与之相切的诱惑。不管我们走在哪里，我们全都是行走在危险之中[42]；但是，那想要发财的人，他走到哪里都是处在诱惑之中，他不可避免地会被这诱惑捕获，——不是上帝把他带进诱惑，而是他自己把自己投入诱惑[43]。那身处贫困的人，已经被置于艰难的处境，但绝非是被上帝离弃；拯救正是那命令所定的事情：要没有忧虑，——因为，"那由上帝提供的拯救是唯一真实的拯救"的标志确切地就是：它是拯救，并且恰恰因为它是"命令所定的"，所以它是拯救。"没有忧虑"，是啊，这是一种艰难的步履，几乎就如同是走在海上，但是如果你能够信，那么这就可以做得到[44]。在危险中，人的当务之急就是：要能够摆脱关于这危险的想法[45]。现在，贫困是你所无法摆脱的，但是，你能够通过不断地想着上帝而摆脱这关于贫困的想法：基督徒就是以这样的方式走出自己的步子，他抬起目光，他不看危险，在贫困之中他没有贫困之忧虑。但那想要发财的人，他的想法一直在俗世，在对俗世的忧虑之中，带着俗世的忧虑；他弯着腰走路，不断地左顾右盼——看自己会不会找到财富。他不断地左顾右盼，——唉，这通常是用来避免诱惑的最好方式；但是对于他，是的，他不知道，对于他这"左顾右盼"恰恰是"走进陷阱"，是"去发现诱惑变得越来越大"之路和"去在陷阱中越陷越深"之路。他已经处在了诱惑的控制之下；因为忧虑是诱惑最狡猾的仆人。诱惑在地上的尘世之中，在"所有这些都是异教徒所求"[46]的地方；诱惑在地上的尘世之中，——它越是让人去往地上看，这个人的毁灭就越确定。因为，什么是那在其自身是许多诱惑的"诱惑"？无疑，它不会是那种如同贪食者的"为吃而活"，不（哦，这对神圣秩序的反叛！[47]）为去服奴役而活；这诱惑是"去丧失自己"、"去丧失自己的灵魂"[48]、"去停止'做人和作为人活着'"，不是"去比飞鸟更自由"，而是"去凄凉无告地比牲口更糟糕地服奴役"[49]。是的，去服奴役！不是去为日用的饮食而工作（这是每一个人受命该去做的），而是去为之服奴役——但却不为之满足，因为这忧虑的事情是"去发财"。不是去为日用的饮食而祈祷，而是去为之服奴役，——因为一个人成了人类的奴隶，成了其忧虑的奴隶，并且忘记了：上帝，一个人应当为之去祈求上帝。不是想要安于一个人所处的贫穷状态——穷但却也为上帝所爱——这"为上帝所爱"也是他本来所处的状态，而是：从不在自身之中欣悦，从不在上帝之中欣悦，去把自己和自己的生命诅咒进这苦役,这场在沮丧的伤心日夜之中、在黑暗而沉闷的悲戚之中、在无精神的奴役之中的苦役,带着一颗为生计之愁苦所压迫的心——这颗沾染着贪婪,尽管是在贫困之中![50]

现在,在这最后,想一下飞鸟,这飞鸟是在福音里的[51],并且也应当进入这讲演。与异教徒凄凉无告的沉郁(Tungsind)相比,这身处贫困却没有贫困之忧虑的飞鸟就是无忧无虑(Sorgløshed);与基督徒虔诚的信仰相比,飞鸟的这种无忧无虑就是轻率性(Letsindighed)[52]。与飞鸟的轻松相比较,异教徒负担沉重像一块石头;与基督徒的自由相比,飞鸟则也还是被置于重力法则之下的。与活着的飞鸟相比,异教徒是死了的;与基督徒相比,我们则不能在严格的意义上说飞鸟活着。与缄默的飞鸟相比,异教徒是话多的[53];与基督徒相比,异教徒则像是一个不会说话的人,他既不祈祷也不感恩。但祈祷与感恩,在最深刻的意义上是人类的语言,所有别的,所有异教徒说的,与此相比,就好像是一只学会了说话的鸟与一个人相比。飞鸟穷,但却又不穷;基督徒穷,但却又不穷,富有;异教徒是穷的,并且穷,并且穷,并且比最穷的鸟更穷。谁是这个穷人,——他是如此之穷,以至于这"贫穷"是关于他唯一可说的事情,正如这"贫穷"是他自己唯一知道去谈论的事情[54]?这是这异教徒。根据基督教的学说,没有什么别的人是穷人,没有谁是穷人,不管是飞鸟还是基督徒。在贫困之中想要发财,这是一条漫长的路;飞鸟的捷径是最短的,基督徒的道路是最充满至福的。

注释:

[1] [贫困之忧虑]   在阅读了《基督教讲演》(1848年)的"异教徒的忧虑"的第一个讲演"贫困之忧虑"之后,教区牧师 F. L. B. Zeuthen 在 1848 年 5 月 11 日给克尔凯郭尔的一封信中写道:"关于对'明天'这一天的贫困之忧虑,无疑没有任何人能够写得像您所写这么具有陶冶性,但是,也还有着对昨天这一天的贫困之忧虑,不是一种对于一个人将吃一些什么的忧虑,而是对于一个人'他已经吃了的——而没有付了钱的东西'的忧虑。这一忧虑是对尚未偿还的债务的忧虑,不仅仅是对于那要求的人,而也是,并且尤其是,对于那沉默但自己有着需要的人,这一贫困之忧虑是最艰难的一种,并且我希望您什么时候愿意写一些关于这方面的真正的陶冶性的东西。在这一忧虑之中可以有太多真实而高贵的东西,以至于它不能够就简单地被视作是异教徒们的忧虑,而一个基督徒也能够,尽管不那么容

第一部分　异教徒的忧虑

易能通过任何直接用于忧愁的想法来克服（甚至这想法倒会另这忧虑变得更严重），他也还是能够在祈祷之中克服这一忧虑"（B&A, nr. 174, bd. 1, s. 192. 第61封信）。在一封没有日期的信中克尔凯郭尔回答说："感谢关于昨天这一天的说明。让我在今天这一天感谢您，我会在明天记得它。看，这样一来，您为我生成了一个对明天这一天的忧虑！"（B&A, nr. 175, bd. 1, s. 193. 第62封信）。

　　［2］［所以你们无须忧虑，无须说：我们将吃什么？或者我们将喝什么？——所有这些都是异教徒所求］　作为对圣经《马太福音》（6：31和6：32）的混在一起的引用（中文和合本），这句话应当是"所以，不要忧虑说，吃什么？喝什么？这都是外邦人所求的"。"和合本"中将"异教徒"翻译为"外邦人"。

　　在誊清稿的边上空白处写有对这段话付印版式的意见"照《圣殿规范书》的版式"。

　　［3］［市民权力机构……他被招去问，他以什么为生］　指向贫困事务局（fattigvæsnet）。哥本哈根的贫困事务局是按1799年7月1日的计划被设立出来的。它的首要任务是把救济分发给无法谋生的人，或者为无法谋生的人分派工作，并且还要监察，任何人都不得从事非法职业或者以乞讨为生。

　　［4］［不在仓里积蓄］　指向《马太福音》（6：26）："你们看那天上的飞鸟，也不种，也不收，也不积蓄在仓里，你们的天父尚且养活它"。

　　［5］［生来瞎眼的人……说"我不知道，有一件事我知道，我这生来眼瞎的，如今能看见了"］　指向《约翰福音》第九章之中耶稣让生来眼盲的人获得视力的故事。第24—25句中说："法利赛人第二次叫了那从前瞎眼的人来，对他说，你该将荣耀归给神。我们知道这人是个罪人。他说，他是个罪人不是，我不知道。有一件事我知道，从前我是眼瞎的，如今能看见了。"

　　［6］［日用的饮食］　直译的话是"每天的面包"。指的是主祷文中所说的"日用的饮食"。

　　主祷文，见《马太福音》（6：9—13）："所以你们祷告，要这样说，我们在天上的父，愿人都尊你的名为圣。愿你的国降临，愿你的旨意行在地上，如同行在天上。我们日用的饮食，今日赐给我们。免我们的债，如同我们免了人的债。不叫我们遇见试探，救我们脱离凶恶，因为国度，权柄，荣耀，全是你的，直到永远，阿门。"

　　［7］［从不会是不新鲜的"天赋食物"］　指向《马太福音》（6：26）所说的"天父"养活飞鸟。但也可以说是指向《出埃及记》第十六章中的吗哪。上帝让吗哪从天降下。以色列人能够每天收每天所吃的份额，如果收取过多留下，就会生虫变臭。另外见《诗篇》（78：23—24）："他却吩咐天空，又敞开天上的门。降吗哪像雨给他们吃，将天上的粮食赐给他们。"以及《约翰福音》（6：31），之中

25

克尔凯郭尔讲演集（1848—1855）

耶稣说："我们的祖宗在旷野吃过吗哪，如经上写着说，他从天上赐下粮来给他们吃。"

［8］［能够"被藏到黑夜"的东西，是贼能够偷的］　丹麦有谚语："有谁把东西藏到黑夜，他是在为猫藏"。《马太福音》（6：19）中耶稣说"不要为自己积攒财宝在地上，地上有虫子咬，能锈坏，也有贼挖窟窿来偷。"

［9］［贫困事务局］　贫困事务局（fattigvæsnet），见前面关于"市民权力机构……他被招去问，他以什么为生"的注释。

［10］［基督徒为日用的饮食而祈祷］　在主祷文中有这句，见《马太福音》（6：11），"我们日用的饮食，今日赐给我们。"

［11］［基督徒在他寻求的地方找到……通过祈祷来寻求］　指向《马太福音》（7：7—8），之中耶稣说："你们祈求，就给你们。寻找，就寻见。叩门，就给你们开门。因为凡祈求的，就得着。寻找的，就寻见。叩门的，就给他开门。"

［12］在丹麦语中，这里的这个他（Han）是大写的。所以译者在这里写作"祂"。

［13］［它来自祂，这一点对于我已经足够］　也许是相应于《哥林多后书》（12：9），之中上帝对保罗说："我的恩典够你用的。因为我的能力，是在人的软弱上显得完全。"

［14］译者对这句子稍作了改写。原文直译是"因此，基督徒不仅仅说，如果他想着自己尘世的匮乏和需要，日用的饮食对他来说是足够的，而且，他也还在谈论某种别的东西（任何飞鸟和异教徒都不知道他谈论的是什么），——在他说'这一点对于我已经足够：它来自祂'，亦即，'上帝'的时候。"

这一句的丹麦语原文为："Derfor siger den Christne ikke blot, at det daglige Brød er ham nok, forsaavidt han tænker paa sin jordiske Trang og Fornødenhed, men han taler tillige om noget Andet (og ingen Fugl og ingen Hedning veed, hvad det er han taler om), naar han siger《det er mig nok, at det er fra Ham》, nemlig fra Gud."

［15］［那个简单的智者］　克尔凯郭尔常常使用这说法来指称苏格拉底。苏格拉底常常自己谈论自身的简单天真，比如说在柏拉图《会饮篇》198d 中，苏格拉底说"由于这种无知，我原来以为一开始就讲些事实，然后就选择最吸引人的要点加以列举，按最有利的方式加以排列"（我在这里引用《柏拉图全集》第 2 卷第 238 页中的文字。王晓朝译，人民出版社 2001 年版。当然，我引用的版本中"简单天真"是被翻译成"无知"，但意思差不多）。

苏格拉底：（约公元前 470—399 年）与柏拉图和亚里士多德同为最著名古希腊哲学家。在他进行了长期的、一贯免费的哲学活动之后，他被指控"背叛雅典"、"引进国家承认的神之外的神"和"败坏青年"的罪名，法庭判他死刑以一

第一部分　异教徒的忧虑

杯毒药处决。他没有留下任何文字，但他的人格、对话艺术和方法被柏拉图在各种对话录中描述出来，另外同时代作家阿里斯托芬在喜剧《云》之中，色诺芬尼在四篇文本也对苏格拉底作了描述。

[16]［为吃而活；它为活而吃］　丹麦的谚语："你为活而吃，而不是为吃而活"。

[17]［他知道自己是为在天上的父所了知的，在天上的父知道他需要这些东西］　指向《马太福音》（6∶32）："他知道自己是为在天上的父所了知的，在天上的父知道他需要这些东西"。

[18]［打开自己温和的手，令所有活着的东西……都随愿饱足］　克尔凯郭尔所喜欢重述的《诗篇》（145∶16）中谈论上帝的文字："你张手，使有生气的都随愿饱足。"在路德指示的餐桌祷告中是这么说："你打开你温和的手，令所有活着的东西都随愿饱足！"《马丁·路德小教理问答》。

[19]［无法'唯以日用的饮食'为生］　指向《马太福音》（4∶1—11）中"耶稣被圣灵引到旷野，受魔鬼的试探"的故事，第三和第四句为"那试探人的进前来对他说，你若是神的儿子，可以吩咐这些石头变成食物。耶稣却回答说，经上记着说，人活着，不是单靠食物，乃是靠神口里所出的一切话。"

[20]　这"祝福"（Velsignelsen）是上帝的祝福，亦即圣经中"随愿饱足"的这个"愿"（这个"愿"在丹麦语圣经之中就是 Velsignelsen）。

[21]［若天上的父没有这意愿，任何麻雀都不会掉在地上］　指向《马太福音》（10∶29），之中耶稣说："两个麻雀，不是卖一分银子吗？若是你们的父不许，一个也不能掉在地上。"

括号之中的"事情是如此，任何麻雀都对此一无所知，而这在严格的意义上对这麻雀构成了怎样的帮助啊"："事情如此"是指"若天上的父没有这意愿，任何麻雀都不会掉在地上"，而"……对此一无所知"的"此"和"这在本质上对……"的"这"也是指"若天上的父没有这意愿，任何麻雀都不会掉在地上"。

这一句的丹麦文原文是："Han troer（hvad ingen Spurv veed Noget af, og hvad hjælper det saa egentligen Spurven, at det er saa!）, at ingen Spurv falder til Jorden uden den himmelske Faders Villie."

Hong 的英译为："He believes that no sparrow fulls to the ground without the heavenly Father's will（something no sparrow knows anything about, and of what help would it actually be to the sparrow that it is so!）."

Hirsch 的德译为：Er glaubt（davon weiß kein Sperling etwas, und was hilft es also eigentlich dem Sperling, daß es so ist）daß kein Sperling zur Erde fällt ohne den Willen des himmlischen Vaters.

克尔凯郭尔讲演集（1848—1855）

Tisseau 的法译为："Il croit qu'aucun passereau ne tombe à terre sans la volonté du Père céleste (et nul passereau ne le sait, et pour l'oiseau, qu'importe qu'il en soit ainsi!)."

［22］［生命比饮食更多］ 对《马太福音》（6：25）的随意引用。

［23］［上帝的国不在于吃喝之中］ 指向《罗马书》（14：17），之中保罗写道："因为神的国，不在乎吃喝，只在乎公义，和平，并圣灵中的喜乐。"

［24］［＂祂＂在荒漠之中受饿］ 见前面注释之中。参看《马太福音》（4：1—11）中"耶稣被圣灵引到旷野，受魔鬼的试探"的故事。

［25］［在十字架上受渴］ 指向耶稣在十字架上的话"我渴了"，《约翰福音》（19：28）。

［26］［＂遵行父旨＂是基督的＂食粮＂］ 随意引自《约翰福音》（4：34）之中耶稣所说："耶稣说，我的食物，就是遵行差我来者的旨意，作成他的工。"

［27］ 这里的"去存在"、"去这样做"和"去生活"在丹麦文之中都是动词不定式。

［28］［每天给予他日用的饮食］ 在主祷文中有这句。见前面相关注释。

［29］"贫困诺言"（Armodens Løfte），就是说，"贫困之诺言"。译者在查了不少资料，只查到克尔凯郭尔在这里用到这一表述。没有查到其他人对这一表述的使用，而克尔凯郭尔自己在其一生著作中也只用过一次，也就是在这里。

［30］［据说有一个虔诚的隐士……很久之前就已经死了!］ 指向 P. Abraham's a St. Clara 的《*Grammatica Religiosa*（宗教规则）》第十四课"论贫困（von der Armuth）"第八节中所写的一个关于圣阿瑟纽斯（Sankt Arsenius）故事：罗马的一个贵族来到旷野里找他，并通知他说，一个亲属临终指定他为自己全部的财产的继承人；但是阿瑟纽斯回答说：我比他死得更早，他怎么能让我成为继承人？原文在"*Grammatica Religiosa (Religiøst regelsæt)* bd. 1, P. Abraham's a St. Clara, *Sämmtliche Werke* bd. 1 - 22, Passau und Lindau 1835 - 54, ktl. 294 - 311; bd. 15 - 16, Lindau 1845, s. 276"，德语：《Hiervon hat dir ein schönes Beispiel zur Nachfolgung hinterlassen der heilige und vollkommene Arsenius, zu dem ein sicherer Edelmann von Rom in die Wüste kommen, und ihm angekündiget, daß er von einem seiner Verwandten im Todesbett zum Erben aller und vieler seiner Güter eingesetzet worden, Arsenius aber hat diesem also geantwortet und gesagt: wie kann er mich zum Erben gemacht haben, weilen ich vor ihm gestorben bin? *mit diesen Worten hat er den Edelmann sammt dem Testament abgefertiget, und gar nichts angenommen.*》

克尔凯郭尔自己的藏书中有这部著作。在他自己的这本（现在被收藏在皇家图书馆中的 KA）中，在 276 页有折起过书页角的痕迹。在他 1847 年 7 月底 8 月初的日记之中（NB2：98），他再次讲述了这个故事（见全集第二十卷 180 页/ SKS 20，180）。

圣阿森尼乌斯（Sankt Arsenius，412 或 413 年去世），埃及修道士和隐士。据传说，他在罗马皇帝狄奥多西的宫廷里担任了四十年高职；然后在下埃及的瑟格提斯沙漠中的一个隐士聚居地中生活了四十年，又在埃及亚历山大城外的克诺珀斯生活了十五年。

［31］［基督徒则通过"去死"而活着］ 也许是指向《腓立比书》（1：21）："因我活着就是基督，我死了就有益处。"

［32］［让上帝安排吃的喝的以及所有诸如此类，他则寻求上帝的国和他的正义］ 指向《马太福音》（6：33）："你们要先求他的国和他的义。这些东西都要加给你们了。"

［33］［在世界之中没有上帝］ 《以弗所书》（2：12），保罗写给以弗所人说：那时仍是异教徒，"那时你们与基督无关，在以色列国民以外，在所应许的诸约上是局外人。并且活在世上没有指望，没有神。"

［34］［一个认识了"什么是生命之严肃"的男人］ 在 1848 年 3 月的日记（NB4：104）中，克尔凯郭尔写道："我所写出的（在异教徒的忧虑的第一个讲演里）如此大张旗鼓地谈论生命之严肃的人，如我们马上就会看见的，并非是那被人称作是穷人的人，哦，一个这样的人我绝不会想到要去如此地谈论。不，那是这样的一个记者，诸多以（也许是频繁而过量地）书写贫困为生的人中的一个。"（SKS 20，336.）

［35］［宗教课程的教育］ 按照学校规章，哥本哈根的公共学校必须讲授宗教课程，亦即，基督教的根本真理和基本信仰学说，使用的是《马丁·路德小教理问答》和《福音基督教中的教学书，专用于丹麦学校》（Lærebog i den Evangelisk‑christelige Religion, indrettet til Brug i de danske Skoler /，由 1783—1808 年间的西兰岛主教巴勒（Nicolaj Edinger Balle 1744‑1816）和牧师巴斯特霍尔姆（Christian B. Bastholm 1740‑1819）编写，简称《巴勒的教学书》），以及一些选出的圣经故事和赞美诗。

根据 1805 年 4 月 24 日的教学计划，哥本哈根的高中（丹麦语为 den lærde Skole，直译是"博学学校"，也就是"拉丁语学校"，为上大学作准备的学校。在这一从宗教改革时期确立的学校形式中，各种古典语言是这类学校的主要教学内容）的宗教课程更深入范围也更广，也包括宗教史知识。《福音基督教中的教学书，专用于丹麦学校》（亦即《巴勒的教学书》）在 1791 年被授权为学校教材，直到 1856 年，它一直是学校的宗教或基督教教学以及教堂的坚信礼预备的正式教科书。

[36]［涨价时间的问题］　　尤其是在1847年的上半年，然后零星地在下半年，在《祖国》(Fædrelandet) 杂志上有一系列关于"涨价时间"的文章和短评，述及丹麦和国外的"涨价时间"。在"涨价时间"中各种生活必需品，尤其是面包的价格奇高。当时还有各种由此引发的骚动和抗议，比如说，在欧登塞，人们因为谷价过高而游行示威抗议。

涨价时间（Dyrtid）：丹麦语Dyrtid，是指物品短缺、价格奇贵的时期。这个词由"贵（Dyr）"和"时间（tid）"两个词合并而成。

[37]［让一个门徒从水中拉出一条鱼来，在它嘴里有一枚让你用来付税的希腊斯达塔银币］　　指向《马太福音》（17：24—27）中的故事："到了迦百农，有收丁税的人来见彼得说，你们的先生不纳丁税吗？彼得说，纳。他进了屋子，耶稣先向他说，西门，你的意思如何。世上的君王，向谁征收关税丁税。是向自己的儿子呢？是向外人呢？彼得说，是向外人。耶稣说，既然如此，儿子就可以免税了。但恐怕触犯他们，你且往海边去钓鱼，把先钓上来的鱼拿起来，开了它的口，必得一块钱，可以拿去给他们，作你我的税银。"

一枚希腊斯达塔银币（statér）对应于四枚希腊4克半的德拉科马银币（drakme）。一个人每年的神殿税差不多是两枚德拉科马银币（drakme）。

[38]［那些公共议事的集会］　　可能是指向哥本哈根的市民代表会和议事性地区各阶层集会，在那里人们常常讨论食品条件的问题。

[39]［圣经因此说……路加福音21：34）］　　在《路加福音》（21：34）中，耶稣说："你们要谨慎，恐怕因贪食醉酒并今生的思虑，累住你们的心，那日子就如同网罗忽然临到你们。"

[40]["道路"]　　《约翰福音》（14：6）："耶稣说，我就是道路，真理，生命。"

[41]［那些想要发财的人，掉进许多诱惑和陷阱之中］　　指向《提摩太前书》（6：9）："但那些想要发财的人，就陷在迷惑，落在网罗，和许多无知有害的私欲里，叫人沉在败坏和灭亡中。"

[42]［不管我们走在哪里，我们全都是行走在危险之中］　　指向布罗松（H. A. Brorson）的赞美诗"不管我走在哪里，我都总是行走在危险之中"。——《信仰的美好宝藏》(Troens rare Klenodie)，由哈根（L. C. Hagen）出版。第279页。

[43]［不是上帝把他带进诱惑，而是他自己把自己投入诱惑］　　指向《雅各书》（1：13—14）："人被试探，不可说，我是被神试探。因为神不能被恶试探，他也不试探人。但各人被试探，乃是被自己的私欲牵引诱惑的。"

[44]［走在海上，但是如果你能够信，那么这就可以做得到］　　指向《马太福音》（14：22—33）中在水面上行走的故事："耶稣随即催门徒上船，先渡到那

第一部分 异教徒的忧虑

边去，等他叫众人散开。散了众人以后，他就独自上山去祷告。到了晚上，只有他一人在那里。那时船在海中，因风不顺，被浪摇撼。夜里四更天，耶稣在海面上走，往门徒那里去。门徒看见他在海面上走，就惊慌了，说，是个鬼怪。便害怕，喊叫起来。耶稣连忙对他们说，你们放心。是我，不要怕。彼得说，主，如果是你，请叫我从水面上走到你那里去。耶稣说，你来吧。彼得就从船上下去，在水面上走，要到耶稣那里去。只因见风甚大，就害怕。将要沉下去，便喊着说，主阿，救我。耶稣赶紧伸手拉住他，说，你这小信的人哪，为什么疑惑呢？他们上了船，风就住了。在船上的人都拜他说，你真是神的儿子了。"

［45］这句的丹麦文是 "Det gjælder i Forhold til al Fare især om at kunne komme bort fra Tanken om den（直译就是：相对于所有危险，尤其重要的是：要能够摆脱关于这危险的想法）"。Hirsch 的德译写成 "Bei Gefahr gilt es vor allem, von dem Gedanken an sie loszukommen"，译者采用了德译本的改写方式。Hong 的英译则是对丹麦语原文的直接翻译："In connection with all danger, the main thing is to be able to get away from the thought of it."

［46］["所有这些都是异教徒所求"] 见前面的相关注释。《马太福音》（6：32）。

［47］这括号中的感叹句 "哦，这对神圣秩序的反叛！"，Hong（稍有改写地）译为 "what rebellion against the divine order!（怎样的对神圣秩序的反叛！）" 这句的丹麦文原文为： "o, Oprør mod den guddommelige Orden!" Hirsch 的德译是 "o, welch ein Aufruhr wider die göttliche Ordnung!（哦，怎样一种对神圣秩序的反叛！）"

［48］["去丧失自己"、"去丧失自己的灵魂"] 指向《路加福音》（9：25），之中耶稣说："人若赚得全世界，却丧了自己，赔上自己，有什么益处呢？" 另参看《马太福音》（16：26）："因为凡要救自己生命的，（生命或作灵魂）必丧掉生命。凡为我丧掉生命的，必得着生命。"

［49］Hong 的英译把 "去停止'做人和作为人活着'，不是去比飞鸟更自由而是去凄凉无告地比牲口更悲惨地做苦役"，译作 "去停止'做人和作为人活着而不是比飞鸟更自由，去凄凉无告地比牲口更悲惨地做苦役"。在这里，译者不认同 Hong 的英译。

这一句的丹麦文原文是 "…Fristelsen er den, at tabe sig selv, at tabe sin Sjel, at ophøre at være Menneske og at leve som Menneske, istedetfor at være friere end Fuglen, gudforladt, at trælle uslere end Dyret."

Hong 的英译为："The temptation is this, to lose oneself, to lose one's soul, to cease to be a human being and live as a human being instead of being freer than the bird, and godforsaken to slave more wretchedly than the animal."

31

克尔凯郭尔讲演集（1848—1855）

Hirsch 的德译为 "… die Versuchung ist die, daß man sich selbst verliert, seine Seele verliert, daß man aufhört, Mensch zu sein und als Mensch zu leben, daß man anstatt freier zu sein denn der Vogel, gottverlassen schlimmer front als das Vieh."

［50］这一句译者稍作改写。原文直译应当是：

不是"去想要作为'一个人所是的'——'穷但却也为上帝所爱'，这也是一个人所是"，而是"从不在自身之中欣悦，从不在上帝之中欣悦，去把自己和自己的生命诅咒进这个在沮丧的伤心日夜之中、在黑暗而沉闷的悲戚之中、在无精神的奴役之中的劳役，带着一颗为生计之愁苦所压迫的心——沾染着贪婪，尽管是在贫困之中！"

丹麦语原文是："Istedenfor at ville være, hvad man er, fattig, men tillige elsket af Gud, hvad man ogsaa er, aldrig glad i sig selv, aldrig glad i Gud, at forbande sig selv og sit Liv til denne Trællen i mismodig Græmmelse Dag og Nat, i mørk og rugende Forstemthed, i aandløs Travlhed, Hjertet besværet af Sorg for Næring - besmittet af Gjerrighed, skjøndt i Armod！"

Hong 的英译是："Instead of being willing to be what one is, poor, but also loved by God, which one certainly is, never happy in oneself, never happy in God, damn oneself and one's life to this slaving in despondent grief to day and night, in dark and brooding dejection, in spiritless busyness, with the heart burdened by worry about making a living smitten with avarice although in poverty！"［Hong 把丹麦语 hvad man ogsaa er（"一个人所也是"的东西）译作译成 which one certainly is（"一个人所当然是"的东西）。］

Hirsch 的德译是："Anstatt sein zu wollen, was man ist, arm, zugleich aber geliebt von Gott, was man ebenfalls ist, vielmehr nie seiner selbst froh, nie Gottes froh, sich selbst und sein Leben verdammen zu dieser Fron in Mißmut und Gram Tag und Nacht, in finsterer und brütender Verstimmtheit, in geistloser Betriebsamkeit, das Herz beschwert von Nahrungssorge, befleckt von Gier, obwohl in Armut！"［Hirsch 把丹麦语 hvad man ogsaa er（"一个人所也是"的东西）译作译成 was man ebenfalls ist（"一个人所同样是"的东西）。］

［51］［这飞鸟是在福音里的］ 指向《马太福音》（6∶26）。

［52］轻率（Letsind）……沉郁（Tungsind）：这两个词在丹麦语中直译是由"轻——心"（let - sind）和"沉重——心"（tung - sind）构成。

［53］［异教徒是话多的］ 在《马太福音》（6∶7—8）中，耶稣这样拿异教徒（"外邦人"）作比较："你们祷告，不可像外邦人，用许多重复话。他们以为话多了必蒙垂听。你们不可效法他们。因为你们没有祈求以先，你们所需用的，你们

的父早已知道了。"

［54］这里译者在意义上稍稍作了补充。按原文直译是"他是如此之穷,以至于这是关于他唯一可说的,正如这是他自己唯一知道去谈论的东西"。

II 丰裕之忧虑

所以你们无须操心忧虑，无须说：我们将吃什么？或者我们将喝什么？——所有这些都是异教徒所求。[1]

这忧虑是飞鸟所没有的。但是，丰裕是一种忧虑吗？以如此同等的方式来谈论如此不同东西，贫困和丰裕，以如此同等的方式，就像福音所做的，唉，几乎简直就是，仿佛丰裕恰是丰裕之中的忧虑，——也许这只是一种拐弯抹角的讽刺吧。[2]一个人当然会认为，财富与丰裕本应让他得免于忧虑，——难道也得免于"为财富的忧虑"吗？因为财富与丰裕虚伪地披着羊皮[3]进入到"保证让忧虑不会出现"的表象之下，然后自己成为忧虑的对象，"忧虑"；它们保证让一个人得免于各种忧虑，差不多就像那被委派去看守羊群的狼会保证让这些羊——不受狼的侵犯。

但是飞鸟没有这种忧虑。飞鸟穷吗？不。我们在前一个讲演里已经弄明白了这个问题。那么飞鸟富有吗？是的，如果它是富有的，那么，它必定是对此一无所知；如果它是，那么他就对此无知。或者，飞鸟把自己的供给收藏在什么地方呢？如果所有地主和所有农民都各自站在自己的仓前，并且说"不，停下，这是我的"，那么，属于飞鸟的仓[4]在哪里呢？不，飞鸟没有"拥有丰裕"的忧虑，没有这种丰裕之忧虑，"别人拥有更多"，也没有这另一种，唉，"别人拥有更少或者根本什么都不拥有"。

那么，飞鸟是怎么生活的？是的，是上帝每天在分派给飞鸟确定的量：足够的；但飞鸟也不会想到它拥有或者想拥有更多、想要拥有丰裕的量。上帝每天所给的是：足够的；但飞鸟也不想要不同于足够的量，既不更多，也不更少。上帝每天分派给飞鸟的这个量，我敢这样说，是飞鸟在嘴里拥有的同样的量[5]；它掂量出和上帝所分派的同样的量：

第一部分　异教徒的忧虑

他给予飞鸟"足够的",然后飞鸟掂量并说"这是足够的"。不管这小鸟是以一滴"恰恰是足够"的露珠来止渴,抑或它是在最大的湖中喝水,它喝同样多的水;它并不想要去拥有它所看见的全部,并不因为它从这湖中喝水就想要去拥有整个湖,并不为确保"一辈子都有水喝"而把这湖带在身边。即使这飞鸟在丰收时节来到储存最丰富的食藏,它也不知道什么是丰裕(Overflod),这是一种多么多余的(overflødig)知识啊。飞鸟在森林里筑巢,与自己一家居住在森林里,即使这森林里有着最大可能的丰裕,不管它和它一家需要什么,不管它们要生活多久,全都富足有余,它还是不知道什么是丰裕,不管它的伴侣还是它的孩子,也都不知道。但是,如果你,尽管你有着丰裕,却仍不知道什么是丰裕,"丰裕会变成让你忧虑的东西"就是不可能的。在飞鸟吃过喝过之后,它从来就不会去想"下一次我该去哪里得到点什么",因此这穷飞鸟并不穷;但它也从来都不会去想:现在我该怎么处理这剩下的、这整个湖、这(在它拿取了"让它足够的"三粒谷子之后剩下的)巨大谷粮储存;它没有,它不拥有丰裕,也没有丰裕之忧虑。如果这样的时刻到来,渴慕苏醒,这时它必须离开,于是它就离开自己的房屋家园,离开它所拥有和具备的一切,它以努力和技艺筑出的巢穴,那也许是如此幸运地挑选到的独一无二的最佳位置;它想着:是什么时候的事情就让我们到那个时候去关心吧,——然后飞鸟就飞走了。因为飞鸟是旅行者,即使是不旅行的飞鸟也还是一个旅行者,因此它不想要与丰裕、也不想要与丰裕之忧虑有任何关系。

然而,这其实就是飞鸟的内在品质:它不具备丰裕,它没有丰裕之忧虑。金融家说,第一桶金[6]是最难获取的;如果你有了这第一桶金,余下的事情就自然而然地会运作起来。但是,第一个白币[7]是带着对这样的一个想法的了知:"你现在开始集聚,直到丰裕",这也是押金;——飞鸟什么都不想要,不要那能够集聚起丰裕的一枚白币,以求避免其余(这是自然而然),亦即,忧虑。带着最到位的准确,它一直就是每次恰恰只拿取"足够",丝毫不会更多,以求不进入那与关于"什么是丰裕"的模棱两可的知识的丝毫接触。在贫困之中,飞鸟没有贫困之忧虑;对丰裕之忧虑,它谨慎地防范,保证让自己与之无关。

那么,飞鸟又是以怎样的方式来作老师的呢,授课的切入点又在哪

35

里呢？哦，自然，它教我们去走"避免财富与丰裕之忧虑"的最保险的路，"不去集聚财富与丰裕"，——谨记着，你是一个旅行者；然后，尤其是与这个讲演有关的，"在丰裕之中对'你有着丰裕'一无所知"，——谨记着，你是一个旅行者。因为飞鸟，就像那位古代简单的智者，是"无知"课的授课师[8]。哦，单是"美丽而自己却对这美丽一无所知"（这美丽倒是飞鸟和百合都能够知道的），多么艰难啊，而更艰难的是，你有着丰裕而对此却一无所知。但是飞鸟在丰裕之中却如此无知于"它有着丰裕"，就仿佛它没有这丰裕。

  基督徒没有丰裕之忧虑。那么基督徒穷吗，每一个基督徒都穷吗？无疑，是有着一些穷的基督徒；但是现在我们不谈论这个，我们谈论那有着财富和丰裕的富基督徒，并且我们谈论他不具忧虑。就是说，一个人在丰裕之中没有丰裕之忧虑——因为无知，这样一个人要么是飞鸟，要么就是，如果一个人既是人但却又像这飞鸟，那么他就是一个基督徒。

  因此，这富基督徒有着丰裕，但却无知，因此他必定是变得无知的。"是无知的"不是什么艺术，但"去变得无知的"，通过"变得无知"而"是无知的"，这则是艺术。在这样的意义上看，基督徒是不同于飞鸟的，因为飞鸟是无知的，而基督徒则是变为无知的；飞鸟以无知开始并终结于无知，基督徒是终结于"是无知的"——并且以基督教的方式看，问题也从来不会是关于"一个人曾是什么"，而是关于"他成为了什么"，不是关于"他曾是如何"，而是关于"他变得如何"，不是关于开始，而是关于终结。然而，以这样的方式"去变得无知的"，这会用上很长的时间，并且，在他成功地做到之前，一点一点地，在他最终成功地真正变得无知于那他其实是知道的事情、并且继续保持是如此、继续是无知的——这样他就不至于再次沉陷回去而落进知识的圈套——之前，这是一个艰难的任务。基督徒，在他有着丰裕的时候，就像那没有丰裕的人[9]，但是这样一来，他就是无知的，并且这样一来他就不具备它，如果他本来在事实上就如同那不具备它的人那样的话。但是，从本原的意义上看，基督徒是人，并且作为这样的人，他并非是如此[10]；作为基督徒，他变得如此，并且，他越是在更大程度上变为基督徒，那么，拥有着的他[11]就在越大的程度上如同那不拥有的人。

现在，什么能够把财富与丰裕从一个人那里拿走呢？匮乏与赤贫，或者那"赏赐者并且他也会收取"的上帝[12]。在这样的事情发生的时候，那"先前富有的人"就变得真正的穷了。因而我们不谈论这种情形。[13]但是，有没有什么东西能够以这样一种方式从一个人这里拿走财富和丰裕，这样，他被剥夺了这些东西而并不变成一个"先前富有的人"，这样，他被剥夺了这些，但他却仍还是富人？有啊，有这样的东西。那么这是怎样的一种力量（Magt）呢？这是"思想"和"思想之力量（Magt）"。富人能够把自己的全部财富和丰裕都送给别人，但这样一来他当然就成为一个"先前富有的人"了；因而我们不谈论这种情形。但是难道思想能够以某种外在的方式把丰裕从富人那里拿走吗？[14]不，这是思想所无法做到的。思想能够相对于丰裕从富人这里拿走占有之想法，这种"他占据和拥有这财富与丰裕作为他自己的东西"的想法。然而，思想在外在的意义上却让他保留一切；没有人获得他的财富和丰裕，所有其他人都会说：这是那富人的东西。思想的情形就是如此；如果它成功地做到这一点，如果那富人同意，如果他把自己和自己的丰裕完全地置于思想的权力之下，那么，他作为拥有者的他就会像那作为不拥有者的他。这就是基督徒所为。

是啊，这是一种狡猾的权力，思想之权力！以这样一种方式，任何窃贼都无法偷盗，以这样一种方式，任何暴徒都无法掠夺，以这样一种方式，甚至上帝都无法拿走，甚至在他从富人那里把思想与理智之力量拿走的时候也是如此。而在思想得到统治的许可时，思想却能够从富人那里抢走一切，这是任何窃贼和暴徒都无法做到的。这又怎么会发生？如果我不知道我明天靠什么活下去，那么不是吗，我就什么都不拥有。但是如果我想着，也许我会在今晚死去，"甚至就在这个晚上"[15]，那么，不管我多么富，我仍什么都不拥有。为了"是富的"，我必须为明天这一天[16]拥有什么，诸如此类，为明天这一天得到保障；但是，为了"是富的"，我也必须有保障自己是在明天这一天。拿走财富，那么我就不再能够被称作是富的；但是如果把明天这一天拿走了，那么我也不再能够被称作是富的。为了"是富的"，我必须拥有一些什么东西，但是为了"是富的"，我当然必须也是存在着的。而"他是不是在明天这一天活着"，这则是富基督徒所不知道的[17]。在根本上每个人都知

37

道;但是基督徒"就在今日"[18]并且在每一天都想起这个:他不知道,不知道他是否也许"就在这个夜晚"将会死去。

再进一步说。如果我什么都不拥有因而也就什么都不会丧失,那么我就不是富的。但是,如果我很不幸地拥有那会丧失并且在每一瞬间都可能会丧失的东西,那么,我是不是富的呢?如果我手中什么都没有,那么我也就没有抓着任何东西;但是,如果我在手中握着那在手指间跑走的东西,那愚蠢的东西,那么,我抓着的又是什么呢?财富当然是占有;但是真正的或者在本质上占有着那"其本质特性是'它能够被丧失'或者愚蠢"的东西,这就像"坐下又同时走着路"一样地不可能,——至少思想只会认为这是一种幻想。就是说,如果"能够丧失"是财富所具的本质特性,那么,在财富被丧失的时候,在它之中明显地就是没有发生任何本质的变化;在"被丧失"的过程中,它没有经受任何本质的变化;因而它在本质上仍是同一样东西;但这样一来,在我占有着它的同时,它被丧失,这在本质上也就是同样的事情,——因为,它必定在每一个瞬间都是在本质上的同一样东西。被丧失,它在本质上是同一样东西,被占有,它在本质上是同一样东西,是被丧失的;这就是说,在更深刻的意义上说,它不能够被占有,所谓的"占有",这是一种幻想。关于公正的想法能够以自己的方式把关于占有的想法从所有不合法的财物上拿走,以权力强行拿走,以恶的手段拿走;但是,关于永恒的想法能够以善的手段把关于占有的想法从财富与丰裕上拿走,尽管这是合法地被占有的,——除了思想的权力,它不使用任何别的权力,只要这个人想要在思想的权力之中放弃自己或者想要自己的福祉。

是啊,这是一种狡猾的权力,思想之权力;假如人们不是以许多方式去确保,或者确保了,让自己去防范这一权力,他们就会承认,它是狡猾的,并且也会感受到,"它如此狡猾"是为真相服务。甚至眼力敏锐的猛禽的那种目光都无法像拯救的想法发现它所扑向的东西那么迅速而确定地发现自己的猎物。它不会目标错误地去瞄向关于"我们应当把什么称作是财富、把什么称作是繁荣、把什么称作是福祉等等"的争辩,它瞄准那关于占有的想法。基督徒不躲避开,他自己以这样的方式作为目标被瞄准,他甚至也帮上一手来使康复之创口变得尽可能地深[19]。

第一部分　异教徒的忧虑

　　于是思想也以另一种方式来瞄准那关于占有的想法。如果我要"是富的"，那么我就必须拥有什么东西，我所拥有的东西，当然是我的东西。但是，如果我现在拥有某种"不是我的"的东西的话！看，矛盾就在这里，并且，这一矛盾之搏斗不能够在人与人的关系之中进行。只要这东西不是我的，我当然就不拥有它，但也没有任何别人拥有它，从人的角度上说，它是我的，但如果它是我的，那么我当然就拥有它。然而，这之中却没有任何意义。因而，（为了意义和思想的缘故）必定要有一个第三者，在任何"在人与人之间的这无数多的关系之中有谈及'我的'"的地方都参与着，一个说着"这是我的"第三者。这就像是回声；每次一个人说"我的"，它就发出重复着的"我的"的声音。你说"这是我的"，他说"这是我的"，他，第三者；那"是一切"的祂说："这全是我的"。其实每个人肯定都知道，在更深刻的意义上，没有人拥有什么东西，没有人，除非是那被给予了他的东西，——每个人在根本上都知道这个。但是，富基督徒心里记着：他知道这个；他每天为自己作出报告：他知道这个；如果他不知道，他就报告自己的责任；这属于他关于"我的"和"你的"账目的一部分。他心里记得，除了他被给予的东西之外，他什么都不拥有，他只拥有被给予他的东西，不是为了他要拥有这东西，而是借用，就像借款，就像被托付的财物。一个人在最终无法保留他所具的财富，每个人在根本上都知道这个；但是，这富基督徒心里记着：他根本不是为了保留而得到这财富，他得到它，是作为被托付的财物。这样，他也是以最好的方式处理这财物，为拥有人的账目，战战兢兢，唯恐思想之中有什么在"你的"和"我的"上不对的东西。但是，拥有人是上帝。上帝当然不会，仿佛像是一个金融家，想要去通过精明的投出和收回来使得自己的财产得以增大，相反，如果要让他满意，他会让这财产以完全另一种方式来得以管理。富基督徒，他是管家，他融会贯通地明白这一点，——因此他无法明白，"为那关于不忠实的管家的寓言[20]作解释"怎么会为那些解读者带来如此大的麻烦[21]。因为，他说，若这是那个管家的合法财产，如果我们假定是这样，那么上帝就不会反对你坐下并且书写——假证书、把欠单写得少一半，亦即，上帝并不反对你免去你的债务人一半债；你完全可以把他们的债完全免去并且以这样的方式来为你自己获

39

取各种会在那里接待你的朋友。这"不忠实"是：这管家在以这样的方式处理别人的财产。然而，因此这是聪明的，因此那些明白这世界之事的世界之子赞美他的聪睿。如果他不是管家，而是主人，并且以"管家处理主人的财产"这样的方式来处理自己的财产，那么这行为就是高贵的、崇高的、基督教式的，——并且，那样一来，世界之子们就不仅仅不会觉得这聪明，而且还会觉得这是痴钝愚蠢的，并且会取笑他。这个比喻真正想要教导的是：在世上，高贵的东西被视作愚蠢，恶的东西被视作聪睿。因为，免除债务——从自己的口袋里偷盗，这是多么痴钝；而机灵地去从他人的口袋里偷盗，这则是多么聪明！然而，这比喻赞美的却是这样的高贵行为：像管家这样地行事，——但用的是他自己的财产。不过，我所说的，"他自己的财产"，富基督徒所理解的则恰恰是：这财富在至高的意义上其实并不是他自己的财产。难道这样一来，我们就又重新回归到了原处吗？哦，不；因为这拥有者是上帝，他恰恰是想要以这样的方式来让这财产得以管理。这富基督徒就是这样地绝不能够把世俗财产称作是"我的"；这是上帝的财产，它应当尽可能地根据拥有者的意愿，以拥有者对金钱和金钱所值的淡漠，通过"在合适的时间和地点被施舍掉"来得以管理。[22]

然而，如果世俗财产要以这样的方式来得以管理，那么它最好就是由一个旅行者来管理——在管家采取了最聪明的措施之后，他也想着同样聪明做法：整理打包。我们当然不应当像这管家，不过倒是应当从他身上学一点东西。但是每一个基督徒就像飞鸟一样，是一个旅行者；富基督徒也同样是如此。他作为旅行者是一个基督徒；作为基督徒，他是一个这样的旅行者：他明确地知道他应当带上什么，他不应当带上什么，什么是他的和什么不是他的。也许，为日常使用方便，我们有时候会在家里放一些"不是我们自己的财产"的东西；但是在我们想着要旅行的瞬间，我们就会仔细地审视，什么东西是我们自己的，什么东西是别人的。但是富基督徒，他在每一个瞬间都是一个旅行者，因此他在每一个瞬间都以这样的方式想着自己的世俗财富；那有着完全不一样的东西要去考虑的人，他恰恰不是在现在想要，——在最后的瞬间，被提醒他不应当带什么东西，什么东西不是他的。也许你会觉得，"要去理解他"是更难的事情？现在，他理解这一点，他理解他自己；也许

"要理解这个"也曾让他觉得是很难的事情,但现在他理解这个。富基督徒的妻子和孩子也许在某个时候也会觉得难以理解他,他们会想要迫使他去了解他的财富,想让他以为他有着丰裕。但是他这时斥责着说:"我不想知道任何这方面的说法,我不想从你们这里听到这个,尤其是在这最后瞬间。"唉,除了基督徒之外不会有任何人理解他,因为他既没有生病,也没有(据护照发放者所知)要在明天旅行。他对他自己的世俗丰裕如此一无所知,他了知并且继续了知着某种完全不同的东西(因为,通过了知某种别的东西,一个人对自己所知的东西变得无知),就是说,他了知,他甚至会在这个晚上死去,世俗财富在本质上是无法被拥有的,这财富是被托付的财物,他自己是一个旅行者。富基督徒对自己的世俗财富如此无知,是的,就像是一个心不在焉的人。

现在,如果富基督徒对他所具的丰裕如此无知,以至于他不可能去具备丰裕之忧虑。他也确实不具备,他是"不具备丰裕之忧虑地"处在丰裕之中。对于那本来是(根据一种美丽的说法)通过"烦乱不安"[23]而被收集来的东西、那本来是带着"烦乱不安"被拥有的东西、那本来是带着"烦乱不安"而被失去的东西、那本来是带着"烦乱不安"而被舍离的东西,他没有忧虑[24],——但他却有着丰裕。他在"收集丰裕"中没有忧虑,因为他对"收集丰裕"没有兴趣。他对"去保存"没有忧虑,因为去保存一个人不拥有的东西是够容易的,而他当然就像那不拥有的人。他没有"去失去,就是说,失去自己不拥有的东西"的忧虑,因为他当然就像那不拥有的人。他没有"别人拥有更多"的忧虑,因为他就像那不拥有任何东西的人。他不知道"别人是否拥有更少"的忧虑,因为他就像那不拥有任何东西的人;他没有"他要为家人留下什么"的忧虑。以这样一种方式,他没有对自己的丰裕的忧虑,相反他倒是有着那意外,每一次在他使用一些丰裕来行善的时候,他会有那种在一个人发现了什么的时候所具的意外;因为,如果"拥有着什么"的他就像那"不拥有着什么"的人,那么他当然就发现他所不拥有的东西。

但是,那富基督徒就是如此,他在根本上就和那穷基督徒一样地贫穷?是的,他也确实是如此。但是作为基督徒,他是富的。正如穷基督徒对自己的世俗贫困一无所知,富基督徒也在同样的程度上对自己的世

41

俗财富一无所知；就像穷基督徒不谈论自己的世俗贫困，他不谈论自己的世俗财富；他们两个都谈论同样的东西，谈论天国的财富，谈论"像那为日常饮食而祈祷和感恩的人、像那'是上帝的管家'的人那样地为上帝而存在"。

在以这样的方式理解了之后，并且也只有在以这样的方式理解了之后，富基督徒就有了对"自己的世俗财富"的喜悦。哦，但是难道这不是很奇怪吗，从贫困到达喜悦的情形有多么迅速，那是远远地迅速得多；而相反在世俗财富与"达到喜悦"之间则关联着如此多的艰难，但我们却不能说是制造出了不必要的麻烦！因此，作为基督徒，富基督徒有着对自己的世俗财富的喜悦。作为基督徒，他相信：在天上有一个父亲，并且，这个父亲给予他世俗财富，然而这给予者对于他则是远远地比所给的礼物更重要，因此他不寻找礼物，而是寻找给予者，他不接受礼物，而是接受给予者的手。他相信（这是每一个基督徒所相信的，但这也尤其是富基督徒如此有必要做的事情），基督教的财富在天国之中；因此，他的心在他的财宝所应当在的地方寻找[25]。他总是记着："祂"是那拥有全世界的财富的人，放弃一切，生活在贫困之中[26]，因而，这神圣性的生命是在贫困之中生活过来的，以这样方式看，也就是生活在对于所有被拥有的财富的无知之中。因此富基督徒能够有对世俗财富的喜悦；每一次在他被担保有机会去以自己的财富行善、在能够帮上另一个人的忙并且同时能够马上事奉自己的上帝的时候，他拥有这种喜悦。哦，一次同时做两件事情当然会是艰难的；但是比起"帮别人一个忙而同时事奉上帝"，肯定很难再找得到一种更充满至福的"一次做两件事"了。一次要记住两样东西会是艰难的；对许多人来说，记得"不可忘记行善和捐输的事"[27]是艰难的，富基督徒还会同时记得"在你行善和捐输的时候，不可忘记上帝"[28]。因此，富基督徒从行善之中获得双重的喜悦，因为他也会想到上帝。富基督徒相信（这看起来最像是与接受者相关，但在基督教的意义上则同样与给予者相关）：各样美善的恩赐，和各样全备的赏赐，都是从上头来的[29]；因此，如果他所给予的这赐物应当是美善而全备的话，那么，这通过他来给出赐物的，就必定是上帝。因此他有着对自己的财富的喜悦，因为，这财富给予他"去与上帝认识"的机缘和机会；因为，天上的上帝当

第一部分　异教徒的忧虑

然是那严格意义上的、那隐形的恩主，富基督徒是他的密友[30]，被用于这些得到祝福的差事。因此，富基督徒有着对自己世俗财富的喜悦，他帮助他人去感恩和赞美上帝，同时他又为自己结交朋友，这些朋友固然无法做出回报，但却（哦，这岂不是几乎像是高利贷！）作为回报能够在那之后接受他[31]。

这样，富基督徒在丰裕之中不具备丰裕之忧虑，就像飞鸟一样地一无所知，在这样的层面里像那穷基督徒一样穷，作为基督徒是富的，并且因此在最后有着对自己世俗财富的喜悦。优于飞鸟，他有着这"作为基督徒是富的"，并且以这样的方式来理解，他由此也有了"对自己世俗财富的喜悦"，他不仅仅只是像飞鸟那样地"不具备忧虑"。

因此，你们不应当问"我们将吃什么"或者"我们将喝什么"，——所有这些东西是异教徒所寻求的。因为，富异教徒，他有着这种忧虑。

富异教徒是在最大可能的意义上绝非对自己的财富和丰裕无知。因为，那拥有财富和丰裕的人，只能够通过"变得对别的东西有所知"来变得无知；但是富异教徒既不知道也不想要知道别的东西。是的，在一个人有着财富和丰裕的时候，要去对"那日复一日那么多次并且以如此不同的方式但总是诱惑性地逼向他的东西"变得无知，对于他来说确实是一件麻烦事。然而通过"以基督教的方式变得对上帝有了知"，一个人却能够做得到这个。因为这一知识完全地占用基督徒的心念和想法，删除他记忆之中的所有其他东西，永恒地捕获他的心灵，这样，他就变得完全地无知。富异教徒则相反也只有一种想法：财富，他的所有思想都围绕着这想法，然而他却完全就是一个思者。不仅仅他在世上没有上帝[32]，而且财富倒反是他的上帝，吸引住他的每一种想法。他只有一种需要，财富，财富是他唯一需要的东西[33]，——这样，他甚至不需要上帝。然而，一个人的财产所在之处，也是这个人的心之所在[34]；富异教徒的心之所在是在财富上、在地上，——他不是旅行者，他是作为奴隶被绑定在大地上。如果那有着财富的富基督徒就像那没有财富的基督徒一样，那么富异教徒就像那"没有任何别的东西的人"，没有任何别的东西可想，没有任何别的东西可信靠，没有别的东西可让自己感到喜悦，没有别的东西可忧虑，没有别的东西可谈。他能够不看

43

一切别的东西，不看一切至上的、高贵的、神圣的和值得爱的东西，但在任何瞬间，要让他能够不看自己财富，则是一种不可能。

是的，富异教徒了知自己的财富和丰裕，有更多的了知也就有更多的忧虑；他了知那引发出忧虑的东西，而既然这是他唯一了知的东西，于是他就只有纯粹的忧虑。在你看他的时候，你也能够在他身上看出这一点来；他，这个满脸菜色的聚财者，他集聚着并且集聚着，为自己集聚着忧虑；他，这个饿极的贪食者，他在丰裕之中饥饿，他也还说着，我该吃什么，我该喝什么，明天[35]怎么才可能（因为今天还过得去）找到一顿足以让我有食欲的美餐；他，这个失眠的吝啬鬼，钱财以更残酷的方式令他失眠，远甚于"最残酷的刽子手令最可恶的罪犯失眠"的情形；他，这个红眼的贪钱鬼，除了妒忌地看另一个人拥有更多之外，他的目光从不会离开自己的钱财看往别处；他，这个枯干的小气鬼，为了钱（按理我们绝对不会听到这样的传闻：居然会有人为了钱而做这样的事情）他把自己活活饿死。看他们吧，——然后听他们说，他们全都说，这是他们唯一谈论的东西，他们在根本上全都说：我们将吃什么，我们将喝什么。他们得到的财富与丰裕越多，他们就为自己获得越多知识，而这一知识是忧虑，它不填饥，它不止渴，不，它撩引出饥饿，它刺激着干渴。

确实，那想要发财的人们就落入许多诱惑之中，陷于那败坏一个人[36]的罗网之中，——财富之忧虑除了是"想要发财"之外又会是什么呢；想要完全确定地继续"是富的"，想要"是更富的"。如果财富的忧虑没有得到宗教性的治疗（如果得到宗教性治疗，那么不管一个人是拥有更多或者更少，这开始都同样会出现），那么"财富之忧虑会找到一种让自己得以满足而放心的境况"就是一种幻觉；正如从来就不会有什么飞鸟曾拿取过比"足够"更多的东西，同样也从不曾有过任何富异教徒活在这世上曾经得到过"足够"。不，绝没有任何饥饿是像丰裕的不自然饥饿那样地无法填饱，没有任何知识是像那关于财富和丰裕的污染性知识那样地无法被满足。

那么，哪一种诱惑是"那诱惑"——那"在自身之中蕴含有许多诱惑"的诱惑？它就是，通过废除上帝来停止"是人"：不是去比无辜的飞鸟更纯洁，而是沉沦，凄凉地，比被兽性污染更糟地沉沦到野兽之

第一部分　异教徒的忧虑

下的位置；比最贫穷的异教徒的奴隶灵魂更穷地为那最悲惨的奴役，疯狂之奴役，而奴隶般地劳作，在丰裕之中为餐饮而服奴役，在财富之中为金钱而服奴役，对自身是一种恶咒，对天性自然是一种厌憎，对人类是一种污秽。

现在，让我们在最后想一下飞鸟，这飞鸟是在福音里的[37]，并且也应当进入这讲演。飞鸟，对，如果它是富的，那么，它对"它是富的"就是无知的；富基督徒对此是变得无知，他是富的，穷的，富的；富异教徒是穷的，穷的，穷的。飞鸟缄默，它很容易就能够做到，它为它所不知的东西缄默；富基督徒根本就不谈论自己的世俗财富，而只是谈论"那财富"；富异教徒则是除了自己的玛门[38]之外不知道谈论任何别的东西。与那无知的飞鸟相比较，富基督徒则是一个在无知之中的智者[39]；但异教徒则是一个痴愚者，一个对于那"是一种痴愚"的知识很了知的人。无知的飞鸟与基督徒比较是个小傻瓜，但与异教徒比较则像是一个智者。无知的飞鸟对于任何东西都无辜地一无所知，富异教徒则是有辜地有所知，并且只对那污秽的东西有所知。无辜的飞鸟就像一个梦游者一样地生活，在睡眠的控制之下，他看不见任何东西；富基督徒变得对自己的世俗财富无所知，他就像是在一场游戏之中什么都看不见——因为永恒使得他盲目，他无法借助于这世俗的日光看见什么；富异教徒在阴暗之中只朦胧地看得见——他无法借助于永恒之光来看东西。飞鸟是那轻便的、那飘忽的旅行者；变得无知的基督徒永远在旅行，远离向更远的地方；富异教徒沉重得像一块石头一样地留在地上，更沉重地留在污秽之中。如果一个人是富的，只有一条路是通向"变得富"：那"变得对自己的财富无知、变得穷"的路；飞鸟的路是最短的，基督徒的路是最充满至福的。根据基督教的学说，只有一个富人：基督徒；所有其他人，穷人、富人，都是穷的。在一个人根本不觉得或者不知道自己有着身体的时候，他是最健康的，而富人，在他像飞鸟那样健康、根本就不知道自己的世俗财富的时候，这时，他就是健康的；但是如果他对他的世俗财富有所知，并且这是他唯一所知的东西的时候，那么他就是迷失了。在富基督徒对自己的世俗财富完全一无所知的时候，那么他比飞鸟赢得更多东西，飞鸟向天空翱翔，而他则赢得天国；在富异教徒完全而唯独地了知着自己的财富的时候，他失去了任何飞鸟掉落到地上时都不会失去的东西,他失去了天国!

注释:

　　[1] 所以你们无须忧虑,无须说:我们将吃什么?或者我们将喝什么?——所有这些都是异教徒所求] 作为对圣经《马太福音》(6:31 和 6:32)的混在一起的引用(中文和合本),这句话应当是"所以,不要忧虑说,吃什么?喝什么?这都是外邦人所求的"。"和合本"中将"异教徒"翻译为"外邦人"。前面有过注释。

　　[2] 这一句的丹麦语原文是:"Maaskee er det kun en underfundig Spydighed at tale saa ligeligt om det saa Forskjellige, om Armod og Overflod, saa ligeligt som Evangeliet, ak næsten snarest, som var just Overflod Bekymring i Overflod."

　　Hong 的英译是:"Perhaps it is only subtle sarcasm to speak so similarly about things so different, about poverty and abundance, so similarly as the Gospel does – alas, almost as if instead abundance were simply care in abundance."

　　Hirsch 的德译是:"Vielleicht ist es nur eine arglistige Stichelrede, so gleichartig zu sprechen von dem so Verschiedenartigen, von Armut und Überfluß, so gleichartig wie das Evangelium es tut, ach fast bald, als wäre Überfluß eben Sorge in Überfluß."

　　[3] [虚伪地披着羊皮] 在《马太福音》(7:15)中,耶稣说:"你们要防备假先知。他们到你们这里来,外面披着羊皮,里面却是残暴的狼。"

　　[4] [属于飞鸟的仓] 指向《马太福音》(6:26)。

　　[5] [这个量,我敢这样说,是飞鸟在嘴里拥有的同样的量] 在草稿的边上,克尔凯郭尔补充:"飞鸟有着'嘴中的量'就像士兵说,妇人手边没有量杯"(*Pap.* VIII 2 B 91, 9)。在克尔凯郭尔的文稿中有几个地方写了这个故事,最短的一段是 1845—1847 年间写在一张纸条上的:"普罗泰戈拉的命题'人是万物的尺度'是对的,以希腊的方式领会,对应于一个草地上的士兵急不择言所说的话,在贩妇手边没有量杯而同时号子被吹起来了也就是说没有时间来费口舌的时候,他说:给我瓶子就行了,我在嘴里自己有度量"。(Pap. VII 1 A 235 [Papir 314:1])

　　[6] [一桶金] 按丹麦过去的说法,一桶金相对于十万国家银行币;现代说法一桶金则是"一笔巨款"的不确定表述。

　　[7] [白币] 在中世纪,一枚白币就是一枚价值不高的银币,相当于三分之一丹麦斯基令。

　　[8] [简单的智者,"无知"课的授课师] 在柏拉图的对话录中,苏格拉底常常强调自己的无知,并且尝试着在对话中揭示出:其他人声称所具的知识,其实

第一部分　异教徒的忧虑

是幻觉。在《申辩篇》的21d中，苏格拉底谈及了他与一个政治家的对话，他说："我与他交谈时得到了这种印象，尽管在许多人眼中，特别是在他自己看来，他好像是聪明的，但事实上他并不聪明。于是我试着告诉他，他只是认为自己是聪明的，但不是真的聪明，结果引起他的忿恨，在场的许多人也对我不满。然而，我在离开那里时想，好吧，我肯定比这个人更聪明。我们两人都无任何知识值得自吹自擂，但他却认为他知道某些他不知道的事情，而我对自己的无知相当清楚。在这一点上，我似乎比他稍微聪明一点，因为我不认为自己知道那些我不知道的事情。"（我在这里引用《柏拉图全集》第1卷第7页中的文字。王晓朝译，人民出版社2001年版）。克尔凯郭尔在《论反讽的概念》之中讨论了苏格拉底的"无知"。（*SKS* 1, 217 – 222）

　　［9］［在他有着丰裕的时候，就像那没有丰裕的人］　指向《哥林多前书》（7∶29—31）保罗写给哥林多教众："弟兄们，我对你们说，时候减少了。从此以后，那有妻子的，要像没有妻子。哀哭的，要像不哀哭。快乐的，要像不快乐。置买的，要像无有所得。用世物的，要像不用世物。因为这世界的样子将要过去了。"

　　［10］"作为这样的人，他并非是如此"就是说"作为这样的——作为就其本身而言的人，他并非是如此——他并非是如此的一个'在有着丰裕的时候就像那没有丰裕的人'的人"。

　　［11］"拥有着的他"就是说"他——这个他是一个拥有着的人"。

　　［12］［那"赏赐者并且他也会收取"的上帝］　指向《约伯记》（1∶21）在约伯失去了牛、驴、群羊、仆人、骆驼和儿女之后，他说："我赤身出于母胎，也必赤身归回。赏赐的是耶和华，收取的也是耶和华。耶和华的名是应当称颂的。"

　　［13］这里有两个不同的丹麦文版本。我按克尔凯郭尔研究中心的文集版本，丹麦文原文为：

　　Hvad kan nu tage Rigdom og Overflod fra et Menneske? Det kan Nød og Trang, eller den Gud, som gav, han kan ogsaa tage. Naar det skeer saaledes, saa bliver den - forhenværende Rige virkelig fattig. Derom tale vi altsaa ikke.

　　先前著作集版本的丹麦文是：

　　Hvad kan nemlig tage Rigdom og Overflod fra et Menneske? Det kan Nød og Trang, eller den Gud, som gav, han kan ogsaa tage. Naar det skeer saaledes, saa bliver den - forhenværende Rige virkelig fattig. Derom tale vi altsaa ikke, ei heller om at den Rige kan bortgive sin hele Rigdom og Overflod, thi saa bliver han jo en forhenværende Riig.

　　翻译出来就是：

47

克尔凯郭尔讲演集（1848—1855）

这么说的话，什么能够把财富与丰裕从一个人那里拿走呢？匮乏与赤贫，或者那"赏赐者并且他也会收取"的上帝。在这样的事情发生的时候，"那先前富有的人"就变得真正地穷了。因而我们不谈论这种情形，也不谈论这富人能够把自己的财富和丰裕全部都送给别人，因为这样一来他当然就成为一个"先前富有的人"了。

[14] 这里有两个不同的丹麦文版本。我按克尔凯郭尔研究中心的文集版本译出的是："……这是'思想'和'思想之力量（Magt）'。富人能够把自己的全部财富和丰裕都送给别人，但这样一来他当然就成为一个'先前富有的人'了；因而我们不谈论这种情形。但是难道思想能够以某种外在的方式把丰裕从富人那里拿走吗？……"丹麦文原文为：

Det er Tanken og Tankens Magt. Den Rige kan bortgive sin hele Rigdom og Overflod, men saa bliver han jo en forhenværende Riig; derom tale vi altsaa ikke. Men kan da Tanken paa nogen udvortes Maade tage Overfloden fra den Rige?

先前著作集版本的丹麦文是（跳过了一句，但这句的内容在前面已经出现过）：

Det er Tanken og Tankens Magt. Kan da Tanken paa nogen udvortes Maade tage Overfloden fra den Rige?

翻译出来就是：

……这是"思想"和"思想之力量（Magt）"。但是难道思想能够以某种外在的方式把丰裕从富人那里拿走吗？……

[15] ["会在今晚死去，"甚至就在这个晚上"] 部分地引用《路加福音》（12:16—21）中耶稣的比喻："就用比喻对他们说，有一个财主，田产丰盛。自己心里思想说，我的出产没有地方收藏，怎么办呢？又说，我要这么办。要把我的仓房拆了，另盖更大的。在那里好收藏我一切的粮食和财物。然后要对我的灵魂说，灵魂哪，你有许多财物积存，可作多年的费用。只管安安逸逸的吃喝快乐吧。神却对他说，无知的人哪，今夜必要你的灵魂。你所预备的，要归谁呢？凡为自己积财，在神面前却不富足的，也是这样。"

[16] [明天这一天] 指向《马太福音》（6:34）。

[17] 根据著作集版本的丹麦文翻译的话，后面还有半句："或者他知道自己不知道这个"。

[18] [就在今日] 也许是指丹麦主教和赞美诗人布洛尔森（H. A. Brorson）的赞美诗《今天是恩典之时》（1735年），特别是第三段："今天开始，并且不保留/不保留到明天/明天的日子/可等待的，是隐秘的，/在如此重要的事情上/不可拖延，/现在你就会看见/现在这叫做：今天。"以及第六段："仍有恩赐可

得，/对于碎裂的心的叫喊，/仍有上帝可及，/仍有天大开。/哪怕你听见他的话/爱的教导，/恩典仍是伟大的。/现在这叫做：今天"。——《信仰的美好宝藏》(*Troens rare Klenodie*)，由哈根（L. C. Hagen）出版。从第193页起。

另参看《路加福音》（23：43），之中主对十字架上的犯人说："我实在告诉你，今日你要同我在乐园里了。"和《希伯来书》（4：7）"所以过了多年，就在大卫的书上，又限定一日，如以上所引的说，你们今日若听他的话，就不可硬着心。"及（3：7）"圣灵有话说，你们今日要听他的话"。

[19] 这里的意思是，这创伤对人有着拯救的意义，是令人从病中康复的；所以这伤口越深越大，得救的可能性就越大。不同于我们日常所说的"伤口越大越深，就越危险"。

[20] [不忠实的管家的寓言]　关于"不忠实的管家的寓言"，《路加福音》（16：1—9）："耶稣又对门徒说，有一个财主的管家。别人向他主人告他浪费主人的财物。主人叫他来，对他说，我听见你这事怎么样呢？把你所经管的交代明白。因你不能再作我的管家。那管家心里说，主人辞我，不用我再作管家，我将来作什么？锄地呢？无力。讨饭呢？怕羞。我知道怎么行，好叫人在我不作管家之后，接我到他们家里去。于是把欠他主人债的，一个一个地叫了来，问头一个说，你欠我主人多少。他说，一百篓油。每篓约五十斤。管家说，拿你的账快坐下写五十。又问一个说，你欠多少。他说，一百石麦子。管家说，拿你的账写八十。主人就夸奖这不义的管家作事聪明。因为今世之子，在世事之上，较比光明之子，更加聪明。我又告诉你们，要借着那不义的钱财，结交朋友。到了钱财无用的时候，他们可以接你们到永存的帐幕里去。"

[21] ["为那关于不忠实的管家的寓言作解释"怎么会为那些解读者带来如此大的麻烦]　比如说可以看 H. Olshausen 第三版改良版的 *Biblischer Commentar über sämmtliche Schriften des Neuen Testaments zunächst für Prediger und Studirende*, bd. 1 - 4, Königsberg 1837 - 40 [1830 - 40]；bd. 1, s. 666 - 679。在书中讨论了各种对这寓言的各种解释尝试。

[22] 若这是那个管家的合法财产……在合适的时间和地点被施舍掉]　参看 1847 年 7 月或者 8 月的日记 NB2：101，其中克尔凯郭尔在"福音之中关于不忠实的管家"标题下写道："若管家自己拥有这一切，那么这'坐下并且书写免去一半债的证明'就是应当受赞美的。但是世界会说：这是疯狂。确实。但是基督所认为的是，人们应当从这管家身上学到的是，去以'管家处理主人的财产'那样轻易的方式来拿自己的各种手段和账单开玩笑，拥有者通常小心翼翼地不施舍出什么东西；但是这管家通过大方地施舍来为自己交朋友——你同样也去这样做，但是要用你自己的财产来施舍"（*SKS* 20, 181）。

49

[23][一种美丽的说法……烦乱不安] 指向《箴言》（15：16）："少有财宝，敬畏耶和华，强如多有财宝，烦乱不安。"

[24] 这句句子也可以以另一种方式组织出来：他没有对于"那本来是（根据一种美丽的说法）通过'烦乱不安'而被收集来的东西、那本来是带着'烦乱不安'被拥有的东西、那本来是带着'烦乱不安'而被失去的东西、那本来是带着'烦乱不安'而被舍离的东西"的忧虑。

[25][基督教的财富在天国之中；因此，他的心在他的财宝所应当在的地方寻找] 指向《马太福音》（6：19—21）："不要为自己积攒财宝在地上，地上有虫子咬，能锈坏，也有贼挖窟窿来偷。只要积攒财宝在天上，天上没有虫子咬，不能锈坏，也没有贼挖窟窿来偷。因为你的财宝在哪里，你的心也在哪里。"

[26]["祂"是那拥有全世界的财富的人，放弃一切，生活在贫困之中] 参看《哥林多后书》（8：9）："你们知道我们主耶稣基督的恩典。他本来富足，却为你们成了贫穷，叫你们因他的贫穷，可以成为富足。"

[27]["不可忘记行善和捐输的事"] 引自《希伯来书》（13：16）："只是不可忘记行善，和捐输的事。因为这样的祭，是神所喜悦的。""捐输的事"在丹麦文圣经之中是"at meddele"（英文"to communicate"），亦即"分享"同时有"与别人分享东西"和"与别人分享消息（转达消息）"的意思。

[28]["在你行善和捐输的时候，不可忘记上帝"] 根据《希伯来书》（13：16）改写。见前面的注释。

[29][各样美善的恩赐，和各样全备的赏赐，都是从上头来的] 指向《雅各书》（1：17）："各样美善的和各样全备的恩赐，都是从上头来的，从众光之父那里降下来的。在他并没有改变，也没有转动的影儿。"

[30][他的密友] 在《约伯记》（29：4）中有："我愿如壮年的时候，那时我在帐棚中。神待我有密友之情。"

[31][他又为自己结交朋友……作为回报能够在那之后接受他] 指向《路加福音》（16：9）："我又告诉你们，要借着那不义的钱财，结交朋友。到了钱财无用的时候，他们可以接你们到永存的帐幕里去。"

[32][在世上没有上帝] 见《以弗所书》（2：12）："那时你们与基督无关，在以色列国民以外，在所应许的诸约上是局外人。并且活在世上没有指望，没有神。"

[33][他只有一种需要，财富，财富是他唯一需要的东西] 对照《路加福音》（10：38—42），其中有"耶稣回答说，马大，马大，你为许多的事，思虑烦扰。但是不可少的只有一件。马利亚已经选择那上好的福分，是不能夺去的"（41—42句）。

〔34〕〔一个人的财产所在之处,也是这个人的心所在的地方〕 指向《马太福音》(6:21):"因为你的财宝在哪里,你的心也在哪里。"

〔35〕〔明天〕 这里指向《马太福音》(6:34)。

〔36〕〔那想要发财的人们就落入许多诱惑之中……败坏一个人〕 指向《提摩太前书》(6:9):"但那些想要发财的人,就陷在迷惑,落在网罗,和许多无知有害的私欲里,叫人沉在败坏和灭亡中。

〔37〕〔这飞鸟是在福音里的〕 指向《马太福音》(6:26)。

〔38〕〔玛门〕 参看《马太福音》(6:24—34)。按布希那的圣经辞典,"玛门"是指"财富、金钱和现世利益"(Mammon:《Reichthum, Geld und zeitliche Güter》. M. Gottfried Büchner's biblische Real – und Verbal – Hand – Concordanz oder Exegetisch – homiletisches Lexicon,第六版,Vermehrt und verbessert v. Heinrich Leonhard Heubner, Halle 1840 [1740], ktl. 79, s. 923)。

〔39〕〔一个在无知之中的智者〕 见前面关于"简单的智者,无知课的授课师"的注释。

III 卑微之忧虑

别操心忧虑你们将穿什么？——所有这些都是异教徒所求[1]。

这忧虑是飞鸟所没有的。麻雀被划分为灰麻雀和金麻雀[2]，但是这一区别，这一"卑微——高贵"的划分，对于它们或者对于它们之中任何一只都是不存在的。那在鸟群中飞在最前面的，或者在右边的，固然它跟随着别的，有着最前面和最后面，左边和右边的区别，但这一"卑微——高贵"的区别是不存在的；在鸟群潇洒地以飘忽的姿态自由翱翔的时候，在飞行的急剧转向之中也会有最前和最后，左边和右边的互换。在一千种声音合唱的时候，当然会有一个击弦音，这一区别是在那里的，但是这"卑微——高贵"的区别是不存在的，喜悦自由地生活在各种声音的交替之中。在合唱之中与他者们一同歌唱，这令"那单个的鸟"心满意足，然而它却不是为了让那些他者满意而歌唱，它以自己的歌、也以他者们的歌来令自己心满意足，因此它完全偶然地中断，停下一瞬间，直到这"让自己的声音参与，——并且听自己歌唱"再次让它欢愉。

这样，飞鸟没有这忧虑。这是什么缘故？这是由于，飞鸟是它所是，是它自身，满足于"是它自己"，得其乐于它自己。飞鸟几乎不是清楚地知道或者完全地明白"它是什么"，更不会知道关于其他者们的任何事情。但是，它得其乐于它自己，并且满足于它所是，——并且不管这"所是"到底是什么，都是如此；因为，它没有时间去考虑，哪怕只是去开始考虑；它就是如此得其乐于"是它所是"。为了"去在（at være）"[3]，为了从"去在"之中获得喜悦，它无需走很长的一段路，通过"首先去对他者们有所了知"，以便由此去了知"它自己是什么"。不，它有着它自己的内容，是来自第一手的[4]，它直奔最愉快的捷径；它是它所是；对于它不存在任何关于"在"或"不在"的问题[5]；借助于这捷径，它避开了所有上面所说的差异性的各种忧虑。它是否是一只与所有其他鸟相同的鸟，它是否像同类之中其他者一样地"很有鸟样"，是的，甚至它是否与它的伙伴相同，——它根本就想不到所有这些问题，它在它对"去在"的喜悦之中是如此地没有耐心，任何跃跃欲试地想要去跳舞的女孩都不会像"这飞鸟想要开始去是它所是"那样急不可耐地想要出发。因为它没有任何瞬间，哪怕是最短暂的瞬间，可给出，如果这样做会推迟它去在；对于它，最短暂的瞬间都会是漫长得致命的时间，如果它在这瞬间不可以是它所是；如果有任何对"得到许可立刻去在"的反对，哪怕是最微不足道的一丁点反对，它都会死于不耐烦。它是它所是，但是它在[6]；它顺其自然，它就是如此。这事情就是如此。即使你不去看帝王鸟[7]骄傲的飞行，那么，如果你看那坐在谷穗上摇摆的小鸟，它唱着歌自得其乐，哪里有丝毫"卑微之忧愁"的痕迹！你无疑不会反对这句恰恰是"颇有教益的说法"的话：它在秸秆上高高地站着，有着高贵卓越的姿态[8]。如果你要反对的话，那么就去把那根它所坐的秸秆拿掉吧。在对"去在"的喜悦之中，飞鸟更活泼，但它完全就像百合那样处于无辜的自足之中。即使你不看那谦卑地在其全部的美好之中高高昂头的华丽百合，那么，如果你看那站立在峡谷之中与风调笑（就仿佛它们地位同等）的朴素百合，如果你看它，在一场风暴尽全力让它感觉到它的微不足道之后，——如果你，在它重新探出头来看天气是否马上会重新变得晴朗的时候，如果你端详它，你难道会觉得有丝毫"卑微之忧愁"的痕迹吗？或者，在它站在威严的大树的脚下带着崇敬望着这大树的时候，你难道会觉得在它那里有丝毫"卑微之忧愁"的痕迹吗？这惊奇着的百合；或者你会以为，如果这树更大一倍的话，这百合会觉得自己渺小吗？更确切地看，难道不是如此吗，就仿佛它在所有的无辜之中有着这样的幻想：一切都是为了它的缘故而存在的！

飞鸟和百合在"去在"方面是如此轻松，它们对待"去生活"是如此轻松，它们觉得"开始"是如此自然，或者，"去开始起来"是那么地轻松。因为，这是百合与飞鸟所得到的幸福馈赠："去开始存在（at være til）"被弄得对它们是如此容易，以至于它们，一旦他们进入了存在，它们马上就开始了，马上就全速地去在（at være），这样，根本就无需在开始之前有什么东西先行，这样，它们根本就不会在那种被人类谈论得极多、并且被描述得如此危险的艰难——开始之艰难——之中受考验。

但是，现在这飞鸟又怎么会是授课师呢，授课的切入点又在哪里呢？会不会是在这里：改变迂回路，就是说，在找到了开始之后，有一段迂回路，这迂回路会是如此非常的漫长，现在要改变它，使得它变得尽可能地短，以便尽可能快的去到达自己，去作自己。

这一忧虑是那卑微的基督徒所没有的。然而他在这之中与飞鸟是有区别的，他不得不在这"开始之艰难"之中受考验；因为他对于这"卑微——高贵"的区别是了知的。他知道；并且他知道别人也知道这关于他的同样的事情——"他是一个卑微的人"；并且他知道这意味了什么。他也知道，该怎样去理解"世俗生活中的优势"，这些优势是如此地不同，唉，它们全都被拒绝给予他，以至于它们，本来它们的存在是为了表述出"其他人们处在这些优势之中"，它们相关于他则简直是为了表述"他是多么卑微"。因为，借助于高贵者所添得每一个优势，这高贵者就变得越发优越；而借助于卑微者所不得不承认的被拒绝给予他的每一个优势，这卑微者就以一种方式变得越发卑微。那为标示"高贵者多么伟大"而存在的东西，从另一方面看来是为了标示"卑微者多么渺小"而存在。——哦，"去存在"或者"正进入存在"的艰难开始：去存在，然后进入存在，以便在这时才去存在；哦，狡猾地隐藏起的罗网，它不是为抓鸟而被张起！因为这看起来就像是，为了开始去成为自己，一个人首先应当终结掉"其他人所是的东西"，然后去了知"什么是他自己所是的东西"——以便去成为这东西。然而，如果他进入幻象的罗网，那么他恰恰就永远都无法成为他自己。这时，他向前走，并且向前，就像一个人这样地走上一条路：前面走过的人对他说，这条路完全是对的，通向城里，但是忘了对他说，如果他要进城里，他就必须掉头走；因为他沿着这条通往城里的路走，在这路上，——他朝着远离这城市的方向走。

然而卑微的基督徒不走进幻象的罗网，他以信仰的眼睛看，他带着那寻找上帝的信仰之迅速，在这"开始"，在上帝面前是他自己，满足于"是他自己"。他从人世间或者从别人那里得知，他是一个卑微的人，但他并没有委身于这一知识，他没有在这知识之中世俗地迷失自己，不是完全地把这知识当一回事；通过带着"那永恒的"的节制让自己跟定上帝，他成为了他自己。他就像那有着两个名字的人，一个名字是对于所有别人的，另一个是对于他最亲近的人的。在人世间，在与他人的交往中，他是卑微的人，他不把自己弄成是什么别的东西，他也不会被人当成是什么别的东西；但是在上帝面前[9]，他是他自己。在他与周围人的交往之中看起来就一直是如此，就仿佛他在每一个瞬间都要等着从别人那里得知，他在此刻这一瞬间是什么。但他并没有等着；他急着要"去在上帝面前"，得其乐于"在上帝面前是自己"。他是一个在人群之中的卑微的人；这样看的话，他是什么，取决于这关系；但是他在"去是他自己"上不依赖于人群，他在上帝面前是他自己。因为，从"其他人们"那里，一个人在严格的意义上自然是只能够得知"其他人们是什么"，——世俗世界就是以这种方式来欺骗一个人，使得他不去成为他自己。"其他人们"则又不知道他们自己是什么，但却不断地只知道"其他人们"是什么。只有一个唯一者，他完全认识他自己——他是在自身并且为自身[10]地知道他自己是什么，那是上帝；他也知道每一个人在其自身是什么，因为这人恰恰只能够在上帝面前是其"在其自身之中所是"。那在上帝面前所不是的人，也不是他自己，"他自己"是一个人只能够通过"在'那在自身并为自身而在者'之中"才能够是的东西。一个人能够，在他通过"是在'那在自身并为自身而在者'之中"而是他自己的时候，他能够"是在其他人们中或者为其他人们的"，但是他无法通过仅仅"是为其他人们的"而是他自己。

  卑微的基督徒在上帝面前是他自己。飞鸟并非以这样的方式是它自身；因为飞鸟是它所是。借助于这一"在（Væren）"[11]，它在每一瞬间都避开了"开始之艰难"。但是这样它也达不到"艰难的开始"的美好结局：在双重性之中翻倍地是自己。飞鸟就像是一个"一点"；而一个"是自己"的人，则比"十点"更大。[12]飞鸟幸运地避开了"开始之艰难"，因此也就想象不到自己有多么卑微。但是，它也恰恰就在一种不可比的程度上比那知道自己有多卑微的人更卑微得多了。卑微之观念对于飞鸟是不存在的；但是卑微的基督徒不是在本质上为这一观念而存在的，他不想要在本质上为它而存在，因为在本质上他是并且想要是为上帝而是自己[13]。因此，飞鸟在根本上是卑微者。卑微的基督徒，对立于自身的卑微，他是他自己，却不因此而痴愚地想要停止"去是那卑微的人"[14]，——相对于其他人，他是"那卑微的人"；他在卑微之中是他自己。就是这样，卑微的基督徒在卑微之中没有卑微之忧虑。因为，这一卑微在什么地方？是相对于"那些其他人"。但这一忧虑的根据是什么？在"只为其他人们存在"之中，在"除了'与其他人们的关系'之外对别的都一无所知"之中。飞鸟对"与他者们的关系"一无所知，在这一层面上就不是卑微的，而在这一层面上也就没有卑微之忧虑；但是，这样一来，它自然也就无知于"它有着一种更高的关系"。

那在上帝面前是自己的卑微基督徒又是什么的呢？他是人。因为他是人，所以他在某种意义上就像那是其所是的飞鸟。不过这个话题，我们在这里就不再继续细谈了。

但是，他也是基督徒，这蕴含在了"卑微的基督徒是什么"这个问题之中。在这个层面上他就不像飞鸟。因为飞鸟是其所是。而一个人无法以这样的方式是基督徒。如果一个人是基督徒，那么这个人就必须是成为了基督徒。因此，卑微的基督徒是在世俗世界里成为了某种东西。唉，飞鸟，它无法成为某种东西，它是它所是[15]。卑微的基督徒本来，就像飞鸟，是人，但是后来他成为基督徒。他在世俗世界里成为某种东西。他能够不断地成为"越来越多的东西"；因为他能够不断越来越多地成为基督徒。作为人，他是被以上帝的形象创造出来的[16]；但是作为基督徒，他则是以上帝为榜样的。这种不断地呼唤着一个人的令人不安的想法，一个榜样，飞鸟对这样的想法一无所知；它是它所是，没有任何东西，没有任何东西打扰它，打扰这一"它的在"。是的，确实如此，没有什么东西打扰它，——甚至那"以上帝作为其榜样"的至福想法也不会来打扰它。确实，一个榜样是一种要求，但这是怎样的至福啊！在我们谈论"在一个诗人的内心之中有着某种东西要求他去歌唱"的时候，我们就已经是在谈论幸福了。但是榜样则要求得更强烈，而对于每一个在自己眼前看见它、每一个它为之而存在的人，它激励得更强烈。榜样是一个应许，再也没有其他应许是如此确

第一部分　异教徒的忧虑

定，因为榜样其实就是实现。——对于飞鸟没有任何榜样，但对于卑微的基督徒，榜样是存在的，并且他是为自己的榜样而存在的，——他能够不断地变得越来越像这榜样。

那"在上帝面前是自己"的卑微基督徒，作为基督徒，是为自己的榜样而存在的。他相信：上帝曾生活在大地上[17]，祂让自己出生在卑微而贫困的境况之中[18]，是的，在耻辱之中[19]，然后，作为孩子，与一个被称作是祂父亲的淳朴的人和祂的母亲那遭鄙视的处女生活在一起[20]。然后，祂以奴仆的卑微形象[21]到处行走，无法被与其他卑微的人们区分开，甚至无法通过祂引人注目的卑微来区分，直到祂终结于极端的悲惨，被作为罪犯钉上十字架[22]，——然后确确实实地为自己留下一个名字[23]；但是卑微的基督徒的祈求只是"敢于在生死之中用上祂的名，或者以祂的名来称自己[24]"。卑微的基督徒相信，正如人们所阐述的：祂选择最普通的阶层中的卑微的人们来作自己的门徒[25]，并且祂在交往之中找那些世俗世界所排斥和鄙视的人们[26]；贯穿祂一生的各种不同变化，在人们想要高高地提升起祂[27]的时候，在他们想要尽可能贬低祂[28]、甚至比"祂自己让自己降贬[29]"更大程度地贬低祂的时候，祂一直保持着对那些祂有着亲密关联的卑微的人们的忠诚、保持着对祂为自己联系上的那些卑微的人们的忠诚、保持着对那些被鄙视的人们（他们被逐出会堂，正因为祂帮助了他们[30]）的忠诚[31]。卑微的基督徒相信，这个卑微的人或者这"祂在卑微之中的生活"展示了"一个卑微的人有着什么样的意味"，以及，唉，从人的角度说，一个高贵的人在严格的意义上又有什么样的意味，"去是一个卑微的人"可以有多么无限大的意味，而"去是一个高贵的人"可以有多么无限微渺的意味——如果一个人除了"是高贵的"之外不是任何其他东西的话。卑微的基督徒相信，这一榜样恰恰是为他而存在的[32]，——他就是一个卑微的人，也许正在同贫困和艰难的境况搏斗着，或者更卑微的人，是被鄙视和拒斥的。他确实承认，在这样的情形之中，他当然并非是自己去选择了这一被人看不起或者鄙视的卑微，在这个层面上并没有像这榜样；然而，他仍相信，这榜样是为他而存在的[33]，这榜样，借助于卑微，慈悲地，简直就是强行要让他接受，它就仿佛是想要说，"卑微的人，难道你看不见吗：这榜样是为了你而在的"[34]。固然，他

57

无法亲眼看见这榜样，但是他相信，祂存在过。在某种意义上也不曾有过什么可去看的东西——除了卑微（因为荣耀，这荣耀是必须被信仰的）；而卑微，他倒是能够为自己构建出一种关于卑微的观念。他没有亲眼看见榜样，他也不作任何尝试去让感官来构建一个这样的画面。然而他还是常常看见这榜样。因为，每一次，在他处于这对榜样之荣耀的信仰之喜悦中完全地忘记了自己的贫困、自己的卑微、自己的被鄙视的时候，这时，他看见这榜样——并且他自己在这时看起来大致也有点像这榜样。就是说，在一个这样的至福瞬间，在他忘我地沉浸在自己的榜样之中的时候，另一个人看着他，那么这另一个人就只看见自己面前的一个卑微的人：如此也恰恰是那榜样的情形，人们只看见一个卑微的人。他相信并希望自己不断在越来越大的程度上趋近与这榜样的相似，这榜样要在彼世才显现于其荣耀之中[35]；因为，在这里，在这世俗大地上它只能够处在卑微之中，并且只能在卑微之中被看见。他相信，这一榜样，如果他不断地挣扎着要与之相似，会再一次把他带入与上帝的亲缘关系[36]之中，并且是更加紧密的亲缘关系：他不仅仅像所有受造物一样有上帝作为自己的创造者，而且他也有上帝做兄弟。

但是，这样一来，这个卑微的基督徒岂不是被提升得很高了？是的，他确是如此，某种被如此提升的东西，以至于你在你的视野里根本就看不见飞鸟了。他，就像飞鸟，卑微而没有卑微之忧虑，在某种意义上是被压着（飞鸟没有这压力），因为意识到自己的卑微而被压，——然而他却仍被高高提升起来。但是，他不谈论这卑微，永远都不会伤心，这卑微只让他想起那榜样，而他所想着的是那榜样之崇高，——而在他这样做的时候，他自己就大致地与这榜样相像了。

但是，那卑微的异教徒，他则有着这忧虑。

卑微的异教徒，他在世界中没有上帝[37]，因而在本质上从来就不是自己（一个人只有通过"去在上帝面前是自己"，才会是自己），因而也就从来不为"是自己"而心满意足，而在一个人不是自己的时候，他当然不是心满意足的。他不是他自己，不心满意足于"是自己"，也不像飞鸟那样是他所是，——他对"他所是"不满意，他叹息自己的

第一部分　异教徒的忧虑

命运对于他自己是一种厌憎之物，并且，他抱怨自己的命运。

那么他是什么？他是卑微者，绝非别的，就是说，他是那"其他人们"把他弄成的东西，是他通过"只为其他人们而在"而把自己弄成的东西。他的忧虑是："是乌有"，对，"什么都不是"。所以，这就绝不是：他像那"是其所是"的飞鸟。因此，他的忧虑就又是："在世俗世界里成为某物"[38]。他认为，"在上帝面前存在"，这就是"不是某物"[39]，——在世俗世界里，与其他人们相反，或者与其他人相比较，这样子看起来也不怎么好。他认为，"是人"，这不是"可让人去是的某物"，——这无疑就是"是'没有东西'"；因为，在所有其他人们面前，这"是人"就根本不具备什么差异或者优越[40]。他认为，"是基督徒"，这不是"可让人去是的某物"[41]，——我们当然全都是这么一回事[42]。但是，去成为司法议员[43]，这则是"可让人去是的某物"[44]。在世俗世界里他首先就必须去成为某物[45]，"根本什么都不是"则是让他绝望的事情。

"这是令人绝望的事情"，他这样说，就仿佛他并非已经是绝望的。卑微的异教徒是绝望的，绝望是他的忧虑。人们设想，在每一个国家都正式规定，卑微者得免于去承担那些更优越者们所承担的各种负担。但是那绝望的卑微者，那异教徒，他想要（尽管他得免了）不得免，他扛起所有负担之中最沉重的一个。人们说，国王承担王冠的重量，高级官员承担的是政府行政责任的重量，那"许多人被托付给他"的人则有着监护的重量[46]；然而，国王却仍是国王，高官仍是高官，被托付者仍是被托付者。但是那绝望的卑微者，异教徒，他拼死拼活地拖着不属于他的重量，他，是的，这是疯狂，他在他无法承担的东西上过度用力。事情到底是怎样，那作为基石承担起所有其他人的是国王，抑或那承担起作为至高者的国王的是所有其他人[47]，这问题不是我们要在这里考究的；但是那绝望的卑微者，异教徒，他承担起所有其他人们。这一巨重的分量，"所有其他人们"，它重压着他，并且是带上了"绝望"翻倍的分量；因为，它压在他身上，不是由于"他是某物"[48]的观念，不，它压在他身上，是由于"他是乌有"的观念。确实，"想要让一个人在'是乌有'的境况中去承受起'所有人'的负担"，这是不人性的，从不曾有过任何国家或者社会如此不人性地对待某一个人[49]。只

59

有那绝望的卑微者,异教徒,是如此不人性地对待自己。他越来越深地沉陷进绝望的忧虑之中,但是他找不到任何立足点来承受,——他是"乌有",这是他通过关于"其他人们所是的东西"的观念而自己苦恼地意识到的。他在自己对"还是要去成为某物[50]"的痴愚努力之中变得越来越可笑,哦,不,变得越来越可怜,或者更确切地说,变得越来越不虔诚,越来越不人性;——这某物,即使它可能是如此微不足道,但根据他的概念,这某物是值得他"去是"的[51]。

这样,绝望的卑微者,异教徒,就沉陷在"比较"的极大重量之下,他是自己把这重量放在了自己的身上。这,"是一个卑微的人",对于卑微的基督徒来说,这对于他来说是属于"是基督徒"的一个部分,就像那字母之前几乎听不见的、轻微的送气属于这字母的一部分[52],而这字母在严格的意义上则是听得见的(同样,卑微的基督徒以这样的方式谈论自己的世俗卑微,他只在他说出自己是基督徒的时候谈论这卑微);——而这[53]对异教徒来说则是他日日夜夜的忧虑,这是他的所有努力所专注投入的对象。没有永恒之前景[54],从来就没有从天国之希望[55]之中得到过力量,从不是自己,被上帝离弃,他就是这样绝望地生活,就仿佛他是受惩罚被判刑要生活这 70 年[56]里,因关于"是乌有"的想法而饱受折磨,因他在对"成为某物"的追求之中毫无结果而饱受折磨。对于他,飞鸟没有任何抚慰性的东西,天国没有任何安慰,——而这也是理所当然不用说的:世俗生活对于他来说也不具备任何安慰。关于他,我们不能说他是被奴役捆绑而留在大地上,说他是被尘世生活的魔法说服,是这魔法使他忘记天国。不,更确切地说,倒是现世(Timeligheden),通过使他成为乌有,在尽全力地把他从自己身边推开。而他还仍是想要在最悲惨的境况之中让自己属于这现世;他不想摆脱它,他紧紧抓住这"是乌有",抓得越来越紧,因为他徒劳地在世俗的意义上试图成为某物,他带着绝望越来越紧地抓住它,——这是他直至绝望都不想要去是的东西[57]。这样,他不是活在大地上,倒好像是被向下投掷到地下世界之中。看,那个诸神所惩罚的国王,他经受着可怕的惩罚,每次他饥饿的时候,甜美的果实就显现出来,但是在他抓向它们的时候,这时,它们就消失了[58]。这绝望的卑微者,异教徒,在自相矛盾之中远远更苦恼地受着煎熬。因为,在他,饱受了

"是乌有"的折磨，徒劳地试图去成为某物的同时，他在严格的意义上不仅是"某物"，而且也还是"许多"；这不是那些果实在避开他，这是他自己在避开，甚至是避开"去是他所是"。因为，如果他不是人，——那么，他就也无法成为基督徒。

然后，让我们在最后想一下飞鸟，这飞鸟是在福音里的[59]，并且也应当进入这讲演。卑微的飞鸟没有卑微之忧虑；卑微的基督徒是处在卑微之中而没有卑微之忧虑，然后——高高地被提升到所有的世俗的崇高之上；卑微的异教徒在忧虑之中则远远地在他自身之下，哪怕他是最卑微的人[60]。飞鸟不去准确地看它所是；卑微的基督徒准确地看他作为基督徒所是；卑微的异教徒凝视着"他是卑微的"，直至绝望。"什么……卑微……"，飞鸟说，"让我们永远都别去想这一类东西，我们飞离这一类东西。""什么……卑微……"，基督徒说，"我是基督徒！""唉，卑微，"异教徒说。"我是我所是，"飞鸟说；"我将成为什么，尚未显明[61]"，卑微的基督徒说；"我是乌有，并且我成为不了某物"，卑微的异教徒说。"我存在"，飞鸟说；"生命在死亡之中开始"，卑微的基督徒说；"我是乌有，在死亡之中我变成乌有"，卑微的异教徒说。与那卑微的基督徒比较，飞鸟是一个小孩子；与那卑微的异教徒比较，它是一个幸福的小孩子。就像自由的飞鸟——这自由的飞鸟在对"去存在"的喜悦之中向至高的天空翱翔，卑微的基督徒以同样的方式升得更高；像那被抓的鸟——它沮丧而恐惧地在捕鸟网上死命挣扎，卑微的异教徒也以同样的方式来剥夺自己的灵魂，更为可怜，是在乌有性的囹圄之中。根据基督教的学说只有一种崇高："是基督徒"的崇高；所有其他都是卑微的东西：卑微与高贵都是。在一个人是卑微者的时候，只有一条通往高贵的路："成为基督徒"的路。这条路飞鸟不认识，它继续是它所是。但也有着另一条路，飞鸟也不认识，异教徒是沿着这另一条路走的。飞鸟的"去在"的路是神秘的，它永远都不会被找到；基督徒的路已被祂找到，祂就是道路[62]，找到它是至福[63]；异教徒的路终结于黑暗，没有人沿着它找到归返的路。飞鸟避开了那条迂回的路，幸福地避过了所有危险；卑微的基督徒不沿着迂回的道路走，并且至福地被拯救进荣耀；卑微的异教徒选择迂回的道路并且"自行其道"[64]直奔迷途。

61

注释：

［1］［别操心忧虑你们将穿什么？——所有这些都是异教徒所求］ 由《马太福音》（6：25）和（6：32）拼出的句子。

［2］［麻雀被划分为灰麻雀和金麻雀］ 麻雀（Passer）是雀科的一个属，它被命名为所有鸟类群中最大的一种，包括差不多60种类；这之中包括诸如灰色麻雀或家雀（拉丁语：Persser domesticus L.）。麻雀一词也用于不同的鸣禽，例如，白颊鸟，这又包括例如黄鹀或金麻雀（Emberiza citrinella L.）。灰色麻雀的羽毛以灰色和棕色为特征，胸部为灰色，背部和翅膀为棕色，有明显的黑色条纹。黄鹀在羽毛中具有红褐色、绿色和黄色的特征。特别是雄性黄鹀，夏季的羽毛特征是：几乎完全黄色的头部，暖黄色的底腹部，胸部有一些橄榄绿和红棕色，红褐色的侧翼条纹。雌性黄鹀毛色更柔和，灰绿色和黄色的头部及浅黄色的底腹部，胸部和背部有灰黑色条纹。

［3］"去在（at være）"西方哲学之中常用到的动词不定式，英语是 to be，德语是 zu sein。

［4］"第一手的内容"，而不是"第二手的了知"。

［5］［不存在任何关于"在"或"不在"的问题］ 这里是指向哈姆雷特著名的"生存还是毁灭……"独白中的问题——"To be, or not to be, that is the question"（在抑或不在，是一个问题）。

哈姆雷特，莎士比亚著名悲剧《哈姆雷特》中的主人公。莎士比亚的英文版诞生于1600年前后。

当时丹麦文版是：*William Shakespeare's Tragiske Værker*, overs. af P. Foersom og P. F. Wulff, bd. 1 - 9 ［bd. 8 - 9 har titlen *Dramatiske Værker*］, Kbh. 1807 - 25, ktl. 1889 - 1896; bd. 1, s. 97：《At være, eller ei, det er Spørgsmaalet》。

当时的德文版是施莱格尔和蒂克的译本：*Shakspeare's dramatische Werke*, overs. til ty. af A. W. Schlegel og L. Tieck, bd. 1 - 12, Berlin 1839 - 41, ktl. 1883 - 1888; bd. 6, 1841, s. 63：《Seyn oder Nichtseyn, das ist hier die Frage》。

"在或是不在"是按中文版黑格尔著作（商务版）中的术语翻译。哈姆雷特的独白在莎士比亚的悲剧原著之中是在第三幕第一场。在中文中，一般都按朱生豪译本说成是"生存还是毁灭"。

［6］就像英语的 be，丹麦语的 være 作为联系动词是"是"，作为不及物动词则是"在/存在"。这里是 være 的现在时形式 er："它是（er）它所是（er），但是它在（er）"。

[7][帝王鸟] 也许是指鹰。

[8][在草秆上高高地站着,有着高贵卓越的姿态] 在丹麦文版中只有前半句"在草秆上高高地站着",这"在草秆上高高地站着"在丹麦语中是一句成语,就是表示"有着高贵卓越的姿势"的意思,因此译者把这两句都放在这里。

[9] 在这里,译者把丹麦语的"for Gud"翻译成"在上帝面前",但它在丹麦语中也有"为上帝"的意思。

在德文版译本中,Hirsch 同时翻译出了这两个意思,——他把丹麦语的"for Gud"翻译成德语"vor und für Gott",并且做了一个注释,提醒读者,这解读是开放的:

Im Dänischen fallen "vor Gott" und "für Gott" in einen Ausdruck zusammen. Die Übersetzung muß da, wo Kierkegaard an beide Bedeutungen zugleich denkt, den Doppelausdruck "vor" und "für" einsetzen. Da, wo die Übersetzung sich für eine der beiden Möglichkeiten entscheidet, steht dem Leser das letzte Urteil frei.

[10]"在自身"并且"为自身":亦即"自在"并且"自为";这个"在"和"为"都是德国唯心主义哲学中的概念。而丹麦语"在上帝面前"的"在……面前"也是"为",所以,这讲演中的"在上帝面前"也可以有着"为上帝"的意思。在 Hirsch 的德文版译本之中,他同时翻译出这两个意思,——他把丹麦语的"for Gud"翻译成"vor und für Gott"。参看前面的注释。

[11] 这个"在(Væren)"就是前面句中的"是"(飞鸟是它所是)。

[12]["一点"……"十点"] 带有数字的游戏之中的点数。诸如纸牌或骰子之类的数值。

[13] 在这里,译者把丹麦语的"for Gud"翻译成"为上帝",但它在丹麦语中也有"在上帝面前"的意思。参看前面的相关注释。

[14] 这一句译者有改写,直译的话是:卑微的基督徒,对立于自身的卑微,他是他自己,却不因此而痴愚地想要停止"去是那'他相对于其他人所是'的卑微的人"。

[15]"是所是"与"成为自我"的不同是:前者是生来就是其自身所是,后者是生来原本不是"自我",但却去成为"自我"。

[16][以上帝的形象创造出来的] 《创世记》(1:26—27):"神说,我们要照着我们的形象,按着我们的样式造人,使他们管理海里的鱼,空中的鸟,地上的牲畜,和全地,并地上所爬的一切昆虫。神就照着自己的形象造人,乃是照着他的形象造男造女。"

[17][上帝曾生活在大地上] 亦即耶稣,道成肉身。

[18][他让自己出生在卑微而贫困的境况之中] 指向耶稣在马槽里出生,

参看《路加福音》（2∶7）。

[19]［在耻辱之中］　也许是指向马利亚处女受孕产子。参看《马太福音》（1∶18—19）。

[20]［作为孩子，与一个被称作是他父亲的淳朴的人和他的母亲那遭鄙视的处女生活在一起］　就是说，与木匠约瑟夫生活在一起。参看《马太福音》（13∶55）、（1∶18）和（1∶24—25）。

[21]［以奴仆的卑微形象］　指向《腓立比书》（2∶6—11）中保罗写关于耶稣："他本有神的形象，不以自己与神同等为强夺的。反倒虚己，取了奴仆的形象，成为人的样式。既有人的样子，就自己卑微，存心顺服，以至于死，且死在十字架上。所以神将他升为至高，又赐给他那超乎万名之上的名，叫一切在天上的，地上的，和地底下的，因耶稣的名，无不屈膝，无不口称耶稣基督为主，使荣耀归与父神。"

[22]［被作为罪犯钉上十字架］　可参看《路加福音》（23∶31—33）。

[23]［为自己留下一个名字］　指向《腓立比书》（2∶6—11）中保罗写关于耶稣。这一章的第九句是"神将他升为至高，又赐给他那超乎万名之上的名"。

[24]［以他的名来称自己］　就是说，称呼自己为基督徒。见《使徒行传》（11∶26）："他们足有一年的工夫，和教会一同聚集，教训了许多人。门徒称为基督徒，是从安提阿起首。"

[25]［祂选择最普通的阶层中的卑微的人们来作自己的门徒］　根据福音书叙述，十二门徒中有好几个是打鱼的（《马太福音》4∶18—22），而马太则是税吏（《马太福音》9∶9）。

[26]［祂在交往之中找那些世俗世界所排斥和鄙视的人们］　在《马太福音》、《马可福音》和《路加福音》有着这方面的叙述，说及耶稣与税吏和罪人们的交往。

[27]［想要高高地提升起他］　有几次人们想要让耶稣作他们的王。参看《约翰福音》（6∶14—15）和《路加福音》（19∶28—40）。

[28]［想要尽可能贬低祂］　指耶稣被抓后受人们讥笑戏弄、被穿上紫红袍、戴上荆冠，并且在最后被当作罪犯钉上十字架被路人嘲笑。

[29]［祂自己让自己的降贬］　参看《腓立比书》（2∶6—11）。

[30]［他们被逐出会堂，正因为祂帮助了他们］　参看《约翰福音》第九章。

[31] 这里译者根据汉语习惯作了改写。在原文中是动词"对……忠诚"，译者改成了"对……的忠诚"。这样，"一直保持着对……忠诚、保持着对……忠诚、保持着对……忠诚"被改作"一直保持着对……的忠诚、保持着对……的忠诚、

第一部分　异教徒的忧虑

保持着对……的忠诚。"

[32] 丹麦语的介词"for"有着"为……"和"在……前"的意思。这一从句，Hong 译作"that this prototype exists right before him"（这榜样正在他面前存在）；而 Hirsch 则译作"daß dies Vorbild eben für ihn da ist"（这一榜样正是为他而存在的）。

[33] 这一从句，Hong 译作"that the prototype exists before him"（这榜样在他面前存在）；而 Hirsch 则译作"daß das Vorbild für ihn da ist"（这一榜样为他而存在）。

[34] 这一从句，Hong 译作"that this prototype is before you"（这榜样在你面前）；而 Hirsch 则译作"daß dies Vorbild für dich ist"（这一榜样是为你的）。

[35] [要在彼世才显现于其荣耀之中]　可以参看，比如说《约翰福音》（17：5）和（17：24），耶稣祈祷上帝："父阿，现在求你使我同你享荣耀，就是未有世界以先，我同你所有的荣耀。"和"父阿，我在哪里，愿你所赐给我的人也同我在哪里，叫他们看见你所赐给我的荣耀。因为创立世界以前，你已经爱我了"。也参看《马太福音》（19：28）和（25：31）。

[36] [与上帝的亲缘关系]　在《使徒行传》（17：29）中，保罗说："我们既是神所生的……"

[37] [在世界中没有上帝]　《以弗所书》（2：12），保罗写给以弗所人说：那时仍是异教徒，"那时你们与基督无关，在以色列国民以外，在所应许的诸约上是局外人。并且活在世上没有指望，没有神。"

[38] 亦即，在世俗世界里成为什么。为方便理解，译者可以再用一句口语来说一下这句话：在这个世界里成为一个了不起的人物。

[39] 也就是说，"什么都不是"。

[40] 就是说：在这"是人"这件事情上就根本没有什么与别人的有差异或者优越于别人的地方。

[41] 就是说：算不了是什么人物。

[42] 丹麦是基督教的国家。所以几乎所有人都称自己为基督徒。

[43] [司法议员]　在王权独裁政府制度设立之后，（自 1661 年起）司法议员（justitsråd）被用作最高法院成员的头衔，之后又被用在更广的范围里。有五级第 3 号司法议员和四级第 3 号真正司法议员的区别。但有此头衔的人不一定真正和司法有关。

[44] 就是说：是个了不起的人物。

[45] 就是说：必须去成为一个了不起的人物。

[46] [人们说，国王承担王冠的重量……有着监护的重量]　这说法尚未得

65

［47］［那作为基石承担起所有其他人的是国王，抑或那承担起作为至高者的国王的是所有其他人］ 也许暗指克里斯蒂安五世的丹麦法律（1683年，引自正统更新的《经法学院审读的国王克里斯蒂安五世的丹麦法律》 Kong Christian den Femtes Danske Lov af det Iuridiske Fakultet giennemset, udg. af J. H. Bærens, Kbh. 1797），在第一条中指出，君主专制国王是"王权的正确不变的宪法"，就其本身必须被其臣民视为"地球上高于所有人类法至高无上的最高首脑"（第1卷，第1章，第1条）。另见王法（1665年，首次出版于1709年），第二条："丹麦的（……）君主专制下传承的继位国王，也根据这法律对于所有臣民被保持并被视为是地球上的至高首脑，除了唯上帝之外不能有任何首脑或审判者高于自身，不管是在教会事务还是在世俗事务中，都是如此。"

［48］就是说：他是个了不起的人物。

［49］译者在这里稍作改写。直译应当是：
确实，从不曾有过任何国家或者社会如此不人性地对待某一个人，如此地：这国家想要让一个人在"是乌有"的境况中去承受起"所有人"的负担。

［50］就是说，"还是要去成为一个了不起的人物"。

［51］就是说，他要"去是某物"，而这个"某物"按照他的概念是值的。

［52］那字母之前几乎听不见的、轻微的送气属于这字母的一部分］ 这里所谈的是希腊语语音中的情形。

［53］这个"这"是指"是一个卑微的人"。

［54］［永恒之前景］ 对永恒、对永恒之中将来的东西的期待。

［55］［天国之希望］ 对于天国（中的永恒生命）的希望。

［56］［70年］ 按传统的说法所给出的一个人的寿命，在《诗篇》（90：10）中有"一生的年日是七十岁。若是强壮可到八十岁。但其中所矜夸的，不过是劳苦愁烦。转眼成空，我们便如飞而去。"

［57］这东西——"这他直至绝望都不想要去是的东西"，也就是，"是乌有"。

［58］［那个诸神所惩罚的国王……就消失了］ 指向吕底亚的西皮洛斯国王坦塔罗斯的神话。为了测试诸神的智慧，他烹杀了自己的儿子珀罗普斯，邀请诸神赴宴。诸神令珀罗普斯复活并以永恒的饥渴惩罚坦塔罗斯，令他站在没颈的水中，当他弯腰，水就退去，因此他无法喝水；他的头上有伸向他的苹果树枝，一旦他伸手想摘果子，树枝就跳开，因此他摘不到果子。在荷马史诗《奥德赛》的第十一卷581—592句中有对此的描述。

［59］［这飞鸟是在福音里的］ 指向《马太福音》（6：26）。

［60］就是说，哪怕他是最卑微的人，也就是说是最低下的，由于他处于"卑

微之忧虑"之中，他就更低下，就是说，比"最低下的"还远远地更低下。

［61］［我将成为什么，尚未显明］　指向《约翰一书》（3：2）："亲爱的弟兄阿，我们现在是神的儿女，将来如何，还未显明。"

［62］［祂就是道路］　指向《约翰福音》（14：6）："耶稣说，我就是道路，真理，生命。若不借着我，没有人能到父那里去。"

［63］［找到它是至福］　参看《马太福音》（7：14）之中基督说："引到永生，那门是窄的，路是小的，找着的人也少。"

［64］［自行其道］　参看《使徒行传》（14：16），其中保罗说："他在从前的世代，任凭万国各行其道。"

IV 高贵[1] 之忧虑

别操心忧虑你们将穿什么？——所有这些都是异教徒所求[2]。

这忧虑是飞鸟所没有的。——但是高贵是一种忧虑吗？人们本来是应当相信，一个人站得越高，他就在越大的程度上得免了所有忧虑，他周围就有越多的人，他们唯一所做的事情就是留意关注并且忙于保持让他得免于所有忧虑。唉，像福音所说的那样，说高贵之忧虑与卑微之忧虑完全是同一回事，这当然也不是什么不真实的尖刻之语。因为，高贵和权力和荣誉和名望作为随从仆役提供它们的忠实服务，这随从仆役要保护地位高贵者，不能够让任何忧虑靠近他；它们简直就像是跪着为它们的忠诚发誓。哦，但是，高贵者没有勇气去与这个侍卫断绝关系，这侍卫为了安全的缘故要形影不离地贴近着他，正是这安全使得他晚上无法睡觉。我们有这样一个故事，可以拿来作为象征性的寓言看：一个统治全世界的皇帝被一群统治皇帝的忠实侍卫拥围着；一个让全世界颤栗的皇帝被一群令皇帝在其面前身后颤栗的英勇侍卫拥围着。[3]

但是那总是高高在上的飞鸟却没有这种高贵之忧虑，既没有我们这里所无法谈论的一种忧虑，这种对于地位高贵者是一种荣耀，他挂念着那些被托付给他的人们的福祉（在这个小小的文本之中，我们一直保持只谈论一个人能够不具备的忧虑，是的，是应当不具备的，而不是谈论那种"一个人作为基督徒不得不具备"的忧虑[4]），也没有这里所谈的地位高贵者的忧虑。飞鸟几乎就不会想到要为自己谋生，更不会想到它要去为别人谋生；飞鸟带着完全的无辜说出自己与其他飞鸟们的关系："我是我兄弟的看守者吗？"[5]任何飞鸟都不会去想，即使是那飞得最高的，它也不会去想，它要被置于如此之高以至要去统治其他鸟。但这样它就也没有任何忧虑，不会去想其他鸟是不是向它展示那种义务性的关注、或者它们是不是拒绝它义务性的关注、或者它们是不是也许甚至会把它从高位之上推翻——任何鸟都不曾被置于如此之高。

然而每一只鸟都是高的；但仿佛每一只鸟在本质上都被置于同样的高度。这一天上的介于众鸟之间平等性，或者它们在天穹之下同样的高位，与"永恒生命之高"有着某种共同点：同样都是没有高低之别，但却有崇高。所有鸟都是高的，但相互而言没有一只是高的。在天穹之下，每一只鸟都有足够的位置，可让它飞到它愿意飞到的高度上；而那在地上走着的鸟，在根本上也是在这高度上。对此飞鸟不会有其他的理解。如果有人对它说："但如果你不是比其他鸟更高的话，那么你在严格的意义上就并不高。"那么飞鸟就会这样来回答，"那又怎样，难道我不高吗？"——然后飞鸟飞得很高，或者它就留在地上，但它是高的，并且意识到自己的高度。因此它在高之中没有高之忧虑，在高之中并不高过任何鸟，——天穹之下有太大的空间，——或者说，没有小气之空间。

看一下那只飞鸟吧，它是怎样高高地站在云中，如此平静，如此骄傲，没有任何一个动作，它甚至不通过扑翅来保持自己的高度。如果你，也许已经做完了你的事，在几个小时之后回到同一个位置，看它：它在空中没有变化，它骄傲地依托于自己展开的双翅，它并不摆动双翅，与此同时，它俯瞰着大地。是的，以未受训练的肉眼在空中和水上测距离是难的，但是它也许就是没有改变一尺半米的位置。它站着，没有立足点，因为它站在空气中，如此平静地在高处，——现在我要说，就像一个统治者，或者说，难道会有什么统治者能如此平静？它什么都不怕，它看不见任何危险，它在自身之下看不见深渊，它的眼睛绝不会在这高度晕眩，它的目光从不迷蒙，唉，可是就没有人具备如此清晰而敏锐的视觉，甚至那"在卑微之中嫉妒着高贵"的人也不具备这视觉。那么，又是什么东西使得它在这高之中如此平静？就是这高。因为在高之中，就其本身而言不存在任何危险，在高之下不存在深渊。只有当在这高之下有着一种比它更卑微的高并且有更多依次排列的时候，简言之，只有当在它之下有着他者的时候，那么，在它之下就有了某种东西，那么在它之下也就有了深渊。但是，对于飞鸟不存在更卑微者，因此，它在高之中，身下没有深渊，因此没有忧虑，这忧虑随深渊来并且出自深渊。

69

在高之中的飞鸟并不高于任何他者，因此就没有高之忧虑。授课师就是如此，这里是授课的切入点。以这样的方式在高之中，可以没有忧虑地在高之中。如果有人说"以这样的方式'在高之中'就根本不是'在高之中'，谈论'飞鸟之高'就只是一种词语的游戏"，那么这就显示了：他是不愿意学，他是一个不愿意在上课时安静坐定但却要去打扰课程的淘气孩子。因为，确实，如果他不愿意努力去理会飞鸟，如果他不是在学习中改变自己的观念去与飞鸟的教学看齐，而是教训飞鸟，要求它有他的观念，因此也就不承认飞鸟是授课师，那么他就不可能向飞鸟学到什么，并且，为了飞鸟的荣誉要说一下，这确实是唯一一种"一个人以之无法向飞鸟学习任何东西"的方式。但是，那想要学的人，他学到了，关于"高"：一个人真正能够让自己没有高之忧虑的唯一方式就是，"在他处于高之中的时候，他并不比任何人更高"。

卓越的基督徒没有这一忧愁。

什么是卓越的基督徒？是啊，如果你以世俗的方式问，他是不是国王或者皇帝或者杰出人士或者高头衔人物等等诸如此类，那么，在一般的意义上回答这个问题当然就是一种不可能。但是，如果你以基督教的方式问，那么回答就很容易：他是基督徒。他作为基督徒知道"在他要同上帝说话的时候关上门[6]"，——不是因为不该有人知道他与上帝说话，而是因为不该让任何事情任何人来打扰他与上帝说话；在他与上帝说话的时候，他放弃掉所有世俗的东西、一切不真实的富贵荣华，而且也放弃掉所有幻觉的虚假。

他相信，在天上有一个上帝，对于上帝，人的声望不存在[7]，如果我们这样想，那统治着全人类的人，对上帝来说，丝毫不比最卑微的人更重要，也不比落在地上的麻雀[8]更重要。因此，他明白，这是一个幻觉：因为他在生命中的每个瞬间以无数方式因"他对所有人或者如此无数多人很重要，并且对许多人来说，他简直对他们的生命就是很重要的"的想法而感觉到自己的生命感情得到强化，因为在活着的生命之中他享受着"自己是不可或缺的"这一生命之提升感和对于"自己将在死后被怀念"的丰富预感，所以他的生命对上帝来说也会是更重要的；因为对于上帝，他并不比落在地上的麻雀更重要，——不管他是人世间曾有过的最强大的人，抑或他是曾生存在人世间的最智慧的人，抑或他是随便怎样的某一个人。他相信（不是去留意那关于"许多离开他无法生活的人"的各种说法），是他自己，为了生活，每一瞬间，是的，每一分钟都需要这个上帝，没有这上帝的意愿固然任何麻雀都不会落在地上[9]，而没有这上帝也不会有任何麻雀进入存在或者存在。因此，如果我们其他人有不一样的理解，认为人们为他而祷告是因为我们需要他、需要他活着，那么，他对于上帝的理解则不是如此，他认为恰恰因为他的任务是不可比拟之重大的任务，他比任何别人更需要有人为他祷告[10]。他相信，在天上住着一个不变的上帝[11]，这上帝想要自己的意愿，即使一切东西都站起来与他作对，对于他也不会有任何意味；一个不变的上帝，他想要顺从，在至大的事物和在极小的事物之中，都是这同样的上帝，在最全面的世界历史的伟绩的最微不足道的琐碎之中和在最日常的事务之中，那曾生活在人类史上的最强有力的人的同样的上帝，最卑微者的同样的上帝，全部大自然的同样的上帝，如果没有他的意愿，任何东西、任何事情都不会被允许发生。因此，如果有人想让他以为，因为他所说的权柄之语句足以启动万物，是的，几乎去改造世界的形象，因为千万人需要他并且渴求见到权柄之微笑，所以上帝也会特别地待他，这强大的人，不同于上帝对待每一个人，无条件的每一个其他人，这不变的上帝在对待他时不会是那同样的不变者，不会是像"那永恒的"那样毫无变化，不会比山崖更恒定不变，那么，他就明白，这就是一种幻觉，——而相反，确确实实的是，这不变的上帝全能地能够做一切，而更可怕的是，能够通过一句全能[12]之语句改变一切，改变王位和政权，改变天和地。他相信，在这个上帝面前，他是一个罪人，并且，不管这个罪人是什么人，这个上帝对罪都同样地严厉。因此，如果有人想要让他以为，因为几乎没有人能够概观他的管理、概观他所做错和疏漏的事情，因为没有人敢审判他，因此公正的上帝[13]（对于这上帝而言，"最强大的人犯罪"并不比"最卑微者犯罪"更重要，不管从人类的角度说各种后果的差异有多大，"最强大的人犯罪"并不比"最卑微者犯罪"更可宽恕）惊骇于人的力量而会不能够，或者会不敢去根据律法的严厉来审判他，那么，他就明白，这就是一种

71

幻觉。他相信，他在每一个瞬间都需要仁慈的上帝的宽恕。因此他相信，上帝曾以卑微的形象行走于大地[14]，并且以这样的方式把所有世俗权柄与势力判作"就其本身什么都不是"的乌有。他相信，正如，如果不重新变得像小孩子，任何人都无法进入天国[15]，同样，如果不是作为卑微者、作为那知道"自己就自己本身而言是乌有"的人，任何人都无法走向基督。他相信，即使基督没有选择卑微的人们作为自己的门徒，而是选择了卓越的人们，那么这些人也首先必须成为卑微的人才能够作为他的门徒。他相信，对于基督，人的声望不存在[16]，因为对于基督只有卑微；他相信，正如健康的人从不曾也绝不会因基督而得救[17]，同样也绝不会有任何卓越的人作为卓越者而得到拯救，只有作为卑微者才得到拯救。因为，除非是有着卑微的人的品质或者是作为卑微的人，任何人都无法成为，也无法是，基督徒。

"这样的话，那卓越的基督徒是不是就同卑微的基督徒一样卑微？"是啊，他确是如此。"但是，这样一来，那卓越的基督徒其实在根本上不知道他有多么卓越？"对，他其实在根本上不知道。"但是这样一来。这讲演就是通过'不谈论世俗的高贵、不谈论头衔和地位及关于它们的忧虑'来欺骗了读者！"这样说，是的——然而还是不对，这讲演没有欺骗，因为卓越的基督徒没有这一忧虑——这讲演所谈的正是这个，谈关于"他没有这一忧虑"。哪一个讲演更真实地表达出这一点：是那担保并且反复担保"他没有忧虑"的讲演，还是那通过谈论"那真正地令卓越的基督徒投入的事情"——"卑微"、恰恰是借助于沉默来让人明白"他根本没有上面所说的那种高贵之忧虑"的讲演？

一个人只能够作为卑微的人，或者具备卑微的人的品格，而成为或者是基督徒。这"去成为基督徒"（以这样的方式，"去是基督徒"也是如此）当然是一种想法，但这是一种双重的想法，因此这想法有双重的景象。因此那令卑微的基督徒理解自己的高贵的与令卓越的基督徒理解自己的卑微的，是同一种想法。卓越的基督徒让观念（基督教的观念）把权力与高贵（世俗的高贵）从他那里拿走，或者，他把自己交付给这观念的力量；由此他变成了这卑微的人，一个人为"成为基督徒"或者"是基督徒"所必须是的——卑微的人。如果一个演员，因为他昨天晚上演了国王，就想要在街上到处走并且做国王，那么，我们就全都会笑话他。如果一个小孩子在与同龄伙伴一起玩的游戏之中是"皇帝",如果这孩子想要跑到成年人这里来,也把自己说成是皇帝,那么,我们就全都会笑话这孩子。为什么?因为戏剧和孩子的游戏是一种非现实。但是,这"在现实中是卓越的",按基督教的理解,也不是现实;这现实是"那永恒的","那基督教的"。真正的高贵是基督教的高贵,但是在真正的基督教的高贵之中,任何人都不比别人更高贵。因此,这"是卓越者"与真正的高贵比较就是一种非现实。因此,卓越的基督徒本人(因为,如果其他人想要这么做的话,那么这做法既不属于基督教也不具备基督教的认同,而只会是属于"目无神明的世俗性"的可恶的无礼行为)取笑世俗的高贵,取笑自己所谓的真正的高贵,按基督教的理解,这做法是对的,因为只有基督教的高贵才是真正的高贵。

然而,难道这"成为基督徒"(我们当然是谈论那卓越的基督徒)对于卓越者不是比对于卑微者更艰难?对这个问题,圣经回答说,是更艰难[18]。人们确实会认为,"成为基督徒"对于卑微者和对于卓越者必定是同样容易和同样艰难,因为,人们说,我们所谈论的卑微不是外在的卑微,而是一种内在的,一种对于"自己的卑微"的感受。卓越者完全就能够像卑微者一样地具备这感受;"那基督教的"是一种精神的权力[19],太精神性,因而不会去谈论外在的卑微。现在这情形也是如此。然而圣经,也许是出于谨慎和对人心的认识,则也以另一种方式来谈论"按着本义地作一个卑微的人",并且以这样一种方式,也谈论比所有的言辞和表述更强有力地作见证的榜样。因为"祂"生活在真正的世俗的卑微之中;因而,祂在祂决定作为榜样的时候没有选择"是一个卓越者,但在其内在之中却是卑微的人"。不,他按着本义地是卑微的人,完全不同于"一个国王在一瞬间之中放下自己的威严,——为宫廷人员所知,因而就更加尊贵",他对自己的谦卑有着另一种完全不同的严肃。[20]

看,在精神之生命的方面也有着某种就像"'拼写'相对于'完整阅读'"那样地对应着的东西。我们拼写,我们慢慢地向前,把单个的细节明确可辨地相互拆开,以便不在最后让全部生命的内容变成"被扬弃的诸环节(ophævede Momenter)"[21]而把生命弄成是一次空洞的扬而弃之（ophævelse）[22]。相对于"成为基督徒"，"拥有外在之优越"的情形也是如此。基督教从不曾教导说"按着本义地是一个卑微者"完全就同义于"是基督徒"，也没有教导说"按着本义地是一个卑微者"是立即通向"成为基督徒"的直接过渡；它也没有教导说"如果一个这样的世俗卓越者放下了自己的所有权力，他也因此就是基督徒"。但是，从"按其本义的卑微"到"成为基督徒"则只有一条通道。"按着本义地是一个卑微者"不是通往"成为基督徒"的"不幸入口"；"拥有外在之优越"是一条绕行的弯路，对于那更焦虑的人，它使得一种"双重的入口"成为必要。在那种严谨的科学之中，人们谈论说"一条辅助线"，你自己画一条所谓的辅助线；你当然也可以不用辅助线而为这命题作出证明，但你加辅助线——不是为了这证明的缘故，而是为了帮助你自己；需要辅助线的不是这证明，需要它的是你自己。同样，那"拥有外在之优越"的人通过"按着本义地变得贫穷、被鄙视、卑微"来帮助他自己。如果他不这样做，那么他就必然在内心之中更忧虑地监视着自己，这样他才敢相信自己，他才确知"没有，没有任何来自'所有这外在的卓越和高贵'的东西以这样的方式使他盲目，而令他无法轻易地在人众之中让自己是卑微的人"。

　　我们无法否定，以这样的方式，这也是可行的。基督教从来就不曾无条件地要求什么人说，他应当按着本义地放弃外在之优越，它更多地是向他建议了一条小小的谨慎规则。难道他认为不需要这规则，就像在上面所说的"人们焦虑地为自己拼写出字词来"的时代里人们这样认为？哦，多么艰辛的生命啊，以这样一种方式在高贵之中，被所有诱惑性的事物环拥着，要完全对自己确信，这样，一个人能够轻易地去让自己甘于是简单的劳作之人，——因为，对于这个人来说，这"去是基督徒"是无限地重要的事情，乃至他自然就在最严格的自我考验之中让自己确定了：所有这些诱惑性的事物丝毫都愚弄不了他。如果一个人住在火药库房里，带着火和灯，这需要怎样一种极致的谨慎啊，而在这样一种诱惑性的环境之中，要"去是基督徒"，这又需要怎样一种艰辛的谨慎啊！

　　哦，以这样的方式生活，这是多么艰难的生活啊！如果你想一下，在前面的讲演之中所说及的"从卑微出发去到达基督教的高贵"，比起这里的"从世俗的高贵出发经过卑微而达到基督教的高贵",前者是在怎样的程度上远远容易得多,那么,这一比较就只能够算是对这种生活的日常艰难的一种微渺的暗示。但是卓越的基督徒以这样的方式生活。他有着权力、荣耀和声望,拥有着世俗的优越,但是他就像是那不具备这一切的人那样[23]。他看着自己周围的所有这一切,它们如何地像在一种魔法之中,只是等待着他的一种表示,只是等待着,他将会想要什么,——但是,他就像那不看这一切的人那样,他是处在一种更高的魔法的力量之中。他听见所有这些,也许几乎总是恭维,但他的耳朵是塞住的。所有这一切对于他就只像是"在戏中作国王",就只像是孩子在游戏之中作皇帝的情形,——因为,他是基督徒。

　　作为基督徒他是处在真正的高贵之中。因为,按基督教的理解,在上帝的国中,一切恰如同在天空之下:那里,所有人都在高之中,但不会比任何人更高。飞鸟是在高之中不被任何别的鸟更高;而卓越的基督徒则是,尽管在世俗的高贵之中被提高到其他人之上,但在高之中却不比任何人更高贵。因此,他没有高贵之忧虑;因为,如前面所说,以这种方式,一个人可以是这样的。在一个人以这种方式处于高贵的时候,那么,他要么是一只飞鸟,要么——如果他是一个人,却也像这飞鸟,那么他就是基督徒[24]——这时,他在世俗的意义上是高贵者抑或卑微者,其实都无所谓。

　　　　卓越的异教徒,他有着这一忧虑。

　　卓越的异教徒是"在世界之中没有上帝"[25];如果说卓越的基督徒对自己的世俗高贵是无知的,那么,异教徒就对"什么是真正的高贵"是无知的。除了这世俗的高贵,他不认识任何别的高贵,而真正的去知道"它是什么",是不可能的,因为它就其本身只是虚假、浊气和幻想,从它那里,除了"它就是这个"这一认识之外,我们不可能得到任何别的真理认识。他从根本上了解关于"高贵、更高贵、最高贵和最最高贵"的知识,但他不知道,所有这一切的根本就是乌有,因而他所知的一切就是乌有。现在,他在这一乌有之中有着他的位置。它在什么地方,他是借助于乌有性内部的定性来决定的。人们谈论一场睡梦之中的死亡旅行，——睡梦者气喘吁吁，但他就是没有出发。卓越的异教徒的情形也是如此。有时候他登入高贵，有时候他沉落，他欢呼，他叹息，他喘气，他呻吟，但是他出发不了；有时候有另一个人在高贵之中攀登到他之上，有时候有一个从高贵之上落下，——然而没有任何东西，没有任何东西能够，哪怕是这最后的情形都不能够，把他从睡梦之中唤醒、把他从幻想之中拉出来、使他睁开眼睛看见这一切都是乌有。然而，这会是乌有吗？我们只须看一下他，他是怎样挣扎、斗争、欲望、追求并且从来就不让自己得到一瞬间的休息的，他收买了多少人来为他做事，他联合了多少人来让他们可以来帮他去抓住他所渴求的东西，难道还需要更好的证据来证明这不是乌有？难道这仍还是乌有，难道这"乌有"能够以这样的方式启动？那么，那个忙碌的人就必定是错了，——他得出结论说，他有这么多事务要打理，因为他雇了四个文书，而自己则没有时间去吃喝。[26]

　　卓越的异教徒就是以这样的方式生活在高贵之中的。在高贵之中有许多人在他之下，这是他很清楚地知道的；他所不知道的在他之下的东西，那就是在他之下还有一样东西：深渊。也就是，正如前面所说，如果一个人在高贵之中高于其他人或者有着其他人在自己之下，那么他就也有深渊在自身之下；因为，如果一个人以这样一种方式处于高贵之中，那么他就只能是处在世俗的高贵之中。卓越的异教徒，除了世俗的高贵，他不知道任何别的东西并且也不去想任何别的东西，因而他在自己这里并没有关于"那真正的高贵"的知识能够来使他在对"那世俗的高贵"的无知之中悬浮起来。他没有，他在自身之下有着深渊；忧虑从这深渊之中攀爬上来，或者他沉陷进忧虑之中。

　　那么，这忧虑又是怎样的一种忧虑？一种渴求在越来越大的程度上成为——乌有；因为这一切就是乌有。一种"在高贵之中攀爬得越来越高"的渴求，这就是，"在深渊之忧虑[27]之中沉陷得越来越深"，——因为，世俗的高贵之忧虑除了是深渊之忧虑之外又能够是什么呢？那么，这忧虑又是怎样的一种忧虑？这忧虑是：唯恐有人会以诡计、以权力、以谎言或者以真相来从他那里把这幻想剥夺走。因此，他会通过一切方式来让他自己得到保障；因为，他到处都看见危险，到处都看见追击，到处都看见妒忌，到处都看见鬼魂——正如事情自然就是

第一部分 异教徒的忧虑

如此，因为，即使是那能够在最黑暗的黑夜里把一个满心恐惧的人的所有幻觉都吓跑的可怕情形，也比不上"在一种幻想之中有各种恐怖"那样可怕。

于是，忧虑在最后吞咽下自己的猎物。正如无髓的朽木在黑暗之中发光[28]，正如浊气的鬼影[29]在雾中造出幻觉，同样，他在他这种"世俗高贵"的光辉之中为其他人们而存在；但他的自我并不存在，他的内在本性在乌有性之差役中被侵蚀并失去精髓。虚妄之奴隶，没有对自己的支配，在令人昏晕的世俗性的控制之下，他凄惨地停止"是人"。在他的内心深处，他就像是已经死去，但是他的高贵却在我们间如鬼魂般游荡——它活着。在你与他说话时，你与之说话的对象不是某个人；在他对高贵的追求之中，他自己成了那他所渴求的东西；作为人他只是被视作是一个头衔。内在之中只有空洞与虚妄，是的，什么都没有；但表象在那里，虚妄的表象，它佩戴着"世俗的高贵"的各种荣耀标志，路人会向这些标志表示出自己的敬意，——而他则佩戴着所有这高贵，大致就像那些在葬礼上安置他各种勋章的衬垫[30]。哦，看一个人在卑微与悲惨之中几乎无法被辨认、看这悲惨，以至于你几乎无法分辨出这人，这是可怕的；但是，看人类的高贵，并且看，这不是人，这则是令人毛骨悚然的。看一个人作为一个"他从前的高贵"的影子到处游荡着，这会是可怕的；但是，看世俗的高贵并且在里面几乎连一个人的影子都没有，这则是令人毛骨悚然的。死亡不会来把他弄成乌有；他无需被埋葬；就在他还活着的同时，人们就已经能够这样说他，就像我们通常在墓前所说的：看这里，世俗的高贵！

然后，让我们在最后想一下飞鸟，这飞鸟是在福音里的[31]，并且也应当进入这讲演。飞鸟是在高之中没有高的忧虑；卓越的基督徒是，在世俗的高贵之中被提高到其他人们之上，在高贵之中没有高贵之忧虑；卓越的异教徒应归入忧虑之深渊，他其实不是在高贵之中，而是在深渊里。飞鸟在高之中；卓越的基督徒在那高贵之中；卓越的异教徒则在深渊里。飞鸟之高是基督徒之高贵的一个象征，而基督徒之高贵则是飞鸟之高的般配；它们带着无限性之差异在理解之中相互对应；你通过理解基督徒的高贵来理解飞鸟的高，并且，通过理解飞鸟的高，你理解基督徒的高贵。异教徒的高贵，不管是在天空之下还是在天上，都没有归属之处。飞鸟之高是影子，基督徒之高贵是现实，异教徒之高贵是乌有性。飞鸟在自身之中有空气，因此它保持让自己在"高"之中；卓越的异教徒在自身之中有空虚，因此他的高贵的情形是一个幻想；卓越的基督徒在自身之中有信仰，因此他在那高贵之中翱翔在"世俗的高贵"的深渊之上。基督徒在自己的高贵之中绝不忘记飞鸟，它对于他比航标对于水手所意味的更多，授课师，唉，又是它，在它向弟子叫喊着"在你的高贵之中想着我"[32]的时候，弟子已经将它远远地留在了身后；卓越的异教徒从来看不见飞鸟。飞鸟在"高"之中，然而在严格的意义上是在向"那高"的半途中；如果它能够明白这个，它就会下沉。基督徒明白这个，恰恰因这一"明白"，他达到了"那高"。然而，根据基督教的学说，只有一种高贵：它就是"是基督徒"，——并且一种深渊：异教；前者是任何飞鸟都绝达不到的，而后者则也是飞鸟绝不会飞过的。这一深渊是任何飞鸟都无法飞过的，如果要飞向它，飞鸟就必定会半途死去；这一高贵是任何飞鸟都达不到的，飞向它，飞鸟只是在半途中。以这样的方式，飞鸟在自己的"高"之中是幸福的，对深渊一无所知，但对那至福也一无所知；基督徒在自己的高贵之中是至福的（salig）；卓越的异教徒则无福地（usalig）迷失在深渊之中。

注释：

[1] 这篇讲演中所用的"高贵"这个词其实与"高"是同一个词。作为丹麦语 Høihed 的翻译词，其实"高"更准确，但是为了在汉语之中更上口，因而译作"高贵"。特此说明：飞鸟的"高"和卓越者的"高贵"是同一个意思，本原都是丹麦语词 Høihed。

[2]［别操心忧虑你们将穿什么？——所有这些都是异教徒所求］由《马太福音》（6：25）和（6：32）拼出的句子。

[3]［一个统治全世界的皇帝……被一群令皇帝在其面前身后颤栗的英勇侍卫拥围着］指古罗马皇帝奥古斯都（公元前23—公元14年）所建立的皇帝侍卫队——罗马禁卫军。有时候禁卫军对选择新皇帝或推翻皇帝起到决定性作用。

[4] 译者在这里稍作改写，直译是："……而不是谈论那种'一个人不具备就不可能作基督徒'的忧虑"。

第一部分　异教徒的忧虑

［5］［我是我兄弟的看守者吗］　指向《创世记》（4：1—16）中关于该隐与亚伯的故事，其中第九句是："耶和华对该隐说，你兄弟亚伯在哪里？他说，我不知道，我岂是看守我兄弟的吗？"

［6］［在他要同上帝说话的时候关上门］　指向《马太福音》（6：6）："你祷告的时候，要进你的内屋，关上门，祷告你在暗中的父，你父在暗中察看，必然报答你。"

［7］［对于上帝，人的声望不存在］　在新旧约之中有许多段落提及上帝不以貌取人、不偏待人等。见《申命记》（10：17）、《历代志下》（19：7）、《约伯记》（34：19）、《使徒行传》（10：34）、《罗马书》（2：11）、《加拉太书》（2：6）和《彼得前书》（1：17）。

［8］［落在地上的麻雀］　指向《马太福音》（10：29）。

［9］［没有这上帝的意愿……任何麻雀都不会落在地上］　指向《马太福音》（10：29）。

［10］［有人为他祷告］　按照《丹麦圣殿规范书》（Forordnet Alter - Bog for Danmark, Kbh. 1830［1688］, ktl. 381, s. 218 - 220）的规定，在所有仪式中按规定要为国王和其他地位高贵的人们祈祷。

［11］［一个不变的上帝］　参看比如说《福音基督教中的教学书，专用于丹麦学校》（Lærebog i den Evangelisk - christelige Religion, indrettet til Brug i de danske Skoler），由1783—1808年间的西兰岛主教巴勒（Nicolaj Edinger Balle 1744 - 1816）和牧师巴斯特霍尔姆（Christian B. Bastholm 1740 - 1819）编写，简称《巴勒的教学书》。第一章"论上帝及其性质"第三段，§2："上帝是永恒的，他既不是初始也不是终结。他是恒定地不变的，并且总是如一。"

［12］［全能］　参看比如说《巴勒的教学书》第一章《论上帝及其性质》第三段"圣经之中所教的关于上帝之本质和性质的内容"§3："上帝是全能的，能够做一切他想做的事不费工夫。但他只做确定而好的事情，因为除了唯独这个之外，他不想要别的"。

［13］［公正的上帝］　参看比如说《巴勒的教学书》第一章《论上帝及其性质》第三段"圣经之中所教的关于上帝之本质和性质的内容"§10："上帝是公正的，并且想要维持自己的律法，这律法全都是为了有益于我们。因此他不仅酬赏那顺从他的人而且也惩罚那不顺从他的人们"。

［14］［上帝曾以卑微的形象行走于大地］　见前面"以奴仆的卑微形象"的注释。

［15］［如果不重新变得像小孩子，任何人都无法进入天国］　指向《马太福音》（18：3），之中耶稣对门徒说："我实在告诉你们，你们若不回转，变成小孩

79

子的样式，断不得进天国。"

［16］［对于基督，人的声望不存在］　　在新约之中有许多段落提及基督不看人的外貌，见《马太福音》（22：16）、《马可福音》（12：14）、《以弗所书》（6：9）和《歌罗西书》（3：25）。

［17］［健康的人从不曾也绝不会因基督而得救］　　指向《马可福音》（2：17），之中耶稣对文士说："健康的人用不着医生，有病的人才用得着。我来本不是召义人，乃是召罪人。"

［18］［圣经回答说，是更艰难］　　指向《马可福音》（10：23—25）："耶稣周围一看，对门徒说，有钱财的人进神的国是何等的难哪。门徒希奇他的话。耶稣又对他们说，小子，倚靠钱财的人进神的国，是何等的难哪。骆驼穿过针的眼，比财主进神的国，还容易呢。"

［19］"精神的（aandelig）"，在哲学的关联上，尤其是在德国唯心主义哲学的关联上，通常译作"精神的"；但在基督教的关联上，常被译作"灵的"。

［20］［他对自己的谦卑有着另一种完全不同的严肃］　　克尔凯郭尔在誊清稿子上删去了一大段，并且加了个标题"出自关于高贵之忧虑的讲演/（在异教徒的忧虑之中）"加到了日记 NB3 之中："……正是因此，在其他，自然也是更腐败和更世故，的时代，在人与人之间不像在我们这些正直而诚实的时代这样有着这么多的信任的时候，在人们不像在我们这些天真的时代里这么天真的时候，事情会是这样：人们在自己的内心之中对这些人间的保障，以及诸如此类，有着一点孩子气的怀疑。为了谨慎，人们只以很少的严肃待之（因为人们绝不会把这看成是'那至高的'或者'那决定性的'，相反倒是把它当成是一种新手的练习），人们确实地（就像基督在《马太福音》19：21 之中忠告富少年所说的）散尽自己的财富，按着本义地变得贫穷，人们真地放弃世俗的荣誉和声望并且按着本义地被嘲弄、被讥笑，也许就像圣经上所说的（《路加福音》18：32）那样被吐唾沫；人们真地放下世俗的高贵并且按着本义地变成卑微的人——被聪明的基督徒嘲笑；一个人疯狂得足以让自己去感觉到什么、痴愚得足以让自己被理解为'他明白圣经'，关于圣经的说法简直就是咬文嚼字地依据着圣经的措辞，而不是像那些聪明而受到了启蒙的基督徒那样异想天开地让圣经看起来变得什么都不是、以甚于任何异教徒的异教方式生活（像任何另一个异教徒一样或者比任何另一个基督徒更厉害地），更甚于任何异教徒地去拥有或者追求世俗财物、并且还是基督徒、也许甚至还是基督教牧师并且因而是通过这一有优势的生意来赚钱。在其他的、自然是全面地在谎言和诡诈和狡猾更为败坏地参与的时代，人与人的信任自然是被丧失了，在人的内心之中对这些人间的保障的怀疑很严重，诸如此类，事情就会是这样：在一个男人或者女人确定了自己所爱的只是一个人的时候，人就只爱一次；事情就会是这样：人们提出

要求,自然是考虑到了时代之腐败,要求外在的生活也表达出这个。但是,在我们的简单、正直而真诚的天真时代,就像财产安全已变得如此之大,以至于我们是否关上门都不会有什么两样,以这样一种方式,人与人之间的信任也已经在可能的程度上变得最大了,——在一个人做出这样的保证时,尽管他的外在生活表达了恰恰相反的东西,人们还是相信他,相互间的信任如此之大,以至于保险担保在严格的意义上不会使事情有任何不同。我们全都相互相信对方,我们在内心之中是诸如此类;我们几乎是由此得到娱乐,——然而,不,不开玩笑吧,在我们所谈的东西是关于时代之严肃的时候——我们精神性地把一种荣耀置于'我们的外在表达完全相反的东西'之中,因为我们自己知道并且相互知道'我们在内在之中是诸如此类';我们精神性地取笑那种对自己的不信任和怀疑——这种不信任和怀疑不得不让外在性来帮忙,因为我们对我们自己有足够的确信,能够肯定我们在内在之中是诸如此类。现在,在每一种情形之中,这样是完全舒适的,那么,每一家人家就都有必要设法让自己拥有一种这样的舒适"(1847年11月的日记 NB3:29, SKS 20, 258f)。

[21] [被扬弃的诸环节] 指向黑格尔的概念,一个"被扬弃的环节(aufgehobenes Moment)"。

"扬弃"是黑格尔辩证法的关键概念(Aufhebung),是指事物被否定,但不是被消灭,而是被包容在了新发展出来的事物中。可参看黑格尔《小逻辑》:"扬弃一词有时含有取消或舍弃之意,依此意义,譬如我们说,一条法律或者一种制度被扬弃了。其次,扬弃又含有保持或保存之意。在这意义下,我们常说,某种东西是好好地被扬弃(保存起来)了。"(黑格尔:《小逻辑》,贺麟译,商务印书馆1980年版。)

在德国唯心主义中,"环节(das Moment)"这个概念标识了在一个更大的有机整体之中的一个构建性元素。按照黑格尔的辩证逻辑,一个范畴或者"环节"必然被其对立面否定,比如说,"在"被"无"否定;而两个对立的范畴一同构建出一个更高的概念性的统一,比如说"在"和"无"被统一在"成为"之中。以这样的方式,那些被遗留的个体范畴可以说是在辩证发展过程中的"被扬弃的环节",就是说,它们的对立被取消,而它们自身则被吸收进更高的统一体之中。

[22] [一次空洞的扬而弃之(ophævelse)] 这里是批判性地针对黑格尔的"扬弃(德语 Aufhebung/丹麦语 ophævelse)"概念(参看上一个注释),拿"扬弃"这个词来游戏,因为丹麦语 ophævelse 这个词本来一方面可以是"消释"、一方面可以是"飘渺无边"的意思。另外参看《终结中的非科学后记》第二部分第二章,其中约翰纳斯·克利马库斯反讽地写道:"但是在教授取消了它(悖论)的时候,它当然就是被取消的,这样,我当然就敢说,它是被取消的,除非那扬而弃之

81

克尔凯郭尔讲演集（1848—1855）

（Ophævelsen/取消/扬弃）比悖论在更大的程度上关联到教授，以至于他，不是取消悖论，而是自己去成为一种可疑的幻想出的肿胀（Hævelse）"（丹麦文原文："Men naar Professoren har hævet det [paradokset], saa er det jo hævet, saa tør jeg jo sige, at det er hævet - med mindre Ophævelsen mere angik Professoren end Paradoxet, saa han, istedenfor at hæve Paradoxet, selv blev en betænkelig phantastisk Hævelse" – *Afsluttende uvidenskabelig Efterskrift* (1846), SKS 7, 201, 11 – 14.）

[23]［他就像是那不具备这一切的人那样］ 指向《哥林多前书》（7：29—31）保罗写给哥林多教众："弟兄们，我对你们说，时候减少了。从此以后，那有妻子的，要像没有妻子。哀哭的，要像不哀哭。快乐的，要像不快乐。置买的，要像无有所得。用世物的，要像不用世物。因为这世界的样子将要过去了。"

[24] 这里是典型的克尔凯郭尔的特殊的"句子成分繁复插入"的行文方式。我们可以这样把这个句子改写出来（当然，这就失去了克尔凯郭尔句子中原有的弹力节奏）："在一个人以这种方式处于高贵的时候，那么，他要么是一只飞鸟，要么（如果他是一个人，却也像这飞鸟，那么他就是基督徒）是基督徒（在这时，他在世俗的意义上是高贵者抑或卑微者，其实就都无所谓了）。"

[25]［在世界之中没有上帝］ 《以弗所书》（2：12），保罗写给以弗所人说：那时仍是异教徒，"那时你们与基督无关，在以色列国民以外，在所应许的诸约上是局外人。并且活在世上没有指望，没有神。"

[26]［那个忙碌的人……没有时间去吃喝］ 指向路德维·霍尔堡的喜剧《不得安宁的人（Den Stundesløse）》（1731 年）中的人物菲尔格希莱（Vielgeschrey）。在第一幕第六场，莱安德尔问，他不明白在一个人没有职位的时候，这个人可以有怎样的一些事务；菲尔格希莱回答说："我有这么多事务，我没有时间去吃喝。帕妮乐！他说，我没有什么事务。你可以为我作证。"帕妮乐说："先生有十个人工作要做。只有和他不好的人才说他没有什么事务。除了我之外，先生还雇了四个文书；这足以证明，他有各种事务。"

Se *Den Danske Skue – Plads* bd. 1 – 7, Kbh. 1758 el. 1788 [1731 – 54], ktl. 1566 – 1567; bd. 5.

[27]［深渊之忧虑］ 来自深渊的忧虑，或者怕（落进）深渊的忧虑。

[28]［朽木在黑暗之中发光］ 丹麦成语说"朽木也会在黑暗里发光"。长满菌菇的朽木能够发送出一种黯淡的发白的光。

[29] 原文是 Løgtemand，按组合词直译是"灯人"，按照民间传说，是一种超自然的生灵，有时候是一个鬼魂，会在夜里手上拿着灯引人跟着他走进沼泽或者类似的地方。

[30]［那些在葬礼上安置他那些勋章的衬垫］ 在葬礼上，人们会把死者的

各种勋章和星徽别在一些衬垫上放在棺材上。

　　[31][这飞鸟是在福音里的]　　指向《马太福音》(6∶26)。

　　[32][在你的高贵之中想着我]　　也许是指向《路加福音》(23∶42),其中一个犯人对耶稣说"耶稣阿,你得国降临的时候,求你记念我。"

V 恣肆[1]之忧虑

没有人能令身量多加一肘——所有这些都是异教徒所求[2]。

这忧虑是百合与飞鸟所没有的；因为不管是百合还是飞鸟都不恣肆。恣肆的情形不同于贫困与丰裕的情形，也不同于卑微与高贵的情形。举一个例子的话，被预设了是在贫困之中，这时的任务就是"在贫困之中没有贫困之忧虑"。但这里的情形则不是如此——"被预设了'一个人就是恣肆的'，而这时的任务就是'是恣肆的而没有恣肆之忧虑'"。不，在这里没有任何预设，而任务则就是"不要是恣肆的"；这是一个人能够让自己没有"恣肆之忧虑"的唯一方式。就是说，贫困与丰裕，卑微与高贵，是"就其自身而言无所谓的东西"，是无辜的东西，是一个人无法给予自己或者让自己进入的状态，是在基督教的意义上既不会减少什么也不会增多什么的东西。因此，这讲演首先是从忧虑开始；它不反对贫困或者丰裕或者卑微或者高贵，而反对忧虑。"是恣肆的"的情形则不同；从来就没有过"一个人是恣肆的但对自己的恣肆又是无辜的"的事情，因此这讲演就是直接针对它，而不怎么针对忧虑。是的，如果说"不把恣肆去除掉而要去除掉忧虑"是不可能的，那么，这讲演也绝不是想要这样做，在这里，这忧虑恰恰应当是作为对那恣肆者的诅咒。

但是百合与飞鸟没有这一忧虑。尽管一朵单个的百合，茎杆挺直，向上开放，几乎达到人的高度——它不欲求让自己的身量多加一尺或者一寸，它没有丝毫更多的欲求。与其他的不欲求高度的百合比较，在它自己的这种高度之中也没有什么恣肆的地方——这"去欲求"则是那恣肆的东西[3]。金麻雀[4]穿着自己全部的华丽服饰，灰麻雀则衣着朴素，在这之中金麻雀没有任何恣肆的地方；灰麻雀[5]不欲求这华丽服饰——这"去欲求"则是那恣肆的东西[6]。在飞鸟从那令人晕眩的高度俯冲下来的时候，这之中没有任何恣肆的地方，它也不试探上帝[7]——这当然也就是那比"所有天使托着它"更保险地托着它的上帝，使得它不会让它的脚碰在石头上[8]。即使这飞鸟看得如此清楚，以至于它看见青草成长[9]，在这之中没有任何恣肆的地方，它没有把敏锐的目光探入那被禁止的地方，在它清晰地看见夜晚的黑暗时，也没有什么恣肆的；因为这不是借助于不被允许的手段。尽管飞鸟无知于上帝，这之中也没有什么恣肆；因为它是无辜地无知，而不是无精神地（aandløst）[10]无知。

因而，不管是飞鸟还是百合，都没有做错什么去招致恣肆，自然是没有恣肆之忧虑。那么为什么会这样？这是因为，飞鸟和百合不断地总是按上帝所想要的去想要，并且不断地总是按上帝所想要的去做。

因为飞鸟不断地总是按上帝所想要的去想要，并且不断地总是按上帝所想要的去做，因此它毫无忧虑地享受着自己的全部自由。如果它，正如它带着最好的状态飞在空中，突然有了这样的想法，它想要落停，于是它就落停在一根树枝上，然后，是的，这是很奇怪，上帝想要让飞鸟做的事情恰恰就是这个。如果在一天早晨，在它醒来的时候，它与自己达成一致说"今天你必须旅行"，于是它就旅行好几百公里，然后是的，这是很奇怪，上帝想要让飞鸟做的事情恰恰就是这个。尽管鹳如此频繁地长途飞离并且又长途飞回[11]，它从不曾做得与它这次恰恰所做的有所不同，除了它这一次旅行所飞的道路之外，它不知道其他道路；它不为下一次旅行在路上设标识，不为下一次旅行给出时间的认记；它不在事先考虑任何东西，也不在事后考虑任何事情。但是，如果它一天早上醒来，他就在这个早上飞走，——而这恰恰就是上帝想要让它去做的事情。哦，人们通常需要为一次旅行作很长时间的考虑和准备，然而也许很少会有人在走上旅途的时候确定这一旅行是上帝的意愿，就像飞鸟在它旅行时的情形。那么，祝贺你，翱翔的旅行者，如果你需要有人为你作这样的祝愿的话！人们羡嫉你，羡嫉你穿过空气的轻松过渡[12]；如果我要羡嫉你的话，那么我会羡嫉你有这样的确定性，带着这确定性你总是恰恰做着上帝有意愿让你做的事情！确实，考虑到生计，你只有从手上到嘴里的[13]，哦，但是这样一来，你从想法到行动、从"去决定做一件事情"（Beslutning）到"这事情被决定"（Afgjørelse）[14]的距

85

离则又更短。由此，你无疑有着你不可解说的确定性，你很幸福地被阻碍而无法去"是恣肆的"。

因为百合不断地总是按上帝所想要的去想要，并且不断地总是按上帝所想要的去做，因此它就这样毫无忧虑地享受着自己的幸福存在：是美好的但却不具备那"扭曲这美好"的知识。然后，在它觉得，它已经站得够久并且看起来像一个稻草人的时候，它就在某一天抛弃掉所有外衣，并且就此站在自己完全的美好之中，然后，是的，这是很奇怪，上帝想要让它去做的事情恰恰就是这个。百合绝不会突然想到要在某个并非恰恰是上帝想要的时间或者日子里戴上自己的装饰品。

因为这就是百合与飞鸟的情形，因此，仿佛上帝，如果他要谈论它们，就会说"百合与飞鸟当然是我最喜欢并且也是最容易教养的孩子；在它们身上真正有着一种好的本性，它们从来没有什么淘气顽皮；它们不断地总是只按我所想要的去想要，并且不断地总是只按我所想要的去做；从它们那里我得到纯粹的乐趣"。他无需像父母们那样再加一句："把这话趁早说出来吧。"

但现在，飞鸟和百合以怎样的方式是老师呢？这其实是很容易被看出来的。不管是飞鸟还是百合，都不允许自己有丝毫的恣肆，这是很确定的；然后，你就去像百合与飞鸟。因为飞鸟与百合相对于上帝就像是褴褓时期的小孩子，小孩子在这个时候仍还像与母亲是一体的。但是，在这孩子到后来变大了的时候，尽管他仍住在父母家里，与他们的距离固然是近得从不走到他们的视线之外，然而在他与父母之间却还是有着无限的距离；在这距离之中就有着"会放肆（kunne formaste sig）"的可能性。如果母亲抓住孩子，如果她把孩子抱在自己的臂弯之中以便让这孩子贴近自己保证他不遭任何危险；然而在"会放肆"的可能性之中，这孩子却仍是无限地远离着她。这是一种极大的距离，蕴涵着极大的遥远。因为，不是吗，如果一个人生活在自己的故地，但远离了自己唯一的愿望，那么他也还是生活在遥远；那小孩子的情形也是如此，尽管他是在父母家里，但是因为这"会放肆"的可能性，他还是在远方。同样，人在"会放肆"的可能性之中距离"他生活、动弹、存在于之中"的上帝无限地远[15]。但是，如果他又重新从这一遥远返回，并且在这一遥远之中的任何时候都与上帝相近，正如百合与飞鸟那样地，通

第一部分　异教徒的忧虑

过不断地总是只按上帝所想要的去想要和去做而与上帝相近，那么，他就成为了一个基督徒。

　　基督徒没有这一忧虑。然而，恣肆是什么；我们所谈论的可就是这个：关于不去"是恣肆的"。恣肆是什么，这就是说，它的单个的表现有哪些，在我们谈论异教徒的时候，我们将会对之有最好的认识，因为异教徒有着这种忧虑。但是，我们暂时也必须知道"什么是恣肆"，以便去看出，基督徒不是恣肆的，或者说，他恰恰通过从不放肆，一丝一毫都没有，而是基督徒。恣肆在本质上关联到一个人与上帝的关系；因此，一个人放肆，他是在最大的程度上还是在最小的程度上这样做，这差别就是无所谓的，因为即使那在最小的程度上的恣肆，这也是最大的恣肆，是对上帝的恣肆。恣肆在本质上是对上帝的恣肆，我们说一个小孩子对父母放肆，一个臣民对国王放肆，一个门徒对老师放肆，这些都只是一种据此[16]构建出的、一种衍生的但正确的语言用法。在上帝与人之间有着无限之永恒本质性的差异；如果这一差异被以任何方式越界趋近，哪怕只是一丝一毫地，那么，我们就有了恣肆。因此，恣肆要么是以一种被禁止的，一种叛逆的，一种不虔诚的方式想要得到上帝的帮助，要么是以一种被禁止的，一种叛逆的，一种不虔诚的方式想要无需上帝的帮助。

　　因此，无精神地对"一个人以怎样一种方式在每一瞬间都需要上帝的帮助"、对"没有上帝他就是乌有"无所知"，这首先就是恣肆。也许有许多人就以这样的方式生活着，迷失在世俗性和感官性之中。他们认为自己是领会了生活和自身，但却把上帝完全排除在外；但他们足够地确定，他们完全是如同其他人们，——如果我们可以这样说的话：他们是仿冒的盗版；因为每一个人，出自上帝之手，都是一个原本的正版。如果我们现在要责怪他们对上帝放肆，那么他们肯定就会回答说"我们可确实从来就没有想到过这么回事"。但这"他们从来没有想到过——'去想上帝'"恰是恣肆；或者如果他们在他们的青春时代还曾保持让自己去记念造物主[17]，那么，他们在后来就完全忘记了他，这就是恣肆——比动物更糟，因为动物没有忘记任何东西。

　　但基督徒知道，"需要上帝"是人的完美[18]。以这样的方式基督徒一如既往地留意着上帝，得救而免于那能够被称作是"不虔诚的无

87

觉察"的恣肆。基督徒并非"只在自己的生命之中有单个的一次留意上帝，只在有重大事件发生或者诸如此类的时候才去留意上帝"，不，他在日常的警醒之中留意着：他在任何瞬间都不能没有上帝。以这样的方式，基督徒是醒觉着的，无论是无知的飞鸟还是无精神的无知者都不是醒觉着的；他是醒觉着的，醒悟地向着上帝[19]。

基督徒儆醒着[20]，他毫不放松地醒守着上帝的意志，他所欲求的只是满足于上帝的恩典[21]；他不要求帮助他自己，而是祈求上帝的恩典；他也不要求上帝要不同于上帝所愿地帮助他，他只祈求满足于上帝的恩典。基督徒根本没有自身意愿（Egenvillie）；他无条件地放弃自身。而相对于上帝的恩典，他则又没有自身意愿，他满足于上帝的恩典。他接受来自上帝恩典的一切——也接受恩典；他明白，哪怕是在他向上帝祈求上帝的恩典的时候，他也不能没有上帝的恩典。相对于自身意愿，基督徒的力量被减弱到如此程度，以至于他相对于上帝的恩典比飞鸟相对于其自身驱动力更弱——这驱动力完全控制着飞鸟，是的，更弱，相对于这驱动力，飞鸟是强的，这驱动力就是飞鸟的力量。

但是，这样的话，基督徒在根本上是不是比飞鸟更远地远离对上帝的恣肆呢？是的，他是更远地远离恣肆，尽管他处于"会放肆"的可能性之中会比飞鸟更无限近地紧靠着恣肆。而因此基督徒也就必须慢慢地学习那飞鸟无需学习的东西，——飞鸟能够足够轻松地处于"不断地总是只按上帝所想要的去想要"的状态中。基督徒必须学会去满足于上帝的恩典，为此，有时候一个撒旦的差役就成了必要，以便来打他的嘴巴让他不会自以为是[22]。因为，一个人首先必须学习去满足于上帝的恩典；但是，在他正学习的时候，这最后的麻烦就来了。就是说，这"满足于上帝的恩典"，这在最初的一瞥看来是如此令人谦卑而贫乏的事情，它其实是至高而至福的事情，或者说，难道还有比上帝的恩典更高的善吗！因此他必须学习不因"满足于上帝的恩典"而自以为是、而放肆。

这样，基督徒，他从根本上得到了教育，比飞鸟更远地远离对上帝的恣肆，——能够想要去对那"其意愿就是恩典"的上帝放肆，这又怎么会是可能的呢？但是，只有基督徒知道，上帝的意愿是恩典，飞鸟至多也就只知道"他的意愿就是他的意愿"。基督徒更远地远离了恣肆，并且正是以这样的方式在极大的程度上比飞鸟离上帝更近。"天上有一个上帝，没有他的意愿，任何麻雀都不会掉在地上"[23]，这说法也关联到了麻雀；但是，"天上有一个仁慈的上帝"，这则只关联到基督徒。通过"按上帝所想要的去想要"，飞鸟保持让自己与上帝相近，而基督徒则通过让自己靠向他的——恩典，来保持让自己距离他更近，正如年长而听话的孩子，他想让父母喜欢，比那与母亲一体的婴儿在更真挚的意义上拥有着父母的爱并且为父母的爱而存在。飞鸟在其需求之中尽可能地靠近上帝，它根本就无法没有上帝；基督徒则有更大的需要，他知道，他无法没有上帝。飞鸟尽可能地靠近上帝，它根本就无法没有上帝；基督徒则更靠近上帝，他无法没有——上帝的恩典。上帝到处都环拥着飞鸟，但却不公开出现；对基督徒，上帝开启出自身，上帝的恩典到处环拥着基督徒，他不在任何事物中恣肆，他除了上帝的恩典之外不想要任何东西，并且绝不想要任何除了上帝的恩典之外的东西[24]。以这样的方式，上帝的恩典在至福的密切中环拥着基督徒，并且保持不让任何一个，任何一个，哪怕是最微弱的恣肆之表达，在这里出现。"带着恩典的他来迎接基督徒"（《诗篇》59：11）[25]，他想要满足于上帝的恩典，并且"追随着"（《诗篇》23：6）[26]，这样，他就不会徒劳地有愿望，并且在至福之中绝不为"他满足于上帝的恩典"而后悔。

但是，异教徒有着这一忧虑；因为异教确实在严格的意义上是对上帝的真正恣肆和叛逆。

首先我们在这里提一下"对上帝无知"中的无精神性之恣肆，这一恣肆其实只在基督教世界[27]里出现。确实，很有可能，一个这样的异教徒，迷失在世俗性和感官性之中，恰认为自己是没有忧虑的，尤其是没有那许多"虔诚者为自己招致"的无用的忧虑。但这不是真的。就是说，固然，他没有那许多"虔诚者为自己招致"的忧虑——因为这忧虑这虔诚者在此生和来世都得到了益用[28]，这是真的；但是，要说这异教徒在其惰性的安全之中没有忧虑，这则是不真实的。相反这异教徒恰恰是处在恐惧的控制之下，为生活而恐惧，——并且也为死亡而恐惧。每一次，在某个事件或者对这事件的期待把他从他的动物转化[29]之中扯出来，那驻留在他内心深处的恐惧就醒来，并把他掷入绝望——而他在之前本来就处在这绝望之中。

因而，这恣肆的事就是"无精神地对上帝的无知"。那在比喻之中所讲的关于葡萄园的园户们的故事很适合于这样的一个异教徒：这些园户把葡萄园占为己有并且就当园主不存在[30]；并且只要他是在基督教之中受了教养的，那之中所说的也适用于他：他们说"让我们杀了这儿子，那么这葡萄园就是我们的了"。每一个人的生命都是上帝的财产，人是他所拥有的[31]。但是一个人无法杀死上帝，那么，他就反过来，像人们所说的那样，把关于上帝的想法杀死；这无精神的无知者，他曾是"有知的"，因而，他是像人们也曾带着特别的强调所说过的那样，让自己与这想法分离开，杀死这想法。在一个人让那关于上帝的想法以及每一种"作为上帝的信使会令他想起上帝"的情感与心境都被杀死之后，他就这样生活下去，仿佛他就是自己的主人，就是生产"自己的幸福"的工匠[32]，就是那必须照料一切的人本身，而且他也是得到授权去做一切的，就是说，他从上帝那里篡夺那本属于上帝的东西。这岂不就是想要令自己的身量多加一寸吗：通过让拥有者或者让关于拥有者的想法被杀死，自己去成为拥有者、成为主人——而不再作为被拥有物！于是，在"无精神地对上帝的无知"之中，在关于世界的虚妄知识之中，异教徒就沉沦到动物之下。杀死上帝是最恐怖的自杀，完全忘记上帝是一个人最深的沉沦，动物不会沉沦得这么深。

第二种形式的恣肆是那种"以一种被禁止的、叛逆的和不虔诚的方式想要无需上帝"的恣肆。这是不信（Vantroen）。"不信"不是无精神的无知，这"不信"想要否认上帝，因而它也就以一种方式是与上帝有关的。

也许一个这样的异教徒会说，他没有忧虑。但是这情形不同于"恣肆在根本上就不可能的并且因而就没有恣肆之忧虑"。不管他使自己变得多么顽强，在他的内心深处，他仍然带着"上帝是那最强者"的印记，"他想要让上帝与自己作对"的印记。敬畏上帝的人在与上帝角力之后瘸了[33]；确实地说，那不信者，他在内心深处是已被消灭的。他的忧虑正是"令自己的身量多加一寸"；因为，如果一个人能够直接面对着上帝而否认上帝，或者，如果事情甚至可以是这样，是上帝需要这人，也许就像这些时代的智慧所理解的（如果这真的可以是能够被理解的话），为了理解自己，上帝需要这人[34]，那么，这当然确实就是为自己的身量多加的巨大的"一寸"了。但是,对"被盗得的财物"是不存在祝福的,正如它无法让人得到合法的拥有权,如果这是确定的,那么,那恣肆者就也有忧虑,在每一瞬间都有这忧虑:上帝会把一切从他那里拿走。并且,如果说在一个人有上帝帮忙的时候工作是很轻松的,那么,"想要无需上帝"这一工作就真地是一个人能够为自己找来的最沉重的工作了。

因此,异教徒就是完全地在严格的意义上处在恐惧的控制之下;因为他永远都无法在严格的意义上真正知道,他是被谁的力量控制住,——这岂不令人感到恐惧!尽管他是不信的,可他却几乎就不知道他到底是被不信(Vantroen)的力量还是被迷信(Overtroen)的力量控制;确实,甚至对别人来说,这"去知道这答案"也是非常艰难的。被他想要否认的上帝离弃,被他想要无需的上帝压倒,在上帝那里和在他自己这里都没有立足点(Tilhold)(因为如果没有上帝的支持(Medhold),一个人就无法在他自己这里有支点(Tilhold)),在各种恶的权力的势力覆盖之下,他是不信与迷信所游戏的一只球。任何飞鸟都不会以这样的方式东冲西撞,即使是在可怕的风暴之中也不会!

最后,这是一种形式的恣肆:以一种被禁止的、一种叛逆的、一种不虔诚的方式想要拥有上帝的帮助。这是迷信(Overtro)。

这样,恣肆的异教徒疯狂地想要为自己的身量多加一寸,在疯狂之中想要那被拒绝的东西,在盲目的信任之中作出愚鲁的冒险,从神殿的尖顶上俯冲下来[35],——而那更为恣肆的是,他想要让上帝帮助他去这么做。然后,在越来越大的程度上沉迷于这一不敬神的游戏,他想要借助于不受许可的手段去强挤进那被禁止的东西中,去发现那被隐藏起的事物,去看见那将来的东西;他也许想要,就像那个圣经上说及的西门,疯狂地用钱买圣灵[36],或者通过圣灵的帮助来为自己弄钱。也许他想要强行靠近上帝,强迫上帝给出自己的帮助和支持,想要把自己弄成那"只有上帝的感召能够使一个人去成为的东西",——他,这未受感召的人。不信者恣肆地想要无需上帝,想要不让自己得助于上帝,并且恣肆地让上帝知道这个;而迷信者则想要让上帝来为他服务。这又会是什么别的东西,就是说,尽管迷信者说,他想要的是上帝的帮助,——既然他随意地想要这帮助,那么,除了是想要让上帝为他服务之外，这又会是什么别的！如果一个人过分地想要让自己如此非凡以至于以上帝为仆人，那么，这在事实上也就是在为自己的身量多加一寸。——但是上帝不让自己被嘲弄[37]；因此，又有什么地方，能够比迷信者阴沉昏暗的王国更加令忧虑和恐惧，以及苍白的畏惧，以及令人毛骨悚然的颤栗，有舒适的归属感呢？飞鸟不认识这种恐惧，即使是被吓得心惊胆战的鸟也不认识这种恐惧。

恣肆的异教徒的情形就是如此。他不按上帝所想要的去想要（如同飞鸟）；他更不想要满足于上帝的恩典（如同基督徒）；"在他身上有神的震怒"[38]。尽管飞鸟没有上帝的恩典，这是唯基督徒所有的，但其实它也没有上帝的震怒，这是唯异教徒所有的。不管飞鸟飞得多远，它从不失去自己与上帝的关系；但是异教徒又该逃多远呢，不管他逃得多远，想要逃避开上帝的震怒，只会是徒劳[39]；不管他逃得多远，如果他不皈依进恩典，上帝的震怒会到处都环拥着他。如果说每一个行恶事的人都会被恐惧和患难笼罩[40]，那么它们首先就是笼罩着恣肆者。因为正如恩典通过上帝降临到每一个作为基督徒向上帝靠近的人身上，同样，恐惧就通过上帝落到每一个恣肆地避开上帝或者恣肆地靠近上帝的人身上。

然后，让我们在最后想一下飞鸟，这飞鸟是在福音里的[41]，并且也应当进入这讲演。那么，在大地上，会有喜悦落在那"按上帝所想要的去想要并按上帝所想要的去做"的百合与飞鸟之上；在天上，会有喜悦落在那满足于上帝的恩典的基督徒之上[42]；但是恐惧则在这里和那里都落在那恣肆的异教徒身上！就像基督徒在多大的程度上比飞鸟距离上帝更近，异教徒就在多大的程度上比飞鸟距离上帝更远。最大的距离，更远于最远的星辰到大地的距离，更远于人的技艺能够测量出的距离，它就是：从上帝的恩典到上帝的震怒的距离，从基督徒到异教徒的距离，从"至福地在恩典中得到了拯救"到"永远沉沦，离开主的面"[43]的距离，从"看见上帝"到"在深渊里看见自己失去了上帝"的距离；如果我们严肃地想要使用飞鸟的位置作为一种帮助来测量这一距离的话，那就会是一个毫无意义的玩笑。只有在与飞鸟的距离中，基督徒是能够用飞鸟来作标志的，但是如果这距离是"基督徒——异教徒"，那么飞鸟就什么都决定不了；因为在这里所谈的不是关于贫困与

第一部分　异教徒的忧虑

丰裕，关于卑微与高贵，而是关于恣肆。

注释：

[1]［恣肆（Formastelighed）］　Formastelighed，我在别的地方一般将之译作"放肆"，有时候也译作"僭妄"。这个词在一般的意义上有"是鲁莽的、傲慢的、对抗的、挑衅的、放肆的"的意思，在圣经的意义上有"讥嘲而亵渎"的意思。

[2]［没有人能令身量多加一肘——所有这些都是异教徒所求］　由《马太福音》（6：27）"你们哪一个能用思虑使身量多加一肘呢？"和（6：32）拼出的句子。

[3]按原文直译应当是"与其他的不欲求高度的百合比较，在它自己的这种高度之中也没有什么恣肆的地方——这则会是那恣肆的东西"，这是一句在某种意义上可以说是"压缩"了的句子，因为它省略掉了虚拟的部分。如果把完整的意义铺展开，则应当是："与其他的不欲求高度的百合比较，在它自己的这种高度之中也没有什么恣肆的地方——而假如它要去欲求这高度，那么这（去欲求）则会是那恣肆的东西"。

[4]［金麻雀］　参看上一个讲演中关于麻雀的注释。

[5]［灰麻雀］　参看上一个讲演中关于麻雀的注释。

[6]按原文直译应当是"这则会是那恣肆的东西"。参看前面的注释。

[7]［也不试探上帝］　指向《马太福音》（4：1—11）关于耶稣在旷野受试探的故事。其中6—7，魔鬼"对他说，你若是神的儿子，可以跳下去。因为经上记着说，主要为你吩咐他的使者，用手托着你，免得你的脚碰在石头上。耶稣对他说，经上又记着说，不可试探主你的神。"

[8]［所有天使托着它……使得它不会让它的脚碰在石头上］　看前面的注释。

[9]［看青草成长］　丹麦有成语"能够听见青草成长"是指一个人非常聪明，有非凡的能力。渊源自北欧神话，说神海姆达尔能够听见大地上的草成长。

[10]"无精神（aandløst）"，在哲学的关联上，尤其是在德国唯心主义哲学的关联上，通常译作"无精神"；但在基督教的关联上，常被译作"没有灵性"。

[11]［鹳……长途飞离并且又长途飞回］　白鹳是一只候鸟，在四月份会有一小群飞到丹麦并且马上找到自己以前的窝巢产卵孵养小鸟；八月份又重新聚成小群向南飞。在十九世纪中期鹳很频繁地出现在丹麦。

[12]这里丹麦语原文所用词befordring，意思是"一个人每天从一个地方到另一个地方的来（去）"和"对人和货物从一个地方到另一个地方的运送"。Hong 的

93

英译用词是 passage，这个词既有"从一个地方到另一个地方的经行"的意思，也有"过道"的意思。因此译者在这里提醒一下阅读英文版的读者，这个 passage 在这里是指"经行"，而不是指"道路"或"通道"。Hirsch 的德译用词是 Flug（飞行）。

［13］［只有从手上到嘴里的］　丹麦有着成语，就是说，只有日常餐饮，从这一天到下一天没有任何剩余。

［14］从"去决定做一件事情"（Beslutning）到"这事情被决定"（Afgjørelse）：译者在这里把丹麦语 Beslutning 译作"去决定做一件事情"而把丹麦语 Afgjørelse 译作"这事情被决定"。

通常这两个词都会被译作"决定"，但在性质上有区别。Beslutning 是一个人所做的选择，选择让自己做什么，是他在内心之中作出的决定，或者说是意愿之决定。（在后面我将把 Beslutning 译作"决定"）。而 Afgjørelse 则是一个人对外在的人的命运或者事物的走向所发生的影响导致一种后果，因而他决定了这件事情，或者说，是一件事或者一个人的命运受外来的权力的影响而达成的后果，因而这件事情或者这个人的命运就被决定了。（在后面，如果在丹麦语中这两个同时出现，我将把 Afgjørelse 译作"定决"。就是说在这句句子再次出现的时候，译者就会将之直接翻译为"从决定到定决"。但是，在这两个词不是同时出现的情况下，译者则会把它们都译作"决定"。因为 Belutning 在克尔凯郭尔那里是一个与选择相关的概念，它只能是决定，固然译者可以在翻译中以诸如"决意"、"决心"来替代"决定"，但是缺少了这个"定"，这个概念就变味了，与"选择"距离就远开了一些；Afgjørelse 则更多是对"某个境况被带着一种成败攸关的严重性地确定下来"的描述，词中的"决"与"定"也是都不可少的，不过有时候仍不妨可以写作"定决"）。

Hong 的英译将之译作"from intention to decision"。而德语与丹麦语就更相通一些，Hirsch 将之译作"von Entschluß zu Entscheidung"。

P.‑H. TISSEAU 的法文译作"de la résolution à l'exécution"。

［15］［距离"他生活、动弹、存在于之中"的上帝无限地远］　就是说"他是在上帝之中生活、动弹、存在"，但是同时"他又距离上帝无限地远"。指向《使徒行传》（17∶27—28），保罗这样说上帝（取和合本的译法）："其实他离我们各人不远。我们生活，动作，存留，都在乎他"。

［16］就是说，从"对上帝的恣肆"这说法中衍生出来的。

［17］［他们在他们的青春时代曾保持让自己去记念造物主］　参看《传道书》（12∶1）："你趁着年幼，衰败的日子尚未来到，就是你所说，我毫无喜乐的那些年日未曾临近之先，当记念造你的主。"

第一部分　异教徒的忧虑

[18]［"需要上帝"是人的完美］　在1844年的四个陶冶性讲演中，第一个讲演的标题是"需要上帝是人的至高完美"。参看社科版克尔凯郭尔文集第八卷《陶冶性的讲演集》第73页。

[19]［醒悟地向着上帝］　也许可参看《哥林多前书》（15：34）："你们要醒悟为善，不要犯罪。因为有人不认识神。我说这话，是要叫你们羞愧。"

[20]［基督徒儆醒着］　在福音之中有多处耶稣对门徒们说他们应当儆醒，比如说《马太福音》（24：42）："所以你们要儆醒，因为不知道你们的主是哪一天来到。"《马太福音》（26：41）："总要儆醒祷告，免得入了迷惑。你们心灵固然愿意，肉体却软弱了。"保罗也要求儆醒，比如说《帖撒罗尼迦前书》（5：6）："所以我们不要睡觉，像别人一样，总要儆醒谨守。"也看《彼得前书》（5：8）和《启示录》（16：15）。

[21]［满足于上帝的恩典］　指向《哥林多后书》（12：9），保罗写道，主对他说："我的恩典够你用的。因为我的能力，是在人的软弱上显得完全。"

[22]［有时候一个撒旦的差役就成了必要，以便来打他的嘴巴让他不会自以为是］　指向《哥林多后书》（12：7）："又恐怕我因所得的启示甚大，就过于自高，所以有一根刺加在我肉体上，就是撒旦的差役，要攻击我，免得我过于自高。"

[23]［一个上帝，没有他的意愿，任何麻雀都不会掉在地上］　指向《马太福音》（10：29），之中耶稣说："两个麻雀，不是卖一分银子吗？若是你们的父不许，一个也不能掉在地上。"

[24]这句译者有改写，按原文直译是："对基督徒，上帝开启出自身，上帝的恩典到处环拥着那'不在任何事物中恣肆、除了上帝的恩典之外不想要任何东西、并且绝不想要任何除了上帝的恩典之外的东西'的基督徒"。

[25]［"带着恩典的他来迎接基督徒"（《诗篇》59：11）］　克尔凯郭尔对丹麦文版《诗篇》（59：11）作了一下改动。中文和合本圣经的相关文字是在《诗篇》（59：10）："我的神要以慈爱迎接我"。

[26]［"追随着"（《诗篇》23：6）］　克尔凯郭尔对《诗篇》（23：6）随意引用。中文和合本圣经的相关文字是在《诗篇》（23：6）："我一生一世必有恩惠慈爱随着我。我且要住在耶和华的殿中，直到永远。"。

[27]［基督教世界］　就是说"整个由基督徒构成的社会，所有由基督教人口构成的国家"。

[28]如果直译的话，应当是："固然，他没有那许多'虔诚者为自己招致的，并且这虔诚者因之而在此生和来世都得到了益用'的忧虑"。

这一句的丹麦语原文是："Det er nemlig vel sandt, at han er uden hine Bekymringer, som den Gudfrygtige gjør sig, og hvoraf han har Nytte baade for dette Liv og for det tilkommende"; Hirsch 的德译是: "Freilich ist es wahr, daß er ohne jene Sorgen ist, welche der Gottesfürchtige sich macht, und von denen dieser Gewinn hat sowohl für dieses wie für das zukünftige Leben"; Hong 的英译是: "It may well be true that he is without those cares that the God‑fearing person has and from which he has benefit both for this life and the next"。

[29][动物转化] 把自己转化成有着一种动物那样的本性。参看《恐惧的概念（1844年）》:"因此我们不会在动物身上发现恐惧，恰恰是因为动物在其自然性之中没有被定性为'精神'。"社科版《克尔凯郭尔文集》第六卷《畏惧与颤栗恐惧的概念致死的疾病》第199页。也可参看对之的注释（第25页，注释145）:

在草稿中克尔凯郭尔增补了:"据我所知，自然科学家一致同意认为在动物身上没有恐惧，恰恰是因为自然性没有被定性为精神。它畏惧现在的东西，瑟缩发抖等等，但是它不会感到恐惧。因此，正如如果我们这样说它没有隐约感觉，它也没有恐惧。"（Pap. V B 53, 9）。

这在罗森克兰兹的《心理学或者主体精神科学》中有谈及，也有谈及关于动物缺乏感觉到情感的能力。而道布则认为恐惧只存在于动物身上。

[30][关于葡萄园的园户们……把葡萄园占为己有并且就当园主不存在] 指向耶稣在《马太福音》（21：33—39）之中所讲的比喻："有个家主，栽了一个葡萄园，周围圈上篱笆，里面挖了一个压酒池，盖了一座楼，租给园户，就往外国去了。收果子的时候近了，就打发仆人，到园户那里去收果子。园户拿住仆人。打了一个，杀了一个，用石头打死一个。主人又打发别的仆人去，比先前更多。园户还是照样待他们。后来打发他的儿子到他们那里去，意思说，他们必尊敬我的儿子。不料，园户看见他儿子，就彼此说，这是承受产业的。来吧，我们杀他，占他的产业。他们就拿住他，推出葡萄园外杀了。"

[31][他所拥有的（Livegne）] 丹麦语"Livegne"是指主人拥有奴隶的那种拥有。就是说，人是上帝的财物，并且他一辈子都属于上帝。

[32][生产"自己的幸福"的工匠] 丹麦有成语说"每一个人都是生产自己的幸福的工匠"。

[33][敬畏上帝的人在与上帝角力之后瘸了] 参看《创世记》（32：24—32），雅各与上帝摔跤求祝福，上帝给他祝福，但在他大腿窝的筋上摸了一把，使得他瘸了。

[34][是上帝需要这人……为了理解自己，上帝需要这人] 指向黑格尔主义的宗教哲学中一种普遍的解读：为了能够为上帝的概念定性，必须区分开人和上帝；因而，上帝必须创造人一边拥有自己的对立面。当时马腾森（H. L. Martensen）

在自己的《当代神学之中的人的自我意识之自律（*Den menneskelige Selvbevidstheds Autonomie i vor Tids dogmatiske Theologie*）》中写道："一方面人宣称自己完全依赖于上帝，但在另一方面人仍清楚地意识到：上帝之存在绝对地依赖于人，为了赢得存在上帝在所有方面都需要人——一种在极大程度上趋向于反讽的观念。"

[35]［从神殿的尖顶上俯冲下来］　指向《马太福音》（4：6—7）关于耶稣在旷野受试探的故事。魔鬼对耶稣说："你若是神的儿子，可以跳下去。因为经上记着说，主要为你吩咐他的使者，用手托着你，免得你的脚碰在石头上。"

[36]［那个西门，圣经上说到他，疯狂地用钱买圣灵］　指向《使徒行传》（8：9—24）中关于那个在撒玛利亚行邪术的西门的故事。西门信了福音并且让自己受洗，但是在他看见"使徒按手，便有圣灵赐下。就拿钱给使徒，说，把这权柄也给我，叫我手按着谁，谁就可以受圣灵"（18—19）。他被彼得拒绝。彼得让他悔并且祈求主。

[37]［上帝不让自己被嘲弄］　指向《加拉太书》（6：7），在之中保罗说："神是轻慢不得的"。

[38]［在他身上有神的震怒］　对《约翰福音》（3：36）的随意引用。在《约翰福音》（3：36）中耶稣说："信子的人有永生。不信子的人得不着永生，神的震怒常在他身上。"

[39]［想要逃避开上帝的震怒，只会是徒劳］　可能是指向《多俾亚传》（13：2），其中这样说到上帝："永生的天主应受赞颂，他的王权永远常存，因为他惩罚而又怜悯，把人抛在阴府的深处，而又把他从凄惨的祸患中救出，没有谁能逃出他的掌握。"

[40]［每一个行恶事的人都会被恐惧和患难笼罩］　指向《罗马书》（2：9），其中保罗写道："将患难，困苦，加给一切作恶的人，先是犹太人，后是希利尼人。"

[41]［这飞鸟是在福音里的］　指向《马太福音》（6：26）。

[42]［在天上，会有喜悦落在那满足于上帝的恩典的基督徒之上］　参看《路加福音》（15：7）："我告诉你们，一个罪人悔改，在天上也要这样为他欢喜，较比为九十九个不用悔改的义人，欢喜更大。"

[43]［永远沉沦，离开主的面］　引自《帖撒罗尼迦后书》（1：9）关于"那不认识神，和那不听从我主耶稣福音的人"，保罗写道："他们要受刑罚，就是永远沉沦，离开主的面和他权能的荣光。"

VI 自扰[1]之忧虑

不要为明天忧虑——所有这些都是异教徒所求[2]。

这忧虑是飞鸟所没有的。不管飞鸟在天空中从多高的地方俯瞰全世界，不管它看见什么东西，在它所见的东西中，它绝不会看见"下一天"；不管它在自己漫长的旅行中看见什么，在它所见的东西中，它绝不会看见"下一天"。尽管我们这样说百合"它今天还在，明天就丢在炉里"[3]，哦，这高贵而简单的智者，百合，它就像那"这说法根本与之无关"的人那样，不管这说法在多大的程度上、在多近的距离中牵涉到它，它唯一关心的只是那更近地牵涉到它的事情：它在今天站着。不管飞鸟看见多少日子来日子去，它从来就看不见"下一天"。因为飞鸟看不见各种内视的景象，——下一天只能够在精神之中被看见；飞鸟不会被梦打扰，——而下一天是一场顽固的梦，不断反复地归返；飞鸟从来就不会不安，——而下一天是每一天的不安。在飞鸟飞过很长的路途到达了遥远的时候，这时它似乎就是，在这一天从家里出发，它就在同一天到达自己的目的地。你在铁路上旅行那么快，以至于你在同一天到达一个遥远的地方[4]；但是飞鸟更机灵更迅速：它旅行很多很多天，但却仍在同一天到达。如果要作同样长途的旅行的话，你在铁道上是无法这么快的。不，没有人能够像飞鸟那样让时间走得这么快，没有人能够像飞鸟那样在这么短的时间里到达这么远的地方。对于飞鸟没有昨天，没有明天，它只生活一天是一天；百合开花只一天是一天。

当然，飞鸟没有下一天的忧虑。而对下一天的忧虑正是自扰，因此飞鸟没有自扰之忧虑。什么是自我折磨呢？它是今天的日子（这日子有它自己的烦恼就够了）[5]所不具备的烦恼。什么是自扰？它就是为自己招致这种烦恼。因为飞鸟也会有它所生活的这天里的烦恼，这一天对飞鸟来说也会有自身足够的烦恼；但是，下一天的烦恼则是飞鸟所没有的——因为它只生活在一天之中,我们也可以用另一种方式来表达:因为它没有自我。烦恼和今天这一天相互对应;自我折磨和那下一天则也很相配。

但现在,飞鸟怎么会是授课师呢?非常简单。飞鸟没有"下一天",这一点是很确定的;然后,你就让自己像飞鸟一样,把这"下一天"去除掉,那么你就没有了自扰的忧虑;这必定是可以做到的,正因为这"下一天"是在自我之中。相反,如果你在与那"下一天的烦恼"的比较之中,让今天这一天完全出局,那么你就是深陷于自扰之中。这全部就是一天的差异,——然而,怎样的巨大差异啊!飞鸟很轻松,因为它与那下一天是没有关系的,但是,要去变得与那下一天没有关系!哦,在所有敌人之中,是强行地或者是狡猾地逼向一个人的,也许就没有哪个是像这"下一天"那么恶缠的,它总是这下一天。战胜自己的内心应当比攻下一座城更伟大[6];但是如果一个人要战胜自己的内心,那么他就必须从"去变得与那下一天没有关系"开始。那下一天,是的,它就像是一个能够让自己进入任何形象的山怪,它看起来可以是在极大的程度上如此不一样,但它仍还是——那下一天。

基督徒没有这一忧虑。

我们常常把对下一天的忧虑只置于与"对生计的忧虑"的关联之中。这是一种非常肤浅的看法。所有尘世世俗的忧虑在根本上就是为那下一天的。尘世世俗的忧虑正是由此而变得可能的:人是由"那现世的"[7]和"那永恒的"综合而成的,成为一个自我;但是,就在他成为自我的同时,"那下一天"对于他就进入了存在。在根本上,战役展开的地方就是这里。哦,尘世世俗的忧虑,——在我们提及这句话的时候,怎样的一个"差异性的巨大汇集"啊,怎样的一种"色彩斑驳的激情群聚"啊,怎样的一个由各种不同的对立面构成的混合啊!然而这一切却只有一场战役,在"那下一天"上的战役!那下一天,它是这样的一个小镇,但却变得著名,并且仍会继续著名;因为那最伟大的战役在这里发生并将继续在这里发生,最决定性的战役——现世和永恒要被决定出来。那下一天,它是抓船钩锚[8],借助于它,大量的忧虑勾住"那单个的人"的轻舟，——如果它们成功了，那么他就落入那种力量的控制之中。那下一天，它是锁链的第一节环，它把一个人同几千人一起拴在忧虑的那种由恶构成的丰富之上。那下一天，是的，奇妙的是，通常在一个人被判终生监禁的时候，在判决书上写着的是，这是终生监禁[9]；但是，如果一个人把自己判入对那下一天的忧虑，他是在把自己判成了终生监禁。所以，看，在天上是不是会有一种拯救，来把他救出那下一天，因为在地上是没有这种拯救的；甚至通过在那下一天死去，你也无法避免它，它当然是存在于你活着的这日子。但是，如果对于你没有下一天，那么，所有的尘世的忧虑就被消灭了，不仅仅是那为生计的忧虑；因为所有尘世的和世俗的东西只为了那下一天的缘故才是值得去欲求的，——并且因为那下一天而不安全；随着那下一天的消失，这些东西就都失去了它们的魔力和它们令人焦虑的不安全感。如果对于你没有下一天，那么，你要么是一个正死去的人，要么是一个通过"死离出现世"[10]而抓住"那永恒的"的人；要么真正地是一个正死去的人，要么是一个真正地活着的人。

　　福音说："一天的难处一天当就够了"[11]。但这是福音吗？它看起来更像是出自一本哀哭书[12]，如果说，每天都有自己的烦恼，这不就是在把整个生命弄成了烦恼，在承认"整个生命是纯粹的烦恼"吗？我们本来是会以为福音必定是在宣示：每天都得免于烦恼，或者只有一些个别不幸的日子。然而这却是福音，并且它也确实不为了吞下骆驼而滤除掉蚊子[13]；因为这是针对自扰之怪物，——并且认定了一个人能够安排处置好日常的那些烦恼。因此它在严格的意义上是在说：每天应当[14]有自己的烦恼。然而这句话没有出现在福音里，福音中说："明天的日子应当[15]为自己的事情忧虑"；[16]但是，如果它应当为自己的事情忧虑，那么你因而就不应当有关于它的忧虑，让它自己去料理自己。因而，相对于烦恼，你应当在每天所具的烦恼中感到够了，既然你应当让那下一天自己去料理自己。难道事情不是这样吗？在老师对一个门徒说"你应当让你的同桌得到安宁，让他自己料理自己的事情"，那么他就同时也在说"你管你自己的事情就够了，你应当在'管你自己的事情'中感到足够。"每天应当有自己的烦恼，这就是说，你只要管好让自己去得免于那下一天的烦恼，让你自己平静而欣悦地满足于每一天的烦恼，你通过"得免于那下一天的烦恼"而得益。因此，你要知足，敬虔加上知足的心[17]；因为每一天都有自己足够的烦恼。上帝在这方面也已有安排，他量出对于每一天是足够的烦恼；所以你也不要去拿下比那量出的"恰恰足够"更多的烦恼，而那"为下一天"的忧虑则是贪婪了。

生活中的一切情形都是如此：你要有正确的姿态，你要进入正确的位置。相对于那下一天，基督徒站到了这正确的位置上，因为它对于他不存在。——我们都知道，在一个演员面前，因为他被灯光的效果照炫了眼，会有着最深度的黑暗，最黑的暗夜。现在，我们会以为，这必定会打扰他，使得他不安。然而不是的，去问他吧，你将听见他自己承认，这恰恰支持着他，使得他安宁，保持让他处在幻觉的魔法之中。相反，如果他能够看见什么的单个的东西，瞥见一个单个的观众，那么，这倒反而会打扰他。同样，这下一天的情形也是这样。我们有时候抱怨"未来"在我们面前如此黑暗，让我们无法看见，觉得这很可悲。哦，不幸的却是，它还不够黑暗，畏惧、预感、期待和世俗的急不可耐都瞥见了这下一天。——那划船的人背对目的地，但他却在为划向目的地而工作。同样，这下一天的情形也是如此。如果一个人借助于"那永恒的"深入地生活在今天这日子，那么他就是在让自己背对那下一天。他越是以永恒的方式深深地沉浸在今天这日子之中，他就越确定地背对那下一天，这样，他就根本不看它。如果他转过身子，那么"那永恒的"就在他眼前变得模糊，并变成那下一天。但是，如果，为了为真正奔向目标（永恒）而工作，他背对着它，那么根本不看那下一天，而同时他借助于"那永恒的"完全清晰地看见今天这一天和这一天的任务。但是，如果要真正做好今天的工作，一个人就必须这样转身面对反方向。如果他在每一个瞬间都不耐烦地想要朝着目标看，想知道自己是否距离它稍近一点、然后是否又再稍近一点，那么，他的速度就总是会被减慢、他的精力就总是会被分散。不，永恒而严肃地下决心吧，然后，你全身心地让自己回到工作之中，——并且背对目标。在你划船的时候，你就是这样反向地转过身子，而在你信仰的时候，你的姿势也是这样的。在那想要瞥一眼目标的人站着朝目标看的同时，信仰者完全地转身背对并且在今天生活，人们会以为这信仰者是最远地远离"那永恒的"。然而这信仰者却最靠近"那永恒的",而一个启示预言家[18]则距离"那永恒的"最远。信仰背对"那永恒的",正是为了在今天这日子里完全地在自己这里具备它。但是一个人转过身,尤其是在世俗的激情之中,背对"那将来的",那么他就是最远地远离了"那永恒的",那么那下一天就成了一个巨大的困惑的形象,就像童话中的形象。正如那些我们在《创世记》之中读到的魔鬼们,他们与尘世的女人交合生子[19],"那将来的"也同样是巨大的魔鬼,它与人所具的"女人性的[20]幻想"交合生出"那下一天"。

　　但基督徒信仰着,正因此他就变得与那下一天没有关系。信仰者,与自扰者相比,恰有着相反的姿势;因为自扰者因为对那下一天的忧虑,专注于那下一天,就完全地忘记了今天这日子。信仰者是一个在场者,并且正如这个词在那种外国语言之中所标示的意义,也是一个强有力者[21]。自扰者是一个不在场者[22],一个无力者。我们常常在世上听到这样的愿望:但愿能够与某个大事件或者伟大的人物同时;人们认为,这"同时性"可以让一个人得到发展,并且使他变成某种伟大的东西。也许吧!然而,难道"是与自己同时的"不是某种比一个愿望更有价值的东西?!一个真正是与自己同时的人是多么罕见;绝大多数人通常都是在感情中、在想象中、在意念中、在决定[23]中、在愿望中、在思念中,以启示预言的方式,提前站在戏剧之幻觉中站在自己前面几十万公里的地方,或者提前站在超越自己所处时代前面的好几代人的地方。但是信仰者(在场者)是在最高的意义上与自己同时。这"借助于'那永恒的'在今天完全同时于自己",它也是最有助于人的形成与发展的,它是永恒之收益。无疑,没有任何同时代的事件,也没有任何最受尊敬的同代人,是像"永恒"这么伟大的。这一在今天的同时性正是任务;在任务被完成的时候,这就是信仰。因此基督徒赞美(这是早期教会最严格的神父之一所做的事情[24])西拉赫[25]的一句话,不是作为智训,而是作为对神的敬畏(30:24):"爱你的灵魂,安慰你的心,把忧愁从你这里驱赶走"[26]——又有谁也会像自扰者这么残酷地对待自己呢!但是所有他的这些痛苦。所有这些残酷地想出的并且又被残酷地实践的折磨人的苦恼都被概括在这一个词里:那下一天。现在我们看对此的解药!人们说,有人在西班牙的一个图书馆里发现一本书,

第一部分　异教徒的忧虑

在这书的书脊上写有："对异端的最佳解药"。我们打开这书，或者更确切地说，我们想要打开这书，但是发现这不是什么书，这是一只匣子，里面有着一根鞭子[27]。如果我们要写一本书，叫作"针对自扰的唯一解药"，那么，它可以被写得非常短："让每一天在自己的烦恼之中感到足够"。因此，在基督徒工作的时候，在他祈祷的时候，他只谈论今天这日子：他祈求"今天"得到每天的饮食[28]，祈求"今天"得到对自己的工作的祝福，祈求"今天"避开"那恶的"的陷阱，祈求"今天"向上帝的国靠得更近。就是说，如果一个人，恰因为他对恐怖有所认识，他就在灵魂的激情之中这样祈祷：拯救我，哦，上帝，救我脱离我自己并脱离那下一天，那么他就不是在以基督教的方式祈祷，那下一天对他已经有了太多的控制。因为基督徒祈祷说"在今天救我脱离恶者"[29]。这是脱离那下一天的最安全的拯救，但是在这之中也蕴含了：每天都要这样祈祷；如果一天忘记了祈祷，那么那下一天就马上显现出来。但是基督徒不会在哪一天忘记祷告，因此他在一辈子之中拯救着自己，信仰拯救着他的勇气、他的喜悦和他的希望。可怕的敌人存在着，那下一天，但是基督徒不在墙上画魔鬼[30]，不召唤出邪恶与诱惑，他根本就不谈论那下一天，而只谈论今天这日子，他是与上帝谈论今天。

　　从那榜样[31]那里，基督徒学会了，或者他正在学习着（因为基督徒一直总是一个学习者），去这样地生活、去用"那永恒的"，而不是用"那下一天"来充实今天这日子。[32]不带有对那下一天的忧虑地生活，祂[33]是怎么做的，祂[34]，从祂[35]的生命的第一瞬间，在祂[36]作为老师登场的时候，祂[37]就知道自己的生命将怎样终结——那下一天就是祂的"被钉上十字架"，在人们欢呼致敬祂[38]为王的同时，祂[39]就知道[40]（哦，恰恰在这一瞬间，苦涩的消息！），在祂[41]进入耶路撒冷的路上人众大喊着"和散那"的时候，祂[42]就知道[43]，人们将会叫喊"钉他十字架"[44]，并且祂[45]进入耶路撒冷就是为了走向这个，——那么，这个每天承受着这一超人的知识的巨大重量的人，祂是怎么做的，是怎么"毫无对那下一天的忧虑地"生活的？在逆境与灾祸猛袭向一个人的时候，这人承受着痛苦，但是这人在每一个瞬间也面临着这样的可能性——"这是可能的：一切还会变好"，——但是祂，

103

祂则不是以这样的方式承受着痛苦,因为祂知道,这是不可避免的;每次在祂[46]为真理给出又一个献祭的时候,祂都知道,祂[47]是在催促着迫害与毁灭的发生,这样,祂[48]因而也就控制着自己的命运,祂[49],如果祂[50]愿意放弃真理,那么祂[51]能够保证让自己拥有王权之光辉[52]和人类的崇拜着的景仰,但是,如果祂[53](哦,这是怎样的一条通向毁灭的永恒地确定的道路啊!)在彻底的乌有之中辜负了真理的话,那么,祂[54]也就是在以更大的确定性保证自己走向自己的毁灭;——祂[55]是怎么做的,祂[56]是怎么"毫无对那下一天的忧虑地"生活的?——祂,祂当然并不陌生于这一恐惧之痛苦[57],正如祂对任何别的人间痛苦都不陌生,祂,祂在一次痛楚之发作中叹息说"但愿这时候已经到达[58]"![59]看,人们在战争语言中谈论怎样在一个将领进攻敌人的时候掩护这个将领,"掩护他,以避免有人在背后袭击他";就在祂[60]生活在于今天这日子的同时,要掩护自己去防范那想要在背后袭击祂[61]的敌人,那下一天,祂是怎么做到的,——正因为祂不同于任何人,是在完全另一种意义上在今天这日子里拥有着"那永恒的",正是因此,祂转身背对那下一天。祂是怎么做的?我们绝非是恣肆地试图通过去探索那不应当被探索的事物来赢得人们的赞叹;我们不认为,祂来到这个世界是为了给予我们一个学术研究的主题。但如果祂来到这个世界是为了设定出那任务,为了留下一个足迹,那么,我们当然就应当向祂[62]学习[63]。因此,我们也已经让答案出现在这问题之中了,我们已经提及了那我们要学习的东西——祂是怎样去做的:祂在今天这日子里在自己这里拥有着"那永恒的",因此那下一天对祂[64]没有任何控制,它对于祂[65]不存在。在它到来之前,它对祂没有任何控制,而在它到来并且是今天这日子时,除了那"是天父的意愿的事情"之外,它对祂也没有任何其他的影响,而天父的意愿则是祂永恒自由地赞同的,并且也是祂心悦诚服地顺从的[66]。

但是,异教徒有着这忧虑;因为异教徒正是自扰。异教徒,不是把自己的全部忧愁扔给上帝[67],而是自己有着所有烦恼;他没有上帝,正因此他是被烦扰的人,自扰者。就是说,既然他没有上帝[68],那么那把任何烦恼加在他身上的,当然就也不会是上帝。这关系也不是这样的关系:没有上帝——没有烦恼,有上帝——有烦恼;而是这样的关系：有上帝——没烦恼，没上帝——有烦恼。

"让我们吃吃喝喝吧，因为明天我们将死去"[69]。这样，异教徒就没有了对那下一天的忧虑，他可是自己说没有下一天。不，他其实欺骗不了基督教，并且他也没有成功地欺骗他自己。因为这一说法恰恰为那对下一天的恐惧给出回声，下一天，毁灭之日，这种恐惧，尽管它是来自深渊的一声尖叫，但却仍疯狂地要让自己意味着喜悦。他对下一天如此恐惧，以至于他使自己坠入极度的麻痹以便尽可能地忘记这下一天，——他是那么恐惧，难道这是"没有对那下一天的忧虑"吗？如果这就是"没有某物"，那么它就是"没有理智"或者它就是疯狂。"明天"也是这一天的喜悦中的副歌，因为诗句不断地终结在"因为明天"[70]。确实，我们谈论关于一种绝望之生命欲望[71]，它恰恰因为自己没有"那下一天"，所以才这样，所谓完全地生活在今天的这一天[72]。但这是一个幻觉，因为以这样的方式，一个人恰恰无法生活在今天这一天，更不用说"完全地"了。一个人在自己身上有着"那永恒的"，因此他不可能完全地处在"纯粹瞬间性的东西"之中。他越是试图想要得免于"那永恒的"，他恰恰就距离"生活在今天这日子里"越远。异教徒是不是在明天死去，我们就让这个问题留在不确定之中，但确定的是：他并不生活在今天这日子里。

"但是明天！"正如基督徒不断地一直只谈论今天，同样异教徒则不断地一直只谈论明天。今天这日子如何，是喜是悲，是幸福是不幸，对他来说既没有增加什么、也没有减少什么，他既不能去享受也不能去使用这日子，因为摆脱不开墙上的隐形文字[73]，明天。明天我可能会挨饿，尽管我今天不挨饿；明天也许盗贼会来偷窃我的财富，或者诽谤者们会来毁掉我的名誉，无常的侵蚀会来消去我的美貌，生活中的妒忌会来夺走我的幸福，——明天，明天！今天我站在幸福的巅峰，——哦，就在今天对我讲一下什么不幸的事情，赶紧，赶紧，——因为否则，到了明天，一切就都没有边际地消失了。什么是恐惧？它是那下一天。为什么异教徒恰恰在他最幸福的时候是最恐惧的？因为逆境和不幸也许倒还是部分地有助于去熄灭他的尘世忧虑之火。因为尘世的忧虑繁殖性地生产着恐惧，而恐惧则有营养性地生产着忧虑[74]。为了让荧荧然的火星去熊熊燃烧起来，必须有气流才行。而欲求，尘世的欲求，和

105

不安全感，尘世的不安全感，这两种涌动恰恰构成气流，这气流使得激情之火燃烧起来，而恐惧就存在于其中。

异教徒在恐惧之中与谁搏斗？与他自己，与一种幻想；因为那下一天是一种无力的乌有——如果你不把你自己的力量给予它的话。如果你把你的全部力量都给了它的话，那么你会，就像异教徒那样，以一种可怕的方式得知，你有多强大，——因为那下一天有着怎样的巨大力量啊！那下一天，异教徒带着灵魂中的恐怖感走向它，就像那被拖上刑场的人一样地挣扎着，就像那绝望地从沉船之中把手臂伸向陆地的人一样徒劳地努力着，就像那在陆地上看着自己的全部财产沉没在大海之中的人那样无告无慰！

以这样的方式，异教徒销蚀着他自己，或者，那下一天销蚀着他。唉，在那里，一颗人的灵魂熄灭了，他失去了自己。没有人知道这是怎么发生的；这不是灾难、不幸或者逆境；没有人看见这销蚀着这人的可怕力量，但是他被销蚀。就像一个在墓穴之中无法得以安息的不祥精灵，同样，他也像一个鬼魂一样地生活着，就是说，他没有在生活着。正如人们谈论"把黑夜弄成白天"的不合规律，同样，他也绝望地想把今天弄成那下一天。因此他不生活在今天，他生活不到那下一天。他生活不到那下一天，我们这样说一个医生已经觉得没救的病人；但是病人则仍在今天生活着。相反，自扰者，按一种更准确的理解说，生活不到那下一天；他是被放弃的，因为他放弃了"那永恒的"；他甚至就不生活在今天，就更不会生活到明天（因为一个人要活到明天，他就必须活在今天），尽管他还活着的。就像那飞向一堵画过的墙的鸟，它想要停到那些树中的一棵之上，它飞得也许简直就累死，因为想要坐到这些树中的一棵上，同样，那自扰者通过"想要在今天活在那下一天"而令其自我失去灵魂。就像那在飞过世界之海的半路上变得疲倦的飞鸟，无力地拍打着翅膀沉向大海，现在既不能活也不能死；自扰者的情形也是如此，他在距离今天和那下一天之间的半路上变得疲倦。"去生活"就是"去存在于今天"；如果一个人死了，那么就不再有什么今天。但是自扰者活着，但却不活在今天，他活不到明天，但却一天又一天地活着。我们的主无法为他带来明朗，因为，不管是死是活，他的周围仍会是同样地黑暗，同样地不祥，他这个既不活也不死的人，但他却

第一部分　异教徒的忧虑

是活着的，——是的，就像是活在地狱里。

然后，让我们在最后想一下飞鸟，这飞鸟是在福音里的[75]，并且也应当进入这讲演。飞鸟在同一天到达自己遥远的目的地；基督徒是在同一天，"就在今天"，在天堂里[76]，就在他的生活所在的地方；异教徒从来就没有离开原地。飞鸟在一种好的意义上是一个自爱者，它理智地爱它自己，因此不是自扰者；基督徒爱上帝，因此不是自扰者；异教徒（这是上帝会禁止并正禁止的）恨他自己，他是一个自扰者。飞鸟只活在今天，以这样的方式，那下一天对于他不存在；基督徒永恒地活着，这样，那下一天对他不存在；异教徒从来就不是生活着，总是被那下一天阻止了"去生活"。飞鸟被免除了所有恐惧；对基督徒的祝福将基督徒救离所有恐惧；异教徒的忧虑是对异教徒的惩罚：自扰，——任何罪都不像自扰这样地惩罚自己。

注释：

[1]［自扰（Selvplagelsen）］　（以某事物）来令自己烦恼；（在精神的意义上）骚扰自己。

[2]［不要为明天忧虑——所有这些都是异教徒所求］　由《马太福音》（6：34）和（6：32）拼出的句子。

[3]［它今天还在，明天就丢在炉里］　对《马太福音》（6：30）的随意引用。

[4]［在铁路上旅行那么快，以至于你在同一天到达一个遥远的地方］　铁路在当时是很大的建设项目。在德意志各国，因为政治原因，铁路网络发展得比英国晚。从19世纪30年代开始，英格兰发展铁路建设，后来扩展到欧洲大陆。最初建立的铁路区域在1830年代中期开放，——1838年，普鲁士的第一条铁路线启用，从柏林到附近的波茨坦。在1840年代这些铁路区域正式启动，这区域后来把柏林设置为德国铁路交通的枢纽点。最初的丹麦铁路修建于阿尔托纳到基尔的诸公国之间，在霍尔斯坦，在1844年9月开始启用阿尔托纳和基尔之间的一段。从哥本哈根到罗斯基勒的这一段从1847年开始启用。到了1860年底，开始有铁路通往日德兰。克尔凯郭尔自己在1843年5月份坐过火车，在他从柏林回哥本哈根的时候，从柏林到安格尔明德的这一段他是坐火车旅行的。

[5]［今天的日子（这日子有它自己的烦恼就够了）］　指向《马太福音》（6：34）。

107

克尔凯郭尔讲演集（1848—1855）

[6]［战胜自己的内心应当比攻下一座城更伟大］　指向《箴言》(16：32)："不轻易发怒的，胜过勇士。治服己心的，强如取城。"

[7] 那现世的（det Timelige）。丹麦语形容词 timelig（所有与尘世间的人的生活有关的，尤其是考虑到人生的无常流转和物质特性）是由 time（人在尘世大地上的时间——作为永恒的对立面）衍生出来的。Hong 的英译所用词是 the temporal。Temporal 在英汉词典中的意思是"时间的，当时的，暂时的，现世的，世俗的"，但在克尔凯郭尔的关联中不能够把重点放在"当时的"和"暂时的"上面，而是要把重心放在"时间的"（作为"永恒的"的对立）、"现世的"（作为"彼岸的"的对立）。

[8]［抓船钩锚］　"Entrehage"，巨大的抓船钩，打海仗时，人们用它来钩住敌船。

[9]［在判决书上写着的是，这是终生监禁］　在"终身监禁"的判决中，判决书指出：被定罪人将"终生"被置于特定的刑事机构，诸如监狱。（丹麦语的法律文本可参看诸如：*Ny Collegial - Tidende*, nr. 2, den 16. jan. 1847, s. 29; nr. 16, den 24. april 1847, s. 247; nr. 29, den 24. juli 1847, s. 599; nr. 45, den 13. nov. 1847, s. 837; og nr. 52, den 31. dec. 1847, s. 946.）

[10]［死离出现世（afdøe fra Timeligheden）］　就是说：彻底不关心并且让自己摆脱任何与现世的事物有关的东西。这一表述以及类似的表述，比如说"死出世界"常常出现在神秘教义或者虔信派神学和文学之中。保罗的中心想法就是：人通过基督而"死离出罪"（中文圣经译作"在罪上死"），比如说在《罗马书》(6：2)之中："我们在罪上死了的人，岂可仍在罪中活着呢?"也可看《彼得前书》(2：24)：基督"被挂在木头上亲身担当了我们的罪，使我们既然在罪上死，就得以在义上活。"这一思想在虔信派之中被强化，在自我拒绝之中，人的生活被视作是一种在日常之中的死离出罪、死离出现世、死离出有限和死离出世界，由此，基督教的重点被推移，从"一个人因基督而死离了罪"被移到"一个人应当通过信仰也应当去死离出罪"。

看约翰·阿尔恩特（Johann Arndt）的《四书论真实基督教》（*Fire Bøger om den sande Christendom. Paa ny oversatte efter den ved Sintenis foranstaltede tydske Udgave*, Kristiania 1829 [ty. 1610], ktl. 277）第一卷，第十二观："一个基督徒必须死灭出自己心中的欲乐和世界，并且活在基督之中"，以及第十三观："出自对基督的爱，为了永恒荣耀的缘故（我们就是为这永恒荣耀而被创造和拯救的），我们必须死灭出我们自己和世界。"

[11]［一天的难处一天当就够了］　引自《马太福音》(6：34)。

[12]［一本哀哭书］　指耶利米哀歌，在 1740 年丹麦语版旧约中被称作

108

第一部分　异教徒的忧虑

"哀哭之书"。

［13］［为了吞下骆驼而滤除掉蚊子］　指向《马太福音》（23∶24）耶稣对法利赛人和文士说："你们这瞎眼领路的，蠓虫你们就滤出来，骆驼你们倒吞下去。"

［14］"应当"　丹麦语 skal 同时有"应当"和"将会"的意思。Hong 的英译译作 will（将会）；而 Hirsch 的德译则译作 soll（应当），并加了一个注释："Statt soll " heißt es Matth. 6, 34 bei Luther" wird. "Das Dänische gebraucht" sollen " auch als Ersatz für das der Sprache fehlende Futurum. "（在路德版的《马太福音》6∶34 之中不是"应当"而是"将会"，丹麦语 skal 也作为替代语言之中所缺的将来时）。

［15］见上一个注释。

［16］这句是引自《马太福音》（6∶34），译者按克尔凯郭尔所引的丹麦语翻译，按和合本应当是"因为明天自有明天的忧虑。"

［17］［敬虔加上知足的心］　指向《提摩太前书》（6∶6），保罗在之中写道："然而敬虔加上知足的心便是大利了。"

［18］［启示预言家］　那种钻研各种启示世界毁灭、审判日和死后生命等等的文本的人，或者这类文本的作者。

［19］那些魔鬼们，我们在《创世记》之中读到他们，他们与尘世的女人交合生子］　指向《创世记》（6∶1—2）"当人在世上多起来，又生女儿的时候，神的儿子们看见人的女子美貌，就随意挑选，娶来为妻。"还有（6∶4）："那时候有伟人在地上，后来神的儿子们和人的女子们交合生子，那就是上古英武有名的人。"

［20］［女人性的］　"有着女人特征的"，衍生意义为"无男子气、柔弱、怯懦"。

［21］［正如这个词在那外国语言之中所标示的意义，也是一个强有力者］指向拉丁语的词 præsens，它既有"当场的、现在的、在场的"的意思，又有"有作用的、有力量的、强劲的"的意思。

［22］也就是说，"心不在焉"的那种"身在场而人不在场"的状态。

［23］决定（Beslutning）。

［24］［这是早期教会最严格的神父之一所做的事情］　这里所指的是谁，尚无法确定。

［25］［西拉赫］　耶稣·西拉赫，犹太作家和公务员，是一位生活在耶路撒冷上层社会的犹太人，可能有自己的智慧学派，著有《便西拉智训》（约公元前 180 年）。他的原作是用希伯来语写的，他生活在埃及的孙子公元前 130 年左右将它翻译为希腊语，并添加了一个前言，其中写道："我祖父耶稣热衷于阅读律法

109

书、先知书和祖先其它著作，在他掌握这些知识之后，他便从事自传的著述，为的是与其他人共同分享他的智慧和学问，因此，凡是分享到他对学问之爱的人，也应该以此书为有益之作，并且尽一切可能地按照律法生活。"《便西拉智训》属于圣经旧约次经。

[26][（30：24）："爱你的灵魂，安慰你的心，把忧愁从你这里驱赶走"] 译者在此按克尔凯郭尔的丹麦文引文翻译。按中国正教会在网络上的《便西拉智训》是（30：23）："知足长乐，可不要成天忧愁。"

[27][在西班牙的一个图书馆里发现一本书……"对异端的最佳解药"……一根鞭子] 无法找到这说法的来源。

[28][祈求"今天"得到每天的饮食] 主祷文《马太福音》（6：11）："我们日用的饮食，今日赐给我们。"

[29][在今天救我脱离恶者] 主祷文《马太福音》（6：13）："救我们脱离凶恶。"

[30][不在墙上画魔鬼] 丹麦有成语"如果你在墙上画鬼，这鬼就更容易进入现实"。还有"你不用在墙上画鬼，他自己会来"或者"别在墙上画鬼！"

[31][那榜样] 耶稣·基督。

[32] 这一句，在丹麦文原文中是主宾倒置句式，按照这种倒置，译者也可以将这句句子译为：

这样地生活，用"那永恒的"，而不是用"那下一天"来充实今天这日子，这是基督徒从那榜样那里学到的或者正在学的（因为基督徒总是一个学习者）。

[33] 一般翻译中使用"祂"，都是丹麦文中以大写字母开头作为强调的他（Han 或者 Ham），是指耶稣。这个就是大写的。但是在这个段落里有点不统一，作者也不时地把指耶稣的"他"写成第一个字母是小写的"他"，因此译者把本段中的这一类小写的耶稣之"他"也都写成祂，以避免造成困惑。

[34] 指耶稣，但是丹麦文"他"第一个字母是小写。

[35] 指耶稣，但是丹麦文"他"第一个字母是小写。

[36] 指耶稣，但是丹麦文"他"第一个字母是小写。

[37] 指耶稣，但是丹麦文"他"第一个字母是小写。

[38] 指耶稣，但是丹麦文"他"第一个字母是小写。

[39] 指耶稣，但是丹麦文"他"第一个字母是小写。

[40][在人们欢呼致敬他为王的同时，他就知道] 指向《路加福音》（19：28—40）中的叙述，其中写到（第37—38句）："将近耶路撒冷，正下橄榄山的时候，众门徒因所见过的一切异能，都欢乐起来，大声赞美神，说，奉主名来的王，是应当称颂的。在天上有和平，在至高之处有荣光。"

第一部分　异教徒的忧虑

［41］指耶稣，但是丹麦文"他"第一个字母是小写。

［42］指耶稣，但是丹麦文"他"第一个字母是小写。

［43］［在他进入耶路撒冷路上人众大喊着"和散那"的时候，他就知道］指向《马太福音》（21：8—11）关于耶稣进入耶路撒冷时人们呼喊"和散那归于大卫的子孙，奉主名来的，是应当称颂的。高高在上和散那。"（第9句。）——和散那原有"拯救"的意思，在希伯来语旧约中是受难的人向国王呼救，或者人们向上帝呼救的类似于"救命啊"的话，但是到了后来渐渐演变为不确定的称颂语，比如说在人们把耶稣当作弥赛亚欢呼的时候，就以此作为称颂辞来呼喊。

［44］［叫喊"钉他十字架"］　指向关于耶稣受审判的叙述。在耶稣进入耶路撒冷之后，没过几天，犹太公会就指控他，但是彼拉多认为他无罪因此想要释放他，这时人众就喊"钉他十字架，钉他十字架"，（《路加福音》23：21）。

［45］指耶稣，但是丹麦文"他"第一个字母是小写。

［46］指耶稣，但是丹麦文"他"第一个字母是小写。

［47］指耶稣，但是丹麦文"他"第一个字母是小写。

［48］指耶稣，但是丹麦文"他"第一个字母是小写。

［49］指耶稣，但是丹麦文"他"第一个字母是小写。

［50］指耶稣，但是丹麦文"他"第一个字母是小写。

［51］指耶稣，但是丹麦文"他"第一个字母是小写。

［52］［如果他愿意放弃真理，那么他能够保证让自己拥有王权之光辉］　也许是指向《约翰福音》（18：33—38）中关于彼拉多审讯耶稣的叙述："彼拉多又进了衙门，叫耶稣来，对他说，你是犹太人的王吗？耶稣回答说，这话是你自己说的，还是别人论我对你说的呢？彼拉多说，我岂是犹太人呢？你本国的人和祭司长，把你交给我。你作了什么事呢？耶稣回答说，我的国不属这世界。我的国若属这世界，我的臣仆必要争战，使我不至于被交给犹太人。只是我的国不属这世界。彼拉多就对他说，这样，你是王吗？耶稣回答说，你说我是王。我为此而生，也为此来到世间，特为给真理作见证。凡属真理的人，就听我的话。彼拉多说，真理是什么呢？说了这话，又出来到犹太人那里，对他们说，我查不出他有什么罪来。"

［53］指耶稣，但是丹麦文"他"第一个字母是小写。

［54］指耶稣，但是丹麦文"他"第一个字母是小写。

［55］指耶稣，但是丹麦文"他"第一个字母是小写。

［56］指耶稣，但是丹麦文"他"第一个字母是小写。

［57］［他当然并不陌生于这一恐惧之痛苦］　指向《马太福音》（26：36—46）之中关于耶稣在客西马尼祷告的叙述，按丹麦语圣经就是"blev grebet af sorg og angst（被忧愁与恐惧攫住）"，按和合本《马太福音》（26：37—38）就是：耶

111

稣"于是带着彼得，和西庇太的两个儿子同去，就忧愁起来，极其难过。便对他们说，我心里甚是忧伤，几乎要死"。在《路加福音》（22：39—46）中也有叙述，丹麦文圣经经文（《路加福音》22：44）描述"I sin angst bad han endnu mere indtrængende, og hans sved blev som bloddråber, der faldt på jorden（在其恐惧之中，他祷告更加恳切。他的汗珠如大血滴落在地上）"。和合本中是"耶稣极其伤痛，祷告更加恳切。汗珠如大血点，滴在地上"。

[58]［但愿这时候已经到达］ 在新约里并没有这句话，但是在《约翰福音》（13：1）之中有"逾越节以前，耶稣知道自己离世归父的时候到了"。然后，《约翰福音》（13：27），在最后的晚餐上，耶稣对将要出卖他的犹大说："你所作的快作吧。"还有，在《路加福音》（12：50）中，耶稣就将要来临的伤亡说"我有当受的洗。还没有成就，我是何等的迫切呢"。

[59] 这是一个长句，一句句子，但是有着印欧语系分句语法关系的复合句，因此译者作了改写，按原句结构翻译的话，应当是如下的这句句子：

他是怎么做到"不带有对那下一天的忧虑地生活"的，他，这个"从他的生命的第一瞬间，在他作为老师登场的时候，就知道他的生命将怎样终结——那下一天就是他的'被钉上十字架'，在人们欢呼致敬他为王的同时就知道（哦，恰恰在这一瞬间，苦涩的消息！）、在他进入耶路撒冷的路上人众大喊着'和散那'的时候就知道人们将会叫喊'钉他十字架'——并且他进入耶路撒冷的就是为了走向这个结局"的他，——那么他，这个每天承受着这一超人的见证巨大重量的人，他是怎么做到"不带有对那下一天的忧虑地生活"的？他，这个"承受痛苦不同于一个'在逆境与灾祸向之猛袭，但在每一个瞬间也面临着「这是可能的：一切还会变好」的可能性'的人承受着痛苦，因为他知道，这是不可避免的"的他，这个"每次在自己为真理给出又一个献祭的时候都知道：'自己是在催促着迫害与毁灭的发生，这样，自己因而也就控制着自己的命运，而如果自己愿意放弃真理，就能够保证让自己拥有王权之光辉和人类的崇拜着的景仰，但是，如果自己（哦，这是怎样的一条通向毁灭的永恒地确定的道路啊！）在彻底的乌有之中辜负了真理的话，那么，这也就是在以更大的确定性保证自己走向自己的毁灭'"的他；——他是怎么做到"不带有对那下一天的忧虑地生活"的？——他，这个"当然并不陌生于这一恐惧之痛苦，正如他对任何别的人间痛苦都不陌生"的他，他，这个"在一次痛楚之发作中叹息说'但愿这时候已经到达'"的他！

这句句子的丹麦文原文是："Hvorledes har Han baaret sig ad med at leve uden Bekymring for den næste Dag, han, der lige fra sit Livs første Øieblik, da han fremtraadte som Lærer, vidste hvorledes hans Liv vilde ende, at den næste Dag var hans Korsfæstelse; vidste det, medens Folket jublende hilsede ham som Konge（o, bittre Viden just i det

第一部分　异教徒的忧虑

Øieblik！）； vidste det, da der raabtes Hosianna ved Indtoget, at der skulde raabes 《Korsfæst》, og at det var dertil han holdt sit Indtog – han, der altsaa bar hver Dag denne overmenneskelige Videns uhyre Vægt: hvorledes har Han baaret sig ad med at leve uden Bekymring for den næste Dag? Han, der ikke leed, som et Menneske lider, paa hvem Modgang og Gjenvordigheder storme ind, men som ogsaa i ethvert Øieblik har den Mulighed for sig, at det dog var muligt, at Alt endnu kunde blive godt – thi Han vidste, at det var uundgaaeligt; Han, som med hvert Offer mere, han bragte Sandheden, vidste, at han fremskyndede sin Forfølgelse og Undergang, saa han altsaa havde sin Skjæbne i sin Magt, kunde sikkre sig Kongemagtens Glands og Slægtens tilbedende Beundring, hvis han vilde slippe Sandheden, men ogsaa med endnu større Vished sikkre sig sin Undergang, hvis han （o, evig sikkre Vei til Undergang！） i slet Intet svigtede Sandheden: hvorledes bar han sig ad med at leve uden Bekymring for den næste Dag – Han, som dog ikke var ukjendt med denne Angestens, saa lidet som med nogen anden menneskelig Lidelse, Han, der i et Smertens Udbrud sukkede 《og gid den Time allerede var kommen》！"

Hong 的英译为："How did he conduct himself in living without care about the next day – he who from the first moment he made his appearance as a teacher knew how his life would end, that the next day would be his crucifixion, knew it while the people were jubilantly hailing him as king (what bitter knowledge at that very moment!), knew it when they were shouting hosannas during his entry into Jerusalem, knew that they would be shouting "Crucify him!" and that it was for this that he was entering Jerusalem – he who bore the enormous weight of this superhuman knowledge every day – how did he conduct himself in living without care about the next day? Because he knew that the suffering was unavoidable, he who did not suffer as one who suffers the assault of adversity and hardships but who also at every moment has the possibility before him that it is still possible that everything could still turn out all right; he who, with every additional sacrifice he brought to the truth, knew that he was hastening his persecution and downfall, and thus he had his own fate in his power and could make sure of royal splendor and the adoring admiration of his generation if he would relinquish the truth, but also with even greater certainty would make sure of his downfall if he (oh, what an eternally sure way to downfall!) betrayed the truth in absolutely nothing – how did he conduct himself in living without care about the next day – he who was indeed not unacquainted with the suffering of this anxiety or with any other human suffering, he who groaned in an outburst of pain, "Would that the hour had already come"?"

Hirsch 的德译为："Wie hat denn" Er "sich verhalten bei der Aufgabe, ohne Sorge

113

um den morgenden Tag zu leben, er, der da doch vom allerersten Augenblick seines Auftretens als Lehrer an gewußt hat, welches seines Lebens Ende sein werde, daß der morgende Tag seine Kreuzigung sein werde; er, der dies gewußt hat, als das Volk ihm als König zujubelte (o welch ein bittres Wissen eben in diesem Augenblick!); der es, als man beim Einzug Hosianna rief, gewußt hat, es werde" Kreuzige ihn "gerufen werden, und eben zu diesem Ende halte er seinen Einzug – er, der da mithin einen jeglichen Tag dieses übermenschlichen Wissens ungeheure Last getragen: wie also hat er sich verhalten bei der Aufgabe, zu leben ohne Sorge um den morgenden Tag? Er, der da nicht gelitten wie ein Mensch leidet, wenn Unglück und Widerwärtigkeit auf ihn einstürmen, er immerhin aber in jedem Augenblick auch die Möglichkeit vor sich sieht, es sei . doch noch möglich, daß alles gut ausgehe – denn Er, er hat gewußt, daß es unentrinnlich war; Er, der da bei jedem Opfer mehr, das er der Wahrheit brachte, gewußt hat, er sporne seine Verfolgung, beschleunige seinen Untergang, so daß er sein Geschick also in seiner Gewalt hatte, daß er imstande war, sich den Glanz der Königsmacht und des Geschlechts anbetende Bewunderung zu sichern, falls er die Wahrheit fahren ließ, aber auch mit noch größerer Sicherheit seinen Untergang gewiß machen konnte, falls er (o, ein ewig gewisser Weg zum Untergang!) in nichts, nichts die Wahrheit betrog: wie also hat er sich verhalten bei der Aufgabe, ohne Sorge zu leben um den morgenden Tag – Er, der da doch nicht unbekannt gewesen mit diesem Erleiden der Angst, so wenig wie mit irgend einem menschlichen Leiden sonst, Er, der da in einem Ausbruch des Schmerzes geseufzt:" ach wäre doch jene Stunde schon da "?"

［60］指耶稣，但是丹麦文"他"第一个字母是小写。

［61］指耶稣，但是丹麦文"他"第一个字母是小写。

［62］指耶稣，但是丹麦文"他"第一个字母是小写。

［63］［设定出那任务，为了留下一个足迹，那么，我们当然就应当向他学习］指向《彼得前书》（2：21）："你们蒙召原是为此。因基督也为你们受过苦，给你们留下榜样，叫你们跟随他的脚踪行。"

这一句的丹麦语是"Men kom Han til Verden for at sætte Opgaven, for at efterlade et Fodspor, saa skulle vi jo lære af ham"（但如果他来到这个世界是为了设定出那任务，为了留下一个足迹，那么，我们当然就应当向他学习）是一个条件句。Hong 的英译作了改写："He came to the world to set the task, in order to leave a footprint so that we would learn from him（他来到这个世界是为设出这任务，以便留下足迹，这样我们可以跟随他学习）"。

Hirsch 的德译是："Aber ist Er auf die Welt gekommen, um die Aufgabe zu setzen, um eine Fußspur zu hinterlassen 85, so sollen wir ja lernen von ihm"（德译的意思与丹麦语原文相同）。

[64] 指耶稣，但是丹麦文"他"第一个字母是小写。

[65] 指耶稣，但是丹麦文"他"第一个字母是小写。

[66]［天父的意愿……是他心悦诚服地顺从的］　指向《约翰福音》（6：38）："因为我从天上降下来，不是要按自己的意思行，乃是要按那差我来者的意思行。"另见《约翰福音》（4：34）和（7：16—17）。另外《马太福音》（26：39）耶稣在客西马尼的花园里祈祷时说的："我父阿，倘若可行，求你叫这杯离开我。然而不要照我的意思，只要照你的意思。"

[67]［把自己的全部忧愁扔给上帝］　指向《彼得前书》（5：7）："你们要将一切的忧虑卸给神，因为他顾念你们。"

[68]［他没有上帝］　《以弗所书》（2：12），保罗写给以弗所人说：那时仍是异教徒，"那时你们与基督无关，在以色列国民以外，在所应许的诸约上是局外人。并且活在世上没有指望，没有神。"

[69]［让我们吃吃喝喝吧，因为明天我们将死去］　在《哥林多前书》（15：32）中保罗写道："我若当日像寻常人，在以弗所同野兽战斗，那于我有什么益处呢？若死人不复活，我们就吃吃喝喝。因为明天要死了。"

[70]［因为明天］　见前面注释（《哥林多前书》15：32）。

[71]［我们谈论关于一种绝望之生命欲望］　也许是指向《不同精神中的陶冶性的讲演，1847年》第三部分"各种痛苦之福音"的第三中的句子"世俗的睿智知道怎样通过各种痛苦来给出绝望的生命欲望，但只有痛苦中的真挚性赢得那永恒的"。

[72]［完全地生活在今天的这一天］　这一表述无法验明出处，也许是对应于《丹麦语词典》中"为在今天的日子"意为"只为当下的这天"（Dansk Ordbog bd. 1, 1793, s. 582.）。

[73]［墙上的隐形文字］　指向《但以理书》第五章中的叙述伯沙撒王看见墙上有写字的指头，而因为一切哲士都进来，却不能读那文字，所以但以理被召来解读这文字。

[74] 这一句，Hirsch 的德语版做了改写：Denn irdische Sorge ist Vater der Angst, die wiederum Mutter der Sorge ist. （因为尘世的忧虑是恐惧的父亲，而恐惧则又是忧虑的母亲）。

[75]［这飞鸟是在福音里的］　指向《马太福音》（6：26）。

[76]［"就在今天"在天堂里］　指向耶稣对同钉十字架的犯人说的话。《路加福音》（23：43）："耶稣对他说，我实在告诉你，今日你要同我在乐园里了。"

VII 犹疑、摇摆和无慰之忧虑[1]

一个人不能事奉两个主——所有这些都是异教徒所求[2]。

这忧虑是飞鸟所没有的。

如果天使们是上帝的信使[3]，服从他的每一个指示，如果他以风为自己的使者[4]，那么，飞鸟与百合则是同样地顺从，尽管上帝不把它们当信使，尽管看起来似乎他用不上它们。飞鸟与百合没有机缘去因为对它们的使用而变得自大，它们觉得自己卑微得就仿佛是多余的。然而上帝并不因此就不珍视它们，而以这样一种方式多余也不是最糟糕的运气。这不是什么稀罕事：在人类忙碌的生活之中，有非凡天赋的人恰恰就像是多余的，因为他并不相称或者适合于那忙碌的事务想要分派给他的、让他去从事的或者用到他去做的事情中的任何部分，——并且，他的"多余性"更多是为了"造物主的荣耀"而不是为了"所有忙碌事物的重要性"而存在的[5]；正如马利亚坐在耶稣的脚前，她比"做着许多事"的忙碌的马大更多地给出了对耶稣的尊敬[6]，同样，百合与飞鸟是上帝挥霍在受造万物上的一种美与喜悦的盈余。但是，正因为它们以这样一种方式是多余的，因此它们就也被要求了最完全的顺从。固然所有存在的东西是来自恩典；但是，如果一个人在这样一种程度上把一切都归于这恩典[7]，以至于他明白他是多余的，那么他就必定会更顺从。确实，一切存在的东西，都是那从乌有之中创造出[8]这一切的全能者的手中的乌有；但是那在进入存在的时候就已经被注定要成为多余的东西，它必定会最深刻地明白自己是乌有。在父母为他们自己的孩子安排一场晚会的时候，他们肯定会要求一种喜悦的顺从，或者要求那种"是顺从"的喜悦；但是，如果他们为贫穷的孩子们安排一场晚会，并且完全就当这些孩子是他们自己的孩子那样，给出了一切，那么他们就会更断然地要求那种"其秘密就是无条件的顺从"的喜悦。

但百合与飞鸟正是如此，只事奉"主"，不会想到任何第二个主，不会有任何，哪怕唯一的一个，不向着主的想法；比园丁手上柔顺的植物更顺从地在主的手中，比训练有素的鸽子对自己的主人的指令更顺从地遵循着主的指令，所有算作是百合与飞鸟的东西都属于一个主；但每一只飞鸟和每一棵百合都只事奉这唯一的主。

因此飞鸟从不犹疑。尽管看起来似乎会是：飞鸟往这里那里飞，但这不是因为犹疑，恰恰相反，我们完全可以确定，这是因为喜悦；这不是犹疑之不安全飞行，这是那全然顺从的轻快翱翔。固然那飞鸟马上就变得厌倦于自己的驻留点，并且飞到很远的地方，但这不是摇摆，恰恰相反，这是完全顺从之坚定而果断的决定[9]；也许很少有什么人的决定会如此果断并且如此坚定不移。固然在一些时候我们也会看见一只鸟栖息着垂下自己的喙，它会有悲伤但那不是无慰；顺从的飞鸟从来就不会没有安慰，在本质上他的生命是无忧无虑（Sorgløshed），恰恰因为它只事奉一个主，而这则又对飞鸟和人来说是最好的，有助于让他得免于"去无慰地悲伤"。

那么现在百合与飞鸟是怎样做授课师的呢？非常简单。飞鸟与百合只事奉一个主，同样还有就是，完完全全地事奉他；那么你就去像百合与飞鸟那样，也只事奉一个主，尽你全心、尽你全意、尽你全力地[10]事奉他，那样的话，你就也会没有忧虑。比飞鸟与百合更优越的是，你与那主有着亲缘关系[11]（百合与飞鸟就像那些穷孩子），而如果你要像百合与飞鸟那样完全地事奉他的话，那么你就是在顺从之中事奉同一个主。

> 基督徒没有这一忧虑。

"一个人不能事奉两个主，"或者，只有一个你能够完全地事奉的主。就是说，这不是以这样的方式在两个主之间的选择：如果你只是在两者之中选择了一个，你就去事奉这一个，无所谓他们中的哪一个，这样你就是只事奉一个主。不，只有一个主，他以这样的方式是主，是

117

"那主"[12]，这样在你事奉他的时候，你就是在事奉一个主；这也是足够地明确的：如果"只有一个主存在"[13]，那么，在你不事奉他的时候，那么你就不是在事奉一个主。因此，如果一个人选择完全地事奉玛门[14]，那么"他只事奉一个主"就不是真的；因为，与他的意愿相悖，他也是在为另一个主，为"那主"做事。如果一个人选择上帝之外的另一个主，那么他必定就恨上帝："因为他必定会要么爱这个而恨那另一个"[15]，就是说，在他爱这一个的时候，他必定是恨那另一个。但是不管他多么恨上帝，他却并不因此就脱离出了他的差事，因此他仍还是没有事奉一个主。一个人对于上帝的差事关系，这不同于一个做差事的人对于另一个人的关系，在后者的关系中，做差事的人可以跑走，离开自己的差事，远离以至于他的第一个主人无法找到他，或者他当然甚至还可以逃进一种完全被改变了的关系中，以至于他的第一个主人不得不放弃自己对他的要求。不，不管这多么绝望地是他坚定的愿望，这个选择了去事奉"那主"之外的另一个主的人，他仍然是停留在两个主人的差事中。恰恰这一自相矛盾是对他的惩罚：想要"那不可能的"；因为事奉两个主是不可能的。但是，也只有在一个人选择完全地去事奉"那主"的时候，事奉一个主才是可能的。这看起来几乎就是诱人的，这几乎就仿佛是福音想要通过说"两者之一你必须选择"来把人的随意性释放出来。哦，但恰恰就是在这里，福音的可怕的严肃就进行约束了，因为，只有这一个是你可以这样地选择的：通过选择他，你就选择了事奉一个主。因此这说法不成立：一个全然地决定[16]要"去怀疑"的人，这个人，他只事奉一个主，"怀疑"[17]；因为，"去怀疑"恰恰就是，正如词义所指，不决定[18]，处于两端[19]。而下面的说法也不成立：一个全然地决定[20]"想要去做一个坏蛋"（不管这么做是多么令人反感）的人，这个人，他只事奉一个主，"魔鬼"；因为，正如在贼窝里不会有一致的协议，同样如果一颗心就是一个贼窝，那么在这颗心中就不会有一致的协议[21]。但是这又怎么会是可能的：在不一致之中事奉一个主。

基督徒只事奉一个主，"那主"，他不仅仅事奉他，而且他还爱他，他尽全心、尽全意、尽全力地爱主，他的上帝[22]。恰恰因此他完全地事奉他；因为只有爱完全地统一，在爱中统一那差异的，并且，在这里

第一部分　异教徒的忧虑

把人完全地统一在上帝之中，上帝是爱[23]。爱是所有联结之中最牢固的，因为它使得爱者与"他所爱的"成为一体；没有任何联接能够绑得比爱更牢固，或者任何联接都无法绑得如此牢固。那爱上帝的爱是完美性的联接[24]，它在完全的顺从之中使得人与那他所爱的上帝成为一体。爱上帝的爱是最有用的联接，它通过"保持让一个人只处于上帝的差事中"来把他拯救出忧虑。这爱统一一个人，使得他与自己并与主（这主是唯一的[25]）永远地统一在一起；它把人统一在与上帝的相同性[26]之中。哦，至福的差事，以这样的方式单独只事奉上帝！因此，在我们在一句话中说出这个的时候，这听起来也是如此庄严；因为这一差事当然就是"上帝之差事"[27]，基督徒的生活是纯粹的上帝差事。飞鸟从来就不曾达到如此之高，以至于我们能把它的生命称作上帝之差事[28]；飞鸟从来就不曾在顺从之中变得如此完美，哪怕它是同样地顺从。

　　然而，这样的话，基督徒岂非比飞鸟还要更顺从吗？是的，他也确是如此。因为飞鸟除了上帝的意愿没有其他意愿，但基督徒有其他意愿，而他在对上帝的顺从之中不断地牺牲这其他的意愿；他就是如此地更顺从。沉重的，但是取悦于上帝的，并且因此却是至福的牺牲[29]！哦，人们谈论那单个的人会爱得至深的许多不同的东西：一个女人，他的孩子，他的父亲，他的故土，他的艺术和他的科学；但是，每一个人在根本上最爱的，甚于自己唯一的诸应许之子[30]，甚于自己天上地上唯一所爱的人，则还是自己的意愿。因此你不要在你的这个孩子身上下手[31]——上帝不是残酷的；不要离开你这所爱——上帝不是铁石心肠。有某种其他东西，某种更深刻地内在的东西，它被拿走是为了你自己的拯救，然而它仍在那里，成了对你自己的伤害，没有什么东西是你如此紧抓不放的，并且没有什么东西是如此紧抓住你不放的（因为那孩子倒是会宁愿让自己被牺牲而那女孩会宁愿让自己成为牺牲物）；这东西就是你自己的意愿。看，飞鸟马上就绪[32]来顺从上帝的意愿；但是在某种意义上，基督徒远途而来，而他却比飞鸟更顺从。哪一种迅速是最大的，是那站在你身边而在同一刻转过身的人的速度，还是那来自遥远但却在同一刻就到这一点上的人的速度！在上帝召唤的时候，飞鸟尽可能快地到来，荣誉归于它，看着它是一种喜悦；但是，基督徒则到来得

119

无限地更迅速，因为他同样迅速地来自——"放弃他自己的意愿"。

因此，基督徒也得免于忧虑，从不犹疑——他是信仰着的；从不摇摆——他是永恒地做出了决定的；从不无慰——他总是喜悦、总是感恩[33]。"顺从是来这里的道路"，他是从祂那里学习了并且学习着这一点，祂，祂是道路[34]，祂，祂自己学了顺从并且是顺从[35]的，在一切之中顺从，在"放弃一切（他在世界被创立以前所具的荣耀[36]）"之中顺从[37]，在"没有一切（乃至他能够用来枕自己头的东西[38]）"之中顺从，在承担一切（人类的罪）之中顺从，在承受一切苦难（人类的辜）之中顺从，顺从地屈服于生活中的一切，在死亡之中顺从[39]。

这样，基督徒在完全的顺从之中只事奉一个主。正如飞鸟不停地为创造者的荣誉歌唱，同样，基督徒的生活也是这样，或者他至少明白并且承认，这生活应当是这样的，单是这理解，这承认就已经是一种对荣誉的声明。以这样的方式，基督徒的生活，就像一曲为"那主"的荣誉而唱的赞歌，因为这一生活更心甘情愿地顺从上帝，并且处于一种比天籁之声[40]的和谐更为至福的和谐之中。这生活是一曲赞歌；因为上帝是一个人只能够通过顺从来赞美的，最好是通过完全的顺从。但因此这赞歌的调子被定得如此之高并且如此之深地扣人心弦，因为那谦卑而欣悦的顺从不是在赞美一个人所理解的东西，而是在赞美他所不理解的东西。因此，这一赞歌的乐器不是那种人类理解力的玩具喇叭，不，它是信仰的天国长号[41]。基督徒只唱一支赞歌，并且是通过顺从：上帝做一切，上帝所做的一切是纯粹的恩典和智慧[42]。因此，这样地因为那"一个人自以为是能够理解'这对于一个人是有好处而令人高兴的'"的事情的发生而顺理成章地感谢上帝，这在严格的意义上却是一种类型的厚颜无礼，一种不顺从，基督徒绝不会允许自己去这么做。如果这样的事情发生在基督徒身上，那么，总是感恩的他，他当然会感恩；但正是在这样的情况下，他会觉得自己是可疑而有问题的，他祈求上帝宽恕，如果他过于剧烈地感恩，过于剧烈，因为那所发生的事情，按他的孩子气的理解，让他觉得有好处而令他高兴的。就是说，这才是真正的赞歌、礼颂和庄重的歌：在你无法理解他的时候，通过喜悦而无条件的顺从来赞美他。在那一切与你作对、你眼前发黑的日子赞美他，在其他人也许很容易会想要向你证明上帝不存在的时候，在这时，不是

第一部分　异教徒的忧虑

通过证明"有一个上帝存在"来让自己觉得自己很了不起，而是谦卑地证明"你相信上帝存在"，通过喜悦而无条件的顺从来证明这一点，这就是一支赞歌。赞歌绝非是某种高于顺从的东西，相反，顺从是唯一的真赞歌；赞歌是在顺从之中；如果赞歌是真理，那么它就是顺从。相对于一个人，你会因为屈从他的意愿而做出那在事实上是伤害你自己的事情；尽管伤害绝不会大，因为"为另一个人的缘故而牺牲自己"也还是会让你得到祝福[43]。但是，难道会有这样的可能，我因顺从上帝的意愿而会伤害到我自己吗——既然他的意愿当然就是我的唯一真实的裨益！但既然事情是这样，那么，难道顺从不应当总是快乐的吗，难道它还会有哪怕只一瞬间的迟疑去考虑是不是快乐吗，这所要求的可唯独只是我自己的裨益啊！

　　所有受造万物都通过听从上帝的指示来赞美上帝；基督徒的生命则通过一种甚至更完美的顺从，也在他明白"自己不理解上帝"的时候，通过欣悦的顺从来赞美上帝。那么，大门怎么会听任被打开，或者后门怎么会不被监守，会让犹疑，或者摇摆，更不用说无慰，从那里溜进基督徒的灵魂之中呢？不，没有什么堡垒是能像信仰的堡垒这么安全的！任何其他堡垒，——哪怕敌人没有发现任何打开的大门、没有任何上山的小道被开辟出来、也没有开辟这小道的可能性，敌人还是能够通过割断堡垒与外界的所有联系、割断全部供给，最后用饥饿来逼它屈服并强迫它投降。然而你越是割断信仰来自外界的所有供给（犹疑，摇摆和无慰的供给，——是啊，再也没有什么别的对应于"一个堡垒所需要的来自外面的供给"的东西了），这堡垒就越安全；如果你以为你在攻打它，你就错了，你是在强化它。把一个堡垒称作是自为的小世界，这只是一个漂亮的谎言。但信仰的堡垒则是一个自为的世界，它在它的壁垒之内有着生命；它最不需要的东西，唉，是的，那对它最有害的东西，就是所有来自外部世界的供给。把信仰与外界的所有联系都割断吧、用饥饿逼迫它吧，它就变得越发固若金汤，它的生命就变得越丰富。在信仰的家里，"顺从"就住在这堡垒里。

　　　　但是异教徒有着这一忧虑。

121

因为异教正是双重性,两个意愿,无主性,或者那相同的东西,奴役。异教是一个自相纷争的国[44],一个在不断的叛乱之中的国,一个僭主取代另一个僭主,但在那里却从来没有什么主人。异教是一种叛乱者的心念;通过魔鬼的帮助,瞬间之鬼被驱逐,七个更坏的鬼就进来了[45]。异教,不管它怎样表现自己,在其最终根本是不顺从,"想要事奉两个主"的无力的、自相矛盾的尝试。但因此,对之的惩罚就是:"有祸了,走两条路的罪人"[46]。我们会在那尽管有过许多牧师但却许多年仍"没有牧师"[47]的会众之中看到这种情形;我们也可以在异教徒身上看到:在他的心念中有许多主,或者,有许多曾是他的心念的主,但是"没有主"统治着这心念。有一件事,是所有异教徒在之上都相像的,就是对"那主"[48]的不顺从;有一件事,是任何异教徒都不会去做的,这就是,任何异教徒都不会事奉一个主。他也许会在所有别的事情之中做各种尝试:尝试着想要事奉一个主,但这主却不是主,尝试着想要没有主,尝试着想要事奉多个主,——并且他在所有这些东西之中被试探得越多,他末后的境况就越是比最初的更不好[49]。

首先,异教徒是犹疑的。只要他仍是犹疑的,看起来就似乎没有什么可责备的,就仿佛对于他"去选择那唯一的主"的可能性仍在那里,就仿佛他没有忧虑,而他的犹疑就仿佛是严肃的考虑。也许人们认为,一个人持续地考虑得越久,他的决定[50]就越严肃。也许,——如果这决定没有完全地不出现的话。最重要的,人们不可以忘记,确实还是有着某种无需长久的考虑的事情。比如说,相对于琐碎的小事;对此,一段长时间的考虑无疑会成为一种非常可疑的标志。现在,诸如此类的琐碎小事在生活中有很多;但是此外还有着一件事情,相对于这事情"需要长时间的考虑"是非常可疑的标志:这就是上帝,或者"选择上帝"。把长久的考虑用在琐碎的小事上是没有道理的;而长久的考虑和慎思相对于上帝的至高性而言也是没有道理的。在这里,长时间的考虑如此地绝非是"那严肃的",以至于它正是"缺少严肃"的证明,并且通过显现为是犹疑而证明这一点。因为一个人绝不会因为他越是长久地考虑又考虑就距离上帝越近,恰恰相反,考虑的时间越长久,随着选择被延迟,他就越是让自己远离上帝。"选择上帝"无疑就是最决定性的和最高的选择;但是对于那需要长久考虑的人,"唉"[51],而对于他来说，如果他需要考虑的时间越来越久，那就是"有祸了"[52]。因为，正是信仰不耐烦的就绪性，它的无限的需要（这种需要不愿去听任何别的事情），不仅仅距离选择最近，而且已经对选择有了最好的准备。如此完全平静地想要旁置"他现在是否该选择上帝抑或另一个主"的问题而不作决定，——这是一种不虔诚，那招致了这种不虔诚的人，他肯定就变得犹疑，有可能犹疑到这样一种程度，乃至他永远都无法重新出离这状态。[53]很奇怪，人们通常谈论一个贫困的家庭难以熬出头；但是那在犹疑之中变得富于反复考虑的人，他则远远更难地难以熬出头。因为上帝不像是什么你在杂货店里买来的东西，或者一种房地产，在你聪明而谨慎地进行了长时间地考究、测量和算计了之后，你确定了是值得买下的。相对于上帝，犹疑者想要带着这种不虔诚的平静来开始（他想要从怀疑开始），恰恰这种不虔诚的平静，它正是那不顺从；因为那样一来上帝就被从宝座上、从"是'那主'"的位置上推下来了。如果一个人做了这样的事情，那么他在严格的意义上就已经选择了另一个主，任性顽固[54]，于是他就成为犹疑的奴隶。

这样，在犹疑统治得足够长久之后，摇摆（路加福音 12：29）[55]就来当政了。也许在一段时间里似乎就是这样，仿佛那犹疑在自身之中藏起了"选择之伸缩力量"这种可能性。如果它本来是在那里的话，现在它被销蚀了；异教徒的灵魂松弛掉了，那犹疑到底在自身之中隐藏了什么，被揭露出来了。在犹疑之中仍有着一种力量对抗着各种想法，犹疑还是试图让自己作为家里的主人，把那些想法组织结合起来。但是，现在想法们的无主性上台了，或者说当政的是瞬间的突发奇想。突发奇想统治着，相对于"选择上帝"的问题也是如此。在一个瞬间的突发奇想之中，异教徒就觉得"选择上帝"是最正确的，然后，他又选择另一样东西，然后又选择第三样东西。但是这些毫无意义的运动，也不会得到什么意义，不会留下任何痕迹，除了增大了的惰性和松弛。正如在死水的惰性之中一个气泡懒慵慵地浮起并空空的破掉，摇摆也以这样的方式在突发奇想之中冒出气泡，然后再冒气泡。

然后，在摇摆统治了足够长久之后，自然，就像所有不虔诚的统治者一样，吸完了血并且耗尽了髓，于是无慰就上台来当权了。于是异教徒就想要最好是变得与那关于上帝的想法完全没有关系。现在他想要下沉到世俗性的空虚之中，在那里寻求遗忘，对"那最危险的思想"的遗忘，正因为这思想是所有想法之中最崇高的，这"被上帝记忆"[56]的想法，这"在上帝面前[57]存在"的想法。在一个人想要下沉的时候，又有什么东西是比所有那些想要往上升的东西[58]更危险呢！现在，他这样认为，让自己的痛苦消失、驱逐掉了所有幻想并学会了安慰自己。啊，是吗，这大致就像是，某个沉陷得如此深的人为了安慰自己（哦，多么可怕的无慰！）而对一个人（他因看见这个人而回想起某种更高的东西）说：让我去是我所是吧。于是精神[59]之光就熄灭了；一道昏然的雾影悬在他的眼前，他根本就什么都不愿意[60]；但他却并不想要死去，他以自己的方式活着。哦，可怕的瓦解，比死亡的瓦解更糟，活着地腐烂[61]，甚至没有气力哪怕去对自己和自己的状态绝望[62]。于是精神之光就熄灭了，这无慰者变得疯狂地在各种各样的事物之中忙碌，只要没有什么东西让他想起上帝就行；他奴隶般地从早劳作到晚，聚集钱财，储存，买进卖出，——是的，如果你与他谈话，你就会不停地听他谈论生活之严肃。哦，令人毛骨悚然的严肃，这样看的话，"失去理智"几乎也不至于会是这么糟！

什么是无慰？甚至痛楚之最狂野的尖叫，或者绝望之恣肆，不管它们有多么可怕，也都不是无慰。但是这一在一种死气沉沉的宁静与自己达成的共识："所有更高的东西都已失去，而一个人却仍能够继续生活下去，只要别有什么东西来令他想起这个事实"，这就是无慰。甚至"去无慰地悲伤"也不是，而那"完全地停止了去悲伤"才是无慰。能够以这样一种方式失去上帝，以至于一个人变得对此完全无所谓，甚至不觉得生活不可忍受，这是无慰，并且也是最可怕类型的不顺从，比任何对抗都更可怕；哦，甚至"恨上帝"，甚至"诅咒上帝"也都没有像"以这样的方式失去他"，或者换一句意思相同的话说，"以这样的方式失去自己"，这么可怕。以这样一种方式丢失一件无关紧要的东西，一个人不愿意把它捡起来，这也许是没什么问题；但是以这样的方式失去自己的自我（失去上帝），这人甚至不愿意弯下腰去捡起它，或者，以这样的方式：这人失去了它，但这丧失却完全不会引起他的注意。——哦，多么可怕的迷失啊！不仅仅是在"一个人所失去的什么"和"一个人所失去的什么"之间有着一种无限的差异，在一个人怎样失去之间也有着一种无限的差异。以这样的方式失去上帝：悔马上在心灵破碎的状态中疾速追赶，想要赶上那失去了的东西；以这样的方式失去上帝：一个人对他感到愤慨，对他反感，或者叹着气责怪他；以这样的方式失去上帝：一个人对此绝望；——但是，失去上帝，就仿佛他什么都不是，就仿佛什么事情都没有，这才是最可怕的！[63]

然后，让我们在终结的地方想一下飞鸟，这飞鸟是在福音里的[64]，并且也应当进入这讲演。飞鸟以这样的方式顺从上帝，乃至我们无法确定，这顺从与任性顽固是否同一回事；基督徒以这样一种方式拒绝自己，这对自己的拒绝与顺从上帝是同一回事；异教徒以这样一种方式是任性顽固的，他不顺从上帝，这个事实变得永远都是显而易见的。飞鸟没有自身意愿（Egenvillie）可放弃；基督徒放弃自身的意愿；异教徒放弃上帝。飞鸟既不赢得也不失去上帝；基督徒赢得上帝并且上帝是作为一切；异教徒失去上帝并且是作为乌有。飞鸟只事奉一个它所不认识的主；基督徒只事奉一个他所爱的主；异教徒事奉那"是上帝的敌人"的主[65]。飞鸟在上帝召唤的时候立即顺从，基督徒更顺从；异教徒则是上帝根本不能召唤的，因为就仿佛是无人可召唤。飞鸟的顺从是为了上帝的荣誉，基督徒更完美的顺从更多地属于上帝的荣誉；异教徒的不顺从没有在光大上帝的荣誉，除了像失去了味的盐那样被扔出去[66]之外，他没有任何用处。

注释：

[1] 犹疑（Tvivlraadigheden）、摇摆（Vankelmodigheden）和无慰（Trøstesløsheden）。

[2] [一个人不能事奉两个主——所有这些都是异教徒所求] 由《马太福音》（6：24）和（6：32）拼出的句子。

[3] [天使们是上帝的信使] "天使"这个词来自希腊语"ángelos"，意思是"信使"。在旧约中有多处说及，上帝派送一个天使/信使，在新约中也有，这里也许是特别指《希伯来书》（1：14）中所说的关于天使："天使岂都是服役的灵，奉差遣为那将要承受救恩的人效力吗？"

[4] [他以风为自己的使者] 指向《希伯来书》（1：7）："论到使者，又说，神以风为使者，以火焰为仆役。"另见《诗篇》（104：4）："以风为使者，以火焰为仆役。"

[5]［在人类忙碌的生活之中……是多余的……不是为了"所有忙碌事物的重要性"而存在的］ 在克尔凯郭尔在1847/48年交之际写给瘫痪的表弟H. P. Kierkegaard的信中有这一段："不要让'你在一个忙碌世界的愚蠢眼睛之中是多余的',最重要的是不要让它从你这里剥夺走关于你自己的观念,——就仿佛你的生活（如果它是在真挚内在之中被生活的）,在全智的治理的温柔的眼睛前,不像每一个其他人的生活那样有着如此多重要意义和有效性,并且比起那忙碌之忙碌的、更忙碌的、最忙碌的匆忙所做的'浪费生命和失去自我'没有更多各种各样的不同东西"（B&A, nr. 196, bd. 1, s. 221. / SKS 28, s. 48）。

（译者说明：全智的治理：治理是指上帝对世界的治理；全智则是说上帝是全智的,正如他是全能、全知、全在的）。

[6]［马利亚坐在耶稣的脚前,她比"做着许多事"的忙碌的马大更多地给出了对耶稣的尊敬］ 指向《路加福音》（10：38—42）："耶稣进了一个村庄。有一个女人名叫马大,接他到自己家里。她有一个妹子名叫马利亚,在耶稣脚前坐着听他的道。马大伺候的事多,心里忙乱,就进前来说,主阿,我的妹子留下我一个人伺候,你不在意吗？请吩咐她来帮助我。耶稣回答说,马大,马大,你为许多的事,思虑烦扰。但是不可少的只有一件。马利亚已经选择那上好的福分,是不能夺去的。"

[7]［一个人在这样一种程度上把一切都归于这恩典］ 参看《哥林多后书》（12：9）。

[8]［从乌有之中创造］ 从公元二世纪起,基督教创世故事（《创世记》第一章）的解读流传广泛。另外,参看《马加比二书》（7：28）："我儿,我恳求你仰视天,俯视地,观察天地间形形色色的万物！你该知道,这一切都是天主从无中造成的,人类也是如此造成的。"

在《巴勒的教科书》第二章"论上帝的作为"第一节§1中有："上帝从一开始从乌有之中创造出了天和地,仅仅只凭自己全能的力量,为了所有他的有生命的受造物的益用和喜悦"。

[9] 决定（Beslutning）。

[10]［尽你全心、尽你全意、尽你全力地］ 参看《申命记》（6：5）："你要尽心,尽性,尽力爱耶和华你的神。"

[11]［你与那主有着亲缘关系］ 指向《使徒行传》（17：29）。

[12]［一个人不能事奉两个主,……是"那主"］ 参看1847年10月的日

记（NB2：236）："一个人不能事奉两个主。由此不仅仅是说摇摆不定的人，犹疑的人，不真正知道自己该选择哪一个。不，这也是指那对抗地与上帝和天国作对而去事奉自己的情欲和欲望的人，他就是在事奉两个主，这是一个人不能够的；因为不管他愿意不愿意，他必须事奉上帝。这关系不是这样简单的'在两者之中选择一个'，这关系是：'只有一个可选的，如果一个人真正只应当事奉一个主，这就是上帝"。（SKS 20, 229）。

［13］［只有一个主存在］　　参看比如说《巴勒的教学书》第一章《论上帝及其性质》第二段§1："全世界的创造者是那唯一的真正的上帝，除他之外没有别的神"。《哥林多前书》（8：4）中保罗写道："神只有一位，再没有别的神。"

［14］［事奉玛门］　　指向《马太福音》（6：24）。

［15］［因为他必定会要么爱这个而恨那另一个］　　这里是随意地引用《马太福音》（6：24）。因为这引用只是半句，所以只出现了一个"要么"，因为第二个"要么"没有被引用。和合本中文圣经把"要么……要么……"写为"不是……就是……"："一个人不能事奉两个主。不是恶这个爱那个，就是重这个轻那个。你们不能又事奉神，又事奉玛门。"

［16］这个"决定"可以说是改写，按原文直译就是"与自己达成一致"。

［17］Hirsch 的德文版在这里给出一个注释："Die Bezugnahme auf den Zweifel ergibt sich im Dänischen deshalb so natürlich, weil das Unschlüssigkeit bedeutende dänische Wort in seiner Wurzel das Wort für "Zweifel" enthält."（在丹麦语中，与"怀疑"的关联出现得很自然，因为意味着"犹疑"的这个丹麦语词，在其词根之中包含了"怀疑"）。

丹麦语"犹疑"——Tvivlraadighed；"怀疑"——Tvivl。

［18］这里，"不决定"可以说是改写，按原文直译就是"不与自己达成一致"。

［19］按照丹麦老辞典《丹麦词典》（C. Molbech *Dansk Ordbog* bd. 1 - 2, Kbh. 1833, ktl. 1032），怀疑（Tvivl）这个词来自老丹麦词"二（tve）"，两次、两端、两倍、两部分的"二"。

［20］这个"决定"可以说是改写，按原文直译就是"与自己达成一致"。

［21］"在这颗心中就不会有一致的协议"也就是说"一个人不会在心中与自己达成一致"，亦即"不会作出决定"。

［22］［尽全心、尽全意、尽全力地爱主，他的上帝］　　指向爱之诫命，尤其是在《马可福音》（12：30）中："你要尽心、尽性、尽意、尽力，爱主你的神。"以及《申命记》（6：5）、《马太福音》（22：37）和《路加福音》（10：27）。

［23］按原文直译是"在这里把人完全地统一在'是爱'的上帝之中"。

[上帝是爱] 一方面指向《约翰一书》（4：8）："没有爱心的，就不认识神。因为神就是爱。"一方面指向《约翰一书》（4：16）："神就是爱。住在爱里面的，就是住在神里面，神也住在他里面。"

[24] [完美性的联接] 和合本圣经中是"联络全德的"。指向《歌罗西书》（3：14），之中保罗在要求歌罗西的信众们"要存怜悯、恩慈、谦虚、温柔、忍耐的心，要彼此包容，彼此饶恕"之后，写道："在这一切之外，要存着爱心。爱心就是联络全德的。"

[25] [这主是唯一的主] 指向《马可福音》（12：29—30），耶稣说："第一要紧的，就是说，以色列阿，你要听。主我们神，是独一的主。你要尽心，尽性，尽意，尽力，爱主你的神。"

[26] [与上帝的相同性] 参看《创世记》（1：26）："神说，我们要照着我们的形象，按着我们的样式造人，使他们管理海里的鱼，空中的鸟，地上的牲畜，和全地，并地上所爬的一切昆虫。"另外，在《马太福音》（5：48）中，耶稣说："所以你们要完全，像你们的天父完全一样。"

[27] "上帝之差事（Guds-Tjeneste）"的丹麦语在通常的意义上是指"宗教仪式，礼拜仪式"。

[28] 换一种写法就是：飞鸟从来就不曾达到"我们能把它的生命称作上帝之差事"之高度。

[29] [取悦于上帝的，并且因此仍是至福的牺牲] 指向《撒母耳记上》（15：22），撒母耳对不顺从神的扫罗说："耶和华喜悦燔祭和平安祭，岂如喜悦人听从他的话呢？听命胜于献祭。顺从胜于公羊的脂油。"

[30] [诸应许之子] 一方面是说那应许的孩子，一方面是说那与各种应许联系在一起的孩子；指向亚伯拉罕与撒拉的孩子以撒，——关于以撒，上帝对亚伯拉罕说以撒的子孙将被称作他的后裔，参看《创世记》（21：12）。《希伯来书》（11：17—18）："亚伯拉罕因着信，被试验的时候，就把以撒献上。这便是那欢喜领受应许的，将自己独生的儿子献上。论到这儿子曾有话说，从以撒生的才要称为你的后裔。"

[31] [你不要在你这孩子身上下手] 指向《创世记》（22：1—19）上帝考验亚伯拉罕命令他牺牲以撒。亚伯拉罕按上帝的意愿做，但是在亚伯拉罕筑了坛、把以撒捆绑在了坛的柴上并伸手拿出刀要杀以撒的时候，天使呼唤亚伯拉罕说，"你不可在这童子身上下手。一点不可害他。"（22：12）

[32] "马上就绪"，直译的话是"马上到手边"，与后面基督徒"远途而来"成对比。

[33] [总是喜悦、总是感恩] 指向《帖撒罗尼迦前书》（5：16）和（5：

18)："要常常喜乐。……凡事谢恩。"

[34]［袛是道路］　指向《约翰福音》（14∶6）："耶稣说，我就是道路，真理，生命。若不借着我，没有人能到父那里去。"

[35]［袛，袛自己学了顺从］　指向《希伯来书》（5∶8）："他虽然为儿子，还是因所受的苦难学了顺从。"

[36]［他在世界被创立以前所具的荣耀］　指向《约翰福音》（17∶24）耶稣的祷告："父阿，我在哪里，愿你所赐给我的人也同我在哪里，叫他们看见你所赐给我的荣耀。因为创立世界以前，你已经爱我了。"

[37]［在一切之中顺从，在"放弃一切"之中顺从］　指向《腓利比书》（2∶6—8），保罗写关于耶稣："他本有神的形象，不以自己与神同等为强夺的。反倒虚己，取了奴仆的形象，成为人的样式。既有人的样子，就自己卑微，存心顺服，以至于死，且死在十字架上。"

[38]［没有……乃至他能够用来枕自己头的东西］　指向《马太福音》（8∶20）耶稣对一个要跟随他的文士说："耶稣说，狐狸有洞，天空的飞鸟有窝，人子却没有枕头的地方。"

[39]［在死亡之中顺从］　指向《腓立比书》（2∶8）："既有人的样子，就自己卑微，存心顺服，以至于死，且死在十字架上。"

[40]［天籁之音］　"天籁之音"是一个毕达哥拉斯学派的形而上学概念：天体有着和谐，在这和谐的背后是天籁之音。毕达哥拉斯（公元前约580－前500年）发现音调的音程是按弦长比例产生，和谐的声音频率间隔形成简单的数值比例。在他的天体和谐理论中，他提出，太阳、月亮和行星等天体都散发着自己独特的轨道共振之音，基于他们的轨道不同而有不同的嗡嗡声。而人耳是察觉不到这些天体的声音的，因为人已经习惯于这声音。

[41]［天国长号］　《诗篇》（98∶6）："用号和角声，在大君王耶和华面前欢呼。"

[42]［上帝所做的一切是纯粹的恩典和智慧］　参看《巴勒的教学书》第二章第二段§3："上帝是世界的主和统治者，以智慧和善来治理，世上所发生的任何事情，因此那善的和那恶的都得到这样的一个他觉得是有用的结果"。

[43]［因为"为另一个人的缘故而牺牲自己"也还是会让你得到祝福］　也许是指向《约翰福音》（15∶13）之中耶稣说："人为朋友舍命，人的爱心没有比这个大的。"

[44]［一个自相纷争的国］　指向《马太福音》（12∶25）之中耶稣说："凡一国自相分争，就成为荒场，一城一家自相分争，必站立不住。"

[45]［通过魔鬼的帮助，瞬间之鬼被驱逐，七个更坏的鬼就进来了］　一方

面指向《马太福音》（12：26）："若撒旦赶逐撒旦，就是自相分争，他的国怎能站得住呢？"一方面指向《马太福音》（12：43—45），之中耶稣说："污鬼离了人身，就在无水之地，过来过去，寻求安歇之处，却寻不着。于是说，我要回到我所出来的屋里去。到了，就看见里面空闲，打扫干净，修饰好了。便去另带了七个比自己更恶的鬼来，都进去住在那里。那人末后的景况，比先前更不好了。这邪恶的世代，也要如此。"

[46]［有祸了，走两条路的罪人］ 这里是对丹麦语《便西拉智训》（2：12）（"有祸了，胆怯的心，疲软的手，以及走两条路的罪人"）的改写。译者在网络上看见中文版这段为"心惊胆怯的人、手指疲软的人、与走入歧途的罪人、有祸了！"

[47]［没有牧师］ 民间对"没有像样的牧师"或者"没有好牧师（就是说，宣示福音真理、正确举行神圣仪式并且还安装规仪履行职责的牧师）"的说法。

[48]［那主］ 亦即上帝。

[49]［末后的境况就越是比最初的更不好］ 参看《马太福音》（12：45）。

[50] 决定（beslutnng）。

[51] 丹麦语原文是叹息词"ak"。

[52] 丹麦语原文是叹息词"vee"。相应于中文圣经中的"有祸了"。

[53] 译者对这句句子稍作改写，按丹麦语原句结构直译就是：

那招致了"如此完全平静地想要旁置'他现在是否该选择上帝抑或另一个主'的问题而不作出决定"这种不虔诚的人，他肯定就变得犹疑，有可能犹疑到这样一种程度，乃至他永远都无法重新出离这状态。

[54] 任性顽固（Selvraadigheden）。

[55]［摇摆（路加福音12：29）］ 按丹麦语1819年版的新约翻译，耶稣在《路加福音》（12：29）中说"因此你们也不应当带着忧虑问你们要吃什么或者要喝什么；不要摇摆"。中文和合本为："你们不要求吃什么，喝什么，也不要挂心。"

[56]［被上帝记忆］ 指向《路加福音》（12：6—7），之中耶稣说："五个麻雀，不是卖二分银子吗？但在神面前，一个也不忘记。就是你们的头发也都被数过了。不要惧怕，你们比许多麻雀还贵重。"

[57] 在这里，译者把丹麦语的"for Gud"翻译成"在上帝面前"，但它在丹麦语中也有"为上帝"的意思。

在德文版译本中，Hirsch同时翻译出了这两个意思，——他把丹麦语的"for Gud"翻译成德语"vor und für Gott"。

第一部分　异教徒的忧虑

[58] 亦即，"崇高的东西"。

[59] "精神（Aanden）"，在哲学的关联上，尤其是在德国唯心主义哲学的关联上，通常译作"精神"；但在基督教的关联上，常被译作"灵"。

[60] [他根本就什么都不愿意]　参看《非此即彼》上卷"间奏曲"中假名作者A所写的一段文字："我彻底不愿意。我不愿意骑马，那是太剧烈的一种运动；我不愿意走路，那太花费功夫；我不愿意躺下，因为，如果我躺下，那么我要么将继续躺着——这我不愿意，要么我将重新起身——这我也不愿意。总而言之：我根本不愿意。"（见《非此即彼》，上卷，2009年。中国社会科学出版社，正文第4页）

[61] [可怕的瓦解，比死亡的瓦解更糟，活着地腐烂]　参看《非此即彼》下卷"'那审美的'和'那伦理的'两者在人格修养中的平衡"中假名作者B或者说法官威尔海姆写给A所写的一段文字："你就像一个正在死去的人，你每天都在死去，不是在人们本来对这句话所理解的那种深刻严肃的意义上这样说，而是说生命失去了它的实在性，并且'你总是从一个期限终止日到另一个期限终止日那样地计算着你的生平日子'。"（见《非此即彼》，下卷，2009年。中国社会科学出版社，正文第247—248页）

[62] [没有气力哪怕去对自己和自己的状态绝望]　参看《非此即彼》下卷"'那审美的'和'那伦理的'两者在人格修养中的平衡"中假名作者B或者说法官威尔海姆写给A所写的一段文字："你看见了，我年轻的朋友，这种生活是绝望，你能够对别人隐藏，但是却无法对自己隐藏：它是绝望。然而在另一种意义上它却不是绝望。你太轻率（letsindig）了以至于无法绝望，你太沉郁（tungsindig）了以至于无法与绝望相接触。你就像是一个分娩期的女人，然而你却持恒地保持着那瞬间、持恒地停留在痛楚之中。"（见《非此即彼》，下卷，2009年。中国社会科学出版社，正文第257页）而法官威尔海姆稍后要求A去绝望，他把这"去绝望"定性为"一种'作为（Gjerning）'，整个灵魂的力量和严肃和集聚就属于这种'作为'"。（正文第257页。译者说明：在这句句子中，最后的这个带引号的"作为"是"有所作为"的"作为"，而前面出现的、不带双引号的副词"作为"则是"将自身当作……"的"作为……"。）

[63] 按原文直译是"——但是，失去上帝，就仿佛他什么都不是，就仿佛什么事情都没有！"译者加了"这才是最可怕的"。

[64] [这飞鸟是在福音里的]　指向《马太福音》（6：26）。

[65] [那"是上帝的敌人"的主]　亦即魔鬼。

[66] [像失去了味的盐那样被扔出去]　指向《马太福音》（5：13），耶稣对使徒们说："你们是世上的盐。盐若失了味，怎能叫他再咸呢？以后无用，不过丢在外面，被人践踏了。"

131

第二部分

痛苦之斗争中的各种心境[1]

索伦·克尔凯郭尔

"我要侧耳听比喻,用琴解谜语。"
《诗篇》(49:5)[2]。

内　容

I. "一个人只受苦一次，但永恒地战胜"之中令人欣悦的东西。

II. "患难并不剥夺相反使人获取希望"之中令人欣悦的东西。

III. "你变得越贫穷，你就能够使得别人越富足"之中令人欣悦的东西。

IV. "你变得越弱，上帝在你身上就变得越强"之中令人欣悦的东西。

V. "你在现世的意义上丧失的东西，你永恒地赢得它"之中令人欣悦的东西。

VI. "在我'赢得一切'的时候，于是我当然什么都没有失去"之中令人欣悦的东西。

VII. "逆境是顺境"之中令人欣悦的东西。

注释：

[1][痛苦之斗争中的各种心境] 克尔凯郭尔在1848年1月的日记（NB4：22）中写道："'痛苦之斗争中的各种心境'没有写前言。如果要写的话，那就会是以下一种类型的。古代的那个最勇敢的民族（拉刻代蒙人）在音乐中为战斗做准备；以这样的方式，这些为斗争而定下的心境也是胜利的喜悦之心境，绝非是让人在斗争之中变得沮丧，而恰恰会让一个人振奋起来。"（SKS 20, 298）

在接下来的日记（NB4：23）克尔凯郭尔以标题"'痛苦之斗争中的各种心境'导言"写有："这些讲演要以这样的方式来讲：罪的意识和罪的痛苦不断被触及；关于罪等等之类，是另一回事；在这些讲演之中达到罪。在安慰抒情地将自己尽可能地抬高到所有尘世的灾难和悲惨之上（甚至那最沉重的）的时候，罪之恐怖不断地被展示出来。以这样的方式，在这些讲演之中狡猾地隐藏有另一个主题：罪是人的败坏。／在通常的布道演说之中，人们把灾难、艰辛——和罪放在一起宣讲，这恰是一种混淆。／以这样的方式看，这些讲演的范畴就不同于痛苦之福音（《不同精神中的陶冶讲演。1847年》的第三部分），后者让苦难作为未被确定的东西。在这里作出了区分：无辜的苦难——以便在之后达到罪。"（SKS 20, 298）。在这一部分的草稿上本来有这样的题献："这本小册子／献给／一个无辜的痛苦者。"（Pap. VIII 2 B 99）；但在誊清时被删去（参看 Pap. VIII 2 B 123, 12）。

[2]["我要侧耳听比喻，用琴解谜语。"《诗篇》（49：5）] 译者这里用的是中文圣经和合本的引文。按克尔凯郭尔丹麦文《诗篇》引文（《Jeg vil bøie mit Øre til Tankesprog, og fremsætte mine mørke Taler til Harpespil.》Pslm. 49, 5.）直译是："我要向思想的格言垂下我的耳朵，向竖琴的旋律表述我的谜语（'我的谜语'，原文 mine mørke Taler 直译为'我的黑暗言语'。丹麦语注释中的说明：'黑暗言语：谜中之语'）"。Hong 的英译："" I will incline my ear to a proverb; / I will set my dark saying to the / music of the harp." Psalm 49：5. 2"

138

I "一个人只受苦一次，但永恒地战胜"[1] 之中令人欣悦的东西

如果一个人想要达到一个目的，那么他必定也想要去使用各种达到目标的手段[2]。但是这之中有着这种设定或者这种承认：他知道他想要什么。如果这已被假定下来了，那么我们就在"各种手段"上让他停下，同时，我们说"然后，你也必定会想要各种手段"。有时候，我们也许还是有必要再往回走更远，并且说，"如果一个人想要一些什么，他首先就必须知道他想要的是什么，自觉地意识到自己想要的是什么。"因为那种"马上就想要达到自己的意图"的不耐烦会觉得，谈论这关于各种不得不被使用的手段的话题，是非常可怕的拖延；哦，要开始往回走这么远——"如果一个人想要一些什么，他就也必须知道他想要的是什么，自觉地意识到自己想要的是什么。"——这是怎样一种要人命的缓慢啊！

现在，相对于那作为"陶冶性讲演的任务"的东西，事情就是这样的："去陶冶"，或者更正确地说，相对于"去被陶冶"，也许会有这样以一种随便而肤浅的方式想要得到陶冶的人，想要得到陶冶，而如果他为自己给出一些时间来弄明白他想要的是什么，或者他为自己给出一些时间来听别人向他说明这个问题，那么他就会有很多疑虑，然后反过来倒希望最好是让自己得免于受陶冶。这样的误会常常在生活中发生。一个人会强烈的、充满激情地，甚至是顽固地欲求着某种他对其更确切性质一无所知的东西，——唉，这东西的确切性质也许与那想要者认为它所具的性质恰恰相反。"那陶冶性的"的情形就是如此，它确实是一种自在自为的善，并且正因此，它必定会要求那想要受陶冶的人弄明白他自己是怎么一回事：他不是轻率地、世俗地、不加考虑地而一厢情愿的滥用"那陶冶性的"，而在进一步得知了这到底是怎么一回事之后，

又做出谢绝。

"那陶冶性的"是什么呢？对此的第一个回答，"那陶冶性的"首先是什么：它是那可怕的[3]。"那陶冶性的"不是为健康的人而是为有病的人配备的[4]；不是为强者而是为弱者配备的；因此，对于那设想为是健康的和强壮的人，它首先必须被显现为：是"那恐怖的"。生病的人自然明白自己是在接受医生的治疗；但是对于健康人，发现自己落在一个马上就把他当病人来治疗的医生的手里，这则是可怕的。"那陶冶性的"的情形就是如此，它首先是那恐怖的：对于那没有心碎的人[5]，它首先是"那碾碎着的"。在那根本没有任何可怕的东西的地方，根本没恐怖，在那里也就根本不会有任何陶冶性的东西，根本不会有陶冶。对罪的宽恕是存在的，这是陶冶性的，"那可怕的"是：罪是存在的；恐怖在辜之意识的真挚性中的量与陶冶的量成比例。对所有痛苦都有处方，在所有斗争之中都有胜利，在所有危险之中都有拯救，这是陶冶性的，"那可怕的"是：痛苦、斗争和危险是存在的；"那恐怖的"的量和恐怖的量与"那陶冶性的"和陶冶成比例。

"那陶冶性的"的所在是如此之深。要去找到"那陶冶性的"，这就像那种人工的挖井方式，人们必须挖那么很多很多寻，然后自然而然，挖得越深，水柱也就喷得越高[6]。首先，一个人必须仔细地看，去找到"那恐怖的"。因为"那恐怖的"相对于"那陶冶性的"，就像愿望杖（Ønskeqvist）[7]相对于泉源：愿望杖弯下的时候，在地底下就有水源，而哪里有着"那可怕的"，那么"那陶冶性的"就在不远处，就在根基中。在一个人仔细地观察了"去那里找到'那恐怖的'"之后，如果他再次仔细地看，那么在这时，他就找到"那陶冶性的"。[8]

"那陶冶性的"对自己是如此确定、在自身之中是如此绝对可靠。一个人不应当害怕这恐怖，就仿佛它在阻碍陶冶，不应当因为希望使得陶冶更温馨而软弱地把它挡在外面；因为如果没有恐怖，那么陶冶恰恰就与恐怖一同消失了。但在另一方面，陶冶恰恰就在恐怖之中。"那陶冶性的"就是那么成功：那在最初瞬间看来可以是敌人的东西，被弄成预设前提，成为侍者，成为朋友。就像医术成功地克服困难，把毒剂转化为良药，但远远更漂亮：恐怖在"那陶冶性的"之中被转化为陶冶。

第二部分 痛苦之斗争中的各种心境

现在，这一讲演之对象的情形也是如此。一个人只受苦一次。这句话被如此快地说出来，这听起来几乎就是轻率的，恰似我们在这世界里常常听见的轻率的话"享受生命，一个人只活一次"[9]。但是，为了找到"那陶冶性的"，一个人首先就必须知道"那恐怖的"，并且因此在这里为自己给出一些时间来弄明白：这句话蕴含了对生命的最沉重的考虑。一个人只活一次，——就是说，就像人们说一个人，说他在自己的生命中只病一次、只不幸一次，这是在说：他整个一生就是这样了[10]。看，现在，陶冶在最深刻意义上开始了。但是，尘世的聪睿和不耐烦，以及"世俗地寻求着痊愈"的世俗忧虑，它们则得不到许可去要求"那不可能的事情"，亦即，"在我们要谈论关于'那基督教的'的时候，我们能够对它们谈而达成陶冶。"[11]因为"那基督教的"在严格的意义上恰恰是从这里开始的，或者说，"那严格意义上的基督教的"恰恰是从这里开始的，——在这里，人的[12]不耐烦，不管他有什么真实的痛苦要抱怨，都会觉得这痛苦是（通过这安慰，是的——通过这令人绝望的安慰）无限地被放大的；因为，世俗地看，基督教的安慰比最沉重的尘世痛苦和最大的现世不幸更远远地令人绝望[13]。就是在这里，陶冶开始了，基督教的陶冶，以祂——我们的主和拯救者的名来命名的陶冶；因为祂也只受苦一次[14]——但他的整个生命是痛苦。

那么就让我们谈论[15]

"一个人只受苦一次，但永恒地战胜"之中令人欣悦的东西。

一个人只受苦一次，但永恒地战胜。这样说来，一个人岂不也是只战胜一次？确是如此。然而差异却是无限的：痛苦之一次是瞬间，胜利之一次是永恒；因此，痛苦之一次，在它过去之后，是无次[16]，胜利之一次则在另一种意义上是无次，因为它永远不会过去；痛苦之一次是一种过渡或者一种贯穿而过，胜利之一次是一种永恒持续的胜利。

痛苦之一次是瞬间，或者一个人只受苦一次。如果痛苦持续七十年[17]，它只是一次；如果这一次是七次乘七十次[18]，它也仍还是一次。现世性会徒劳地去把自己弄得很重要，数着瞬间，数着并且合计着；——在"那永恒的"得到许可统治的时候，它永远都无法进一步

141

走更远，并且永远都不会变得比那唯一的一次更多。就是说，永恒是对立面；它不是现世之中单个瞬间的对立面（单个的瞬间是毫无意义的），它是整个现世的对立面，它带着永恒的各种力量来对抗，不让现世成为"更多"。正如上帝对水说"只可到这里，不可越过"[19]，永恒对现世说"只可到这里，不可越过；不管你继续存在多久，你是瞬间，既不多也不少；我，永恒，担保你如此，或者，我，永恒，强制你如此。"正如那寄生的植物[20]，不管它能够继续成长多久，不管它怎样在大地上蔓延开，长得多高，同样，在永恒主宰的时候，不管现世持续多久，它都无法更多于瞬间和"这一次"。因此那身处生命之初的少年，他，与那身处生命之迟暮望向自己所走过的生命历程的老人有着同样的权利，说：一个人只受苦一次。以同样的权利，就是说，依据于"那永恒的"，但不是有着同样的真相，尽管这陈述是同样地真。因为少年说出什么是真的，而那老人则经历了其真相，使得那"本来就是永恒地真"的东西变成真的。这只是人们在我们的时代所忽略的差异，在我们的时代，人们在所有这证明和证明之上完全忘记了，一个人至高所能是：通过去做，通过"去让自己是证明"，通过一种"也许也会能够让别人信服"的生活，去使得一个永恒的真理成真，去使得"它是真的"成真。基督是不是也曾在什么时候让自己参与到"证明某个真理"或者"证明这个真理"的事情中去过？没有，但是他使得真理成真，或者他使得"祂是真理"[21]成真。

　　一个人只受苦一次。但是就像那种寄生的植物，它沿着地面匍匐而行，如果你观察它，每一瞬间都有着一种向高处生长的倾向，如果它在半路上能够找到什么东西能够让它盘绕而上的，那么它就溜窜到高之中，或者说欺骗自己是在高之中；现世性的情形也是如此，如果它在自己潜行的路上发现什么能让它去依附的东西，它就会去攀爬着，借助于外来的帮助，去成为某种了不起的东西。是的，借助于外来的帮助，然而却不，不是借助于外来的帮助，因为，如果这样的事情发生，如果借助于外来的帮助[22]，现世性以这样的方式成为了某种了不起的东西，那么它就是通过这样一个人的帮助，——对于这个人，"这事情发生在他身上"是一种不幸。[23]在一个人不是从"那永恒的"之中汲取自己的力量、不是通过与"那永恒的"结成的共同体[24]而得到力量去压制

第二部分　痛苦之斗争中的各种心境

住现世性的时候，这时，现世性就从他那里偷取他的力量，并且，借助于这偷来的力量，现世性就变成了某种巨大的"了不起的东西"，它变成了他的不耐烦、他的绝望，也许，他的毁灭。自大打击它自己的主人；而现世性也同样地不知感恩，它通过从一个人那里偷窃永恒性之力变成了某种了不起的东西，然后它反倒是留在了他那里并使得他成为自己的奴隶。唉，于是这人就得知了许多关于瞬间的事；他所算计的那些数字变得越来越大，——哦，在永恒得到许可统治的时候，这同样的算计就是一乘一。现在，在痛苦之中，一天是那么漫长，一个月是可怕地漫长，一年是要命地漫长，无法忍受，令人对之绝望。现在人们记得那次和那次和那次，最后如此多次，以至于任何人都不知道"痛苦的许许多多次"的结束和开始。然而葡萄园的主人有什么不对的吗，因为他按照协议支付让工人们得到同样多的报酬，尽管他们是在不同的时间被召去做工[25]，以永恒的方式理解，他有什么不对的吗？因为以永恒的方式理解，他们只工作一次。那些抱怨的工人，就仿佛他们受了错待，因而他们必定是从现世之中得知了什么并非是永恒地真实的东西，而他们的错正是在这之中，不对的是他们，而不是主人。主人是永恒，对于永恒来说时间的差异不存在[26]，因为对于永恒来说现世只是这一次；那同样的酬报则又是"那永恒的"。因此任何人都没有抱怨的理由；因为，相对于"那永恒的"只可能有一个协议，这协议对所有人都是平等的，相对于永恒之报酬，一个人并不因为他在第三个小时被召进而工作得更久，他并不比那在第十一个小时被召进的人工作得更久。

哦，你，受苦的人，你每天晚上都听人叫喊"小心灯火"[27]，有时候你也许还可能听到"花时间吧"的叫喊；我倒是宁可对你和对我叫喊：最重要的，要带着谨慎与现世交往，要甚于"小心灯火"，对于你，现世永远不会变得比"这一次"更多！永远都不要去开始那可怕的算计，这算计，有人想要去数出多少瞬间多少次，但从来就没有人能够在开始了这算计之后结束它！最重要的是要小心，借助于"那永恒的"去作一下子的约分[28]，在"那永恒的"之中，所有瞬间不断地被约除掉，并且是以这样的方式被约除：它们变成只"一次"！永远都不要脱手失去这一陶冶性的安慰："一个人只受苦一次"；用这个安慰保护好你，就是说，借助于"那永恒的"去防范在你生命中的任何时候

143

会出现"受苦多于一次"！因为，不是吗，一次，哦，这当然是一个人能够忍受的；但是，如果他要受苦哪怕只是两次的话，——那么不耐烦就已被激活了。不是这样吗，那教他去认为"这是他第二次在受苦"的不正是这不耐烦吗？——借助于永恒，一个人只受苦一次。因此，在夜晚到来的时候，就让白天的痛苦全被忘掉吧，然后，在下一天同样的痛苦开始的时候，你仍然只受苦一次。这样，在年度过去了的时候，就让这一年的痛苦全被忘掉吧，然后，在下一年同样的痛苦开始的时候，你仍然只受苦一次。然后，在你的最后时刻到来的时候，就让这一生的痛苦全被忘掉吧，——对，不是吗，它就被忘却了，你只受苦一次！哦，不管你是谁，哪怕你觉得你是那么沉重地被困在痛苦之终生监禁之中，唉，就像一只被关在自己笼子里的动物，——看，这被囚者每天在笼子里转圈走，量着锁链的长度以便让自己可以有所运动；同样，你也去测量锁链的长度吧，通过进入关于死亡和永恒的想法去测量，然后你就得到运动，以便能够忍受，并且，你得到生命的热情。去忍耐地受苦吧[29]；但是一切，一切关于"忍耐地受苦"可说的东西都其实是并且在本质上是被蕴含在这一句话中：让永恒帮助你去只受苦一次。

痛苦之一次是无次。就像成语所说，一次是无次[30]。相对于成语所说，这是否成立，我不作决定；成语不成立当然是可能的，然而这成语所说却是真实的，——一条成语当然不是永恒真理，并且只谈论"那现世的"。"一次是无次"，这是永恒地确定的，并且永远都不会像在这关系是"现世——永恒"的时候这么明确而决定性地显现出来。与永恒相比，七十年又算什么！在永恒之中，我们将看见：所有这痛苦，这"一次"就是无次！我们就根本无法察觉，那些神圣的人们，他们曾经受过他们所经受的苦难，根本察觉不到任何东西[31]；每一滴泪都将会被从那现在正因喜悦而闪烁发光的眼睛旁擦干[32]；每一种匮乏都会在那现在正至福地拥有一切的心灵之中因满足而消失，并且这心灵是在那里拥有一切（哦，至福的财产保险！），在那里——在那任何东西都无法从心中拿走喜悦的地方，在那神圣的人们至福地说"一次是无次"的地方。

只有罪是人的败坏[33]，只有罪有权力去这样地标志一个人，以至于这标志无法马上，或者完全地，是的，乃至这标志在永恒之中也许永

第二部分 痛苦之斗争中的各种心境

远都不会被消除掉。所有现世之痛苦,其"一次"是无次。

痛苦之一次是一种过渡,一种贯穿而过。你必须穿过它,即使它持续长久,就像生命,即使它是沉重的,就像一把能够刺穿你心的剑,它也仍只是一种贯穿而过。它不是一种贯穿你的痛苦;你贯穿它——按永恒的意义来理解,完全无损。在现世之中并且按现世的理解,这看来很可怕;通过一种视觉幻象看起来就仿佛是:痛苦如钻头般地钻穿你,然后你在这痛苦之中死去,而不是你在穿透它。这是一种视觉幻象。这就像是在戏剧之中,一个演员杀死了另一个;这看上去像真的一样,仿佛是他钻穿了他,但是我们当然全都知道,事情并非如此,他甚至连他的一根头发都没有弄弯。但是,被谋杀的演员无伤损地回家,但以理无伤损地走出狮子坑[34],三个人无伤损地走出有着烈焰的火窑[35],——都比不上一颗信仰的灵魂进入永恒,丝毫不受所有现世之痛苦损伤,不受死亡损伤。因为所有现世之痛苦都是幻景,死亡本身,按永恒的意义来理解,是一个滑稽演员!正如蛾子与锈无法噬蚀永恒之宝(而这当然是更不可能!),贼无法偷去它[36],同样,所有现世之痛苦,不管它持续多长久,都绝对不可能对灵魂有丝毫的伤损。不管是疾病、还是匮乏与贫困、还是酷寒与炎热,无论它们怎样噬蚀,都无法伤害灵魂;不管是诽谤还是讥嘲还是侮辱还是迫害,无论它们偷和抢什么,都无法伤害灵魂;死亡都无法伤害灵魂!

痛苦之一次是一种贯穿而过,这贯穿不为自己在灵魂之中留下任何痕迹,或者还要更漂亮,这是纯粹地净化灵魂的贯穿,因而纯净就成了这贯穿为自己留下的痕迹。正如金子在火中被净化[37],同样,灵魂在痛苦之中被净化。但是火从金子这里抢夺走了什么?是啊,将之称作抢夺,这是一种奇怪的说法,它从金子这里抢夺走了所有不纯的组成部分。那么,金子在火中失去了什么?是啊,将之称作失去,这是一种奇怪的说法,金子在火中失去了那不纯的东西,就是说,金子在火中赢得了纯粹[38]。所有现世的痛苦情形,最沉重的,最持久的,也是如此;就其自身而言是无力无奈的,它什么都拿不了,——如果那受苦者让永恒来主宰,它就拿走那不纯粹的,这就是说,给予纯粹的是它。

罪是人的败坏。只有罪之锈能够噬蚀灵魂,——或者永恒地败坏它。因为,这当然是值得注意的,古代的那个简单的智者由此证明灵魂

145

的不朽性，灵魂之疾病（罪）的情形不同于那杀死肉体的肉体之病症[39]。罪也不是什么"人要一次穿过"的贯穿，因为人要从罪中回来；罪不是瞬间，而是对"那永恒的"的永恒的放弃，因此，它不是"一次"，因而它的一次不可能是无次。不，正如在那个地狱中的富人和亚伯拉罕怀中的拉撒路之间有着一道裂着口的深渊固定着[40]，同样，在痛苦与罪之间也有着一种裂着口的差异。让我们不要困惑，以至于让这关于痛苦的讲演因为它也考虑到罪而变得不很坦白，并且使得这一不很坦白的讲演由于它以这样的方式谈论罪而变得愚鲁无礼。这恰是"那基督教的"：在"那被人们在困惑中称作是恶的"与恶之间有着这一无限的差异[41]；这恰是基督教：在"现世之痛苦"的问题上不断地谈论得越来越坦白、越成功、越喜悦，因为，在基督教的立场上看，罪，唯独罪，是败坏。

一个人只受苦一次，但永恒地战胜。让我为你把这个差异描述一下。在这个国家某个地方的一个教堂里，在圣餐桌旁有一件艺术品，描绘天使把痛苦之杯递给基督[42]。如果你观察这幅画，那么它会给你那艺术家想要创作出的这印象；你投入在这印象之中，因为就是以这样一种方式，这杯子被递给了祂，这痛苦之杯！但是，如果一整天坐在这圣餐桌前看这幅画，或者如果你年复一年每个星期天都观察着它：哦，不是吗，不管你怎样总是虔诚地想着祂的痛苦，并且祈求着祂，不断地提醒你自己记住这一画面，不是吗，一个这样的瞬间会出现：对于你，一切都无限地被改变了，这画面就仿佛是在至福地转动，你对你自己说："不，这不会持续这么久吧；天使当然不是这么持续不断地把杯子递给祂，祂当然很愿意地从天使的手里或者顺从地从上帝手里接过它，——祂当然是喝干了它，痛苦之杯[43]，因为祂所承受的痛苦，祂只承受一次，但祂永恒地战胜！"——相反，你想象一下在祂的胜利之中的祂；是的，如果有什么艺术家能够描绘出这个，能吗，不管你一直坐多久，哪怕你每个星期天都虔诚地望着这画面，难道这样的一个瞬间会出现吗；你对你自己说，"不，这可持续实在太久，这可不可能有终结。"哦，不，赞美上帝，这恰恰是永恒的至福，祂的胜利永远不会终结。但祂的胜利却也只是一次，正如祂的痛苦只是一次；但是，胜利之一次是永恒，痛苦之一次是瞬间。固然，那不能够忍受看着这"杯子被递向祂"的画面的，可以是不耐烦；但是，那并非不耐烦地转身离开、而是怀着信心在痛苦的画面之下理所当然地领会胜利之画面的，因而也可以是信仰。

哦，承受着痛苦的你，不管你是谁，只要你每天与上帝一起开始这一天，在这一天的开始就祈求他给予你忍耐之心去承受这一天，然后你也在每天祈求他提醒你"一个人只受苦一次"。一个基督徒在主祷文之中祈求今天的日常饮食。人们无疑几乎会认为这祈祷是穷人的，认为这穷人的任务就是以贫困之日常饮食来度日。哦，但是你，就痛苦而言，也许你从你生命的开始，并且在你一生之中，丰富地装备有足够多的痛苦，这一祈祷也是为你而作的，对于你来说，这任务是相反的，但却又是同一个：以日常的痛苦来度日；这样，你在你生命结束的时候，就像那穷人说"我还是过得去并且得到日常所需"，你也必定能够这样说，"我还是过得去并且得到日常所需"。穷人过得去，为自己抵抗贫困，找到日常所需。也许"熬过大量的痛苦让自己还过得去"要更艰难；但这是任务。那么，你也把下面的话真正地记在心中吧。想一下，如果一个人一辈子活下来一直就不受打扰地享受着所有尘世的好东西，想一下，他在死亡的瞬间根本就没有任何东西可回忆，根本就没有任何东西可让他带着去走向回忆之巨大的未来。因为，享受在瞬间之中是令人舒心的，但是，正像空空如也的瞬间性的东西，它没有什么可为回忆作展示的，并且它不是为一种永恒的回忆而存在的。相反，再也没有什么别的回忆，并且，没有什么别的可供回忆的东西，是比"与上帝一同[44]熬过的各种痛苦"更至福的；这是这些痛苦所具的秘密。因而：要么是在所有各种可能的享受之中的七十年，并且，没有任何，没有任何为一种永恒（一切匮乏之中最可怕的，它当然也是长久的！）的东西，要么是痛苦之中的七十年，然后有一个永恒可去至福地回忆。至福地回忆"在与上帝的约定之中熬过的各种痛苦"！确实，为了一项好的事业而去回忆各种不是自己招致的痛苦，是至福的，确实就像主所说的："若人们辱骂你们，并且说各样关于你们的坏话并且以谎言毁谤你们，那么你们就有福了！"[45]是的，以这样的方式受苦是至福的，是最至福的回忆！但这是说每一种"在与上帝的约定之中承受的痛苦"，在永恒之中回忆它，是至福的。一个人只受苦一次，但永恒地战胜。多么奇妙啊，这是怎样的一种回转啊！因为，那看来是属于"现世"的长久，那七十年，——如果现世被压下的话，只是一次；然后它却会在永恒之中再次到来，在那里，"回忆这一次"变得长久持续地充满至福！

注释：

[1]［一个人只受苦一次，但永恒地战胜］　关于这个主题，克尔凯郭尔在日记（可能是1847年2月底的）NB：145中做了这样的估量："在这一想法之中有着某种非常陶冶性的东西，这是牵涉到圣经中所写的关于基督的所有痛苦：他所承受的痛苦，他承受一次。（根据《希伯来书》9：26）一个人只受苦一次，——胜利是永恒的。（在世俗的意义上我们常常听见这样的说法：享受生命，一个人只活一次。）"在NB：145a的边上，他写道："一个人只受苦一次，——他永恒地胜利。在这样的层面上看，一个人只胜利一次。差异则是：痛苦之'一次'是瞬间（尽管这瞬间是七十年），——但胜利之'一次'是永恒。痛苦之'一次'（尽管它持续七十年）因此无法在艺术之中被复制或者被创作出来。在拯救教堂的神殿旁有一幅装饰画，描绘了天使向基督递出痛苦之杯。［注：参看后面的画稿］错误是它持续太久，一幅画面当然总是持续永久；它看来太持久；人看不到，这痛苦——因为所有痛苦在其概念之中或者在胜利之观念中就是这样的——是瞬间。相反，胜利则是永恒的；它可以（只要它不是精神性的）被创作出来，因为它持续。//对'那陶冶性的'的最初印象却是让人感到恐怖的，如果人们用足够的时间去正确领会它，因为经受一次痛苦就像生病一次，就是说，贯穿整个人生。但是尘世的聪睿和不耐烦也不能够要求，在一个人谈论基督教的东西的时候，他可以安慰它；因为'那基督教的'安慰在人的不耐烦纯粹地想要绝望的时候才会开始。'那基督教的'就是处在如此之深的地方；首先，一个人必须仔细看，去找到'那恐怖的'，然后再仔细看，然后他就找到'那陶冶性的'。唉，在通常，人们既不会去在第一个关系之中仔细看，也不会在那第二个关系之中仔细看。"（SKS 20, 98）。

[2]［如果一个人想要达到一个目的，那么他必定也想要去使用各种达到目标的手段］　这一句译者稍作改写。按原文直译是："那想要一个意图的人必定也想要各种手段。见后面的关于"目的或者意图总是高于手段"的注释。丹麦文原文是"Den, der vil en Hensigt, maa ogsaa ville Midlerne"；Hong的英译是"The one who wants an end must also want the means"；Hirsch的德译是"Wer einen Zweck will, muß auch die Mittel wollen"。

[3] 见前面"一个人只受苦一次，但永恒地战胜"的注释。

[4]［不是为健康的人而是为有病的人配备的］　译者稍作改写，按原文直

第二部分　痛苦之斗争中的各种心境

译没有"配备的",下一句中的"配备的"也是译者加的。指向《马可福音》（2：17）："耶稣听见,就对他们说,健康的人用不着医生,有病的人才用得着。我来本不是召义人,乃是召罪人。"

［5］［那没有心碎的人］　"心碎的",直译是"被碾碎的"（Sønderknusede）。丹麦文《诗篇》（51：19）中"被碾碎的"对应于中文和合本圣经《诗篇》（51：17）中的"痛悔的"："神所要的祭,就是忧伤的灵。神阿,忧伤痛悔的心,你必不轻看。"

［6］［那种人工的挖井方式,人们必须挖那么很多很多寻,然后自然而然,挖得越深,水柱也就喷得越高］　指挖井工程中的原则。向地下挖到的蓄水层越深,水所具的自然压力就越大,向地面喷出的水柱就越高。这样的井是以法国地名 Artois 命名的,拉丁语就是 Artesia。在克尔凯郭尔的时代,哥本哈根的人们就是以这样的方式来挖井的。

寻,是中国古代长度单位,译者用来翻译丹麦从前的水深度量单位 Favn（也可译作"浔"）,一个 Favn 相当于 1.88 米。丹麦在 1926 年之前,Favn 是官方正式的度量单位,1907 年才开始使用米制长度单位。

［7］［愿望杖］　Ønskeqvist,占卜杖或者魔杖,常常是丫字形。被用来指示底下的水脉或者金属脉。

［8］这一句译者参考了 Tisseau 的法译改写,也作了稍稍的改写。这句话的原文是：Naar man saa, efterat have seet nøie til i at finde det Forfærdende, seer nøie til igjen, saa finder man det Opbyggelige.（直译为：一个人在仔细地去看了"去找到'那恐怖的'"之后再仔细地看的时候,这时他就找到"那陶冶性的"。）

Hong 的英译是："Having looked closely to find the terrifying, if one then looks closely again, one finds the upbuilding."

Hirsch 的德译是："Wenn man darum, nachdem man im Finden des Erschreckenden genau hingesehen hat, noch einmal genau hinsieht, dann findet man das Erbauliche."

Tisseau 的法译是"Alors, quand on a bien vu où il faut chercher le sujet d'effroi et que de nouveau on regarde avec attention, on découvre l'édifiant."

［9］［享受生命,一个人只活一次］　参看前面对"一个人只受苦一次,但永恒地战胜"的注释中所引日记。

另外,关于"享受生命,一个人只活一次"这句话,德国有成语"Man lebt nur einmal（一个人只活一次）"。在歌德的悲剧《克拉维果》（1774 年）中有这句成语："man lebt nur Einmal in der Welt（一个人只在世上活一次）"。（jf. *Goethe's Werke. Vollständige Ausgabe letzter Hand* bd. 1 – 60, Stuttgart og Tübingen 1828 – 42（ktl. 1641 – 1668, bd. 1 – 55, 1828 – 33）; bd. 10, 1827, s. 53.）

〔10〕亦即，他整个一生都在病，都处于这不幸。

〔11〕这个"它们"，在丹麦语中是单数通性的代词"它"。但是在前文中，单独出现的单数通性名词只有一个——"痊愈"（克尔凯郭尔研究中心的卡布伦教授认为"它"是指这个"痊愈"），但译者觉得这个单数"它"作为"痊愈"有点牵强（那样的话翻译出来的意思可以是"在我们要谈论关于'那基督教的'的时候，我们能够把痊愈当作陶冶来谈。"）。译者参考 Hong 和 Hirsch 的译本，觉得这个"它"可以理解为前面作为集合出现的"尘世的聪睿和不耐烦，以及'世俗地寻求着痊愈'的世俗忧虑"（作为集合出现的"聪睿、不耐烦和忧虑"，这三个名词都是单数通性名词）的总体，亦即可以理解为"它们"。这个句子可以理解为："在我们要谈论关于'那基督教的'的时候，我们能够通过向这'聪睿、不耐烦和忧虑'谈论而为它们带来陶冶"。

这句的丹麦文原文是：Men jordisk Kløgt og Utaalmodighed, og verdslig Bekymring, der verdsligt søger Helbredelse, maa ikke forlange det Umulige, at man skulde kunne tale den til Opbyggelse, naar man da skal tale om det Christelige.

Hong 的英译：But earthly sagacity and impatience and worldly care that seek healing in a worldly way must not insist on the impossible, that one should be able to address them for upbuilding when one is to speak about the essentially Christian.

Hirsch 的德译：Aber irdische Klugheit und Ungeduld, und weltliche Sorge, die weltlich Heilung sucht, dürfen nicht das Un–mögliche verlangen, daß man ihnen zur Erbauung solle reden können, wofern man denn vom Christlichen reden soll.（但是，尘世的聪睿和不耐烦，以及"世俗地寻求着痊愈"的世俗忧虑，它们则不得去要求"那不可能的事情"，亦即，"在我们要谈论关于'那基督教的'的时候，我们能够对它们谈而达成陶冶。"）

Tisseau 的法译：Mais la sagesse et l'impatience terrestres, et le souci du siècle qui cherchent la guérison selon le monde, ne doivent pas demander, chose impossible, qu'on leur parle pour les édifier lorsqu'il s'agit du christianisme.（但是，"世俗地寻求着痊愈"的"尘世的聪睿和不耐烦，以及世俗忧虑"，它们则不可以去要求"那不可能的事情"，亦即，"在我们要谈论关于'那基督教的'的时候，我们能够对它们谈而对它们构成陶冶。"）

〔12〕这个"人的"是形容词，就是说，是世俗凡人的。

〔13〕这里 Hong 的英译把"通过这令人绝望的安慰"改写作"by consolation to the point of despair"，译者在中译文中按丹麦文直译而不取 Hong 的改写。

这一句丹麦文原文是：Thi det Christelige begynder just egentlige der, eller det egentlige Christelige begynder just der, hvor den menneskelige Utaalmodighed, hvad den

第二部分　痛苦之斗争中的各种心境

end havde af virkelig Lidelse at klage over, vilde finde denne uendelig forøget – ved Trøsten, ja – ved Trøsten til at fortvivle over; thi verdsligt er den christelige Trøst langt mere til at fortvivle over end den tungeste jordiske Lidelse og den største timelige Ulykke.

Hong 的英译是：Christianity really begins right there, or real Christianity begins right there where human impatience, whatever actual suffering it had to lament over, would find this to be infinitely increased – by the consolation – indeed, by consolation to the point of despair, because from the worldly point of view Christian consolation is much more to despair over than the hardest earthly suffering and the greatest temporal misfortune.

Hirsch 的德语是：Denn das Christliche hebt eben eigentlich da an, oder das eigentliche Christliche hebt eben da an, wo die enschliche Ungeduld, was von wirklichem Leiden ihr auch Grund zur Klage gäbe, dieses unendlich gesteigert fände – durch den Trost, ja – durch einen Trost, der zum Verzweifeln ist; denn dem weltlichen Sinn ist der christliche Trost weit mehr zum Verzweifeln als das härteste irdische Leiden und das größte zeitliche Unglück.

［14］［祂也只受苦一次］　　指向《希伯来书》（9：24—26），之中说耶稣，"因为基督并不是进了人手所造的圣所，（这不过是真圣所的影像）乃是进了天堂，如今为我们显在神面前。也不是多次将自己献上，像那大祭司每年带着牛羊的血进入圣所。如果这样，他从创世以来，就必多次受苦了。但如今在这末世显现一次，把自己献为祭，好除掉罪。"另参照《希伯来书》（7：27；9：12，28 和 10：10—14）

［15］［那么就让我们谈论］　　在明斯特尔（J. P. Mynster）布道的时候，他总是一次又一次使用这一表述的不同变体形式，作为一次布道的主题的引言。丹麦文文献可参看 *Prædikener paa alle Søn – og Hellig – Dage i Aaret*（所有礼拜日与节日的各种布道）。

［16］"无次"就是说"零次"或者"一次都没有"。

［17］［七十年］　　按照对人生的传统理解，人一般活到七十岁。《诗篇》（90：10）："我们一生的年日是七十岁。若是强壮可到八十岁。但其中所矜夸的，不过是劳苦愁烦。转眼成空，我们便如飞而去。"参看前面对"一个人只受苦一次，但永恒地战胜"的注释中所引日记。

［18］［七次乘七十次］　　参看《马太福音》（18：21—22）："那时彼得进前来，对耶稣说，主阿，我弟兄得罪我，我当饶恕他几次呢？到七次可以吗？耶稣说，我对你说，不是到七次，乃是到七十个七次。"

［19］［上帝对水说"只可到这里，不可越过"］　　在《约伯记》（38：11）中，上帝"说，你只可到这里，不可越过。你狂傲的浪要到此止住"。

151

[20]［那寄生的植物］　这里所考虑的也许是一种攀缘植物，比如说普通的常春藤，它在丹麦森林里很常见。一方面它能够在森林里的地上爬长，一方面它也可以攀缠在其他树身上，所以说是寄生在其他植物上。

[21]［他是真理］　指向《约翰福音》（14：6）。

[22]"如果借助于外来的帮助"是译者的改写，按原文直译是"如果这样的事情发生"。因为"这样的事情发生"就是说"得到了外在的帮助"。

[23] 这意思是说："……那么它就是通过这样的一个人的帮助——这个人有这样的特点：这事情发生在他身上——'现世性通过他的帮助成为了某种了不起的东西'，对于他是一种不幸。"

这一句的丹麦语原文是"Ja, ved fremmed Hjælp, og dog nei, ikke ved fremmed Hjælp, thi skeer det, bliver Timeligheden saaledes til Noget, saa skeer det ved det Menneskes Hjælp, til hvis Ulykke det skeer ham"；Hong 的英译是"Yes, with outside assistance, and yet no, not with outside assistance, because if that happens, if temporality manages to become something in this way, then it happens with the assistance of the person to whom, to his misfortune, this happens"；Hirsch 的德译是"Ja, mit fremder Hilfe; doch nein, nicht mit fremder Hilfe, denn geschieht es und wird die Zeitlichkeit dergestalt zu Etwas, so geschieht es mit Hilfe jenes Menschen, dem es zu seinem Unglück widerfährt"。

[24] 共同体（Samfundet）。在正常的意义中，丹麦语的 Samfund 意思是"社会"。但是在神学或者圣经的意义上，它常常被用来指"（与上帝或基督或永恒的）同在"或者"（与上帝或基督或永恒的）共同体"。

[25]［然而葡萄园的主人有什么不对的……他按照协议支付让工人们得到同样多的报酬……在不同的时间被召去做工］　指向《马太福音》（20：1—6）"因为天国好像家主，清早去雇人，进他的葡萄园作工。和工人讲定一天一钱银子，就打发他们进葡萄园去。约在巳初出去，看见市上还有闲站的人。就对他们说，你们也进葡萄园去，所当给的，我必给你们。他们也进去了。约在午正和申初又出去，也是这样行。约在酉初出去，看见还有人站在那里。就问他们说，你们为什么整天在这里闲站呢？他们说，因为没有人雇我们。他说，你们也进葡萄园去。到了晚上，园主对管事的说，叫工人都来，给他们工钱，从后来的起，到先来的为止。约在酉初雇的人来了，各人得了一钱银子。及至那先雇的来了，他们以为必要多得。谁知也是各得一钱。他们得了，就埋怨家主说，我们整天劳苦受热，那后来的只做了一小时，你竟叫他们和我们一样吗？家主回答其中的一人说，朋友，我不亏负你。你与我讲定的，不是一钱银子吗？拿你的走吧。我给那后来的和给你一样，这是我愿意的。我的东西难道不可随我的意思用吗？因为我作好人，你就红了眼吗？

这样，那在后的将要在前，在前的将要在后了。"

［26］［对于永恒来说时间的差异不存在］　指向《彼得前书》（3∶8）："亲爱的弟兄啊，有一件事你们不可忘记，就是主看一日如千年，千年如一日。"

［27］［每天晚上都听人叫喊"小心灯火"］　哥本哈根晚上22点，巡夜人会来唱喊："如果你们想知道时间/家主，女孩男孩/那么，现在就是/人上床睡觉的时间/主要求你们/要聪明有头脑,/小心灯火/我们的钟已敲十点钟"。《哥本哈根守夜人指导》第二十页（Instruction for Natte - Vægterne i Kiøbenhavn, Kbh.1784, s.20.）。

［28］"约分"是数学中的用语。比如说百分之七十五在约分之后就成了四分之三。"一下子的约分"是译者所作的名词化改写，按丹麦文直译的话应当是动词形式："借助于'那永恒的'去一下子地约分"。Hong 的英译"take care promptly to reduce the fraction with the help of the eternal"中的 promptly 是对"约分"这个行为的描述，而不是对"要小心"的描述。

［29］［去忍耐地受苦］　也许是指向《雅各书》（5∶10）："弟兄们，你们要把那先前奉主名说话的众先知，当作能受苦能忍耐的榜样。"也参看《彼得前书》（2∶20）。

［30］［成语所说，一次是无次］　这是丹麦成语。就是说，发生一次就等于不（没有）发生。

［31］这句的丹麦文是"Man skal slet Intet kunne mærke paa de Salige, at de have lidt, hvad de have lidt, paa slet Intet kunne mærke det"; Hirsch 的德译是"Man wird es an den Seligen überhaupt nicht merken können, daß sie gelitten, was sie gelitten, wird es an nichts merken können"。

Hong 的英译稍作了改写："It will be altogether impossible to perceive on the sainted ones that they have suffered, perceive anything at all of what they have suffered"。

［32］［每一滴泪都将会被从……眼旁擦干］　指向《启示录》（21∶4）："神要擦去他们一切的眼泪。不再有死亡，也不再有悲哀，哭号，疼痛，因为以前的事都过去了。"也参看（7∶17）。

［33］［罪是人的败坏］　参看《巴勒的教学书》第三章《论人通过罪的败坏》§10.之中提及《箴言》（14∶34）："公义使邦国高举。罪恶是人民的羞辱。"（中文和合本译文。按丹文直译是"罪是民族之败坏"）

［34］［但以理无伤损地走出狮子坑］　指向旧约《但以理书》第六章中的故事：大流士朝中的高官求大流士王下旨在30日内严禁人向王以外的任何神或人祈祷，违者当被扔进狮子坑。但以理不理禁令，仍照常向耶和华祈祷。大流士不愿，但不得不把他扔进狮子坑里。但上帝派天使封住狮子的口。第二天早上，大流士王

153

非常高兴地看见但以理丝毫无损,并把想要害但以理的人们扔进坑内让狮子吞噬。

[35][三个人无伤损地走出有着烈焰的火窑] 指向旧约《但以理书》第三章中的故事:尼布甲尼撒造了一尊很高的金像,并下令把全国大小官员聚集起来为像举行落成典礼。各人在听见特别的号角音乐时都要俯伏敬拜这像,违命者将被扔入烈火的窑中。但以理的三个朋友,沙得拉、米煞、亚伯尼歌,不遵王命。尼布甲尼撒王下令把这三个人捆起来扔进火炉里。尼布甲尼撒看见窑中有三人与天使一同在火中行走,没有受伤,于是吩咐三个人从火中出来。他们走出来时,身上完全没有被火烧过的痕迹。

[36][正如蛾子与锈无法噬蚀永恒之宝……贼无法偷去它] 指向《马太福音》(6:19—20):"不要为自己积攒财宝在地上,地上有虫子咬,能锈坏,也有贼挖窟窿来偷。只要积攒财宝在天上,天上没有虫子咬,不能锈坏,也没有贼挖窟窿来偷。"

[37][正如金子在火中被净化] 指向《玛拉基书》(3:2—3):"他来的日子,谁能当得起呢?他显现的时候,谁能立得住呢?因为他如炼金之人的火,如漂布之人的碱。他必坐下如炼净银子的,必洁净利未人,熬炼他们像金银一样。他们就凭公义献供物给耶和华。"

[38]译者改写了。按原文直译是"金子在火中赢了"。

[39][古代的那个简单的智者由此证明灵魂的不朽性,灵魂之疾病(罪)的情形不同于那杀死肉体的肉体之病症] 克尔凯郭尔常常使用这说法来指称苏格拉底。

这里是指在柏拉图《理想国》第十卷608d—611a中,苏格拉底论证灵魂不像肉体那样因疾病和死亡而消失,而是"在它(灵魂)没有被任何恶的东西毁掉,既不来自某种特别地属于他自己的,也不是来自某种相应于什么其他东西的,那么,很明显,它必然是一直存在的;如果它是一种存在的,那么它必定就是不朽的。"

[40][在那个地狱中的富人和亚伯拉罕怀中的拉撒路之间有着一道裂着口的深渊固定着] 指向耶稣关于富人和乞丐拉撒路的比喻。见《路加福音》(16:19—31)。拉撒路死后,天使将他送到亚伯拉罕的怀里;富人死后在阴间受苦,见到遥远的亚伯拉罕和他怀中的拉撒路。富人祈求亚伯拉罕的慈悲,但是亚伯拉罕拒绝了,因为富人已经得到他所得到的东西,并且说:"不但这样,并且在你我之间,有深渊限定,以致人要从这边过到你们那边,是不能的,要从那边过到我们这边,也是不能的。"

[41]这一句的丹麦语是"at der er denne uendelige Forskjel mellem hvad man forvirrende kalder Ondt og Ondt";可以同时理解为"在'那被人们在困惑中称作是恶

第二部分　痛苦之斗争中的各种心境

的'与恶之间有着这一无限的差异"和"在'那被人们在困惑中称作是恶与恶的东西'之间有着这一无限的差异"。Hong 的英译取前者:"that there is this infinite difference between evil and what is confusingly called evil";Hirsch 的德译取后者:"daß dieser unendliche Unterschied gemacht wird zwischen dem was man verwirrend böse und böse nennt"。

［42］［一个教堂里,在圣坛旁有一件艺术品,描绘天使把痛苦之杯递给基督］指哥本哈根克里斯蒂安港的教堂,救主堂。这幅画描述《路加福音》(22:42—43)中,濯足日(授命之星期四)耶稣在客西马尼园所做的祈祷:"说,父啊,你若愿意,就把这杯撤去。然而不要成就我的意思,只要成就你的意思。有一位天使,从天上显现,加添他的力量。"画这幅圣坛画的艺术家是瑞典人尼库德姆斯·

泰辛（Nicodemus Tessin），1695年完成，1732年9月29日正式献祭。

［43］［他当然是喝干了它，痛苦之杯］ 指向《约翰福音》（18：11）："耶稣就对彼得说，收刀入鞘吧。我父所给我的那杯，我岂可不喝呢?"

［44］如果直译的话，就是"在与上帝的同在（或共同体）中"。这里的同在（或共同体）的丹麦语是Samfund。在正常的意义中，丹麦语的Samfund意思是"社会"。但是在神学或者圣经的意义上，它常常被用来指"（与上帝或基督或永恒的）同在"或者"（与上帝或基督或永恒的）共同体"。

［45］［主所说的："若人们辱骂你们，并且说各样关于你们的坏话并且以谎言毁谤你们，那么你们就有福了！"］ 见《马太福音》（5：11—12），之中耶稣对门徒们说："人若因我辱骂你们，逼迫你们，捏造各样坏话毁谤你们，你们就有福了。应当欢喜快乐，因为你们在天上的赏赐是大的。"

II "患难并不剥夺相反使人获取希望"[1]之中令人欣悦的东西

以这样的方式来生产希望,这是怎样奇妙的谋生之路啊!这岂不就像是这样的情形中的奇妙之处:如果商人通过"没有人来他的店"变富,或者一个旅行者通过"有人为他指出一条错误的道路"而到达他的指定地点!哦,人们常常抱怨,生活是如此无足轻重,如此无所谓,如此完全缺乏娱乐;在我看来,对一种永恒来说,单是在这一想法之中就有着足够多的娱乐!哦,人们常常抱怨,生活是如此空虚,如此单调,令人如此闲散;在我看来,对一种永恒来说,单是在这一想法之中就有着足够多的紧张!哦,诗人常常在他们的故事之中描述一个"在关键的时刻显现为某种不同于'其看来所是的东西'"的伪装人物;在我看来,与这一永恒所创作出的伪装相比,所有诗人在这方面的创作总体上说来都只像是小儿科:那负责去弄出一种希望的,是患难!或者在一些童话、一些诗歌之中,会有这样的一个人,他应当是那"看上去就像'患难'一样令人害怕"的坏人(不过在根本上却是好人);这"使人获取希望"的患难也是这样!在患难猛击一个人的时候,它所瞄准的对象看来是"对生活的希望",与它对人的打击效果相比,难道还会有什么盗贼,在他正瞄准一个人心头的时候,能够对"自己所做的猛击"的效果感到更确定吗;然而"那获取希望的"却是这患难![2]多么奇妙啊,它并不给出希望,但是却使人获取希望。因此这并非在一个关键的瞬间是如此——"患难扔掉了自己的伪装,并且说'我只是想要吓唬你一下,在这里你有着希望'";不,它让人获取希望。因此事情就是这样,在它所驻留的全部时间里,它为此工作着,在完完全全的缓慢之中,它只是为"帮受苦者获得希望"而工作着。

是啊,让我们真正由衷地为此而感到惊奇吧!如果说有什么东西是

"人们在这个时代所忘却了的"的话,那么"这被忘却了的东西"就是"感到惊奇",因此,也是"去信"和"去希望"和"去爱"[3]。"那至高的"被宣示出来,"那最奇妙的",但却没有人感到惊奇。"'罪的赦免'是存在的"被宣示出来,但却没有人说"这是不可能的"。几乎没有人愤慨地转身离开并且说这是不可能的;更不会有人在惊奇之中这样说,或者像那个如此情愿地想要希望这是真的但却又不敢相信的人——那个并不想放弃它但却一厢情愿地爱着[4]这一"他不敢去相信的说法[5]"的人——这样说;更不会是,这话由那恰恰相信这事实的人说出来,他的"悔"被缓解为一种寂静的忧愁而这寂静的忧愁又神圣地变形[6]为一种极乐的喜悦,因此他,在明确表白出自己对上帝不可言喻的感恩的同时,通过重复地说"这是不可能的"来振作自己的灵魂。哦,至福的振奋啊,那因"这是不可能的"而被带到了绝望边缘的人,他现在相信这一点,至福地相信这一点,但是,在灵魂的惊奇之中仍继续不断地说着"这是不可能的!"当然,我们都知道,人们说起过这样的一个人,他听说了一个故事,在他听这故事被讲述的时候,所有人都因这故事而发笑,但在他讲述这故事的时候却没有人笑,因为他,如我们所知,忘记了那最重要的部分[7]。但是,你设想一下,一个使徒在我们的时代里,一个使徒,因而他当然也就知道怎么去正确地把"那奇妙的东西"的故事讲出来,你设想一下他的悲哀,或者他身上的"圣灵的悲哀"[8],如果他不得不这样说:"没有什么人感到惊奇;他们是如此无所谓地听着这事,就仿佛这是一切事物之中最无所谓的事情,就仿佛根本没有什么人是这事所牵涉到的人,根本就没有什么人是'这事对他来说是重要的、是有着极大的重要性的'的人,不管这是可能的抑或这是不可能的,不管事情是如此抑或事情不是如此,不管它是真的抑或它是谎言!"[9]。

那么,作为开始,就让我们对"患难使人获取希望"感到惊奇吧,让灵魂很好地在惊奇之中定出调子,让我们呼唤它如同《诗篇》的作者呼唤其灵魂"当醒起!琴瑟啊,你们当醒起"[10],并且让我们一同谈论

"患难并不剥夺相反使人获取希望"之中令人欣悦的东西

第二部分　痛苦之斗争中的各种心境

　　如果一个人要用一句话来描述出那"对于童年生活和青春生活是特征性的"的东西，那么他就肯定会说，那是一种梦之生命。我们也这样说。只须提一下这样的事情发生得多么频繁：一个年长者不就是常常在重复这一句忧伤的"那些消逝了的童年和青春的梦想"吗？它们消逝了，——想来是因为梦者消失了，离去了；因为，如果没有梦者的话，那么哪里又会有什么梦呢！但是，我们又有什么权利将之称作是梦之生命呢，这样我们不就是在把孩童和少年描述为像是在沉睡着的，就像梦游者一样？在另一种意义上，孩童却是醒着的，任何成年人都绝不会是如此醒着，孩童的感觉功能对每一种印象都是开放的，孩童是全然的生活和运动，只要是白天持续着，就是纯粹的留意；少年醒着，很少有成年人是如此醒着的，他的心神早早晚晚都没有安宁，在激情之中被打动，这样，他常常就几乎无法睡觉。然而，孩童的生活和青春的生活仍是一种梦之生命，因为"那最内在的"，"那'在最深刻的意义上是人'的东西"沉睡着。孩童是完全外向的，他的内在真挚就是外向性，并且在这层面上是明觉清醒的。但是对于一个人来说，"在真挚内在之中内向"恰恰就永恒地是"是醒着的"，[11]因而孩童是在梦着，他在感性的意义上将自己与一切梦成一体，正如他几乎就是把自身与感官印象混淆起来。与孩童相比，少年就更内向一些，但却是在幻想之中；他梦着，或者那"梦到了关于他的一切"的就是他。相反，那在永恒的意义上内向的人，他只感觉到精神所是的东西，相反对于那"是血和肉[12]之感觉、现世性之感觉或者幻想之感觉"的感性感受，则就像一个正睡着的人，一个不在场的人，一个死者；精神在他身上醒来，更低级的东西则沉睡着；因此他是醒着的。"梦之生命"这个名称是依照那更高贵的部分得出的；在醒者的身上，精神是醒着的，相反也确实有着某种睡着的东西，亦即，那更低级的东西。在孩童和少年身上，沉睡的则是精神，而那更低级的东西则醒着；但是"醒"是精神之定性，因此这一生命被称作一个梦之生命。

　　但是那做梦者，他当然必须被唤醒；那正酣眠的东西所在越深，或者说它酣眠得越深，"他被唤醒"就越重要，他就必须被越强劲地唤醒。如果没有什么东西来唤醒少年，那么，这生命就这样地在成年之中继续。这样他确实认为自己不再是在梦着，在某种意义上他也没有在梦着；也许他根本看不上，并且藐视青春之梦，但这恰恰显示出，他的生活失败了。他在某种意义上是醒了，然而，他在永恒的或者在最深刻的意义上则不是醒着的。于是他的生命，比起少年的生命，就是某种远远更糟糕的生命，恰恰他的生活是可鄙的，因为他成了一棵结不了果实的树，或者一棵枯死的树，而青春的生命则在事实上是不可鄙视的。童年和青春的梦之生命是风华正茂的时期。但是，相对于一棵要结果的树，风华正茂的时期也仍是一种不成熟。固然，在一棵曾经裸立然后开花的树丢弃掉那些花朵的时候，这看来像是一种倒退；但这也可以是一种前进。开花的时期是美的，在孩童和少年身上，风华正茂的希望是美的；但这却是一种不成熟。

然后，患难到来，来唤醒梦者，这就像一场风暴把花朵扯下的患难，这并非剥夺而是令人获取希望的患难。

那么希望在哪里？难道希望是在患难的疾催着的风暴之中吗？哦，不，正如上帝的声音不在疾摧的暴雨之中，而是在轻悄悄的气息里[13]，同样，希望，永恒之希望，就像一种轻悄悄的气息，就像在人内心深处的低语，只是太容易被忽略。但是，患难想要什么呢？它是想让这低语在内心深处呈现出来。但是，这患难岂不是在与自己作对，难道它的风暴不正是会盖没这声音？不，患难能够盖没每一个尘世的声音，并且这恰恰是它所应当做的，但是那在内心之中的这"永恒之声音"这是它所不能盖没的。或者反过来说，这是内心中的"永恒之声音"，它想要被听见，并且，为了使得自己被听见，它使用患难之喧嚣。然后，在所有无关紧要的声音都借助于患难而被置于静默的时候，它，这一内在的声音，在这时就能够被听见。

哦，你，受苦的人，不管你是谁，让自己去听从这所说的话吧！人们一直认为，那阻碍着一个人的东西，那妨碍一个人去得到幸福和平安和喜乐的东西，是世界、环境、各种境况、各种条件。在根本上，那阻碍着一个人的，则总是这个人自己，这个人自己——他过多地关联着世界、环境、各种境况、各种条件，乃至他无法进入他自己、进入安宁，进入"去希望"，他总不断地是过多地外向，而不是内向；因此，他所说的一切，都只在幻觉之中是真的。这人自己维持着与敌人们的关联，这关联就是：青春性的希望。

第二部分　痛苦之斗争中的各种心境

但是患难剥夺希望。对啊，不是吗，你自己对此有足够多的体验，尽管你并没有放弃与这一模棱两可的体验的关联。你曾希望：如果这一次不成功，那么还是有那下一次，如果这件事不成功，那么还是有那另一件事；作为对你的许许多多坏运气的补偿，你希望在下一次将获得小小的东山再起；你希望，这样的事情是可能的：会有一种预期之外的帮助到来，就像这样的帮助甚至会出现在那中风瘫痪了三十八年的人身上，这个人如此接近于获救，只是不断有另一个人抢先[14]；你放弃了所有别的朋友，到最后你还是寄希望于这个朋友，——然而患难继续着。

因为，患难使人获取希望。它并不给予人希望，而是使人获取它。那获取它的，是这人自己，那深植在他身上、隐藏于他内心之中的"永恒之希望"；但患难使人获取它。因为患难不仁慈地（是的，在孩子气的意义上的不仁慈）阻止他去获得任何其他的帮助或者缓解；患难不仁慈地（是的，在青春的意义上的不仁慈）强迫他去放开一切别的东西；患难不仁慈地（是的，在不成熟性的意义上的不仁慈）教训他，彻彻底底地教训他[15]：他必须学会去抓住"那永恒的"并且紧靠着"那永恒的"。患难并不直接地帮助，它不是那"获取或者购买了希望并将之赠送给人"的帮助者；它是令人不愉快地帮助，并且无法使用别的方式，正因为这希望是在一个人自身之中。患难训导着让人醒来。唉，不幸的是，人类通常总是过于顽强，这样，以各种强有力的想法来恐吓也只帮得上一小点；患难能够更好地让人明白自己，它的雄辩不仅仅像一种机智那样一次性地打过来，它是，如同人们说及一根棍子，"打"就在它之中，那是它一直具备着的质地。人们总是更愿意获得那直接的告知，作为保障和一再的保障[16]；这是那么舒服，最舒服的则是，到后来什么都不发生。患难则相反，它不开玩笑。在患难开始它的这一作为——要去使人获取希望的时候，在这一瞬间事情看上去是那么疯狂，就好像是有一个人想要去袭击一个乞丐，用一把枪对着乞丐的胸前，并且说"交出你的钱！"唉，因为那受苦的人正在几乎是要绝望地放弃希望（就是说，青春性之希望），这希望是他实在很想要紧紧抓住的，他这样说，——这时，患难来袭击他并且向他要求：希望（就是说，永恒之希望）。患难不是那"带着作为一种馈赠的希望来找你"的祝愿，患难是那残酷地（是的，在孩子气的意义上残酷）对那受苦者说"我是肯定会使得你获取希望"的坏人。但是正如在生活中总是如此——"那'应当是坏人'的人从来就不会看重；不会有人花时间去进入对他的了解，不管他把自己的事情做得多么出色，多么出色地完成自己的事情——而不让自己为任何叹息和哭泣或者各种逢迎的请求所动"，患难的情形也是如此，它不得不总是听关于自己的坏话。但是，正如医生不会为"病人因疼痛而哭骂喊叫，甚至踢他"而担忧，同样患难对这方面的事情也不关心，赞美上帝，它对此不关心，——它使人获取希望。正如基督教，从真理所不得不承受的所有非难和迫害和不公正出发，展示了"公正必定是存在的"（啊，多么奇妙的论证方式啊！），同样，在患难的极端，在它最可怕地挤迫的时候，就有了这个结论，这个 ergo（拉丁语：所以）：ergo，有一个永恒可让人去希望。

想象一下，藏在一个很简单的框架里，一个秘密的藏物处，在之中置有最珍贵的宝贝，——有一个弹簧，它必须被按下，但这弹簧是隐蔽的，按下时必须使用一定的力量，这样一种偶然随意的压力是不够的；同样永恒之希望也是如此地隐藏在人的内心深处，而患难就是这压力。如果在那隐蔽的弹簧上按下，并且以足够大的力量，那么，这内容就会在其全部的美好之中显现出来！

想象一下一颗谷粒，被置于泥土之中，如果它要生长，它所需要的是什么呢？首先是空间，它必须有空间，然后是压力，也必须有压力，——"吐芽"恰恰就是通过对抗来为自己弄出空间。同样，永恒之希望也如此被埋置在人的内心深处。而患难通过把所有别的东西、所有一切"临时的、被带向绝望的东西"都旁置到一边，因而，这患难的压力就是那诱导性的东西！

想象一下，这当然是可能的情形，一种动物，它有一种保护自己但它只在有生命危险的关头使用的武器[17]；同样，永恒之希望也是如此地在人的内心深处，患难就是那生命危险的关头！

想象一下，一种爬行动物，它倒是有着翅膀，在它被置于极端的情况下，它能够使用这翅膀[18]，但是在日常习惯中它觉得不知道花功夫去用它们；同样，永恒之希望也是如此地在人的内心深处；这人有翅膀，但他必须被置于极端以便去发现它们，或者说以便去得到它们，或者说以便去使用它们!

想象一下,一个真正冥顽不化的罪犯,不管是通过聪明的手段还是通过以善言相劝,法庭都无法从他那里得到供词,但是法庭通过使用酷刑凳强迫他给出了认罪口供;同样永恒之希望也是如此地在人的内心深处。自然的人不愿意,哦,那么地不愿意去作出忏悔。去希望,在孩童和少年的意义上,这倒是他所愿意的。但是,在永恒的意义上,"去希望"是要以一种巨大的痛苦努力为条件的,而这种努力是自然的人永远也不会那么甘愿去投入的;因为一个人伴随着痛苦出生,但重生在"那永恒的"之中,也许要伴随着更大的痛苦,——在这两种情形之中,哭叫同样都不意味着什么,因为这哭叫是辅助性的。所以,为了强逼出忏悔,希望之忏悔,患难就必须存在!或者你设想一下,一个顽固的证人,他不愿意给出证词说明(而每一个人无疑都应当是一个对"那永恒的"的见证人,并且要作证给出证词);患难不因为他拒绝给出说明就放过他,它就日复一日判他欺骗行为[19]的罚款,罚得越来越重,直到他作证给出证词。或者想象一下,就像我们在诗人们那里所读到那样,一个恶女人,她知道正确的意见是什么,但却恶毒地不断给出错误的劝告,在她到了火刑的柴堆时,真话就被说出来了[20]。同样永恒之希望也是如此地在自然人的内心深处。但是他不愿要自己的真正福祉,因此他不愿意说出那正确的东西,几乎不愿意听见别人说出,更不愿听见自己说出,直到患难通过强迫他这么做来拯救他!

患难就是以这样的方式来帮人获取希望的。——但是,这患难会止息吗,难道这一切都是一场痛苦的手术?不,事情无需是如此。一旦在患难达到了那永恒想要以它来达到的东西时,这关系就正确地调整自己;因为此后压力仍然留在那里,但是它不断地让自己被倒转过来认识作希望,把自己转变成希望;被隐藏在底部的是压力,那公开出来的东西是希望。这思路就在这想法本身之中:一种压力能够压,但这"它压"也能够意味了提升。你看见疾射的水柱,它在空气中将自己提升得如此之高,你看不见那压力,或者说你看不见"这是一种压力并且这通过一种压力而发生"[21]。有着那向下压迫的压力,但当然也有着那提升着的压力。只有那不想要永恒地得到帮助的人,是患难能够向下压迫的;那想要永恒地得到帮助的人,患难把他压入高处。只有那不想要

"永恒之希望"的人，患难能够从他那里剥夺希望；那想要这希望的人，患难帮他获取这希望。

这就是患难的情形。在生命之中只有一种危险，"注定了随身携带着毁灭"的危险，它就是罪；因为罪是人的败坏[22]。患难，是的，哪怕它像任何人都不曾经历过的那么可怕，这患难帮人获取希望。

注释：

[1]［患难并不剥夺相反使人获取希望］ 指向《罗马书》(5：3—5)，保罗写道："但如此，就是在患难中，也是欢欢喜喜的。因为知道患难生忍耐。忍耐生老练。老练生盼望。盼望不至于羞耻，因为所赐给我们的圣灵将神的爱浇灌在我们心里。"这里的"盼望"就是丹麦语中的"希望"。

[2] 这里译者稍作了改写。这句话的意思是任何盗贼对人的打击都比不上患难对人打击的效果，患难会给予人如此确定的打击，然而它却恰是为人获取希望的东西。按原文句式直译的话，这句句子就是："难道会有什么盗贼，在他正瞄准心头的时候，能够对'自己所做的猛击'的作用，比那'患难'所作的瞄准——它所瞄准的看来是'对生活的希望'，感到更确定吗；然而'那获取希望的'却是这患难！"。

这一句的丹麦语原文是"Kan nogen Røver være sikkrere paa sit Støds Virkning, naar han sigter lige i Hjertet, end《Trængselens》Sigte synes at være Haabet efter Livet; og dog er det Trængselen, der forhverver Haab!"；Hong 的英译是："Can any thief be more sure of the effect of his thrust when he aims straight at the heart than hardship's aim seems to be at hope – and yet it is hardship that procures hope!"（任何盗贼难道会在他直接瞄准着心头的时候对"'他所做的猛击'的作用"感到比"那'患难'似乎是对准希望所做的瞄准"的作用更确定；然而"那获取希望的"却是这患难！）；Hirsch 的德译是"Kann denn ein Räuber, wenn er geradezu auf das Herz zielt, der Wirkung seines Stoßes sicherer sein, als die "Trübsal", wenn sie nach dem Leben zielt, des Stoßes auf die Hoffnung scheint: und gleichwohl ist es die Trübsal, welche die Hoffnung erwirbt!"（难道一个盗贼，在他直接瞄准着心头的时候，能够觉得"'他所做的猛击'的作用"比"那'患难'——在它瞄准了生活的时候——对'看来是向希望所做的猛击'的作用"更确定么；然而，"那获取希望的"却是这患难！）。

[3]["去信"和"去希望"和"去爱"] 指向《哥林多前书》第十三章中对爱的赞词。

[4] 译者改写。按原文直译是"不幸地爱着"。丹麦语"不幸的爱情"相当于

第二部分　痛苦之斗争中的各种心境

中文"单相思"。

〔5〕〔这一他不敢去相信的说法〕　指向《路加福音》（24∶36—49）中关于耶稣复活之后，突然出现在门徒们中间，问候他们，向他们展示自己的手和脚，因为他们应当相信，这是他而不是灵。然后"他们正喜得不敢信，并且希奇，耶稣就说：你们这里有什么吃的没有"。

〔6〕"神圣地变形"："美化"或者"崇高神圣化"。在有着宗教意味的关联上，耶稣带着彼得、雅各和约翰上山的时候，耶稣"脸面明亮如日头，衣裳洁白如光"（《马太福音》17∶2），就是这种神圣化的变容。

〔7〕〔说起过这样的一个人……忘记了那最重要的部分〕　讲的是关于丹麦文献学教授、国事议员（etatsråd）托尔拉休斯（Børge Thorlacius /1775－1829 年），一个有名的心不在焉的人。有这样的传闻，说他在一个夏天的晚上骑马沿着哥本哈根北面的海岸街骑行一圈，与此同时他又急切地研读着一本巨大开本的格陵兰书。半路上这匹马（一匹冰岛矮脚马）把他甩了出去；而这个博学的人，就在他躺在路边的水沟里的时候，他也仍然继续在阅读着，就仿佛什么都没有发生一样。这时正好有一个熟人坐马车经过邀请国事议员坐他的马车跟他一起走。"不，谢谢"，心不在焉的教授回答说，并且为自己被打扰而感到懊恼，"你难道没看见我在骑马吗？"后来，有一次，有人在哥本哈根读书会"雅典娜神殿"里讲述了这个传闻，所有人都觉得很好笑。就在大家都放声大笑的时候，外面有一个陌生人走进来，他想要知道为什么有这么大的笑声。一个犹太人就把这个传闻重新讲一遍。但是，因为他忘记了这传闻里面最重要的一个细节，也就是说，教授是从马上掉下来了。所以，这陌生人问在这里面有什么好笑的东西呢？犹太人回答说，"你完全是对的，里面根本就没有什么可让人觉得好笑的东西，但是，在一个集会里，大家都在笑，所以你当然也跟着一起笑"。这两个传闻都被写在一部匿名的作品（作者是 Ferdinand Johann Wit（1800—1863 年），被称作 von Dörring：*Schilderungen und Begebnisse eines Vielgereisten der ausruht bd. 1－3, Leipzig 1833；bd. 2, s. 89－92.*）之中，克尔凯郭尔在《人生道路诸阶段》和《终结中的非科学的后记》以及《爱的作为》里面都有以不同的表述所作的引用。（《人生道路诸阶段》中，是"没有人笑'情欲之爱'；我对此是有准备的，我会进入与那个在讲完故事之后说'有人笑吗？'的犹太人相同的窘境。但是我却不像那个犹太人那样不提其中的核心问题；至于说我自己笑了，那么，我的笑绝不是想要去冒犯什么人"，译者在商务印书馆 2017 年版中没有给出注释，因为当时尚未找到典故的出处。在《爱的作为》中是"欺骗者在混沌之中说话，他自己都不知道自己在说什么，就像那个被我们大家当作笑话的人，那个躺在沟里却还是认为自己骑在马上的人"，译者也是由于同样的原因而没有在 2014 年的社科版第七卷中给出注释。

165

[8][他身上的"圣灵的悲哀"]　　指向《以弗所书》(4:30),之中保罗写道:"不要叫神的圣灵担忧,你们原是受了他的印记,等候得赎的日子来到。"中文中的"担忧",丹麦文中是"悲哀"。

[9] 这一句丹麦文原文是"Men tænk Dig en Apostel i disse Tider, en Apostel, der altsaa dog vel veed at fortælle det Vidunderliges Historie rigtigt, tænk Dig hans Bedrøvelse, eller den hellige Aands Bedrøvelse i ham, naar han maatte sige:《der er Ingen, som forundrer sig; de høre saa ligegyldigt derpaa, som var det det Ligegyldigste af Alt, som var der slet Ingen, hvem det angik, slet Ingen, for hvem det er af Vigtighed, af uhyre Vigtighed, om det er muligt eller det er ikke muligt, om det er saa eller det ikke er saa, om det er sandt eller det er Løgn!》"; Hong 的英译是:"But imagine an apostle living in these times, an apostle who certainly knew how to tell the marvelous story properly, imagine his sadness, or the sadness of the Holy Spirit within him, when he would have to say, "There is no one who wonders; they listen to it so indifferently, as if it were the most trivial of all, as if there were no one at all to whom it applies, no one at all for whom it is of importance, of enormous importance, whether it is possible or not possible, whether it is so or not so, whether it is true or a lie!""; Hirsch 的德译是"Nun denk dir aber einen Apostel zu unsern Zeiten, einen Apostel, der somit doch sehr wohl die Geschichte des Wunderbaren recht zu erzählen weiß, stell dir seine Betrübnis (oder die Betrübnis des heiligen Geistes in ihm) vor, wenn er sprechen müßte: "es ist da niemand, der sich verwundert; sie hören so gleichgiltig zu, als wäre es das Gleichgiltigste, das es gibt, als wäre da schlechthin niemand; den es anginge, schlechthin niemand, für den es von Wichtigkeit ist, von ungeheurer Wichtigkeit, ob es möglich ist oder nicht möglich, ob es so ist oder nicht so ist, ob es Wahrheit ist oder Lüge.""。

[10][《诗篇》作者呼唤其灵魂"当醒起!琴瑟啊,你们当醒起"]　　引自《诗篇》(57:8):"我的灵啊,你当醒起!琴瑟啊,你们当醒起!我自己要极早醒起。"另见《诗篇》(108:2)。

[11]"孩童是完全外向的(ud ad vendt),他的内在真挚(Inderlighed)就是外向性(Udadvendthed),并且在这层面上是明觉清醒的。但是对于一个人来说,'在真挚内在(Udadvendthed)之中是内向(ind ad vendt)'恰恰就永恒地是'是醒着的'……",这一句,考虑到英文版的读者,作一下说明。这里,丹麦语 Inderlighed(内在性、真挚性、内在真挚),是一个静态的描述,形容词 Inderlig(内在的、真挚的),都是与"内心深处"有关。但这"内在"与方向的、动态的"内向"或"外向"无关。丹麦语"Udadvendthed(外向性)","ud ad vendt"(外向地)其实按字面上直接描述就是"'向外转'性"、"向外转地",与"Indad-

第二部分 痛苦之斗争中的各种心境

vendthed（外向性）","ind ad vendt"（外向地）一样，都是动态描述。但是 Hong 的英译把内在（Inderlighed）、内在真挚的（Inderlig）和内向性（indadvendthed）、内向的（ind ad vendt）都译作 inward 和 inwardness，所以就很容易造成混淆，虽然他有时候也会在内向外向的意义上加一个分词"转向（turned）"。内在（Inderlighed）和内在真挚的（Inderlig）是带有伦理价值的；但内向性（indadvendthed）、内向的（ind ad vendt）则不是（至多蕴含有心理学意义上的品质描述）。

Hirsch 的德译没有这方面的混淆。"内在真挚"是在德语版中是 Innerlichkeit，而"外向"则译作"Empfänglichkeit für das Außen"（对外面的东西的接受性）。"内向"则是"nach innen gekehrt"（向内进入了的）。

Tisseau 的法译在这里把"内在真挚"译作"vie intérieure"（内在生命，内心生活）。

［12］［血和肉］ 在《新约》之中是用来说人的标识，参看比如说《马太福音》（16：17）；《加拉太书》（1；16）；《以弗所书》（6；12）等等。

［13］［正如上帝的声音不在疾摧的暴雨之中，而是在轻悄悄的气息里］ 指向《列王记上》（19：11—12）："耶和华说："你出来站在山上，在我面前。"那时，耶和华从那里经过，在他面前有烈风大作，崩山碎石，耶和华却不在风中；风后地震，耶和华却不在其中；地震后有火，耶和华也不在火中；火后有微小的声音。"

［14］［那中风瘫痪了三十八年的人……不断有另一个人抢先］ 指向《约翰福音》（5：5—9）："在那里有一个人，病了三十八年。耶稣看见他躺着，知道他病了许久，就问他说：'你要痊愈吗？'病人回答说：'先生，水动的时候，没有人把我放在池子里；我正去的时候，就有别人比我先下去。'耶稣对他说：'起来，拿你的褥子走吧！'那人立刻痊愈，就拿起褥子来走了。"

［15］ 这里的丹麦语是"taget ham… i Skole"，字面上看是"把他带进学校"，但其实不是这个意思。丹麦语"tage en i Skole"（字面上看是：带某人进学校）其实是一句成语，意思是"责备某人"或者"教训某人"。Hong 的英译是"takes him to task"倒是很准确，因为英语 take sb. to task 也是一句成语，意思就是"责备某人"或者"教训某人"。译者不敢确定德语"把人带进学校"是否也是"责备某人"或者"教训某人"，但 Hirsch 是把这句句子翻译成字面上的"带他进学校"的："die Trübsal nimmt ihn unbarmherzig…in die Schule"。

［16］ 按原文直译是"作为保障和保障"。这句句子的丹麦文是"Menneskene ville helst have den ligefremme Meddelelse som Forsikkring og Forsikkring"；Hong 的英译是"People would rather have the direct communication as assurance upon assurance"；Hirsch 的德译是"Die Menschen möchten am – liebsten die unmittelbare Mitteilung haben

167

als ein Versichern und Versichern".

［17］这一句译者做了改写，直译的话就是"想象一下，这当然是可能的情形，一种'有着一种用以保护自己但它只在有生命危险的关头使用的武器'的动物"。

［18］这一句译者做了改写，直译的话就是：

想象一下，一种"其实有着'在它被置于极端时它能够使用'的翅膀的爬行动物"。

［19］［"欺骗行为"］　丹麦语是 Falskmaal，意思是"伪行，欺骗，制作伪物"。这个词看来是克尔凯郭尔特用的词，是按另一个词 faldsmål 的构词法构建的。Faldsmål 的意思是，"因不到庭而罚款惩罚"。

Hong 的英译似乎是直接取 Faldsmål 的意思："（fines for）failure to comply"。

Hirsch 的德译是 "（den gerichtlichen Bußen für）falsches Maß"。

［20］［一个恶女人……真话就被说出来了］　若这典故有出处的话，出处不明。

［21］［你看见疾射的水柱……通过一种压力而发生］　参看前面关于"那种人工的挖井方式，人们必须挖那么很多很多寻，然后自然而然，挖得越深，水柱也就喷得越高"的注释。

［22］见前面关于"罪是人的败坏"的注释。

III "你变得越贫穷，你就能够使得别人越富足"[1] 之中令人欣悦的东西

通往财富的道路有很多。现在，不管一个人是成功地走上了这许多"变得富有"的道路中的一条，还是他没有成功，世界上总有很多对这许多道路的谈论和对这许多道路的充分了知。但是这条通往财富的道路，——这"能够去使得其他人变富足"，它当然也确实是最高的财富，这条"通过自己变穷"而通往财富的道路，这条"其实就是'道'"的道路，我们很少听人们说起过这条路，我们很少看见有人走上这条路，很少有人推荐这条路；唉，在这世界里，就仿佛它根本不存在，——在这世界里，人们当然也没有这样的观念：这"自己不去变得富有或者是富有的，而是能够使得他人变得富有"就是财富。

然而这条奇妙的通往财富的道路确实存在着。但是，当人们在诗人的故事之中读到关于"那敢于走进盗贼的藏身之处的人会怎样地在迈出他的每一步的同时都感到害怕，唯恐会有着一道秘密的机关暗门隐藏着——穿过这暗门他会往下落到深渊之中"时，人们明白；当迷信或者怯懦在宣讲其关于"生命的不安全"的学说时，人们明白；——因为人们只是太容易倾向于去相信毁灭的可能性。但是人们却不愿意相信这个：生命，生活通过永恒之帮助至福地得到了保障，正是在危险之中隐藏有一道暗门机关，——通往"上升"。恰恰是在一个人最趋近于"去绝望"的时候，正是在这时有一个可以踩上的地方（并且他在绝望之中被置于"尽可能趋近于'去踩上这地方'"的状态之中），一切都无限地被改变了。这样，他是走上同一条道路，但方向则反过来。他不是忧虑地为"走上一条贫穷的道路、走上一条卑微的道路、走上一条'被人非议'的道路、走上一条'受迫害'的道路"而叹息，他是快乐地走上这同样的道路；因为他相信并且信仰着地明白：他变得越贫穷，

他就能够使得别人越富有。

如果说人们通常不谈论这条通往财富的道路，那么，我们就要谈论它，关于

"你变得越贫穷，你就能够使得别人越富足"之中令人欣悦的东西。

这里的差异是真挚于内心的差异，它无限地改变一切，这差异在于这事情到底是，"那受苦的人忧虑地想要继续凝视着看'他已变得有多么贫穷、多么卑微、多么地遭人非议'"，抑或是，"他，这个被剥夺走了所有世俗东西的人，无视这境况的这一面，而是从这境况的美的一面，是的，从其至福的一面来看这境况"。哦，对于那艺术家，事情就已经是这样了：他，如果他要画出一个独眼者的话，那么他就会从他有眼睛的这一侧来画他；那么，沉重的受苦者岂不也应当有意愿去忽视沉重的事情以便去看至福的事情？在外在的意义上，确实没有任何变化；受苦者继续在同样的地方，在那境况之中，然而，变化却仍是有的，奇迹的变化，信仰之奇迹。从一方面看，这仍是这个在变得越来越穷的贫困者；从另一方面看，这则是一个"他变得越贫穷，他就能够使得别人越富足"的贫困者，——不过，在外在的意义上，这仍是同一个人。

现在，让我们在这讲演中以这样的方式继续下去，让我们首先搞清楚财富与财富（尘世的——精神的）之间的差异，以及，相对于拥有者来说，从这差异中会导致出什么结果，以便在这样的情况下去理解：为了使得别人富足，一个人恰恰必须是贫穷的，因此，一个人变得越贫穷，他就能够使得别人越富足。

每一样尘世的或者世俗的财物就其本身而言都是自私的、妒忌的，对之的占有是妒忌着的或者就是妒忌，必定是以某种方式使得别人更贫困：我所拥有的东西别人无法拥有，我拥有越多别人就必定拥有越少。不公正的玛门[2]（我们完全可以用这个词来标示每一种世俗的财物，也包括世俗的荣誉、权力等等）就其本身是不公正的，做着不公正的

事情,(因此在这里更不用说"以不合法的方式获取或者拥有它"),就其本身并且通过其本身是无法被平等地获取或者拥有的;因为如果一个人要从玛门中得到很多,那么必定就会有另一个只能得到一小点的人,而这一个所拥有的东西是另一个人所不可能拥有的。进一步说,所有的时间和勤奋、所有用来"获取或者拥有世俗的财物"的思想之关怀和忧虑,都是自私的、妒忌的;或者那忙于这一类事情的人,是自私的,在每一个这样的瞬间没有为别人的想法;他在每一个这样的瞬间自私地为自己工作,或者自私地为少数的几个别人工作,但不是平等地为自己和为每一个别人工作。即使一个人愿意与他人同享[3]自己的世俗财物,在每一个"他专注于去获取世俗财物或者沉湎于对之的拥有"的瞬间,他就是自私的,正如他拥有或者获取这世俗财物的情形。

精神之财物的情形不同。精神之财物按其概念是同享[4],它的拥有是和善的,在其自身和为其自身就是同享。如果一个人有信仰,由此他确实没有剥夺走别人什么,相反,是的,这是很奇怪的,但确是如此,由于他有信仰,他(甚至不看他直接为"与他人同享"[5]所做的事情)为所有别人工作了;在他为自己"获得信仰"而工作的时候,他在为所有其他人工作。因为,整个人类和人类之中的每一个单个的人都是"一个人有着信仰"的参与者。通过"具备信仰",他表达出了那纯粹人性的东西或者那"是每一个人的本质性的可能"的东西。他对信仰的拥有在事实上并不会对别人有任何妒忌,——像富人对于金钱的拥有倒是一种"不愿让别人获得"的妒忌,这妒忌从穷人那里夺取这些钱,而反过来穷人也许又妒忌富人拥有这些钱;妒忌是同时在于两种关系之中,因为世俗的财富在其自身是妒忌。不,信仰者不曾从任何人那里夺取任何东西,在信仰之中不拥有任何妒忌着的东西;任何人都不会妒忌他有信仰,更确切的说,每个人都应当因为他而快乐。因为信仰者只拥有每一个人都能够拥有的东西,并且他的信心越大,在同样的程度上,我们就只会更清楚地看见这一"'根据其可能而言是所有人共有的'的财产"的荣耀和至福[6]。——"如果一个人有着爱",我现在是不是该说,是的,"尽管他是超过一切尺度地有着这爱"?不,这种在言谈中突兀地出现的修辞性强化当然是错的[7]。这看上去会是这样:他在越大程度上拥有这一好东西[8],爱,这事情就必定是越趋近于

171

"他剥夺走了别人什么东西";然而这事情恰恰就是反过来:他在越高的程度上拥有着爱,他就恰恰越是远远地与"剥夺走了别人什么东西"没有什么关系。因而,如果一个人超过一切尺度地有着这爱,那么,他并没有因此而夺走别人任何东西,相反他是因此(甚至我们不看他出于爱为别人真正所做的事情)而在为所有人工作了;在所有"他为'自己去获取爱'而工作"的时间里,他都在为所有其他人工作。即使我们在一瞬间里以最苛刻的方式[9]不看他运用自己的爱所做的事情,他也仍不仅仅是为自己而拥有这爱;因为,全人类,在全人类之中的每一个单个的人,都是"他有着爱"的参与者。——如果一个人有着希望,超过一切尺度地有着永恒之希望,那么,他丝毫都没有因此夺走任何其他人什么东西,相反他因此而是在为所有人工作了。因为,对于所有其他人来说,"一个人有希望"或者"有这一个有希望的人",与"相对于所有其他驶向同一个目标的帆船[10]来说,有一个'有一艘达到了目标'的消息"相比较,是一种远远更令人快乐的消息,正因为这是一个远远更令人感到安全的消息。就是说,相对于那些帆船而言,各种偶然的境况对每一艘单只的帆船都会造成相应结果,那些"其他的"帆船并非通过一种本质性的可能而是"这一艘帆船的幸运"的参与者。但是,"有一个有着希望的人",或者每一次"有一个有着希望的人",这对于所有人来说都是决定性的,这样,他们就能够有希望。这里事情就是:一个人是所有人,所有人是一个人[11]。

以这样一种方式,精神之财物在其自身为其自身在本质上是同享,对它们的获取、对它们的拥有在其自身为其自身是一种对所有人的善举。因此那追求或者拥有这些财物的人,不仅仅是为自己造福,他的行为也是一种对所有人的善举,他为所有人工作,他的为获取这些财物的追求,在其自身和为其自身,都是直接地起着丰富其他人的作用的;因为在他身上,就像观众们在一场戏的主角身上所见的情形,其他人看见他们自身。与世俗财物的非人性对立,这就是精神财物的人性。因为什么是人性?人的相似性或者平等性[12]。甚至是在那令人在最大程度上觉得"他在'获取这些财物'的做法中单纯地只为他自己工作"的瞬间,他也仍然是在同享着;这是这些财物本身、它们的本质所决定的[13]:对它们的拥有是同享。你不仅仅通过"你获取希望"为自己获取希望；而且是通过"你获取这希望"（哦，至福的获取！）你就成了同享者，因为事情甚至还是如此："永恒之希望"直接地就是同享。你不仅仅拥有希望，而且事情甚至还是如此：只因为"你拥有希望"（哦，至福的拥有），你就是同享者，你就对别人做出了一种善举。

哦，所有的天国之祝福是怎样自始至终在每一瞬间都与这些精神之财物同在着，——因为"重复这同样东西并不让我感到厌倦"[14]，在我看来，这想法是如此至福，以至于它能够"不嫌太频繁"地被重复；如果在每一天，一个人的生命都是对这一想法的一次重复，这也仍不算太频繁。世俗的财物在其本身是妒忌，因此这事情（哦，怎样的一个对各种偶然的可能性而言的巨大施展空间啊，怎样的一种不确定性啊！）就必定是依赖于"它是否现在偶然地被那想要以之来行善的人拥有"，唉，这样的情形只会是太容易频繁地诱惑那拥有者去变得与这些财物一样地妒忌，相反，精神之财物则在这样的程度上是祝福：它们的拥有者（我们还没有以什么方式来谈论拥有者对它们的使用）对别人构成祝福，是同享。[15]正如要阻止空气的渗入，哪怕是要阻止它透过最厚的墙，是不可能的，同样在自私的意义上要去拥有精神之财物，也是不可能的。事情的关键不在于，并且这也恰是那永恒地有着保障的事情，它不在于，如果我们能够这样说，它根本是不在于拥有者，而是在于那些财物本身，它们是同享，尽管这是一种自然而然：如果拥有者不是那"相应的东西"，那么他也就不会拥有这些精神之财物。正如珍贵的香料，不仅仅是在它被倾倒出来的时候，它散发着香味，而也是在这样一种程度上，它在自身之中蕴含着香味就是香味，乃至它穿透它所在的罐子，并且甚至是——隐藏着地——散发香味；以同样的方式，精神之财物也在这样一种程度上是同享，以至于拥有就是同享，这"去获取它们"本身就是在令他人富足。

由此得出结论：在所有你用来获取这些财物的时间里，在每一个你因对这些财物的拥有而为你自己快乐的瞬间里，你绝非是在自私地专注于你自己，你是直接地与人同享的[16]。

于是精神的真正财物在事实上就是这样的，这财物同时还有着那令人感到安全的保障，真相的标签，它们只能够在真相之中被拥有。如果有人想要自私地拥有它们、为自己而拥有它们、在自私的意义上把它们留给自己，那么他也就并不拥有它们。然而作为"纯粹世俗和尘世的财物"的对立面，也存在着一些精神财物，不完美的精神财物。诸如认识、知识、能力、天赋等等精神财物。但是在这里，它们仍然还是不完美的东西：拥有者能够决定出事情的结果，或者说那能够决定出结果的是"拥有者是怎样的"、"他是善意而同享着的，抑或他是自私的"；因为这些财物在其自身仍不是同享。如果那"拥有这样的不完美的精神财物"的人是自私的，那么我们也就会看见，这些财物通过他也变得妒忌并且使得他人更贫穷。拥有者于是就恰恰带着自己的这些财物关闭起自己；在所有他为获取这些财物或者保存这些财物而工作的时间里，他都是自私地内闭的，他既没有时间也没有机会去为他人或者为"为他人的想法"而忧虑。聪明人变得越来越聪明，但却是在妒忌的意义上，以这样一种方式，他恰恰想要得到这种好处：最好是让别人相对于他那不断增长的聪睿变得越来越简单；他想要让这些简单的别人在越来越大的程度上——没有人性地处于他的控制之下。博学的变得越来越博学，但却是在妒忌的意义上，并且最终如此博学，以至于没有人能够理解他，如此博学，以至于他根本就不能共享自己[17]。以这样一种方式，通过在非真相之中被拥有，这些"不完美的精神财物"被转变成"世俗的和尘世的财物"，其特性就是："对它们的拥有"以某种方式使得别人更贫穷。但是相对于那些真正的精神之财物而言，事情就会是这样的：它们只能够在真相中被拥有，那不在真相之中拥有它们的人，根本就不拥有它们。

因而，这些就是相关于财富和财富的各种关系，这些关系必定也是作为"使他人变得富有"这一想法的基础并且决定这想法。在一方面，世俗的财物（或者，那些不完美的精神的财富），对它们的拥有在其本身是妒忌，对它们的获取在其本身是妒忌，因而"让人专注于去拥有或者获取它们"的每一个小时、每一种想法都是妒忌的；在另一方面，那些真正的精神之财物，对它们的拥有在其自身是同享，对它们的获取在其自身是同享，并且因此，"让人专注于去拥有或者获取它们"的每一个小时、每一种想法都是在使得别人更富足。

现在，这一个人是怎样能够去使那另一个人变得富足呢？是的，有着世俗的财物的人，他能够与人同享[18]这些财物。好吧，让我们设想他是这样做的，让我们在一瞬间之中忘记掉"世俗的财物其实不是真正的财富"吧。因而，他以自己在世俗的财物里所具的东西来与人同享并且行善。这可以很简约地做到，他能够每个月这么做一次，或者每天这么做一小时，并且仍还是把如此多的东西分发出去给别人。但是，看，在所有那些"他要专注于去获取、去集聚、去保存这些世俗的财物"的时分和日子里，他都是自私的。是的，即使他是为了与人同享而收集，只要他的想法是专注于这些世俗的财物，这想法就是自私的。在某种意义上说，这问题不是出在他身上，而是在于那些世俗财物的本质特性之中。因而，即使我们设想，"那拥有世俗财物的人没有被这些财物败坏掉，而是有着意愿去给予并且去与人同享的"，即使我们在一瞬间之中遗忘掉"各种世俗的财物不是那真正的财富"，这也只能够被看作是一条非常不完美的通往"使得别人富足"的道路。

不，那真正的通往"确实地使别人变得富足"的完美之路必须是：同享精神之财物，甚至哪怕是"只专注于'去获取和拥有这些财物'"。如果事情是这样的话，那么，一个人就确实是在使别人富足，并且，这是他所做的唯一的事情，他的唯一作为，然而却是他全部一生的作为。这些财物是真正的财富。在他自己去获取它们的时间里，他是同享者，并且直接地使得其他人富足。在他拥有它们的时间里，他是同享者，并且直接地使得其他人富足。既然他单纯地只专注于这财富并且只为这财富而忧虑，那么他当然就想要追求着去扩大这财富。但是，相对于这真正的财富（其本质就是同享），这"扩大"比起直接的同享就是既不多也不少，而这同享就是得到了扩大的；因为这里的情形，并非如那种相对于"非真实的财富"的情形那么狭隘，而那非真实的财富确实是无法通过"被给予别人"而得以扩大的。在他这样教导着地、训诫着地、鼓励着地、安慰着地与他人同享这些财物的时候，这时，他当然就是完全直接地在使其他人变得富足。

接下来让我们想一下我们的主题："你变得越贫穷，你就能够使得别人越富足"之中令人欣悦的东西。哦，你这受苦的人，不管你是谁，在生活就此把你的财富从你这里夺走了的时候，在你或许是被从富有状态带入了贫困的时候，那么好吧，如果你想让自己得到帮助并且去明白这对你来说是善意的东西，那么好吧，这样你当然也就得免于去把你的时间、你的日子、你的想法浪费在那人们只能够自私地去专注的东西之中；你要做的事情更应是只让自己专注于"去获取和拥有精神之财物"，——哦，在每一个这样的瞬间，你都是在使得其他人富足。或者，如果生活剥夺走了你世俗的名誉和影响，那么好吧，如果你想让自己得到帮助并且去明白这对你来说是善意的东西，那么好吧，这样你当然也就得免于去把时间和想法用在"维护或者享受那人们只能够自私地去专注的东西"上；你要做的事情更应是只让自己专注于"去获取和拥有精神之财物"，——哦，在每一个这样的瞬间，你都是在使得其他人富足。或者如果你变得就像一个被人类社会排斥出去的人那样，如果无人愿意与你为伍，没有什么邀请来打扰你，那么好吧，如果你想让自己得到帮助并且去明白这对你来说是善意的东西，那么好吧，这样你当然也就完全得免于去把你的时间和你的想法浪费在对琐事和虚荣的谈论上，无需空空然忙于消磨时间以逃避无聊，或者忙于把时间浪费在无足轻重的闲荡中；你要做的事情更应是只让自己专注于去获取和拥有精神之财物，——哦，在每一个这样的瞬间，你都是在使得其他人富足。

也许，以这样一种方式"变得贫穷，越来越贫穷"，这让你感觉到沉重；因为，在外在的意义上，现在这就已是定局了。也许你的灵魂仍然依附于世俗的东西，自私地专注于"丧失"，正如那拥有这一切的人专注于"拥有"。然而，难道"去使别人变得富足"也是沉重的吗？别让你自己痴愚地被欺骗。这看起来是那么容易：在一个人自己是富人的时候给穷人们一些钱，在一个人自己是权势者的时候去帮助另一个人得到提升，——别让你自己被欺骗：那专注于去获取信仰、希望和爱[19]的人，他，恰恰正是他，在使别人变得富足。

那么就去变得更加贫穷吧；因为，也许你维持着一种"背信弃义的愿望"与"那丧失了的东西"的关联，也许你怀有一种"对你自己是背叛性的"的希望——希望重新赢得它；变得更贫穷吧，完全地放开那丧失了的东西吧，然后单纯地去追求精神之财物，这样，你必定会使得其他人富足。每一个这样的时分、每一个这样的瞬间都是得到了祝福；你不仅仅对自己做着好事，你也使得其他人富足，你对其他人做着一个善举。

这样，在你真正地变得贫穷的时候，你就也越来越多地吸收了各种精神之财物。这时,你也将有能力以更完全的方式,通过与人同享精神之财物,通过与人同享在其自身就是"同享"的东西,来使别人变得富足。你变得越穷,这样的一种"你自私地专注于你自己、或者专注于那'在其自身是自私的'的东西,亦即,那世俗的、'把一个人如此地拉向自己而使得这个人在这样的情况下不再为其他人而存在'的东西"的瞬间在你的生活中就会出现得越少。而这样的瞬间出现得越少,你的日子中的时分就越是持续不断地以"获取和拥有精神之财物(并且也不要忘记,哦,不要忘记这个:在你这样做的时候你也是在使别人富足)"来得以充实,或者以"直接地与人同享精神之财物并且由此还使别人富足"来得以充实。

设想一下我们的榜样,主耶稣基督。他是贫穷的,但是他[20]却使得其他人富足[21]!祂的生命当然从来就不表达任何偶然的东西[22]:"他[23]是偶然地贫穷"。不,祂的生命是本质上的真理,并且因此显示了,"为了使其他人富足,一个人自己必须是贫穷的"。这是神圣之想法,不同于那出现在人心里的东西[24]:使得别人富足的富人。因为不仅是"世俗的财物不是真正的财富",而且那富人,不管他在"从自己的盈余中给出"上是多么慷慨大度,只要他不是专注于"使得别人富足",他都无法避免会有"他要专注于自己的财富"的时刻。但是,只要祂生活在大地上,祂是贫穷的,因此,只要祂活着,祂的作为就是"在每天、在每个小时、在每个瞬间使他人富足":自己是贫穷的,祂唯独只属于这"去使得别人富足"的工作,并且祂正是通过"自己是贫穷的"来完全地属于这个工作。祂从天上降临下来,不是为了变得贫穷,相反,祂降临下来是为了使别人富足。但是为了使别人富足,祂就必须是贫穷的。祂变得贫穷[25],并非仿佛就像在祂生命中发生这样的事情:也许曾经是富有的,然后就变穷了。祂确实变得贫穷,因为这是祂自己的自由决定[26],祂的选择。祂变得贫穷,祂在每一种意义上、在每一种方式上变得贫穷。祂作为一个被人类社会排斥的人生活着,祂(哦,"拿自己的声誉开玩笑"之中的轻率性,哦,对"别人的论断"、对"人们所说"的不可辩解的无所谓,哦,无礼的态度,这当然是自找的,必定会使得他在所有人的眼中变得极度卑贱!)祂只与罪人们和税吏们交往[27]。以这样一种方式,祂为使别人富足而去变得贫穷。"去

177

变得贫穷"，这不是祂的决定，但祂的决定是"使别人富足"，因此祂变得贫穷。——想象一下那说出这话——"我们自己贫穷，我们使得别人富足"——的使徒保罗[28]。使徒在"是贫穷的"之中、在贫困之中感觉到安宁，他被人类社会排斥，甚至根本就没有一个他所归属的或者归属于他的妻子[29]，——他在这之中感觉到安宁，这又到底是为什么，如果不恰是因为他在这之中找到了那通往"去使得别人富足"的道路的话。

这就是那令人欣悦的事情：你变得越贫穷你就能够使别人变得越富足。哦，这样，世界夺走了你的一切，或者你失去了整个世界，就根本算不上什么了，是啊，这甚至是最好的，只要你能够自己将之想象为最好的。恰恰是在绝望的瞬间，在困苦是最大的时候，这帮助就是最邻近的，无限地改变一切的变化：你这穷人，是富人，——因为真正的财富无疑就是"使得别人富足"。以这样一种方式，喜悦也隐藏在这里。因为（并且，我们想要让这些讲演中的每一个都以这样一种方式结束："我们所谈的东西是什么"变得真正地很明了，而"我们必须怎样以完全另一种方式来谈论这永恒的差异"也变得很明了）只有罪是人的败坏[30]。

注释：

[1]［你变得越贫穷，你就能够使得别人越富足］ 对照《哥林多后书》（6:10）"似乎忧愁，却是常常快乐的；似乎贫穷，却是叫许多人富足的；似乎一无所有，却是样样都有的"和（8:9）"你们知道我们主耶稣基督的恩典；他本来富足，却为你们成了贫穷，叫你们因他的贫穷，可以成为富足。"

[2]［不公正的玛门］ 在这文稿（NB2:101.a/1847年8月）的边上，克尔凯郭尔写了一个说明，作为对于圣经的《路加福音》（16:1—9）关于"不义的管家"的这段比喻的评注："不公正的玛门决不可以地被理解为是不公正的获取得的玛门。不，'金钱'是不公正的，因为金钱对于其拥有者是一个贼还是一个正直的人是无所谓的。"（SKS 20, 181）

[3] 这个"同享"，丹麦语原文是"at meddele"（在一般的关联上，这个词的词义是一种衍生出的转义"通知、转达"；在这里，克尔凯郭尔则使用了这个词的原始意义——克尔凯郭尔研究中心所出注释本为之做出注释说它的意思是"与别人分享，给予"）；Hong的英译是"to share"（Hong做了一个注释）；Hirsch的德

第二部分　痛苦之斗争中的各种心境

译是"mitzuteilen"（德语与丹麦语相近，对这个词应用也相似）。

Hong 对此的注释为：

Meddele（*med*, with, + *dele*, divide, share）has come more narrowly to mean "to communicate." In this sense, the term is of great importance in Kierkegaard's writings (see, for example, the drafts oflectures on communication, JP I 648 – 53 [*Pap.* VIII2 B 79, 81 – 85]). On this page the term is used in its root meaning of "division with," "sharing." See the following paragraph for the use of the word in its second meaning.

[4] 名词"同享（Meddelelse）"，它有着"转达"（沟通）的意思，按克尔凯郭尔研究中心所出注释本在这里的注释，克尔凯郭尔在这里所用的仍是词源中的原始意义"同享"。Hong 的英译在这里则译成 communication，不过，他打了一个括号给出了丹麦语原文"Meddelelse"。

在译者看来，这里的这个"Meddelelse"是双义的，即使"同享"，又是"转达"。——按现代的日常语言，对于非实体的东西（知识、信息、信仰等等），"同享"就是"转达"。

[5] "at meddele"，在这里其实同时有着"与他人同享"和"转达他人"的意思。参看前面的注释。以下文中所出现的"同享"也同时有着"转达"、"沟通"和"消息"的含义。

[6] "根据其可能而言"是指：根据这"财产"的可能性（"其"是指"财产"），而这"财产"就是信仰。

这一句的丹麦文原文是"og i samme Grad som hans Tro er større, i samme Grad sees kun desto klarere denne efter sin Mulighed for alle Menneskers fælleds Eiendoms Herlighed og Salighed"；Hirsch 的德译是与丹麦语一致："und in eben dem Maße, in dem sein Glaube größer wird, in eben diesem Maße sieht man nur um so klarer die Herrlichkeit und Seligkeit dieses der Möglichkeit nach allen Menschen gemeinsamen Eigentums"。

Hong 的英译做了改写："and to the degree that his faith is greater, to the same degree it is seen, but all the more clearly, that this glory and blessedness are possible as a common possession for all human beings."（并且他的信心越大，我们在同样的程度上就可以看出，并且只会更清楚地看出：这荣耀和至福作为所有人的公共财产是可能的）。

[7] 这里译者参考 Hong 的英译作了改写，按原文直译是"这一在言谈之中的异峰突起当然是错的"。另外，这句句子是虚拟语气，按理应当译成"……会当然是错的"。但个强调虚拟的"会"会使得句子拗口，故省略。

[8] 这里的"好东西"、"福祉"和"财物"在丹麦语中是同一个词 Gode。但是"爱"在中文之中当然不是财物，因此这里写作"好东西"。

179

[9] 这里丹麦语是 paa det nøiagtigste（直译是"按那最准确的"），Hong 的英译是 very scrupulously（非常拘泥于细节地），Hirsch 的德译是 aufs Peinlichste（以最令人尴尬的方式、以为难的方式）。

[10] 这里丹麦语是 Seilere（Seiler 的复数），有两种意思，一是指"航海者"，一是指"帆船"。这里出现的词组可以理解为"所有其他的航海者们"，也可以理解为所有其他帆船。Hong 的英译将之理解为"帆船"，在这里只是写"所有其他的"，而在后面说到"其中一个（ene，丹麦语省略掉了'航海者'或'帆船'）"的时候，Hong 则写为 one ship（一艘船）。在后面，Hong 把所有"航海者"都译作了"船"。Hirsch 的德译则译作"水手（Schiffer）"。

译者本来是译作"航海者"，但是后来考虑到，一方面"帆船"这个意象更诗意，一方面克尔凯郭尔在这里更有可能会倾向于以物来作为人的比较对象，故取"帆船"。

[11]["一个人是所有人，所有人是一个人"] 丹麦有"一人为人人，人人为一人"的成语，表达一种集体的责任和义务，在《丹麦法律（1683 年）》之中多次出现。

[12] "人性"的丹麦语是"Menneskelighed"，"人的相似性"是"menneskelige Lighed"，"平等性"是"Ligelighed"。

[13] 这一句译者稍作改写。原文直译为"这一点是在于这些财物本身之中、在它们的本质之中"。

[14]["重复这同样东西并不让我感到厌倦"] 对丹麦语版《腓利比书》（3：1）的随意引用。"并不让我感到厌倦"，是希腊文 ἐμοὶ οὐκ ὀκνηϱόν，也可以说是"让我为难"。这句经文在中文和合本中的译文是"弟兄们，我还有话说：你们要靠主喜乐。我把这话再写给你们，于我并不为难，于你们却是妥当。"

[15] 这一句译者考虑到中文阅读方式而改变了句子结构，原文是主从句结构，译者改为并列句。直译应当是（黑体部分是译者所去掉的主从句的关联词）："在世俗的财物在其本身是妒忌，因此这事情（哦，怎样的一个对于各种偶然的可能性的巨大施展空间啊，怎样的不确定性啊！）就必定是依赖于'它是否现在偶然地被那想要以之来行善的人拥有'的同时，唉，在这样的情形只会是太容易频繁地诱惑那拥有者去变得与这些财物一样地妒忌的同时，精神的财物则在这样的程度上是祝福：它们的拥有者（我们还没有以什么方式来谈论拥有者对它们的使用）对别人构成祝福，是同享。"

这句的丹麦语原文是"Medens de jordiske Goder i sig selv ere misundende, og det derfor (o, hvilket stort Spillerum for tilfældige Muligheder, hvilken Usikkerhed!) maa beroe paa, om de nu tilfældigviis besiddes af Den, der vil gjøre vel med dem, ak, og me-

第二部分　痛苦之斗争中的各种心境

dens det kun altfor ofte frister Besidderen at blive ligesaa misundelig som Goderne; saa er Aandens Goder i den Grad Velsignelse, at deres Besiddelse (uden at vi endnu paa nogen Maade tale om den Brug, Besidderen gjør af dem) er Andre til Velsignelse, er Meddelelse";

Hong 的英译是:"Whereas earthly goods in themselves are begrudging and therefore (what immense latitude for accidental possibilities, what uncertainty!) it must, alas, depend on whether they happen to be possessed by someone who wants to do good with them; and whereas possession of them all too often only tempts the possessor to become begrudging just like the goods, the goods of the spirit are to such a degree a blessing that possession of them (quite apart from any mention of the use the possessor makes of them) is a blessing to others, is communication, sharing [Meddelelse]";(——最后部分,因为丹麦语"同享/Meddelelse"一词的双义性,Hong 把 communication 和 sharing 两个词都放进英译文中来作为对 Meddelelse 的英译)。

Hirsch 的德译则作了与译者类似的改动,把主从句改写为并列句:"Die irdischen Güter freilich sind an sich selbst neidvoll und darum (o, welch ein weiter Spielraum für zufällige Möglichkeiten, welch eine Unsicherheit!) kommt es notwendig darauf an, ob sie nun zufällig im Besitz von jemand sind, der mit ihnen Gutes tun will, ach, und nur allzu oft ist es für den Besitzer eine Versuchung, ebenso neidvoll zu wer den wie die Güter selbst; dahingegen sind des Geistes Güter in so hohem Maße segensreich, daß ihr Besitz (ohne daß wir schon irgendwie von dem Gebrauch reden, den ihr Besitzer von ihnen macht) andern zum Segen wird, Mitteilung ist"。

[16] 如前面的注释所说,这里的所有同享,也同时有着"转达、告知、沟通"的意思。

[17] "同享自己"同时所具的意义就是:"向别人转达自己"。

[18] 这个"与人同享"就是同时有着两种意义的"at meddele",但在这一段落之中,被用到的词义则仅是"与人同享",因为段落中所谈的主要是"世俗的财物",是物质的。

[19] 信仰、希望和爱　指向《哥林多前书》(13:13)中保罗所写:"如今常存的有信,有望,有爱;这三样,其中最大的是爱。"

[20] 这个"他"是指耶稣,但第一个字母是小写。

[21] [他是贫穷的,但是他却使得其他人富足] 指向《哥林多后书》(8:9),其中保罗写道:"你们知道我们主耶稣基督的恩典;他本来富足,却为你们成了贫穷,叫你们因他的贫穷,可以成为富足。"

[22] [他的生命当然从来就不表达任何偶然的东西] 在 1847 年五六月间的

181

日记（NB2：37）中："基督的死是两个事实的产品，犹太人们的辜，item（拉丁语：同样地）总体上所认识到的世界之邪恶。既然基督是上帝一人，那么这'他被钉上十字架'就不能够意味了：'犹太人偶然地在这一次是道德败坏了的'，以及'基督是以这样一种方式（如果我敢这样说的话）在一个不幸的瞬间到来'。不，基督的命运是一种永恒的东西，给出人类的比重，在任何一个时代基督的情形都会是如此。基督永远都不可能表达任何偶然的东西"（SKS 20，156，7—9）。

[23] 这个"他"是指耶稣，但第一个字母是小写。

[24] ［那出现在人心里的东西］ 指向《哥林多前书》（2：9），其中保罗引用《以赛亚书》（64：3）中的话写道："如经上所记：神为爱他的人所预备的，是眼睛未曾看见，耳朵未曾听见，人心也未曾想到的。"

[25] ［祂变得贫穷］ 指向《哥林多后书》（8：9）。

[26] 决定（Beslutning）。

[27] ［他只与罪人们和税吏们交往］ 在三部福音书之中都讲述了耶稣与受人鄙视的罪人和税吏交往。

[28] ［我们自己贫穷，我们使得别人富足……使徒保罗］ 指向《哥林多后书》（6：10），其中保罗写道："似乎忧愁，却是常常快乐的；似乎贫穷，却是叫许多人富足的；似乎一无所有，却是样样都有的。"使徒保罗：在《罗马书》（1：1）中，保罗写道"耶稣基督的仆人保罗，奉召为使徒"。

[29] ［根本就没有一个……妻子］ 指向《哥林多前书》（7：7），其中保罗在关于婚姻与不婚状态的章节中写道："我愿意众人像我一样"，亦即，不婚。

[30] ［罪是人的败坏］ 参看《巴勒的教学书》第三章《论人通过罪的败坏》§10。

IV "你变得越弱，上帝在你身上就变得越强"[1] 之中令人欣悦的东西

想象一下：一圈子的人，聚集在一起安排社交娱乐活动；谈话在热烈地进行着，充满活力，几乎是激烈的，这一个人急不可待，不等另一个人完全把话说完，就像把自己的话先说出来，所有集会者在这意见的交流过程中都或多或少是积极的参与者；这时有一个陌生人进来，他因而就是在半途之中进入这讨论的。从集会者们的面部表情和大声的嗓音出发，他推断：他们非常专注于讨论的对象，并且，他礼貌地推断说：这必定是一个意义更为重大的话题，——于是他非常冷静的询问（他完全能够做得到，如此冷静，因为他并没有置身于这谈话的激烈中）：大家所谈论的到底是什么事情呢？想象一下，然后，这也就像是通常所发生的那样，这讨论的内容就纯粹是无足轻重的小事。这陌生人在他所造成的这种效果之中是完全无辜的，他礼貌地设定了这是某种有意义的讨论。但是，这是怎样一种奇怪的效果啊？就这样，在一个陌生人冷静地询问"大家所谈论的是什么"的时候，大家突然就留意到，在也许是不止一个小时的时间里，整个圈子里的人（几乎是充满激情地）所专注讨论的对象，居然如此毫无意义，甚至几乎都无法让人说它是"乌有"！

但是，在那与上帝有关的谈论话语半途插进了世界的谈论话语时，它会造成一种更为奇怪的效果。比如说，在世界的谈论话语之中总是说着关于斗争和斗争。有关于"这个人和那个人生活在一种相互间的斗争中"，关于"这个丈夫和那个妻子，尽管他们通过了婚姻的神圣关系[2]被结合在一起，生活在相互间的斗争中"；关于那在这个人和那个人之间现在已经开始了的学术斗争；关于"这个人与那个人进行了生死决斗"；关于"某个城市现在正在爆发叛乱"；关于"敌人的数千人

军队现在正在逼向某个国家"；关于一场即将爆发的欧洲战争；关于那各种元素间在恐怖中暴怒的斗争[3]。看，在这世界里人们所谈的就是这些，日复一日，千千万万人在谈这些；如果你在这样的意义上有什么关于斗争的东西可叙述的，那么你会很容易找到听众；如果你希望听一些什么，那么你会很容易找到讲述者。但是，想象一下，如果一个人借这一关于斗争的话题趁机去谈论这样一种斗争，那"每一个人都必须去进行的斗争"——"与上帝的斗争"；这会有怎样一种特别的效果啊，难道这岂不会让大多数人认为：他是什么都没谈[4]，而所有其他人倒是在谈论着一些什么，或者甚至是在谈论某种非常重要的东西！多么奇怪啊！好吧，去世界各地旅行吧，去结识各种各样不同的民族吧，去人与人之间到处走动吧，让你自己进入他们的生活吧，去他们家拜访他们吧，跟着他们一同去与人相会吧，——然后，认真地去听他们所谈论的是什么，去参与这许许多多不同的关于"数不尽的许许多多'一个人在这个世界里能够用以去进行斗争'的不同方式"的谈话，去参与进这些谈话，但不断要以这样的方式参与：你自己不可以是那把这话题[5]带入谈话的人；然后，说吧，你是否曾在任何时候听见过关于这一斗争的谈论！然而，这一斗争却与每一个人都有关；没有什么别的斗争会在这样的程度上如此无条件地与每一个人有关。因为，让我们看：那人与人之间的斗争，——现在还是有着许多人，他们不与任何人斗争，和平地在他们的日子里生活下去。那夫妻间的斗争，——现在还是有着许多幸福的婚姻，这夫妻间的斗争因而与他们无关。而"一个人受挑战要去决斗"则无疑是一种很罕见的事情，所以这一斗争只与极少数人有关。甚至在一场欧洲战争之中，还是有着许多人，尽管这境况是最可怕的，也还是有着许多人，如果不说是在别的地方，那么至少在美国，仍和平地生活下去。但是，这一与上帝的斗争，却无条件地与每一个人都有关。

然而也许这一斗争被看作是如此神圣而严肃，以至于它由于这个原因而从不被人谈论。正如上帝不是直接就能够在这个世界里被感觉到的，在这个世界里相反倒是有着许许多多东西的巨大的量在把注意力引向自己，这样事情看上去仿佛就是"上帝根本不存在"；这样，这一斗争也许就像是一种每一个人都有着的秘密，这一秘密却从来不被谈及，与此同时，所有别的被谈论的东西则把注意力引向自己，就仿佛这一斗争根本就不存在。也许事情就是这样，也许。

然而每一个受苦的人以某种方式有缘去留意到这一斗争。受苦的人正是这些讲演所针对的。那么就让我们谈关于这一斗争，关于

"你变得越弱，上帝在你身上就变得越强"之中令人欣悦的东西。

因为，不是吗，你这受苦的人，不管你是谁，这当然还是令你欣悦的！然而在这里事情是这样的，就像在所有这些讲演里的情形，一切要根据"我们是怎样看这个关系的"来定。如果那受苦的人是沮丧地、伤心地，也许是绝望地不断凝视着"他变得多么虚弱"这个事实，那么，是的，在这之中没有任何令人欣喜的东西。但是如果他想要无视这一点，以便去看见这"'他变得软弱'在这里意味了什么"，"这变得强大的是谁"，——那是上帝；那么，这无疑就是令人欣喜的事情。人们有时候听一个被征服者说"我被征服了，成了弱者（这是痛苦的事情），但那给人以安慰的东西，是的，那让我欣喜的，是，那胜利的毕竟是他"。哪一个"他"？是啊，这必定是一个"被征服者"所非常喜欢并且高度地尊重的人。固然这喜悦不是完美的，他宁可想要自己是胜利者；但是他从失败之中赢得了令人欣喜的一面，他是愿意让那胜利者获胜的。但是现在，在他，这胜利者，是上帝的时候，那么，如果他向外凝视着"那变得更强大的是他的敌人、是他的忌恨者"这一点，那么这就再次只是这痛苦者的一种错看了。因为固然这是可能的，他们变得更强大了，他们的力量恰恰使得他虚弱；但是这与痛苦者根本就没有什么关系。他变得虚弱；但是内向地理解的话，这则只是意味了"上帝变得强大"。因而，现在，在"战胜者是上帝"的情况下！这"愿意让上帝成为胜利者"、"以这个胜利者是'他'来安慰自己"，哦，这在根本上就是"愿意让自己是胜利者"。因为，相对于上帝，一个人确实只能通过"上帝战胜"而战胜[6]。

然而，还是让我们首先努力去把这个问题真正地弄明确吧：这"一个人变得虚弱"，内向地意味了"上帝在他身上变得强大"。这是我

185

们首先必须请求那痛苦者去做的事情，是我们为了能够与他说话而必须要求他做到的，这样，他，尽可能快地，让目光从"那外在的"上面移开，而把视角转往内向，这样，这目光并且连同他，就不会继续停留在一个"对'其痛苦与一个外在世界的关系'的外在的观察"上。这样，在这第一件事情做完了之后，在"'一个人变得虚弱'内向地意味了'上帝在他身上变强大'"这一点被弄明确了之后，我们无疑就会自然而然地看到：这是那令人欣悦的东西。

一个只是很少并且肤浅地关注自己与上帝的关系的人，几乎不会去考虑到或者梦想到：他与上帝是如此紧密相关，或者，上帝与他如此之近以至于介于他和上帝之间有着一种交互关系：一个人越强，上帝在他身上就越弱，一个人越弱，上帝在他身上就越强。每一个认为"有一个上帝存在"的人自然就会把他想象成那最强大的，他，那全能者[7]，他从乌有之中创造[8]，在他面前所有受造之物都如同乌有，如果他不再创造，就被毁灭。以这样的方式，上帝是最强大的[9]。

对于上帝却有着一种阻碍；他把自己为自己设置了这阻碍，是啊，他、带着爱心，在一种人所无法理解的爱之中，为自己设置了这障碍；他设置出它，并且每一次在一个人（他在自己的爱中使得这个人直接在他面前成为像模像样的一回事[10]）进入存的时候，就设置出它。哦，奇妙的全能和爱！一个人会无法忍受他的"创造物"是在他自己面前的像模像样的一回事；它们应当是乌有[11]，因此他也带着鄙视将它们称作"创造物"。但是从乌有之中创造的上帝，全能地取自乌有，并且说"成为有[12]"，他带着爱心地接着说，"甚至在我面前成为像模像样的一回事"。多么奇妙的爱，甚至他的全能也是在爱的权力之中[13]！

关于这交互关系情形，我们就说这些了。如果上帝只是一个全能者，那么，就不会有什么交互关系；因为对于全能者来说，受造物就是乌有。但是对于爱来说，它则是像模像样的一回事。让人无法理解的爱之全能！因为这就仿佛是，与这一全能作比较，你反而倒更容易明白那人们还是无法明白的东西——这创造自乌有的全能；但这一（比所有"受造物之进入存在"更奇妙！）强迫自己并且带着爱心地使得那被创造的东西在它面前成为像模像样的一回事；哦，奇妙的爱之全能！就把让你的思想稍稍绷紧一点吧；这之中的情形并不是那么难，这是至福的。那创造自乌有的全能并不是像那"使得这'在全能面前的悲惨的乌有'成为'在爱面前的像模像样的一回事'"的全能的爱那么难以理解。

但是正因此，爱也向人要求某种东西[14]。全能不要求什么东西[15]；全能除了觉得一个人是乌有之外绝不会想到任何别的东西，——在全能面前他是乌有。人们认为，是那全能的上帝在向人要求什么东西[16]，然后，也许是那有着爱心的上帝做出了一点让步。哦，可悲的误解，它忘记了在怎样的意义上上帝无限的爱必然是已经存在着的，因为这样，一个人才能够在上帝面前存在着，我们才能够谈论对他要求什么[17]。如果全能者向你要求什么[18]，那么你在同一瞬间就是乌有。但是那有爱心的"在令人无法理解的爱之中使得你在他面前成为某种东西[19]"的上帝，是他在带着爱心地向你要求着什么东西[20]。在人与人的关系之中，"那向你要求着什么东西[21]的"是强势者的权力，而做出让步的是他的爱。但是，在你与上帝的关系中，事情并非是如此。世上不存在什么"面对之你是乌有"的世俗的强势者，因此"那提要求的"是他的权力；然而，在上帝面前你是乌有，因此是他的爱，正如它使得你去成为某种东西[22]，在向你要求某种东西[23]。人们谈论说，上帝之全能碾碎一个人。但事情并非如此；没有任何人是如此之多，以至于上帝会需要以全能来碾碎他，因为，在全能面前，人就是乌有。是上帝的爱，它仍在最后的一瞬间通过"让他在它面前是某种东西[24]"来展示出自己的爱。可悲啊，这个人，如果全能要去针对他的话。

因而，这使得人成为像模像样的一回事的爱（因为全能让他进入存在，但是爱则让他在上帝面前进入存在），它带着爱心向他要求某种东西。现在看这交互关系。如果一个人想保留这一"爱使得他成为的像模像样的一回事"，自私地为自己，自私地作这一"像模像样的一回事"，那么他，在世俗的意义上理解，是强大的，——而上帝则是虚弱的。当然这也几乎就像是：这可怜的有爱心的上帝被骗了；在令人无法理解的爱之中他就这么做了，并且使得人成为了像模像样的一回事，——然后人就欺骗他，保留下这个，就仿佛这是他自己的。世俗的人就这样地在"他是强大的"之中让自己得以强化，也许是通过其他人在这同样的问题上的世俗判断来得以强化，也许通过自以为所具的力量来改造世界的形象，——而上帝则是虚弱的。相反，如果人自己放弃这"像模像样的一回事"，这一独立性，这一"爱馈赠予他的、用以主宰其自身的自由"；如果他不"通过虚妄地对待他的这种'在上帝面前存在'的完美性"来滥用这完美性；上帝也许会在这方面帮助他，——通过沉重的痛苦、通过"把他最爱的东西拿走"、通过"在最脆弱敏感的地方伤害他"、通过"拒绝让他实现他唯一的愿望"、通过"从他那里剥夺掉他最后的希望"来帮助他；这样的话，那么他就是虚弱的。是的，每一个人都会这样对他说，并且这样说及他，他会被所有人以这样的方式看，没有人愿意与他一同做事，因为看来他好像只会成为他们的怜悯所必须承受的一个负担。他是弱的，——而上帝则是强的。他，这弱者，完全放弃了这一爱使得他成为的"像模像样的一回事"，他全心地同意上帝从他那里拿走一切能够被拿走的东西。上帝只是等待着，他将会爱着地给出他的谦卑的同意、他的快乐的同意，通过这同意而完全地放弃它，然后他就是完全地虚弱的，——然后，上帝就是最强大的。只有一个人能够阻碍上帝去成为这最强者，这"永远是那最强者"的他；这个唯一的人就是这人自己。"上帝于是就是最强大者"在"人是完全地虚弱的"这一点上可以看出。因此，在上帝面前就只有一个阻碍：那夹在上帝和人之间的"人的自私性"，就像那造成月食时的地球的影子。如果这一自私性在，那么人就强大，但是他的力量是上帝之虚弱；如果这一自私性消失，那么人就虚弱，上帝就强大；他变得越虚弱，上帝在他身上就变得越强大。

然而，既然事情是如此，那么这关系在另一种意义上，在真理的意义上，就是反过来；而现在，我们就站在这令人欣悦的东西旁。

因为，那没有上帝而"是强大的"的人，他恰恰是虚弱的。一个人单独的所具的力量，与一个孩子的力量比较，可以是力量。但是一个人"单独而没有上帝"地所具的这力量是虚弱。上帝在这种程度上是强者，他是所有的力量，是力量。没有上帝因而就是没有力量，没有上

第二部分 痛苦之斗争中的各种心境

帝地强大因而就是强大——而没有力量；这就如同有爱心而不爱上帝，因而就是有爱心——而没有爱，因为上帝是爱[25]。

但是那变得完全虚弱的人，上帝在他身上变得强大。如果一个人崇拜着、赞美着、爱着地变得越来越弱，让自己在上帝面前比一只麻雀更无足轻重[26]，就像一种乌有，那么，在他身上，上帝就是越来越强的[27]。这"上帝在他身上越来越强"意味着"他越来越强"。——如果你能够变得在完美的顺从之中完全地虚弱，那么你在爱着上帝的同时就明白[28]，你根本就什么都做不了，这时，全世界的权势者，如果他们联合起来反对你，都不能在你头上弄弯一根头发[29]；怎样巨大的力量啊！但其实也不是真的；让我们首先不说任何非真相吧。是的，确实他们能够做得到这一点，他们甚至还能够把你打死，并且绝没有必要为此动用所有大地上的权势者的巨大联盟，那远远地小得多的力量也能轻而易举地做到这一点。但是，如果你在完美的顺从之中是完全地虚弱的，那么就算大地上权势者联合起来都无法以不同于上帝想要的方式[30]来弄弯你头上的一根头发。在这头发是以这样的方式被弄弯的时候，在你是以这样的方式被嘲弄的时候，是的，甚至在你是以这样的方式被打死的时候，如果你是在完美的顺从之中完全地虚弱的，那么，你就会爱着地明白：这没有构成任何对你的伤害，一点都没有，这一切恰是你的真正福祉，——怎样巨大的力量啊！

即使事情并非是如此——"那'在其虚弱中上帝是强大的'的人是最强大的"，那么，这也还是令人欣悦的事情、至福的事情："上帝变得越来越强大；那变得越来越强大的是上帝"。让我们谈论一种人与人之间的关系，尽管它是那么不完美，它有着某种对应于那"在人与上帝的关系之中的'崇拜'之真相[31]"的东西；让我们谈论敬佩。敬佩在其本身是一种双重的东西，可以从两个方面来看[32]：其初始是，在那敬佩者在"敬佩"之中让自己与"优越"发生关系时，一种对"虚弱"的感觉。但敬佩是一种与"优越"的幸福关系，并且以这样一种方式，它也是一种至福的感觉：在与自身的真正和谐之中，这"去敬佩"也许是比"作受敬佩者"更为至福。我们也可以从另一个角度看，这样，敬佩之初始是一种对"痛楚"的感觉；如果一个人感觉到"优越"但却不愿意去承认它，不快乐，那么，他就远非"是幸福的"，

189

相反他在最折磨人的痛楚之中是极其不幸的。反过来，一旦他屈从于这优越（他原来在根本上就是敬佩这优越的，只不过他是在不幸地敬佩着）[33]，在敬佩之中完全放弃自身，那么这敬佩的欣悦就会在他身上胜利。他越是投身于这敬佩，他越是在"去敬佩"之中与自身和谐，那么，他就越是趋近于"几乎变得比'优越'更优越"；他在自己的敬佩之中幸福得无法描述地从所有的优越之压力中得到了解放，他不是在那优越之下屈服，相反，他是在敬佩之中胜利。

只要在人与人之间的关系中的敬佩是对应于人和上帝之间的关系中的崇拜，那么，让我们忘记"会有什么样的不完美"吧。上帝在无限的意义上是那最强大者；在根本上每一个人都相信这一点，并且，只要事情是这样，那么不管他愿意还是不愿意，他都感觉得到"上帝的无限的优越"和"他自己的乌有性"。但是只要他只相信"上帝是那更强者"，并且（如果提一下那恐怖的事情）相信这一点正如魔鬼也相信这一点，并且颤栗[34]；只要他只是以这样的方式去相信，以至于他在承认的时候不情愿地退缩，只要他只是以这样的方式相信，以至于他不因此而感到快乐，那么，这关系就是苦恼的、不幸的，他对于"虚弱"的感觉就是一种苦恼的感受。因为"对抗"相对于"崇拜"，就像"妒忌"相对于"敬佩"那样。对抗是那"因为不想是'虚弱'和'无力'而使得自己不幸"的虚弱和无力，是"虚弱和无力"与"优越"的不幸关系，正如妒忌折磨自己，因为它不想去是那"它在根本上所是"的东西，敬佩。对人类，存在着这样的要求，这是已经在敬佩之关系之中暗示出来的（因为敬佩者出于对这远远更伟大的东西的惊奇而失去了自己）：他应当对着上帝失去自己。如果他全心全力全意地[35]这样做，那么他就是处在一种与"那作为强者的上帝"的幸福关系之中，那么他就是崇拜着的；——永远永远，任何爱着的人都无法变得如这崇拜者般地幸福，永远永远，那最焦干的、在久旱之中叹息着的土壤感受到雨点的滋润，也不可能比得上像"崇拜者在自己的虚弱之中至福地感受到上帝的力量"那样美好的滋味。现在这两者，上帝和崇拜者相互配上了对方，幸福地，任何相爱的人相互配上了对方都不会达到如此至福。现在，崇拜者的唯一愿望就是：变得越来越弱，因为这样就有越多的崇拜；崇拜的唯一需要就是：上帝变得越来越强。崇拜者丧失了自己，并且是以这样的方式：这自己就是唯一的他所想要抛弃掉的东西，唯一的他想要躲避开的东西；他赢得了上帝，——这样，这"上帝变得越来越强"，当然就直接是他的事业。

　　这崇拜者是弱者；所有别人必定也觉得他是这样，而这是令人觉得羞辱的。他是完全地虚弱的；他不能够像别人一样为漫长的一生作出决定[36]，不能，他是完全地虚弱的；他几乎就不能够在这一天的早晨提前做出决定，如果不加上一句"如果这是上帝的意愿"的话[37]。他不能够强调自己的力量、自己的能力、自己的天赋、自己的影响。他不能够以骄傲的话语谈论他所能做的事情，因为他根本不能做任何事情。这是令人觉得羞辱的。但是向着内心，怎样的至福啊！因为他的这一虚弱是一个与上帝的"爱之秘密"，是崇拜。他越是变得虚弱，他就能够越真挚地崇拜；而他崇拜得越真挚，他就变得越虚弱，——也就获得越大的至福。

　　那么，"你变得越虚弱，上帝在你身上就变得越强大"，难道这不是令人欣悦的吗？或者，"你变得虚弱"，难道这不是令人欣悦的吗？难道，你在根本上有什么东西可以去抱怨吗，——因为这沉重地发生在你身上的事情，这你也许一直最害怕的事情，这使得你完全无力而虚弱的事情；你变得越虚弱，上帝在你身上就变得越强大！"这是令人欣悦的"，这你自己无疑也会承认！想一下，如果一个人能够把这一生就这么活下去，骄傲而自得，从不曾敬佩过什么东西，这有多么的贫穷啊；但是，如果一个人能够把自己的一生就这么活下去，而从不曾对于上帝感到过惊奇，不曾出于对上帝的惊奇而在崇拜之中丧失过自己，这则是怎样的一种恐怖啊！但是一个人只能够通过"自己变的虚弱"来崇拜，你的虚弱在本质上就是崇拜；可悲啊，那种"自以为强大，无礼而不知分寸地想要'作为强者去崇拜上帝'的放肆者！真正的上帝只能够在精神之中和在真理之中被崇拜[38]，——但是这真理恰恰就是：你是完全地虚弱的。

　　这样，在这世上因而就没有什么东西可惧怕的，一切能够从你这里夺去你自己的力量并使得你完全虚弱的东西，一切能够折断所有你对你自己的信心并使得你完全虚弱的东西，一切能够完全地压垮你世俗的勇气并使你变得完全虚弱的东西，所有这些东西，都是没有什么可惧怕的，——因为你变得越虚弱，上帝在你身上就变得越强大。

没有，以这样的方式理解，在这世上就没有任何可惧怕的东西，——因为只有罪是人的败坏[39]。

注释：

[1]［你变得越弱，上帝在你身上就变得越强］　对照《哥林多后书》（12：9—10），其中保罗写道："他对我说："我的恩典够你用的，因为我的能力是在人的软弱上显得完全。"所以，我更喜欢夸自己的软弱，好叫基督的能力覆庇我。我为基督的缘故，就以软弱、凌辱、急难、逼迫、困苦为可喜乐的，因我什么时候软弱，什么时候就刚强了"。

[2]［婚姻的神圣关系］　（这个"关系（Baand）"是"关联系结"起的捆绑关系，不是在克尔凯郭尔在这之中经常出现的"发生关系"的关系（Forhold），后者是指境况、关联、态度方面的关系，而不是指"捆绑、结合"的关系）。根据婚礼规仪，在婚礼上牧师对新婚夫妇分别提出的正式提问：他们相互向对方说"想要在神圣的婚姻的状态之中生活在一起"。（《丹麦圣殿规范书》/ *Forordnet Alter – Bog for Danmark*, Kbh. 1830 ［1688］, ktl. 381, s. 258）。这一表述在1847年的《不同精神中的陶冶讲演》的第一部分"一个场合讲演"之中也被用到（SKS 8, 229, 13f.）。

[3]［各种元素间在恐怖中暴怒的斗争］　这是一个关于在大自然之中的各种剧烈事件（这些事件上的各种元素猛烈地动荡）的表述。"元素"：在古代，人们把各种自然力想象成各种元素，根据当时的分类，主要可以把物理世界组成部分定为火、空气、水和土这些元素。

[4]"什么都没谈"是译者改写，直译是"在谈论子虚乌有"。

[5]亦即"与上帝斗争"这个话题。

[6]［相对于上帝，一个人确实只能通过"上帝战胜"而战胜］　参看1844年的《四个陶冶性讲演》的第四个讲演"真正的祈祷者在祈祷之中斗争——并且因为上帝战胜——而战胜"（社科版《克尔凯郭尔文集》第八卷《陶冶性的讲演集》第174—193页）。

[7]［全能者］　见前面注释所谈的《巴勒的教学书》中关于上帝全能的描述。

[8]［从乌有之中创造］　见第一部分之中关于"从乌有之中创造"的注释。

[9]译者留意到，Hong的英译和Hirsch的德译与译者手中丹麦语文本有所不同，然后查了一下。这一句的丹麦语有着两个版本。译者所翻译的是2004年版

第二部分　痛苦之斗争中的各种心境

Søren Kierkegaards Skrifter（索伦·克尔凯郭尔文集）第十卷中的《讲演》，这一句的丹麦语是"Enhver, der antager, at der er en Gud til, tænker sig jo naturligt ham som den Stærkeste, han, den Almægtige, han, der skaber af Intet, og for hvem al Skabningen er som Intet, gjort til Intet, hvis han ophører at skabe. Saaledes er Gud den Stærkeste.（每一认为"有一个上帝存在"的人自然就会把他想象成那最强大的，他，那全能者，他从乌有之中创造，在他面前所有受造之物都如同乌有，如果他不再创造，就被毁灭。以这样的方式，上帝是最强大的）"。而 2004 年之前，通用的都是"著作集"版的《讲演》，在"著作集"版中，这一句是"Enhver, der antager, at der er en Gud til, tænker sig naturligt ham som den Stærkeste, hvad han jo evigt er, han, den Almægtige, der skaber af Intet, og for hvem al Skabningen er som Intet; men han tænker vel neppe Muligheden af et Vexel - Forhold（每一认为"有一个上帝存在"的人自然就会把他想象成那最强大的，这当然是他永恒地所是的，他，那全能者，他从乌有之中创造，在他面前所有受造之物都如同乌有；但是他［这样想的人］却几乎不会想到'一种交互关系'的可能性）"。2004 年版文集中的《讲演》文本基础是克尔凯郭尔 1848 年交给出版社的手稿和初版文本；而"著作集"版的文本基础则是根据后来出版社作了修订之后的再版文本。Hong 的英译和 Hirsch 的德译都是根据后者翻译的。

Hong 的英译是："Everyone who assumes that there is a God of course considers him the strongest, as he indeed eternally is – he, the Omnipotent One, who creates out of nothing, and to whom all creation is as nothing – but presumably he scarcely thinks of the possibility of a reciprocal relationship"；Hirsch 的德译是："Jeder, der da annimmt, daß es einen Gott gibt, denkt sich natürlich ihn als den Stärksten, und dies ist er ja auch ewiglich, er, der Allmächtige, der da aus Nichts schafft, und für den die ganze Schöpfung wie ein Nichts ist; schwerlich jedoch denkt solch ein Mensch an die Möglichkeit eines Wechselverhältnisses"。

类似的版本差异之处比较多，如果译者留意到了，就会做出一个类似的注释。但也可能译者忽略过，这样，阅读英德法译文本的读者可能会觉得所读与中文译本有出入，特此说明。

［10］这个"像模像样的一回事"换一种说法也可以说是"了不起的人物"，但有着不确定性。我们在中文中也可以用"他成了像模像样的一回事"来说"他有出息了"。丹麦语原文是 Noget，直译是"某物"，可以毫无问题地翻译成英文的 something 和德语的 etwas，在这一用法上都有着"似乎是很重要的某物"、"是个人物"的意思。下面所有"像模像样的一回事"都是译自这个 noget（某物）。

［11］"乌有"是"某物"的对立面，就是说"什么都不是"。

[12]["成为有"] 所指是《创世记》（1：3）之中的"神说：要有光，就有了光。"丹麦语圣经所用动词命令式为"bliv"，亦即"成为"。

[13][对于上帝却有着一种阻碍……在爱的权力之中] 可参看1846年11月的日记（NB：69），其中克尔凯郭尔写道：

这整个关于"上帝的全能和善"相对于"那恶的"的关系的问题，也许能够（不是使用上帝造成'那善的'并且只是允许'那恶的'这一区分）以这样一种方式完全简单地得以解决。那在总体上能够为一种存在物所做的至高的事情，高过一切别人能够为之做的事情，就是使得它自由。要能够做这样事情恰恰需要全能。这看起来很奇怪，因为恰恰全能看来必定会造成依赖。但是如果我们想要去考虑全能，那么我们就会看见，恰恰在这之中也必然有着那种"能够以这样一种方式把自己在全能之外化之中拿回来而使得那通过全能而进入了存在的东西恰恰因此能够是独立的"的定性。之所以一个人不能完全地使得另一个人自由，因为那具备着权力的人自己是被羁绊在"具备权力"之中，因此不断地获得一种与"那他想要使之自由的人"的错误关系。另外，在所有有限的权力（天赋等等）之中，有着一种有限的自爱。只有"全能"能够在它给出的同时把自己撤回，而这个关系当然恰恰就是接受者的独立性。因此上帝的全能就是他的善。因为善就是"完全地给予，但以这样的方式——'一个人通过全能地撤回自己而使得那接受者变得独立'"。所有有限的权力都使人依赖，只有全能能够使人独立，能够从乌有之中创造出那"通过全能不断地撤出自己而在其自身之中得到持存的东西"。全能并不保持停留在一种与他者的关系之中，因为不存在什么"全能与之发生关系"的他者，不，它能够给予而无需放弃任何自己的权力，就是说，它能够使人独立。这是难以为人所理解的：全能不仅能够创造出一切之中最宏伟的东西——世界的有形整体，而且也能够创造出一切之中最脆弱的东西——一种"直接面对着全能"的独立的存在物。因而那能够以其强有力的手如此沉重地把握着世界的全能，也还能够使得自己如此轻便而令那进入了存在的东西获得独立。——这只是一种对"权力的辩证法"的悲惨的世俗观念，认为权力是与"它能够去强迫他者或者使他者有依赖"的程度成正比地越来越大。不，苏格拉底更明白这一点：权力的技艺恰恰是使人自由。但是在人与人的关系之中这一点从来就无法被做到，尽管我们总是有必要一再去强调："这是那至高的"，只有全能能够真正地做到这一点。因此，假如人，直接面对着上帝，事先（在质料的方向上）有着哪怕最少的一丁点独立的存在，上帝就无法使得他自由。"从乌有之中创造"再一次是全能对于"能够使人独立"的表达。这个"在他却绝对地保留了一切的同时，我的一切都绝对地归因于他"的他，恰恰使得我独立。如果上帝为了创造人而自己丧失了任何一小点其权力的话，那么他恰恰就不能使得人独立。（*SKS* 20，57f.）

第二部分　痛苦之斗争中的各种心境

[14] 这个"某种东西（Noget）"和前面的"像模像样的一回事（Noget）"是同一个词。

[15] 这个"什么东西（Noget）"和前面的"像模像样的一回事（Noget）"是同一个词。

[16] 这个"什么东西（Noget）"和前面的"像模像样的一回事（Noget）"是同一个词。

[17] 这个"什么（Noget）"和前面的"像模像样的一回事（Noget）"是同一个词。

[18] 这个"什么（Noget）"和前面的"像模像样的一回事（Noget）"是同一个词。

[19] 这个"某种东西（Noget）"就是"像模像样的一回事（Noget）"。

[20] 这个"什么东西（Noget）"和前面的"像模像样的一回事（Noget）"是同一个词。

[21] 这个"什么东西（Noget）"和前面的"像模像样的一回事（Noget）"是同一个词。

[22] 这个"某种东西（Noget）"就是"像模像样的一回事（Noget）"。

[23] 这个"某种东西（Noget）"和前面的"像模像样的一回事（Noget）"是同一个词。

[24] 这个"某种东西（Noget）"就是"像模像样的一回事（Noget）"。

[25]［上帝是爱］　指向《约翰一书》（4：8）和（4：16）。

[26]［比一只麻雀更无足轻重］　同时指向《马太福音》（10：29）和《路加福音》（12：6）。

[27] 这一句译者对句子结构做了改写，按原文直译是："那崇拜着赞美着爱着地变得越来越弱、变得对自己而言在上帝面前比一只麻雀更无足轻重、就像一种乌有的人，在他身上，上帝就是越来越强的"。

[28] "你在爱着上帝的同时就明白"是译者改写，直译是"你爱着上帝地明白"。

[29] "弄弯一根头发"是成语，意思是"丝毫无法伤害"。

[30]［以不同于上帝想要的方式］　指向《马太福音》（10：29）。

[31]［在人与上帝的关系之中的"崇拜"之真相］　指向《约翰福音》（4：23—24）。

[32] 作者没有以罗列的方式列出，而是以他常有的不对称的方式分别叙述这两种情形：一是紧接着的"其初始"，一是这一句结束之后，下一句句号之后的"我们也可以从另一个角度看，这样，敬佩之初始……"。

195

〔33〕译者改写加了括号。原文直译为"一旦他屈从于这'他原来在根本上就是敬佩、但却是不幸地敬佩'的优越"。

〔34〕〔相信魔鬼同样也是如此的并且颤栗〕　指向《雅各书》（2：19）："你信神只有一位，你信的不错；鬼魔也信，却是战惊"。

〔35〕〔全心全力全意地〕　指向《马可福音》（12：30）中的爱之诫命。

〔36〕决定（Beslutning）。

〔37〕〔在这一天的早晨提前做出决定……加上一句"如果这是上帝的意愿"的话〕　指向《雅各书》（4：13—15）："你们有话说：'今天、明天我们要往某城里去，在那里住一年，作买卖得利。'其实明天如何，你们还不知道。你们的生命是什么呢？你们原来是一片云雾，出现少时就不见了。你们只当说：'主若愿意，我们就可以活着，也可以作这事，或作那事。'"

〔38〕〔真正的上帝只能够在精神之中和在真理之中被崇拜〕　指向《约翰福音》（4：7—26）之中，耶稣与井边的撒玛利亚女人的对话，其中他对她说（23—24）："时候将到，如今就是了，那真正拜父的，要用心灵和诚实拜他，因为父要这样的人拜他。神是个灵，所以拜他的，必须用心灵和诚实拜他。"

〔39〕〔罪是人的败坏〕　参看《巴勒的教学书》第三章《论人通过罪的败坏》§10。

V "你在现世的意义上丧失的东西，你永恒地赢得它"之中令人欣悦的东西

我们很容易看出这一点：这是利润，是啊，如此不成比例，乃至从来不曾有过任何做最划算的生意的商人做过如此划算的生意。麻烦是在于别的地方，或者，更确切地说，是在（如果我敢这样说的话）这生意拍板的地方；它是在现世之中。如果一个人是在永恒之中，那么他就能够很容易地明白这一点。但是在现世之中，并且在丧失的瞬间——这也就是现世性有着最强有效性的地方，在这里，事情看上去也许很容易就会是：永恒是在如此无限远的地方，朝着这一确实是非凡的利润，之间有着无限远的远景，——那么，这巨大的好处又有什么用呢，如果在这之中有着这样的许多麻烦的话。一只鸟在手中要好过十只鸟在屋顶上[1]；"小一点的好处"看来是比"那巨大的——但不确定的好处"更可取。是啊，在现世之中看起来就是如此，这现世看一切当然都是颠倒的。几乎不会有任何想法比这认为"那永恒的是那不确定的"的想法更颠倒，也几乎不曾有过比这"去放弃那永恒的——因为它是那不确定的，而去抓取那现世的——因为它是那确定的"的聪睿更颠倒的聪睿。因为即使一个人不能够马上得到机会去发现"'那永恒的'终究是'那确定的'"，那么，他也还是会获得机会去认识到"'那现世的'是'那不确定的'"的。因此也就几乎没有什么说法是比一个人把"那现世的"抓在手上说"我让自己紧靠着那确定的东西"更可笑的了。但是正如上面所说的，麻烦是在于这生意要拍板的地方。到了死亡为一个人阐明了一切的时候，这时，"对时间和永恒进行转换"就很容易了；但是，在现世之中，要对"以'那永恒的'替换'那现世的'"有永恒之理解，要对"那在现世的意义上丧失的东西，被永恒地赢得"有

永恒之理解，是的，这是艰难的。

然而这受苦的人以另一种方式感受到了生活之艰难，要承受自己的丧失，承受它的悲伤和它的痛楚，这是多么艰难啊，而现在他在这丧失之中可以得到一种喜悦，如果这"丧失之喜悦"也是有麻烦的话，那么不管怎么说，它也仍还是更可取的。这"麻烦的事情"是要让永恒稍稍靠得更近一点；在永恒完全靠近的时候，这喜悦就是完全的。但是对于每一个受苦的人，如果他要得到安慰，如果他的安慰要成为喜悦，那么，这"让永恒稍稍更近一点"就都是决定性的。在医术中是否有一种能够一下子可以治疗所有病症的奇迹药方，我不知道；但是在精神上有着一种，只有一种——极简的良药处方：永恒。这艰难事情只是"要让它完全地靠近"。看，一个小孩也许也能够这样画，那不是艺术家的人也许也能够这样画，但是所有他们所画的东西，他们只是在纸上平平往上往下地画出来。去问艺术家，这之中艰难的是什么，你会听他回答说：绘画中的透视之远观[2]。相对于永恒，这艰难是反过来：永恒看上去像是那么遥远，这任务是使得它尽可能地靠近。因为在现世之意义上，对于不智者之不耐烦（现世性在越大的程度上占统治地位，智慧就越少，忍耐就越少），这看来就仿佛是：他并非在永恒地重获那丧失的东西，而更确切地倒可以说，他是不得不等待永恒之长久来重新获得它。但是，如果永恒在你这里是完全靠近的，那么你固然尚未重获那失去的东西，因为要在永恒之中，你才会重获它，但这一点对于你则是永恒地确定的：你永恒地重获它。如果事情是这样，那么永恒就是完全靠近你的。它距你有多么近，也许我们能够以另一个关系来阐明。一个有智慧的人说过：每一个应得惩罚的人都惧怕惩罚，但是每一个惧怕惩罚的人都承受着惩罚之苦[3]。在某种意义上那有辜者当然仍尚未承受其惩罚之苦，而在另一种意义上，它则如此密切地贴近着他，乃至他还是承受其苦。

这样就让我尝试着尽可能地逼迫那受苦者，把他逼向他自己的福祉、逼向"去变得喜悦"，迫使他去让永恒尽可能地靠近，因为我谈论

"你在现世的意义上丧失的东西，你永恒地赢得它"之中令人欣悦的东西。

第二部分　痛苦之斗争中的各种心境

也就是说，只有那现世的东西能够现世性地被丧失；不是"那现世的东西"的其他东西，是那"就其本身的现世性"无法有可能从你这里拿走的；如果你知道是"现世性"从你这里拿走了什么东西，那么你马上也就知道它所拿走的必定是某种现世的东西。如果那可怕的事情发生了：一个人现世地失去了"那永恒的"，那么我们就不再是在谈论丧失，这是沉沦。丧失让自己与那现世的东西发生关系。我们假定，在我们要谈论丧失、谈论丧失的痛苦和煎熬的时候，——如果要谈论什么会带来安慰、鼓励和快乐的东西，我们假定，那受苦者并非是自己招致了这"并不属于丧失的事"——"伤害自己的灵魂"[4]。而如果这事情是这样发生的：他在时间之中所失去的是"那永恒的"，那么，我们所谈论的就必定是完全另一码事了。因而，这讲演在那受苦的人（他是这讲演所针对的人）那里预设了，他，不管丧失之痛楚会有多么沉重，在其自身之中仍保留了一种与"那永恒的"的关系，借助于这关系他恰恰就会得到安慰。如果这"丧失"控制住他，以至于他的"心在悲伤之中行罪"[5]，以至于他绝望地想要沉沦，那么，我们所谈论的就必定是完全另一码事了。对于罪，我们在谈论安慰之前首先必须谈论的是洗心革面；对于苦难，我们能够马上谈论作为安慰与喜悦的话，——尽管这安慰性的话是（这恰恰是它所是，如果它是基督教的），"一种艰难的话"[6]。那么，让我们首先不要忘记，不仅仅盗窃和谋杀和酗酒和诸如此类是罪[7]，而且，罪在根本上恰恰是：现世地失去"那永恒的"。人们只是太频繁地忘记了这一点，是啊，甚至那被指定的灵魂安慰者[8]有时候（并因此也就不成功）过多地倾向于马上就想要去安慰，而不是像医生所应当做的那样，首先检查受苦者的状况。因为，正如严厉在不恰当的地方会造成伤害，同样，温和在不恰当的地方也一样会起到有害作用，在那受苦者在根本上自己感觉到别人应当以严厉的方式来对自己说话、并且对那看来是不识病情的安慰和安慰者感到厌恶的时候，这时的温和就是如此。设想一下，一个女人，所有女人之中最可爱的；我们当然能够以这样的方式想象她。如果把她的纯洁与那些我们将之称作"更严重的罪"[9]的东西放在一起去想，这就会是非常令人厌恶的事情，哦，然而虚荣和骄傲和妒忌和傲慢也都是她可爱的灵魂所陌生的，但是，她失去了自己所爱的人，——如果她的心在悲伤之中行了罪，如果她在自己的绝望之中说了"现在我既不关心上帝也不关心永恒"，那么，安慰，我们直接领会的话，确实就是一切之中最有破坏性的东西了。即使你自己被如此深深打动，为她的痛楚的情景所震撼，是的，如果你是如此地同情以至于你愿意牺牲一切，你的生命，以便尽可能去安慰她，——假如你是灵魂安慰者的话：如果你没有勇气去使用严厉的话，那就是可怕的！或者，你会怎么去论断一个这样的医生，因为他自己对一个发高烧的病人有着一种恐怖的印象，他就不敢禁止他，相反——为他把凉水写进处方，是的，就这样说出来并且听这自相矛盾的事情：出于同情他写处方让喝冷水，亦即，出于同情，他就把他给杀死了！

因而，在那受苦者，不管他失去了什么，在他没有自己犯错去可怕地打扰事物的神圣秩序[10]的情况下，那么，"那现世的东西"就只能是现世地被失去。因为一个人在自己身上有着某种永恒的东西，所以他能够失去"那永恒的"，但这不是"失去"，这是"沉沦"。假如在人身上没有永恒的东西，那么他也就无法沉沦。

这在一方面是如此：只有"那现世的"现世地被失去；在另一方面则是：只有"那永恒的"能够永恒地被赢得。如果一个人能够放肆地想要去现世地赢得"那永恒的"，那么这就又是沉沦。如果这样的一个人为了从中获得世俗的好处而想要去把握"那永恒的"，那么他沉沦了；如果一个人为了金钱想要购买圣灵，那么他就沉沦了。为什么他是沉沦了的呢？因为他现世地失去了"那永恒的"；因为他通过他想要把"那永恒的"降为"那现世的"而失去了"那永恒的"。意图和目标总是高于手段[11]。在一个人这样地想要为"世俗的好处"的缘故而赢得"那永恒的"，那么，那世俗的好处对于这个人来说因而就是高过"那永恒的"；但是如果事情是这样，这个人就失去了"那永恒的"，而在一个人失去了"那永恒的"的时候，那么他就是沉沦了。"那永恒的"不在所有这些关于丧失和丧失的谈论之中被与各种各样的东西混在一起；一旦那被失去的东西是"那永恒的"，那么一切，也连同语言在内，就都被改变了，那么这就是沉沦[12]。

现在让我们把想法收集在一起，以便去把握喜悦或者把受苦者引入喜悦。如果说只有"那现世的"能够现世地被失去，而只有"那永恒的"能够永恒地被赢得,那么这利润就是大家都能看见的了:在我失去现世的同时我赢得了永恒。哦,你这受苦者,不管你失去了什么,你只是失去了某种现世的东西,失去别的东西是不可能的。不管你失去了什么,你总是有某种东西可赢得,你永恒地赢得的"那永恒的"。如果你不想沉沦(并且如果这沉沦要发生的话,必须是你自己想要让它发生);如果你最深刻地在你的灵魂中为这个想法颤栗;如果这想法的最严厉的严肃和你的颤栗担保、如果它们在一起担保[13]"你不会因为想要沉沦而让自己避开安慰";那么,我们就会看见,不管你的丧失有多沉重,那令人喜悦的东西仍然是:你现世地失去的东西你永恒地赢得它。

但是也许你说:难道永恒会把那丧失的东西,完全就像我灵魂萦绕于它那样,重新给我吗?不,肯定不是的,如果那样的话,我们所谈的就不是这所谈的东西,"关于利润":你永恒地重新获得它。然而在你的这一问题之中也许隐藏着一点狡猾。就是说,只要是你失去了这东西,那么它当然就是被从你这里拿走的:这不是你自己所做的事情;但由此并不得出结论"你真正想要放弃那丧失了的东西"。也许你(哦,好好看一下你自己)差不多就是想要让永恒来帮助你在永恒之中重获"那现世的",正如它在现世之中曾是你眼目的情欲和心头的欲求[14],——这当然也是迷失。那样一来,你这就不是想要永恒地赢得"那永恒的",而是去赢得"那永恒的",以便它在永恒之中会把那失去了的现世的东西赠予你,这就是说,你想要失去"那永恒的"以便永恒地赢得"那现世的",而这是现世地丧失"那永恒的,而这就是迷失。如果你失去的这不是世俗的财物,如果这是更刺伤你痛处的事情,如果你失去的,比如说,是荣誉,诽谤将之从你这里偷去;如果你全部的灵魂带着无法满足的激情牵挂着它,这样去享受这对于"得到尊敬"的虚荣和骄傲之满足就是你唯一的愿望、你唯一的欲求,——是的,这是永恒所不能重新给你的!如果你失去的是你所爱的人,死亡从你这里将他夺走,你的所爱,你带着所有世俗的激情之剧烈、带着唯一愿望的情欲之爱牵挂着他——你的所爱,他因而是,想一想,这多么可怕,他是,如果这取决于你的话,你想要阻止他去成为一个得以变容的人[15];是的,这样,永恒无法把他重新给你。在永恒之中没有那"世俗的荣

201

耀"的华景与盛况，在永恒之中一个人并不结婚[16]。

然而，如果不是因为你的灵魂现世地牵挂着那单个的现世的东西的话，你为什么会问及任何你想重新获得的"单个的现世的东西"呢？这讲演要大胆地走更远，要让丧失变得远远更大，谈论关于整个现世、关于一切现世的东西，——但是也谈论关于放开那丧失了的现世的东西。为什么你要谈论单个的现世的东西，并且如此充满激情地谈论？哦，看一下你自己；这就仿佛你正在想要以一种永恒的方式失去某种现世的东西，把现世的丧失永恒地固定在你的灵魂之中，永恒地回忆一种现世的丧失；这也是迷失。如果任何现世的东西被以这样的方式失去，它就无法留在"那现世的"之中；因为"那现世的"只能现世地被失去。因而，这就在那丧失者之心中：他想要永恒地失去某种现世的东西，亦即，现世地失去"那永恒的"，亦即，迷失自己。

你在现世的意义上丧失的东西，你永恒地赢得它。你不是在现世性的意义上重新获得它，这是不可能的，这也不会是利润；但是，你在永恒的意义上重新获得它，——在你现世的丧失它的时候，亦即，在你自己并不，唉，通过"想要迷失自己"，而把"那现世的"东西弄成某种"它所是的东西"之外的别的东西。如果你专注于某种现实的东西的丧失，就仿佛这不是"那现世的"而是"那永恒的"，那么，这错误不在于"那现世的"（它根据其概念只能够现世地被丧失），而是在于你。如果你以这样一种方式专注于那现世的东西的丧失，你绝望地根本不关心去赢得"那永恒的"，这问题不是在于"那现世的"（它根据其概念只能够现世地被丧失），而是在于你。这就是：如果你不想要迷失你自己（并且，在这样的情况下，谈论丧失是毫无意义的），那么，这一点就是永恒地确定不变的：你现世地丧失的东西（另外，这可以是随便什么东西，无论它是被所有其他人也看作是最沉重的丧失，抑或只在你的痛楚中被你自己看成是如此），你永恒地赢得它。

这是永恒地固定不变的；哪怕所有魔鬼和所有诡辩家想要与我们争执，他们都不能反证这一点。因此，如果你失去一个尘世的朋友，你唯一的一个，也许是最好的朋友，——如果你并非以不同于"现世从你这里夺走他"的方式失去他，就是说，如果你是现世地失去他（现世不可能以别的方式把他从你这里夺走，如果你不是——这是现世确实不能为之承担责任的事情——自己想要招致这样的事情[17]）那么你就永恒地赢得他。因而你失去一个尘世的朋友，——你赢得一个变容后的朋友。因为，永恒不在现世之意义上把那失去了的现世的东西重新给你，不，而这是"那永恒的"的利润，它在永恒之意义上并且永恒地把那失去的东西再重新给你，——如果你不（哦，想一想，怎样的幸啊，对这失去了的人也是！）自己通过"迷失自己"想要阻止你自己去接受！如果你丧失的是尘世的财富，——如果你是现世地失去它（并且记住，现世不可能以别的方式从你这里夺走它）；如果你不自招"那可怕的事情"：以完全不同于"现世能够从你这里夺走它"的另一种方式，就是说通过"失去你自己"，来失去它；如果你情愿去放手这失去的现世的东西，因为你明白这真理，"这是现世地失去的"；这样，你就赢得"那永恒的"。你失去现世之财富，——你赢得永恒之财富。如果你看见你心爱的计划在世界中失败，这你为之献出了你自己的事业，破产了，——如果你毕竟只是现世地失败（并且记住，现世不可能以另一种方式来毁灭任何计划和任何事业）；如果你不自招"那可怕的事情"：以完全不同于"现世能够为你带来的这失败"的另一种方式，就是说通过"失去你自己"，来遭受这失败，如果你情愿放手这失去的现世的东西，因为你明白这真理——"这是现世地失去的"；这样，你就赢得"那永恒的"。你在现世之中遭受失败，——你赢得永恒之胜利。这样，你难道不是永恒地赢得你现世地失去的东西吗！如果一个人绝望地想要在这里、在时间之中胜利，是啊，那么这时，现世之失败对于他来说就是：一切都丧失。但是，这不是在于现世，而是在于他。相反，如果他战胜自己的心念，那么这失败对于他根本除了"是其本身所是——'一次现世的失败'"之外不会成为别的东西，那么他就永恒地赢了。

然而也许一个痛苦者会说：是啊，但这我所重新得到的并不是我所失去的那同样的东西。的确不是；这里谈论的也是关于利润。另外，如果你重新获得的是这同样的现世的东西，那么，你就不是现世地失去了它。只要你所失去的是由"那现世的"和"那永恒的"合成的，那么"现世"就拿走它的那部分，你失去这部分；但是，"那永恒的"，现世不会从你丧失的东西中拿走它，你在永恒之中重新获得它。因而，你重新获得那丧失的东西。或者，难道你死去的朋友因为"死亡，在它终究不得不让他保留'那永恒的'的时候，现世地把'那现世的'从他那里拿走"而失去了什么吗；难道一个拥有者因为"他的财产赢了什么"而损失吗？相反，只要你所失去的是某种纯粹现世的东西，那么，现世就把它从你这里拿走，并且你失去"那现世的"；但是在这丧失之中，你赢得了那相应的，你在永恒之中重新获得的，"永恒的东西"，这样，你还是永恒地得到这，恰恰是你现世地失去的这东西。

这难道不是令人欣悦的吗：永恒以这样一种方式，在所有"在现实之中有着丧失和丧失之痛楚"的地方，随时向痛苦者提供比"损失补偿"更多的东西。痛苦者自己是由"那现世的"和"那永恒的"构成的。这样，在现实性为他带来了它所能带来的最大"丧失"的时候，那么，这时问题的关键就是：到底他，背叛着自己和永恒，想要给予"现世之丧失"权力去变成某种"完全不是它所是"的东西，他是想要失去"那永恒的"；抑或他，忠实于自己和"那永恒的"，不允许"现世之丧失"对于他成为某种非"其所是——亦即'一种现世的丧失'"的东西。如果他所做的是后者，那么"那永恒的"就在他身上获胜了。这"以这样一种方式放走'那丧失了的现世的东西'，使之只能够现世地被失去"，这"只是现世地去失去的'那丧失了的现世的东西'"，这是丧失者身上的一种"那永恒的"的定性，一种"'那永恒的'在他身上获胜"的标志。

对于感官性的人，这一胜利的喜悦根本就不存在；它完全避开他，这样，在所有"一个人在这生活中的斗争"之中所争的对象，就都完全不是那"一眼看去似乎好像是的东西"。从"与上帝有关的"意义上理解，一个人是在生活中为像样的生计而挣扎还是在炮火之下率领千百人战斗，这是完全地无所谓的[18]；这争斗的对象一直就是"拯救自己的灵魂"：他想要的是现世地失去"那永恒的"——这就是迷失自己，还是通过"现世地失去'那现世的'"而赢得"那永恒的"。那世俗的人完全避开了这一点：我们所要考虑的是这上面的问题。因此如果他在现世之中决定性地丧失"那现世的"，那么，他就绝望，这就是说，"他是绝望的"这个事实就被公开出来了。但是那真正地想要拯救自己的灵魂的人，他看着那应当被看着的东西；正是通过看着那里，他在这同样的东西中发现那令人欣悦的东西,"一个人在现世的意义上丧失的东西,他永恒地赢得它",正如有时候老师的严厉是必要的,不是为了惩治"注意力不集中",而是为了达成"集中注意力"以便强迫学生去看那应当被看的东西,而不是注意力分散着地坐在那里,因为看各种各样的东西而被愚弄;以这样一种方式,对"迷失"的畏惧就可以帮助痛苦者去看着那应当被看着的东西,并且以此来帮助他去发现那令人欣悦的东西。

只有借助于"那永恒的",一个人才能够以这样一种方式放开"那失去了的现实的东西":他只是现世地失去它。如果没有"那永恒的"帮助,那么他所失去的就比"那现世的"要远远更多。但是,现在既然是这样,"现世地失去那被失去的现世的东西"是那丧失者身上的一个"那永恒的"的定性,那么,永恒当然就完全是靠近他的。当然,那唯一令人惧怕的东西就是:永恒之补偿要有着如此漫长的期待远景;这也是那唯一构成去在"一个人现世地失去的东西,他永恒地赢得它"之中找到那令人欣悦的东西的阻碍。在对于"事情就是如此"的永恒的确定性之中,永恒与人类是"尽可能、并且也是如其所必要地"贴近着。但是,在永恒自身是起着帮助作用的时候,如果那丧失者就只是现世地失去"那失去了的现世的东西",那么永恒与他当然就是完全地靠近的。在事情是这样的时候,那么,"一个人现世地失去的东西,他永恒地赢得"就是令人欣悦的事情。你不应当在不确定之中为重新获得那失去了的东西等待五十年。哦,不,只在现世之中,在你不愿意去现世地放开"那失去了的现世的东西"的时候,这看起来是如此。如果你在现世的意义上愿意放开,是啊,那么你身上的"那永恒的"就获胜了,或者,"那永恒的"在你身上获胜了,那么,永恒就曾来访问过你,那么,这对于你就是永远地确定的——"你会重新获得它",那么,你就当然能够很轻易地等待。因此,绝不要把过错推给时间的长度;因为,一种永恒的确定性轻易就将之缩短,即使这是把一百年的期待缩短成一天的。也不要把过错推给现世性,因为它只是现世地把那现世的东西从你身上拿走,它无法拿走其他的东西,也无法以其他方式拿走。那么这样首先就不要在不耐烦之中急着跑向你的毁灭,唉,"正如鸟急着要奔向罗网"[19]。在你自己身上寻找错误,严肃而严厉地想一想

"迷失"有多么近；想一想，纯粹以永恒的方式理解的话，每一种现世的丧失都是一个瞬间，——你用很长的时间来明白这一点，那就是因为"那永恒的"在你身上还没有足够的控制。那么，就让"那永恒的"完全地靠近，来帮助你；哦，只要"那永恒的"完全地靠近了你，那么，你就得到了帮助，那么，"那令人欣悦的东西"就在你面前了。

因而在世界上其实没有什么丧失，只有纯粹的利润。因为每一种"丧失"都是现世的；但是，你在现世的意义上丧失的东西，你永恒地赢得它。"那现世的"的丧失是"那永恒的"的利润。只有罪是人的败坏，而罪恰恰就是：现世地丧失"那永恒的"，或者以不同于"现世的方式"的其他方式丧失"那失去了的现世的东西"，——这是迷失。

注释：

[1]［一只鸟在手中要好过十只鸟在屋顶上］　丹麦成语，有不同形式，诸如"一只鸟在手中要好过十只鸟在林中"、"一只鸟在手中要好过十只鸟在空中"等。

[2]［绘画中的透视之远观］　丹麦语原文是"Gjennemsigtighedens Fjernhed i Tegningen"；Hong 的英译是："the distance of perspective in the drawing"；Hirsch 的德译是："die perspektivische Fernsicht in der Zeichnung"。以这样一种方式来（借助于透视）使得绘画"透明"，这样一个人可以在后面隐约地感觉到远处的东西，比如说地平线上的远山，或者以这样一种方式，那飞逝和直接地不在场的东西被暗示和隐约地感觉为在场的东西。

[3]［一个有智慧的人说过……都承受着惩罚之苦］　在 1847 年 8 月或 9 月的日记（NB2：161）之中，克尔凯郭尔写道："蒙田说得很好（3d B. p. 84）：'每一个等待着惩罚的人，承受其苦；每一个应得惩罚的人，等待着它'"（*SKS* 20, 205）。这里所指是：*Michael Montaigne's Gedanken und Meinungen über allerley Gegenstände. Ins Deutsche übersetzt bd. 1 – 7, Berlin 1793 – 99, ktl. 681 – 687; bd. 3, 1793, s. 84*，其中第二卷第五章有：《Jeder Mensch, der eine Strafe erwartet, leidet sie; und ein Jeglicher, der sie verdient hat, erwartet sie.》

——法国哲学家蒙田（Michel Eyquem de Montaigne / 1533—92 年）曾在波尔多最高法院任司法公务员，1570 年退居自己的领地并在那里度过余生并写下自己的思想。

[4]［伤害自己的灵魂］　指向《马太福音》（16：26），之中耶稣说："人若

第二部分　痛苦之斗争中的各种心境

赚得全世界，赔上自己的生命，有什么益处呢？人还能拿什么换生命呢？"这之中的"生命"在丹麦语圣经之中译作"灵魂"。

［5］［心在悲伤之中行罪］　引自丹麦的赞美诗篇。

［6］［一种艰难的话］　引自《约翰福音》（6∶60）在耶稣迦百农会堂里教训说及吃人子肉并喝其血的必然性之后，门徒们相互说"这话甚难，谁能听呢？"

［7］［不仅仅盗窃和谋杀和酗酒和诸如此类是罪］　可能是指向《加拉太书》（5∶19—21），其中保罗罗列情欲的事："情欲的事，都是显而易见的。就如奸淫，污秽，邪荡，拜偶像，邪术，仇恨，争竞，忌恨，恼怒，结党，纷争，异端，嫉妒，醉酒，荒宴等类，我从前告诉你们，现在又告诉你们，行这样事的人，必不能承受神的国。"另可参看《马太福音》（15∶19）耶稣所说。

［8］［那被指定的灵魂安慰者］　一般来说是被授职的牧师，在克尔凯郭尔的时代，一个教堂里有多个牧师，人们可以自己指定自己的灵魂安慰者，专门找这个特定的牧师做忏悔和别的仪式。

［9］［更严重的罪］　《巴勒的教学书》（第231页）"启应祷文之后的祈祷词"："哦，全仁全慈的上帝，天上的父！我们悲惨的人类真心忏悔我们诸多严重的罪"。

［10］［事物的神圣秩序］　《巴勒的教学书》。第一章"论上帝及其性质"第一段§4："来自永恒，必定有着一种至高的存在物，他创造了世界或者把他的本原和安排给予了世界。这存在物被称作上帝；这上帝必定拥有至高的智慧、权力和善，既然在不同的事物（世界由这些事物构成）之间有着如此智慧的一种秩序，并且所有这些东西都可用来做有益的事情。"

［11］［意图和目标总是高于手段］　也许是指向德国哲学家伊玛纽尔·康德的道德学说。按照这一学说，善是一种在其自身的目的。因此道德是与绝对命令（或译"定言令式"）联系在一起的。这绝对命令要求一个人做出行动与这一目的绝对一致。相对于绝对命令，还有假设命令（或译"假言令式"），要求行动为达到特定目的而依照特定手段。绝对命令表达出无条件的至高道德律，必须作为义务并且以纯粹的尊重来遵行；假设命令则没有道德价值。因此"一致于目的"的行为比"根据手段"的行为更高、更重要。

［12］［沉沦］　在草稿之中克尔凯郭尔用铅笔划掉了然后在誊写的时候没有把下面的这句话抄进去："只有罪是人的败坏，是沉沦。但是在这些针对受苦者的讲演之中，我们不谈论这个，为了缓和痛楚并且尽可能将之转化为快乐"（*Pap.* VIII 2 B 100，3）。

［13］就是说："这想法的最严厉的严肃"和"你的颤栗"在一起担保。

［14］［眼目的情欲和心头的欲求］　指向《约翰一书》（2∶16）；"因为凡世

207

界上的事,就像肉体的情欲,眼目的情欲,并今生的骄傲,都不是从父来的,乃是从世界来的。"也参看《罗马书》(1∶24):"所以,神任凭他们逞着心里的情欲行污秽的事,以致彼此玷辱自己的身体。"

[15] 就是说"得以神圣地变形的人":"变容"有着"美化"或者"崇高神圣化"的意思。在有着宗教意味的关联上,耶稣带着彼得、雅各和约翰上山的时候,耶稣"脸面明亮如日头,衣裳洁白如光"(《马太福音》17∶2),就是这种神圣化的变容。

[16] [在永恒之中一个人并不结婚] 指向《马太福音》(22∶30),有人问耶稣兄弟七人和同一个女人结婚的情形,耶稣说,"当复活的时候,人也不娶,也不嫁,乃像天上的使者一样。"

[17] "这样的事情"在原文中是"它",是指"并非现世地失去"。

[18] 在 Hong 的英译和 Hirsch 的德译所依据的 2004 年之前通用的"著作集"版的《基督教的讲演》中,这里应当是"就是说,……这是完完全全地无所谓的"。译者所翻译的 2004 年版 Søren Kierkegaards Skrifter(索伦·克尔凯郭尔文集)第十卷中的《基督教的讲演》中,这句之中就没有"就是说(nemlig)"。

[19] [正如鸟急着要奔向罗网] 随意引用《箴言》(7∶23):"如同雀鸟急入网罗,却不知是丧己命。"

VI "在我'赢得一切'的时候，于是我当然什么都没有失去"[1]之中令人欣悦的东西

"赢得一切"，这样一个人就不可能再要求更多的；如果他赢得一切，那么这就比白天更明朗：他就根本没有丧失任何东西。这是令人欣悦的，这一点无疑很容易就可以看得出来。每一个小孩子都能够立即明白这一点，是的，那在愿望的追求之中的最不耐烦的少年，甚至他也能够马上明白。只是但愿他随后不去误解这一点并因而也误解整个讲演。因为这些讲演其实不是为少年们而写的，至少不是马上可以被使用的；要等到生命给了他文字，然后他也许能够知道怎么去运用它们，并且更好地理解这主题，要到那时，它们才能被用上。

但这难道不奇怪吗，那在青春的愿望之追求中最热烈地燃烧着的人和那在弃绝之中放弃得最多的人，这两者都在说着同样的"赢得一切"，而与此同时，在他们间却有着一个世界的差异，他们是在最大可能的意义上绝非谈论同一样东西！上帝的话当然应许了那信仰者"赢得一切"[2]；任何少年，甚至那让自己的所有愿望都得以满足的最受宠者，都不曾欲求过比"赢得一切"更多的东西。多么奇怪啊！就仿佛在生命中有着一种归返，就是说，在一个人重新变得像一个孩子的时候，以这样一种方式，在思想的语言里有一种归返，通过这归返，有着最大差异的东西结果就，看起来是如此，说着完全同一样东西，然而恰恰在这样的情况下，差异性却正是最大的。当然也没有什么人与一个小孩子相比是如此不同，不管是那稍稍年长一点的，还是那比较年长的，还是那年长很多的，还是老年人，还是古稀老人（所有这些都是直接的比较，在这比较中，相似性是差异性的出发点）——任何人，如果说他与一个小孩子不同，都不像那重新变成小孩子的成年人，与小孩子

有如此大的差异；因为这是返转的比较，在之中所有一切都被返转过来，在之中差异性是相似性的出发点。当然也没有什么人与一个有着愿望的、一个追求着的、一个欲求着的"想要赢得一切的人"相比是如此不同，不管是那放弃了一小点的，还是那放弃了一些的，还是那放弃了很多的（所有这些都是直接的比较，这样，那放弃了一小点的、放弃了一些的、放弃了很多的人因此都完全可以是那欲望着许多、一些、一小点的欲望者）——任何人，如果说他与那想要赢得一切的欲望者不同，都不像那放弃了一切的人那样有如此大的差异，——然而，对此，他不谈论，他却相当奇怪地谈论"赢得一切"，并且因此，任何人，如果说他与那想要赢得一切的欲望者相比，都不会像他，这说着同样的东西的人，是如此地不同。

但是这却变得同样地确定："赢得一切"是令人欣悦的，并且在我赢得一切的时候，我根本什么都没有失去。那么，让我们于是谈论

> "在我'赢得一切'的时候，于是我当然什么都没有失去"之中令人欣悦的东西。

就是说，在这我赢得的"一切"确实地是一切的时候，那么，那在另一种意义上被称作是一切的，我所失去的一切，就必定是不真实的一切；但是，在我失去那不真实的一切的时候，我当然什么都没有失去。因而，在我失去了那不真实的一切的时候，我什么都没有失去；在我赢得那真实的一切的时候，我当然是失去不真实的一切；于是我当然什么都没有失去。

现在也许你自己知道，在这一瞬间里看来，我们似乎能够以两种方式让这种令人喜悦的想法一路斗争到胜利。我们能够努力去使得这一点变得对自己真正显而易见：一个人所失去的一切，那不真实的一切，是乌有。或者我们沿着另一条路走，我们追求着一种"确定的灵"[3]的关于"我们所赢得这一切真正地是一切"的全然信念。这后一种方式是最好的并且这样看来也是唯一的方式。因为，为了得到权力去明白"这不真实的一切是乌有"，我们必须有那真实的一切来帮助，否则的话，这不真实的一切就从一个人手里把权力夺走。借助于乌有，确实是

第二部分　痛苦之斗争中的各种心境

无法成功地看出这不真实的一切是乌有。有一种设想的智慧，其秘密是乌有，然而它却仍认为自己能够看出"一切都是乌有"。但这是不可能的；这就如同"在黑暗中用一盏没有点亮的灯来看"一样是不可能的。在这世界上人们谈论许多关于"应当有两条通向真理的路：信仰的和怀疑的"[4]。但这就好像是，如果一个人想要说，"有两条路通向天堂，其中有一条是通向地狱的"，这说法是同样地奇怪的。

因而，"道路"是去寻求一种"确定的灵"的全然信念："你赢得一切，你所赢得的一切真正地是一切"。这"以这样一种方式寻找"是什么？这是去信。去信"你赢得一切，因而你什么都没有失去"。去想要赢得一切吧，去欲求赢得一切，去期待赢得一切；并且，你也许将失去一切。但是去信"你赢得一切，因而你什么都没有失去"吧。因为，你与之发生关系的这"一切"，是真正的一切，因而你什么都没有失去。

但是，去信！"那基督教的"的情形是如此奇怪，在某种意义上它是如此不可描述地容易被理解，相反，要在"它是那要被信的东西"的时候，它才真正地变得艰难。我当然知道一种深刻地返转的世俗智慧使得这关系被弄得反过来了："去信"是那么容易，而去理解是那么艰难[5]。但是，去尝试这样做，尝试我们这里所谈的东西。又有什么东西是比"如果我赢得一切，那么我什么都没有失去"更容易理解的？真正的麻烦是在"这要被信"的时候才出现的。又有什么东西是比这更容易理解的：整个世界必定以这样一种方式在一个人面前显现出自己，就像基督教所说的，必定以这样一种方式显现出自身，——就像是"在他是一个死者[6]，在自我拒绝之中死去[7]的时候"那样。但是去成为一个死者[8]，这：在你[9]是一个死者的时候！[10]

去信，你赢得一切，并且你由此死离世界[11]，而在你是一个死者的时候，那么你因失去那"按'正活着的人'的理解是一切"的东西而什么都没有失去。去丧失黄金和财物吧，去丧失权力和威势吧，去丧失荣誉和名望吧，去丧失健康和活力吧，去丧失精神的威猛力量吧，去丧失掉你最好的朋友吧，去丧失掉你所爱的人的爱吧，丧失掉比那个"在他说'除了荣誉一切都失去了[12]'的时候还是谈论关于丧失一切"的国王还要远远更多的东西吧，——去信，"你赢得一切"：这样，你

211

根本就什么都没有失去。这,"在你赢得一切的时候,'失去',哪怕失去最少的一丁点,都是不可能的",再也没有比这更确定的事情了,——你只须相信,你赢得一切。这就是说,我承认,这是一个不平等的分配,这讲演只有"说出这同样的东西"的任务(就是说,如果一个人说,"那赢得一切的人根本什么都不失去,因为,赢得一切和根本什么都不失去是完全同一件事",那么,这就是在说着同样东西),而与此同时,你有着这"去抓住信仰、信着地坚持'你赢得一切'"的任务;哦,但是这样一来,这讲演也没有让你喜悦!这可怜的讲演;在某种意义上它根本就没有离开原地,它只是在说完全同一件事;在另一种意义上,它在天地之间萦舞着,因为在这"有着一个相信的人,他赢得一切"没有被确定的时候,那么这讲演就是空的,因此不是信仰者需要这讲演,更确切地说,是信仰者在给予这讲演慈悲。因为,每一次,一个人相信他赢得一切,于是,这讲演就成为真的,于是,这一空洞的、什么都没有说的、只会是太容易理解的讲演,就变得如此充实、如此富足,在一种好的意义上,如此难懂——但又是如此真实。

去信,你赢得一切,然后你变成一个死者。就像鬼魂们要在黎明前逃走,就像幽灵在它们的名字被提及时瘫倒,就像魔法在咒语被说出时被消除;以同样的方式,世界,以及这被世界称作是一切的东西,在你面前成为乌有。那么,去丧失世界、它的每一种情欲、它的友谊吧,让它成为你的"把你从每一个躲避处驱逐走"的敌人、你的"仇恨你"的敌人吧,——去信,你赢得一切;并且你根本什么都不失去。世界必定恨一个死者;如果说同时代的人忍受不了同时代的人,那么再也没有比一个"作为一个死者活着"的同时代人更难令他忍受得了。如果一个盲人在里面走来走去看不见自己撞了些什么,这会打扰一个房间;但是,以这样一种方式,信仰者就是一个盲人,其眼睛被"他所赢得的一切"的光泽炫盲,他看不见任何那"世界在其中有着其生命和情欲"的一切,他看不见这一切之中的任何东西,因为他看见了,这是乌有。哦,信仰之"疯狂的目空如也"[13],它因顾及那真正的一切而变得盲目于所有顾虑!一场聚会,如果一个聋子在场,听不见别人说话却也加入一起说话,那么这会打扰聚会,如果他的话被人听见,别人说的话就被弄得毫无意义;但是,以这样一种方式,信仰者就是一个聋子，他的耳中回响着"他所赢得的一切"的美好，他听不见任何那"世界在其中有着其生命和情欲"的一切。哦，信仰之"疯狂的目空如也"，它因顾及那真正的一切而变得聋聩于所有顾虑！但去信：你赢得一切，并且你根本什么都不失去。

  是的，去信，你赢得一切！看，这精通其技艺的人，他作完了自己的一切测量，他也许用了许多年来让这一切得到研究和整理，现在一切都就绪了，——他只等待着地球之外有一个点，并且他将担保会抬起地球，借助于——各种计算吗？是的，或者借助于这支点[14]。只要他没有这支点，那么，他的所有计算，这许多年来勤奋的果实，就变成了一种无奈的乌有，——并且，那关于"在一个人赢得一切的时候，他就根本什么都不失去"，是的，即使这讲演者是一个尽其终生只思索这想法——或者思考这唯一的想法——的人，即使他是所有雄辩者中最雄辩的，即使他建完了整幢雄辩之大厦；如果没有任何相信自己赢得一切的人存在，那么，这就仍是一个无奈的乌有。并且如果他存在，这个相信他赢得一切的信仰者；他什么都不失去，根本不失去任何东西，尽管他根本就不曾听说过任何与这雄辩有关的东西。

  哦，信仰的胜利喜悦！但是，这讲演在这时什么都做不了，因为它无法给你信仰，因为相对于信仰，它不是那更高的（如一种智慧，只不过这是一种更高的——达到了疯狂的智慧，所设想的），但更卑微的？是的，这讲演能够对你说："去信"是多么地至福。因为，在一个人信的时候，于是他赢得一切；去赢得一切正是去信"他赢得一切"，并且，在他赢得一切的时候，于是他当然就根本不失去任何东西。相对于生活中的各种不同丧失也许有一种能够给人损失赔偿的保险机构[15]；但是哪一种保险是针对所有损失的，一个人因之而完全不丧失任何东西？——这当然就像是通过"是一个死者"而针对死亡保了险。如果那欲望着的少年赢得一切，他又有什么样的保险来保障"他不失去它"；但是又有怎样的保险保障"去赢得一切"：一个人通过失去一切来赢得它——并且仍还是根本什么都不失去！

  只有那失去了真正的"一切"的人，只有他才真正地失去了一切。但这是迷失；只有罪是人的败坏。

213

克尔凯郭尔讲演集（1848—1855）

注释：

［1］［在我'赢得一切'的时候，于是我当然什么都没有失去］　　在1847年12月或者1848年1月的日记（NB4：11）中，克尔凯郭尔以《返转的辩证法》为标题写了："相信，你'赢得一切'，这样你不仅什么都没有失去（参看苦难搏斗的心境第VI讲演的主题），而这样'丧失'本身就是利润，这样这'去失去'不仅不是'失去某物'，不仅只是'什么都没失去'，而且也是'赢得'。你所失去的一切，当然必定就是不真实的一切，因为在你所赢得的一切之中，你并没有失去什么，而你赢得的这一切，是真实的一切。'失去不真实的一切'不仅仅是不失去任何东西，不仅仅是'无物失去'或者'失去乌有'，而且是'赢得'。完全丧失一切那世俗的人对世界和'世界是什么'的理解，丧失每一点哪怕是最小的对每一种世俗之幻觉的接受力，在这方面变得像一个虚弱的老翁一样健忘，忘记掉这一切，就像一个从来就不知道这一切的人一样，以这样一种方式，就像那在一个异乡之土上失去了自己母语的一切可能的能力而说着毫无意义的东西的人那样地改变你自己，以这样一种方式丧失掉一切；每一个这样的丧失，——如果你相信你赢得一切，就是利润。如果你也失去了所有对这些机巧的推导的理解，所有对这一其实模棱两可的财物的感觉，——如果你相信你赢得一切；这一'丧失'也是利润。因而'丧失'就是'赢得'；直接地说'丧失'是'丧失'，返转地说'丧失'是'赢得'"（*SKS* 20, 292f.）。

"赢得一切"，见后面的注释。

［2］［上帝的话当然应许了那信仰者"赢得一切"］　　也许是指向《腓利比书》（3：8），其中保罗写道："不但如此，我也将万事当作有损的，因我以认识我主基督耶稣为至宝。我为他已经丢弃万事，看作粪土，为要得着基督"。

［3］［确定的灵］　　可能是指向《诗篇》（51：10），和合本翻译是"神啊，求你为我造清洁的心，使我里面重新有正直的灵（"正直"或作"坚定"）"。马丁·路德的翻译是（51：12）："Schaffe in mir, Gott, ein reines Herz, und gib mir einen neuen gewissen Geist"（*Die Bibel nach der deutschen Uebersetzung D. Martin Luthers*），就是说"正直的灵"被译作 gewissen Geist（确定的灵）。

丹麦语 Aand，在唯心主义哲学的关联上，译者译作"精神"，在基督教的关联上，译作"灵"。

［4］［在这世界上人们谈论许多关于"应当有两条通向真理的路：信仰的和怀疑的"］　　比如说，马滕森（H. L. Martensen）在对海贝尔的《在皇家军事高校为1834年开始的逻辑课程所作的序言讲座（Indlednings - Foredrag til det i November 1834 begyndte logiske Cursus paa den Kongelige militaire Høiskole）》（Kbh. 1835, i

第二部分 痛苦之斗争中的各种心境

Maanedsskrift for Litteratur bd. 16，Kbh. 1836，s. 515—528）的评论中写到的哲学史的两个主要时期，他对其特征作出描述："中世纪的哲学立足于信仰，其原则是安瑟伦所认定的 *credam ut intelligam*（我想要信，以便我能够去理解），这与古话所说'敬神是智慧的开始'没有差异。信仰在那些时代是联合起各种精神的共同中心点；真理神授永远年轻并且活生生地贯穿历史地涌流着，宗教—诗歌的世界观把光辉投向整个生命并且建立出它的各种关系。这种世界观在其直接性之中对永恒的真理有效，在观念与概念之间没有搏斗，因为，只要信仰是认识的固定预设和立足点，那么这搏斗就无法入场。信仰确定地认为，它的内容'是'真理，并且真理不会不同于人信仰它所是的东西；它不放过想象，并且不承认在这之外有别的更高的真理，而这只是那更高真理的不完美表达；因为这对一种别的更高真理的设定使得那作为'信仰之本质'的无限确定性受到打扰"（从516页起）。与此相反，怀疑则是现代的抗议宗哲学的原则；这里的关键是，研究者"必须有勇气去一方面放弃自己心中的愿望和思念，另一方面则把自己从所有历史偏见之中解放出来，以便不去被所有有限的顾虑影响，去为真理本身而寻求真理，这时的特选语言是：怀疑是通往智慧之始"（518页）。

　　［5］［一种深刻地返转的世俗智慧……"去信"是那么容易，而"去理解"是那么艰难］　　也许是指向德国哲学家黑格尔的解读：信仰依据于各种被概念更容易理解的观念而起作用。"信仰在基督教普通教众那里"被以一种在理解上低于"概念思维在哲学家（他恰恰是只专注于概念）那里"的理解水准来操作的。在这种意义上我们可以说，要通过概念来理解真理更难，这要求一种深入的哲学训练和一种善于抽象思维的特别能力。相反信更容易，因为信仰立足于观念和宗教故事，它不要求有哲学的训练。

　　［6］丹麦语原文是"en Afdød"这里面有双重意义，一般意义的"死者"和"（死离这个世界的）死去者"。在这几个段落中出现的"死者"，丹麦语都是"Afdød"。

　　Hong 的英译是 dead。Hirsch 的德译是 Abgestorbener，并对之做了一个注释。

　　Hirsch 的注释是：Das Dänische ist um eine Abschattung krasser als die deutsche Übersetzung, weil die im Deutschen unterschiedenen Ausdrücke "ein Abgestorbener" und "ein Verstorbener" im Dänischen zusammenfallen.

　　这句的丹麦语原文是："Hvad er lettere at forstaae end at hele Verden maa vise sig saaledes for et Menneske som Christendommen siger, maa vise sig saaledes – naar han er en Afdød, afdød i Selvfornegtelse"；Hong 的英译是："What is easier to understand than that the whole world must manifest itself to a person as Christianity says, must manifest itself in this way – when he is one who is dead, dead in self–denial?"；Hirsch 的德译是：

215

"Was ist leichter zu verstehen, als daß die ganze Welt einem Menschen sich ganz so erzeigen muß, wie das Christentum sagt, daß sie ganz so sich erzeigen muß – wenn er ein Abgestorbener ist, abgestorben in Selbstverleugnung".

[7]［一个死者，在自我拒绝之中死去］　见前面"死离出现世"的注释。

[8] 见上面注释。

[9] 这个"你"是丹麦语的 man。这个不定人物代词 man 被译成英文可以译作泛指的 one、（包括说话所面对的对象在内的）you、（包括说话者自己在内的）we 和（包括说话者和说话所面对的对象的）they 或者 people。如果这个 man 被译成中文，可以被译作泛指的（而不是特指的）"你"、"我们"、"一个人"（但在被译作"一个人"之后，在后续词句中再出现，则可被译作"这个人"或者"他"）或者"人们"。丹麦语 man 译成德语或法语比较单一，德语是同样的词 man，而法语则是不定代词 on（虽然不是准确的对应）。在这里，译者的选择是将之译作"你"。

[10]"去成为一个死者，这：在你是一个死者的时候"，作为感叹句，作者在这里省略掉了句子的一部分内容，就是说，真的要去信，在这时，才是艰难的！

[11]［死离世界］　见前面"死离出现世"的注释。Hong 的英译是 you thereby die to the world（你由此对于世界来说死去）。这句的丹麦语是"derved afdør Du fra Verden"，Hirsch 的德译是"damit stirbst du der Welt ab"。

另外，这里的"你"是命令句式直指的"你（Du）"，不是上面的泛指代词 man。

[12]［除了荣誉一切都失去了］　指向法国的弗朗兹一世国王（Frants I / 1494—1547 年。在 1515 年成为国王）。据传在帕维亚战役之后，他成了战俘，当时他写信给自己的母亲说"Tout est perdu fors l'honneur"。

[13] 译者按字面意义本当译作"目空一切"或者"不顾一切"，但是这里话题所谈的对象就是"一切"，所以译者避开这"一切"，而译作"目空如也"。

[14]［那个精通其技艺的人……借助于这支点］　指向希腊数学家、物理学家和发明家阿基米德（约公元前 287—212 年），西西里叙拉古人，"给我一个支点，我可以撬动地球"是他的名言。希腊作家普卢塔克（Plutarch，约公元 46—119 年）在《马塞勒斯传》中写道：阿基米德写信给他的朋友和亲戚海厄罗王说：任何重物都可以用一个给定的力来移动，"如果另外有一个地球，就可以站在那上面移动这一个"。

[15]［损失赔偿的保险机构］　在克尔凯郭尔的时代有一系列保险公司，为海难、海运货物，为火灾家具等保险。

VII "逆境是顺境"之中
令人欣悦的东西[1]

　　逆境是顺境。但是，我是不是听到有人说，这只是一个玩笑，很容易明白，因为，如果你只是把一切都颠倒过来看，那么这就是对的：直接地理解，逆境是逆境，那么反过来理解，逆境就是顺境。这样的说法只是玩笑，正如猜谜，或者如同在一个万事通说"没有什么东西比做这个更容易的，只要一个人习惯于去头在下面而不是脚在下面地走路"时的情形。现在，是啊，但是因此，要去这样做也是那么容易的吗？难道因为那种在生活之中没有经受过严峻考验的不知任何压力的想法觉得这"上上下下下下上上摇荡、向左向右地转来转去"是那么容易，因此在逆境沉重地压住那要摇荡的想法的时候，这也就真的是那么容易吗？在这想法要去控制着把那个在苦难与逆境之中不断地想要进入相反的姿势的人翻转过来，这会是那么容易吗？这就是说，对于那想法，那没有结果而无主的想法，那在普通的意义上的一般想法，那不属于任何地方、不属于任何人的想法，那以各种不被提及的提名和不做确定的定性"这里——那里"、"左——右"、"直向的——返转的"来与空气斗拳[2]的想法；对于那像"逍遥的闲荡者"一样的想法来说，要要一下这样的技巧是相对容易的。但是，在这是那被提及的想法，在这是我的想法的时候，或者这是你的想法的时候，并且，——在你是那痛苦者的时候，那么，这一点就会因而变得严肃："这很容易转向的想法"要让这在你之上的权力把你翻转过来，尽管有着那许许多多以各种各样方式阻碍着你的东西；那么，这难道也是那么容易的吗？

　　因为这"能够头朝下而不是脚在下地走路"是一个笑话，难道因此，"翻转过来观察一切"就也是一个笑话吗？哦，绝不是的，或者更确切的说，哦，恰恰相反，这正是严肃，永恒之严肃。那"是笑话，只要这是在一般的意义上的想法，就是一个什么都没有说的笑话"的东西，——在它通过"这'要把你翻转过来的'是你的想法"而变得严肃的时候，那么，它以这样的方式恰是那永恒之严肃。永恒，它当然是严肃的渊源和担保，永恒说，"这是任务，因为这'颠倒过来看一切'正是我，永恒，的人生观。你要让自己习惯于颠倒过来看一切，而你这受苦者，如果你要严肃地得到安慰，受安慰以至于让喜悦战胜，那么，你就必须让我，永恒，来帮助你，——但是这样的话，你就必须颠倒过来看一切。"这是永恒的严肃，这是永恒对受苦者的安慰，永恒所规定的法则，永恒所定出的条件，所有应许都与这条件联系在一起。因为永恒只认识一种行进方式：把一切倒过来看。那么，就让我们把这关系到过来看，由此而找到

"逆境是顺境"之中令人欣悦的东西。

但是，以这样的方式行进，我们首先努力去让那受苦者站对姿势，这样他能够看见"颠倒性"的景观，这样他有可能会让自己投身于这一观想，并给予它对自己的控制权，然后在自己身上感觉到那令人欣悦的东西。

什么是顺境？顺境是那帮助我达到目标的东西，那将我引向目标的东西；逆境是那妨碍我达到我的目标的东西。

但现在，这目标是怎样的目标？我们通过定出什么是顺境和逆境而设想性地固定出了一个想法；但是，因为我们要定出第二个想法（目标的），我们就很容易看出，如果目标是"那不同的"，是"那相反的"，那么顺境与逆境相对于此就也必定是要被改变的。

我们站在开始的地方。但在另一种意义上我们并没有站在开始的地方。这讲演是对一个痛苦者所作的。但是一个痛苦的人并非是从现在才开始自己的生活的，相反，他在生命的中途，唉，不仅仅是在生命的中途，而也是在生命之苦难的中途。如果事情是这样，那么他当然就必定很容易知道"逆境是什么"，他这经历了足够多考验的人。也许。但是，我们当然都同意：他在怎样的程度上知道"什么是逆境"，要看他是否知道"目标是什么"。只有那对"那被为人设定的目标[3]是什么"

有着真实的观念的人，只有他知道什么是逆境和什么是顺境。那有着关于目标的不真实观念的人，他也有一种对顺境与逆境的不真实观念，他把那"把他引向'不真实目标'因而也阻碍他去达到目标（真正的目标）的东西"称作是顺境。但那阻碍一个人去达到目标的东西，它当然是逆境。

现在，可以为人们所追求的东西是非常不同的，但在本质上只有两个目标：一个目标是人所想要的、欲求要去达到的，另一个是他应当去达到的。这一个是现世之目标，那另一个是永恒之目标；它们相互是对立的，但是相对于此，顺境与逆境必然也是变得反过来。如果这一讲演所针对的是一个少年，那么它就应当努力为他真正阐明这两个目标，这样，他就可以以"选择那正确的目标"来开始自己的生活，以"做出正确的姿势"来开始。也许这讲演也仍还是不能够做到这个；因为少年的灵魂肯定会与现世之目标达成一种可疑的理解，因而也就有一种关于顺境与逆境的不真实观念。现在，一个受苦的人，他因而不是站在初始，相反是远远地在"他知道，唉，太清楚地知道'什么是逆境'"的路途上；但问题是，如前面所说，他是否也很清楚的知道"目标是哪一个"。他越是激烈地谈论自己的痛苦，谈论一切是怎样与他作对，这只会是越清楚地展示出：他有着一种对目标的不真实观念。如果他有一种对目标的不真实观念，他就也无法真实地谈论关于顺境和逆境。

因而，如果他要得到帮助的话，我们就必须对他有要求：他必须再一次真正深入地思考"那被为人设定的是怎样的目标"，这样他就不会，因为被"很清楚地知道目标是哪一个"的幻觉欺骗，老不断地抱怨。因为，固然你为逆境而受苦，你不能达到你很想要达到的目标，但是如果现在这目标是那不真实的目标的话呢！[4]

因而，所要求的东西是什么呢？对受苦者的要求是：他中止自己误入迷途的想法，然后他去思考"目标是哪一个"，亦即，这要求是"他让自己返转"。因为，相对于罪，要求是回返；相对于永恒之安慰要求的也是这同样的东西，然而有着一个更温和的形象，"你让自己回转"；对罪人，律法的严厉令人恐怖地说"返转"[5]；对痛苦者，福音温和地带着同情说，"哦，你只需返转就行"。因而这要求是：他返转。在这里永恒就已经展示出现世之"被颠倒翻转过来的情形"。就是说，永恒预设了：自然的人绝不知道目标是哪一个，它相反有着那不真实的观念。现世预设了每一个人都很容易地知道目标是哪一个，这样人与人之间的差异就只成为：他们是否成功地达到这目标。相反，永恒则认为，人与人的差异是，这一个知道"目标是哪一个"并且把行进的方向对着它，而另一个人则不知道，——并且把方向定为那里，亦即，错误地定向。哦，你这痛苦的人，不管你是谁，在你抱怨你的痛苦的时候，你只会觉得令通常的人们理解你是非常容易的事情，——尽管他们没有任何对你的安慰，他们却理解你；但是永恒不以这样的方式来理解你，而你却要通过它来得到帮助。

那么，你返转吧！哦，让你自己这样说吧，主上帝，这是如此明了：如果一个人要达到目标，他必须知道目标是哪一个，并且定好正确的方向；这是如此明了：如果一个人要为美好的前景感到高兴，那么他就必须转向它可以被看见的那一面，不是朝着相反的一面。不要变得不耐烦，不要说"我当然知道什么是逆境"，不要做任何尝试通过对你的痛苦的描述来让我们感到可怕来使得我们也转到错误的方向并且变得看不见目标。因为，如果你的痛苦是如此可怕，那么你现在为什么凝视着它；如果那可怕的恰是这"你不禁要凝视着它"，那么，这也仍不是不可能的。不要说"在一个人承受如我所承受的痛苦时，那么他就知道什么是逆境，只有那承受如我所承受的痛苦的人才知道什么是逆境"。不，不要说这个，哦，但是倾听；为了不伤害你，我们当然可以以另一种方式说，我们不否认，你知道什么是逆境，我们谈论的是"你仍不知道，目标是哪一个"。

这样，在你返转了的时候，你看见目标（永恒的目标），这样，让这目标，那所是和所应当是的，变得对你来说如此重要，以至于不会有任何关于"道路是怎样的"的问题，而只有关于"去达到目标"的想法，这样，你获得勇气去明白，不管这道路是怎样的，哪怕它是一切之中最糟的，一切之中最苦涩的，如果它把你引向目标，那么它就是顺境。不是吗，如果有一个地方，对于你来说，去这地方如此重要，因为你是如此不可描述地想要去那里，于是你说，"要么我驾车向前、要么向后，要么我骑马、要么走路、要么爬行，——这都无所谓，只要我到那里就行。"这是永恒首先想要做的最重要的事情，它想要使得目标对

第二部分　痛苦之斗争中的各种心境

于你如此重要，乃至让这目标完全地控制你，并且你由此而控制住你自己去令你的想法、你的心念、你的目光远离所有麻烦、艰难，远离"你怎样到达那里"，因为对于你，唯一重要的是"去到达那里"。

因而，现在，出于对于目标的尊敬，是那本来被称作是顺境的东西还是那本来被称作是逆境的东西要把你引向目标，对于你就变得无足轻重了；那把你引向目标的就是顺境。怎么的变化啊！你以为，那感官性的人能够对此感到无所谓吗？在他只为那顺境所引向的目标忧虑的时候，这"逆境把他引向'目标'"又怎么会给予他安慰呢！

然而也许你仍还不能停止四处顾盼寻找这差异——人们通常所称的顺境和逆境。你赢得了那正确的姿势，但还没有在之中赢得安宁。好吧，永恒会帮助你继续。因为，现在，如果那被人称作是逆境的东西是唯一或者反倒是优先通往"目标"的，那么，在这里是不是还存在任何要四处顾盼的理由？如果事情是这样，让我们这样设定：你只能并且最好是通过往回驶车能够到达你所想要到达的地方，那么，在这时候说"我往前驶还是往后驶都无所谓"这话，是不是也还对呢？无疑，这样说："这样当然很好，我这就往回驶"，则就是对的。同样也是如此，假如有这个可能，那被人们称作是顺境的东西能够更容易将你引向"目标"，那么我们当然就有了一个为愿望留着的位置。但是现在，没有什么东西可以来引诱你，——因为逆境恰恰是引向"目标"。不是吗，你无疑是想要坚持你说的话，"那引向目标的就是顺境"。因而逆境是顺境。

让我们现在真正清楚地阐明，并非那被人称作顺境和逆境的东西是同样地都能够通往"目标"的，而是只有或者反倒优先是"那被人称作逆境的"，在把人引向"目标"。什么东西能够妨碍一个人达到"目标"？无疑，这恰恰就是"那现世的"，而怎样才会在最大程度上妨碍？那是在那人们通常称作是顺境的东西把他引向现世之目标的时候。也就是说，在他借助于顺境达到现世的目标的时候，他就是距离"去达到那'目标'"最远的时候。人应当追求永恒之目标，但是"那现世的"借助于顺境来耽搁了他。这"现世性陪伴着他"当然不是通往"那永恒的"，因而不是通往"目标"。如果有什么东西是通往目标的，那么这就恰恰必定是"那反过来的情形"：现世与他作对。但是，这"现世

221

与他作对"当然就是那人们本来称作是逆境的东西。——我们说"首先去寻求上帝的国"[6]，然后，永恒之目标就由此为人类设定出来，作为他要去寻求的东西。现在，如果这要被去做，准确依照这些话（哦，永恒不让自己被嘲弄[7]，也不让自己被欺骗！），这样，这事情首先就是：人不是首先去寻求任何别的东西。那么，什么是他所能够寻求的别的东西呢？它就是"那现世的"。这样，如果他首先要寻求上帝的国，那么他因而就必须放弃所有现世之目标。哦，艰难的任务；在适当的时机也许是很丰富地被提供出来的时候，在一切都召唤引诱着的时候，在那人们称作是顺境的东西，只要他有愿望，就马上就绪，去把他引向对所有现世之"舒心的财物"：那么，去放弃所有这些东西吧！但是，受苦者当然是有逆境，因此他被称作是受苦者。那被人称作是逆境的东西，它当然阻止受苦者去达到这些现世之目标。逆境使得这对他艰难的，也许是不可能的。哦，这是多么沉重啊，以这样的方式看着各种艰难在愿望前堆积起来，多么沉重啊，愿望之实现变得不可能！这不是真的吗？是啊，想来我是无需问你的，但不是真的吗（并且，上帝会认为是这样的吗），更确切地说，现在是你想要问我，是不是我自己反倒忘记了这讲演是关于什么的。那么，你说出它吧，只有这是我所想要的，你对我们说吧，这讲演是关于什么，而我则带着喜悦倾听着并且听你说：在那人们称作是顺境的东西是阻碍去达到"目标"的耽搁物的时候，这"那人们称作是逆境的东西使得一个人难以或者不可能去做这事"当然是好的，——被耽搁，这就是：然后逆境恰恰就把一个人引向"目标"。

哦，你这受苦者，不管你是谁，让你自己挣脱一下你的痛苦吧，哪怕只一瞬间，摆脱它想要强加于你的那些想法吧[8]，尝试着完全毫无偏见地想一下生活。设想一下，一个人拥有所有幸福之财物，以任何方式说都是一帆风顺的，——但是设想一下，这个人另外还严肃得足以让自己的心念去对准永恒之目标。因而，他明白，所有被给予他的，他都必须放弃。他对此也是情愿的，但是看，这时他灵魂中的一种沮丧之忧虑醒来了，一种焦虑的自我忧虑，担忧自己是否也许在欺骗自己，担忧自己的弃绝是否只是一种幻觉，既然他仍继续拥有着所有那些财物。他不敢把那些被给予他的东西从自己这里抛弃掉；因为他明白，这可以是一种放肆的夸张，它很容易成为对他的败坏而不是益用；他可悲地怀着一种对自己的忧虑的怀疑，怀疑自己是否可能欺骗了上帝，他的所有弃绝是否一种作伪。这时他完全会希望，但愿这一切都被从他那里剥夺走，但愿那"放弃'那现世的'以便去把握'那永恒的'"是认真的。如果他所希望的这事情没有发生，那么这时在他的内心深处也许就酝酿出一种心念疾病，一种无法救治的沉郁，这沉郁的渊源是：他在更深的意义上变得对自己不知所措。

难道你从不曾想过这个吗？无疑，这对于你倒恰恰会是一种正确的观点，因为它尽可能地让你远离你自己的心念[9]。因为，从这个观点出发看你的境况吧。你有着并且有过足够的逆境：因而你只有这任务，去放弃那被拒绝给予你的东西；而不是他的这情形："他有着'去放弃那被给予他的东西'的任务"。接下来，你就得免于这关于"你是否真正地在外在的意义上放弃了它"的忧虑；因为，既然你不拥有，那么从这方面看，事情就是足够容易的了。因而，你得到的可是如此远远更多的帮助啊！那阻碍你去达到"目标"的东西，被拒绝给予你，你没有自己去将之抛弃，（如果你自己被给予了这东西而要将之抛弃的话，那么你就因此而为自己招致了一种责任，它也许会在一个决定性的瞬间使你的生命变得在这样一种程度上极其地[10]艰难，因为你在这瞬间里无力地发现自己直接面对着你无意中为自己设定的任务[11]）。不，相对于你，治理[12]承担下了所有责任，这拒绝将之给予你的，是治理。你只有唯一的一件事要去做，就是帮助治理，这帮助了你的治理。因为逆境就是顺境，而你则有着逆境。

因而逆境就是顺境。这是永恒地确定的，撒旦的全部聪睿都不能够使这一点变得可疑。你也完全能够明白这个。相反你也许并不真正地相信事情是如此。但是你还是相信（为了喂你更容易消化的食物[13]，如果圣经所谈的"首先寻求上帝的国"会对你太强烈的话），你还是相信，那"人类为其歌声而欢愉"的诗人，你相信，如果不是逆境和沉重的苦难一同参与了为灵魂定调的话，他会写下这些歌吗[14]！因为正是在逆境之中，"在心灵被最死死卡住的时候，欢乐的竖琴则被调定"[15]。或者，你相信，那真正地知道"怎样去安慰别人"的人，你相信，如果不是逆境对于他已是必要的顺境，帮助了他去进入对于这一美丽艺术的技能,那么,他能够做到这个吗!也许他自己在初始的时候也觉得足够地沉重,几乎是残酷的,乃至他的灵魂必须遭受酷刑,以便这样地变得有独创性来为别人找到安慰。但是在最后,他学会了去很好地明白:如果没有逆境的话,他就无法成为并且无法是他所是的这个人;他学会了去相信,"逆境是顺境"。

这样,你也可以去相信"逆境是顺境"。"去理解它"是相当容易的,——但是,"去信它"则是艰难的;别让你被那虚妄的智慧欺骗,它想要让你以为"去信"是容易的而"去理解"是艰难的。但是,去信这个。只要你不信这个,那么逆境就是并且继续是逆境。逆境是顺境,这是永恒地确定的,但这帮不了你,只要你不信它,那么它对于你就不是如此。相对于小孩子,成年人知道,那关于荨麻[16]的忠告:只是猛抓它,这样你就不会烧灼到自己。小孩子们必定会觉得这是一切之中最没有道理的事情;因为,小孩子会这样想,如果你稍稍碰它一下,你就被烧灼了,那么,要是你猛抓它的话,那就更不知会烧灼得多厉害了。这样,我们对小孩子说这话。但是,在小孩子要去猛抓的时候,他还是没有真正的勇气,——他抓得还是不够猛,他就被烧灼了。"逆境是顺境"的情形也是如此:如果你不是在信仰之中做出了决定,那么你就只从中得到逆境。

因而,去信"逆境是顺境"。事情是确定的,现在所等待的是:你要信它。不要在你的信仰之中被其他人打扰,"你有信心,就当在神面前守着"(《罗马书》14:22)[17]。在水手确定了那此刻刮起的风在把他推向目标的时候,——尽管所有其他人会将之称作逆风,他又在乎些什么,他将之称作顺风。因为,顺风是那把一个人引向目标的风;而顺境是一切把一个人引向目标的东西;逆境把一个人引向"目标":因此,逆境是顺境。

这是令人欣悦的,这一点无需论述。那信仰"逆境是顺境"的人,无需这讲演来向他解释,这是令人欣悦的。那不真正信仰这一点的人,对于他来说,更重要的事情不是浪费任何瞬间,而是去抓向信仰。因而我们无需谈论关于这个,或者就只以一句话来说。那么,想象一下,通过一场在整个世界之中的猎寻,所有那被称作是安慰依据的东西都被惊觉并且被收集起来,所有这些安慰依据,是的,我相信事情是如此:幸

第二部分　痛苦之斗争中的各种心境

福者们发明出来以便去摆脱那些不幸者的安慰依据；然后在与永恒之安慰比较之下想象一下，忧虑发明出来的这短暂安慰，正如它当然也发明出：这要去安慰别人的，是一个忧虑的人、一个痛苦的人，而不是一个幸福的人，——这短暂的安慰：逆境是顺境。不是吗？你会觉得这一切完全有其道理，并且在某种意义上有过很周密的考虑：人的各种安慰依据并不给出一个"能够使得悲伤者快乐"的外表，而只是让自己就这样地去安慰他，只不过在它们这样做的时候，它们也做得够糟糕的[18]。永恒则相反，在它安慰的时候，它使人快乐，它的安慰在严格的意义上是喜悦，是在严格意义上的喜悦。"人的安慰依据"的各种情形，就像那"已经有过了很多医生"的病人得到一个新的"也许能够想出某种新的'在一时带来一小点变化但一切随后又马上如故'的疗法"的医生。不，在永恒被带往病人那里时，它则不仅仅完全治愈他，而且还使得他比所有健康人更健康。"人的安慰依据"的各种情形，就像一个医生为那拄着拐杖的人找到新的、也许稍稍更舒服一点的类型的拐杖；但是，"给予他可以行走的健康的脚、给予他的膝盖力量"，这则是这医生所无法做到的。但是在永恒被带来的时候，拐杖于是就被扔掉了，然后他不仅仅能够走路，哦，不，在另一种意义上我们可以说，他不再走路了，——他走起路来就是这么轻松。因为，永恒，它给予走路的脚。在"走动"在逆境之中看来是不可能的时候，在人在痛苦之无奈之中看来似乎是无法让一只脚动一下的时候；这时，永恒使得逆境成为顺境。

在所有逆境之中都只有一种危险，这就是：如果受苦者不愿去信"逆境是顺境"。这是迷失；只有罪是人的败坏。

注释：

[1] ["逆境是顺境"之中令人欣悦的东西]　在1847年8—9月的日记（NB2：201）中写道："世界越是与我们作对，我们越是不可能在我们走向天国的半路上被推迟／之中的喜悦。／或者／基督教地理解：'逆境就是顺境'／之中的喜悦。／所有帮助我们在这条路上前进的无疑就是顺境；这恰恰就因而把逆境弄成顺境。"（*SKS* 20，219f.）在边沿上（NB2：201.a）他在最后加上了："在渔人想要大量捕鱼的时候，他首先要去鱼所在的地方，——但鱼逆流游，因而他就必须到那一边上。"

克尔凯郭尔讲演集（1848—1855）

"顺境"和"逆境"在丹麦语原文之中是 Medgang 和 Modgang。Hirsch 在他的德译本中对这两个丹麦词与德语中相应词的关联做了说明，译者列在下面，供会德语的读者参考：

Die folgende Rede bietet der Übersetzung besonders große Schwierigkeiten. Es gibt im Dänischen zwei Worte, die sich nur durch einen einzigen Vokal unterscheiden und beide eine genaue Entsprechung im Deutschen nicht besitzen. Das eine, Modgang (Wurzelbedeutung etwa Zuwiderlauf), bezeichnet einen den Zwecken des Einzelnen ungünstigen Ablauf der Dinge und wird gewöhnlich mit "Mißgeschick" verdeutscht. Das andere, Medgang (Wurzelbedeutung etwa Mitlauf), bezeichnet einen den Zwecken des Einzelnen günstigen Ablauf der Dinge und wird im Deutschen meist ungenau mit "Glück" übersetzt, obwohl die Dänen es von Lykke (Glück) unterscheiden. Für die Wiedergabe des Hin- und Herspielens der Rede zwischen den beiden so ähnlich klingenden Worten stehen im Deutschen allein drei Wortpare zur Verfügung: Unglück – Glück, Ungunst – Gunst, Unheil – Heil. Bei keinem der drei Paare kommen dabei die von Kierkegaard ausgenutzten Wurzelbedeutungen – er spricht auch von "zuwiderlaufen" und "mitlaufen" – zur Geltung. Die Übersetzung hat sich für das Wortpaar Unheil – Heil entschieden und mutet es dem Leser zu, dabei an die im alten Deutsch vorhanden gewesene sehr weite, jede Ungunst und Gunst des Geschicks umfassende Bedeutung der beiden Worte zu denken. Wo es irgend geht, erleichtert sie dies Verständnis durch Wendungen wie "zum Heil", in denen die alte Bedeutung noch erhalten ist. Da, wo Kierkegaard von "zuwiderlaufen" und "mitlaufen" spricht, ist der Sinn mit größerer Freiheit in der Wortwahl wiedergegeben worden. (Hirsch, 第 333 页，第 166 个注释)。

[2]［与空气斗拳］ 指徒劳的努力。见《哥林多前书》（9：26）保罗这样写他自己："我斗拳，不像打空气的。"

路德的德语翻译是《ich fechte also, nicht als der in die Luft streichet》, *Die Bibel nach der deutschen Uebersetzung D. Martin Luthers.*

［3］就是说这目标是"被设定的"，并且是"为了'人'的缘故"而被设定的。

［4］"但是如果现在这目标是那不真实的目标的话呢！"，作为感叹句，作者在这里省掉了句子的一部分内容，就是说，这一句可以理解为："但是，如果现在这目标是那不真实的目标的话，那又会是怎样的情形呢！"

［5］［对罪人，律法的严厉令人恐怖地说"返转！"］ 也许是指向《马太福音》（3：2）之中，施洗的约翰的严厉布道："天国近了，你们应当悔改！"

［6］［先寻求上帝的国］ 引自《马太福音》（6：33）"你们要先求他的国和

第二部分　痛苦之斗争中的各种心境

他的义，这些东西都要加给你们了。"马丁·路德的德文翻译是《Trachtet am ersten nach dem Reich Gottes, und nach seiner Gerechtigkeit; so wird euch solches alles zufallen》, *Die Bibel nach der deutschen Uebersetzung D. Martin Luthers.*

［7］［永恒不让自己被嘲弄］　指向《加拉太书》（6：7），在之中保罗说："神是轻慢不得的"。

［8］这里，丹麦语是"løsriv Dig dog blot et Øieblik fra Din Lidelse, og fra de Tanker, den vil paanøde Dig", Hirsch 的德译是"reiß dich doch nur für einen Augenblick los von deinem Leiden und von den Gedanken, die es dir aufnötigen will"。

但是 Hong 做了一点改动："for just one moment tear yourself away from your suffering and the thoughts that want to force themselves upon you", 英文把"它（痛苦）想要强加于你的那些想法"改写成了"那些想要把自己强加于你的想法"。

［9］对这一句，Hirsch 的德译和 Hong 的英译都做了解读性的改写。

丹麦语原文是"Det vilde dog vistnok just for Dig være et rigtigt Synspunkt, da det fjerner Dig det længst mulige fra dit Eget", 直译的话就是："无疑这对于你倒恰恰会是一种正确的观点，因为它尽可能地让你远离'你自己的'"。

Hong 的英译是："For you in particular it certainly would be a right point of view, since it places as much distance as possible between you and your possessions", 把"你自己的"解读为"你的拥有物"；Hirsch 的德译是："Eben für dich wäre dies doch sicherlich der rechte Gesichtspunkt, da es dich, so weit als es überhaupt möglich ist, deinem eignen Sinn femrückt."; 把"你自己的"解读为"你的心念"。

译者取德译的解读意译作"你的心念"。

［10］"在这样一种程度上极其地"；按原文"saa saare"直译是"如此地极其地"。

［11］这一句复合句在丹麦语原文之中省略掉了一些按中文是需要重复叙述的环节。译者稍作改写，直译是："那阻碍你去达到'目标'的东西，被拒绝给予你，你没有自己去将之抛弃而因此就为自己招致了一种'也许会在一个决定性的瞬间——因为你无力地发现自己直接面对着你无意中为自己设定的任务——使得你的生命如此极其艰难'的责任。"

［12］［治理］　亦即"上帝的治理"。参看《巴勒的教学书》第二章"论上帝的作为"第二段"《圣经》中关于上帝的眷顾以及对受造物的维持"，§3："作为世界之主和统治者的上帝，以智慧和善治理，世上所发生的任何事情，因而那善的和那恶的都获得他认为是有用的结果"§5："在生活中与我们相遇的事物，不管是悲哀的还是喜悦的，都是由上帝以最佳的意图赋予我们的，所以我们总是有着对他的统管和治理感到满意的原因。"

［13］［喂你更容易消化的食物］ 见《哥林多前书》(3：1—3)："兄们，我从前对你们说话，不能把你们当作属灵，只得把你们当作属肉体、在基督里为婴孩的。我是用奶喂你们，没有用饭喂你们。那时你们不能吃，就是如今还是不能。你们仍是属肉体的，因为在你们中间有嫉妒、纷争，这岂不是属乎肉体、照着世人的样子行吗？"

［14］［诗人……如果不是逆境和沉重的苦难……会写下这些歌吗］ 也许是指向罗马诗人奥维德（Publius Ovidius Naso，公元前43年出生，卒于公元17年），他所写的诗集中有在他被流放到黑海旁的一个边远地区时写的 *Tristia*（维基百科译作"哀怨集"）。克尔凯郭尔拥有奥维德的一些著作，诸如 *P. Ovidii Nasonis opera quae exstant*, A. Richter 出版，铅印版 bd. 1—3, Leipzig 1828, ktl. 1265。

［15］［在心灵被最死死卡住的时候，欢乐的竖琴则被调定］ 指向布罗松（H. A. Brorson）的赞美诗《在这甜蜜的圣诞节》（1732年），第六段："即使我欢愉的歌/混同于哭泣和深深的叹息，/十字架的强制/令我永远都不闭上嘴；/在心灵被死死卡住的时候，/欢乐的竖琴则被调得，/能够发出更好的声音，/碎裂的心最能够感觉到/这一喜悦的盛大狂欢/将会带来什么"。——《信仰的美好宝藏》（*Troens rare Klenodie*），由哈根（L. C. Hagen）出版。从第11页起。

［16］［荨麻］ 在丹麦有这种荨麻草类植物，如果触及皮肤会有烧灼感，甚至会起疱。

［17］"你有信心，就当在神面前守着"（《罗马书》14：22）］ 丹麦文这里是对《罗马书》（14：22）的随意引用。译者使用了和合本的中译，全句为："你有信心，就当在神面前守着。人在自己以为可行的事上，能不自责，就有福了。"

［18］这"就这样地去安慰他"的举动，其实也就只是马马虎虎地做一下。

这句句子的丹麦语是："Ikke sandt, Du vil finde det ganske i sin Orden, og i en vis Forstand vel betænkt, at de menneskelige Trøstegrunde dog ikke give sig Skin af at kunne gjøre den Sørgende glad, men blot paatage sig saadan at trøste ham, hvad de da gjøre slet nok."

Hong 的英译是："You do find it entirely as it should be, do you not, and in a certain sense well advised, that the human grounds of comfort do not pretend to be able to make the sorrowing one happy but undertake only to comfort him somewhat, which they then do quite badly?"

Hirsch 的德译是："Nichtwahr, du wirst es ganz in der Ordnung finden und in gewissem Sinne wohl überlegt, wenn du siehst: die menschlichen Trostgründe geben sich doch gar nicht den Anschein, als ob sie den Trauernden froh machen könnten, sondern machen sich bloß daran, ihn etlichermaßen zu trösten, was sie denn schlecht genug tun.

第三部分[1]

从背后伤害的一些想法
——作为陶冶[2]

基督教的讲演[3]

第三部分　从背后伤害的一些想法

"那基督教的"无需任何防守，不征用任何防守——它是进攻着的[4]；"去防守"，这是所有曲解之中最令人无法作辩护的[5]一种，最颠倒的一种，并且是最危险的一种——它是那不为人意识到地狡猾的背叛。"那基督教的"是进攻着的，在基督教世界[6]之中当然是从背后进攻着。

克尔凯郭尔讲演集（1848—1855）

内　容

I. 你到主的家，要谨慎你的脚步。

II. "看哪，我们已经撇下所有的跟从你，将来我们要得什么呢？"（马太 19：28）——将来我们要得什么呢？

III. 在我们爱上帝的时候，万事必定都为我们效力。

IV. 死人，无论善恶，都要复活。

V. 我们得救，现今比初信的时候更近了。

VI. 为义受辱的人有福了。

VII. 祂在世上被人信仰。

第三部分　从背后伤害的一些想法

注释：

[1]［第三部分］　（可能是1848年2月的）日记（NB4：78）："如果没有第三部分，基督教讲演就会是太过于温和，相对于我的各种性格特征不真实，甚至我的性格特征倒是够温和的。在世上我该去什么地方找一种比这第三部分的这一巨大冲动更幸福的对比啊，然后是第四部分中最隐秘的真挚性，恰恰因为它是星期五的圣餐仪式"（SKS 20，325，16—21）。也参看1848年3月的日记（NB4：105），其中克尔凯郭尔写道："基督教讲演的第三和第四部分之间的对立是如此尽可能强烈，并且是如此真挚内在：先是像一场神殿清洗的节庆，然后是所有圣餐仪式中宁静而最内在的；一场星期五的圣餐仪式"（SKS 20，336）。

[2]［从背后伤害的一些想法——作为陶冶］　参看日记（NB4：5，1847年1月底或者1848年12月初）。克尔凯郭尔在之中记下了这个讲演集的最初想法："要写下一些讲演/作为陶冶的/从背后突然袭来的，猛烈地袭来的，各种想法——作为陶冶"（SKS，第20页）。在页边添加了："'一次来自想法们的袭击'"。关于克尔凯郭尔对六个讲演的说明，可以看对每个讲演的标题的注释。

[3]［基督教的讲演］　这标题最初是"基督教的论述"，后来被改成"基督教的袭击"，最后被改成"基督教的讲演"。

[4]［"那基督教的"无需任何防守……是进攻着的］　参看日记（NB3：75，1847年12月），克尔凯郭尔在一个"NB"之下写道："所需要的，是一种新的神学武器学说——新的把握——借助于双重辩证法。看现代的正宗神学，是可怜的，它抓着各种武器（并且以为这是防守的武器而不是进攻的武器），它抓着它们，就仿佛，一个人拿着一根包铁的棍棒并且把它递给进攻者，以便进攻者以此来打他。让·保罗在一个地方提出建议说，把一个棍棒交到便衣卫兵的手中以便让他以此来作防卫（因为他们不懂怎样使用步枪，只会让敌人夺走）：当今的神学的情形就是如此，它只有经受失败的大手笔"（SKS 20，第279页，也看对之的注释）。

[5]"防守"、"防卫"、"捍卫"和"辩护"在丹麦语中是同一个词Forsvar（名词）/at forsvare（动词不定式）。

[6]［基督教世界］　就是说"整个由基督徒构成的社会，所有由基督教人口构成的国家"。

I 你到主的家,要谨慎你的脚步[1]

在上帝的家中一切是那么地宁静,那么地安全[2]。对于那进入的人来说,他好像是一步就到达了一个遥远的地方,无限地远离了所有喧嚣、吵嚷和大嗓门说话的声音,远离了生存的恐怖,远离了生活的风暴,远离了各种可怕事件的现场或者对它们的沮丧想象[3]。在那里面,无论你的目光投向什么地方,一切都会令你感到安全和平静。庄重的建筑的高墙,它们如此坚固,它们绝对可靠地守卫着这可靠的皈依之地,在其巨大的穹窿之下,你得免于每一种压力。环境的美,其华丽会为你令一切都变得友善,如此欢迎着,它简直就仿佛要以这神圣的地方[4]来迎合你,还通过提醒来迎合,提醒你那当然是必须作为前提的事情:美好而平静的时代,这样的时代有益于这些和平之工事[5]。看,那在石头上雕出这些图案的人[6],他为此花了很长时间[7],在所有这长久的时间里,他的生活必定是被围护起来,得到了安全保障,这样就不会有什么人撞在他身上、不会有什么事情发生在他身上而以任何方式使他的手或者他的想法变得不确定:他作为艺术家需要和平之最深刻的宁静——因此他创作出的东西也令人想到这宁静。看,那曾编织出这被用来装饰布道台的丝绒的人,他必定是有着在自己的工作中静坐下来的安宁,这在和平时代繁荣而在战争时代不为人所需的工作。那在之上绣金的女人,她必定是得到许可不受打扰而勤奋地坐着干自己的活,一心专注于这手工,并且想着:要带着同样的仔细绣织每一针。

多么令人安神,多么令人宁心,——唉,在这种安全感之中有着多大的危险啊!因此事情也确实是这样,真的只有天上的上帝,他才是在生活的现实之中能够真正有教益地为人类传道的;因为他[8]主宰着各种处境、各种命运和各种状况。各种处境,——若"你"[9]是在这些处境之中,若它们把这作为"特定的对应者"的"你"围拥起来,那么,

第三部分　从背后伤害的一些想法

确实，它们的雄辩是穿透而儆醒着的。无疑你也经历过这个。如果你自己就是那深夜时分躺在病榻上无法入眠的病者，或者即使你只是那在深夜的一刻坐在病者痛苦不堪的床榻边的人，带着令人不安的明确无误，数着钟敲响的每一下、数着病者的每一声叹息，但却无法在这一式的单调或者在这计数之中找到缓解，——如果你在这时听见那首敬神的歌，"我们的救主是在午夜时诞生的"[10]；那么，在这样的时候，你会相信"所有讲演者加在一起能够制造出这一效果"吗？为什么不？因为病榻与黑夜时分布道，比所有讲演者更强有力，它们知道这秘密，以这样的方式来对你说话，这样你会感觉到，这说话所针对的是你，恰恰"你"，而不是那坐在一边的他，不是那些在外面的他们，而恰恰是"你"，你，这感觉到孤单的你，在这个世界里孤单、在深夜时分的病榻旁孤单的你。或者，如果一个人躺在其生命的终点，并且人们诚实而坦白地没有隐瞒他那在我们的时代会对死者隐瞒的事情，这对他来说是要去知道的最重要的事情：生命结束了；难道你不认为：不同于所有那些最著名的讲演者对"那健康而有活力地——在自己的想法之中还认为自己在精神上也很健康——安全地坐在华美的神殿[11]之中倾听着并且也许还对讲演作出评判的人"所说的语句，那最有局限的人所说的最简单的安慰语句会产生出一种完全不一样的效果？为什么那简单的语句能够产生出一种完全不同的效果呢？因为，考虑到"这语句所针对的人"，死亡知道怎样让人明白自己，它知道怎样让你明白，这是"你"，你是这相关之人，这不是别人，不是你的邻居或者对门，也不是这城里的另一个人，这将死去的人就是"你"。

在上帝是那"借助于境况来传道令人儆醒"的传道者的时候，这样，在生活现实中的情形就是如此。但在上帝的家里，在那华美的上帝之家，在牧师布道的时候，——那是在让人得到安宁！尤其是在这样的时候：如果他是想要努力去满足各种人之常情的要求，或者人们这样所称谓的，时代的要求[12]。因为，人们在当今时代中变得越来越怯懦、越来越怕自己去在现实之中听任境况的支配而体验那可怕的事情的同时，他们反倒是在对雄辩之虚妄的欲求之中变得越来越挑剔。人们不想严肃地去听任何可怕的事情，人们想要戏摹这样的事情，大致就像在和平时代，武士们，或者也许更确切地说，非武士们，戏摹战争；人们想要一致于对艺术的各种要求[13]而在境况之美的方面要求一切，并且一致于对艺术的各种要求而对讲演者要求一切，但人们自己却想要世俗而不敬神地在上帝的家里完全安全地坐着，因为人们当然是知道的，任何讲演者都没有这权柄，这"唯治理[14]具备的权柄"："去抓住一个人"、"去将之扔到各种境况的支配之下"、"去让各种无常的变迁、让各种考验、让各种内心交战[15]严肃地布道令他儆醒"。

哦，在生活的正常进程之中有着如此多"想要让一个人入眠、教他说'平安稳妥没有危险'[16]的东西"。因此我们去上帝的家，以求从睡眠中被唤醒，以求从魔法中被拉出来。但是，如果在上帝的家中时而却又有如此多"想要让我们入眠"的东西的话！[17]甚至那在其自身为其自身[18]是令人儆醒的东西，各种想法、各种考虑、各种观念，都会因为习惯与单调的力量而失去其涵义，正如弹簧会失去弹性，而它却只因这弹性才在严格的意义上是它所是。这样，为了趋近这讲演的对象，这也确实是正确而有自己的道理的，一再不断地邀请人们进入主的家、召唤他们，这简直就是义务。但是，人们会变得如此习惯于听这一邀请，以至于它失去其涵义，这样，人们在最后就不到场，并且事情在最后就终结于"这邀请把教堂布道得空空如也"。或者，人们会变得如此习惯于听这一邀请，以至于它在那些来的人那里发展出各种不真实的观念，使得我们妄自尊大而自以为我们并非如同他们那些不到场的人们，使得我们自我满足、有安全感，因为它把我们卷入一种幻觉，就仿佛是（既然我们被如此急切地邀请）上帝需要我们，就仿佛反过来倒不是我们在畏惧与颤栗[19]之中本应当考虑他会向我们要求什么，就仿佛不是我们本应老老实实地感谢上帝，感谢他在总体上愿意与我们相关，感谢他愿意忍受并且允许我们去靠近他、忍受我们胆敢去相信他关心我们，感谢他，不以此为耻地，愿意认同自己被称作是我们的上帝和我们的父亲。

那么，在我们谈论传道书的这些话的时候，就让我们在这个问题上以别的方式来说一下吧[20]：

你到主的家，要谨慎你的脚步。

第三部分　从背后伤害的一些想法

　　你到主的家，要谨慎你的脚步。因为这"上[21]主的家"是一件有着至高义务的事情。记住，他，这在场者，他是那在天上者，——而你是在地上。但是你不要以为他在其至高之中就是极其遥远，这恰是严肃和责任：他[22]这无限至高者是完全临近你的，比每天在你周围的那些人们更近，比那你认为完全能够"把自己作为自己所是向之展示出来"的最亲密朋友更近。至高与遥远看起来似乎相互对应，这样，那与你近的也是与你相同的；但在至高与你完全相近而却又是至高时，你就被置于艰难的处境。然而，恰是上帝，这无限的至高者，在主的家中，却处于其至高之中与你完全相近；因为上帝的情形不是一个人的情形，一个人，在他靠近你这卑微者、与你相关时，其地位会变得少一点高贵，上帝则不，上帝能够完全临近最卑微的人但却处于其无限的至高之中。哦，永恒之严肃，哦，艰难的处境！因为，不是吗：通常，只要有一个陌生人在你所在的地方到场，那么，你就会有所改变，而若国中最有权力而地位最高的人到场，那么你就会有很大改变，因为他地位如此高，因为你如此罕见他。但是天上的上帝则以完全不同的方式是至高的，而当你上主的家时，在这里，上帝则是在其无限至高之中完全与你相近，比你自己更临近你，因为他甚至理解并且看得出你想法之中的那种你自己都不理解的想法。哦，多么巨大的责任之重啊：这无限至高者，也许你最想要以自己的最佳形象面对的这个至高者，他在其至高之中与你完全相近，并且在其至高之中仍完全临近地看你，甚至那每天都在你身边的人也不会这样地看你。尽管，考虑到你在这至高无比者[23]面前出现，你会想要尝试着以不同于你自己的样子展示出自己，但你却无法做到，他[24]实在是太无限至高，所以你做不到，而接下来还有：他实在是与你太相近，所以你做不到。如果说一个人，在他被置于国王陛下面前时，会失态而忘记自己本来想要说的是什么，哦，那么，要被直接置于上帝面前，这会是多么可怕；因为国王陛下既不如上帝那么至高，也不可能像上帝那样如此之近地趋向你。

　　因此，在你走向主的家时，你要小心。你想在那里干什么？你想要祈唤主你的上帝，赞美并颂扬他。但现在，你在事实上真诚地是严肃地想要这个吗？你知道，在"要求真诚"这方面，语言再也不会有比这更庄严的表述了，如果你对一个人说：在上帝面前，告诉我，这是你的

239

信念，这是你的意思吗？在主的家中你当然就是在上帝面前。那么，你祈唤上帝的求告，它在上帝面前是真心真意的吗？上帝面前的真诚是什么？它就是：你的生活表述出你所说的东西。我们人类不得不满足于"少一点"，满足于"这一个人庄严地向那另一个人保证，这个那个什么的是他真诚的意思"。但是天上的上帝，他，无限至高者，或者，是啊，这里又要说这话了：上帝，这完全与你相近的知人心者[25]，上帝只愿意理解一种类型的真诚，它就是"一个人的生活表述出他所说的东西"。所有别的真诚，所有别的庄严，所有只是对于"你认定你所说的东西"的保障，对于上帝来说都是一种欺骗、一种不真实，一种这样祈唤是对他的放肆。你要小心，别让你的祈唤"没能够取悦上帝却反是一种对上帝的放肆"。你要小心，别因为你并不理解你自己而被自己欺骗、放纵自己傲慢地去欺骗上帝，就仿佛你在你心中有着各种虔敬的情感，但它们却没有这样的力量来使得你去改变你的生活、去让你的生活成为这些情感的表述。我们人类常常抱怨自己缺乏可用于我们的情感的言辞和表达，抱怨语言不愿帮助我们，以至于我们不得不，也许是徒劳地，寻找言辞。在上帝面前，你根本不用为这一类事情担忧，只要你的生活表述了"你有着这些情感"，那么你在上帝面前就是真诚的，那多嘴善言的真诚是完全多余的。

或者，也许你上主的家是为了向上帝祈求帮助和支持。小心你所做的事情！你有没有真正地、有没在上帝面前为自己弄明白："你在祈唤谁来帮助你"、"祈唤他的帮助意味了什么"以及"这会使得你有义务不得不去做什么事情"？如果这也许是世俗的事务、孩子气的忧虑、无关紧要的小事，如果你是缘于这些而想要祈唤他的帮助，并且不是因为他[26]会帮助你去忘却这些事情，而是因为你想让自己专注于这些事情；各种无关紧要的小事，你也许会在明天忘记掉的它们，但是因为你祈唤了那至高者的帮助，于是这就绝非是无关紧要的事情了，因而，如果你祈唤上帝是缘于这些无关紧要的小事，那么，你当然就是嘲弄了上帝；而他[27]并不忘记你祈唤了他的[28]帮助[29]。如果一个医生，孩子气的父母为每一个无足轻重的小毛病都会派人去找他，然后在他赶来的时候，这毛病又完全好了，乃至这父母几乎就忘记了自己因什么缘故而派人找医生来，如果这医生，无疑这也完全符合情理，会变得不耐烦，

第三部分　从背后伤害的一些想法

那么，难道上帝全能者就会愿意让自己被如此对待吗！或者，难道你敢认为应当是上帝来为你服务，认为他这至高者随时都准备着要听你的祈祷，满足你的愿望？哦，如果你让自己与他[30]有了关系，那么，你就是那由此而无条件地有义务要去服从和服务的人。如果你不明白这一点，那么，"让你自己与他[31]有关系"就是一种放肆，"祈唤他的[32]帮助"就是一种放肆。固然事情是如此，如果他[33]是全能者，能够做一切他想做的事情[34]，那么这看起来几乎就是在诱惑着你这样想，就仿佛你只需去想要就行。但是你要小心：没有什么不假思索的言辞能像一种对上帝的不假思索的祷告那样地遭到报复，没有什么言辞能像祈唤上帝帮助的祷告那样让人进入一种义务；因为这祷告使你有义务无条件地让自己得到他[35]想要给予的帮助。你能够请求一个人帮助，而在他到来了要给予帮助的时候，又忘记了你的请求；你能够请求一个人帮助，而在他想要并非如你所愿那样地帮助你的时候，你可以说"这不是我所请求的"；但是如果你向上帝祈求帮助，那么你就被捆绑住了，你就是被绑定了要接受他觉得是合适的帮助。哦，我们如此频繁地听见这请求帮助的尖叫，以及这"不存在帮助"的尖叫；确实地说，总是有着足够的帮助。但是，人心是如此诡诈，如此不忠实于自己的言辞；在这帮助显现为那最令人惊颤的东西时，我们就说："可这又算得上是什么帮助呢？"然而，如果这一帮助是来自上帝，并且，如果你向他祈求了帮助，那么，你就有了义务去接受这帮助，并且带着信仰感恩地将之称作帮助。

或者，也许你上主的家以求通过向上帝许诺来把自己绑定在对"意念"、对"为将来而做的决定"的义务中；你要小心你所做的事情。你有没有真正为自己弄明白"许诺上帝某事"意味了什么，你许诺上帝的东西是一个人能够并且敢去许诺上帝的东西，它不是什么我们人类能够以相互许诺来开玩笑的东西，这是某种上帝会允许你许诺他的东西；否则的话，这就当然是一种放肆；你有没有真正为自己弄明白"一种对上帝的诺言会以怎样的方式将你绑定在一种义务之中"？"一个诺言是一个圈套"[36]，人们说，一个对上帝的诺言，是啊，如果它就是它所应当是的东西，并且成为它所应当成为的东西，那么它肯定就在最可能大的程度上不是一个圈套，因为它是拯救人的牵引带[37]；但是，

241

如果不呢！如果你没有让自己明白你许诺上帝的东西，对于"你能够并且敢去许诺上帝什么事情"没有真实的观念，那么你就会失去上帝，你就会放纵你的灵魂去轻率而虚妄地对待上帝和上帝之名[38]。如果你不履行你许诺上帝的事情，那么你就失去你自己。哦，人总无法逃避开的一个，那是：他自己；而还有一个他逃不开的：天上的上帝！

因此，在你上主的家时要小心，记住传道书中的话："你在神面前不可冒失开口，也不可心急发言。因为神在天上，你在地下。你向神许愿，偿还不可迟延。因他不喜悦愚昧人。所以你许的愿应当偿还。你许愿不还，不如不许。"[39]

你到主的家，要谨慎你的脚步。因为，也许你会在那里知道比你本来真正想要知道的更多东西，也许你会获得一种你在事后徒劳地试图想要摆脱的印象：因此你要小心火，它燃烧。[40]

我们一再地听到这样的话：只要人们有能力和时间去认识真相，只要有人真正能够为他们把真相弄明了，那么他们就会非常想要去认识真相；这在世上被视作是毋庸置疑的事情。哦，多余的忧虑；哦，狡猾地设计出来的藉口！每一个人其实都有足够的能力去认识真相，难道在天上的上帝会如此不近人情地亏待什么人吗！每一个人，甚至那最忙碌的人其实也有足够的时间去认识真相；这是最明确不过的，因为他应当有时间；"忙碌的人，恰恰就像闲人也是如此，不会有足够的时间去这样做"，这说法绝不是什么反证！既然每一个人都有足够的能力和时间，那么，如果一个人自己是想要把这事情弄得明了的话，这"去把这事情弄明了"自然也就不可能会是那么难的一件事了。但是恰恰在此有着麻烦："把责任推给能力之缺乏、推给时间之缺乏、推给真相之朦胧"是那么容易，而反过来"一个人那么想要去认识真相"则看起来是那么冠冕堂皇，而且还那么舒适。

确确实实，事情并非如此。那只是大体地认识自己的人，通过自己经验得知，其实人在内心深处有着一种对于真相的秘密恐惧和畏怯，一种对于"得知太多"的畏惧。或者，你真地以为"真正彻底地去了知什么是'自我拒绝'、去把事情弄得如此明白以至于'那在别人的不真实但却对其有偏爱的评价之中的每一个辩解、每一个藉口、每一个粉饰、每一个开脱'对他来说都是被割除掉了的"是每一个人的诚实愿望吗！你相信是这样吗？是啊，我无需等待你的回答；因为，如果事情是这样的话，那么每一个人就真的是有了自我拒绝，因为这恰恰是自我拒绝的最初形式。哦，然而即使是那克服了自己在真相面前的最初颤悚而不在"去了知这真相"的时候世俗地退缩的更好的人，甚至他，尽管他因此诚实地承认自己由自身经验很清楚地知道"人并非是那么急切地想要去认识真相的"，甚至他，或者更确切地说，恰恰是他，会确定地承认，他常常，并且足够频繁地，有理由对自己抱有怀疑，怀疑自己面对真相会躲起来，就像亚当躲在树丛间[41]，承认自己仍会偷偷地离开什么事情、仍会偷偷地进入什么事情，承认自己有时候仍会更想要闪入那只具备"黑夜前后的微光"的昏暗，而不愿让真相在自己周围使事物变得过于明朗。

因此，在你上主的家时要小心；因为在那里你将得以听见真相，陶冶人的真相；是的，确是如此，但是你要小心"那陶冶性的"，再也没有，再也没有任何东西是如"那陶冶性般的"温和，但也没有任何东西是如此专横的；"那陶冶性的"绝非是胡言[42]，再也没有比它更具责成的强制性了。在上帝之家你得知真相，这真相不是来自牧师，你当然很容易就能够，并且在某种意义上也应当，避免让自己受牧师的影响，这真相是来自上帝，或者说是你在上帝面前得知这真相。这恰是真相之严肃，恰是真相：你在上帝面前得知它；一切尤其是立足于这一点：在上帝面前。在上帝之家有人在场，他与你一同知道：你，恰恰是你得知了这真相。你要小心对待这一有人同享的知识；你再也无法从这一同享之知中脱离而退回到无知之中，这就是说，你不可能不带着辜而得以脱身归返，你也摆脱不了对于这辜的意识。

因此你要小心，别让自己得知太多，别让自己去知道有这样的一种保障，——就在你的生活处于阳光明媚的路途上的同时，这保障会令你在自己眼中取悦你自己、在别人眼中则讨别人喜欢；这种"你如此想要去认识真相"的保障，它是一个幻觉，或者更糟，它是一个非真相。你要小心，你别在那里，在上帝之家，去得知它——然而你却是知道它的，当然；你在许许多多知识之中甚至也许将自己抬高到了那些"想要谈论这样一些每个小孩子都知道的旧事"的简单的讲演者之上，但是，你要小心，你别在那里，在上帝之家以这样一种"你必定是明白

243

的"的方式去得知它：你会被要求去这样做，你要在自我拒绝之中放弃掉所有那"自然人在之中有着自己的生命、自己的喜乐和自己的消遣"的东西。你考虑过没有，什么是对生活的厌倦（Livslede）？在所有"那有限的"都被从一个人那里剥夺走但你同时却又要让这个人保留自己的生活的时候，对生活的厌倦就出现了；在他周围的一切都变得荒凉而空虚并且索然无味、时间变得无法描述的漫长的时候，是的，对他来说就仿佛是自己已经死去；是的，自我拒绝把这称作是"死离出（at afdøe）"；而真相所教的是：一个人应当死离出有限[43]（为之的喜乐、对之的专注、对之的运营、在之中的消遣），应当通过这一死亡而进入生活，应当去品尝（所谓"品尝死亡"）并且去弄明白"那被忙碌用来填充生活的东西是多么空虚、那作为眼目之喜乐或肉心之欲望的东西[44]是多么毫无意义"，唉，自然人恰恰是反过来领会这事情的，按他们的理解，"那永恒的"是"那空虚的"。在一个人身上，没有什么驱动力是像他用来紧紧抓住生活的这种驱动力那么强烈的，在死亡来临的时候，我们全都为自己祈求得到许可继续生活；但自我拒绝之"死离"则就像死亡一样地苦涩。在主的家里，你得知这真相：你应当死离出这世[45]；如果上帝得知了你得知了这一点（这是不可避免的），那么，在永恒之中就不会有任何借口来帮助你。因此，在你去主的家时，你要小心。

你到主的家，要谨慎你的脚步。因为，即使你是从那在这世界上能够发生在一个人身上的最可怕的事情中出来，因那里恐怖而逃进上帝的家，然而，在这里你则是走向了还要更可怕的事情。在这里，在上帝之家，从本质上说，我们谈论一种世界所不认识的危险，一种危险，与之相比，所有被世界称作是危险的东西都是儿戏，这危险就是罪之危险。在这里，在上帝之家，从本质上说，我们谈论一种以前从不曾以后也绝不会发生的恐怖，与这恐怖相比，那发生在所有人中最不幸的人身上的最可怕的事情就是无足轻重的事情，这恐怖就是：人类把上帝钉在了十字架上。

那么，你在上帝之家，想要干什么呢？[46]是因为贫困，或者疾病或者其他逆境，简言之，是任何一种尘世的匮乏和悲惨，——这些是人们在上帝之家所不谈论的，至少在一开始不谈论。首先谈的，并且首先应当谈的,是关于罪,关于"你是一个罪人",关于"你在上帝面前是一个罪人",关于"你在对这一想法的畏惧与颤栗[47]之中应当忘记你的尘世匮乏"。不是吗,这可是一种特别的安慰方式!不是关怀地问候你的状况,不是为你给出建议和提示……如果你是出于这个原因而到那里去求助的话,那么,你就弄错的,这样一来,你当然就是到了这反而是更可怕的地方。因为,在那里并非是"对你的所有尘世的悲惨有着关怀并忙于帮你脱离这悲惨",相反,在那里还会有一块更沉重的秤锤压到你身上,你被弄成罪人。于是,在那里人们所谈就是关于这个,真正作为陶冶的话题,关于"对罪人有着拯救、对悔者有着安慰"。然而也许这与你无关,你,唯独只专注于你的尘世的苦难而逃到这里的你。然而,这还是与你有关;你徒劳地想要说"这与我无关",而如果你想要重新离开,也是徒劳;这话已经对你说了,上帝与你一同知道这个:这话被对你说出,你听见了它!

这样,你在上帝之家想要什么呢?[48]也许你蒙受不公正,有可能,你是无辜者、值得爱者,甚至,也许人们毫无信义地欺骗了你;有可能,你是高贵者、善良者,有可能,你甚至还应当算是人类的造福者之一,然而,然而,作为酬报,人们反而把你排斥到他们的社会之外,虐待你、讥讽你、嘲弄你,甚至图谋你的性命,——而你逃进上帝之家想要寻求安慰;不管你是谁,你弄错了,——你到那里,那是个还要更可怕的地方!在这里,在上帝之家,所谈的,至少首先所谈的,不是关于你和我、关于"我们人类在这世界上所能够承受的一小点(以另一种方式诚实地说是我们应得的)不公正"。不,这里,在上帝之家,所谈的事物首先是关于这恐怖,在世界之混沌中,我们从来不曾见过并且永远也不会看见类似于此的恐怖;关于那不公正,血天呼冤,空前绝后的不公正;关于那暴动,在人类不像往常那样软弱无力地发起反对上帝的暴动、而相反简直就是在胜利中抓住他并把他钉上十字架的时候,那比大海最狂暴的浪潮更可怕的暴动;于是,那从外在的恐怖中逃离而逃到这里——逃进这还要更可怕的东西中的人,他当然是搞错了!然而我们所谈首先是应当关于这个。祂的,我们的主耶稣基督的形象,应当被召唤出来,不是以这样一种方式,像在艺术家有时间并且花上很多时间去创造出这形象的情形,不是以这样一种方式,把它从恐怖之环境里取出来并且把它陈列出来作为一种平静的观想之对象。不，应当被人们记住的是那处于危险和恐怖之瞬间的祂，既然平静的观想者无疑更愿待在家里，既然在这个瞬间里，如果有人崇拜地或者哪怕只是温柔地看着祂的话，这举动也会为他招来怀疑，既然在这个瞬间里，若没有这句"你们看这个人"[49]，就不会有什么可看的，既然在这个瞬间里根本就没有"去看着祂"的时间，因为恐怖把眼睛从一个人头上挖出并引它去盯着自己。[50]而基督的苦难也不应当作为一种过去来被记住：哦，节省你的怜悯吧！不，在这一恐怖被展现出来的时候，它是一种现在在场的东西，而你是在场的，还有我，在一件当场的事情上，并且是作为——同犯的有辜者！

但是，这样的话，如果你去主的家，你就弄错了。你不会听见那能够在你所遭的不公正之中令你得以舒缓的安慰，不会获得针对那些欺负你的人的公正判决，相反你会获得不公正的判定，正是你，这无辜地受迫害、受讥嘲、受不公正对待的人！你获得一种辜，一种血天呼冤的辜[51]，在你的良心之中：在祂无辜的受难和死亡之中，你也是同犯的有辜者。哦，这难入耳的安慰话语[52]，谁能够听它呢！哦，排解你的各种阴暗悲惨的想法的奇怪方式：给予你更为可怕的东西让你去为之哭泣！

因此，你到主的家，要谨慎你的脚步；为什么？正是因为在主的家，这里为你提供唯一拯救性的东西，神圣的安慰，这里为你提供那至高的"上帝之友谊"[53]，他在耶稣基督身上的仁慈。因此，我们不应当停止邀请人们到主的家，我们应当总是愿意为别人，正如为我们自己，去祈祷，让我们在上帝之家中的访问会得到祝福；但是因此，正因此我们也不应当有任何犹豫，去向人们叫喊：看在天上的上帝的份上[54]，要小心，最重要的是要警惕留意，让你自己配去使用那被向你提供的东西[55]，——正因为在那里有一切可赢得，因此也是在那里有一切可丧失。带着信仰地使用它！再也没有什么信念是会像信仰之信念那样的真挚、那样的强烈并且那样的充满至福。但信仰之信念不是什么人生来具备的东西，不是一种"充满青春和生命喜悦的心念"的信心；信仰更不是什么你伸出手在空中所抓的东西。信仰是这种信念，这种在畏惧与颤栗[56]之中的至福的信念。在我们从信仰的一个方面、从天国

第三部分　从背后伤害的一些想法

的一面看信仰的时候，这时，我们只看见至福在它之中反光；但是如果是从它的另一方面，从单纯的人性的一面看，那么我们就只看见畏惧与颤栗。但是这样一来，那种"总是不断地——从不曾有所不同——只是邀请着地、引诱着地、召唤着地想要谈论在主的家中的访问"的说法当然就也是不成立的；因为从那另一方面看，这是可怕的。因此，那种"到最后终结于'完全地把人们吓唬得不敢进入主的家'"的说法也是不存在的；因为从另一面看，这是至福，在上帝之家中一日胜过别处千日[57]。哦，因此，"正确地驾驭"就是一件艰难的事情，并且因此，一个人很少成功地做到，并且成功也总是处于脆弱之中。因为"引诱着地向人们招手"是很容易的；"令人反感地把人们吓走"也是容易的；但是，尽可能地带着一种无人能抵抗的真挚热情邀请人们来，并且还带着一种能够教会最勇敢的人去颤栗的恐怖叫喊"你要小心"，确实，这是艰难的。也就是说，对于讲演者的情形也是如此：他所强调的东西同样也对他有效。对讲演者，要这样说：你要使用所有那被赋予你的能力，随时准备着在自我拒绝之中作出每一种牺牲和顺从，把你的能力用于去赢得人们[58]，——但是如果你以这样一种"放弃掉恐怖"的方式来赢得他们，那么你就有祸了；因此你要使用所有那被赋予你的能力，随时准备着在自我拒绝之中面对每一种牺牲，使用这能力来让人们害怕，——但是，如果你不是因"要为真相而赢得他们"的缘故而去使用它，那么，你就有祸了。

注释：

[1]　[你到主的家，要谨慎你的脚步]　　丹麦文引自丹麦文版旧约《传道书》（4：17）。这里的中文是引自和合版《传道书》（5：1）："你到神的殿，要谨慎脚步。因为近前听，胜过愚昧人献祭，（或作胜过献愚昧人的祭）他们本不知道所作的是恶。"

关于这个讲演，克尔凯郭尔在日记NB4：5中写道："'你到主的家，要谨慎你的脚步'（传道书），/对照先前的日记之一。/这应当是序篇。/在接下来的讲演之中，文本的选择应当是这样：看起来要像一种福音，并且也就是福音，但是随后刺就出现了"（SKS20，第288页）。在边上加有："日记NB2 p 147—48"，亦即1847年8月的NB2：142，克尔凯郭尔在之中写道："传道书4，17'你到主的家，要谨慎你的脚步'常常被作为一种对立于那种只是忙于让人们来教堂的随意的布道方式的布道。去那里的时候，你要谨慎。如果你没有这样地按布道所说去做的话，这就是责任。如果布道所说得体，那么你也许就能够得到一种你无法再重新抹去的印象，一个上帝对你要求的印象，自我拒绝，等等，你要谨慎留意"（SKS 20，第199页）。

"主的家"，在《传道书》中是"神的殿"，在克尔凯郭尔这里是教堂。（见下一个注释。）

［2］［在主的家中一切是那么地宁静，那么地安全］　在日记手稿NB4：5（见上一个注释）的页边加有这样的文字"Dto p. 242 n：og 243 ø"，这意思就是说，日记NB2从第242页起："……哦，在外面的世界上有着那么多东西想要将我们从你这里拉走，哦，上帝，因此我们想要进入你的家，但是在这里有时又会有一种想要欺骗我们的安全感，就仿佛在这里所有危险和恐怖都已远离，在这里，其实我们要谈及的是最大的危险，罪之危险，和最大的恐怖，基督的苦难和死亡。"（1847年8月的NB2：243，SKS20，231页起。"上帝的家"是"教堂"的固定表述，比较阅读《提摩太前书》（3：15）："倘若我耽延日久，你也可以知道在神的家中当怎样行。这家就是永生神的教会，真理的柱石和根基。"

［3］ Hirsch的德文版在这里作了注释：Bei den "grauenhaften Begebenheiten" denkt Kierkegaard an die französische Februarrevolution 1848, deren unmittelbares Übergreifen auf das eigene Land von den deutschen Höfen und dem dänischen Hof bang und tatenlos erwartet wurde. Kierkegaard stand als konservativer Mann mit innerer Leidenschaft zur uneingeschränkten Monarchie.（就"各种可怕的事件"，克尔凯郭尔所想到的是1848年的法国二月革命，其在自己的国家的蔓延令德国宫廷各贵族和丹麦王室惶然而束手无策地坐视事态发展。克尔凯郭尔，作为保守派人士，有着对"不受限制的君主制"真挚的激情。）

［4］［这神圣的地方］　教堂的空间在这样一种意义上被视作是神圣的：教堂是通过一个庆典性的神圣仪式由主教宣布启用的，在这典礼上，乡村教区司铎和本教区及附近教区牧师都会在场。丹麦语可参看明斯特尔（J. P. Mynsters）的"丹麦的教堂仪式的一个提议"中的"论教堂落成典礼"，在丹麦语的《Udkast til en Alterog Ritualbog（圣殿与仪式书的草案）》第79—83页。按照这反映出当时的教会实践的提议，主教在典礼讲演开始的时候会说："于是，我在我的职位上以上帝圣父圣子和圣灵的名义启用这个教堂。我令这一空间变得神圣并且使之隔离世间的喧嚣和所有尘俗的生意，这样上帝之名将留驻之中，这里将是上帝之家，这里是通往天堂的前庭"（第81页起）。

［5］［提醒你那当然是必须作为前提的事情：美好而平静的时代，这样的时代有益于这些和平之工事］　可能是指向哥本哈根圣母教堂的重建。旧教堂在1807

第三部分　从背后伤害的一些想法

年被轰炸成废墟，重建后的圣母教堂在1829年6月7日降临节举行隆重落成典礼。

　　[6][这在石头上雕出这些图案的人]　指丹麦雕塑家托尔瓦尔德森。托尔瓦尔德森的新古典主义的基督及使徒们的雕像，以及他的一系列圣经故事浮雕，它们都被用于新建的圣母教堂中的陈列与摆设。见插图。

　　[7][他为此花了很长时间]　托尔瓦尔德森的这些雕像的石膏像制作时间是1819—1827年；然而两个使徒，安德烈和犹大（达陡），在1841—42年以新的形象完成。这些雕像后来在意大利的卡拉拉以大理石雕刻出来；耶稣的雕像大约是在1830年、众使徒则在1834年前后完成，但在1839年才被陈列出来，——安德烈和犹大（达陡）的新版本则分别是在1842年和1848年完成。关于托尔瓦尔德森为圣母教堂所创作的形象，可参阅丹麦国家博物馆在1845—1858年出版的第一版《丹麦教堂》（*Danmarks Kirker. København* bd. 1, udg. af Nationalmuseet, Kbh. 1945—

249

58）第157—220页。

　　[8]这个"他"在丹麦语中是大写。

　　[9]这个"你"在丹麦原文中带有双引号，Hirsch的德译保留了这双引号，Hong的英译则去掉了双引号。

　　[10][那首敬神的歌，"我们的救主是在午夜时诞生的"] 大致地引自哥本哈根巡夜人在午夜所唱的歌词："是在午夜的时分，/我们的救主他诞生了，/成为全世界的安慰，/这本来是荒凉的世界；/我们的钟声敲响了十二下；/以舌头和嘴/从内心底处/把你们自己托付给上帝吧"，（丹麦文原文出自 Instruction for Natte-Vægterne i Kiøbenhavn, Kbh. 1784, s. 21.）。

　　[11][华美的神殿] 可能是指向哥本哈根的圣母教堂。这座教堂在建筑风格上令人联想到古典的神殿。

　　[12][人们这样所称谓的，时代的要求] 一个在当时很频繁地被使用的说法，关联到对于"政治意义上的变化（自由派们）、教会意义上的变化（格伦德维主义者们）"的要求或者更普遍的对于精神生活的要求（比如说海贝尔，J. L. Heiberg），出自自己的黑格尔主义关于"历史的必然进程"的观念，加上一种想要"把哥本哈根市民阶层的意识和品位提高到进步的欧洲大城市水准"的愿望，常常谈论"时代的要求"。这方面的丹麦文文献有比如说他的典礼要求论文"论哲学对于当今时代的意义"（丹麦文：Om Philosophiens Betydning for den nuværende Tid, Kbh. 1833, ktl. 568, s. 52f.））。

　　[13]"一致于对艺术的各种要求"，在丹麦文原文中是"konstnerisk"，译者本来简单地将之理解为是"艺术化地"，Hong将之译作 artistic，Hirsch将之译作 künstlerisch。但是克尔凯郭尔研究中心版 SKS 10 的注释（由卡布伦教授给出）是"overensstemmende med fordringerne til kunst"，亦即"一致于对艺术的各种要求"。

　　[14][治理] 亦即"上帝的治理"。参看《巴勒的教学书》第二章"论上帝的作为"第二段"《圣经》中关于上帝的眷顾以及对受造物的维持"，§5："在生活中与我们相遇的事物，不管是悲哀的还是喜悦的，都是由上帝以最佳的意图赋予我们的，所以我们总是有着对他的统管和治理感到满意的原因。"

　　[15]内心交战（anfægtelse）。

　　Anfægtelse是一种内心剧烈冲突的感情。在此我译作"对信心的冲击"，有时我译作"在宗教意义上的内心冲突"或者"内心冲突"，有时候我译作"信心的犹疑"，也有时候译作"试探"。

　　按照丹麦大百科全书的解释：

　　Anfægtelse是在一个人获得一种颠覆其人生观或者其对信仰的确定感的经验时袭向他的深刻的怀疑的感情；因此anfægtelse常常是属于宗教性的类型。这个概念

第三部分　从背后伤害的一些想法

也被用于个人情感,如果一个人对自己的生命意义或者说生活意义会感到有怀疑。在基督教的意义上,anfægtelse 的出现是随着一个来自上帝的令人无法理解的行为而出现的后果,人因此认为"上帝离弃了自己"或者上帝不见了、发怒了或死了。诱惑/试探是 anfægtelse 又一个表述,比如说,在"在天之父"的第六祈祷词中"不叫我们遇见试探"(马太福音 6:13)。圣经中的关于"anfægtelse 只能够借助于信仰来克服"的例子是《创世记》(22:1—19)中的亚伯拉罕和《马太福音》(26:36—46;27:46)中的耶稣。对于比如说路德和克尔凯郭尔,anfægtelse 是核心的神学概念之一。

[16] [平安稳妥没有危险]　大致引用《帖撒罗尼迦前书》(5:3),其中保罗写道:"人正说平安稳妥的时候,灾祸忽然临到他们,如同产难临到怀胎的妇人一样,他们绝不能逃脱。"其中的"平安稳妥",按照丹麦语 1699 年的圣经译本,直接翻译成中文的话就是"平安无险",马丁·路德的德文翻译是:《Denn, wenn sie werden sagen: Es ist Friede, es hat keine Gefahr (...)》, *Die Bibel nach der deutschen Uebersetzung D. Martin Luthers.*

[17] 作为感叹句,作者在这里省略掉了句子的一部分内容,就是说,这一句可以理解为:"但是,如果在上帝的家中时而却又有如此多'想要让我们入眠'的东西的话,那又会是怎样的情形呢!"

[18] "在其自身为其自身",丹麦语是"i og for sig"。Hong 译作 in itself。Hirsch 译作 an und für sich。

[19] [畏惧与颤栗]　这是一个固定表述。参看《腓利比书》(2:12—13)。保罗在信中说:"这样看来,我亲爱的弟兄你们既是常顺服的,不但我在你们那里,就是我如今不在你们那里,更是顺服的,就当恐惧战兢,作成你们得救的工夫。因为你们立志行事,都是神在你们心里运行,为要成就他的美意。"("畏惧与颤栗"在这里的经文里被译作"恐惧战兢"。)也参看《歌林多前书》(2:3)、《歌林多后书》(7:15),《以弗所书》(6:5)。

[20] [那么,在我们谈论传道书的这些话的时候,就让我们……吧]　在明斯特尔(J. P. Mynster)布道的时候,他总是一次又一次使用类似于"那么就让我们谈论"的表述的不同变体形式,作为一次布道的主题的引言。见前面的注释。

[21] [上主的家]　这里用动词"上",是指向耶稣在《路加福音》(18:9—14)中对法利赛人和税吏的比喻,以这样的话开始:"有两个人上殿里去祷告"(18:10),也参看《以赛亚书》(3:2):"来吧,我们登耶和华的山。奔雅各神的殿。主必将他的道教训我们,我们也要行他的路。"

[22] 这个"他"在丹麦语中是大写。

[23] [这至高无比者]　是作为对上帝的称呼的希伯来语 El Eljon(上帝至

251

高者或者一切中的至高者）的翻译。参看《创世记》（14：18—22），《诗篇》（78：35 和 56）。还有《马可福音》（5：7）中污鬼附身者说："至高神的儿子耶稣，我与你有什么相干。我指着神恳求你，不要叫我受苦。"

[24] 这个"他"在丹麦语中是大写。

[25] 知人心者〕　参看《路加福音》（16：15），之中耶稣对法利赛人说："你们的心，神却知道。"也参看《使徒行传》（1：24）以及（15：8），之中彼得谈论"主阿，你知道万人的心"和"知道人心的神"。

[26] 这个"他"在丹麦语中是大写。

[27] 这个"他"在丹麦语中是大写。

[28] 这个"他的"在丹麦语中是大写。

[29] 这个长句，译者对一些部分的顺序进行了变换。丹麦文原文是"Er det maaskee verdslige Anliggender, barnagtige Bekymringer, Ubetydeligheder, i Anledning af hvilke Du vil paakalde hans Hjælp – og ikke, for at Han maatte hjælpe Dig til at glemme dem, men for at beskjeftige Dig med dem; altsaa er det i Anledning af Ubetydeligheder, som Du dog maaskee har glemt imorgen, og dermed da ogsaa dette ingenlunde Ubetydelige, at Du paakaldte den Høiestes Bistand: saa har Du jo spottet Gud – og Han ǀ glemmer ikke, at Du paakaldte Hans Hjælp."

Hong 的英译是"If it is perhaps on account of worldly affairs, childish concerns, and trivialities that you invoke his help – and not in order that he might help you to forget them but in order to occupy yourself with them – consequently, if it is on account of trivialities, which you perhaps will have forgotten tomorrow and with them also this by no mean trivial thing, that you invoked the assistance of the Most High – then you have indeed mocked God, and he will not forget that you invoked his help."

Hirsch 的德译是"Sind es etwa weltliche Anliegen, kindische Sorgen Geringfügigkeiten, um derentwillen du seine Hilfe anrufen willst – und zwar nicht, damit er dir helfe, sie zu vergessen, sondern um dich mit ihnen zu beschäftigen; also geschieht es um geringfügiger Dinge willen, die du doch morgen vielleicht vergessen hast, und damjt denn auch das keineswegs Geringfügige, daß du den Beistand des Allerhöchsten angerufen: ja, so hast du Gottes gespottet – und Er, er vergißt es nicht, daß du seine Hilfe angerufen hast."

[30] 这个"他"在丹麦语中是大写。

[31] 这个"他"在丹麦语中是大写。

[32] 这个"他的"在丹麦语中是大写。

[33] 这个"他"在丹麦语中是大写。

第三部分　从背后伤害的一些想法

[34]［全能者，能够做一切他想做的事情］　参看比如说《巴勒的教学书》第一章《论上帝及其性质》第三段"圣经之中所教的关于上帝之本质和性质的内容"§3："上帝是全能的，能够做一切他想做的事不费工夫。但他只做确定而好的事情，因为除了唯独这个之外，他不想要别的"。

[35]　这个"他"在丹麦语中是大写。

[36]［一个诺言是一个圈套］　对《箴言》（20：25）的随意引用。《箴言》（20：25）的中文和合本译文是："人冒失说，这是圣物，许愿之后才查问，就是自陷网罗。"

[37]［牵引带］　成人在小孩子学走路的时候拴在小孩身上的套带，用来阻止小孩摔倒。在这里转义为"让自己听任另一个人（在这里指上帝）指导"的表达，让自己的行动取决于另一个人（这里是指上帝）。

[38]［去轻率而虚妄地对待上帝和上帝之名］　马丁·路德在《小教理问答》之中这样解释摩西十诫的第二条："第二条诫　你不可妄称主你上帝的名。这条诫是什么意思？答：我们应当敬畏敬爱上帝，使我们不至指着祂的名咒诅，起誓，行巫术，说谎言，哄骗；但要在各种需要中呼吁祂的名，祈祷，颂赞，感谢。"在《出埃及记》（20：1—17）之中此诫是第三条。

[39]［传道书中的话："……你许愿不还，不如不许。"］　引自《传道书》（5：2，4—5）："你在神面前不可冒失开口，也不可心急发言。因为神在天上，你在地下，所以你的言语要寡少。你向神许愿，偿还不可迟延。因他不喜悦愚昧人。所以你许的愿应当偿还。你许愿不还，不如不许。"克尔凯郭尔跳过了"神在天上，你在地下"后面的"所以你的言语要寡少。"

[40]［因此你要小心火，它燃烧　也许是联系到《箴言》（6：27）："人若怀里搋火，衣服岂能不烧呢？"

[41]［亚当躲在树丛间］　指向《创世记》第三章，之中讲述亚当和夏娃偷食禁果的故事。在罪的堕落之后，他们在上帝面前隐藏自己，躲在树丛间。第八段"那人和他妻子听见神的声音，就藏在园里的树木中，躲避耶和华神的面。"

[42]［胡言］　这个"胡言"在丹麦语中的意义等同于《路加福音》在描述妇女们说耶稣复活而使徒认为这是"胡说"时的用词（《路加福音》24：11："她们这些话，使徒以为是胡言，就不相信。"）。

[43]［死离出有限］　就是说：彻底不关心并且让自己摆脱任何与有限的事物有关的东西。见前面对"死离出现世"的注释。

[44]［作为眼目之喜乐或肉心之欲望的东西］　指向《约翰一书》（2：16）和《罗马书》（1：24）。

[45]［死离出这世界］　见前面对"死离出有限性"的注释。

253

克尔凯郭尔讲演集（1848—1855）

[46] 这一句"你在上帝之家，想要干什么呢？"（Hvad vil Du saa i Guds Huus?）与下面句子中所列出的内容有点对不上。可能因此 Hong 对此做了改写，英译为"What, then, brings you to God's house?（那么，是什么把你引到了上帝之家呢？）"。Hirsch 的德译也是直译"Was willst du denn nun in Gottes Haus?"

[47]［畏惧与颤栗］ 这是一个固定表述。参看《腓利比书》（2∶12—13）。保罗在信中说："这样看来，我亲爱的弟兄你们既是常顺服的，不但我在你们那里，就是我如今不在你们那里，更是顺服的，就当恐惧战兢，作成你们得救的工夫。因为你们立志行事，都是神在你们心里运行，为要成就他的美意。"（"畏惧与颤栗"在这里的经文里被译作"恐惧战兢"。）也参看《哥林多前书》（2∶3）、《哥林多后书》（7∶15）,《以弗所书》（6∶5）。

[48] 这一句"你在上帝之家，想要干什么呢？"（丹麦语为：Hvad vil Du da i Guds Huus?）

Hong 做了改写，英译为"What, then, brings you to God's house?（那么，是什么把你引到了上帝之家呢？）"。Hirsch 的德译仍是直译"Was willst du also in Gottes Haus?"

[49]［你们看这个人］ 引自《约翰福音》（19∶5）："耶稣出来，戴着荆棘冠冕，穿着紫袍。彼拉多对他们说，你们看这个人。"

[50] 这一句译者稍稍做了改写，按原文直译是"不，祂应当在危险和恐怖的瞬间里被人记住，既然平静的观想者无疑最好还是待在家里，既然如果有人崇拜地或者哪怕只是温柔地看着祂的话，这也会变得可疑，既然没有这一句'你们看这个人'的话就不会有什么可看的，既然甚至根本就没有'去看着祂'的时间，因为恐怖把眼睛从一个人头上挖出并引它去盯着自己。"因为后面的四个以"既然"引导的从句的第一句是现在时，回应上一句中关于把耶稣形象作为一种平静的观想之对象陈列出来的说法，而其他三句则都是过去时，就是说，是在设身处地描述耶稣陷于危险和恐怖的那个瞬间中的情形：危险和恐怖让人心惊胆战，甚至没有人敢去好好看着祂（"平静的观想"就免谈了）。但因为中文没有这时态的差别，所以译者在后面的三个既然从句中加上了"在这个瞬间"作为时间定性。这句的丹麦语是："Nei, Han skal mindes i Farens og Rædselens Øieblik, da den rolige Beskuer vistnok helst bliver hjemme, da det havde været at gjøre sig mistænkt, om Nogen havde seet tilbedende eller blot kjerligt paa Ham, da der Intet var at see uden dette 《see hvilket Menneske,》 da der end ikke var Tid til at see paa Ham, fordi Rædselen tog Øiet fra En og drog det stirrende paa sig."

Hong 的英译对句子内容作了几处改写，所以意思与丹麦文有点不同："No, he must be brought to mind at the moment of danger and horror, when the tranquil spectator

254

no doubt would rather stay at home, since it would have aroused suspicion if anyone had looked worshipfully or merely lovingly at him, when there was nothing to see except this "See what a man," when there was not even time to look at him because the horror averted one's eyes and fastened them fixedly on oneself".

Hirsch 的德译是:"Nein, es soll seiner gedacht werden so wie er im Augenblick des Grauens und der Gefahr gewesen, da der geruhsame Beschauer sicherlich am liebsten daheim bleibt, da es bedeutet hätte, sich verdächtig zu machen, wenn man anbetend oder auch nur liebevoll auf ihn geblickt hätte, da nichts zu sehen war denn allein dies "Sehet, welch ein Mensch", da noch nicht einmal Zeit war, auf ihn zu sehen, da das Grauen einem den Blick benahm und diesen starrend auf sich zog."

Tisseau 的法译是:"Non, il doit être montré au moment du danger et de l'effroi où le paisible contemplateur préfère assurément rester chez lui, où l'on aurait été coupable de regarder Christ en adorant ou Simplement avec charité, où il n'y avait rien à voir, sinon le condamné:《Voici l'homme》, où il n'était pas même loisible de le voir, parce que l'effroi ôtait tout regard et l'attirait fixement sur soi."

［51］［一种血天呼冤的辜］　　关联到一个拉丁语表述 peccata clamantia, 指一些天主教伦理学中的重罪。

［52］［难入耳的安慰话语］　　指向《约翰福音》（6:60）:"他的门徒中有好些人听见了，就说，这话甚难，谁能听呢？"

［53］［上帝的友谊］　　参看《雅各书》（2:23）:"这就应验经上所说，亚伯拉罕信神，这就算为他的义。他又得称为神的朋友。"也可参看《历代志下》（20:7）。

［54］"看在天上的上帝的份上"。Hong 的英译是 For God's sake, 略去了 "在天上的"。

［55］［让你自己配去使用那被向你提供的东西］　　参看后面《在星期五圣餐礼仪式上的讲演》第一篇 "《路加福音》（22:15）" 中对 "够格去想要参与领圣餐礼上的神圣餐食" 的注释。

［56］［畏惧与颤栗］　　这是一个固定表述。参看《腓利比书》（2:12—13）。保罗在信中说:"这样看来，我亲爱的弟兄你们既是常顺服的，不但我在你们那里，就是我如今不在你们那里，更是顺服的，就当恐惧战兢，作成你们得救的工夫。因为你们立志行事，都是神在你们心里运行，为要成就他的美意。"（"畏惧与颤栗"在这里的经文里被译作"恐惧战兢"。）也参看《歌林多前书》（2:3）、《歌林多后书》（7:15）,《以弗所书》（6:5）。

［57］［在上帝之家中一日胜过别处千日］　　指向《诗篇》（84:10）:"在你

的院宇住一日，胜似在别处住千日。宁可在我神殿中看门，不愿住在恶人的帐棚里。"

［58］［去赢得人们］　指向《哥林多后书》（5：11）："我们既知道主是可畏的，所以劝人，但我们在神面前是显明的，盼望在你们的良心里，也是显明的。"

II "看哪，我们已经撇下所有的跟从你，将来我们要得什么呢？"（马太 19:28）
——将来我们要得什么呢？[1]

上面引用的话是使徒彼得[2]说的，是在基督对"进入上帝的国有多么艰难"作出确认[3]的情况下说的。问题的最后则与我们所有人都有关：我们将会得到什么，基督教应许我们什么？但是现在这问题开头的"我们已经撇下所有的跟从你"，这也与我们有关吗？确定无疑。它适用于我们吗？也许。当然有这样的可能它可以以不同的方式适用于不同的人。这些话完全适用的人，有福了[4]，那敢说出"我撇下了所有东西跟从基督"的人，也有福了。然而，这些话也能够以另一种方式完全地适用：作为对那一类自己说并且自己认为自己是基督徒的人们——也就是追随基督但却全心全意地依附着"那世俗的"的人的讥嘲。我们能够在一种更为彻底的描述之中试着展示出：这类人的基督教是一种幻觉，一种欺骗；但是我们也能够把这整件事描述得更简短，不过以这样一种更难以令其作用失效的方式，通过简单地引用彼得的这话："看我们已经撇下所有的跟从你"——这话完全适用！

常常有人谈论，作一个基督徒是多么荣耀，谈论关于做基督徒之大善，谈论某个是基督徒的人拥有并且到时候还将更丰富地获取的东西，谈论在基督身上一个人会被提供怎样的好处；于是，这善被以各种至高而最强烈的表述来赞美。这当然也完全是有道理的，是对的并且是可以得到辩护的；人们以这样的方式做这件事，这就简直是一种义务。但是，我们完全可以以另一种、也许是更儆醒的方式来说这同样的事情，完全同样的事情。哦，这两种说法中的哪一种真正是最真实的呢：是那以各种最荣耀的表达来描述它的说法，抑或是那说"看，为了这善的缘故我撇下了所有东西"的说法？于是他不说任何直接地关于这善是多么荣耀的话，他不在这上面使用、他不在这上面浪费哪怕一词一句，他认为这说得更好：看，我撇下了所有东西，查看吧，检查我的生活、它的外在境况、我的灵魂的内在状态、其愿望与渴慕与欲求，你将看见，我撇下了所有东西。或者，难道这不是一种非常可疑类型的自相矛盾：一个人对善之荣耀有着完全的信念，但这善却没有这种支配他的力量让他为它的缘故而放弃哪怕一丁点那与这善有冲突并且无法与这善共同被拥有的东西？难道这不是一种测试"善对于一个人来说是多么荣耀"的极佳方式吗，这：一个人为它的缘故撇下了多少东西？如果这是一个坠入爱河的人，他以最美丽和最热烈的表达赞美他所爱的人的各种完美和好处；如果有另一个坠入爱河的人，他对此一句都不说，而只是说"看，我为了她的缘故放弃了一切"；在这两个人赞美她的时候，哪一个的赞词更美好呢！因为没有什么东西跑动起来是像嘴巴跑马这么轻松的，没有什么事情是比让嘴巴跑马更轻松的，而只有这是同样轻松的：借助于嘴巴跑离自己，并且在自己所说的事情之中去站在位于自己前面好几千公里的地方。[5]

因此，如果你想要赞美基督教，——哦，你不用去神往天使的舌头[6]、不用去神往诗人们的技艺、不用去神往讲演者们的雄辩；你的生活在怎样的程度上展现了你为基督教的缘故放弃了怎样多的东西，你就是在这同样的程度上赞美基督教。如果我们想要测试我们的基督教信念，我们是不是真正地肯定和确信"善"的荣耀如基督教所应许的，那么，就让我们别去某个讲演者那里寻找一种我们完全同意并且弄成是"我们自己的"的完美描述，也别（如果我们自己是讲演者的话）自己去试图以言辞和演说去赞美这"善"的美好。相反，让我们使目光回视进我们自己，并且，在我们诚实地测试我们的生活时，听彼得这就我们而说的话，"看哪，我们已经撇下了所有东西"，然后，让我们自己说这最后的一句：将来我们要得什么呢？

"看哪，我们已经撇下所有的跟从你"。因而，使徒在这里并非是像一个在世上遭受了巨大损失的人、一个上帝也许剥夺了其一切的人那样描述，——他不是一个说着"收取的也是主"的约伯[7]。不，使徒使用了另一个表述，他说，我们已经"撇下了"所有东西。这是约伯所不曾做的,约伯没有撇下哪怕一丁点东西,相反是主拿走了一切,直到他连一丁点也没有。约伯的虔敬[8]是,他在主拿走了一切的时候说"主的名是应当称颂的"[9],因而,他谦卑而信仰着地,甚至称颂着上帝地,感谢着地,甘心让自己安于丧失,或者安于"将丧失视作是对他最好的事情"。使徒的情形不同,他撇下了一切东西,就是说,是自愿地放弃它们;没有任何强力被用在他身上,哪怕是剥夺掉他一丁点,没有;但是,他自愿地放弃了这一切。这是"那基督教的"。因为,我们也能够在异教文化之中看见"一个人安心于那不可避免的损失"的情形。一个人以这样的方式安心于那不可避免的损失,他不仅仅没有失去对上帝的信,反而信仰着地崇拜和称颂他的爱,这是犹太教的虔诚。但是自愿地放弃一切,这是基督教。

哦,我们常常听到一种虚假的想要蒙骗人的说法:说这"自愿地放弃尘世财物"应当算是挑衅上帝,这"自愿地去在人们本来能够避免的危险之中冒险"应当算是挑衅上帝。人们认为这是在试探上帝,并且带着论断地说那以这样的方式进入危险的人,说他是"他咎由自取"。是的,确实,他是咎由自取;但这却是对他的颂词。如果他聪明地缩在后面,出于对"挑衅上帝"的畏惧而允许自己去愚弄上帝,那么他想来就会得免于危险,安全地拥有着一切他所拥有的东西。但是使徒说"看哪,我们已经撇下所有的",而他绝不会想到要在这样的情形中有什么自责,他简直就将之视作是对自己有好处的,是某种必定会令上帝喜悦的事情。然而,他当然加上"跟从你(基督)";因为,自然,如果一个人放弃并且撇下一切东西为了去跟从自己脑袋所想,那么他就在挑衅上帝了。

相反,事情确实是如此,基督要求基督徒,他应当自愿地放弃和撇下一切东西。在旧约的日子里,对人并没有这要求;上帝并不要求约伯说他自己应当放弃什么东西,并且考验着地,只明确地向亚伯拉罕要求以撒[10]。但基督教当然也是自由之宗教,"那自愿的"恰是"那基督教的"。自愿地放弃一切来跟从基督,这就是对"那基督教所应许的'善'的荣耀"的确信。出于对"试探上帝"的畏惧,怯懦而畏缩地不敢冒险去这样做,是一种奴隶的精神[11];狡猾地假装仿佛这是因为自己害怕试探上帝,则是愚弄上帝。有的东西是上帝不能够剥夺一个人的，这就是"那自愿的"，——而这恰恰是基督教所要求的。上帝能够剥夺走一个人的一切；但是他把"自愿地放弃一切"留给一个人自己去决定，而这恰恰就是基督教所要求的东西。所有那些自愿地撒下一切来跟从基督的荣耀的人们[12]，他们进入所有这些麻烦和艰难、遭受所有讥嘲和迫害，从人之常情上说，这是他们咎由自取；他们承受死亡之苦，这是他们咎由自取。他们曾经（是的，这要说一下，他们的做法在世界的眼里是在令他们受藐视，在上帝的眼里是他们的荣誉）完全能够做到让自己退缩，避免所有这些危险；但是自愿地撒下所有的东西。这是"那基督教的"——并且因此正是引起人愤慨的。因为不管怎么说世界能够理解这一点：一个人会为那些承受不可避免的损失的人们找到一小点安慰。但是，如果一个人自愿去让自己遭受损失和灾难，那么，这在世界的眼里则是疯狂，——而完全正确地说，这就是"那基督教的"。

  自愿地撒下一切东西来跟从基督，这是世界既不能够也不愿意不受冒犯地去听见的东西，这也是所谓的基督教世界[13]更想要隐瞒掉的，或者，如果这还是被说出来了，那么它更想要忽略掉，在每一次都以这样的方式来听，去让人由此得出一些什么别的结论来。因此，这样的事情不是不可能：甚至一个其意图是令人惊骇的讲演也许会起到安神的作用。比如说，一个人可以把事情描述得，当然事情也确实是这样，描述得如此可怕，在那些基督教世界中早已消失的时代，在各种基督徒遭迫害的时代，一个人也许敢冒险出去成为烈士，而现在，在已经以各种各样的方式承受了苦难之后，在更长久的时间里，在最后的、在生命危险的、在"痛楚的死亡"的瞬间倒是可能丧失了勇气，变得沮丧，——不再认基督教。于是，这该是那令人感到恐怖的事情，这也确实是。但是，在哪里，又会有"那催人安眠的东西"的可能性呢？这催人安眠的东西是或者将是错误的运用，如果这里加上，或者如果它允许听者沉默地加上：我们没有以这样的方式拒绝基督教，——我们，也许是借助于怯懦的聪睿知道怎样保持让我们自己处于每一种危险之外，而我们的基督教则是在这危险之中能够得到考验。唉，那么，怎样一种类型的拒绝是最糟糕的一种？无疑是后一种，那怯懦的、狡猾地算计的、一年又一年地继续的、延续一辈子不间断的、每一天的（哦，要执行基督关于"每一天的拒绝"的命令[14], 是多么可怕!), 那每一天的对基督的拒绝。当然, 这拒绝不会变得如"一个这样的不幸的人在痛苦煎熬的死亡的决定性瞬间拒绝基督"的情形那么明显（至少不是在一种戏剧的意义上; 然而, 对于知人心者[15]和全时在场者[16]来说, 无疑是足够明显的）。但是, 最糟糕的是, 对此我们无法有任何怀疑。然而, 对于每一个其罪已被意识到的人来说, 拯救与希望仍存在并且总是存在, 他的罪越是会向他显现为一个可怕的形象, 拯救就距他越近。但是对这一聪睿所耍的狡猾游戏, 则不存在任何拯救; 秘密恰是在于"维持这'一个人并不曾拒绝基督'的表面"。在罪与罪之间有着差异, 这每个人都知道; 但是有一种差异却是我们似乎并非一直足够地留意的、介于这两者间的差异: "瞬间之罪"或者"瞬间里的罪", 与"持续的、每天的罪"或者一种"带着对这些关系的意识和概观而让自己去在罪中适应、并且另外还为自己提供了必需的虚伪以便保留一种'善'的表面"的生活。成语说,"行罪是人性的, 但继续不断地停留在罪中, 则是魔鬼性的", 然而我们所谈论的这种, 则还要更可怕, 这种有意识地让自己狡猾地在罪中适应, 或者如果不是完全对此有意识的话, 但却还是有意识地让自己在灵魂之中保持一种对于"自己有足够的理由不想去搞清楚的事情"的含糊性。——在罪与罪之间有着差异, 这每个人都知道; 但是有一种差异却是我们似乎并非一直足够地留意的: 介于那"被世界看作是可鄙的"的罪和那"被世界看作是'善'（或者对此世界还是有着缓和并美化的名称）"的罪。后一种罪明显是最糟糕的; 因为,"那被世界看作是罪的罪"要能够成为最糟糕的罪, 这是不可能的, 如果那样的话, 那么世界本身倒会是好的了。所有罪都是来自"恶", 但是, 那种"世界有着为之准备好的缓和性的名字"的罪, 它则是在更严格的意义上的罪, 是第二次来自"恶"的罪, 它可是在那种"本是世界之罪的邪恶性"之中有着支持和认同的。因此, 在上帝的眼中, 再也没有比聪睿之罪更可鄙的罪了, 恰是因为这种罪有着世界的认可。或者, 如果我们继续谈论这举出的例子, 这东西是什么, 如果世界会是诚实的话, 它在这一个这样的不幸的"在决定性的瞬间拒绝信仰"的人身上所谴责的这东西, 在严格的意义上是什么? 除了"他太不聪明以至于去这样过分地冒险, 乃至他的拒绝会以这样一种决定性的方式来变得臭名昭著"之外，再也不会是别的东西了。因而，这被谴责的是他的第一次，是开始，但开始当然恰恰就是好的；那不是这样地开始的人，他则也绝不会到达"那荣耀的"，亦即，在痛楚的死亡之中仍忠实于自己的信念。聪睿之罪是这样行罪的：一个人狡猾地知道怎样避免惩罚，是的，狡猾地知道怎样去给出一种善的表象。聪睿之罪狡猾地知道怎样避免每一个决定[17]，由此来赢得"从不曾拒绝"的殊荣，而这则被世界视作是"非凡的事情"。因为世界其实并不恨"恶"，相反它倒是恨"那不聪明的"，亦即，它爱"恶"。——"看哪，我们已经撇下所有的跟从你"——而我们，我们将要得什么呢？

"看哪，我们已经撇下所有的跟从你"。使徒彼得不是什么在生命的初始这样如痴如醉地谈论"撇下一切东西"的少年人。他自己真正地知道他由此所领会的东西，我们知道，在他这样说的时候，这有多真实，这会多么真实地在他以后的生活里继续，这"使徒撇下了所有的东西"是多么的真实。

他离开自己通常的活计，一种平静的满足于菲薄的收入、在安全之中过日子的市民生活[18]；他撇下了对"几率可能的事情"的安抚心灵的信任（一个人通常是在这"几率可能的事情"之中有着自己的生活，除了通常发生的事情之外不会受任何别的考验）：他撇下了那确定的而选择了那不确定的。因为基督（为了追随祂的缘故，彼得撇下了一切）不是什么能够每年给自己的门徒某种确定收入或者给予他们一种固定职位和一种生计的富人，——祂，一切人之中最穷的人，祂这在自己的生活的关联上只对"祂将被献祭"这一件事是确定的人。但是，一旦基督呼唤彼得，他就撇下所有这一切，《马太福音》（4：20）上这样写道[19]。这是一个慷慨的决定[20]，我们不可以想象彼得，一个与我们一样的人，想象他的低级本能或许并不曾也在任何瞬间带着怀疑和忧虑在那里伺机以待；因为"那真正伟大的"不是这样地得免，不是没有怀疑和忧虑，相反恰恰是通过克服这些东西来是其所是。他则是作出了慷慨的决定去撇下所有这一切。但是"那慷慨的"的麻烦总是双重的，首先是那"在其自身去战胜'那低级而尘俗的'"的麻烦。然后，在这一点被做到之后，下一个麻烦就来了：在每一个时代，同时代的人都会觉得"那慷慨的"是那么痴愚而昏聩。因为，一个人选择一种生活，他通过这生活赢得了许多好处（这绝非是慷慨的），这是世界所赞叹的；但是，一个人放弃所有好处，甚至也放弃这"得到世界的尊敬"（这正是"那慷慨的"），然后世界觉得这是可笑的。——因而，彼得离开了那确定的而选择了那不确定的，选择了作基督的门徒，祂这样一个"自己没有可让祂来枕头的东西"的人[21]的门徒。彼得选择那不确定的，然而不，他没有选择那不确定的。他让自己去依附的，不是什么使得可能性保持同样地开放的冒险：有"在世界之中变成某种伟大的东西"的可能性，有"失去一切"的可能性。基督没有让门徒们对"那等待他们和祂的事情是什么"感到不确定[22]，——这等待着的，是确定的毁灭。因而彼得选择了这确定的毁灭。

他撇下家人和朋友和伙伴，撇下了他的交往圈子中人们的生活所立足的概念和观念，他变得对他们比那讲异乡话的人对他们更陌生。因为这是一种比语言差异更高、更为无限的差异，是介于两种人之间的差异，其中的一个只想着并且谈论着关于天上的东西、关于上帝的国和他的义[23]，而另一个则只想着并且谈论着关于收入、职业、妻子和孩子，以及城里有什么新事情，以及关于"在世界里有出息[24]"。他撇下了所有这些，尽管家人和朋友在一开始肯定在他们的话语里觉得他有点奇怪并且紧张，并且因此变得不再是他的朋友，他们讥嘲他，然后，在他们看见他的生活变得有多么危险之后，还会说：这是他咎由自取。

他撇下了父老们的信仰，因而他必须恨父母。因为这是基督的话中的意义：那不能为祂的缘故而恨父母的人，是不配祂的[25]，——彼得是配祂的。如果有一种宗教的差异，就是说，一种介于父子间的永恒地决定着的永恒之差异，儿子全心全意、竭尽全力、以全部灵魂[26]清楚地相信：只在这宗教之中有着至福，因而他当然就恨父亲，亦即，他爱某种别的东西如此之强烈，以至于他对父亲的爱就像是恨。如果一个人有着合法合理的、有着神圣的要求，有着对你的爱的第一要求，但在这样的情况下，"爱另一个人"，尽管这[27]只意味着"对那第一个变得毫不在意"，但这当然就像是"恨他"，恰是因为他有着对你的爱的要求。但是如此强烈地爱什么东西，以至于一个人认为，单是在它之中可以找到拯救，并且有着至福，而在它之外则是迷失，——这样，如果你父亲，你通过爱的最真挚的纽带与之关联着的父亲，他不相信这同一样东西，因而，如果那信仰者，他自己越是真挚地带着爱坚持抓住这唯一的其中有至福的东西，被迫（哦，恐怖，就像是去打自己的父亲！），被迫去这样想，不得不（哦，恐怖，就像是能够拒绝给予父亲生活必需品！），不得不把这样的想法放在心上去认定"由此看来，父亲是迷失了"，——这当然就是恨父亲。对另一个人，"相信他是迷失了"，这不是恨他吗，——难道这是"那更少一点的"[28]吗，这让人感觉是多么不可描述地沉重啊！因而，这就是恨父亲，或者更确切地说这是恨他但却爱他！哦，怎样可鄙的处境啊，去恨自己所爱的，以至于一个人的爱变成了恨；哦，所有灵魂痛苦之中最沉重的、最苦恼的，去恨自己所爱的，但却又爱他。想要为他做一切，想要为他牺牲自己的生命，——但却被绑定了，被绑定，是的，或者说被钉住了，或者说被像钉上十字钉那样地钉在这样的条件上，而这条件是一个人自己所不能控制的，这条件把至福联系到一种境况上，这样，如果没有这境况，就没有至福，于是，他的选择因而就必须是：要么放弃自己的至福而与自己所爱的人一同失落，要么自己去信托于至福——唉，以这样的方式，恨着地，放弃自己所爱的人！

他撇下了父老们的信仰，由此也撇下了他所属的民族，撇下了那其爱以最强有力的绑带将他绑住的故土。因为他现在不再属于任何民族，他只属于主耶稣。在信仰中他必须明白：这一上帝之选民[29]，他生来所属的民族，它被断绝了这关系[30]，不再有什么选民存在；他在信仰中必须明白，那本来对他而言确实是最骄傲的想法——"属于上帝的选民"，这想法从现在起对于每一个继续坚持这想法的人来说都是僵化和迷失。

以这样的方式，使徒撇下了一切，与一切把一个人与尘世捆绑在一起的东西、与一切把人囚禁在尘世的东西断绝了关系。他撇下一切，进入对基督的爱，或者说在对世界的恨之中，他撇下一切，自己的生活位置、职业、家族、朋友、人的语言、对父母的爱、对故土的爱、父老们的信仰，他撇下了自己迄今所崇拜的神。他撇下这些，不同于那因世界中的海洋而被与自己的故土分隔开的人；比那离开自己的父母而去与自己的妻子固守的男人[31]更真挚；比那离开娘家的女人更心灵激荡，——他根本就不转身回顾，他更不要求有埋葬死者的时间[32]。他撇下了这一切,是的,以最决定性的方式;因为他留在这地方,为所有他撇下的东西所环拥;他的生活的日常艰难,作为一种确定的见证,表达出了"他撇下了这些"。他仍留在他撇下的人们中间;这些人恨他、迫害他,这表达出"他撇下了他们"。他当然没有离开所有这些,不,他留下来见证"他撇下了这些",让自己承受着所有后果,而这则再一次又是"他撇下了一切"的见证。

"看哪,我们已经撇下所有的跟从你,将来我们要得什么呢?"使徒撇下了所有一切,而这是在曾有过的最严格的意义上的严肃,严肃地撇下所有东西,他的情形不同于我们的,我们的情形是:在丝毫不改变"那外在的"之中的任何东西的情况下,确定"我们是愿意撇下所有东西,如果这是对我们的要求的话"。现在使徒问:"将来我们要得什么呢?"——并且,我问,或者最好是,你问你自己,我的听者(因为这样做是最正确也是最有用的),你问:将来我们要得什么呢?

哦,再也没有什么东西是比人心更不可靠而诡诈的了,在寻找藉口和辩解理由上富有无比的创造力;无疑也没有什么东西是比"在上帝面前的真正诚实"更艰难更罕见的了。确实,我们应当警惕,不要让自己在这里作一种惩罚训诫的布道,尤其是要警惕不要让自己相对于别人去成为那种"简直就像在要求支付上帝的应付账款"的人。因为,固然上帝能够向每一个人要求诚实——因而是向"我"要求;但此中绝不意味了我会是被要求去以上帝的名义向别人要求这诚实。如果我让自己看上去是有着这样的一个职业,那么我就是在为自己招致一种对上帝的不诚实。不,我们不想以这样的方式来吓人。但是"对上帝不诚实"的恐怖有着另一个方面。对于每一个人,不管所有其他帮助对于他是在场的,还是这帮助破灭,在天上和在地上只有一种帮助,亦即,这:"上帝帮助他"。但是上帝又怎么能够帮助一个人,如果一个人对上帝不诚实?人们也许常常认为,上帝帮助得很缓慢,或者那在世界统治[33]之中的无限多的各种关系的复杂性使得这帮助如此缓慢地对人起到好的作用。哦,绝非如此;上帝迅速地帮助,比思想更迅速;对于上帝根本就没有什么复杂性。但是,在"欲求帮助"上,人对上帝不诚实,并且无论如何,人在"变得诚实"上是很缓慢的。

如果一个人声称,如果他被这样要求的话,他愿意为耶稣的缘故撇下所有东西；好吧，我又怎么敢说这不是真的呢。但是看，在那个时代，在"要撇下所有东西"真正是严肃的时候，在这样的情况下，那时会不会有很多愿意的人呢，而那可以找得到的不多的几个人，他们是不是恰是在贫穷和卑微的人们之中被找到的？但是现在，现在既然这"真正严肃地按着字面意义去做而要撇下所有一切"不是一件那么容易做到的事情，那么现在，我们倒全都是愿意的了，——如果被要求这样做的话。让我们不要欺骗我们自己，不要欺骗上帝。把自己想得如此之高是没用的：继续拥有一切，然后还要设想有可能是一个这样的人。如果说上帝没有要求我们要撇下所有一切，那么，他仍要求我们诚实。绝非是不耐烦而急切地催促什么人去不耐烦而急切地尝试撇下所有一切，这也许不是上帝所要求的，并不向他要求，相反，我们倒是想要赞美诚实，这是上帝对所有人要求的；然而，把[34]这弄成一种套话，或者以一种套话的形式来把它说到我们所有人身上，这就是大错特错了；这事情，如果它真正成为严肃的话，在成千上万个人之中，只会有一个人能够完美地达成。——也许上帝并没有向他要求这个，这就是说，这是向每个人要求的，但这不是无条件地向每一个人要求的，亦即，这是被托付给了自由的。如果一个人信仰着地，并且因而是谦卑地去这样做，那么，他就是按基督教的方式在做；如果一个人谦卑地明白自己没有在这样做，谦卑地把自己想得很卑微，那么，他也是按基督教的方式在做。也许上帝不要求这个，亦即，也许上帝并不以这样一种方式来要求生活在基督教世界之中的我们。这自愿的事情，这"自愿地撇下所有一切"，无论如何，只有在这是，如前面所展示，为了追随基督的时候，因而是一致于上帝的要求，才是"那基督教的"；在基督教世界，这"自愿的"，只有在它面对上帝默契地明白那本质的差异——"那些使徒和最初的基督徒，是在犹太人和外邦人[35]的围绕之下，就是说，在非基督徒们的围绕之下，做着他们所做的事情"——的时候，才是应当被推重的。对于那生活在基督教世界里的人，——有一样东西是他无论如何都不应当像使徒撇下它一样地撇下的，这东西就是：父老们的信仰；在"受迫害"这一点上，这是并且继续是一个特有的麻烦：不是被犹太人、不是被外邦人，而是被基督徒处死，——为了基督教的缘故。[36]

第三部分　从背后伤害的一些想法

在基督教世界里有过一个时代,那时人们认为只能够这样修行:一个人真正地撇下所有的一切,逃进沙漠的孤独之中,或者努力让自己在城市密集的人群之中受迫害。另一种修行方式是存在的,它就是:真正地对上帝诚实。我不知道,而如果我知道有什么两样,但愿我会敢于说出不同的东西,我并不知道,在新约里有什么地方无条件地这样去要求一个在基督教世界的人,要求他按字面上的意义所说应当撇下一切,或者也许甚至要求他应当牺牲自己的生命,为基督教的缘故而被处死,——以便去作一个基督徒并且变得至福。但是,这是我知道的:一个不诚实的人,上帝是无法与之有什么关系的。因此,按我的理解,我们所选择的彼得的这些话——"看哪,我们已经撇下所有的跟从你,将来我们要得什么呢?",这是一个悔罪布道的主题;在你缘于这些话而问你自己"我们要得什么"的时候,这就是主题。如果不是出自恩典,没有人变得至福,使徒也只是被带入了恩典。但是有一种罪使得恩典变得不可能,这罪就是不诚实;有一件事是上帝无条件地会要求的,这就是诚实。相反,如果一个人以不诚实来蒙上帝,那么,一个这样的人,既不会搞明白上帝是否会要求他,让他在严格的意义上撇下一切,也不会懂得让自己谦卑地承认:他没有按着字面上的意义所说撇下所有的一切,但却把自己托付给了上帝的恩典。

哦,在使徒说"看哪,我们已经撇下所有的跟从你,将来我们要得什么呢?"的时候,和在一个谦卑地坦白说自己没有受这样考验并且诚实地在上帝面前承认自己从来就不敢相信自己做得到这一点的人说"将来我们要得什么呢"的时候,不管按人的理解这是多么不同,从上帝的恩典中,他们两个得到完全一样的东西。

注释:

　　[1]　[哪……将来我们要得什么呢?"(马太19:28)——将来我们要得什么呢?]　引自《马太福音》(19:27)。另外参看1847年8月的日记NB2:102:"使徒们说:'哪,我们已经撇下所有的跟从你,将来我们要得什么呢?'人们常常使用这些话来作警醒布道,——在我们的时代有多少这样的、'他们放弃了一切'这句话是适用于他们的人呢?"(*SKS* 20, 181)。另外可以看日记NB4:5,关于这个讲演,克尔凯郭尔这样写:"第一'我们已经撇下所有的跟从你,将来我们要得什么

克尔凯郭尔讲演集（1848—1855）

呢'？基督回答：你们将坐在宝座上，等等（参看《马太福音》19：28）。/这问题之中对于我们来说是讽刺性的成分——看来是根本不曾放弃任何东西的我们"（SKS 20，289，1—4）。克尔凯郭尔在标题中错误地写成"（马太19：28）"，这是因为他本来是同时考虑到第 27 和 28 句。这一讲演在日记里被写成"第一"是因为前一篇本来是被考虑做"序篇"的，就是说，作为第三部分的引入的讲演。进一步可以看 1848 年 3 月的日记 NB4：102："在塔乌勒（Tauler）的 Nachfolgung des armen Lebens Jesu Xsti（追踪耶稣基督的贫困生活）中（目前我阅读这本书作为陶冶），我发现与我在基督教的讲演第三部分第二个讲演之中所论述的东西有着极好的一致性。尤其是这里非常好：爱更愿听从忠告而不是服从诫命。因而（在边上写有：我也是这样描述的）这'放弃一切'是一个基督教的忠告，正如'你会这样做'是基督的一个愿望，但是他没有命令，也没有去把每一个不这样做的人论断为'不是一个基督徒'。"（SKS 20，335）。在边沿的补充之中我们可以看出，克尔凯郭尔所想是《追踪耶稣基督的贫困生活》（Johann Taulers *Nachfolgung des armen Lebens Christi*, Frankfurt am Main 1821, ktl. 282.）之中的"2den Afdl. § 33 p. 137"。

"我们已经撇下所有的跟从你"：参看《马太福音》（4：18—22）："耶稣在加利利海边行走，看见弟兄二人，就是那称呼彼得的西门，和他兄弟安得烈，在海里撒网。他们本是打鱼的。耶稣对他们说，来跟从我，我要叫你们得人如得鱼一样。他们就立刻舍了网，跟从了他。从那里往前走，又看见弟兄二人，就是西庇太的儿子雅各，和他兄弟约翰，同他们的父亲西庇太在船上补网。耶稣就招呼他们。他们立刻舍了船，别了父亲，跟从了耶稣。"

[2]［使徒彼得］ 《马太福音》（19：27）："彼得就对他说，看哪，我们已经撇下所有的跟从你，将来我们要得什么呢？"彼得本名西门，十二门徒之一。关于耶稣招彼得和其兄弟为自己的最初门徒，见前面注释。

[3]［基督对"进入上帝的国有多么艰难"作出确认］ 参看《马太福音》（19：16—24）。

[4]［有福了］ 指向《马太福音》（5：3—10）的至福赞词。

[5] 这句的丹麦文是"ved Hjælp af Munden at løbe fra sig selv, i hvad man siger at være mange, mange tusinde Mile foran sig selv."

Hirsch 的德译是"mit Hilfe des Mundes sich selber zu entlaufen, in dem, was man redet, viele tausend tausend Meilen sich seihet voraus zu sein."

Hong 的英译则有改写："by means of the tongue to run away from oneself in what one says and to be many, many thousands of miles ahead of oneself"（借助于嘴巴在自己所说的事情之中跑离自己，并且处在位于自己前面好几千英里的地方。）

[6]［天使的舌头］ 热烈地有说服力地说话的能力。保罗在《哥林多前书》

第三部分　从背后伤害的一些想法

(13∶1) 之中使用了"天使的话语"这一表述。

　　[7][说着"收取的也是主"的约伯]　　引自《约伯记》(1∶21)。约伯得知家里蒙受了诸多灾难和损失，得知儿女死去的消息之后说："我赤身出于母胎，也必赤身归回。赏赐的是耶和华，收取的也是耶和华。耶和华的名是应当称颂的。"

　　[8][约伯的虔敬]　　见《约伯记》(1∶1)"乌斯地有一个人名叫约伯。那人完全正直，敬畏神，远离恶事。"

　　[9][说"主的名是应当称颂的"]　　引自《约伯记》(1∶21)。

　　[10][明确地向亚伯拉罕要求以撒]　　指向《创世记》(22∶1—19)中的故事。上帝考验亚伯拉罕，要求他献祭自己的儿子以撒。

　　[11][奴隶的精神]　　指向《罗马书》(8∶15)，之中保罗写给罗马教众说："你们所受的不是奴仆的心，仍旧害怕。所受的乃是儿子的心，因此我们呼叫阿爸，父。"

　　[12][那些……荣耀的人们]　　对于基督教在最初几世纪之中因他们的基督教信仰而遭迫害和被处决的烈士的固定表述。

　　[13][所谓的基督教世界]　　见前面对这个名词的注释。

　　[14][基督关于"每一天的拒绝"的命令]　　可参看比如说《马太福音》(16∶24—25)："于是耶稣对门徒说，若有人要跟从我，就当舍己，背起他的十字架，来跟从我。因为凡要救自己生命的，(生命或作灵魂，下同)必丧掉生命。凡为我丧掉生命的，必得着生命。"和合版中译本中的"舍己"就是这里所说的"自我拒绝"。

　　[15][知人心者]　　参看《路加福音》(16∶15)，之中耶稣对法利赛人说："你们的心，神却知道。"也参看《使徒行传》(1∶24)以及(15∶8)，之中彼得谈论"主阿，你知道万人的心"和"知道人心的神"。

　　[16][全时在场者]　　在《巴勒的教学书》(14页)第一章"论上帝及其性质"第三部分第六节："上帝是在一切地方全在的，带着自己的力量在一切东西上起作用。他不会在任何地方不关注自己的造物"。上帝作为永恒既没有空间也没有时间的限定，因此可以说既是"全时在场的"也可以说"全在的（全处在场的）"。另可看施莱尔马赫的德语著作（Fr. Schleiermacher *Der christliche Glaube nach den Grundsätzen der evangelischen Kirche im Zusammenhange dargestellt* bd. 1－2, 3. udg., Berlin 1835－36 [1820－21; 2. udg. 1830], ktl. 258; bd. 1, s. 264－280.)。

　　[17]这个"决定"（Afgjørelse）是一个人对外在的人的命运或者事物的走向做作出的决定，或者一个人的命运受外来的权力所做出的决定。见前面对此的注释。或者参看后面"一个陶冶性的讲演"中对这个词的注释。

269

克尔凯郭尔讲演集（1848—1855）

［18］［他离开自己通常的活计，一种平静的……市民生活］　按照《马太福音》（8：14—15），渔夫彼得是结了婚的："耶稣到了彼得家里，见彼得的岳母害热病躺着。耶稣把她的手一摸，热就退了。她就起来服事耶稣。"

［19］［一旦基督呼唤他，他就撇下所有这一切，《马太福音》（4：20）上这样写道］　《马太福音》（4：18—22）。参看对这个讲演的标题的注释。

［20］决定（Beslutning）。

［21］［已没有可让祂来枕头的东西的人］　指向《马太福音》（8：20）。

［22］［基督没有让门徒们对"那等待他们和他的事情是什么"感到不确定］新约之中有很多地方，耶稣预示了各种等待着门徒们的迫害和苦难，尤其是《马太福音》（10：16—23）和（24：9），正如他多处预言自己受难和死亡，见《马太福音》（16：21；17：22—23；20：18—19），也参看《约翰福音》（15：18—21）。

［23］［关于上帝的国和他的义］　指向《马太福音》（6：33）。

［24］参看前面对"像模像样的一回事"的注释。"有出息"，就是说"成为像模像样的一回事"，丹麦语原文是 at blive til Noget，直译是"成为某物"，可以毫无问题地翻译成英文的 to become something 和德语的 etwas zu werden，在这一用法上都有着"成为似乎是很重要的某物"、"是个人物"的意思。

［25］那不能为他的缘故而恨父母的人，是不配祂的］　一方面指向《路加福音》（14：26）中耶稣对人众说的："人到我这里来，若不爱我胜过爱自己的父母、妻子、儿女、弟兄、姐妹，和自己的性命，就不能作我的门徒。"一方面指向《马太福音》（19：29），耶稣对门徒们说："凡为我的名撇下房屋，或是弟兄、姐妹、父亲、母亲、儿女、田地的，必要得着百倍，并且承受永生。"

［26］［全心全意、竭尽全力、以全部灵魂］　指向《马可福音》（12：30）："你要尽心、尽性、尽意、尽力，爱主你的神。"

［27］这个"这"就是指"爱另一个人"。

［28］［"那更少一点的"］　也许是针对各种受理性主义影响的新约释经，把《路加福音》（14：26）之中的"恨"解释为"爱得更少一些"。比如说，W. M. L. de Wette 对这一句的注释，他引用了《马太福音》（10：37—38）（亦即"爱父母过于爱我的，不配作我的门徒，爱儿女过于爱我的，不配作我的门徒。不背着他的十字架跟从我的，也不配作我的门徒。"），把希腊语的表达 οὐ μισεῖ（ou miseî）理解为一个夸张比喻、一种过于强烈的表达，他以德语"weniger als mich liebt"（比爱我更少）来取代。（德语文献：*Kurze Erklärung der Evangelien Lukas und Markus*, bd. 1, 2. Teil, in *Kurzgefasstes exegetisches Handbuch zum Neuen Testament*, Leipzig 1836, ktl. 108, s. 77）。

第三部分　从背后伤害的一些想法

另外也可以参阅《畏惧与颤栗》之中对此的讨论，我摘引部分如下：

在《路加福音》（14：26）中，大家都知道有一个关于对上帝的绝对义务的醒目教导："人到我这里来，若不恨自己的父母，妻子，儿女，弟兄，姐妹，和自己的性命，就不能作我的门徒。"（注释：也有译成"人到我这里来，若不爱我胜过爱自己的父母，妻子，儿女，弟兄，姐妹，和自己的性命，就不能作我的门徒"的。）这是一段很严厉的说词，谁能够忍受着听这样的话（注释：耶稣在迦百农会堂说出了食人子之肉和饮人子之血的必要性，一些门徒相互说："这话甚难，谁能听呢。"《约翰福音》6：60）？正因此人们也极少听见这样的说词。然而，这一沉默只是一种无济于事的逃避。不过，神学系的学生，他却得知这些话出现在《新约全书》里，他在某种释经的帮助材料中找到说明：μισειν（去恨）在这一段落以及几个其他段落中 per μειωσιν（就其意义而言）意味着：minus diligo, posthabeo, non colo, nihili facio（爱得少、旁置、不尊敬、不当一回事）。然而，这些词语所出现的关联看来却并不支持这一很有格调的解说。就是说，在接下来的文句中就有关于"一个要造塔的人首先考虑自己是不是有能力建造以免人们会在背后笑话他"的故事（注释：《路加福音》（14：28—30）："你们那一个要盖一座楼，不先坐下算计花费，能盖成不能呢。恐怕安了地基，不能成功，看见的人都笑话他，说，这个人开了工，却不能完工。"）。这一故事与前面引句的准确关联看来恰恰表明了，那些话要在尽可能可怕的意义上来理解，以便每个人都可以考验自己是否能够建造起这建筑物。

（若需较完整地看，可阅读社科版《克尔凯郭尔文集》第六卷：《畏惧与颤栗 恐惧的概念 致死的疾病》第72—75页。也可参看对之的注释（第25页，注释145）

［29］［上帝的选民］　就是说犹太人是上帝的选民。根据旧约，以色列是上帝与之定约的选民。参看《出埃及记》（19：5—6）和《申命记》（7：6）。

［30］［它被断绝了这关系］　见保罗在《罗马书》第9—11章中关于在怎样的情况下上帝丢弃或者想要拯救其以色列民族。

［31］［离开自己的父母而去与自己的妻子固守的男人］　指向《创世记》（2：24）："因此，人要离开父母与妻子连合，二人成为一体。"另外可看《马太福音》（19：5）和《以弗所书》（5：31）。

［32］［他根本就不转身回顾，他更不要求有埋葬死者的时间］　指向《路加福音》（9：59—62）中关于追随耶稣的境况的描述："又对一个人说，跟从我来，那人说，主，容我先回去埋葬我的父亲。耶稣说，任凭死人埋葬他们的死人。你只管去传扬神国的道。又有一人说，主，我要跟从你。但容我先去辞别我家里的人。耶稣说，手扶着犁向后看的，不配进神的国。"

［33］［世界统治］　参看《巴勒的教学书》第二章"论上帝的作为"第二段

克尔凯郭尔讲演集（1848—1855）

（《圣经》中关于上帝的眷顾以及对受造物的维持），§3：" 作为世界的主和统治者的上帝，以智慧与善良治理，任何发生在世界里的事情，这样，善和恶都会得到一个这样的他觉得是有用处的结果"（第23页）。也可参看第二章" 论上帝的作为"第二段（《圣经》中关于上帝的眷顾以及对受造物的维持），§5：" 在生活中与我们相遇的事物，不管是悲哀的还是喜悦的，都是由上帝以最佳的意图赋予我们的，所以我们总是有着对他的统管和治理感到满意的原因。"（从第24页起）

　　[34] 这个" 这"就是" 要撇下所有东西"。

　　[35] Hedning，译者一般是译作" 异教徒"。但是在和合本圣经之中这个相应的词被译作" 外邦人"，因此，在圣经的关联上，译者也沿用" 外邦人"的说法。

　　[36] 这一句在丹麦文原文之中因为句子结构而有着一种模棱两可。这句的丹麦语原文是："og en egen Vanskelighed er og bliver det dog med at forfølges, at henrettes ikke af Jøder, ikke af Hedninger, men af Christne – for Christendommens Skyld"，它也可以被理解为："在这一点上，'不是被犹太人、不是被外邦人，而是被基督徒迫害和处死——为了基督教的缘故'，这是并且继续是一个特有的麻烦。"译者在翻译的时候参考 Hong 的英译和 Hirsch 的德译。

　　Hong 的英译是："and there is and remains a distinctive difficulty in relation to being persecuted: to be put to death, not by Jews, not by pagans, but by Christians for the sake of Christianity."

　　Hirsch 的德译是："und es ist und bleibt, wenn man verfolgt wird, doch eine eigenartige Schwierigkeit, _ daß man nicht von Juden, nicht von Heiden hingerichtet wird, sondern von Christen – um des Christentums willen."

III 在我们爱上帝的时候，万事必定都为我们效力[1]

如果一个人以最庄严最强烈的表达来声称自己爱上帝，声称"上帝、只有上帝是他的爱、他的唯一、他的最初"，——而这个人，在有人问他为什么的时候，回答说"因为上帝是至高的、最神圣的、最完美的存在[2]"；如果这个人，在有人问他，他是否从来没有出于别的原因而爱上帝、他是否有时候也出于别的原因而爱上帝的时候，回答"否"，那么，人们就必定会对他有一种怀疑，怀疑他是一个狂想者，必定会很严肃地警告他要小心，千万别让他的这种狂想的心境发展到最后成为一种放肆。"那简单而谦卑的"是：爱上帝，因为一个人需要上帝[3]。固然这看起来是那么自然：一个人为了爱上帝必须设法高飞到上帝所居的天上；然而最正确而最可靠的则是在"谦卑地爱上帝"中留在大地上。固然，"因为上帝是如此完美而爱上帝"看起来是如此崇高，而"因为一个人需要上帝而爱上帝"看起来是如此自爱；然而，这后者却是一个人能够真正爱上帝的唯一方式。有祸了[4]，那"胆敢想去爱上帝而不需要上帝"的放肆的人！在人与人的关系中也许可以说得上"只为一个人的完美而爱他"这样一种狂想的爱；但是，一个人的爱与上帝的根本的首要关系是彻彻底底地去理解"一个人需要上帝"，简单坦白地就是"爱他因为一个人想要他"。那最深刻地认识到自己对上帝的需要的人，爱上帝爱得最真实。你不应当放肆地想要去为上帝的缘故爱上帝；你应当谦卑地明白：你生命的福祉永远地依赖于此，你应当因此而爱他。

于是，每一个人都问自己，为自己福祉的缘故，自己是不是爱上帝。这在最深刻的意义上是一个福祉问题：我爱上帝吗？如果回答是"是"，那么你的福祉也就有了永恒的保障；因为"万事都为爱上帝的人们效力"[5]。哦，这句话被人多么频繁地说出，重复，再重复，作为陶冶、作为安慰、作为缓解而被解释和被解说。人们展示了：经验是怎样确认其真相的，万事是怎样确实地为爱上帝的人们效力的。人们克服了各种怀疑，使这一点看上去就是显然理所当然地如此：无论一切在苦难、考验、精神磨难（Anfægtelse）[6]的时刻或者时代中显现得多么完全地不同，到最后，万事必定为爱上帝的人们效力[7]；对这想法来说，安宁是不存在的，任何怀疑都无法与这确定信念对抗，而到最后怀疑终究不得不认输屈服。[8]

然而，随后呢？因为这"万事都为爱上帝的人们效力"是永恒地确定的，是不是就可以由此推导出："我"爱上帝？而这却恰恰是起着决定作用的问题。与怀疑的所有各种异议作出的不带有个人情感的斗争越多，（在你——在反驳了所有这些异议之后——让事情看起来就仿佛是"现在一切都已得出定论"的时候），人的注意力就在越大的程度上从那"在严格的意义上起决定作用"的东西上被引开。是的，人们常常以一种奇怪的方式在错误的地点上忙碌。他们斗争又斗争，苦思又苦思，想要证明基督教的真理[9]，而在这被证明了之后，于是他们就抚慰自己，然后他们认为，现在一切都被搞定了。这是"在初始让自己安宁下来"，而其实一个人在到达终结之前是不应当安宁下来的，而这样的做法在我们的时代是特别地奇怪的，因为在我们的时代，人们本来是一直忙于去走得更远的[10]。哦，那对这事情只有很少理解力的人，很容易看出，所有别的都只是预备工作，一种进入那作为主项的事情的引子：现在，以这样一种方式，这是为我[11]的吗？但是，人们把事情完全翻转过来，因此人们开启了一项基督教做梦都想不到的工作。基督教被以一种神圣的权威被宣示出来；其意义在于，人们不应当浪费哪怕一瞬间去证明它是真的，相反，每个人马上应当各自转向其自身并且说：你要怎样地让自己与基督教发生关系？这一自我忧虑，这一考虑到"一个人自己是不是一个信仰者"的畏惧与颤栗[12]，是针对所有对于基督教学说之真理的怀疑的最好工具；因为自我忧虑的人带着自己全部灵魂力量在完全另一个地方工作。但是，因为人们完全废除了这一自我忧虑，人们也打开了一种类型的怀疑，一种撒旦都无法与之搏斗、但却能够将之发明出来的怀疑；一种类型的怀疑，人不可能与这怀疑搏斗，因为如果要与它搏斗，这其实是要求一个人走到它的这一边，就是说，为了克服它而自己去叛卖基督教。因为按基督教的理解，对付怀疑的唯一武器就是：沉默，或者，路德式的，闭嘴！[13]相反，怀疑则说"你让我进来，与我斗争，——用我自己的武器来与我斗争。"怎样的无理和怎样的不可能啊！如果一个撒谎者要说"你让我进来，用我自己的武器来与我斗争"，那么真理难道会得益于这建议，或者，得益于去赢得一场这样的胜利吗！

现在，因为这事情是如此，并且如此普遍，因此，这无疑会是有益的，如果人们把事情翻转过来，把人们从"那基督教的"上取下的人格之弹簧重新装上。在这个讲演之中就是这样；不是去证明事情是如此，万事都为爱上帝的人们效力，我们倒是完全简单地想要，正如事情本来应该如此，将之看成是永恒地决定了的，看成是一切之中最确定的事情，并且相反要谈论[14]

"在"我们爱上帝"的时候"[15]，万事必定都为我们效力。

因而，这讲演其实就是围绕着"在……的时候"这个词。这是一个小词，但却有着巨大的意味；这是一个小词，围绕着这个词的则是一个世界，人格的世界。你肯定知道那个以"简短地表达自己"闻名的民族[16]，你也许也还知道那个简短的回答："在……的时候"。看，这是超级强国骄傲地说出的，谈论它的无数军队在它征服了一切的时候所想要做的事情；那是一个短小的回答："在……的时候"[17]。所有这些证明和证明和反驳的情形，在一种多少有点相似的意义上也是如此，它们以骄傲的言辞谈论自己的能力，尽管它们——在它们自己不信的时候——却是连做哪怕一丁点事的能力都没有，尽管它们——在它们自己不信的时候——却是从这证明之中连一丁点的好处都没有得到，尽管它们——在你不信的时候——却是对你无法有一丁点的好处，无法以哪怕最微不足道的方式来帮助你进入信仰，而相反在你信的时候，它们对你来说则可以是完全无关紧要的。是啊，这就是这个小词，这个在……的时候！如果上帝是爱，那么这是自然而然：万事都为爱上帝的人们效力；但是从"上帝是爱"[18]绝不会推导出"你信'上帝是爱'"或者"你爱

275

他"。相反，如果"你"信，那么理所当然，你就必定会信，万事都为"你"效力；因为这当然是蕴含在你关于上帝所信的东西之中。在一种情形之中是这样的一个人，他放肆得简直就要设身处地地想象上帝并且证明某种关于他的事情，证明关于他的"他是爱"以及由此可以得出的东西；在另一种情形中，这人谦卑地明白，事情是这——"他是不是相信上帝是爱"，因为，如果他相信这个，那么所有别的事情就无需证明地成为理所当然：对于我，从证明得不出任何东西，对于我，从信仰得出一切东西。

于是，我们所谈的是关于这个在……的时候并且因此而关于信仰，在一切善[19]之中是最高的和唯一真实的善。因为所有其他善的情形是：与它们相关的有着一个但是，这样它们有着一个方面，从这方面出发，我们可以有这样的疑问：现在这种善到底是不是一种善，如果一个人没有得到这种善的话，这事情会不会对他更有好处。但信仰是有着这样的特性的善：如果你信、假如你信、在你信的时候、只要你信，哪怕你所最害怕的事情发生在你身上，你会信着地明白：这必定对你是最好的，因而是一种善。在怀疑对所有人们本来称作是"各种善"的东西有着控制力、有着使它们变得可疑的力量的同时，信仰则有着对会发生在你身上所有善和所有恶的控制力、有着使"这是一种善"变得毫无疑问的力量。

在我们爱上帝的时候，万事必定都为我们效力。

设想一个人拥有着所有幸运之好处[20]，从不曾触及任何痛楚与逆境，他的每一个愿望都得到满足，被心胸狭窄的人们嫉妒，被少年们推崇为幸福的人：他敢把自己看成是幸福的吗？是的，——在他相信上帝是爱的时候，因为这样一来，万事都为他效力。"在……的时候"，这是一个很坏的小词，这个"在……的时候"！是啊，有祸了[21]，那胆敢把对上帝的怀疑投进另一个人的心中的人；因为所有这些怀疑都是有罪的，"在另一个人身上唤起这种怀疑"就是"去诱惑"。但是如果一个严肃的人不怕去唤醒另一个人身上的那种"教会人怀疑自己"的怀疑，那种是自我忧虑之本源的怀疑，荣誉是这个人的，他应当得到赞美，他应当得到感谢。因而"在……的时候"，这个"在……的时候"，它是悔罪布道者。哦，也许你认为，一个悔罪布道者，他就像一阵在感官上令人惊骇的猛烈的暴风。不，真正的悔罪布道者，也像是上帝的嗓音一样，在一阵轻盈的微风之中到来[22]——然而并不因此就温和，而是严厉的，如此严厉，正如永恒之严肃是严厉的。真正的悔罪布道者只盯着一个目标，想要尽可能密切地趋近你或者我，单个的人，以这样一种方式来伤害他，以至于他现在在本质上对自己来说成了自己的悔罪布道者。你要留意这个"在……的时候"——在另一种意义上，还是要小心，你要爱这个"在……的时候"，因为如果你不爱，那么你就是在想要你自己的毁灭。然而你却要留意这个"在……的时候"：如果它击中了你，你也许要使用很多年才能够让自己与它两迄，或者更确切地说，如果它真正地击中了你，你永远都无法完全与这个"在……的时候"两迄，——你也不应当与之两迄。这个"在……的时候"变得像一支插在你心头的箭；它留在那里直至最终。因此如果有一个悔罪布道者，也许他在其形象中有着恐怖、在其声音中有着愤怒、咒骂、惩罚并且发着雷霆，不要怕他。这类东西只是一个游戏，并且只会继续是一种惊悚的娱乐。不，在每一个人的内心深处，那里住着他的悔罪布道者。如果他发言，他不是为他人布道，他不会让你去成为一个悔罪布道者，他只为你布道；他不在任何教堂里为聚集起来的人群布道，他在心的密室里——并且是为你——布道，不管你愿不愿听他；除了要注意你自己之外，他根本就没有任何别的事情要去留意的，在你周围的一切都静下来、宁静使得你完全孤独的瞬间，他会留意着让自己被听见。

你这幸运者，你这个让如此多人羡慕、让如此多人认为"你是幸运的"的人，——如果你被这个"在……的时候"伤到，或者如果你在它之上伤到你自己，那么，如果你试图想要在他人对于"你是幸运的"的担保之中寻找安宁的话，那么这只会是徒劳，哪怕所有人都联合起来向你保证这个，这都不会给予你丝毫确定性。你现在只与你自己有关，与这在你自己内心之中的悔罪布道者有关。他不会弄出许多话来，对此他了解太多，他只说"在……的时候"。不管你想要对他作一个长篇讲演，还是想要向他提出一个简短的问题，他只说"在……的时候"。如果你考虑到你的财富，想着你是怎样自己能够决定让自己的生活变得尽可能舒适、尽可能充满享受，更美好的是，想着你能够自己决定去为如此多的人做好事，如果你考虑到这些而想要认定你自己是幸运的，那么，这悔罪布道者就会说"是啊——在你信上帝是爱的时候，在你爱上帝的时候，因为，这时所有这些都为你效力"。这有点令人忧虑，这个回答；在一定的意义上这是如此冷然，在其模棱两可之中如此平静；这既不是一个"是"也不是一个"不"。如果你问他"难道我不爱上帝吗"，他就会回答"这我一无所知，我只说事情所是：在你爱上帝的时候，这时……"即使你要恳求祈愿他最终还是说是，即使你要以死要挟来威胁他说是，你也仍同样打动不了他；通过奉承或者请求，你是不可能赢得他的，如果不是在非常比喻性意义上说的话，你是无法杀死他的，不管怎么说，他并不怕死。但是，只要他活着，只要你还听见他的声音，他就重复这"在……的时候"。如果你想要对他说"我把我的财产的一半给予穷人们[23]，如果只要我可以得到确定，余下的真正为我效力"，那么他不会给你任何回答，因为他无法在这话语中回答你，或者他回答说"是，在……的时候"，如果你这时，因为感觉到在这个他对你说的"在……的时候"之中有着怎样的权力而被推到了极端，要说"我把我的全部财产给予穷人们，如果只要我可以得到确定，贫困真正为我效力"，那么，他会回答"是，——在你爱上帝的时候"。

在你爱上帝的时候，或者在你信"上帝是爱"的时候；因为，如果你信"上帝是爱"，那么你也爱他，——这样，万事就都为你效力。但是，不要搞错，不要在你的幸福的涌动情感之中随波逐流并且这样地爱上帝，就仿佛你其实并不需要他，因为你够幸福了。不，你应当学会需要上帝，因为你需要他而爱他，你这所有人中最幸运的人。你的福祉绝非，哦，绝非以你的幸福来得以决定，在你信上帝是爱的时候、在你爱上帝的时候，这时它才得以决定，但这时也永恒地得以决定。哦，你这幸运的人，在你信这个的时候，贺喜你的幸运！在这时，所有这一切都为你效力，你的财富，你的健康，你美好的天赋，你在你的爱人边上的喜悦，你在人众之中的荣誉和名望，你孩子们的天真烂漫的快乐，——在你爱上帝的时候，这一切都为你效力，而这时你是真的在至福之中。也就是说，不管一个人是多么幸福，如果他没有意识到自己的幸福，我们还是说，他缺少一样东西。但是对自己的幸运的真正意识是，让这意识（如前面所说，若没有这意识，幸运就不是幸运）被包容在、被蕴含在对于"上帝是爱"的意识中而拥有着它。一种关于"上帝是爱"的知识仍不是对此的意识。因为要有意识，个人的意识，这要求：我在我的知识里面另外还了知[24]着关于"我自己"和"我与我的知识的关系"。这就是"去信"，在这里是"去信上帝是爱"；而"去信上帝是爱"就是"去爱他"。

你肯定常常听说关于言辞的权力，关于那能够控制言辞者所能，然而，这个小小的"在……的时候"，在那对一个人说出它的是那在"这个人"的内在之中的悔罪布道者的时候，它有着无限的更多的权力。言辞的权力曾推翻过各种王座、改变过世界的形象，但这小小的"在……的时候"则有着还要更大的权力；在一个人永恒地在这个"在……的时候"上被改变的时候，这则是还要更大的改变。在一个人开始爱上帝的时候，这是一个永恒的变化，这变化比世界上最显著的事件更为显著。它是否发生，它什么时候发生，无人能够告诉他。在上帝的灵以这个人的精神来见证"他爱上帝"[25]的时候，他的内在之中的悔罪布道者能够有助于他去留意，帮他去在自我忧虑之中寻找这精神的确定性。但是，能够给予他这确定性的只有上帝。保持让他在不确定之中儆醒以便去追求确定性，这是那悔罪布道者所能的，他说：在你爱上帝的时候，万事都为你效力。他以这句话在生命之晨呼唤少年；他以这句话在生命的忙碌的日子里许许多多次以许许多多方式对着成年人叫喊；他以这句话阻止老人变得迟钝困倦。他不添加任何音节，他不去除任何音节，他不改变语音，不以别的方式发声；不变如一个死者，平静如永恒，他重复"在……的时候"。

在我们爱上帝的时候，万事必定都为我们效力。

你想象一个人，一切人之中最悲惨的，——人类的同情早已放弃并且离开他，唉，为了它自己的缘故，不敢靠近他，只希望，为了它自己的缘故，对所有他的悲惨一无所知，并且因此对"一个人真的会变得如此悲惨"一无所知；现在他敢不敢说，"发生在我身上的只有邪恶，而由此只是不断地有更多的邪恶到来"？绝不，是啊，如果他不爱上帝，那么他在这一点上可以是对的；但如果是如此的话，那么这所谈的自然也就是关于某种与他所谈完全不同的东西。因为这"不爱上帝"，神圣地理解，是一个人的决定性的悲惨，不管他除此之外是幸运的还是不幸的。相反，那被人类语言称作是匮乏、逆境、苦难、纯粹的悲惨，在一个人爱上帝的时候，所有这些也必定都为他效力。

然而它却是一个特别的双重存在物，这个"在……的时候"。然而，事情也确如它所应是的；因为，不是吗，悔罪布道者，如果他是真正的悔罪布道者，那么他就也总是安慰者，在人的帮助只是徒劳并且已放弃了那受苦者的时候，知道怎样去安慰和忍耐。因此他被人爱，在同样的程度上正如他被人惧怕。在绝望的黑夜，在每一道光都在受苦者面前熄灭掉的时候，——仍有一个地方，那里的光仍亮着，绝望者正是应当沿着这条路走，它是出路："在"你爱上帝"的时候"。在无告无慰的可怕瞬间，在不再有关于任何结论句子[26]的说法或者想法的时候，按照人的说法意义已不存在，而在这时候，仍有着一个句子，一个勇敢的安慰句子，果断地穿透进那最可怕的，并且创造出一种新的意义："在"你爱上帝"的时候"。在局势已定[27]之可怕瞬间，按人情说，在任何转变都已不可能的时候，——仍有着一个转变还是可能，它会奇迹般地为你把一切转向"善"："在"你爱上帝"的时候"。

但是，是谁对一个人说这个的？哦，在每一个人的内心深处住着一种安慰，苦修布道者住的地方也是在那里。如果另一个人想要为你作悔罪布道，那么这只会有很小的帮助，这另一个人帮不了你，这变成一场空洞的游戏；他能为你做的最大事情就是帮你自己去成为你自己的悔罪布道者。如果另一个人想要安慰你，那么这只会有很小的帮助。如果你在各种艰难的定决[28]之中受考验，那么，另一个人的安慰不会明白你，因此也就帮不了你；如果你真正变得很悲惨，那么，合情合理地说，你不可能要求，另一个人的同情有着胆量来真正触及你。但是在你的内心深处，在那悔罪布道者居住的地方，那里住着安慰，这个"在……的时候"。正如这个词不会让自己受"幸运者之恭维和祈求"贿赂，并且藐视他的威胁，它也同样地，赞美上帝，在患难的日子[29]里无所畏惧。如果你认为，那最病态的和最忧虑的幻觉有能力去发明一种能够令这句话沉默的恐怖，那样的话，你就错了。去告诉这一安慰者任何你想要告诉他的事情，去向他倾诉，说出那正在控制你的东西，不管你为此有了多么强烈的惊悚，它就在你的两唇之间，以至于你，尽管心灵之中充满了矛盾，想要推导出"上帝不是爱"，他毫不震惊，他只是重复说："在"你爱上帝"的时候"，这也一样必定都为你效力。

哦，最终的安慰，至福的安慰，哦，极度的安慰！因为，如前面所说，在人的同情停止的时候，在这一个人不敢进入那另一个人的内心时，在人的内心深处有着一种安慰；如圣经所说"你们里头应当有盐"[30]，这也是在说，在每个人的内心深处有着安慰。但是，这一安慰却绝没有拒绝其作为悔罪布道者的特质。因为，如果你在你的所有悲惨之中、在身处苦难的某种痛苦尖叫之中或者在面对你所畏惧的苦难的恐惧尖叫之中试图想要打动他给予你一种"你爱上帝"的确定性，那么，他会在这时回答"在你爱上帝的时候"。不要让你自己以为，他是真正出自对所有你这种悲惨的同情才说并且重复这安慰的话。不，这是因为他害怕，你绝望地让你自己坠进那"神圣地理解是一个人的悲惨"的东西，坠进那"不爱上帝"的悲惨。他不是专注于想要让你的苦难消失，他也无法给予你他所无法给予的，"你爱上帝"的确定性。但是，在悲惨为你做悔罪布道的同时，他作安慰布道，不是人的安慰，而是神圣的安慰；在神圣的安慰之中，悔罪总是被包括在内并且是被要求的。

哦，你这受苦的人，在你信上帝是爱的时候，或者换一句话说同一件事，在你爱上帝的时候（因为如果你信上帝是爱，那么你也爱他），那么所有这一切都为你效力。不要说你无法理解，所有这悲惨怎么会为你效力，也不要在怀疑的谬误面前放弃，以至于你开始这"上帝是否是爱"的问题；害怕你自己，但也在你自身之中找到安慰，留意这个在你的内心之中发声的小词吧：在你爱上帝的时候。"给予你对于'你爱上帝'的确定性"，这是这个词所不能做到的[31]，只有上帝，在他的灵与你的精神[32]共同见证"你爱他"的时候，在你与他一同知道"你信'他是爱'"的时候，上帝能够把这确定性给予你。但是这个词能够帮助你去追求这确定。在绝望想要笼罩住你的时候，这时，这个词仍造就向着拯救的前景；在你瘫倒在精疲力竭之中并且放弃你自己的时候，这时，这个词保持让帮助之可能性开放着，——在你爱上帝的时候。

281

在我们爱上帝的时候，万事必定都为我们效力。

你想象一个人，如果可能，具有不仅仅是非凡的精神之天赋，有着沉思方面的深度、有理解方面的锐利、有描述方面的清晰，我们从不曾也永远不会见到另一个他这样的人，一个思想家；他审思了关于上帝的本质，"上帝是爱"，他审思了那由此得出的结论，"世界因而必定是最好的世界[33]，一切事物为善效力"。他所弄明白的东西，他将之写进了一个文本，这个文本可以被视作是全人类的财产，人类的骄傲；它被翻译成各种语言，在科学的各种场合里被引用，被作为课堂授课的基础，并且牧师们从这文本里取得他们的证据。这个思想家，被各种优越的条件保护着——这当然也是科学探索所必需的，他迄今作为一个与世界不认识的人生活着。这时，这样的事情发生在他身上：他被扯到一个决定[34]之中；他不得不在一个决定性的瞬间、在一个艰难的事件中做出行为。这个行为引出了一个他最想不到的结果，一个令他自己和更多别人坠入悲惨的结果。这是他的行为的后果，——然而他确信，除了他在最诚实的审思之后所做的行为之外，他无法有不同的行为。因而，这里所谈不仅是关于一个不幸，而且是关于"他在这之中是有辜的，不管他知道自己是多么无辜"。现在他受伤了；一种怀疑在他的灵魂之中醒来，他怀疑这是否也会为他效力。这一怀疑马上在他——这思想家——这里进入了这样一种思维方向："上帝是否也是爱"；因为，在信仰者那里，怀疑有着另一个方向，是自我忧虑的方向。然而忧虑却在越来越大的程度上控制着他，以至于他到最后完全不知所措。在这一状态中，他去请教一个不认识他的牧师。他向牧师打开心扉并且寻求安慰。这位神职人员与时俱进并且以这样一种方式是一个思想家，现在想要向他证明：这也必定是最好的事情，必定会为他效力，因为上帝是爱；但是他[35]马上又确信，他不是适合于在思想讨论中与这陌生人谈这问题的人。在几次徒劳的尝试之后，这神职人员说："是啊，这样的话，我就只知道有一个忠告；有一本某某人写的关于上帝的爱的书，去阅读这书，好好研究它，如果它帮不了你的话，那么就没有什么人能够帮得上你了。"这陌生人回答说："我自己就是这本书的作者"。

现在，看，思想家写进那本书中的东西是极出色的；是的，我怎么会怀疑这一点呢。思想家对上帝的理解肯定也是真实而深刻的。但是思想家没有明白自己；他迄今一直生活在这样的幻觉之中，以为若"上帝是爱"得到了证明，这样就会自然而然地得出结论：你和我信"上帝是爱"。也许，作为思想家，他把"信"想得很无足轻重，直到他——作为人学会了把"思"想得不那么重要，尤其是纯粹的"思"。他的思维方向被翻转过来，他的思路变成了另一种思路。他不说上帝是爱，ergo（拉丁语：所以）万事为一个人效力；但是他说："在"我信上帝是爱"的时候"，那么，万事为"我"效力。那为他把一切倒转过来的，是这个"在……的时候"。现在这思想家作为一个人在生活面前成熟了；因为迄今在他身上一直有着某种非人的东西。正如人在自己是小孩子的时候得到一个名字，结果他就一辈子都叫这个名字；同样就是这样：在自己的生命里，曾有一次，在这个"在……的时候"上决定性地、永恒地伤了自己，并且因此就开始爱上帝，而与此同时，这个"在……的时候"总是在以后就绪着，保存这"人用来爱上帝"的爱，永恒地年轻，——正如上帝是永恒的[36]；永恒地年轻，在最初的激情的张力之中，但越来越真挚热忱。

在我们爱上帝的时候，万事必定都为我们效力。

现在，事情是不是如此，事情是不是真的如此，我能不能证明这个？哦，在"你"信这个的时候，如果"你"信这个，那么，你就会至福地让自己确信：不仅仅像通常那样，你所寻找的东西在这里，这样你不应当出去寻找它，而且你找到了它[37]，你拥有它。如果你信这个，那么，你就很容易理解：在每一个证明都欺骗性地为自己给出一个"要把你引向那你所具备的东西"的表象的同时，这证明都只是在把你从你具备的东西那里引开。

让我们相互明白对方。你当然很可能知道（谁不知道！）高贵的诗人（他让那不幸的女孩大致地这样说："我不再欲求更多，我生活过，并且我爱过"[38]，或者那在她的想法里会有的，完全是同样的一句话）的那句如此幸运地表达出的、如此真挚的：我爱过——并且生活过。为什么？因为她在人的意义上把情欲之爱（Elskov）看作是至高的好处，

283

因此她把这两个概念弄成完全是一个意思:"去生活"和"去爱";去爱就是去生活,去生活就是去爱;把她所爱的人从她那里剥夺走,那么生命就结束了,——但是她爱过。我们不想与这可爱的女孩争论,——另外,她自然也是最强者。她强过所有我们的理解力,——因为她信情欲之爱。她强过所有世俗的权力,她在某种意义上克服了死亡,不惧死亡;因为生命已被从她那里剥夺走,对于她,生命就是她的情欲之爱,——唉,她曾爱过。

但是现在我们看"爱上帝"的关联。无疑,这是至高的好处;就像上面我们谈论这女孩,虔诚地被自己的心欺骗,情欲之爱的情形是如此,同样,永恒之真理的情形也是如此:"去爱上帝"就是"去生活"。"去生活"!在人们这样地带着特别的强调使用这个词的时候,人们是以此来标示那完全而丰富的生活——这生活拥有"去生活"所需的条件;人们是以此来标示一种真正值得去生活的、一种简直就是在"至福的生活情感"之中膨胀开的生活。只有在一个人拥有至高的好处的时候,他才这样地生活;但这至高的好处是"爱上帝"。但是,这样,如果一个人,不管什么事情发生在他身上,他都是爱着上帝,那么他当然就拥有至高的好处;因为爱上帝就是至高的好处。哦,不是吗!如果你想要让我为"一种虔敬的促狭"的缘故、为对这一证明着的自以为是开一次玩笑的缘故而加上这么一句的话,那么我就这么做吧,如下:quod erat demonstrandum[39](拉丁语:这是所要证明的东西)![40]

在我们谈论关于损失的时候,事情也是如此。人们很愿意在关于损失、关于"一个人在世界上能够丧失的东西"的谈论之中忘记"至高的好处是爱上帝"。这样,如果一个人丧失了世界上的一切,如果他没有丧失对上帝的爱的信,那么他当然就没有丧失至高的好处。或者,你想象一下两个人,都是丧失了一切的,但是一个还失去了对"上帝是爱"的信,在这两者间有着什么样的差异呢?我们是不是应当以一种可怜的方式说:这差异是这一个还是比那另一个多少好一点?不,让我们说出真相吧,这差异是:这一个真的失去了一切,而那另一个则其实什么都没有失去,因为他保存了那至高的好处。

"——在我们爱上帝的时候"!哦,我的听者,也许习惯于向讲者要求一切的你,在这里你看见,一切是怎样都在听者这里的。你会否认这说"在你爱上帝的时候,那么所有事物都为你效力"的人所说是真的吗?你肯定不会。好吧,但是如果你要求他要招致一种特定的效果:令人安宁或者令人害怕,那么你就是在想要向他要求不可能的事情。因为,这真正的讲演将会招致的东西完全取决于这听者是谁。也许会有人,这讲演能够令这个人变得前所未有地恐惧,但这不是讲演之辜,辜是在于听者。也许会有人,他完全同意地对之说"是"和"阿门"[41],将之当作最至福的抚慰;但这不是讲演之功(Fortjeneste),功是在于听者。不是这讲演使这一个人害怕,不是这讲演使那另一个人安宁;是这一个或者那另一个,是他在讲演之中明白了他自己。

注释:

[1] [在我们爱上帝的时候,我们知道万事都为我们效力] 指向《罗马书》(8:28),之中保罗写道:"我们晓得万事都互相效力,叫爱神的人得益处,就是按他旨意被召的人。"

另外可看日记 NB4:5,克尔凯郭尔这样写及这个讲演:"第二。/在我们爱上帝的时候,一切事物都为我们效力。/在我们爱上帝的时候。(反讽)"(*SKS* 20,289,5—7)。

这个标题的丹麦文是"Alle Ting maae tjene os til Gode – naar vi elske Gud",译者本来是把这个标题译作"我们知道万事都为我们效力,只要我们爱上帝",因为时间连接词 naar 可以同时有表示时间的"在……的时候"、"如果"的意思,也有表示条件的"只要"、"如果"的意思,而是用"只要"在汉语中读得更顺。但是这里作者在强调这方面的细微差别,所以译者有必要把这个词限定在时间的表达上"在……的时候"。在这讲演稍后面的文字中有:"如果你信,假如你信,在你信的时候、只要你信"(hvis Du troer, dersom Du troer, naar Du troer, forsaavidt Du troer),这恰恰是把不同连词的细微差别罗列出来了。

[2] [上帝是那至高的、那最神圣的、那最完美的存在] 在《巴勒的教学书》第 116 页,"福音基督教宗教首要学义概述":"这(就是说创造、维持和治理着的)上帝用于各种至高的性质,是权柄、智慧、善良、神圣和公正中的最完美者"。

[3] [爱上帝,因为一个人需要上帝] 参看《四个陶冶性讲演(1844年)》中的第一个讲演"需要上帝是人的至高完美"。(社科版《克尔凯郭尔文集》第八卷《陶冶性的讲演集》第 73—96 页)。

[4] 丹麦语原文是叹息词"vee"。相应于中文圣经中的"有祸了"。

［5］［万事都为爱上帝的人们效力］　　随意地引用《罗马书》（8：28）。在《巴勒的教学书》第 25 页是这样引用《罗马书》（8：28）的："我们知道，万事都为爱上帝的人们效力"

　　［6］精神磨难（Anfægtelse）：Anfægtelse 是一种内心剧烈冲突的感情。在此我译作"精神磨难"，有时我译作"在宗教意义上的内心冲突"或者"内心冲突"，有时候我译作"信心的犹疑"或者"对信心的冲击"，也有时候译作"试探"。可参看前面有过的对这个概念的注释。

　　［7］［不管一切……显现得多么完全地不同，到最后万事必定为爱上帝的人们效力］　　《巴勒的教学书》第二章"论上帝的作为"第二段（《圣经》中关于上帝的眷顾以及对受造物的维持）§5："在生活中与我们相遇的事物，不管是悲哀的还是喜悦的，都是由上帝以最佳的意图赋予我们的，所以我们总是有着对他的统管和治理感到满意的原因。"（从第 24 页起）。这里引用的是《罗马书》（8：28），这在一个注释中被说及："如果我们在逆境之中坠入怀疑，则是不恰当的；既然我们其实是知道的，上帝的眷顾守护着我们，并且灾难只应是上帝手上的工具来推进真正的好处。"（第 25 页）

　　［8］译者觉得这个句子可以有两种理解，因为在丹麦语原句中有一个转折词要镶入上面所理解的意思有点牵强（译者译作"而"：……而到最后……），所以 Hirsch 的德译就跳过了这转折词。译者对这句子的另一种理解是"思想得不到安宁，没有任何怀疑能够忍受这种确定信念，但是，到最后这怀疑终究不得不认输屈服。"

　　这个句子的丹麦语是 "at der ingen Ro er for Tanken, at ingen Tvivl kan holde ud med denne Forvisning, men dog tilsidst maa give sig tabt og underlægge sig."

　　Hong 的英译是："that there is no rest for thought, that no doubt can stand up against this assurance but finally must give up and submit."

　　Hirsch 的德译是："der Gedanke komme nicht zur Ruhe, der Zweifel komme nicht auf wider diese Gewißheit, nein, er müsse zuletzt sich doch verloren geben und sich unterwerfen."

　　［9］［证明基督教的真相］　　可参看比如说《非科学后记》的第一部分："基督教真理的客观问题"。

　　［10］［在我们的时代，人们本来是一直忙于去走得更远的］　　"走得更远"、"出离"和"超越"是丹麦黑格尔主义中的固定说法，用来谈论"比笛卡尔的怀疑走得更远"；这之后，丹麦黑格尔主义者们又把这说法用在更广的意义上：超过了另一个哲学家，比如说，黑格尔。

　　［11］［为我］　　路德在其文稿中一再不断地使用"为我"这个语式（或者说

第三部分　从背后伤害的一些想法

"pro me"，他是以拉丁语表述的）以强调信仰关系中的个人化性质，比如说，相信基督教对于我（亦即"为我"）是真理，基督"为我"而死。比如说路德对福音的解释，《马太福音》（21：1—9），用于降临节第一个礼拜日，之中有："如果你想做一个基督徒，那么你就必须留意这句话：为你，为你，并且在之上坚持，无疑地信：如它们所说，发生在你身上"。引文译自丹麦语译本的马丁·路德著作（*En christelig Postille, sammendragen af Dr. Morten Luthers Kirke - og Huuspostiller*, overs. af Jørgen Thisted, 1.－2. del, Kbh. 1828, ktl. 283（forkortet *En christelig Postille*）；1. del, s. 17, sp. 1.）

　　［12］［畏惧与颤栗］　指向《腓利比书》（2：12）："这样看来，我亲爱的弟兄你们既是常顺服的，不但我在你们那里，就是我如今不在你们那里，更是顺服的，就当恐惧战兢，作成你们得救的工夫。"（和合本将"畏惧与颤栗"译作"恐惧战兢"）。

　　［13］［沉默，或者，路德式的，闭嘴！］　可能是指向《路加福音》（4：31—37）："耶稣下到迦百农，就是加利利的一座城，在安息日教训众人。他们很希奇他的教训，因为他的话里有权柄。在会堂里有一个人，被污鬼的精气附着，大声喊叫说，唉，拿撒勒的耶稣，我们与你有什么相干，你来灭我们吗？我知道你是谁，乃是神的圣者。耶稣责备他说，不要作声，从这人身上出来吧。鬼把那人摔倒在众人中间，就出来了，却也没有害他。众人都惊讶，彼此对问说，这是什么道理呢？因为他用权柄能力吩咐污鬼，污鬼就出来。于是耶稣的名声传遍了周围地方。"其中"耶稣责备他说，不要作声，从这人身上出来吧。鬼把那人摔倒在众人中间，就出来了，却也没有害他"。路德是这样翻译的："Und Jesus bedrohete ihn, und sprach: Verstumme, und fahre aus von ihm. Und der Teufel warf ihn mitten unter sie, und fuhr von ihm aus, und that ihm keinen Schade"（*Die Bibel nach der deutschen Uebersetzung D. Martin Luthers*）。

　　［14］［相反要谈论］　在明斯特尔（J. P. Mynster）布道的时候，他总是一次又一次使用这一表述的不同变体形式，作为一次布道的主题的引言。丹麦文文献可参看 *Prædikener paa alle Søn - og Hellig - Dage i Aaret*（所有礼拜日与节日的各种布道）。

　　［15］这个"在……的时候"的丹麦语是 naar，它可以同时有表示时间的"在……的时候"、"如果"的意思，也有表示条件的"只要"、"如果"的意思，而是用"只要"在汉语中读得更顺。但是这里作者在强调这方面的细微差别，所以译者有必要把这个词限定在时间的表达上"在……的时候"。

　　［16］［以"简短地表达自己"闻名的民族］　指向斯巴达人或者拉刻代蒙人，他们因"以非常简短的话来表达很多意义"闻名。

287

[17]["在……的时候"。……一个短小的回答:"在……的时候"] 在马其顿权重的国王菲利普（公元前382—336）写信威胁斯巴达人或者说拉刻代蒙人说要入侵他们的国土并把他们从自己的国土上驱逐出去的时候，斯巴达人或者说拉刻代蒙人给出了一个非常简短的回答:"Αἴκα（Aika）"（德文译成Ween"在——的时候"，更确切地应当是"如果"）。参看 *Plutarchi Chaeronensis varia scripta quae Moralia vulgo vocantur*, stereotyp udg., bd. 1 – 6, Leipzig 1829, ktl. 1172 – 1177; bd. 3, s. 365。德文译本《De garrulitate》（论话多），511a, *Plutarchs moralische Abhandlungen*,（译者 J. F. S. Kaltwasser）, bd. 1 – 9, Frankfurt a. M. 1783 – 1800, ktl. 1192 – 1196; bd. 4, 1789, s. 486。

[18][上帝是爱] 指向《约翰一书》（4:8）和（4:16）。

[19]这个"善"是一个复数。丹麦语是 Goder，其单数形式是 Gode。这个词在丹麦语里同时也有"好东西"和"好处"的意思。所以译者在有的地方需要译作"好处"的时候也将之译作"好处"。

在 Hirsch 的德译之中，他做了一个注释"Die Übersetzung des Folgenden hat mit der Schwierigkeit zu kämpfen, daß die deutschen Worte "das Gut" und "das Gute" im Dänischen zusammenfallen."

[20]这里的这个复数词"好处"的丹麦语是 Goder。

[21]丹麦语原文是叹息词"vee"。相应于中文圣经中的"有祸了"。

[22][像是上帝的嗓音一样，在一阵轻盈的微风之中到来] 指向《列王记上》（19:11—12）:"耶和华说，你出来站在山上，在我面前。那时耶和华从那里经过，在他面前有烈风大作，崩山碎石，耶和华却不在风中。风后地震，耶和华却不在其中。地震后有火，耶和华也不在火中。火后有微小的声音。"

[23][我把我的财产的一半给予穷人们] 指向《路加福音》（19:1—10）之中撒该所说。在耶稣到税吏撒该家的时候，撒该高兴地接待耶稣，并对耶稣说："撒该站着，对主说，主阿，我把所有的一半给穷人。我若讹诈了谁，就还他四倍。"（19:8）。

[24]Hong 在英译中把这里的对后面两者的了知也直接改写为"知识": "Consciousness, personal consciousness, requires that in my knowledge I also have knowledge of myself and my relation to my knowledge." Hirsch 的德译则仍保持了"了知"，但改写成动词形式: "Denn zu Bewußtsein, persönlichem Bewußtsein, gehört notwendig, daß ich in meinem Wissen zugleich von mir selbst und meinem Verhältnis zu meinem Wissen weiß."在丹麦语原文之中则使用现在分词"（是）了知着（的）": "Thi til Bevidsthed, personlig Bevidsthed, fordres, at jeg i min Viden tillige er vidende om mig selv og mit Forhold til min Viden."

［25］［上帝的灵以这个人的精神来见证"他爱上帝"］　　指向《罗马书》（8∶16）："圣灵与我们的心同证我们是神的儿女。"

这里，（上帝的）"灵"、（人的）"精神"、"圣灵"和（我们的）"心"在丹麦语中都是同一个词Aand，（德语是Geist）。一般在神（上帝）的关联上，译者将之译作"灵"，而在人的关联上译作"精神"。和合本圣经在这里对神（上帝）的关联翻译是"灵"或者"圣灵"，而在人的关联上译作"心"。

［26］"结论句子"，就是说，在假设判断之中的包含有结论的环节。

［27］这个"局势已定"的丹麦语是Afgjorthed，直译的话可以是"已被决定性"。

［28］这里的这个"定决"其实就是"决定"（Afgjørelse）。这个"决定"（Afgjørelse）是一个人对外在的人的命运或者事物的走向做出的决定，或者一个人的命运受外来的权力所做出的决定。见前面对此的注释。或者参看后面"一个陶冶性的讲演"中对这个词的注释。

［29］［患难的日子］　　这一表述在《诗篇》中多次出现，比如说（50∶15；59∶17；77∶3；86∶7）

［30］［如圣经所说"你们里头应当有盐"］　　引自《马可福音》（9∶50）："盐本是好的，若失了味，可用什么叫它再咸呢？你们里头应当有盐，彼此和睦。"

［31］这一句话的丹麦语是"Give Dig Visheden om, at Du elsker Gud, kan dette Ord ikke…（给予你对于你爱上帝的确定性，这是这个词所不能给你的……）"。Hong的英译做了不恰当的改写："If the words cannot give you the certitude that you love God – if the words cannot do this…（如果这个词不能给予你对于你爱上帝的确定性，如果这个词不能……）"。Hirsch的德译是忠实于丹麦语原文的："Dir Gewißheit darüber geben, daß du Gott liebst, das kann dies Wort nicht…（给予你对于你爱上帝的确定性，这是这个词所不能给你的……）"。

［32］（上帝的）"灵"、（你的）"精神"在丹麦语中都是同一个词Aand。见前面"上帝的灵以这个人的精神来见证'他爱上帝'"的注释

［33］［世界因而必定是最好的世界］　　指向德国哲学家莱布尼茨的哲学和宗教的乐观主义，它预设一种基础性的世界和谐，其基本想法如下：世界只在这样的程度上对应于这"上帝在创造世界的时候带着的"和"'事物的和谐'和人的自由允许的"目标。固然它不是完美的，但它却是所能够达到的最可能地完美的，设定人的自由和事物的不完美。因而它被视作是所有可能世界中的最好世界，不与上帝的全权、善良与公正相冲突。莱布尼茨在他的 *Essais de Théodicée sur la Bonté de Dieu, la liberté de l'Homme et l'Origine du Mal*（1710）中做了表述。克尔凯郭尔有着法语版文本（出自 *God. Guil. Leibnitii opera philosophica, quae exstant,* udg. af

克尔凯郭尔讲演集（1848—1855）

J. E. Erdmann, bd. 1 – 2, Berlin 1839 – 40, ktl. 620）和德语版翻译文本（*Herrn Gottfried Wilhelms, Freyherrn von Leibnitz, Theodicee, das ist, Versuch von der Güte Gottes, Freyheit des Menschen, und vom Ursprunge des Bösen*, udg. af J. C. Gottsched, 5. udg., Hannover og Leipzig 1763 [1710], ktl. 619.）神正论（theodicé, 希腊语"捍卫上帝"的意思）源自莱布尼茨，是关于相对于人的自由和世界中的恶去为上帝的善和旨意做合理性辩护。

另外，参看笔记3：23—24（*SKS* 19, 390—394 以及注释）。

［34］"决定"（Afgjørelse），是一个人对外在的人的命运或者事物的走向做出的决定，或者一个人的命运受外来的权力所做出的决定。

［35］这个"他"是指牧师。

［36］［上帝是永恒的］ 比较阅读《巴勒的教学书》第一章《论上帝及其性质》第三段，§ 2："上帝是永恒的，他既不是初始也不是终结。他是恒定地不变的，并且总是如一。"（第13页）

［37］［你所寻找的东西……你找到了它］ 也许是指向《马太福音》（7：7—8）。

［38］［高贵的诗人……那不幸的女孩……"我不再欲求更多，我生活过，并且我爱过"］ 对席勒的《特克拉之歌》的第二段：《Das Herz ist gestorben, die Welt ist leer, / Und weiter gibt sie dem Wunsche nichts mehr. / Du Heilige, rufe dein Kind zurück! / Ich habe genossen das irdische Glück, / Ich habe gelebt und geliebet》（"心已死去，世界空虚/它不再给予愿望任何东西/你，圣者，召回你的孩子吧！/我已享受了尘世的幸福，/我曾生活过、爱过"），《华伦斯坦三部曲》的第一部分《皮柯洛米尼父子》的第三幕第七场（《Die Piccolomini》（1799），*Wallenstein. Ein dramatisches Gedicht*（1791 – 99, udg. i 1800）. 德文版 *Schillers sämmtliche Werke* bd. 1 – 12, Stuttgart und Tübingen 1838, ktl. 1804 – 1815）；bd. 4, s. 145.）。

"高贵的诗人"是指德国诗人席勒（Johann Christoph Friedrich v. Schiller/1759 – 1805 年）

［39］［quod erat demonstrandum］ 数学证明中常用的结束语，类似于"证毕"。

［40］这里又是典型的克尔凯郭尔式的感叹，这个感叹句只有条件词句而没有主句（就是说主句被省略掉了）。这里的"这么一句的话，那么我就这么做吧，如下"都是译者自己加的。按原文直译的话就是这个没有主句的从句："如果你想要让我为一种虔敬的促狭的缘故、为对这一证明着的自以为是开一次玩笑的缘故而加上 quod erat demonstrandum（拉丁语：这是所要证明的东西）的话！"

Hong 的英译也作了改写："If you will permit me for the sake of a pious jest to make fun just once of this demonstrating conceit, I shall add: *quod erat demonstrandum* [which was to be demonstrated]!"

Hirsch 的德译保持了原文中的这种不完整句感叹形式:"Willst du, daß ich eines frommen Scherzes halben, um einmal diese beweisende Wichtigtuerei zum Besten zu haben, hinzufügen soll: was zu beweisen war (quod erat demonstrandum!)?"

丹麦文原文是:"Vil Du, at jeg for en gudfrygtig Spøgs Skyld, for engang at drive Gjæk med denne bevisende Vigtighed, skal tilføie: quod erat demonstrandum!"

[41] 阿门,希伯来语:确实。

IV 死人，无论善恶，都要复活[1]

我的读者，你也许自己曾碰上过这样的情形，或者，不是吗，你知道，这也是如此多人所遭遇的情形：一个人在自己的生活之中的不同时期会希望有人能够为他证明灵魂的不朽性。他不曾要求：这些证明会使得他的所有努力变得肤浅，他愿意自己思考着参与这工作。他获得某个相关的文本[2]，平静地坐下阅读了它，或者他从头至尾地听了一个以证明灵魂的不朽性为己任的讲座。那么现在，在这样的情况下，这个人的状态会是怎样的呢，我该怎样描述它？在市民生活中，我们谈论关于在城里有安全：公共安全得到了保障，人们在夜里很晚都能够平安地回家而不用畏惧任何危险；很少听说有盗窃，并且在这里只有过一次无足轻重的小小"盗用"；暴力袭击从不发生。因此人们是安全的，生活在安全保障之中。这样，在精神的意义上理解，安全的情形就是：各种思想去去来来，甚至各种有最决定性的思想也都擦过灵魂，乃至一个人让自己去进入最可怕的东西，或多或少地对之进行考虑；但是在内心深处的安全，它则是得到了保障的，一个人是安全的，也许我们还可以更正确地将之称作：一个人是放心的。

这一关于不朽性的说法[3]则相反，它的意图是与那公共的安全，或者在这里更正确地说，与那私下的安全决裂，它的意图是打扰安全感：它就像是一种袭击，大胆得如同光天化日之下的袭击，可怕得如同一场黑夜里的袭击。在它证明任何东西之前，——但不，让我们别把心思留在一种幻觉之中，它根本就没有想要证明任何东西。它对人作出区分，公正的和不公正的，并且以此来问你，你把自己看成是属于公正的人还是属于不公正的人。这问题把它置于与不朽性的最密切的关联之中，是的，它在严格的意义上不是谈论不朽性，而是谈论这一差异。难道这不像一场突袭！无疑，任何一个证明着的人都不会想到要作出这一分类或者提出这个问题，——这会过于靠近听者或读者；因为一个人害怕自己过于靠近听者或读者，——这[4]会是不科学而没文化的。挺奇怪的，人们害怕太靠近听者或读者，而与此同时人们却忙于向他证明与一个人最密切相关的东西；是的，再也没有什么东西是比一个人的不朽性更与这个人密切相关的。然而人们却想要在不太靠近他的同时向他证明这不朽性。想来他也许想要依据于这证明来这样地设想他自己的不朽性，而不去太靠近他自己或者自己的不朽性。以这样的方式，"证明不朽性"就成了一种游戏。而在这个游戏长期地被人继续并且受人喜爱的时候，如果一个讲演把不朽性当成是一切之中最确定的事情，直接带着由这不朽性得出的结论逼向一个人，尽可能地要靠近他，而不是想要证明它（因为这"证明"是将它置于与这个人的一定距离之外，并且使它保持这种距离），那么，这就变得像是一种突袭[5]。这讲演不是，在它证明不朽性的同时，请求你把你的注意力投向它并且平静地倾听，相反，它是以这样一种方式来袭向你："没有什么东西是比不朽性更确定的；你不用担心，不用浪费时间，不用以'想要证明它或者希望它得到证明'来寻找借口，——去畏惧它吧，它实在是太确定了；不用怀疑'你是否不死'，颤抖吧，因为你是不死的。"

这些话是保罗说的[6]，估计法利赛人[7]和撒都该人[8]都在同样的程度上对他恼怒。圣经明确地表述了，在保罗谈论不朽性的时候，那些不接受不朽性的撒都该人变得恼怒[9]；然而，是不是尤其因为他的谈论方式，所以法利赛人在本质上同样地被激怒？当然，对于保罗来说，有利的机会是有的，是的，就仿佛在各种情形之中有着一种对他的要求，几乎就像是时代对他有着要求[10]：为灵魂的不朽性给出一些证明。如果他这样做了，如果他召集会议，计划要就灵魂不朽性的各种证明做一些讲座，那么在这时，甚至撒都该人可能都不会有什么对之的异议。作为受过科学教育的人，他们也许有足够的自由意识去想诸如此类的想法："哪怕我们否认灵魂的不朽性，在另一个方面还是会有来自另一方面的某种说法，人们当然能够听他所说。"但是，以这样的方式带着一个关于公正或者不公正的问题冲向或者扑到一个人面前，以这样一种方式移动立足点，为走向"那个人私下的"（det Personlige）而离开"那科学的"；是啊，一个人对这样的一种行为感到恼火，又有谁会感到奇怪呢！作为有文化的人，人们聚在一起，一个严肃者们的圈子，这些人想要听关于不朽性的事情，关于"有一种不朽性存在"，关于"真地有一种不朽性、一种个人的不朽性"，关于"人们是不是真地会重新相互认识"[11]，关于"在永恒之中人们要以什么事情来打发时间"，关于"是不是真的这样：在那里、在那些穹窿高耸的大厅里[12]，在那里人们在自己的至高人格之中、在自己生命的最幸福的瞬间（在一个人做新郎的时候、在一个人在自己的科学协会[13]之中以自己的魅力迷住所有人的时候）之中重新找到自己"，被织入回忆之绣帷[14]；然后，不是所有这些，不是去度过一个愉快的时辰、并且作为严肃者在之后能够说"这却还是一个不朽性的问题"，而是让事情以这样的方式得以决定：你变得恐惧而害怕！

现在，是的，确实是这样，如果一个人从不曾以这样的方式来让自己的不朽性得到决定，以至于他变得恐惧而害怕，那么，他就从不曾信过自己的不朽性。在我们这个如此忙碌地要去证明不朽性的时代[15]，人们完全地忘记了这一点——这事实也完全符合这一点的；在我们这个时代，人们几乎就是开始无赖地让这个问题停在那里，就像是将之留给每一个人自己去判断：他愿意或者不愿意，是大部分地、几乎地、差不多地、在某种程度上地或者就这么一小点地愿意相信不朽性。因为不朽性对于人类来说正在成为一种奢侈，被留给了一个人的喜好。因此，恰是因此，有那么多所谓证明灵魂的不朽性的书被写下，——并且正因此我们有必要去为这事情给出另一个方向。于是，我们将谈论关于这些话[16]：

死人，无论善恶，都要复活，或者，关于灵魂不朽性证明，这样地表述：它只是太确定了，畏惧它吧！

因为不朽性是审判。不朽性不是一种继续的生命、这样一种在永恒的东西之中继续的生命，不，不朽性是对于公正的人们与不公正的人们的永恒的分隔[17]；不朽性不是什么直接跟在后面的继续，而是一种作为"那过去的"的后果的分隔。

那为关于不朽性的整个谬误给出机缘的东西是什么？它是：一个人

第三部分 从背后伤害的一些想法

移动了这事情的位置,一个人把不朽性弄成了一个问题,把那是一个任务的东西弄成了一个问题,把那"是一个'为行动'的任务"的东西弄成了一个"为思想"的问题。这是一切谬误和藉口之中最令人败坏的一个。一个完全地把"义务"弄成了一个"对思想而言"的问题的时代,这时代岂不也是最败坏的时代?因为,什么是义务?义务是一个人所应当做的事情[18]。不应当有关于义务的问题,而只应当有"我是否履行我的义务"的问题。不应当有关于不朽性的问题,关于"它是否存在"的问题,而问题应当是"我是否如'我的不朽性对我所要求的'那样地生活"。不应当有什么关于不朽性、关于"它是否存在"的说法,我们所谈应当是关于我的不朽性对我所要求的东西、关于我的巨大责任——"我是不死的"。

这就是说:不朽性和审判是完全同一回事。只有在我们谈论审判的时候,我们才能够谈论关于不朽性;自然,在我们谈论审判的时候,我们谈论不朽性。因此,腓力斯对保罗关于不朽性的说道感到害怕;因为保罗不想说得不同于他"通过'谈论审判[19]、谈论公正的人们与不公正的人们之间的分隔'来谈论不朽性"的方式。如果保罗想要以另一种方式来说的话,如果他按照更新的品味来把审判和不朽性分隔开,来谈论——或者喋喋不休地说着不朽性而不说出任何一句与审判有关的话,谈论关于不朽性,让它看起来似乎是"不存在什么审判",是啊,那么腓力斯当然就不会感到害怕,那么,腓力斯无疑就会带着一种有文化的人的关注来倾听,然后说"听这个人说话确实是很有意思的,但这是一种狂想的热情,不过,只要你听着它,它就能够为人带来娱乐,它与焰火[20]有着某种相似的地方"。

不朽性是审判。关于不朽性没有任何别的话可说;如果一个人说一句更多或者在别的方向上的话语,那么他无疑要小心这审判。但是一个人把不朽性弄成某种完全别的东西,并且因此是颠覆了它。通过想要证明它,一个人把力量从它那里抽走,把权威从它那里骗走,然后听任它留在原地,不管一个人是否想要认定它,而不是那恰恰相反的情形:要么你想要,要么你不想要,"你是否不死的"这个问题根本就没有被问及,——你只是要小心!如果一个有权威的官员给出什么命令,——如果在这时候有些什么人,自己觉得是想要通过证明"他是一个非常聪

295

明的人"等等来帮助他,想要说服属下的人们去服从这个官员,然后会是怎样呢?这样,这些雄辩者就是通过欺骗来夺走他的权威;因为他不是鉴于"他是聪明的"而应当被服从,不是鉴于这个或者那个原因或者诸如此类而应当被服从,而是因为他有着权威。在义务,不是作为命令者,而是被作为一种问题而置于事外的时候,那么,尽管人们去做了义务所要求的事情,他们仍没有去履行他们的义务;因为,义务要被履行是因为它应当被履行。这样,如果一个人借助于各种各样的证明而做到了去认定自己的不朽性,那么他也仍不是信自己的不朽性的。因为,你因为各种原因不会得出比"你是不死的"的几率性[21]多一丁点的东西。不,上帝已经完全地让你得免了这麻烦;你是不死的,你要为上帝给出账目:你是怎样生活的,你这不死的人!正因为你是不死的,你就避不开上帝,你无法把自己错放在一个墓穴里并且就像没事一样;你被上帝审判所依据的尺度就是"你是不死的"。

不朽性是审判,或者说,是公正的人们与不公正的人们之间的分隔。保罗就是这样地将之联系在一起的。他不把任何话语浪费在谈论不朽性、谈论"它是否存在"上,他所说的是关于"不朽性之所是",它是公正的人们与不公正的人们之间的分隔。这尘世生命的不完美性,它的尘世性正是:它无法呈示出这一介于公正的人们与不公正的人们间的差异。这里,在这一尘世生命之中,有着这混淆:不公正者能够给出"是公正者"的表象;公正者不得不受苦就仿佛他是不公正者;有一种不可穿透的黑暗覆盖着,分不清谁是公正者、谁是不公正者;公正看来就像是人们自己发明的东西,以至于大多数人认为是公正的东西就是那公正的,这样公正看起来就有着与所有其他尘世的东西一样的性质,只在一定的程度上是公正的,就像美的要求是既不大也不小,这公正也同样是一种中庸之道[22],以至于它不可以被过度地追求,因此,只有在(作为世俗中庸性的结论),只有在"痛苦"和"人们的反对"被赋予了那只想要公正、爱公正高于自己的生命的人的时候,事情才是公正的。但是,永恒生命的真实[23]和完美是:以永恒之严格永恒地呈示出对与不对之间的差异,审慎如唯永恒所是,带着一种"在尘世心念看来是卑微和古怪"的尊贵。因此,在永恒之中要在对与不对之间做出区别是足够容易的;但关键是,你不是在永恒之中才作这区分的,在永

第三部分　从背后伤害的一些想法

恒之中你要被审判：你是否在尘世生活之中曾作出这永恒想要作出的这区分。"那永恒的"是什么呢？它是对与不对之间的差异。所有别的东西都是无常流逝的：天地要崩溃[24]；所有其他差异都在消失；所有介于人与人之间差异都是尘世生活的间奏曲之中的一个部分，并且是某种正在停止的东西。但是对与不对之间的差异永存，正如他，那固定下这一来自永恒的差异（不同于那他在初始于天地间固定下的差异[25]）的永恒者，存留着，并且存留直至永恒，正如他，永恒者，存留，这卷起天空就像是卷起一件衣服一样[26]的他，改变一切，但从不改变自己，——因此也从不改变这一永恒之差异。"那永恒的"是对与不对之间的差异，因此，不朽性是公正的人们与不公正的人们之间的分隔。不朽性不是一种继续，不是以这样一种就像"现在的生活继续着"这样的方式让自己与现在的生活发生关系，不，它是分隔，以这样一种方式：生活固然继续着，但是在分隔之中。在"一种长久的生命"的意义上的"想要在死亡之后的生命"，这是一种毫无结果的、一种惰性的、一种软弱的想法；这是永恒之想法：在这尘世的生活中，人们要把自己分隔出去，分隔是在永恒之中。

但是，"那永恒的"怎么会是一种差异的呢？这"是一种差异"，要能够作为"那永恒的"，难道它不是一种太不完美的在（Væren）吗？那么好吧，"那永恒的"也不是这差异，"那永恒的"是公正。但是，公正之在（Væren）有着这一完美：它在自身之中有着一种翻倍；这一它自身所具的翻倍就是对与不对之间的差异。一种在自身之中根本没有差异的在（Væren）是一种很不完美的在[27]，部分地是幻想的在，以这样的方式是一个点的在。一种在自身之外有着差异的在，是一种消失着的在；这是尘世生命之各种差异的情形，因此这些差异是消失着的。那永恒的，公正，在自身之中有着差异，"对"与"不对"之间的差异。但是，如果人们，不是习惯于去相信"在对与不对之间有着一种永恒的差异"，不是实践这差异而让自己能在它之中有着自己的生活（这要花费很长久的时间和勤奋，因此整个尘世生命都被定性于此），——如果人们相反让自己转身背离这差异，而习惯于去认为"固然在对与不对之间这样地有着一种差异，但人也不可以那么迂腐"，认为"固然这有时候偶尔会做出差异，但如果将之弄成日常实践，那么

297

这就会败坏一切"，那么，这"本来就是在事情本身之中"的事实——"在永恒之中有着对与不对的永恒差异"，看来似乎就难以理解了。因为，如果在对与不对之间有着一种永恒差异（这本该是在此世已为人所见，唉，但却没有被看见）：那么它又怎么会不在永恒之中！随便拿一种尘世的差异来阐明这一点吧：一种差异自然是在它有着其居所的地方最清楚地被看见。让我们看这个差异：贵族的和平民的。在贵族生活在一个"在之中他是唯一贵族而别人都是平民"的城市的时候，那样，他无法强调其差异，平民对这差异有着压倒性优势；但是在他到了他自己的阶层的时候，因与同阶层的人们在一起而得以强化，于是你就看见差异了。对与不对之间的永恒差异的情形也是如此。在尘世生活中，它就仿佛被压倒了，无法真正强调自身的身份，被降格了；但是在它返回到了永恒之中后，它就完全重新获得对自己的控制。现在，不管我们相信这差异是在永恒之中，还是不相信它在永恒之中，它就是在永恒之中。"永恒"的情形并非是那常常发生在那强有力的人、那见识广博的人、一个思想者、一个老师身上的情形：他在最后，因为被巨大的数量压倒，不得不屈服。恰恰相反！在现世性之中看起来几乎就是，永恒已经屈服；因而，它没有在最后屈服，不，在最后它可怕地到来了。它在这尘世生活之中考验人们，它有时候让自己在这里的尘世生活之中被讥嘲，但是在最后，在最后它就给出审判；因为不朽性就是审判。

不朽性就是审判；而这与"我"有关；在"我的"各种思想之中，它是一切之中与"我"最相关的，正如在"你的"各种思想之中，它是一切之中与"你"最相关的。我无法以别的方式来理解这事情。但也许这是由于我的狭隘。因为，在我的想法之中我无法理解：会有一些人以完全另一种方式来考虑这事情。关于那将会在前面所说的永恒之分隔之中发生在他们身上的事情，他们是足够地确定的，关于他们的至福的事，亦即，"他们是公正的人"，他们是足够地确定的，或者，他们是足够地确定于"他们是信仰者"；而现在，他们抛出了"别人是否能够获得至福"的问题。对于我，这事情从不曾有着这样的外观，除了"任何一个别人都能够轻而易举地得到至福"之外，我从来就不曾想到过别的，只有在与"我"相关时，它才在"我的"各种想法之中是可疑的。是的，如果我抓住我自己有这样的行为，去怀疑另一个人（哪

第三部分　从背后伤害的一些想法

怕只是一个）的至福，那么这就足以让我自己放弃所有对我的至福的希望。

　　但是这事情必定是被以两种方式中的一种被展示出来；一个人无法同时在两个地方，也不可能同时在两个地方致力于自己的各种想法。你要么在自我忧虑的想法"你是不是会获得至福"里，带着自己的全部灵魂的努力在畏惧与颤栗[28]之中不停地工作；这样，你就确实既不会有时间也不会有想法去怀疑别人的至福，并且也不会觉得想要去这样做。你要么自己在你自己的事情上就变得完全确定，——然后你有时间去考虑别人的事情，有时间去担忧地站出来为别人的缘故而颤栗，有时间去作出担忧的姿势和态度，有时间去实践那种"在你为另一个人缘故而颤栗的同时看上去是在颤栗着"的艺术。

　　然而，如果一个人，在他处理这个永恒地决定着的问题的时候（比一个外科医生使用手术刀的确定性更值得钦佩，因为相对于那个关于一种永恒至福的问题，要做到"不在自己身上而在另一个人身上开刀"则是不可能的），如果在这时他以这样一种方式变得如此完全确定、如此了如指掌地确定的话，那么，他也毕竟并非一向都是如此确定的。因而，他是随着时间的流逝而改变了自己。这是自然的，一个人随着时间的流逝当然会改变自己。看，在一个人变得年长的时候，那么在生理方面会有一种变化出现：皮肤精细如丝绒般的表面变成了起皱的干皮，关节间柔软的连接处变僵，胫腱硬化，骨头钙化，——难道这一变化、这一确定性，这是更好的事情吗？一个年轻女孩，曾经她只要听见"他的"名字就会在脸上泛着红晕，她独处时高声提及这名字就会有红晕；一个年轻女孩，每次钟声敲响指示出"他"将到来的时候，她的心就会剧跳；一个年轻女孩，她只要想到这个就会颤抖，并且，如果她做出哪怕一丁点微不足道的有可能让他不快的事情，她都会失眠；一个年轻女孩，她曾因为恐惧"他"会有一瞬间待她不如往常那么温柔而变得死一样冰冷；这个年轻女孩现在与他结婚多年。现在她变得确定了，确定地知道自己完全是配得上他的；她感觉不到任何少女的微妙感觉，她对与自己有关的事情是完全地确定的；她自取其悦，——而如果事情不是如此，如果她没有取悦，我几乎说"爱人"[29]，但是现在我们当然不谈这个，她没有爱人，尽管她有他作为丈夫；她只是专注于论

299

断别的妇人；她在其改变了的状态完全地自得其乐，她不同于那个老人——那个佝偻着、其胡子垂到膝盖的老人，在他被问及他为何如此难过的时候举起双手回答说"我在大地上丢失了我的青春，现在我在到处寻找它"[30]，——她什么都不寻找；她，曾经寻找过的她，唉，曾带着全部恋爱之真挚寻求去取悦，现在，她自取其悦，她是完全地确定的。难道这一确定性是一种通往"那更好的"的变化？

不，避开那败坏人的确定性，哦，上帝，拯救我远离"在任何时候变得完全确定"，让我只是在不确定之中走到极端，这样，如果我接受到至福，那么，这就会完全确定地是"我蒙受恩典而得到这至福"！因为，去保证"一个人相信'这是蒙受恩典'"——然后却又完全地确定，这是一种无中生有的装模作样[31]。对于"这是蒙受恩典"的真正的、本质的表达恰恰就是"不确定性"之畏惧与颤栗[32]。在那里有着信仰，以同样的距离远离绝望恰如远离确定性。那浑浑噩噩地、不思考不朽性地生活下去的人，他也许还是不能被说成是"鄙视那至高的善"；但是那变得完全确定的人，他则是在鄙视那至高的善。那轻率地活了一辈子的人，他无疑可以被说成是丢弃了自己的不朽性；但是那完全确定的人，则是更可怕地丢弃了它。永恒的上帝啊，因此而在我自己的内心最深处沉默地保存好我最深刻的忧虑吧，只为你所理解，这样，我绝不与任何人直接谈论这个话题。因为，否则的话，我也许就会在不久之后把事情驾驭得像其他人们一样地确定，比各种不同的其他人更确定，——并且是完全地确定；在各种确定和确定之中变得熟练直到我自己变得完全确定。让我得免于人众，让我得免于去欺骗任何别人；因为，如果你把自己的上帝关系处理得就仿佛是一种与其他人的直接关系，以至于你进入"比较"和"人际的确定性"，那么，这一欺骗只会是太过于靠近你了。如果有一个被许多人视作是罕有地高贵而正直的人，如果他想要继续停留在畏惧与颤栗[33]之中为"自己的至福"的事情而努力工作的话，那么，人们在这时就会变得对他感到愤怒。就是说，他们想要拥有他的确定性（Sikkerhed）来作为他们的安全感（Tryghed）的藉口，并且他们想要让他们的安全感去作为他的确定性。但是，你，我的上帝和父，这关于我的至福的问题与任何别人当然没有什么关系，而只与我有关，——并且与你有关。如果我是我所是，你是你所是，我在地上，你在天上，唉，差异是无限大的，我是一个罪人，你是神圣者，那么，直至最后，在畏惧与颤栗之中是不是必定会有不确定性呢！那么，难道不会有，难道不应当有，难道不是必定会一直有着畏惧与颤栗，直到最后？或者，这岂不就是那些愚拙的接新郎的童女们所犯的错吗，她们变得确定而睡着了；而那些聪明的则相反保持让自己清醒着[34]？但那使得一个人醒着的东西是什么呢？那是畏惧与颤栗之中的不确定性。如果信仰不是醒着的话，那么它除了是一种空虚的幻想之外又会是什么呢？在信仰不是醒着的时候，那么，它除了是前面所提到的那种败坏人的确定性之外又会是什么呢？因为，那从不为自己的至福担忧的人，他也不会变得确定；但是那睡着了的信仰，它则是确定性。

这样，这与我有关，在我的想法之中是先于一切地最与我有关；我能够明白，这也是以这样一种方式在你的想法之中是先于一切地最与你有关。我无法以别的方式明白你，我不想要以别的方式明白你，我不想要以别的方式被你明白。相关于我的至福的事情，我一无所知；因为我所知的东西，我只是在畏惧与颤栗之中与上帝一同而知道的，因而，关于这个我无法谈论。如果我们在国家议会[35]里谈论什么事情，但这事尚未被决定，那么"去在城里讲述这事"难道不是一种犯罪吗，——而我的至福就是尚未被决定的。相关于你的至福的事情，我一无所知，关于这个只有你能够与上帝一同知道。但这是我信的：死人都要复活，公正的人们复活，——不公正的人们也复活。

我的听者！这个讲演还是令人安心的吧？你不可能讲演得更令人安心了，在一个人对那如此想要去信不朽性、如此想要看见它得以证明的人说"在这方面你完全可以安心，你是不死的，不管你是否愿意"的时候[36]，你不可能说得更令人安心了，除非这恰恰会是那让人不安心的说法。然而如果这是令人不安的话，那么，那"如此想要并且如此想要以及诸如此类"的人，在他口里和心里也有过诡诈[37]。如果他是诡诈的，那么，他的不安就不是我的辜，我这个（如果他所说的事情在他那里是真的）按理是曾与他说过话来令他安心的人。如果在他那里有着诡诈，那么他在严格的意义上就恰恰是他说自己所是的对立面，他害怕不朽性，——因此他很想要让它得到证明，因为他隐约地明白，不朽性，在它成为了证明的对象之后，就被推下了宝座，被废黜，成了一个无奈的可悲形象，可被人调笑，就像非利士人对参孙所做的[38]。在人类中、在这一代人之中有着一种狡诡，它比那最狡猾的政治家更阴险叵测。这一人类之狡诡正是那把不朽性的位置弄反的东西；单个的人们绝非总是明白，这一切是多么诡计多端，因此他们在一种轻信之中说出那几乎就是在空气之中的东西，因为它属于人类本性。那曾想要造反上帝的，正是人类，那曾想要让不朽性被废除并且已经使之成为了一个问题的，正是人类。因为，有不朽性在（并且这之中也包括了每个单个的人的不朽性），那么上帝就是主和统治者，而"那单个的人"让自己与他发生关系。但是，在不朽性成为了一个问题的时候，上帝就被废除了，而人类自己就是上帝了[39]。单个的人们也许感觉不到，他们是怎样处于人类的影响力之下，人类是怎么通过他们来发言的；因此他们以为，那呼唤他们并且将他们称作"单个的人"[40]的人是一个造反者，——不过他也确实是一个造反者，他以上帝的名义让自己去对"把人类弄成上帝、把不朽性弄成问题"造反。以上帝的名义，他造反，他呼吁人们去听上帝的话：死人都要复活，公正的人们复活，——不公正的人们也复活！

注释：

[1]［死人，无论善恶，都要复活］ 对《使徒行传》的随意引用。见《使徒行传》（24：15）："并且靠着神，盼望死人，无论善恶，都要复活，就是他们自己也有这个盼望。"另外可参看日记 NB4：5，关于这个讲演，克尔凯郭尔写道："第三。死人的复活，理解为无论公正者或不公正者。/你高兴吧，你不应当去问及那三个证明，——确实，你是不朽的——确实——因为你要面对审判。这是不朽性的新证明"（参看 *SKS* 20，289，8 - 12.）。

[2]［获得某个相关的文本］ 保罗·马丁·缪勒（Poul Martin Møller）的论文 "证明人的不朽性的可能性的思考（Tanker over Mueligheden af Beviser for Menneskets Udødelighed, med Hensyn til den nyeste derhen hørende Literatur）"，载于 *Maanedsskrift for Litteratur* bd. 17, Kbh. 1837, s. 1 - 72 og s. 422 - 453。见 *Efterladte Skrifter af Poul M. Møller* bd. 1 - 3, Kbh. 1839 - 43, ktl. 1574 - 1576; bd. 2, udg. af Chr. Winther, 1842, s. 158 - 272。

在第三章，保罗·缪勒插进了一个小故事"考虑到这里所谈的不朽性，为了

第三部分　从背后伤害的一些想法

阐明这心境，这完全有理由有一个标题叫诗与真"。有一个段落是这样的："叙述者在一些时候拜访一个他认识的未婚的簿记，他是在一次在与一个神学硕士大声对话之中与这个簿记认识的。他一进房，簿记就以下面的话来欢迎他：你来了，这很好；现在你要在费尔南德与我之间做判断。他在一瞬间之间拿回了一本很好的关于灵魂不朽性的书，他是直接去订书人那里拿的。现在他直接就拒绝我，不愿借我看两个小时。"稍后簿记继续说："从我还是一个男孩做作业在坎普的《指导》中阅读这方面知识的时候起，我就没有怎么特别想过灵魂的不朽性（……）。但我在根本上是一个宗教性的人。我完全认识到，要搞清楚这事情，这是值得去努力的，我在许多年都期待着能够有机会去阅读某些关于这方面材料的好书。"在谈话的后面，簿记说："我不装着让自己像是有着强大的精神；如果有人能够真正地为我给出一种关于灵魂的不朽性的具体证明，那就会是很宝贵的。如果我现在没有再次获得机会去阅读这本关于这证明的深刻的书籍的话，那么明白地说吧，我在黑暗的时分里就没有东西可依托了。但是，这其实是谁之辜呢，我的好费尔南德？顺便说吧，既然我们提起了这件事，那么作为神学家的你，在我用剃刀刮掉胡子的同时，你可以简要地为我演示一下灵魂的不朽性的各种最好的证明；但别太靠近我，我很容易割伤自己。——要告诉我我的想法，神学家说，这让我觉得很难，这想法对你来说是新的，甚至要为你弄清楚一瞬间都很难。"在神学家尝试了各种不同的神学表述（这些表述都被簿记认为是不可理解的而驳回）之后，簿记以这些话结束了谈话："现在你是通过重复《巴勒的教学书》中的一些旧定理来浪费了我们的时间，而不是为我作一种严格的证明。再见！"第二卷，第 177—180 页。

　　[3]［关于不朽性的说法］　《使徒行传》（24∶15）。参看前面关于"死人，无论善恶，都要复活"的注释。

　　[4]这个"这"就是"过于靠近听者或读者"。

　　[5]这一句的丹麦语原文是："Og naar denne Leeg er længe fortsat og blevet meget yndet, saa bliver det som et Overfald, naar en Tale, antagende Udødeligheden for det Allervisseste, kommer En saa nær som det er muligt ved, istedetfor at ville bevise den (thi det er at bringe den paa og at holde den paa Afstand fra En), uden videre at rykke frem med hvad der følger af den."

　　Hong 的英译是："And when this game is continued for a long time and becomes very popular, it is like an assault when a discourse, assuming immortality as the most certain of all, presses as closely as possible to a person by unceremoniously bringing up what follows from that instead of wanting to demonstrate immortality (since that places it at a distance and keeps it at a distance from one)."

　　Hirsch 的德译是："Solchermaßen wird eine Art von Spiel daraus, die Unsterblichkeit zu beweisen, Und wenn dies Spiellänger fortgesetzt und überaus beliebt geworden ist, so wird es zu einem überfall, wenn eine Rede, indem sie die Unsterblichkeit für das Allergewisseste nimmt, einem so nahe als nur möglich auf den Leib rückt und, statt sie beweisen zu wollen (denn das heißt, sie auf Abstand gegen den Einzelnen zu bringen und zu halten), ohne Umstände herausrückt mit dem, was aus ihr folgt."

[6] [这些话是保罗的] 见前面"死人，无论善恶，都要复活"的注释。

[7] [法利赛人] 法利赛党的成员。法利赛党是希腊和罗马时代犹太教的一个宗教政治群体。通常说来是撒都该人的对立面（见下面的注释），对"摩西十诫之持守"表露出狂热的激情，为保持纯洁而与俗世保持距离，并且强调对死人复活的信仰。

[8] [撒都该人] 撒都该人政党的成员。撒都该人政党是希腊和罗马时代犹太教的一个重要宗教政治群体。通常说来是法利赛人的对立面，拒绝教义的口头传述，只承认"被写下的传述"中的内容，拒绝对灵魂不朽的信仰（见下面的注释）。

[9] [圣经明确地表述了，在保罗谈论不朽性的时候，那些不接受不朽性的撒都该人变得恼怒] 指向《使徒行传》（23：1—10），其中（23：6—8）述及："保罗看出大众，一半是撒都该人，一半是法利赛人，就在公会中大声说，弟兄们，我是法利赛人，也是法利赛人的子孙。我现在受审问，是为盼望死人复活。说了这话，法利赛人和撒都该人，就争论起来，会众分为两党。因为撒都该人说，没有复活，也没有天使，和鬼魂，法利赛人却说，两样都有。"两派间的争执如此激烈，以至于千夫长不得不派兵去救出保罗。

[10] [时代对他有着要求] 见前面对"时代的要求"的注释。

[11] [人们是不是真的会重新相互认识] 指向关于亲属和朋友们在重生之后的永恒之中的再见与重聚的观念，——这种观念不仅仅广泛地流传在民间，而且也常常出现在各种布道与基督教信仰学说之中。比如说在明斯特尔的《关于基督教学说的考虑》的第 60 篇《肉体的重生》（nr. 60 om《Legemets Opstandelse》i J. P. Mynsters *Betragtninger over de christelige Troeslærdomme* bd. 1 – 2, 2. opl., Kbh. 1837 [1833], ktl. 254 – 255; bd. 2, s. 347 – 358; s. 357）中有："以这样的方式我们也将在他（基督）那里找到同样的忠实的老友，——我们在这里是与他们分离了，有的先到一步，有的在我们之后逐渐来到"。在第 61 篇《将来的生命》之中有"在那里母亲找到自己的孩子，孩子找到自己的母亲，在坟墓间孤独的道路上行走的丈夫、妻子和朋友，重新相遇，在不朽性之泉中重返青春，在一种永恒的生活中变容"。

[12] 在 Hirsch 的德译本中，"在那些穹窿高耸的大厅里"被打上了引号。德

第三部分　从背后伤害的一些想法

语引号中的这个"in den hochgewölbten Hallen"是应该是引自德国民间成语。在德国作家 Julius Wolff（1834－1910年）的流浪传奇诗篇（*Till Eulenspiegel redivivus. Ein Schelmenlied, 1874*）中就有这样的诗句："Und in den hochgewölbten Hallen, / Den prunkenden Gemächern allen / Da wimmelte von tausend Zwergen / Der Troß der Diener und der Schergen, / Die uns den Weg der Freude zeigten, /Sich tief vor unsrer Größe neigten."

但是，克尔凯郭尔在这里并没有对之加引号，而丹麦文的注释版中对这"在那些穹窿高耸的大厅里"也没有特别说明，因此译者也无法断定它是不是克尔凯郭尔对什么书的随意引用。

［13］［科学协会］　也许是指哥本哈根的"科学协会"俱乐部，1783年建立的，其主要目的是娱乐。在冬天会安排音乐演出或者舞会，另外，俱乐部成员可以在协会的房间里阅读报刊杂志，还有各种游戏，比如说台球等。丹麦语资料可参看 *Love for Det Venskabelige Selskab, antagne i Generalforsamlingen den* 14 *April* 1819, Kbh. 1819。

［14］［被织入回忆之绣帷］　也许是指向"歌德的母亲（从贝蒂娜的信来看）的一句陈述：'天上的住宅将会是披挂着幻想之绣帷'"——马腾森（H. L. Martensen）在自己在《祖国》（*Fædrelandet*, nr. 398－400, den 10.－12. jan. 1841; nr. 398, sp. 3210.）上刊发的对海贝尔的《新诗（1841年）》的评论中这样引用。"从贝蒂娜的信来看"是指德国作家安娜·伊丽莎白·冯·阿尔宁（"贝蒂娜"）所发表的一系列虚构的信件，贝蒂娜曾是老歌德的一个亲密的忘年交，她以《歌德与一个孩子通信》（*Goethe's Briefwechsel mit einem Kinde*（1835））的标题发表了这些信件。

［15］［在我们这个如此忙碌地要去证明不朽性的时代］　在黑格尔（G. W. F. Hegel）死后，在德国，在他的追随者和反对者之间开始了一场漫长而激烈的讨论，是关于"黑格尔的思想是否为个体的不朽性给出空间"。费尔巴哈在其左派黑格尔主义的文本《对死亡与不朽性的思考》（*Gedanken über Tod und Unsterblichkeit*（1830））之中否认了个体不朽性。但是，弗里德里希·里希特（Friedrich Richter）两卷本著作《最终物的学说》（*Die Lehre von den letzten Dingen*）的第一卷《宗教立场上的科学批判》（*Eine wissenschaftliche Kritik aus dem Standpunct der Religion unternommen*（1833）），使得这争论真正变得剧烈。里希特以黑格尔的前提推出关于灵魂不朽性的学说是一种被扬弃的信仰，在科学之中没有归宿，所以只能够终结于作为一种简单的迷信。这招致了依玛纽尔·赫尔曼·费希特（I. H. Fichte, 约翰·戈特利布·费希特之子）（在其著作《人格与个体延续的理念》（*Die Idee der Persönlichkeit und der individuellen Fortdauer*（1834, ktl. 505））中）的批判。右派

305

克尔凯郭尔讲演集（1848—1855）

黑格尔主义的郭希尔（C. F. Göschel）也在自己的著作《论思辨哲学所阐明的人的灵魂的不朽性的证明》（*Von den Beweisen für die Unsterblichkeit der menschlichen Seele im Lichte der speculativen Philosophie*（1835））中对之进行批判。在丹麦，这讨论引发出保罗·马丁·缪勒（Poul Martin Møller）的批判性论文《对证明人的不朽性的可能性的思考》（Tanker over Mueligheden af Beviser for Menneskets Udødelighed, med Hensyn til den nyeste derhen hørende Literatur）。另外还有海贝尔的对儒特博士的《三一性与和解赎救的理论》书评中有一长段"精神与不朽性"（《Aand og Udødelighed》i J. L. Heibergs anmeldelse《Recension over Hr. Dr. Rothes *Treenigheds – og Forsoningslære*》i *Perseus, Journal for den speculative Idee*, udg. af Heiberg, nr. 1, Kbh. 1837, ktl. 569, s. 56 – 74）和西贝尔恩书评之中的两个片段，"对海贝尔教授所写关于人的不朽性学说的意见的评论"和"一个不朽性理论的基本特征"（《Bemærkninger ved Prof. Heibergs Bidrag til Læren om Menneskets Udødelighed》og《Grundtræk til en Udødelighedslære》, i F. C. Sibberns anmeldelse《*Perseus. Journal for den speculative Idee.* Udgiven af Johan Ludvig Heiberg（…）. – (Med stadigt Hensyn til Dr. Rothes: *Læren om Treenighed og Forsoning. Et speculativt Forsøg i Anledning af Reformationsfesten*)》i *Maanedsskrift for Litteratur* bd. 20, Kbh. 1838, s. 222 – 244 og s. 296 – 308）。

[16]［于是，我们将谈论关于这些话］ 在明斯特尔（J. P. Mynster）布道的时候，他总是一次又一次使用类似于"那么就让我们谈论"的表述的不同变体形式，作为一次布道的主题的引言。见前面的注释。

[17]［对于公正的人们与不公正的人们的永恒的分隔］ 见前面"死人，无论善恶，都要复活"的注释。这里的"公正的"与"不公正的"在和合本圣经中被译作"善"与"恶"。也参看《马太福音》（25：31—46），之中耶稣说到"当人子在他荣耀里同着众天使降临的时候，要坐在他荣耀的宝座上。万民都要聚集在他面前。他要把他们分别出来，好像牧羊的分别绵羊、山羊一般。把绵羊安置在右边，山羊在左边。于是王要向那右边的说，你们这蒙我父赐福的，可来承受那创世以来为你们所预备的国。因为我饿了，你们给我吃。渴了，你们给我喝。我作客旅，你们留我住。我赤身露体，你们给我穿。我病了，你们看顾我。我在监里，你们来看我。义人就回答说，主阿，我们什么时候见你饿了给你吃，渴了给你喝？什么时候见你作客旅留你住，或是赤身露体给你穿？又什么时候见你病了，或是在监里，来看你呢？王要回答说，我实在告诉你们，这些事你们既作在我这弟兄中一个最小的身上，就是作在我身上了。王又要向那左边的说，你们这被咒诅的人，离开我，进入那为魔鬼和他的使者所预备的永火里去。因为我饿了，你们不给我吃。渴了，你们不给我喝。我作客旅，你们不留我住。我赤身露体，你们不给我穿。我病

了,我在监里,你们不来看顾我。他们也要回答说,主阿,我们什么时候见你饿了,或渴了,或作客旅,或赤身露体,或病了,或在监里,不伺候你呢?王要回答说,我实在告诉你们,这些事你们既不作在我这弟兄中一个最小的身上,就是不作在我身上了。这些人要往永刑里去。那些义人要往永生里去。"这里的"公正的人们"在和合本圣经中被译作"义人"。

[18] [义务是一个人所应当做的事情]　参看《爱的作为》第一系列"II. A. 你应当爱。"、"IV. 我们的'去爱我们所见到的人们'的义务。"和"V. 我们的'去驻留在相互所亏欠的爱之债务中'的义务。"(《克尔凯郭尔文集》第七卷《爱的作为》第17—39页,第168—185页和190—215页)

[19] [腓力斯对保罗关于不朽性的说道感到害怕;因为保罗……谈论审判]　指向《使徒行传》(24:22—26)保罗被腓力斯关着:"腓力斯本是详细晓得这道,就支吾他们说,且等千夫长吕西亚下来,我要审断你们的事。于是吩咐百夫长看守保罗并且宽待他,也不拦阻他的亲友来供给他。过了几天,腓力斯和他夫人犹太的女子土西拉,一同来到,就叫了保罗来,听他讲论信基督耶稣的道。保罗讲论公义,节制,和将来的审判,腓力斯甚觉恐惧,说,你暂且去吧,等我得便再叫你来。腓力斯又指望保罗送他银钱,所以屡次叫他来,和他谈论。"

腓力斯:公元50—62年间罗马在巴勒斯坦地区的总督,尽管相对于保罗被描述为一个公正的审讯判官,他在史书中仍以他那反复无常而血腥的暴政闻名。

[20] [焰火]　趣伏里于1843年在西门外建成,在整个夏天,哥本哈根人都能够付钱进趣伏里看焰火。

[21] 几率性,几率意义上的可能性,一些黑格尔著作的译者将之译作"或然性"。它与哲学中的"可能性"(Mulighed)概念是不同的,在数学中被称作"概率",是对随机事件发生之可能性的度量。

[22] [中庸之道]　也许是指向"黄金的中道"(出自拉丁语"aurea mediocritas"渊源于贺拉斯的《颂歌》第二卷,第十,5)。"行走于黄金中道"意味了:远离各种极端和夸张,在两个极端之间选择中间物是最可称道的,这可以被理解为"适度"的表达。

[23] 通常译者把Sandhed译作"真相"或者"真理",但是这里它是永恒生命所具的"真"性,与"完美"性一同出现,因此译作"真实"。"永恒生命的真实和完美"也可以说是"永恒生命的真实性和完美性"。

[24] [天地要崩溃]　也许是指向《马太福音》(24:35),之中耶稣说:"天地要废去,我的话却不能废去。"也参看《希伯来书》(1:11—12)。

[25] [他在初始于天地间固定下的差异]　指向《创世记》(1:6—8):"神说,诸水之间要有空气,将水分为上下。神就造出空气,将空气以下的水,空气以

307

上的水分开了。事就这样成了。神称空气为天。有晚上,有早晨,是第二日。"

[26][卷起天空就像是卷起一件衣服一样] 指向《希伯来书》(1:11—12):"天地都要灭没,你却要长存。天地都要像衣服渐渐旧了。你要将天地卷起来,像一件外衣,天地就都改变了。惟有你永不改变,你的年数没有穷尽。"

[27]["那永恒的"怎么会是一种差异的呢……一种在自身之中根本没有差异的在……不完美的在] 按照黑格尔的哲学,所有概念都包含有"一种在自身之中的差异(或译:自在的差异)",只要它们在自身之中包含有它们的对立面,比如说, "在"必然包含"乌有"。相应的是,按照黑格尔《法哲学原理》(*Grundlinien der Philosophie des Rechts* (1821, se ktl. 551, udgave fra 1833))》,"不对"的概念(§82—102)是从"契约"的概念(§72—80)之中发展出来的。"对"的概念是在"契约"的概念之中与这概念一同出现的。"契约"的概念存在,这使得它的否定,亦即"违反契约",成为可能,而这"违反契约"造成的后果是新的概念"不对"。以这样的方式,我们可以说, "对"的概念在自身之中包含有其否定"不对"。

[28][畏惧与颤栗] 这是一个固定表述。参看《腓利比书》(2:12—13)。保罗在信中说:"这样看来,我亲爱的弟兄你们既是常顺服的,不但我在你们那里,就是我如今不在你们那里,更是顺服的,就当恐惧战兢,作成你们得救的工夫。因为你们立志行事,都是神在你们心里运行,为要成就他的美意。"("畏惧与颤栗"在这里的经文里被译作"恐惧战兢"。)也参看《歌林多前书》(2:3)、《歌林多后书》(7:15),《以弗所书》(6:5)。

[29]这里的"取悦"有着多义,既可以是"自取其悦",也可以是"取悦爱人"。

[30][老人……回答说"我在大地上丢失了我的青春,现在我在到处寻找它"] 典故来源不详。

[31] Hirsch 的德译本在这里给出了一个注释: "Dieser Satz bezeichnet am schärfsten das von der gewöhnlichen lutherischen Frömmigkeit Abweichende in Kierkegaards Glaubensbegriff. Normal lutherisch gilt, daß eben das "Allein aus Gnaden" dem Glaubenden die Heilsgewißheit gewähre. Bei Kierkegaard wird das "Allein aus Gnaden" gerade zu der Unruhe im Glauben, welche die Frömmigkeit mit Furcht und Zittern durchprägt. Mit dieser eigentümlichen Abwandlung des lutherischen Verständnisses vom Glauben hat er in der Zeit nach 1918, als die Erschütterung des Zusammenbruches den Boden bereitet hatte, in der deutschen lutherischen Theologie und Frömmigkeit eine tiefeinschneidende Wandlung erwirkt."

[32][畏惧与颤栗] 这是一个固定表述。参看《腓利比书》(2:12—13)。

第三部分　从背后伤害的一些想法

保罗在信中说:"这样看来,我亲爱的弟兄你们既是常顺服的,不但我在你们那里,就是我如今不在你们那里,更是顺服的,就当恐惧战兢,作成你们得救的工夫。因为你们立志行事,都是神在你们心里运行,为要成就他的美意。"("畏惧与颤栗"在这里的经文里被译作"恐惧战兢"。)也参看《歌林多前书》(2:3)、《歌林多后书》(7:15),《以弗所书》(6:5)。

[33] [畏惧与颤栗]　见前面的注释。

[34] [那些愚拙的接新郎的童女们所犯的错……那些聪明的则相反保持让自己清醒着]　指向《马太福音》(25:1—13)之中耶稣所做的比喻:"那时,天国好比十个童女,拿着灯,出去迎接新郎。其中有五个是愚拙的。五个是聪明的。愚拙的拿着灯,却不预备油。聪明的拿着灯,又预备油在器皿里。新郎迟延的时候,她们都打盹睡着了。半夜有人喊着说,新郎来了,你们出来迎接他。那些童女就都起来收拾灯。愚拙的对聪明的说,请分点油给我们。因为我们的灯要灭了。聪明的回答说,恐怕不够你我用的。不如你们自己到卖油的那里去买吧。她们去买的时候,新郎到了。那预备好了的,同他进去坐席。门就关了。其余的童女,随后也来了,说,主阿,主阿,给我们开门。他却回答说,我实在告诉你们,我不认识你们。所以你们要儆醒,因为那日子,那时辰,你们不知道。"

[35] [国家议会(Statsraadet)]　原为丹麦皇家枢密院,专制国王的"秘密"议会。皇家枢密院正式建立于1814年4月29日,到1848年3月21日被解散,一日之后被皇家国家议会取代,在腓特烈七世治下。腓特烈七世是宪政国王,而不是专制国王。

[36] [在一个人对那如此想要去信不朽性、如此想要看见它得以证明的人说……的时候]　参看海贝尔(J. L. Heiberg)的《论哲学在当代的意义(Om Philosophiens Betydning for den nuværende Tid)》第18页:"人们考虑,是否在我们时代的诚实的信仰者之间——亦即,那些能够对自己撒谎,而不对别人撒谎的人——会有哪怕只一个(在我们能够清楚地,就像人们证明数学定理一样地,为他证明上帝的存在与灵魂的不朽性)不是带着欲求,甚至带着感恩地抓住这证明,并且感觉比以前无限地更幸福?他会不会承认,要到这时他才有确定性,而他以前称作是牢固的信仰的东西,除了是一种希望之外不会是别的,因而也就是一种怀疑?"

[37] [在他口里……有过诡诈]　指向《彼得前书》(2:22),其中有一个来自《以赛亚书》的表述:"他并没有犯罪,口里也没有诡诈。"

[38] [非利士人对参孙所做的]　指向《士师记》(16:21—30),关于参孙的被俘和死亡:"非利士人将他拿住,剜了他的眼睛,带他下到迦萨,用铜链拘索他。他就在监里推磨。然而他的头发被剃之后,又渐渐长起来了。非利士人的首领聚集,要给他们的神大衮献大祭,并且欢乐,因为他们说,我们的神将我们的仇敌

309

参孙交在我们手中了。众人看见参孙,就赞美他们的神说,我们的神将毁坏我们地,杀害我们许多人的仇敌交在我们手中了。他们正宴乐的时候,就说,叫参孙来,在我们面前戏耍戏耍。于是将参孙从监里提出来,他就在众人面前戏耍。他们使他站在两柱中间。参孙向拉他手的童子说,求你让我摸着托房的柱子,我要靠一靠。那时房内充满男女,非利士人的众首领也都在那里。房的平顶上约有三千男女,观看参孙戏耍。参孙求告耶和华说,主耶和华阿,求你眷念我。神阿,求你赐我这一次的力量,使我在非利士人身上报那剜我双眼的仇。参孙就抱住托房的那两根柱子,左手抱一根,右手抱一根,说,我情愿与非利士人同死。就尽力屈身,房子倒塌,压住首领和房内的众人。这样,参孙死时所杀的人,比活着所杀的还多。"

非利士人:居住在地中海沿岸的非闪米特族人,以色列人的宿敌之一。

参孙:在以色列成为王国之前的以色列士师之一。他的故事在《士师记》第13—16章之中。

[39]〔在不朽性成为了一个问题的时候,……人类自己就是上帝了〕 也许是指向那在之后渐渐流传开的对"黑格尔哲学中把精神(Geist)与上帝同一化乃至把'那神圣的'与人类同一的论述"的反驳。这成为很有力的反驳,因为黑格尔的批判者们认为黑格尔其实没有什么真正关于"个体的人格的不朽性"的理论,相反,他对不朽性的理解被看成是终结于一种"人类的'精神'的集体的不朽性"。

[40]〔将他们称作"单个的人"〕 在克尔凯郭尔1843—44年出版的六本陶冶性讲演的每一个前言之中,克尔凯郭尔都将自己的读者称作"那个单个的人",在《三个想象出的场合的讲演》(1845年)《不同精神中的陶冶性讲演》(1847年)的第一第二部分和《爱的作为》的第一和第二系列之中,他都这样地谈及自己的读者。中文版可分别参看《克尔凯郭尔文集》第八卷《陶冶性的讲演集》的各个前言(第5、71、205和327)和第七卷《爱的作为》第一系列前言(前言第1页)和第二系列前言(正文第227页)。

V 我们得救，现今比初信的时候更近了[1]

"伟大的上帝，我们在哪里？"在黑夜里，轮船拒绝服从轮舵，天上没有任何星星显现出来，一切都是漆黑的，同时风暴大作，任何对地点的定位都是不可能的，在这个时候，船长叫喊着："伟大的上帝，我们在哪里？"然而，那在我们的时代里要宣示基督教的人，那么他岂不也可以说：我们在哪里！我们是在基督教世界[2]，是的，这是真的；每年都有如此如此多的基督徒诞生、如此多受洗、如此多受坚信礼，我们是如此如此多的基督徒，差不多就是与在这个国家里的居民一样多[3]；但是这意味了什么呢？这是一个对地点的定位？或者那宣示基督教的人，他是不是应当让这事情远离现实以求不过于趋近，以便谈论"那基督教的"而让"他与之谈论的对象是什么人"这个问题处于未决状态？他是不是应当谈论"我们的得救在现今比初信的时候更近了"，但却让"这'我们'是谁"这个问题完全停留在不确定状态：这到底是生活在此刻的人们，抑或是生活在一百年前或者再一百年前的人们；他是不是应当以这样的方式说，并且因而是在空气中斗拳[4]，于是"宣示基督教"就是"在空气中斗拳"？我们在哪里！那应当在基督教世界里谈论基督教的人，他是不是一个传播基督教的传教士，因而所有这与基督教世界有关的事情都是一种幻觉，或者他是不是应当设定"我们全是基督徒"，或者他是不是应当使事情有所改变，如果是，他应当怎样使事情有所改变——我们在哪里？

在我们的时代，人们看来不怎么留意这个麻烦。人们把基督教看成是一个由各种教条命题构成的集合，人们讲授它，就像是古代的哲学，希伯来的或者任何一种科学，让听者或者学习者与之的关系停留在完全无所谓的状态之中。这在根本上就是异教。"那基督教的"恰恰是：与基督教的关系是决定性的因素。一个人能够知道关于全部基督教知识，知道怎样去解释、论述、展示，但是，如果他另外还认为，他自己与基督教的个人关系是无所谓的话，那么，他就是一个异教徒。然而，正如人们推翻了各种政权，人们也推翻了基督教的统治。人们不是"让基督教统治人类、改造他们的生活，不仅仅在礼拜日，而且也在平常的日子，决定性地抓向所有生活的内容"，而是带着一种科学的距离，将基督教当作一种单纯的学说，展示出它不同的教条命题间的一致性，——但是，你的生活和我的生活，人们的生活与这学说一致或者不一致，那则是无所谓的事情。

因此我们选择了这些话来谈论。因为，如果这个讲演将是完全毫无意义的话，那么我们以某种方式就必须更靠近人们，或者更确切地说，去使得他们更靠近自己。我们所想要的就是这个。我们的意图绝非是去论断基督教世界或者任何一个在基督教世界里的人；我们竭尽全力来尽可能地靠近我们自己，以最好的方式阻碍我们自己，不让自己论断着地去靠近别人。但是，无疑我们的意图是：给予听者机缘去留心，去在他所在的地方考验他自己、他的生活、他的基督教[5]。谈论"我们在此刻，等等"这些话，而不定出"我们"是谁，这当然是如同"在地图上从哥本哈根旅行到耶路撒冷"一样地空洞。谈论这些话而不定出这"此刻"和这"那时"，是同样地如"在幻想中从一个行星旅行到另一个行星"一样地空洞。

  我们得救，现今比初信的时候更近了。

对任何一个地点的定性都总是要求有两个点。谈论一个城市，它在"那里"，谈论一条路，它通往"那里"，谈论一个人，他住在"那里"，如果这不是有意与另一个人开玩笑，而是被认为这是严肃的谈话，那么，这就是在愚弄那与自己谈话的人，就是在愚弄自己。如果要在谈话之中要有意义和严肃，如果那与自己谈话的人要由此得到好处的话，那么就必须有一个"他知道是在哪里"的点被给出，相对于这个点，一个人就可以定出"那里"。外地人之所以会在荒漠里走迷路，一个人之所以会在大海里晕眩，是因为他没有任何"那里"，相对于这样的一个"那里"他能够定出"他在哪里",或者说,因为他没有任何一个点,相对于这样的一个点他能够定出"那里"。

这同样也适用于时间的定性。如果我要定出,我"现在"在哪里,我就必须定好另一个时刻,相对于这"另一个时刻"我定出这个"此刻"。因此这些作为这一讲演的对象而选择的言辞也确实包含有另一种定性,借助于这"另一种定性"讲说者定出这个"此刻":我们"此刻"距离拯救更近了,比我们变成了信仰者的"那时"更近。在这之中有着极精辟的意义。在一个人说"我现在在这样那样的工作之中更远,比那时我开始的时候更远"的时候,这之中是有着意义和时间的定性;他有着一个时刻,借助于这时刻,他的开始被固定下来,他测量到开始的距离以便看出他此刻在哪里。但是,如果这个人从不曾开始这工作,是啊,那么他的所说就毫无意义:在一个人根本就没有开始的时候,说"他'现在'更近,比'那时'他开始的时候更近",这就根本是毫无意义的。如果一个从不曾成为信仰者的人想要毫无思想地跟着说这句话"我们得救,现今比初信的时候更近了",那么,这就是毫无意义。

那就把这句话用在你自己身上,去借助于它来考验你自己的生命,去知道你"现在"在哪里。如果你知道了这个,因而你就首先必须为自己确定:你是确确实实地知道"那时"你变成信仰者的时候,那时的这个时间是什么时候;或者确定:这一"决定"[6]——"你变成了信仰者",已降临于你的生命。你是不是也真正注意了这一就像是来自一个人背后的麻烦?因为,这问题不是:"你是不是在那时你变成信仰者之后又退了回去,你是不是放弃了这信"。就是说,人们当然能够以这样的方式得出结论。这是自然而然,我"现在"距离得救更近,比"那时"我变成信仰者的时候更近;因为"现在"比"那时"是一个更迟的瞬间,因而这是自然而然,除非如前面所说,你在那个时间之后放弃了这信。但是反过来,如果这"你曾经变成信仰者、你经历过了'你变成信仰者'这一瞬间"不是确定的,那么就不会有什么自然而然的事情了。

那么,你是什么时候变成信仰者的?如果你要能够定出你"现在"是在哪里,那么你就要让这个问题得以定性,这是极其重要的。如果生

313

活的条件有着这样的特性：它们能够有助于去让"你是否真地成了一个信仰者"这个问题在"那未定的"之中慢慢破晓；那么，你肯定就会看见，你距离"无意义"有多么近，它是怎样地就仿佛围绕着你，"让你的全部生命沉陷在无意义之中"对于你会是多么容易的事情，——并且因此，你看见这"你要去做的事情"有多么重要：你要把自己拉出所有将会阻碍你去知道"你是否曾变成一个信仰者"的幻觉，所有幻觉，——这些幻觉甚至想要帮助使得你能够去听一种关于这些话的布道"我们得救，现今比初信的时候更近了"而不发现这些话听起来像是在讥嘲着你，这个"完全冷静地停留在无意义之中对'我们得救，现今比初信的时候更近了'感到确定"的你，——你，这从来没有成为信仰者的你。[7]因为，也许你其实已经意识到这个问题，乃至你自己试验[8]，你是否在后来否定这信。然而，在这方面，你却没有意识到任何东西；你审察你的生活，却发现，你敢直率地说，你从不曾否认或者有意识地放弃这信。因而你当然必定是"现在"距离得救更近，比"那时"你变成信仰者的时候更近。唉，不幸恰是在于"你从不曾变成信仰者"，而这一点对于你仍是隐蔽的，于是，在这样的意义上，事情确实是如此，——你确实不曾在后来放弃过这信。

你是什么时候变成信仰者的，或者，同一回事换一句话说，你在根本上意识到"你经历过这'变成信仰者'的决定[9]"吗？因为，是否这是中午十二点以及诸如此类[10]，这不是那重要的。不，这事情在整体上是一件精神的事情，并且因而有着真正的严肃，这绝非是询问关于时间和钟点。但是在另一方面也很明显：这变成了一种游戏，就像是那"过了房子"[11]，如果一个人，若他是像古稀老人那样地被询问"他什么时候成为信仰者"，会回答说"是的，这是在很久以前"；"那时，是不是作为一个成年人"，"不，这是更久以前"；"那时，是不是作为一个少年"，"不，这是更久以前，简要地说吧，那是如此久远的以前，乃至我记不得什么时候了"。在这个决定[12]，这"一个人由之而变成一个信仰者"的决定，对于他来说又撤回到那寓言童话般的朦胧之中的时候，事情就很明显：这变成了一个游戏，并且，如果这个人想要说，在"得救"这方面，他"现在"是在什么地方，那么，在这时，这就是毫无意义的。[13]

你是在什么时候变成信仰者的,你成为了一个信仰者了吗?当然,现在的情形不同于那些——艰难的时代,那"一个犹太人或者异教徒在更成熟的年龄成为基督徒"的年代;因为他在那样的情况下,很容易明确地知道"什么时候",知道"他变成了一个信仰者"。现在我们生活在——更有利的境况之中、在基督教世界中;现在,"成为一个基督徒"要远远容易得多,——不管怎样,远远更容易"被骗得把自己的整个一生安置在一种幻觉之中"。你在你还是孩子的时候受洗、在基督教的宗教之中受教育[14]、受坚信礼,每一个人都把你看作一个基督徒,而在有任何机缘出现来提及你的名字、你的地位以及你所认的宗教的时候,你也这样称呼你自己。你将会是小店主还是博学者还是艺术家还是武士等等;你将与这个人还是那个人结婚;你将住在哪里,在城市还是在乡村等等等等;无疑你肯定在你的生命中曾经有机会向你自己提出并且回答了所有这些问题,你也会能够说"在……的时候",并且因而在所有这些方面定出你"现在"在哪里。但这个问题,你是否变成了一个信仰者,则也许根本就没有在你面前冒出来;如你的记性所及,这就仿佛在很久之前已经被预设了,你是一个信仰者,那么,你肯定也是某个时候成为了信仰者,——上帝知道是什么时候。

你"现在"在哪里,你"现在"距离你的得救更近吗?你肯定听说过古代的那位简单的智者,他知道怎样去如此巧妙地提问题[15]。这个问题听起来完全可以是这样的,一个问题,其意图是将人引入尴尬,把那在被问的人身上的不明确性公开出来。现在,我既不愿也不能问你;但是设想一下,是那位简单的智者在问你。你知道,即使是在基督教世界里也有模仿他的那种问答式教学法的艺术[16];但是从不曾有任何问答式教授者[17]能够像他那样提问。想象一下这个简单的智者,他这所有"藉口和辩解和模糊性和可疑性"的决定性的仇恨者,另外也还是对这些东西的同样狡猾、机巧、灵活而无畏的追踪者;这个人没有什么可以让自己带着距离在人们面前讲授的学说,但恰恰作为老师穿透性地探视进人众,这样,那与他交谈的人,就仿佛是在与自己谈话,就仿佛自己内心最深处的东西在自己面前得以公开;这个人不仅仅从天上取下了智慧,而且还知道怎样去使之渗透进

"那单个的人"[18]。你想象一下，问你的人是这个简单的智者；你想象一下，他能够怎样不断地以这个问题来揶揄一个人，问他"现在"是否距离自己的得救更近了；你想象一下，他能够怎样地以无数的方式翻覆和扭转这个问题，但总是揶揄着地，总是在脸上带着微笑，在他有着一种猜测觉得那个他对话的人并不是自己带着确定性知道"什么是什么，自己是明白什么抑或没有明白什么，自己是变成了信仰者抑或没有成为信仰者"的时候，这微笑对于他是如此有特征性；你想象一下他的忍耐，直到他，这简单的人，锁定了那被问者并揭示出，他是在一种幻觉之中。"你'现今'距离它（得救）更近了吗？""是的。""但是，比什么时候更近？"是啊，这问答也许是在这里停下；而如果它在这里停下，那么，这一"停下"就获得去把这整个谈话转化为一团糟的权力。你现今距离它"更近了"；这个"更近"是一种比较，但这时你是以什么比较？一个人是不是能够说，一个人比另一个人更大而这另一个人根本不存在？在这一"比较"之"更多"中有着某种诱人的东西、某种说服人的东西；它引诱着一个人，就仿佛这是理所当然，就仿佛一个人不应当沮丧，因为事情还是向前发展的。但是如果"开始是给定的"这一点不是确定不移的话，那么所有这种引诱只会是进入了一种无意义。正如那在一艘船上的人，不管他继续航行多少小时，不管他以这样的方式把多少海哩抛在了船后，他都没有离开这船，同样，那没有开始那让人越走越近的行程的人，他同样也没有距离任何东西更近。但是，通向得救的路是信仰；只有在"一个人变成了信仰者"这一点是决定性地确定不移的时候，只有在这时，我们才能够谈论"现在"距离更近了。

你现在在哪里，你现在距离你的得救更近吗？你的得救！这里所谈的是你的得救，关于距离自己的拯救更近了。如果我们所谈是这个，因而这就是以同样的东西谈论某种别的事情，谈论关于迷失（at fortabes）。你的迷失！这里所谈是关于你的迷失，是关于在迷失之中沉陷得越来越深！看，如果你在生活之中犯了错误，如果你原本是应当成为艺术家但却成了一个小店主；好吧，主上帝，这可以是够沉重的，但我们却还是可以使这不幸消失。如果你在生活之中犯了错误，如果你和一个女孩结婚，但她的姐姐却是以完全另一种方式更适合于你；好吧，主上帝，以这样一种方式一个人与自己的幸福失之交臂。但是，如果一个人错过自己的拯救的话！看，如果你在你的青春充满精力的瞬间曾有计划想要完成一个巨大的作品，这作品应当是你生命的作为；但是你在半途被推迟了，你以许多方式被阻碍了，你看来也没有完全的力量去这么做，简言之，比起你开始的时候，你在你生命终结的时候并没有达到与"任务之完成"特别地更近的距离；好吧，主上帝，对于这悲哀也有着安慰。但是，如果在你生命的终结没有距离你的得救更近的话！有什么东西是比"与自己的得救有着遥远的距离"更可怕的？与自己的得救有着遥远的距离，处于这种状态，这当然就是让自己变得越来越远。得救对应于"在危险中"，那不在危险中的人，也不能够得救。因而，如果你在危险之中，——如果你更靠近你的得救的话，那么，你就在危险之中沉陷得越来越深。哦，就像海难中的人在一块破船板上自救，而现在，在波浪里颠簸着，漂浮过深渊，介于生和死之间，凝视向陆地[19]；一个人无疑是应当以这样的方式为自己的得救而忧虑。但是，比起"一个人根本不曾确定地知道他是否已经开始想要得救"的情形，他距离自己的得救还能更远吗？[20]

这样，借助于这句话来检验自己吧。敢于去知道"一个人得救，现今比初信的时候更近了"，这是至福的安慰，——然而，不是吗，这样的话，事情就必定是如此：一个人成为了信仰者。因此，这句话能够起到安慰的作用；但它也可以说是会让人感到意外。如果这样的事情发生了——"一个人以这样的方式留意了"，固然，这确实是可怕的，哦，但即使是在这恐怖之中，在这有益的恐怖之中也有着某种安慰。某种安慰存在着；因为在一个人毕竟留意到了"他根本就没有开始"的时候，他距离其得救比他原本所在总是更近一些了，只要他的原本所在就是"安全地在一种幻觉和一种想象之中生活下去"。

还有一件事，让我们不要忘记，在使徒那里，这话听起来多少不同于我们使用它时的情形。他说"我们得救，现今比初信的时候更近了"。这些话，按我们使用它们时的情形，把所有思想集中在自我作用上，并且因此是被用于"去让人们注意"。使徒的话还强调，这拯救就是上帝。他不说我们向拯救靠得更近了，而说得救靠我们更近了。因此去谈论这个也是有必要的，于是我们提醒信仰者，不要急，不要自以为是地想要去获取那在本质上是被赋予的东西。"谈论这事情"无疑能够被弄成一种必要，——只要"我们在哪里"这问题的答案总是很清楚。但是，为了注意到这一点，我们首先必须知道，我们是否已经成为了信仰者。

注释：

[1]〔我们得救，现今比初信的时候更近了〕 这一句中文是取自和合本圣经的翻译。按丹麦文直接翻译是"现在我们距离拯救更近了——比那时我们成为信仰者的时候更近"，丹麦文是克尔凯郭尔对1819年版丹文圣经《罗马书》（13：11）的随意引用，之中保罗写道："再者，你们晓得现今就是该趁早睡醒的时候，因为我们得救，现今比初信的时候更近了。"

参看日记 NB4：5，之中克尔凯郭尔写及这个讲演："第五.'现在我们距离拯救比那时我们成为信仰者的时候更近了'./但是你是确定了你已经成为了一个信仰者了吗"（SKS 20，289，23—24.）。在稿纸边上，克尔凯郭尔标注了："在保罗那里，这句是：我们得救，现今比初信的时候更近了，罗马书13：11"。（Pap. VIII 2 B 103，4）。

[2]〔基督教世界〕 就是说"整个由基督徒构成的社会，所有由基督教人口构成的国家"。

[3]〔基督徒，差不多就是与在这个国家里的居民一样多〕 参看前面"一个基督教国家，在这个国家里纯粹有着基督徒"的注释。路德福音教会是丹麦的国家教会，国王和（在原则上说）所有丹麦居民在信仰上都对路德的忏悔信书《奥斯堡信条》（Confessio Augustana）有认同义务。

[4]〔在空气中斗拳〕 指徒劳的努力。见《哥林多前书》（9：26）保罗这样写他自己："我斗拳，不像打空气的。"

路德的德语翻译是《ich fechte also, nicht als der in die Luft streichet》，*Die Bibel nach der deutschen Uebersetzung D. Martin Luthers.*

[5] 这一句因为句式上的模棱两可，这句子还可以有两种不同的理解。可以理解为"但是，无疑我们的意图是：给予听者机缘去留心，去考验他自己、他的生活、他的基督教，'他'在哪里"，也可以理解为"但是，无疑我们的意图是：给予听者机缘——在'他'所在之处——去留心，去考验他自己、他的生活、他的基督教"。

这句的丹麦文原文是："Men vel er det vor Agt, at give Tilhøreren Anledning til at blive opmærksom paa, at prøve sig selv, sit Liv, sin Christendom, hvor《han》er."

第三部分　从背后伤害的一些想法

Hong 的英译是："But it is indeed our intention to give the listener occasion to become aware of where he is, to test himself, his life, his Christianity."

Hirsch 的德译是："Sehr wohl hingegen ist es unsre Absicht, dem Zuhörer Anlaß zu geben, daß er aufmerksam darauf werde und sich selbst, sein Leben, sein Christentum daraufhin prüfe, wo, er' selber ist."

Tisseau 的法译是："Mais nous avons bien le dessein de donner à l'auditeur l'occasion de prendre garde à lui – même, de s'éprouver, d'examiner sa vie, le point où 《il》 se trouve."

［6］这个"决定"（Afgjørelse）是一个人对外在的人的命运或者事物的走向做出的决定，或者一个人的命运受外来的权力所做出的决定。见前面对此的注释。或者参看后面"一个陶冶性的讲演"中对这个词的注释。

［7］这是一个很长的复合句，译者对句子结构稍作调节，按原文直译是：

如果生活的条件有着这样的特性：它们能够有助于去让这问题在"那未定的"之中慢慢破晓，"你是否真的成了一个信仰者"；那么，你肯定会看见，"无意义"距离你有多么近，它是怎样地就好像是围绕着你，"让你的全部生命沉陷在无意义之中"对于你会是多么容易的事情，——并且因此，这有多么重要：你要把自己拉出所有将会阻碍你去知道"你是否曾变成一个信仰者"的幻觉，所有"甚至想要帮助使得你能够去听一种关于这些话的布道'我们得救，现今比初信的时候更近了'而不发现这些话听起来像是对你——这个仍然保持完全冷静、在无意义之中对'我们得救，现今比初信的时候更近了'感到确定的你——的讥嘲（你，这个从来没有成为信仰者的你）"的幻觉。

丹麦语原文是："Og dersom Tilværelsens Forhold ere af den Beskaffenhed, at de maae bidrage til at lade dette dæmre i det Ubestemte, om Du virkeligen er bleven troende: saa seer Du vel, hvor nær Meningsløsheden er Dig, hvorledes den ligesom omgiver Dig, hvor let det vilde være Dig at holde hele dit Liv hen i Meningsløshed – og derfor, hvor vigtigt det er, at Du river Dig ud af alle Sandsebedrag, som ville forhindre Dig i at faae at vide, om Du nogensinde blev troende, alle Sandsebedrag, som ville være Dig behjælpelige i endog at kunne høre en Prædiken over disse Ord 《vi ere nu Frelsen nærmere end da vi bleve troende》, uden at opdage, at disse Ord lød som en Spot over Dig, der dog forblev ganske rolig, i Meningsløshed forvisset om, at 《nu》 var Du Frelsen nærmere, end 《da》 Du blev troende – Du, som aldrig blev troende."

Hong 的英译是："And if the circumstances of life are of such a nature that they may contribute to leaving it in a haze of uncertainty as to whether you actually did become a believer, then you certainly realize how close to meaninglessness you are, how it seems to in-

319

close you, and realize how easily you could spend your whole life in meaninglessness – and therefore how important it is that you tear yourself out of all the illusions that will prevent you from finding out whether you ever did become a believer, all the illusions that will help you even to be able to listen to a sermon on this text, "We are closer to salvation now than when we became believers," without discovering that these words sound like a mockery of you, who still remain entirely calm, convinced in your meaninglessness that now you are closer to salvation than when you became a believer – you who never did become a believer."

Hirsch 的德译是:"Und gesetzt, die Daseinsverhältnisse seien so beschaffen, daß sie dazu beitragen, es im Unbestimmten verdämmern zu lassen, ob du wirklich gläubig geworden bist: ja, dann siehst du wohl, wie nahe die Sinnlosigkeit dir ist, wie sie dich gleichsam umringt, wie leicht es dir sein würde, dein ganzes Leben in Sinnlosigkeit hinzuhalten – und darum, wie wichtig es ist, daß du dich von allen Sinnestäuschungen losreißest, die dich daran hindern wollen, es zu wissen zu bekommen, ob du jemals gläubig geworden bist, von allen Sinnestäuschungen, die dir behilflich sein wollen, daß sogar das Hören einer Predigt über die Worte "wir sind unserm Heil jetzt näher denn da wir gläubig wurden", dich nicht entdecken lasse, wie diese Worte gleichsam zu einem Spottvers über dich werden, wobei du jedoch durchaus ruhig bliebest, in Sinnlosigkeit dessen gewiß, daß du "jetzt" deinem Heil näher seiest, als "da" du gläubig wurdest – du, der du niemals gläubig geworden bist."

［8］［自己试验］　参看《哥林多后书》（13：5），之中保罗写道："你们总要自己省察有信心没有。也要自己试验。岂不知你们若不是可弃绝的，就有耶稣基督在你们心里吗？"

［9］"决定"（Afgjørelse）。

［10］［这是否中午十二点以及诸如此类］　指向虔敬学派的传统：在一个人皈依成为一个个人信仰的基督徒时，确认准确的时刻。

［11］［一种游戏，就像是那"房子过"］　指向丹麦当时流行的游戏 gnav 或者交换游戏，在这游戏中，棋子的值由不同的形象（杜鹃、骑兵、猫、马、房子、罐子、猫头鹰和小丑）和数字（12—0）来定。参加游戏的人轮流每次从一个袋子里拿出一个棋子，根据特定的规则可以与旁边的人的棋子交换。如果一个游戏者有着一个带有"房子"的棋子，但拒绝交换，他就要说"房子过"，然后下一个被问"是否愿意交换棋子"。（丹麦文献可参看 S. A. Jørgensen *Nyeste dansk Spillebog*, 2. udg., Kbh. 1802, s. 360 – 364.）。

［12］"决定"（Afgjørelse）。

第三部分　从背后伤害的一些想法

［13］这句的丹麦语原文是："Det er indlysende, at Dette blev en Leeg, og at det saa er meningsløst, at denne Mand vil sige, hvor han i Henseende til Frelsen《nu》er, naar den Afgjørelse, ved hvilken han blev troende, for ham drager sig tilbage i det Fabelagtiges og Eventyrliges Dunkelhed."

Hong 的英译是："It is obvious that this would become a game and that then it is meaningless for this man to say where he is now with regard to his salvation if the decision by which he became a believer recedes into the dimness of fable and fairy tale."

Hirsch 的德译："Es ist einleuchtend, das wäre ein bloßes Spiel, und es ist alsdann sinnlos, daß dieser Mann sagen

will, wo er, was sein Heil anlangt, "jetzt" ist, während doch die Entscheidung, durch die er gläubig geworden, sich für ihn verliert im Dunkel des Fabelhaften und Märchenhaften."

［14］［在基督教的宗教之中受教育］　参看前面对"宗教课程的教育"注释。

［15］［古代的那位简单的智者，他知道怎样去如此巧妙地提问题］　指向苏格拉底，他以其特别的提问艺术而闻名。可参看《苏格拉底的申辩》（21b—23b）。另外可参看克尔凯郭尔《论反讽的概念》（1841 年），之中讨论了这一提问艺术。

［16］［问答式教学法的艺术］　den catechetiske Konst，就是说，通过使用问与答来教学。在丹麦有，比如说，严斯·霍尔恩绪尔（Jens Hornsyld）写过一本完全建立在问答之上的书：《牧师霍尔恩绪尔及其受坚信礼者们，或者对于福音基督教宗教的讲话与对话》（*Præsten Hornsyld og hans Confirmantere, eller Taler og Samtaler over Lærebogen i den evangelisk - christelige Religion*, Kbh. 1822, ktl. 267）。

［17］［问答式教授者］　Catechet。一方面是指那通过问与答来教授（宗教）的教学者，一方面是指（在哥本哈根和一些市镇商镇）一个在一星期之中的一些特定日子里在教堂向小学生们讲授教义问答手册并且协助教区牧师实施一些教会活动的人（有时候是学校教师）。也可以是一个牧师，因为他既为受坚信礼者们讲授教义问答，又主持教义问答仪式，所以在这样的意义上也是问答式教授者。

［18］［这个人不仅仅从天上取下了智慧，而且还知道怎样去使之渗透进"那单个的人"］　参看西塞罗（公元前 106—43 年）《图斯库勒论辩》（*Tusculanae Disputationes*, 5, 4, 10）："但是苏格拉底开辟了新的道路：他从天上取下了哲学。他为它在城邦里给出位置，为它在家室中找到入口，无情地把自己的同胞放置在那关于正确的生活与行为、关于好与坏的问题面前"（Jf. *M. Tullii Ciceronis opera omnia*, udg. af J. A. Ernesti, 2. udg., bd. 1—6, Halle 1756—57 ［1737—39］, ktl. 1224—1229; bd. 4, 1757, s. 425.）。

321

［19］［就像海难中的人在一块破船板上自救……凝视向陆地］ 基督教陶冶文学之中众所周知的比喻；然而却无法找到这典故的出处。

［20］这个反问句换一种方式以陈述句方式说就是：但是，一个人距离自己的得救最遥远的情形就是"他根本不曾确定地知道他是否已经开始想要得救"的情形。

VI 为义受辱的人有福了[1]

"至福"无疑是至高的善；相对于这一善，那对各种更微渺的善是有效的东西，对它必定也同样有效。就是说，如果一个讲演者或者一个诗人真正想要描述出某种尘世好东西[2]的美好，那么，他会怎样地让人们想要这东西，以至于他们在听他讲的时候几乎就无法保持冷静，不耐烦地想要离开，出发去攫取这东西；而因为，在这讲演终结于"分发这好东西的是运气"的时候，讲演者只是在帮他们编织出对这令人欲求的东西的幻景，所以他们对这讲演者感到恼火，这又会是怎样地合情合理啊！如果事情不是这样的话，那么他们必定是会认为：这个讲演者知道怎样去如此吸引人而又如此迷人地描述出这些"每个人都有可能拥有"的好东西，他们永远都不觉得他们的感谢是足够的。然而，"至福"是至高的好东西[3]，并且每一个人都能够拥有这一好东西。因而我们可以设想，人们几乎不会有能力去听完这个讲演，因为他们急不可耐地想要获得这个好东西，这至高的、但却是每个人都能够获取的好东西。我们可以设想，这样的一个忧虑会在他们这里醒来：这被用于听讲演的瞬间是不是几乎就会成为一个被浪费的瞬间，因为在最严格的意义上，这瞬间没有被用于去获取。

一个这样的关于"至福"的讲演来自一个早已消失的时刻[4]。它是在一座山上被给出的，这座山在这讲演之后[5]被称作是至福之山，——因为至福的情形就是如此，与所有尘俗的好东西相比较，牢固不移如山；至福的情形就是如此，与所有尘俗的好东西相比较，如同一座山耸立于低地的平原区域。这个讲演是祂所做的，那唯一的从初始能够谈论至福的人，因为这联系着祂的名，唯一的之中有着至福的名[6]。在这一讲演之中是这样说的："为义受逼迫的人有福了，因为天国是他们的。人若因我辱骂你们，逼迫你们，捏造各样坏话毁谤你们，你们就有福了。应当欢喜快乐，因为你们在天上的赏赐是大的。在你们以前的先知，人也是这样逼迫他们。"[7]

我们将以这些话作为下面讲演的基础

为义受辱的人有福了。

为了真正地陶冶，我们必须留意到基督教所宣示的安慰，或者更确切地说，快乐；因为这些讲演是为了陶冶，尽管它们，如我们所说，从背后伤害[8]。

但是为了不，唉，以任何方式，滥用这快乐，那么，让我们首先清楚地重复各种前提，在这样的前提下，我们可以谈论"这是至福的"。一个人承受嘲辱，必定是为善的事业，或者如基督所说"为义"。嘲辱就一个人所说的东西[9]，它必定是不真实的，如基督所说"人若捏造各样坏话毁谤你们"。但是如果事情是如此，在这方面的一切都到位的时候，是的，这时，这就是至福的，——这受辱就是至福。

那么安慰自己，你受嘲辱的人，或者更确切地说，你要快乐，你受嘲辱的人！——那唯一能够剥夺一个人"因做出一个善的作为而得的快乐"的东西是什么？是"为之而获得酬报"。但是如果你得到的酬报是嘲辱！所有别的回报都使得一个人所做的善缩小；嘲辱的回报则使得它更大；有福了，为善的事业而受嘲辱！——一个人能够有真正益用（Fortjeneste）的唯一情形是什么？那是"他因为做正确的事情而受苦"的情形。因为，如果他做正确的事情并且得到报酬，那么，他就是一个没用的仆人并且没有任何益用（Fortjeneste）[10]；有福了，为善的事业而受嘲辱！——相互的理解所需要的前提条件是什么？那相同的（Det Lige）；只有那相同的能够理解那相同的。一个协约所要求的是什么？投身；只有投身者才与投身者们达成协约。那些被人类否认从属关系的、讥嘲的、戏弄的、迫害的、打死的荣耀者们[11]；他们当然是为所有人而存在的，许多人也许能够描绘出他们的生活，并且叙述这生活。但这一理解是那非投身者的理解，对于他，他们在更深的意义上并不存在，因为他们没有被他理解，正如他们不理解他。只有那理解他们并且被理解的人，只有那投身于与他们的协议的人，那自己承受着类似的痛

第三部分　从背后伤害的一些想法

苦的人；有福了，为善的事业而受嘲辱！——那有时候要改变居所的人，从城镇搬到农村，或者从农村搬到城镇，他所问的问题是什么呢？他所问的是关于社交圈子[12]。但是那受嘲辱的人，在他什么时候要搬移并且从这里迁走的时候，在他要离开那令他受辱地生活的社交圈的时候，——他在这时，恰恰通过"承受嘲辱"在一种永恒面前为自己确定下了与上面所说及的那些荣耀者们为伍的交往圈[13]，去与之建立亲密的日常过从、去与之达成惺惺相惜之交谈中的真挚理解；因此，有福了，为善的事业而受嘲辱。——上帝所做的唯一区分是什么？是介于对与不对之间的区分[14]。他做的是怎样的区分？他是降在那做出不对的事情的人身上的忿怒诅咒[15]。他在"做出区分"之中又做出一个区分：介于那做作对的事情并因此而得到报酬的人和那做作对的事情并因此而受苦的人之间。他做的区分越多，那在区分之中让自己与他发生关系的人距离他就越近；因此，有福了，为善的事业而受嘲辱。——为什么上帝从来就不让自己没有证据[16]？因为他在"是善的"之中不变地是那同样者[17]，那同样的不变者；在所有受造者在今天正如在一千年前仰望向他并且欲求食物和衣服的时候，这时他打开自己温和的手并且以至福来令一切生物得以满足[18]。但是在那为善的事业无辜受苦的人祈求着地把自己的目光转向上帝的时候，这时，这目光打动他，这目光在世界里什么都做不了，根本做不了，它打动上帝，这逼迫他给出一个更强有力的见证；因此，有福了，为善的事业而受嘲辱。——人与人之间的怎样的一种共同体[19]是最真挚的？痛苦之共同体。一个人的怎样的一种共同体是最至福的？那与上帝的共同体。但是，在这是一个痛苦之共同体的时候，怎样的至福；有福了，为善的事业而受嘲辱。——谁拥有最多：那拥有上帝并且还拥有许多别的东西的人，还是那被剥夺了一切而只拥有上帝的人？当然肯定是后者，因为"所有别的都是损失"。但是，谁是被剥夺得最多的？是那没有获得自己应得的东西（Ret）而得到嘲辱作为回报的人；因为一个人在本质上拥有的唯一的东西是拥有他应得的东西（Ret），所有别的他都只是偶然地拥有，因而那并非真正是他的拥有物。那受嘲辱的人被剥夺走了一切；被隔绝于人际的交往，他只有上帝，——他是所有人之中的最富有者。他只有上帝，哦，有福了，唯独只有上帝；赞美所有迫害、羞辱、讥嘲，这些东

325

西教会他，这些东西强迫他去单独与上帝在一起、把上帝作为自己的唯一；有福了，为善的事业而受嘲辱。——基督在哪里在场？所有他的[20]名字被呼唤的地方；即使只有两三个人以祂的名聚集，祂也是在那里在场的。[21]是的，在一个人为公正的缘故无辜受苦并且呼唤祂的名字的地方，就在那里，除了那呼唤祂的声音之外，还有那更强有力地呼唤着祂的东西，就在那里，因此有着祂痛苦之共同体和祂的复活之力量[22]；有福了，为善的事业而受嘲辱。——一个人所欲求的至高酬报是什么？让自己的名字被不朽地铭刻进历史年鉴。但是这受嘲辱的，正是通过受嘲辱，得到那至高者[23]的酬报，令自己的名字被铭刻进生命册！因为固然我们全都是不死的，也包括那做不对的事情的人们，也包括那所有不敬神者们中的最不敬神者。但是，把自己的名字铭刻进生命册[24]：有福了，为善的事业而受嘲辱！是的，有福了，至福的安慰，至福的快乐！

然而，这讲演所指向的是谁，他在哪里，他还没有完全忘记他自己吧！也许在这个殊荣所归的集会之中根本就没有任何受嘲辱的人在场；也许，然而不，这当然是一种不可能，一个受嘲辱的人怎么敢进入这一殊荣所归的集会呢！一个人当然无法同时是受嘲辱者但又参与那些受尊敬和受景仰的人们的集会。一个受嘲辱的人当然就像是一个麻风病人，他的位置是在坟茔之间，被所有的人躲避[25]。"是啊，可是他是为善的事业而受嘲辱的。"但他是被谁嘲辱的？当然不会是那些自己是受鄙视的人；因为这是在有名望的人们间的事。受嘲辱者当然也不可能同时受嘲辱而又——作为那些嘲辱他的人们中的一个——因为"是为善的事业而受嘲辱"受尊敬；这同一些人当然是不可能，哪怕是在喜剧中也不可能[26]，一下子同时被用在两个地方：嘲辱他，并且因为他受嘲辱而尊敬他。多么奇怪的麻烦！而奇怪的是，在人们观察历史的时候，这麻烦根本不会出现。看，那个真理见证[27]；他活着的时候是在好几百年前之前，但是在他活着的时候，他则是被嘲辱并且被迫害。他在伺服真理的时候获得了一个太大的领先，以至于只要他活着，那蹒跚着的公正就无法赶上他，另外，在他任何瞬间都不为公正之蹒跚脚步而踌躇的同时，他每天都迈着大步向前。然后他死了，被置于墓穴之中，这时，那蹒跚而行的公正赶上了他；他的名字在历史之中被尊敬被赞美；我们现在习惯于尊敬和赞美它,以至于到最后有人弄错而以为他在他活着的时候是被尊敬和被景仰的。因为时间执行其进行缩略的权力。现在,他的名字被尊敬被赞美地生活了三百年,——而他,是的,他确实是生活在那种人们所习惯的方式之中,但只有六七十年[28];于是我们几乎可以说,他是不断被尊敬被赞美地生活下来。哦,好吧,如果一个人想要信口开河的话,他可以这样说;事情原本则并非如此。他从来就不曾受尊敬被景仰地生活过,——在他活着的时候,他一直都是被鄙视、被迫害、被讥嘲地活着。他活着的时候,鄙视他的人们曾是那些受尊敬被景仰的人,正如现在赞美他的名字的人就是那些受尊敬被景仰的人。但是真理见证战胜了,并且,正如他在另外一些方面改变了世界的形象,这样,他也改变了"荣誉"的概念:在他死后他变成了那受尊敬的人,而那些与他生活在同时代,那些在当年受尊敬被景仰的人,他们现在站在另一种光照之下。只要他还活着,事情就不是如此,在那时他不得不以基督教的学说来安慰自己,为善的事业而受嘲辱是至福的,他深思过并且也明白了这些话。因为,就在许多人因反过来观察历史而只是从中获得困惑[29]的同时,基督教则不变地针对活着的人并且向他宣示:为善的事业而受嘲辱是至福的。

这就是说,基督教在总体上对"在活着的生活中受尊敬被景仰"是持怀疑态度的。所谓"每一个在活着的时候受嘲辱的人,因此就是走在正确的路上",这样的一种愚蠢的说法绝非是基督教。基督教只是说:在那些活着的时候受嘲辱的人中间,真正的基督徒通常会在那里。因为这是基督教的看法:那永恒的,那真实的,不可能赢得瞬间的赞赏,必然会赢得它的不满。因此,基督教所理解的"混同于受尊敬被景仰的人们",恰恰就不是"让自己处于各种高的地位和职务",——去强调"我们的与所有统治有争议的时代对于'这种桀骜不驯的顽固甚至就应当是基督教'的主张"[30]是尤其重要的,而对此保持沉默,则是不负责任的。我们也能够很确定地说:一种这样的在高位和权力之中的生活常常是在对"严格意义上的'受尊敬被景仰'"的真正的牺牲之中展开的[31]。不,这"受尊敬被景仰"[32],按基督教的理解,就是:遗忘了"那永恒的",在偶像崇拜的状态之中只事奉,并且只属于,那在瞬间之中有着权力的东西,而从不属于除此之外的东西,只为瞬间而

327

活，先求瞬间[33]并且由此而去收获瞬间的赞赏，就是说，用一句外来语来说，"在 Velten 之中"[34]（基督教并不喜欢世界），这就是"高高在上"，就是说，正如人们关于一种类型的教养所说的，拥有世界[35]，简言之，这是世俗性。基督教则相反，在荣誉和声望的方面要求自我拒绝，甚至比"相对于金钱"更确定地有这种要求。因为金钱是某种纯粹的外在，而荣誉则是一种观念。基督徒更有义务去回绝所有这荣誉和声望。就是说，"作一个基督徒"是一件荣誉的事情，并且因此，每一个基督徒因自己的和基督教的荣誉而有义务去捍卫"荣誉"的真正概念，这样，他不因"去接受世俗的荣誉和声望以及瞬间之赞赏"而在"对不真实的概念的传播"上变成同谋。

然而，这讲演所致的对象是谁，它不去利用地点和瞬间，难道它不是在令每一种合理的期待都失望，——这合理的期待会等着：在这里将论述"荣誉和声望是怎样的大好处"、"'受尊敬被景仰'是多么美好"，以及"一个人通过什么样的手段来获取这一如此重要的好处"，因为，当然，如成语所说，那失去了荣誉的人是砍掉了自己的右手，这样他就什么事情都做不成，——这可以在使徒们的和所有真理见证们的例子之中看见，因为他们什么事情都做不成。确实，这讲演会令这一期待失望，但却不令那期待"它应当宣示基督教"的人的期待失望。

"但是，难道这'受尊敬被景仰'不是一种大好处吗？"对此，这讲演一无所知，它只知道，为善的事业而受嘲辱是至福的，并且这是基督教。"但是，难道这并非仅仅是基督教的最初时期的情形，在基督教斗争着地让自己与犹太教徒和异教徒发生关系的时候，难道在基督教世界里、在充满了胜利的教会[36]里也会是这同样的情形？"是的，这也确实是自然而然，如果一个人想象一个地方，在那里生活着清一色的真正的基督徒，那么这当然就会成为一种证明，证明他是一个真正的基督徒，证明他有着他们的赞同、被他们尊敬和敬仰，——他们自己想要"那真的"并且有着真的观念、有着对真理认识的急切。但是这个地方是所谓的基督教世界吗？如果是的话，那么在那里就有着圆满，——那么，那么人们就必须设想，基督沉陷在了各种想法之中、忘记了自己、忘记了重归；因为祂的重归当然就对应于圆满[37]。但是基督尚未重归，——而如果他重归，在比从前更严格的意义上，到他自己的人这里[38],那么,对他的接受在基督教世界会是怎样的?看,有许多曾令我惊奇的东西,许多我觉得特别而无法解释的东西。在我听到一个人说出正确的事情——但他看来却根本就没有想要去做这事的时候,这时,我就会觉得奇怪,我理解不了他。但是这同样的情形成为了一个很普通的笑话,我曾如此频繁地听过和读过它,从许多非常不同的人嘴里说出,但却仍然像是一枚流通的硬币[39]一样地被递出,——没有人认真地看这硬币(除非是罕见的、不为人所知的外国硬币),因为它得到了足够的认可就像是作为常规的硬币,作为一种好的突发奇想,一句说到了点子上的插话(一个幽默的人说了一次而聪明人们抢着重复这话):如果基督现在重新来到世界,那么他就又会被钉上十字架,除非到了那个时代死刑已经被废除[40]。人们说这话,抛出一句随意的类似于"你好"的话,只是带着更大的做作;人们觉得这说得很好很到位,——并且,那说这话的人,他根本就想不到,丝毫都不会想到,"他自己是不是基督徒"这个问题;那说这话的人,他根本就不会想到要去留意一下这基督教世界的整个海市蜃楼。确实,这在我看来是无法解释的。这几乎成基督教世界的一个口头禅:如果基督再来,他会遭遇与从前他来到非基督徒们中间时一样的情形,——然而基督教世界却应当是胜利者的教会,如果落实到具体,这教会被设想为将会把这新的"把基督钉上十字架"加进自己的胜利之中。现在,自然而然,这"胜利者的教会"在外在的意义上战胜了世界,这就是说,它在世俗的意义上战胜了世界(因为,人只能够内在地在与上帝有关的意义上战胜世界);于是,正如对于所有战胜者,只有一个胜利剩在那里尚未被获取,就是"战胜自己"的胜利,成为基督徒。只要一个人没有留意这个,"基督教世界"这个概念就是所有幻觉之中最最危险的一个。因此,在基督教世界里,"那基督教的"就仍是不断地斗争着的。正如一个买下了所有那些自己需要用于考试阅读的书籍[41]并将它们豪华地包装起来的人,他绝不能说是已经通过了自己的考试,同样,基督教世界也绝不是基督教意义上的充满了胜利的教会。在基督教世界里也许会有各种真正的基督徒,但每一个这样的基督徒也是斗争着的。

"但是难道这'推崇受嘲辱——尽管是为了善的事业'真的是基督教的意图吗?这当然是不同于'去为那如此不幸而以至于受伤害的人

329

准备好安慰'。"是的，那确实是别的东西；但是这别的东西恰恰不是"那基督教的"。关于"该怎样去理解它"，不应当有任何暧昧不清的问题被留下。马太那里的话是这样的："若因我辱骂你们，逼迫你们，捏造各样坏话毁谤你们，你们就有福了。应当欢喜快乐，因为你们在天上的赏赐是大的。在你们以前的先知，人也是这样逼迫他们。"[42] 路加（6：26）那里的相应段落是这样的："人都说你们好的时候，你们就有祸了。因为他们的祖宗待假先知也是这样。"[43] 所有人都说你们好的时候，你们就有祸了！这里没有加上"并且撒谎"；这看来并不需要，这是理所当然，如果所有人都说一个人好，那么这就必定是谎言[44]，并且这个人的生活就是谎言。人都说你们好的时候，你们就有祸了！就是说，这是基督教的意思（如果这不是它的意义，那么在基督教之中就没有什么意义了）：一个人应当在一种这样的决定[45]之中拥有自己的生活，如此确定而完全有意识地承认，他想要什么、他相信和希望什么，不可能所有人都说他好。这败坏性的"所有人都说一个人好"，这也许会是够难达到的；但是，如果要成功地做到它，——只有一种被基督教鄙视和谴责的"聪明而怯懦的薄弱意志"才能够做得到它。如果这要成功，那么一个人就必须像一棵风中的芦苇[46]，因为甚至最小的灌木都会做出一小点反抗；他必须没有更深的信念，在内心深处是空虚的，乃至他（如果你要拿气候来比较时间的话）很容易就被每一丝微风吹倒，并且（如果你要拿一道水流来比较时间的话）他能够同样容易地在这水流上游动；他必须绝不让自己勇敢，除非是在他所混迹的这一堆里有着许多人的时候，他才以怯懦的方式也壮胆勇敢一下[47]；在他应当说话的地方，他必须沉默，在他应当沉默的地方，他必须说话；在他应当说不的地方，他必须说是，在他应当说是的地方，他必须说不；在他应当坚决地（坚决得即使是通向血腥的死亡）回答的地方，他必须拐弯抹角地回答；在他应当让自己保持清醒的地方，他必须昏睡，是的，尽自己的努力来让别人清醒着；他必须避开每一个"在其中那被遗弃的真理会逗留"的危险，并且参与每一件受赞美的蠢事；他必须完全地忘记上帝、对永恒的责任和一切崇高而神圣的东西；这样的话，他也许能够成功地做到这一点[48]，——那么，他就有祸了！从基督的话出发来看，这"所有人都说他好"不仅仅是一个人所能留下的最悲惨的死后名声，而且这也是：他成功地达到了这个，所以他有祸了！这要么会是一个卑鄙的非人，在对人的畏惧之中被驱使得鄙视自己，要么就必定会是一个伪先知。

然而，有福了，为善的事业而受嘲辱；如果所有人都说你们好，那么你们就有祸了。关于"这话应当怎样理解"，这之中没有被留下任何暧昧不清的问题。为善的事业而受嘲辱是有福的，并且这就是基督教。

这很难理解吗？绝不。这很难说吗？绝不，至少在"这是对谁说的"这个问题被完全不确定地留在那里的情况下是如此。但是讲者有没有可能生产出一种特定的作用？没有；讲者要生产出怎样的作用，这取决于，听者是谁。每一次在它要被弄成现在在场的时候，每一次在它应当如其所是地被说出来，并且在现在、在这个瞬间、在这特定的现实之瞬间，被对那些、恰恰是对那些现在生活着的人说出来的时候，基督教本质[49]方面的麻烦就出现了。因此，人们总是很愿意与"那基督教的"多少保持一定的距离。人们要么是不愿完全如其所是地说出它（这样当然就保持了距离），要么就是想让它被继续不确定地留在那里，尽管它完全就是应当被对那些现在生活着的人说的[50]。于是，这讲演者就是在空气中打拳[51]，并且说："在一千八百年前、在一千七百年前、在一千年前、在三百年前、在一百年前、在五十年前、在三十三年前，事情就是这样地不对头；但现在则不是这样了"。多么奇怪！如果一个人僵滞地看着那为人给出确定的讲演者，考虑着他是否也对于他自己所说的东西感到确定，那么，他就会对这如此出乎意料地向他望来的目光感到有点不安，有点不知所措，他在一瞬之间脱离了写好的稿子，并且在一种更随意的演说发挥中加上："是的，是的，——我不想说世界已经变得完美，但无论如何现在的情形并非是完全像以前那样，尤其是在最近的时期，和以前不一样了。"多么奇怪！因为，如果我们反过来倒查一遍，那么至少有一点是确定的，从前的情形完全就如同现今的：在一千七百年前，人们说："在一百年前，事情就是这样；但现在不是这样了，是的，是的，不管怎么说现在的情形并非是完全像以前那样，尤其是在最近的时期"；在三百年前，人们说："在一千五百年前、在一千年前、在三百年前事情是这样；但现在不是这样了，是的，是的，不管怎么说现在的情形并非是完全像以前那样，尤其是在最近的时期"。在这"最近的时期"之下必定隐藏了什么东西。是的,确实是这样。就是说,只要一个人能够避免对那正生活着的人们说,那么他就可以尽可能去趋近它,——而那正生活着的人们,这则就是这最近的时期。如果这是对一个少年们的集会所做的讲演,那么他无疑就会说"最最的最新时期",因为老年和成年的人们不在场,这样,他就完全可以去惩训他们,——但尤其是死者们,他对他们可以进行严厉的惩训,尽管有那美丽的规则说人们只应当谈论死者们的好处[52]。

基督教关于"受辱有福"的学说的情形就是如此。如果这应当在一个现实之瞬间被说出,那么这讲演当然就会发现一大群瞬间所尊敬而被景仰的人。这样,如果它的对象是这样的一个人群,那么,基督教至福的安慰、其快乐,听起来就会像是至深的讥嘲。这问题并不在于讲演。但一个诗人无疑也难以创作得出比这更深度的讥嘲:基督教关于至福的学说在一大群所谓的基督徒面前被讲解,这些所谓的基督徒,他们的生活处于完全不一样的其他定性之中,因而,尽管他们将自己称作基督徒,他们更愿意拒绝这种类型的安慰,并且,他们也许会觉得,"这他们在一切之中所最惧怕的事情居然会是安慰"——那简直就是要令他们发疯。[53]你想象一下,一大群满脑子世俗观念的、怯懦的人,对于一切事情,他们的至高法则就是一种对于"他人、'人们'会怎么说和怎么判断"的奴性顾虑;他们的唯一关心就是那种非基督教的对"人们在各种各样的事情上都说他们好"的关心[54];他们所钦敬的目标是去与其他人完全一样;他们的唯一令自己兴奋、唯一令自己惶恐的观念就是大多数人、群众,他们的赞许和他们的不认同。你想象一下,一大群或者一大堆这样的怯人之畏[55]之崇拜者和实践者[56],因而就是一大群受尊敬和景仰的人(因为,这样的人们怎么会不相互尊敬和景仰,尊敬他人当然就是对自己的恭维!);你想象一下,这一大群人,他们要(就像喜剧之中所写)他们要作基督徒[57]。在这"基督教的一大群"面前,这些话要作为布道被说出来:为善的事业受嘲辱的人有福了!

然而,为善的事业受嘲辱的人有福了!

注释:

[1] [为义受辱的人有福了] 指向《马太福音》(5:10—11):"为义受逼

迫的人有福了，因为天国是他们的。人若因我辱骂你们，逼迫你们，捏造各样坏话毁谤你们，你们就有福了。"另外参看：日记 NB4∶5，其中克尔凯郭尔写到关于这个讲演："第四。为善的事业而被讥嘲，是一种至福。（你们高兴吧，在人们以各种坏话来说你们的时候）。／那么，喜悦吧——但是也许在这里没有任何这讲演所谈的人在场。你，我的听者，你也许会为'在极大程度上受尊重、受赞誉并受敬仰'而喜悦。是啊，那么这当然就是你的一顿晚餐，就像鹤在狐狸那里的。／讽刺性的东西。／'有祸了，你们，如果所有人都说你们好话'。这里没有加上'并且撒谎'，这不需要，因为如果所有人都说一个人好，那么这就必定是谎言"，（*SKS* 20, 289, 13—22）。也看日记 NB4∶92，有可能是 1848 年 3 月的日记，之中克尔凯郭尔在标题"基督教的讲演第三部分第六"下面写："这个讲演如此构思是完全正确的，它几乎就同样可以是一个关于那被穿织为注释的内容'有祸了你们，若所有人都说你们好话'的讲演。它的争议目标因此必定是在于这样一种存在：参与在一起，什么都不是，没有任何意见等等。每一个提出了什么杰出的东西的人必定会遭遇什么事情，——但是数字，胜利的数字，量，处于这样一种'能够避免所有考验冲突'的麻烦"，（*SKS* 20, 331）。

[2] 丹麦语 Gode。这个词在丹麦语里有同时有"善"、"好东西"和"好处"的意思。所以译者在有的地方译作"善"，而在需要译作"好处"的时候也将之译作"好处"。

[3] 丹麦语 Gode。见前面注释。

[4] [一个这样的关于"至福"的讲演来自一个早已消失的时刻]《马太福音》（5∶10—12）耶稣登山宝训的一部分（《马太福音》5—7），终结于各种至福颂词《马太福音》（5∶3—10），根据《马太福音》（5∶1），耶稣是在一座山上向自己门徒作这一布道的。关于这座山 H. Olshausen 在自己的评注中写道："Die Tradition nennt einen Hügel bei Saphet（Bethulia）unter dem Namen：'Hügel der Seligkeiten,' als denjenigen, von dem herab der Herr diese Rede gehalten habe（传统以这个名字来命名采法特（Bethulia）旁的一个山丘：'至福之丘'，据说主在这里作了这个讲演"，德语引自 *Biblischer Commentar über sämmtliche Schriften des Neuen Testaments*（bd. 1 - 4, 3. udg., Königsberg 1837 [1830], ktl. 96 - 100.）第一卷之中，标题是 *Die drei ersten Evangelien bis zur Leidensgeschichte enthaltend*，在第 196 页第二注释中。

W. M. L. de Wette 在自己的注释中则写了："Die Legende bezeichnet einen Berg bei dem heutigen Saphet, wahrsch. nicht weit von dem alten Kapernaum, als den Berg der sieben Seligkeiten（传说把现在的采法特附近的一座山，可能距离老迦百农不远，称作是七至福之山）"。德语引自 *Kurzgefasstes exegetisches Handbuch zum Neuen Testa-*

ment（2. udg. , Leipzig 1838［1836］, ktl. 109）的第一卷第一部分之中，标题是 *Kurze Erklärung des Evangeliums Matthäi*，第 54 页。

［5］这里同时有两种意义，就是说，也有着"这座山以这讲演命名，被称作是至福之山"的意思。

［6］［他的名，唯一的之中有着至福的名］　指向《使徒行传》（4：12）彼得在犹太人的会上说："除他以外，别无拯救。因为在天下人间，没有赐下别的名，我们可以靠着得救。"马丁·路德的德语翻译："Und ist in keinem andern Heil, ist auch kein anderer Namen den Menschen gegeben, darinnen wir sollen selig werden"（*Die Bibel nach der deutschen Uebersetzung D. Martin Luthers*）。

［7］［为义受逼迫的人有福了……人也是这样逼迫他们］　引自《马太福音》（5：10—12）。这里是直接引用和合本新约的翻译。

［8］［陶冶，尽管它们，如我们所说，从背后伤害］　指向这个部分的标题"从背后伤害的一些想法——作为陶冶"。

［9］亦即：关于一个人，嘲辱所说的东西……

［10］［一个没用的仆人并且没有任何益用］　指向《路加福音》（17：10），之中耶稣对使徒们说："这样，你们作完了一切所盼咐的，只当说，我们是无用的仆人。所作的本是我们应分作的。"

［11］［那些……荣耀者们］　指基督教历史上的殉教者们。参看前面有过的注释。

［12］［他所问的问题是什么呢？他所问的是关于社交圈子］　参看日记 NB：124，1847 年 2 月上半月："哪怕只是一个人要到农村做几年牧师，他也在事先会询问在那个地区有一些什么样的家庭，为了社交的原因；难道这不是更重要的，去考虑一下，我们在永恒之中会与一些什么样的人生活在一起，考虑一下让自己进入好的社交圈。"（*SKS* 20, 88）。

［13］"与上面所说及的那些荣耀者们为伍的交往圈"，按丹麦文 hine Herliges Selskab 直译是"那些荣耀者们的交往圈"，丹麦语的指示代词"那些（hine）"通常是指向一些在前文之中提及过或者已被认识了的人、事件或者对象。丹麦语 Selskab 的意思是"社交圈"或者"交往圈"。

［14］［介于对与不对之间的区分］　参看第四个讲演中的相关段落。

［15］［降在那做出不对的事情的人身上的忿怒诅咒］　指向《罗马书》（2：8）之中保罗写道："惟有结党不顺从真理，反顺从不义，就以忿怒恼恨报应他们。"

［16］［从来就不让自己没有证据］　指向《使徒行传》（14：17），保罗说，上帝"然而为自己未尝不显出证据来，就如常施恩惠，从天降雨，赏赐丰年，叫

第三部分　从背后伤害的一些想法

你们饮食饱足，满心喜乐。"

［17］［不变地是那同样者］　比较阅读《巴勒的教学书》第一章《论上帝及其性质》第三段，§2："上帝是永恒的，他既不是初始也不是终结。他是恒定地不变的，并且总是如一。"（第13页）

［18］［在所有受造者……以至福来令一切生物得以满足］　指向《诗篇》（145：15—16）之中说上帝："万民都举目仰望你。你随时给他们食物。你张手，使有生气的都随愿饱足。"这里取用的是在路德指示的餐桌祷告中的改写（第16句）："你打开你温和的手，令所有活着的东西都随愿饱足！"《马丁·路德小教理问答》。

［19］共同体（Samfundet）。在正常的意义中，丹麦语的 Samfund 意思是"社会"。但是在神学或者圣经的意义上，它常常被用来指"（与上帝或基督或永恒的）同在"或者"（与上帝或基督或永恒的）共同体"。在这个段落中出现的"共同体"都是这个意思，是指"集体共处的共同体"。

［20］这个"他的"是指耶稣的，但第一个字母是小写。

［21］［即使只有两三个人以他的名聚集，祂也是在那里在场的］　指向《马太福音》（18：20），之中耶稣说："因为无论在哪里，有两三个人奉我的名聚会，那里就有我在他们中间。"

［22］［祂痛苦之共同体和祂的复活之力量］　指向《腓利比书》（3：10），之中保罗写道："使我认识基督，晓得他复活的大能，并且晓得和他一同受苦，效法他的死。"

［23］［至高者］　亦即上帝。

［24］［把自己的名字铭刻进生命册］　作为与《启示录》（17：8）中"凡住在地上名字从创世以来没有记在生命册上的，见先前有，如今没有，以后再有的兽，就必希奇"的对立。也可参看《启示录》（20：15）。

［25］［他的位置是在坟茔之间，被所有的人躲避］　指向《马可福音》（5：1—10）关于拉格森人的地方，那里被鬼附身的人单独住在坟茔之间。

［26］［哪怕是在喜剧中也不可能］　在誊写稿中，克尔凯郭尔在边上加注又划掉："哪怕是在喜剧一个忏悔节星期一也不可能"。（*Pap.* VIII 2 B 124, 1）。

［27］［真理见证］　对在基督教教会最初几世纪中见证了基督教真理并且常常遭迫害甚至是成被杀的烈士的基督徒的固定表述。这里所考虑到的可能是路德。

［28］［他的名字被尊敬被赞美地生活了三百年……六七十年］　可能是考虑到基督教教会的改革者马丁·路德（1483—1546年）。

［29］［许多人因反过来观察历史而只是从中获得困惑］　也许是指向格隆德维（N. F. S. Grundtvig）的《世界编年史概观，特别是路德时期》（*Udsigt over Ver-*

335

dens – Krøniken fornemmelig i det Lutherske Tidsrum, Kbh. 1817, ktl. 1970），在扉页处有希腊成语"时间会展示出，什么是真理"，这本书是对马丁·路德的致敬："马丁·路德的/得到祝福的名声/成为神圣的/如同一只震撼/在纪念之年/这本书/带着基督教的恭敬/为/维滕贝格/感谢上帝"，第 3 页。格隆德维以旧约中犹太人历史为样板把整个世界的历史描述为人类的拯救史，并以路德和宗教改革为转折点，因为最后的三个世纪的历史，就是说路德之后的时代，与"历史的完整性和可证性"有关的，在书中是最重要的，第 XXI 页。在结尾处，格隆德维写道："祝福，马丁·路德的怀念，所以他的，所有在他的精神之中漫步过的人们的，一切，沉睡在主的怀里！他们的精神醒来，休憩在我们和我们的孩子们之上！那么我们可以向这些荣耀的人们以及我们人类的先人们承诺，进入他们的遗志和工作，在真理的精神之中收获他们在之中所播种的东西！！！"第 674 页。

［30］［我们的与所有统治有争议的时代对于'这种桀骜不驯的顽固甚至就应当是基督教'的主张］　也许是指向当时的敬神（虔敬主义的）运动，这运动以基督教的论争方式来要求各种特别的法令，比如说，为格隆德维主义者们特别提供的教科书和学校。格隆德维主义者们要求教会的变化要有更多自由，比如说，牧师们的礼拜自由，单个基督徒对自己所属教区的选择自由等等。

［31］克尔凯郭尔的行文特点常常是直接把对同一情形的不同理解放在一起谈论而不作特别的转折说明。在这里，基督教的"严格意义上的受尊敬被景仰"和"世俗意义上的受尊敬被景仰"恰恰是对立面。

这一句的丹麦文是："Det er ogsaa vist, at et saadant Liv i Høihed og Magt oftere er ført i sand Opoffrelse af det egentligen at være æret og anseet."

Hong 的英译是："It is also certain that such a life in power and eminence is often led in genuine sacrifice of being really honored and esteemed."

Hirsch 的德译是："Ganz gewiß ist auch solch ein Leben in Hoheit und Macht weit öfter in wahrer Aufopferung geführt, als daß es in eigentlichem Sinne geehrt und angesehen wäre."（我们也能够很确定地说：一种这样的在高位和权力之中的生活常常是在真正的牺牲之中展开的，而非"它在严格的意义上受尊敬被景仰"）。

［32］亦即，"世俗意义上的受尊敬被景仰"。

［33］［先求瞬间］　指向《马太福音》（6：33）中的"你们要先求他的国和他的义"。

［34］［用一句外来语来说"在 Velten 之中"］　成语，意为：有影响力，时尚，受欢迎，领导潮流，受人景仰的。这个 Velt 部分地关联到德语 Welt（世界），德语有固定表达 Welt haben（拥有世界），以及成语"er hat viel Welt, Lebensart, feine Bildung"（他拥有世界、生活方式和好的教养），被收在德语词典

第三部分　从背后伤害的一些想法

(*Th.* Heinsius *Volksthümliches Wörterbuch der Deutschen Sprache* bd. 1 – 4, Hannover 1818 – 22, ktl. U 64; bd. 4, s. 1588, 2. sp.) 的 Welt 条目之下。也参看下一个注释。

[35] [拥有世界]　有着（懂得）交际方式，影响各种上层或者有文化或者时尚的圈子的节拍和调子，有着对世界的经验。对照上一个注释。

[36] [充满了胜利的教会]　指向那对于教条性表达"ecclesia militans"（斗争的教会）和"ecclesia triumphans"（战胜着的教会）广泛的领会：基督教的教会能够在大地上变成战胜着的。在更老的神学之中"ecclesia militans"（斗争的教会）标识了与自己的环境的斗争，教会一直处于这种环境之下，直到基督的重归，而到了基督重归的时候，这时教会才会胜利，并且成为"ecclesia triumphans"（战胜着的教会）。可参看哈泽的《*Hutterus redivivus* 或路德教会神学教理》（Jf. fx K. Hase *Hutterus redivivus eller den Evangelisk – Lutherske Kirkes Dogmatik*, overs. af A. L. C. Listow, Kbh. 1841 [ty. 1828; 4. udg 1839, ktl. 581]（forkortet *Hutterus redivivus*），§ 124, s. 322.）

[37] [祂的重归当然就对应于圆满]　克尔凯郭尔在这里表达一种经典的教理神学解读，见哈泽的《*Hutterus redivivus* 或路德教会神学教理》的 § 130（K. Hase *Hutterus redivivus*, s. 343）："和解会达到其圆满，上帝之国的外在胜利被决定为基督的重归"。也参看克尔凯郭尔所做的克劳森"教理神学讲课"（H. N. Clausens《*Dogmatiske Forelæsninger*》）的笔记中第二章"论不朽性"的 § 28，在之中写到了基督重归的重生和审判："在极端的审判上，圣经看来是暗示了一种普遍的更完美的诸物秩序的登场，而不是让虚构的描述让我们觉得有理由去作出一种关于那第二生命的性质的更确定的观念"（notesbog 1：6, *SKS* 19, 28, 11 – 15）。

[38] [比从前更严格的意义上，到他自己的人这里]　指向《约翰福音》（1：11）："他到自己的地方来，自己的人倒不接待他。"

[39] [一枚流通的硬币]　本原是指这硬币实际价值与它的面值相抵；比喻的意思是：货真价实的东西。

[40] [如果基督现在重新来到世界……除非……时代死刑已经被废除]　参看海贝尔《论哲学在当代的意义》（J. L. Heiberg *Om Philosophiens Betydning for den nuværende Tid. Et Indbydelses – Skrift til en Række af philosophiske Forelæsninger*, Kbh. 1833）第 19 页："如果基督回到现在的基督徒这里，他所得的待遇也不会比以前犹太人那里的更好。固然不会又被钉上十字架，因为酷刑已经被废除；但是医生们会告发他是卖假药的江湖郎中，被我们的律师们判为社会秩序的骚扰者；神学家们，这些生来就是为他做辩护的人们，他们会怎么接待他？正教神学家会称他为伪导师，理想主义者们会称他是梦想狂。"

337

［41］"需要用于考试阅读的书籍"。Hong 的英译在这里加写了一些丹麦文原文中没有的东西（在丹麦文中没有说明是什么考试）："needs to use for his studies and final examination for a university degree"。

［42］［马太那里的话是这样的："若因我……逼迫他们。"］ 《马太福音》（5：11—12）。

［43］［路加（6：26）那里的相应段落是这样的："人都说你们好的时候……待假先知也是这样。"］ 《路加福音》（6：26）

［44］［这里没有加上"并且撒谎"……就必定是谎言］ 参看日记 NB4：5。见前面 "为义受辱的人有福了" 的注释。

［45］"决定"（Afgjørelse）。

［46］［风中的芦苇］ 指向《马太福音》（11：7）："他们走的时候，耶稣就对众人讲论约翰说，你们从前出到旷野，是要看什么呢？要看风吹动的芦苇吗？" 路德的翻译最后两句是：

《Wolltet ihr ein Rohr sehen, das der Wind hin und her webet?》, *Die Bibel nach der deutschen Uebersetzung D. Martin Luthers.*

［47］这一句的丹麦语是 "han maa aldrig være modig undtagen hvor de – feigt ere Mange"，译者稍作改写，如果直译的话是 "他必须从不勇敢，在'他们怯懦地是许多人'的情形中则是例外"。

Hirsch 的德译是 "er darf nie mutig sein, ausgenommen wenn sie – feige zu vielen sind"；Hong 的英译是 "He must never be courageous except when the many are cowardly."

［48］就是说，做到了 "所有人都说他好"。

［49］这 "基督教本质" 按原文直译应当是 "那基督教的"。

［50］［对……说的］ 对此克尔凯郭尔在草稿的边上作了笔记（参看 Pap. VIII 2 B 103, 6），这笔记被收入誊清稿，但又被删去（参看 Pap. VIII 2 B 124, 3），被收在1848年二月或者三月日记 NB4：80 之中："出自《从背后伤害的一些想法——作为陶冶》/讲演第六/……正如那将挨打的孩子，不让老师知道，在毛衣下面塞一些布料，这样他就不会感觉到所挨的打；同样，唉，甚至一个为教众作陶冶的惩训师（帮助教众去把别的形象置于现在受惩罚的位置，这是很合理的）也是这样地令教众得到其陶冶、满足和娱乐的［说明1］。这是很合理的；因为，在那个小孩子的情形中，没有任何危险是与'作为那要打孩子的老师'有关联的；但是要真正作一个惩训师，是的，在这里这概念是翻转过来了，它不再意味去打别人，而是意味被打。惩训师挨打越多，他就越好。因此一个这样的所谓惩训师不敢真的打，因为他完全知道并且太明白了，他所面对的不是一个孩子，他所要打的

第三部分　从背后伤害的一些想法

其他人，瞬间［说明2］，或者那些通过为瞬间的各种激情服役而得到尊重、得到景仰和得到赞美的人们，以及他们成千上万的数量，他们才是远远更为强大的最强大者，他们则真地会回击，也许会打死他；因为去作伟大的惩训师就是被打。因此，惩训师为自己作了限定——只打讲道坛。以这样的方式，他达到了自己可笑的意图：成为所有畸形者之中的最可笑者：一个得到尊重并且得到景仰并且被人欢呼致意的惩训师！"

参看 SKS 20, 327f.（也参看其注释）

译者对引文的说明：

［说明1］"同样，唉，甚至一个为教众作陶冶的惩训师（帮助教众去把另一个形象置于现在受惩罚的位置，这是很合理的）也是这样地令教众得到其陶冶、满足和娱乐的"：就是说这个惩训师也把一个不在场者——"别的形象"作为类似于"小孩子在毛衣下面所塞的布料"的挨打时的承受者，这样，他在批判时所针对的对象就既不是自己也不是教众，他就没有得罪什么人的风险了。

［说明2］"瞬间"：这个"瞬间"无疑不是克尔凯郭尔的《恐惧的概念》之中的"瞬间"概念（"'瞬间'就是那种模棱两可的东西，在之中时间和永恒相互触摸；并且现世性这个概念也以此而得以设定，在这里时间不断地切割开永恒而永恒不断地渗透进时间。"），但是译者无法确定它在这里有没有别的特定神学意义。译者将之理解为"这惩训师在这瞬间里所要面对的一切在场的东西"。

对这个句子"因此一个这样的所谓惩训师不敢真地打，因为他完全知道并且太明白了，他所面对的不是一个孩子，他所要打的其他人，瞬间，或者那些通过为瞬间的各种激情服役而得到尊重、得到景仰和得到赞美的人们，以及他们成千上万的数量，他们才是远远更为强大的最强大者，他们则真地会回击，也许会打死他；因为去作伟大的惩训师就是被打。"的翻译（丹麦文原文是"Derfor tør en saakaldet Straffeprædikant ikke slaae virkelig, fordi han meget godt veed og kun altfor godt forstaaer, at det ikke er Børn han har for sig, at de Andre, dem han skal slaae, Øieblikket ell. de ved at tjene Øieblikkets Lidenskaber Ærede og Anseete og Prisede med samt deres Tusinder ere langt langt de Stærkeste, der slaae *virkeligen* igjen, slaaer ham maaskee ihjel; thi at være den store Straffeprædikant er at blive slaaet."），——

Kirmmse 的英译作了改写，把"他所要打的其他人，瞬间……"改写成"他在那个瞬间里所要打的那些人……"："For that reason, the so-called preacher of chastisement doesn't really dare strike a blow, because he knows and understands all too well that he isn't preaching to children, and that the ones he must strike at that moment, those who serve the passions of the moment, honored and revered and praised, together with their thousands, are far more powerful, [and it is they] who can *really* strike back,

339

can perhaps strike him dead. For to be the great preacher of chastisement is to be the one who is chastised." De Gruyter 版的德译 NB4（übersetzt von Monilal Dabrowska und Michaela Hanke）是："Deshalb wagt ein sogenannter Strafprediger nicht wirklich zu schlagen, weil er sehr wohl weiß und nur allzu gut versteht, dass es keine Kinder sind, die er vor sich hat, dass die anderen, die er schlagen soll, dass der Augenblick oder die, ihrer Hingabe an die Leidenschaften des Augenblicks wegen, Geehrten und Angesehenen und Gepriesenen mit Tausenden der Ihren die weitaus Stärkeren sind, die *wirklich* zurückschlagen – ihn vielleicht totschlagen; denn der große Strafprediger zu sein heißt, geschlagen zu werden."

[51]［在空气中打拳］ 见《哥林多前书》（9：26）保罗写道："我斗拳，不像打空气的。"

[52]［美丽的规则说人们只应当谈论死者们的好处］ 指向拉丁语的成语"De mortuis nil nisi bene"（关于死者们，我们只能谈论好的东西），据说这句话是公元前556年斯巴达的监察官契罗（Chilon，他被称为"希腊七贤"之一）说的。

[53] 这一句译者稍作改写。按原文直译是：

但一个诗人无疑也难以创作得出比这更深度的讥嘲：基督教关于至福的学说在一大群"其生活处于完全另外的定性之中，因而，更愿意拒绝这种类型的安慰——尽管他们将自己称作基督徒——并且也许会觉得'这他们在一切之中所最惧怕的事情居然会是安慰'简直就是要令自己发疯"的基督徒面前被讲解。

[54]［他们的唯一关心就是那种非基督教的对"人们在各种各样的事情上都说他们好"的关心］ 参看1848年三月的日记NB4：111："在基督教的讲演第三部分的第六个讲演之中。结尾处的段落：他们的唯一关心就是去达到那种不敬神的东西，'人们在各种各样的事情上都说他们好'。确实事情也应是如此，恰因为基督教教导说：如果不是因为不敬神，这样的事情不会发生。任何有着严肃的信念的人（而每一个人在基督教的意义上都应当有这信念）是不可能做得到这一点［译者注：亦即，被人说好］的。因而，如果有人做得到这一点，那么这就 eo ipso［拉丁语：恰恰因此］是他的不敬神。基督教没有一种关于'发生在一个人身上的事情，这样的事情，比如说，所有人都说他好，发生在他身上'的轻率的观念。因为基督教说：这样的事情不可以发生在你身上，正如盗窃和卖淫，等等，是不可以的。你应当是不能够以'你并不欲求它、你在这之中是无辜的'的说法来为自己做辩解，因为你应当按基督教所要求的那样生活，这样，这'这事情发生在你身上'就 eo ipso［拉丁语：恰恰因此］是一种不可能。如果这事情发生在你身上，那么这就 eo ipso［拉丁语：恰恰因此］ 是'你没有按基督教所要求的那样生活'的证据"。（*SKS* 20，第338页，并参看之中的注释）。

［55］"怯人之畏"（丹麦语：Menneskefrygt），在这里应当是指"面对别人的意见时的怯懦，'唯恐不被别人认可'的畏惧之心"。丹麦语言词典的解释是："bekymrethed for menneskenes dom（mening）ell. hævn（straf）（对于人们的论断（意见）或者报复（惩罚）的忧心）"。

Hong 的英译是"the fear of people"，Hirsch 的德译是"Menschenfurcht"。

［56］［怯人之畏之崇拜者和实践者］ 参看 1848 年三月的日记 NB4：113，在 SKS 20 中，从第 338 页起，尤其是下面："但是对应于相似性有着一种形式的暴政：怯人之畏。在关于痛苦之福音的最后一个讲演［《不同精神中的陶冶性讲演》（1847 年）见 SKS 9，413—431 页］之中让人们注意这一点了。我在基督教的讲演第三部分的第六之中再次让人注意的仍是这个。／这是所有暴政之中最危险的，部分地也是因为有这个需要让人们留意这一点，因为这不是直接明了地能够让人看见的"（第 339 页 4—9 行）。

［57］［这一大群人……（就像喜剧之中所写的）……要作基督徒］ 也许是指向霍尔堡的喜剧《产房》（1724 年）第三幕第一场，之中"一个夫人"对那在分娩期的妇人说："如果我真正地考虑一下的话，那么，市民们就都是基督教徒，而如果他们过着一种精神的生活，那么就能够得到祝福，完全就像我们［注：这个"我们"是指贵族阶层的人们］中的一个"。

VII 祂在世上被人信仰[1]

《提摩太前书》（3：16）。大哉，敬虔的奥秘，无人不以为然，就是神在肉身显现，在灵性称义，被天使看见，被传于外邦，被世人信服，被接在荣耀里。[2]

我的听者，你肯定知道圣经之中的段落，从你的幼年起就知道，你能够背出它来，你曾经常，一再再三地，听人引用它，也许自己引用它；在有人指向这圣经段落的开头时，你随着就能够根据记性来接上剩下的文字；在有人引用单个的环节时，你马上就记得其余部分。于是，这个圣经段落对于记性来说就获得了一种圆润，乃至它几乎就是情不自禁地要把那对于它来说是归属一体的东西重新联接在一起。你能够从后面开始，从前面开始，从中间开始，但是只要你在一个地方开始，你的记性就马上会有能力把这整体都集聚起来，你最喜欢的当然就是完整地引用它。

不过，在那些单个的陈述之间有着一种非常值得人注意的差异——但是也许它避开了你的注意力，因为它与记性无关。或者，更正确地说，在它们之间有着一个陈述，——如果你看见它，或者也同样可以说，如果它看见你，那么一切就都被改变了；它以一种奇怪的方式镇住了你，这样，你的记性根本就感觉不到想要加上其余的部分，因为这个环节[3]控制着你，因而更确切地说，这对于你就仿佛是这样：你，至少是在这一瞬间[4]里，忘记掉了所有其余部分。因为，看，"神在肉身显现"，这与你无关，这与祂有关；"祂在灵性称义"，这与你也无关，这在灵性称义的是祂；那"被天使看见"的也不是你，而是祂，那"被传于外邦"的是祂，那"被接在荣耀里"的是祂。但这"祂被世人信服"！这则与你有关，不是吗，这与你有关；好好注意了，你要真正对此注意，然后，这只与你有关，或者这变得对于你就仿佛是：这只与

第三部分　从背后伤害的一些想法

你有关，在全世界之中只与你有关！

对此是我们所想要谈论的[5]：

　　祂在世上被人信仰。

因而，这看起来就好像是：使徒[6]只说出了一些关于基督的历史故事；他也确实是只说出了这些。但在这历史故事的中间，他用上了一个小小的对着你说的语句。"祂在世上被人信仰"，就是说，那么你是不是信他呢？也许是不会有什么询问方式会，恰像这说法一样，是如此地穿透着、如此地抓攫着。如果你想要对一个人提出一个良心问题，但恰恰是以这样的"能够真正让它成为一个良心问题"的方式提出，就是说，以这样的方式，这不会是什么"他要回答提问者'是'或者'不'"（因为这样一来良心关系就已经在某种程度上被打扰了）的问题，而是以这样一种方式，这会是一个"他要自己为自己回答，因而这问题就牢固地将自己置于他的内在之中，并且在他自己在上帝面前为自己回答这个问题之前不会为他带来任何安宁"的问题，如果是这样，那么，你就可以去以这样的方式做。你对他讲一个故事。于是，这使得他非常有安全感；因为他当然会足够地明白，既然这是一个故事，那么这里所谈的就不是他。一个语句被置于这故事之中，也许这语句并不马上起作用，但是，它在一段时间之后就突然变成了一个良心问题。因此，这事情就恰恰变得更为内在了。保罗并不是带着"要听你说'是'或者'不'"的要求走到你这里来问你"你是否已经信了"；他所说的是"祂在世上被人信仰"，——于是这"你回答你自己"就被留给了你自己，留给了你的良心。我们可以将这称作是"在一个人的良心上向他提问"；如果这问题以这样的方式对一个人起到作用，那么，关于这个人，我们就能说，他明白"他被询问"。够奇怪的，好几个世纪下来，人们对这个段落写下了各种解读，又写下各种解读，弄出许多麻烦，去除掉了许多麻烦，人们在复杂而详尽的解读中反复推敲了每一个单个的细节，唯一的一个据我所知是没有被弄成解译对象的环节（自然是因为人们觉得它是如此容易被理解，以至于每一个小孩子都能够明白它）正是这个"祂在世上被人信仰"。这也确实是非常容易理解，然

343

而，还是要小心：这个环节是对"你"提的问题。

因为，不是吗，你当然还是生活在这个世上的。在我们说祂在世上被人信仰的时候，这"让你自己向自己提问'那么我信祂了吗？'"的机缘就被置于距你最可能近的距离之中。然而这提问的人是谁呢？无人，无人！然而，你当然是很清楚地知道这一点的，最可怕、最严肃的问题就是：关于这问题我们可以说"没有人问这个问题，然而却有着一个问题，并且是一个对'你'个人[7]所提的问题"。因为，如果这情形是如此，那么这提问者就是良心。无疑你也听说过关于那个诡计多端者的故事，他认为"任何人"都不可能以一个"他自己无法以这样的'使得提问者变成受骗者'的方式来回答"的问题来骗过他[8]，无疑你听说过，他所唯一惧怕的事情，明确地让他不得不认栽的事情，就是：那问他的人是"无人"[9]。你无疑自己感受到了那种庄严感，它可以是在森林的孤独之中，在一个人完全孤独的时候，在黑夜的宁静之中，在一切都沉睡的时候，就是说，在只有"无人"在场的时候，那是多么庄严；一旦有了"任何人"在场，这庄严就少了下来。在这有着"无人"问话的地方，在这还是有着一个"个人私密的问题"、有着一个无形者——那询问者的地方，在这里，你就是在最深刻的意义上与你自己有着关系，而这关系就是良心之关系。因此，这个问题就有着一种如此可怕的权力；因为在有任何人问你的时候，如果你觉得回答他是让你不舒服的，那么，你可以看是不是要去骗他，或者你可以对他恼火，愤怒地问他，他是什么人，竟敢来问你，他有什么权利来问你；但是在这里，这里这问者是——无人！

祂在世上被人信仰。是的，事情完全就是如此；你知道有多少千多少万的人信了祂，生活在了这一信仰之中，在这一信仰之中死去。然而却不，事情并非如此。如果你自己不信，那么你就无法知道，是否有哪怕唯一的一个人信了祂；如果你自己信，那么你就知道祂在世上被人信仰，有一个信了祂的人。这一个人无法观照进另一个人的心中，那是信居住的地方[10]，或者更确切地说，那是可以看出是否有信的地方，就是说，那单个的人信或者不信，只与自身相关，只有他自己面对着上帝知道这事情。每一个他人都不得不满足于保证。因而你无法知道"如此如此这么多千万个人信了"，你只知道（因为那无法被知道的东西，

第三部分　从背后伤害的一些想法

你终究不会去要求去知道或者让自己给出一种知道的外观），如此如此这么多千万个人给出了"他们信了"的保证，如此如此这么多千万个人为这一信仰而死，——然而，我所说的东西，你当然不知道，你只知道，他们为这一信仰而被杀（被那些也无法知道他们是否有着这一信仰的人们杀害），并且他们为"他们是为这一信仰而死"作出了保证。更多，你则是不知道的。事情之所以是如此，不是因为你的知识有局限，而是因为那被设定在所有"人的知识"上的局限决定了事情是如此[11]，亦即，这知识不是知人心者[12]的全知[13]。这不是由于你只认识很少人，恰恰相反，你所想的人越多，就越无法自然地说"要穿透进他们的真挚内在"，就越有必要满足于那保证。但是，即使你挑选出一个唯一的人来使之成为你的全部注意力的对象，你也仍无法知道，他是不是信仰者，你只能知道他为此作出了保证。如果你自己从来就不曾坠入爱河，那么你就也不会知道在世上是否曾有过什么坠入爱河的事情，尽管你知道，有多少人作出了保证说曾坠入过爱河、曾为爱情而牺牲自己的生命。但是他们是否真的曾坠入爱河，这你就不可能得知了；如果你自己曾坠入爱河，那么你就知道，你曾坠入爱河。盲人不知道颜色差异；他就不得不满足于其他人为他作出保证说，这差异存在，并且这是如此如此。

　　不要说，这是在把思想绷得过紧，这是过度紧张。哦，绝非如此。这恰是严肃。因为，又有什么事情是比"'你'是否信了"这个问题更严肃的。看，因此信仰的本质决定了它是要击退所有好奇心以求把全部的心念集中到严肃上；看，因此信仰的本质决定了最首要的事情是阻止"一个人就能够这样地获得或者具备二手信仰[14]"这一谬误的想法。因此，去真正地明白"你确实无法知道另一个人是否信了"，——这对你是有好处的；心念的力量和注意力通常会消遣性地被浪费在"忙于对'关于其他人的信仰的问题以及对之的好奇'作探究"上，为了让所有这心念的力量和注意力能够被集聚起来为严肃服务，你（不是去轻率地随大流——错失掉信仰）能够去感觉到下面这两点认识的全部分量："这里的一切所围绕的是你，你是单独地只被指派给你自己的，与别人没有任何关系，绝对地没有任何关系，相反是更多地，或者更确切地说，完全地只与你自己有关"，"在与信仰有关的事情上，你确实

345

地无法对别人有任何所知"，——这[15]对你是有好处的。[16]因为，从历史的角度看，这问题是"有多少人信了"，——这是历史弄出的问题；但信仰则当然不是历史。相反，信仰的问题是向"你"提出的："你"信了吗？这一个问题牵涉到信仰，那另一个问题牵涉到历史。信仰让自己与人格发生关系；但是从个人私密的意义上理解，在我信了的时候，那么"究竟有多少人和多少人也信了"就是无关紧要的问题；在我没有信的时候，那么"有多少人和多少人信了或者没有信"就是无关紧要的问题。

从历史的角度看，这问题是"有多少人信了"。"现在，既然有如此许多如此许多，如此无数人信了，那么'我有没有信仰'这个问题就没有什么可大惊小怪的了；既然这么多人有这信仰，那么我自然也有这信仰。不，如果信仰是某种'一个人自己独守'的东西，是啊，那么这就是另一回事了。"但是信仰正是你自己独守的，——如果你有信仰的话；如果你不是自己独守着它，那么你就也没有这信仰。这是不是可怕的虚无，这是不是一种傲慢的疯狂，只能够引人去丧失理智？不，这是严肃，那唯一的，如果你没有信仰，这是那唯一能够引你去获得信仰的东西；那唯一的，如果你有信仰，这是那唯一能够保持让你留在信仰之中的东西。在死亡把你的爱人从你这里夺走的时候，你不想去明白，听不进任何东西，而对这种说辞——"如果我们设想地球上住着好几千百万的人，那么，每天都要死去好几千，或许每天都有很多被爱的人死去"——你只会感到厌恶就像面对一种可憎之物；也许，这也是可怕的虚无，这也是一种傲慢的疯狂？我会相信这是疯狂，如果一个人的灵魂变得以这样一种方式飘飘然，如此弱化，如此可鄙地在历史的意义中浪荡着，以至于"那死去的是'他的'爱人"这样的事实会完全地避开他的注意力；我会相信这是"他从不曾爱过"的最确定的证据。相反，我倒是会相信，如果那爱者在自己对失去爱人的悲哀之中只明白一件事，"这是他的爱人，那失去了自己的爱人的人是他"，那么，这就是可爱的、确实地人性的，只要严肃能够让自己去与情欲之爱发生关系，那么这就是严肃。并且，以这样一种方式，如果有人年复一年能够死记硬背地引用这圣经段落，"祂在世上被人信仰，祂在世上被人信仰"，但却想不到"那么我是不是信了祂"这个问题，那么，我就会将此视作是疯狂、视作是"内心中的一种弱化"的证据,——这样的一种弱化,它与严肃根本沾不上边。

祂在世上被人信仰。因而,那明白保罗的人,他明白,在这里有着一个问题。但是现在,如果他,那明白了这一点的人,想要回答说"是的,确实祂在世上被人信仰,随着每一个世纪过去,我们可以完全有理由这样说;不断有越来越多的人成为了信仰者,在所有各种地方基督教都被广泛传播,尤其是在美洲大陆被发现了之后[17]";难道保罗不会有人们在与一个疯人说话时所具有的那种心情。因为,就像那个喋喋不休的人不断地谈论自己的一小段旅行[18],这肯定是一种疯癫;但是,如果一个人在被问及信仰时谈论整个世界而只是不谈论自己,那么这也是疯癫。

但是那明白了问题并且回答说"我信了祂"的人,他是明白了自己。而如果他回答说"我没有信祂",那么他也还是明白了他自己。在那单个的人说我信了他的时候,这不是那在历史角度上的"祂在世上被人信仰",而是那个人私密的"我信了祂"。

"我信过世上的很多东西,各种可信的人们告诉我的关于我自己不曾听过见过事物,我相信历史的见证;在日常生活之中,我以各种各样的方式相信别人。其中有那我以这样一种方式认为是非常无足轻重、第二天就忘掉的东西,有许多在一些时候会让我花工夫去投入的东西,有许多我已将之转化为我自己的灵魂之财产而不愿意放弃的东西,——然而,即使这全都是不真实的,这损失我也仍能捱得过去。但是我信了祂,——如果在这里我是被欺骗的,那么我就只会是所有人之中最悲惨的[19],这样的话,我的生命就是在其最深的根子上被消灭掉了,然后所有其他的东西就既不会有益也不会有害了。因为,我没有一年一年地拖下去等待新的再新的'敢去信'的确定保证,不,我以一种永恒之决定通过去信祂而为我自己保障了我的生命,——如果祂是幻象,那么我的生命就迷失了。但事情却并非如此,我相信这一点。我也经受了这一信心的犹疑[20],在不确定之中,把一切都押上去,这就是'去信'。但是信仰胜利了,我信祂。如果有人要对我说'但如果!',我就不再会理解这说法。我曾有一次理解过它,在决定[21]之瞬间,现在我不再理解它了。如果有人想要为我而感到恐惧害怕:我在一个'如果'的情形中，或者说是不顾有一个'如果'，以这样一种方式冒险跑出来；那么这时，但愿他别为我抱憾，他倒是该为自己抱憾的。我不靠什么'如果'生活。我是断然与一个'如果'作对，因这个'如果'而忧惧不安，冒险走了出来（这被称作是冒险），而现在，我信。但是，这在一个人抓向信仰之前首先必须明白的事情，这个词'如果'，它则又恰是这样的一个词并且是信仰所最不明白的东西。"

无疑，那单个的人必定是以这样的方式来说。让他继续说下去，他能够解说那个圣经段落之中的这个环节，这本来是从不被解说的环节。确实，没有任何确定的单个的人在这里说话，你没有，我也没有，因而这是一个虚构的[22]尝试：这讲演所想要的只是这个，它想要把"一个人作为单个的人是怎样说的"弄明白。

"我景仰过那在人类中被造就的高贵的东西、伟大的东西和美好的东西。我不认为我对之全都认识，但我知道，相对于我从中认识的东西，我的灵魂并非与'景仰之喜、至福的快乐、其同时既令人沮丧又令人精神昂扬的快乐'素不相识，因此，我知道什么是去钦敬。也许我对那伟大的东西所知甚少，这于此没有什么关系；是的，如果事情是如此，那么，在这个关联（此中不谈一个人所钦敬的有多么多的东西，此中所谈是一个人对自己所钦敬的东西钦敬的程度有多大）之中，如果事情就是如此，如果我带着完全的奉献，喜悦地、热情地钦敬了我所认识的这一小点东西，那么，更确切地说，这其实是在增加而不是在减少。我曾，让我们看那在人的立场上说是世上独一无二的东西、那人们通常会将之置于距离基督教最近的地方的东西，——我曾钦敬那个古代的高贵而简单的智慧者[23]。在阅读关于他的故事时，我的心就像那个少年在他与他进行对话时[24]那样剧烈地蹦跳；关于他的想法曾是我年轻时代的热情并且充溢了我的灵魂；我曾渴望与他的对话，完全不同于'我想要与任何我曾与之谈话的人说话'的渴望；在与那些领会了所有事情并且知道怎样去谈论所有可能的事物的人们共处之后，我许许多多次叹息着想要得到他的无知[25]，想要听他，总是说着同样的东西——'并且是关于同样的东西'的他[26]，所说的东西。我钦敬他的智慧，他在智慧之中变得简单[27]！他在智慧之中变得简单，因而他能够让那些聪明的人们中计[28]！他在智慧之中变得简单，因而他无需有许多想

第三部分　从背后伤害的一些想法

法并且无需弄出很多词句来就能够在为真理的服务之中牺牲出自己的生命[29]；哦，感人的简单性！他目视着死亡[30]谈论他自己，这被判刑的人，完全就像曾经在集市上与一个行人谈论那最日常的东西那样[31]，完全同样地简单；他手中拿着毒药杯，保留着美丽的喜庆心境，就像曾经在酒宴之上[32]，同样简单地谈论着；哦，崇高的简单性！——但是我从不曾信过他；我从不曾想过要这样做。我觉得，去作出一种介于他，那简单的智慧者，和祂，我所信者，之间的比较[33]，这也不是智慧或者深刻，我觉得这是对上帝的讥嘲。一旦我想到"我的至福"的事情，这时，那简单的智慧者对于我就是一个非常无关紧要的人物了，一种纯粹的无足轻重，一种乌有。我也不能，不能将之置入我的头脑或者我的内心，也不能使之出自我的双唇，回答这——讥嘲上帝的问题，两者之中我欠谁更多：是那简单的智慧者，还是祂，我所信者。但是相反我倒真地是能够回答这问题，我欠谁最多，——难道我会不知道，我欠谁最多，一切人之中我欠最多的，无法有任何比较地最多的。就是说，祂，我所信者，祂，这个给出了自己的生命，也是为我，给出了自己的生命的人[34]；给出生命，不像一个人为另一个人所做的，为了保留下另一个人的生命，不，是为了给予我生命。因为没有祂的话，我是死是活都是无所谓的[35]；说有人拯救了我的生命，如果他为我拯救的这生命仍等于"是死的"，那么这说法就只是一种空洞的说辞。但是，祂是生命[36]，我欠祂，永恒地理解，生命，祂，我所信者。

"在那种'在之中我是我自己'的感情之中，我深度地，在一种孝敬的献身感之中，依附着那'我欠他生命'的人；但是我请求让自己得免于去回答这问题，他们之中我欠谁最多，他，父亲，还是祂，我所信者。如果我被要求回答这问题，就是说，如果他要求我回答，那么我会毫不犹疑地在我的内在之中伤害我自己，没有人能够如此深刻地伤害我，——出于对祂我所信者的爱而放弃儿子的爱[37]。我爱我妻子如爱我自己的自我；如果她会有可能对我不贞，我会像那在这方面以最沉重的方式失去了自己的一切的人一样地哀伤，因为我只能够爱一个人；在死亡把她从我这里夺走的时候，我会坦白地说出，而在我的死亡瞬间，我会再坦白地说出，我曾一直说的话：她是我唯一的爱情。但是如果祂，我所信者，如果有这种可能祂向我要求这个，——出于对祂我所信

349

者的爱,我放弃这爱情[38]。我忍耐地承受我自己的损失,我承受她的所有愤怒和不理解,因为她无法明白我,直到她将在永恒之中明白我,——祂我所信者会为此作出安排。我爱我的孩子们;我想要为他们做一个人尽自己所能可做的一切,我不想知道怎样我才能够足够地感谢那真正地以语言和行为来帮助我使他们受益的人;我愿为他们付出生命;但是如果祂我所信者,如果有着可能祂会向我要求这个,——出于对祂我所信者的爱,我放弃这爱[39]。我信仰着地承受苦难之痛楚和责任之重担,忍耐地承受每一种对我的谴责之论断,甚至那些我所爱的人们,直到他们某个时候将在永恒之中明白我,——祂我所信者会为此作出安排。——以这样的方式,我爱很多,以不同的方式,在不同的程度上;但是如果祂我所信者向我要求这个,——出于对祂我所信者的爱,我放弃所有这爱。"

"如果有人想要对我说'这倒是一个可怕的如果;要带着一个这样的如果——它必定会杀死所有生活乐趣——,要带着一个这样的在可能性的蛛网[40]之中萦绕于你的头脑的如果,去忍受生活,这怎么可能?另外,在所有这些生命的关系之中、在这些与其他人的最真挚内在的关系之中生活,却又从不曾想象过一个这样的如果,这岂不是一种类型的无信';那么我会回答。是的,这个'如果'是可怕的,令人毛骨悚然的,我在定决[41]之瞬间,在我成为信仰者的时候,感觉到了这一点。在这一恐怖之中有着信仰的冒险行动。但确实,一个人是能够生活在这个'如果'之下的,并且不是将之感受成一种恐惧之重量,而是作为一种对自己的祝福。因为,'这个如果为我而存在了',这属于我与祂的约定[42]的一部分,并且,通过这个如果祂祝福我的每一个与那'去爱是有益于我'的东西[43]的关系。没有这个如果就不可能去信,因为信仰的顺从就是应当达到这样的程度;然而由此我们并不能推导出'祂向我要求这个'。我相信,这是祂的意愿:儿子应当爱父亲,丈夫应当爱妻子,父亲应当爱孩子,并且如此类推,——我相信这是祂的意愿,如果在他们之间没有一种信仰的差异的话。这样,'我认识一个这样的如果'无疑就不是无信,——这无疑就只是对于那些不认识并且不想认识祂的人们的无信,只是对于那些没有信仰并且不想有信仰的人们的无信。这样,我无疑也不可能因为这个如果(我的灵魂之畏惧与

第三部分　从背后伤害的一些想法

颤栗[44]，但也是我的爱，我唯一的爱，因为，在这爱中我爱祂我所信者）而会觉得自己是异己[45]于自己所爱的人们（我与他们共同地有着这信仰）的圈子。但是，我确实在基督教世界里感觉到异己——因为整个基督教世界应当都是清一色的基督徒[46]，比起'假如我与异教徒们生活在一起'的情形，我感觉这基督教世界更异己。因为，一个人会因为"那些有着另一种信仰、另一个上帝的人们对他的信仰无所谓"而感到异己，但这比不上因为"那些自称是有着同一种信仰的人们在这同一种信仰上无所谓"，——他会因为后者而在更大程度上感到更异己。对那让我投身的东西无所谓——如果你自己有着别的东西让你投身的话，这是一回事；而如果两个人所投身的是同一样东西，然后这一个对之如此无所谓而那另一个对之如此投入——并且这是那让两个人投入的同一样东西，这则是另一回事！我觉得自己在基督教世界是异己的，异己于这样的事实：关于我早早晚晚所投身专注的事情，基督教世界里的人们认为，这事情至多只能由那些以此谋生的人[47]来以这样的方式[48]去投身专注，而另外，如果有人以这样的方式想要去投身于这事情的话，那么这就是古怪而过分的。我绝非是由此推导出什么在'所有生活在基督教世界的人在怎样的程度上是真正的信仰者'方面的结论；对信仰方面的事情，我在总体上对他人是一无所知的。但是我所知道的是'祂在世上被人信仰'，并且我完全很简单地就是由此而得知这一点的：我信了并且信着祂。"

　　我的听者，这当然也是一种信条，或者至少是一种信仰表白。一个人要成为一个基督徒，这当然就有这样的要求：他所信的东西必须是某种确定的东西；但是同样明确地还有这要求："'他'信"是完全确定的。在同样的程度上，你越是纯粹地把注意力引向他所应当信的特定事物，"他"就越是远离开这信。在同样的程度上，我们越是给出"要让'什么是一个人所应当信的'得以确定，会是如此艰难"的外观，我们就越是在把人们引离这信。上帝不会让一个鱼的种类在一个特定的湖中进入存在，如果那作为这鱼的营养物的植物没有也在那里生长着。因而，我们能够以两种方式来得出结论：这植物在这里生长，ergo（拉丁语：所以），这鱼也在这里存在；但更确定的则是：这鱼在这里存在，ergo（拉丁语：所以），这植物在这里生长。但确实，在同样的程度上，

351

正如上帝不会让一个鱼的种类在一个特定的湖中进入存在，如果那作为这鱼的营养物的植物没有也在那里生长着，同样，上帝也不会让那真正地担忧的人不知道自己应当信什么。这就是说，需求自己随身带着营养，"那被寻找的"就在那寻找着它的"寻找"之中，信仰就在对于"不具备信仰"的忧虑之中，爱就在那对于"不爱"的自我忧虑之中。需求自己随身带着营养（Næringen），——哦，它是如此临近（nær），这个词[49]就是这么说的，它是如此临近，只要需求在那里。需求自己随身带着营养，不是因其自身，就仿佛是需求生产出营养，而是依据于一种上帝之定性，这定性把需求和营养这两者联接在了一起，因而，一个人，在他说"这事情是如此"的时候，就必须加上"如此确定，正如'有一个上帝存在'般确定"；因为，如果上帝不存在，那么这事情就也不会是如此。你不要被表象欺骗。人与人的日常语言之中包含有许多幻觉。比如说，在一个人说"我已经完全地决定了，为了这个和那个事业而冒险去做这样和那样的事情，但是后来，是这个和那个人，是他使得我放弃了这个决定"的时候，这听起来是非常合情合理的。但是，知人心者[50]则很明白地看出之中的关联：这个人并没有在最深刻的意义上作出决定；因为如果他作出了决定，那么他就不会去找这个和那个人，而相反会是作出了行动。那"爱情不使之沉默"的人没有坠入爱河，真正的决定[51]的情形也是如此。同样，如果一个生活在基督教世界里的人说，他非常愿意想要去信——只要他能够让"他应当信什么"的问题得以确定，那么他的情形就也是如此。这听上去非常合情合理，然而在之中却有着欺骗；信仰是在各种危险与定决[52]之中进入存在的，他不想要去进入这些危险与定决[53]，他不想要变得单独，单独地在精神之生命危险之中，因此他谈论这艰难；他不想在自己的灵魂之恐惧中将一切投入风险，因此他就以另一种方式来说。因为那个作为信仰之对象的祂，祂与一个人的距离则实在太近了，比十八个世纪的距离（经过了一种传统之潜水者关联[54]，或者说，如果在这里有丝毫的怀疑的话，经过了十八个世纪的各种拖延和各种可能的误解），实在要近得太多了。最近的道路，那是生命危险之路；最舒服的、但却并不通往信仰的道路，是：忙忙碌碌地让自己无法使那"自己应当去信的东西"在历史的意义上获得定性。最可靠的信息在生命危险之中得到，在那之中，一个人以一种唯生命危险所给出的清晰性[55]去听（他在根本之中所知的东西）；因为，在生命危险之中，他进入无限留神倾听着的状态，并且距离他所应当去听的东西无限地近。每一个生活在基督教世界的人在正常的情况下得到了远远超过了足够多的对基督教的了知，这甚至是政府所安排提供的条件[56]；许多人也许甚至就得到了实在太多。人们所缺乏的，其实是完全另一种东西，是那整个心念的内在改造，通过这种内在改造，一个人在精神之生命危险之中真正地达到去严肃地在真正的内在真挚之中多少信一些什么——他所知的那许多基督教的东西之中的一些什么。每一个生活在基督教世界的人在正常的情况下无条件地有着对基督教足够多的了知，以便能够去恳请和呼唤、能够向基督祈祷。如果他这样做，带着心灵之诚实中的内在真挚之需要，那么他无疑会成为一个信仰者。只要这一点——"这个人感觉到'去信'的需要"——在上帝面前并且对上帝而言是完全确定的，那么他无疑就会完全确定地得知"他要去信的东西是什么"。反过来的情形是：没有"'去信'的需要"，但却考究着地、思虑着地、冥想着地，越来越吹毛求疵地，想要把自己生命中一年又一年乃至最后把自己的至福全都浪费在"去使得'一个人要信的东西'完完全全地落实到每个笔划的细节上那样地得以确定"上面。这一反过来的情形是一种无中生有的装模作样，只为让自己显得越来越重要，或者这是一种在错误的地方的科学的博学物，因而就是一个科学的博学怪物[57]，或者这是一个胆小的、非人的，并且在这样一种意义上也是不敬神的怯懦。

注释：

　　[1]［他在世上被人信仰］　对《提摩太前书》（3∶16）的随意引述。看下一个注释。另外也看克尔凯郭尔日记NB4：5，克尔凯郭尔在之中写道："第六。他（基督）在大地上被信仰（《提摩太前书》3∶16）/但这也许只是一种历史叙述"（*SKS* 20，289，25f）。

　　[2]［大哉，敬虔的奥秘……被接在荣耀里］　对《提摩太前书》（3∶16）的引用。这里译者使用的是和合本圣经中的译文。

　　[3]这个"环节（Led）"是丹麦语中的普通用词，"一环一节"或"一长串中的一个部分"的"环节"。而不是黑格尔辩证发展哲学中的概念"环节（Mo-

ment)。

［4］这个"瞬间（Øieblik）"在这里作者所使用的是丹麦语日常语言中的普通"瞬间"的词义。但这同一个词也构成作者的一个非常重要的概念"瞬间（Øieblik）"——"时间"和"永恒"相互触摸的地方。

考虑到 Hong 的英译把"瞬间"译作 moment，译者在这里加个注释说明一下。克尔凯郭尔的概念"瞬间"和对短暂时间的描述"瞬间"，丹麦语都是 øjeblik（一瞥或一眨眼之间：øje 是"眼睛"，blik 是"目光"和"一瞥"），德语相通地被译作 Augenblick（一瞥或一眨眼之间：Augen 是"眼睛"，Blick 是"目光"和"一瞥"）。这个词很直观地与中文的"瞬间"相通，因为中文的瞬间就是"一眨眼之间"。被译成英文就成了 moment。Moment 来自拉丁语，词源是 movere（运动）。

但是，克尔凯郭尔在使用"瞬间（Øieblik）"概念的时候，也确实考虑到了拉丁语的 moment，见《恐惧的概念》：

那被我们称作"瞬间"的，柏拉图将之称为 τo ἐξαίφνης（希腊语：那突然的）。不管怎样在词源学上对之做解释，它是与"那无形的"这个定性有着关系的，因为"时间"和"永恒"被解读得同样抽象——既然此中缺乏"现世性"这个概念，而"现世性"概念缺乏的原因则又是人们缺乏"精神"这个概念。在拉丁语中它叫做 momentum，其词源（来自 movere〈移动〉）只是表示单纯的"消失"。

以这样的方式来理解，"瞬间"其实不是"时间"的原子，而是"永恒"的原子。这是"永恒"在"时间"中的第一个反照，它的第一个尝试，简直要去停止"时间"的尝试。所以古希腊文化不明白"瞬间"；因为，虽然这希腊文化是把握了"永恒"的原子，但是却没有搞明白它是"瞬间"，没有去向前地对之定性，而是向后地；因为，对于这希腊文化，"永恒"的原子本质上是"永恒"，这样一来，不管是"时间"还是"永恒"都没有得到它们真正应得的位置。（社科版《克尔凯郭尔文集》第六卷：《畏惧与颤栗　恐惧的概念　致死的疾病》第 281 页。）

而通过法语的 moment（片刻、刹那间），这个词在丹麦的口语中有时候就也被用作"一小会儿、瞬间"。

黑格尔的概念"环节"，在德语中原本（黑格尔所用的原词）是 Moment，丹麦语哲学专业的人使用 moment。这个 Moment 来自拉丁语，词源是拉丁语中的 movere（移动），黑格尔的辩证法是"发展的、运动的"，所以作为运动中的一个环节，这个 Moment 倒也是到位。但是在丹麦，人们对哲学外行讲解 Moment 的时候有时候会用 led（一环或一节）这个词。我估计英文世界也是如此：哲学专业的人使用 moment 来说环节，但是人们对哲学外行讲解 Moment 的时候有时候会用 part 这个词。

第三部分　从背后伤害的一些想法

但是，现在因为英法世界里的人们一方面想要在使用黑格尔的"环节"概念的时候使用 moment 这个词，一方面又把丹麦语/德语的"瞬间"（øjeblik/Augenblick）翻译成 moment，这时，如果一个中国哲学读者阅读英译的克尔凯郭尔书籍，那么这个 moment 名词的内涵就变得相当复杂。

[5]［对此是我们所想要谈论的］　见前面关于比如说"相反要谈论"句式的注释。在明斯特尔（J. P. Mynster）布道的时候，他总是一次又一次使用类似于"那么就让我们谈论"的表述的不同变体形式，作为一次布道的主题的引言。

[6]［使徒］　保罗。

[7]　这个"个人"就是说，"个人私密"的意义上。

[8]　就是说，如果有人向他提出问题，他都有办法给出这样回答来使得提问的人上当受骗。

[9]［那个诡计多端者……是"无人"］　也许是关联到《荷马史诗奥德赛》（第九歌篇）之中奥德赛与独眼巨人库克洛普斯的对话，这里奥德修斯说：（第九歌篇第 364—370 句）"库克洛普斯啊，你询问我的名字，我这就/禀告你，你也要如刚才允诺的那样给我礼物。/我的名字叫'无人'，我的父亲母亲/和我的所有同伴都用'无人'来称呼我。/我这样说，巨人立即粗厉地回答：/我将先吃掉你的所有其他同伴，/把无人留到最后，这就是我的赠礼"。巨人喝了酒以后醉倒在地，醒不过来。奥德修斯就把削尖的木段插进火中，烧了以后，就将削尖通红炙热的一端刺入巨人的眼睛。巨人拔出了眼中的木头，哇哇惨叫，向周围的伙伴们求援。其他巨人大声地问道：是什么人要伤害你？他回答说：（第九歌篇第 408 句）"朋友们，无人用阴谋，不是用暴力，杀害我"。其他的巨人就马上说道：（第九歌篇第 410—12 句）"既然你独居洞中，没有人对你用暴力，/若是伟大的宙斯降病患却难免除，/你该向你的父亲强大的波塞冬求助。"中文出自人民文学出版社《荷马史诗·奥德赛》2003 年版第 164—166 页。荷马著，王焕生译，稍有校正。

[10]［心中，那是信居住的地方］　《罗马书》（10：9—10）"你若口里认耶稣为主，心里信神叫他从死里复活，就必得救。因为人心里相信，就可以称义。口里承认，就可以得救。"和《以弗所书》（3：17）"使基督因你们的信，住在你们心里，叫你们的爱心，有根有基"。

[11]　译者稍作改写，按原文直译是"这不是由于你的知识受到了局限，而是由于那对所有'人的知识'的设定出的局限"。

[12]［知人心者］　参看《路加福音》（16：15），之中耶稣对法利赛人说："你们的心，神却知道。"也参看《使徒行传》（1：24）以及（15：8），之中彼得谈论"主阿，你知道万人的心"和"知道人心的神"。

[13]［全知］　参看《巴勒的教学书》第一章"论上帝及其性质"第三段

克尔凯郭尔讲演集（1848—1855）

"《圣经》中关于上帝及其性质的内容"，§4："上帝是全知的，并且不管什么事情，已发生、或者正发生、或者在未来将发生，他同时都知道。我们的秘密想法无法对他隐瞒。"然后有对《约翰一书》（3：20）的引用："我们的心若责备我们，神比我们的心大，一切事没有不知道的。"

[14] 具备二手信仰] 参看《哲学片断》（1844年）第四章"同时代的门徒关系"和第五章"二手门徒"，（SKS 4, 258—271页，尤其是270f.，和287—306页。

[15] 这个"这""这"是指：为了让所有这心念的力量和注意力（这心念的力量和注意力通常会消遣性地被浪费在"忙于对'关于其他人的信仰的问题以及对之的好奇'作探究"上）能够被集聚起来为严肃服务，你（不是去轻率地随大流——错失掉信仰）能够去感觉到下面这两点认识的全部分量："这里的一切所围绕的是你，你是单独地只被指派给你自己的，与别人没有任何关系，绝对地没有任何关系，相反是更多地，或者更确切地说，完全地只与你自己有关"，"在与信仰有关的事情上，你确实地无法对别人有任何所知"。

[16] 这里在丹麦语原文中是一个极绕的复合长句。译者对之进行了改写。如果按原文直译的话应当是：因此，这对你是有好处的：去真正地明白"你确实无法知道另一个人是否信了"；这对你是有好处的：为了让所有这"通常会消遣性地被浪费在'忙于对『关于其他人的信仰的问题以及对之的好奇』作探究'上"心念的力量和注意力能够被集聚起来为严肃服务，你，不是去轻率地随大流——错失掉信仰，而是去开始感觉到"这里的一切所围绕的是你，你是唯一为你自己所指向的，没有任何事情，绝没有任何事情是与别人有关的，相反是更多地，或者更确切地说，一切都是与你自己有关；在与信仰有关的事情上，你确实地无法对别人有任何所知"之中的全部分量。

这句的丹麦文原文是："Og derfor er det Dig tjenligt ret at forstaae, at Du virkelig ikke kan vide, om et andet Menneske har troet, det er Dig tjenligt, for at al den Sindets Kraft og Opmærksomhed, der ellers adspredt kunde spildes paa at sysle med Spørgsmaalet om og Nysgjerrighed efter Andres Tro, kan blive samlet i Alvorens Tjeneste, at Du, istedetfor letsindigt at løbe med – i at gaae Glip af Troen, kommer til at føle hele Vægten af, at det er Dig, om hvem det gjælder, at Du ene er anviist Dig selv, Intet, slet Intet har med Andre at gjøre, men desto Mere, eller rettere Alt med Dig selv, at Du virkeligen betræffende Troen Intet kan vide om Andre."

Hong 的英译是："And therefore it is of service to you properly to understand that you cannot actually know whether another person has believed. In order that all the power and the attention of mind, which otherwise diverted could be wasted on being busy with the

356

第三部分　从背后伤害的一些想法

question and curiosity about other people's faith, can be concentrated in the service of earnestness, it is of service to you (instead of light - mindedly running with the others - in missing out on faith) that you come to feel the full weight of the truth that it is you who alone are assigned to yourself, have nothing, nothing at all, to do with others, but have all the more, or rather, everything to do with yourself, that concerning faith you actually can know nothing about others."

Hirsch 的德译是:"Und darum ist es dir dienlich, recht zu verstehen, daß du wirklich nicht wissen kannst, ob ein andrer Mensch geglaubt hat, es ist dir dienlich, denn so wird alle Kraft und Aufmerksamkeit des Gemüts welche ansonst zerstreut an die Beschäftigung mit der Neugierfrage nach dem Glauben andrer verschwendet werden könnte, im Dienst des Ernstes gesammelt werden, und du wirst (anstatt leichtsinnig Mitläufer zu sein - beim Verlieren des Glaubens) dahin gelangen, das ganze Gewicht davon zu fühlen, daß es dich selber gilt, daß du einzig auf dich selber gewiesen bist und nichts, rein nichts mit andern zu schaffen hast, um so mehr jedoch, oder richtiger alles mit dir selbst, daß du wirklich, was den Glauben anlangt, über andre nichts wissen kannst."

[17]［在美洲大陆被发现了之后］　1492 年，美洲大陆被意大利探险旅行家克里斯多夫·哥伦布（Christoffer Columbus，1451 年生于意大利，1506 年死于西班牙）发现。

[18]［那个喋喋不休的人不断地谈论自己的一小段旅行］　指向路德维·霍尔堡的喜剧《格尔特·韦斯特法勒师傅或者说话很多的理发师》之中的格尔特·韦斯特法勒。格尔特·韦斯特法勒一次次不断地讲述他在自己去基尔的旅行中所经历和所做的事情。

[19] Hong 的英译在这里加了一个注释:"见《哥林多前书》（15：19）"。

[20] 信心的犹疑（anfægtelse）。

Anfægtelse：Anfægtelse 是一种内心剧烈冲突的感情。在此我译作"对信心的冲击"，有时我译作"在宗教意义上的内心冲突"或者"内心冲突"，有时候我译作"内心交战"，也有时候译作"试探"。

按照丹麦大百科全书的解释：

Anfægtelse 是在一个人获得一种颠覆其人生观或者其对信仰的确定感的经验时袭向他的深刻的怀疑的感情；因此 anfægtelse 常常是属于宗教性的类型。这个概念也被用于个人情感，如果一个人对自己的生命意义或者说生活意义会感到有怀疑。在基督教的意义上，anfægtelse 的出现是随着一个来自上帝的令人无法理解的行为而出现的后果，人因此认为"上帝离弃了自己"或者上帝不见了、发怒了或死了。诱惑/试探是 anfægtelse 又一个表述，比如说在，在"在天之父"的第六祈祷词中

357

"不叫我们遇见试探"（马太福音 6∶13）。圣经中的关于"anfægtelse 只能够借助于信仰来克服"的例子是《创世记》（22∶1—19）中的亚伯拉罕和《马太福音》（26∶36—46；27∶46）中的耶稣。对于比如说路德和克尔凯郭尔，anfægtelse 是核心的神学概念之一。

　　［21］"决定"（Afgjørelse）。

　　［22］丹麦语 digterisk 同时有着"诗意的"和"虚构的"的意思。Hong 的英译是 poetical。

　　［23］［那个古代的高贵而简单的智慧者］　指苏格拉底。

　　［24］［那个少年在他与他进行对话时］　指向年轻的阿尔基比亚德（约公元前 450—404 年），在柏拉图的《会饮篇》（215d—e）之中对作为讲演者的苏格拉底致赞美词，其中说到"一听他讲话，我就会陷入一种神圣的疯狂，比科里班忒［译者注：王晓朝所译的科里班忒，是指弗里吉亚所信仰的地母神库柏勒的狂喜崇拜的祭司们］还要厉害。我的心狂跳不止，眼泪会夺眶而出，噢，不仅我，还有许多听众也是这样。"（译者在这里所引是《柏拉图全集·第 2 卷》第 260 页中的文字。王晓朝译，人民出版社 2001 年版，下引同）

　　［25］［他的无知］　参看前面的一些关于苏格拉底的注释。

　　［26］［总是说着同样的东西——'并且是关于同样的东西'的他］　指向柏拉图对话录《高尔吉亚篇》（490e），其中苏格拉底对卡利克勒关于他总是说同样的事情的议论作出回答说："卡利克勒，这些事情不仅是同类的，而且是关于同一问题的"。（译者在这里所引是《柏拉图全集·第 1 卷》第 377 页中的文字。）

　　［27］［在智慧之中变得简单］　参看前面的一些关于苏格拉底的注释。

　　［28］［让那些聪明的人们中计］　指向《哥林多前书》（3∶19）："因这世界的智慧，在神看是愚拙。如经上（《约伯记》5∶13）记着说，主叫有智慧的中了自己的诡计。"

　　［29］［为真理的服务之中牺牲出自己的生命］　指苏格拉底被判死刑被处决。参看前面的一些关于苏格拉底的注释。

　　［30］丹麦语在这里用的是一个成语"med… for Øine"是指"记得……"、"意识到……"。但在字面直译是"有着……在眼睛前"。译者在这里直接按字面词义把 med Døden for Øine（有着死亡在眼前）翻译成"目视着死亡"。Hong 的英译译作"Face‐to‐face with death."（与死亡面对面地）。Hirsch 的德译是"den Tod vor Augen"（死亡在眼前）。

　　［31］［他目视着死亡……在集市上与一个行人谈论那最日常的东西那样］见柏拉图对话录《斐多篇》之中死前的对话。（《柏拉图全集》第一卷，王晓朝译，人民出版社 2002 年版）。

第三部分　从背后伤害的一些想法

在集市上：见希腊作家第欧根尼·拉尔修《哲学史》第二卷第五章第 21 节，其中关于苏格拉底这样写："既然他认识到那种对自然物理事物的研究其实并不是我们的事情，他就开始在工坊里和在集市上讨论关于道德伦理的事情了"（译自丹麦文 *Diogen Laërtses filosofiske Historie, eller: navnkundige Filosofers Levnet, Meninger og sindrige Udsagn, i ti Bøger*, overs. af B. Rissbrigh, udg. af B. Thorlacius, bd. 1 – 2, Kbh. 1812, ktl. 1110 – 1111（forkortet *Diogen Laërtses filosofiske Historie*）; bd. 1, s. 66.）。

[32]［他手中拿着毒药杯……就像曾经在酒宴之上］　指向柏拉图对话录《斐多篇》（117a – c）之中对苏格拉底死前对话的描述，当时苏格拉底不幸的弟子们围着他，他平静地喝干了毒酒杯："这个时候，克里托向站在一旁的他的一名仆人示意。那个仆人走了出去，过了很长时间，他与监刑官一起走了进来。监刑官手里拿着已经准备好的一杯毒药。苏格拉底看见他走进来，就说'噢，我的好同胞，你懂这些事。我该怎么做？''只要喝下去就行，'他说道，'然后站起来行走，直到你感到两腿发沉，这个时候就躺下。毒药自己就会起作用。'厄刻克拉底，那个监刑官说着话，把杯子递给苏格拉底。苏格拉底接了过来，看上去还挺高兴。用他惯常的眼神注视着毒药，他不动声色地说：'把这玩意儿作奠酒，你看怎么样？这样做是允许的，还是不允许的？''我们只准备了通常的剂量，苏格拉底，'他答道。'我明白了'，苏格拉底说，'但是我想应当允许我向诸神谢恩，我必须这样做，因为我将从这个世界移往另一个可能是昌盛的世界。这就是我的祈祷，我希望这一点能够得到保证。'说完这些话，苏格拉底镇静地、毫无畏惧地一口气喝下了那杯毒药。"（译者在这里所引是《柏拉图全集》第 1 卷第 131 页中的文字。王晓朝译，人民出版社 2001 年版）

在酒宴之上：指向苏格拉底的一些对话，那是对爱的赞美，在一次为诗人阿伽松所写的一部在酒神庆典上演出的悲剧得到成功而举办的欢庆聚会中所进行的对话。见柏拉图对话录《会饮篇》。（《柏拉图全集》第二卷，王晓朝译，人民出版社 2002 年版）。

[33]［去作出一种介于他，那简单的智慧者，和祂，我所信者，之间的比较］　克尔凯郭尔在《论反讽的概念（1841 年）》、《哲学片断（1844 年）》和《终结中的非科学的后记（1846 年）》之中以不同的方式进行了对苏格拉底和耶稣的并置并对之进行了讨论。在《论反讽的概念》之中克尔凯郭尔也引用了鲍尔的《柏拉图主义中的基督教元素或者苏格拉底和基督》（F. C. Baur *Das Christliche des Platonismus oder Sokrates und Christus*, Tübingen 1837, ktl. 422.）。

[34]［祂，这个给出了自己的生命，也是为我，给出了自己的生命的人］　见前面对"为我"的注释。

359

[35]［没有祂的话，我是死是活都是无所谓的］　　指向《罗马书》（14：7—8），保罗写道："我们没有一个人为自己活，也没有一个人为自己死。我们若活着，是为主而活。若死了，是为主而死。所以我们或活或死，总是主的人。"

[36]［祂是生命］　　指向《约翰福音》（14：6）。

[37]［出于对祂我所信者的爱而放弃儿子的爱］　　指向《路加福音》（14：26）。

[38]［爱我妻子……出于对祂我所信者的爱，我放弃这爱情］　　指向《路加福音》（14：26）。

[39]［爱我的孩子们……出于对祂我所信者的爱，我放弃这爱］　　指向《路加福音》（14：26）。

[40]　［可能性的蛛网］　　也许是影射莱辛的神学辩论文《一份反驳》（G. E. Lessings *Eine Duplik*（1778））中的陈述："Wann wird man aufhören, an den Faden einer Spinne nichts weniger als die ganze Ewigkeit hängen zu wollen!"（什么时候人们才停止去想要把不亚于整个永恒的东西挂在蛛网的丝上！）《莱辛全集》第五卷（*Gotthold Ephraim Lessing's sämmtliche Schriften* bd. 1 - 32, Berlin 1825 - 28, ktl. 1747 - 1762；bd. 5, 1825, s. 113）。

参看《三个陶冶性讲演（1844年）》中的第二个讲演"对一种永恒至福的期待"，在之中这段文字也被以丹麦语引用（*SKS*, 5, 262, 29f.）。

[41]　这里的这个"定决"其实就是"决定"　　（Afgjørelse）。这个"决定"（Afgjørelse）是一个人对外在的人的命运或者事物的走向做作出的决定，或者一个人的命运受外来的权力所做出的决定。另有一个"决定"（Beslutning）概念则是指一个人所做的选择，选择让自己做什么。见前面对此的注释。或者参看后面"一个陶冶性的讲演"中对这个词的注释。

[42]　［与祂的约定］　　也许是指向作为与上帝的约定的受洗礼，见牧师施洗开始的言辞，之中说洗礼是"一种好的依据于耶稣基督的复活的与上帝的良心之约"，见《丹麦圣殿规范书》（*Forordnet Alter - Bog for Danmark*, Kbh. 1830 [1688], ktl. 381, s. 243）。

[43]"那'去爱是有益于我'的东西"，就是说，这样的东西，"去爱这东西"会对我好处。

[44]［畏惧与颤栗］　　这是一个固定表述。参看《腓利比书》（2：12—13）。保罗在信中说："这样看来，我亲爱的弟兄你们既是常顺服的，不但我在你们那里，就是我如今不在你们那里，更是顺服的，就当恐惧战兢，作成你们得救的工夫。因为你们立志行事，都是神在你们心里运行，为要成就他的美意。"（"畏惧与颤栗"在这里的经文里被译作"恐惧战兢"。）也参看《歌林多前书》（2：3）、

《歌林多后书》（7：15），《以弗所书》（6：5）。

[45] 这个"异己"（fremmed），是指自己与他物间的格格不入。在日常语言中也可以说是"陌生"，有着"异质"、"间离"、"不相合"的意思。

[46] 这一句，直译的话应当是"只要整个基督教世界应当都是纯粹的基督徒"。这句的丹麦文原文是："forsaavidt da hele Christenheden skal være lutter Christne"；Hong 的英译是："insofar as all Christendom is supposed to be only Christians"；Hirsch 的德译是："insofern nämlich die ganze Christenheit aus nichts als Christen bestehen soll"。

整个基督教世界应当都是纯粹的基督徒] 见前面对于"基督教世界"的注释。

[47] [那些以此谋生的人] 就是说，牧师们。

[48] 就是说，"以我的这种早早晚晚对之专注的方式"。

[49] 丹麦语形容词"近（nær）"直观地看像是名词"营养（næring）"的词根，在这里，译者在这两个词后面，就像 Hong 的英译那样，特别地以括号中加丹麦语原词的方式强调了这种拼法上的关联。而 Hirsch 的德译也做了一个注释来说明这两个词之间相关性："Die Worte "Nahrung" und "nahe" klingen im Dänischen noch stärker an einander an als im Deutschen: "Naering" und "naer"."但是在词源上这两个词的来源其实并不同。以"近（nær）"为词根构成的名词是"附近（nærhed）"而"营养（næring）"则是动词。因此，克尔凯郭尔是在以拼法上的关联做文字游戏，但这两个词在词义上没有关联。

[50] [知人心者] 参看《路加福音》（16：15），之中耶稣对法利赛人说："你们的心，神却知道。"也参看《使徒行传》（1：24）以及（15：8），之中彼得谈论"主阿，你知道万人的心"和"知道人心的神"。

[51] 这里的这个"决定"（Beslutning）概念是指一个人（内心）所做的选择，选择让自己做什么。另有一个"决定"（Afgjørelse）则是一个人对外在的人的命运或者事物的走向做作出的决定，或者一个人的命运受外来的权力所做出的决定。

[52] 这里的"危险与定决"中的这个"定决"其实就是"决定"（Afgjørelse）是一个人对外在的人的命运或者事物的走向做作出的决定，或者一个人的命运受外来的权力所做出的决定。另有一个"决定"（Beslutning）概念则是指一个人所做的选择，选择让自己做什么。

[53] "信仰是在各种危险与定决之中进入存在的，他不想要去进入这些危险与定决"是译者改写之后的表述。这一句丹麦文原文是复合句,，直译的话就是："他不想要去进入那些在之中信仰进入存在的危险与定决"。

[54][潜水者关联] 可能是指固定在潜水员腰带上的救生线，是他在水下时与船的联线。救生线一方面用于发出信号，一方面用于拉潜水员出水。也可能考虑是从潜水员头盔上的阀门引导至船上空气泵的软气管。

Hong 的英译在这一句跳过了潜水者而改作"潜于水下的关联"："…he is surely a good deal nearer to a person than at the distance of eighteen hundred years through the submerged connection of tradition…"

[55]"一种唯生命危险所给出的清晰性"：一种清晰性，唯有生命危险会给出这清晰性。

[56] 在正常的情况下得到了远远超过了足够多的对基督教的了知，这甚至是政府所安排提供的条件] 参看前面对"宗教课程的教育"的注释。

在正常的情况下：通过政府规章或者习俗。

[57] 这里的"博学物（lærd Væsen）"和"博学怪物（lærd Uvæsen）"是克尔凯郭尔在做丹麦语言中的文字游戏。Væsen 在丹麦语中的意思是"受造物、东西、生灵"等等（在另一些关联上也意味了"本质"），而在这个词前面加一个否定前缀 u－，Uvæsen 在丹麦语中的意思则是"怪物"。

这句句子的丹麦文是"Dette Omvendte er et tomt Spilfægteri, der blot bliver sig selv mere og mere vigtigt, eller det er et videnskabeligt lærd Væsen paa urette Sted, altsaa et videnskabeligt lærd Uvæsen, eller det er en feig, umenneskelig, og forsaavidt ogsaa ugudelig Frygtagtighed";

Hong 的英译是："This opposite is empty shadowboxing that merely becomes more and more self‑important, or it is a scholarly, learned practice in the wrong place, therefore a scholarly, learned malpractice, or it is cowardly, inhuman, and to that extent also ungodly pusillanimity."

Hirsch 的德译是："Dies Umgekehrte ist eine－nichtige Spiegelfechterei, die Iediglich sich selber immer wichtiger wird, oder es ist ein wissenschaftliches gelehrtes Wesen am unrechten Ort, mithin ein wissenschaftliches gelehrtes Unwesen, oder es ist eine feige, unmenschliche und insofern auch unfromme Furchtsamkeit."

第四部分[1]

在星期五圣餐礼仪式上的讲演[2]

基督教的讲演

索伦·克尔凯郭尔

哥本哈根

大学书店 C. A. 莱兹尔出版

毕扬科·鲁诺的皇家宫廷印书坊印刷

1848

内　　容

I. 《路加福音》（22：15）。
II. 《马太福音》（11：28）。
III. 《约翰福音》（10：27）。
IV. 《哥林多前书》（11：23）。
V. 《提摩太后书》（2：12—13）。
VI. 《约翰一书》（3：20）。
VII. 《路加福音》（24：51）。

前　言

在这些其实是缺乏一种对布道而言是本质的东西并且因此也不被称作是布道[3]的讲演之中，有两篇（II 和 III）是在圣母教堂里给出的[4]。见识广博的读者，尽管他没有被告知，他仍然很容易自己在形式和处理方式上感觉得出，这两篇是"已做出的讲演"，为了被讲演而被写下，或者按它们被讲演的情形而被写下。

1848 年 2 月。
S. K.

注释：

　　[1]［第四部分］　关于第三部分和第四部分的关系，参看日记 NB4：78 和 NB4：105。

　　[2]［在星期五圣餐礼仪式上的讲演］　在草稿中，克尔凯郭尔写道："这本书将题献给明斯特尔主教（*Pap.* VIII 2 B 116）"，题献词为："这小小的文本/被题献给/德高可敬者/主教先生明斯特尔博士阁下/丹麦国旗大骑士勋章和丹麦国旗勋章得主以及更多/我的至深恭敬"（*Pap.* VIII 2 B 118）。但这题献辞却没有被用上；对此克尔凯郭尔在 1847 年 11 月的日记（NB3：36）中写道："星期五讲演倒是不能够题献给明斯特尔。我很想题献给他，回想着我的父亲。这也不是普通的题献，但正是在这我（尽管不是在这里，但却还是在我的命运之中，并且是以一种庄重的方式）点下了一种类型的句号的瞬间，因为，把这书题献给他，这就是，正如我所想要的，再一次敬意的浓缩。但是这却无法被做到。我穿越这一生的过程被烙下过多怀疑的印痕——考虑到我是否应当享受荣誉和名望抑或应当被嘲笑和被迫害，以至于我无法把我的工作献给任何活着的人；而另外，我们间毕竟有着实在太大的差异。一个这样的题献以这样或者那样的方式会把我的事务卷进有限性的关系之中"（*SKS* 20，262f.）。

第四部分　在星期五圣餐礼仪式上的讲演

星期五圣餐礼仪式：每星期五的九点钟在哥本哈根的圣母教堂举行忏悔礼拜和圣餐仪式。在这仪式之中，除了在忏悔礼拜过程中有忏悔讲演之外，在忏悔礼拜之后，在圣餐礼之前也有一个简短的布道。这些圣餐礼布道常常是由教会神职人员中职位最低的一个得授神职的问答式教授者来给出，有时候则是由一个神学候选人来给出。

[3] [缺乏一种对布道而言是本质的东西并且因此也不被称作是布道]　所指是，克尔凯郭尔没有被授神职，因此被认为是不能够带着神职牧师的权威来讲演。参看1847年1月的日记NB：120，他写道：

"布道的操作是绝对的，纯粹只通过权威，圣经的权威、基督使徒们的权威。（……）一篇布道预设了一个牧师（神职）为前提；基督教讲演所预设的可以是一个普通人"（*SKS* 20，87）。

不被称作是布道：在两篇克尔凯郭尔在圣母教堂所作的圣餐礼仪式布道草稿中，它们分别被标有"布道"（*Pap.* VIII 2 B 107）和"星期五布道"（*Pap.* VIII 2 108）。另外克尔凯郭尔分别在第一和第四草稿纸边上标注了"星期五布道"（*Pap.* VIII 2 B 105，s. 210，和112，s. 214）。

[4] [有两篇（II 和 III）是在圣母教堂里给出的]　关于第三篇讲演，克尔凯郭尔在草稿的边上标写有："星期五布道，47年8月27日在圣母教堂所作。"（*Pap.* VIII 2 B 108，s. 212）就是说，在哥本哈根的圣母教堂。关于第二篇讲演，在草稿的边上只标有"在圣母教堂一个星期五所作布道"（*Pap.* VIII 2 B 107）但没有日期。按惯例在《地址报》（*Adresseavisen*）上被做了广告，有时候也在其他杂志比如说《新晚报》（*Nyt Aftenblad*）和《飞邮报》（*Flyveposten*），它们通常会提及名字，星期五在哥本哈根圣母教堂，谁将在圣餐礼仪式上布道。1847年8月27日的星期五，《地址报》和《新晚报》广告出来是"一个候选人"，而《飞邮报》则给出了"汤姆森先生"，就是说，圣母教堂的神职问答讲授师J. N. T. Thomsen；但是《飞邮报》在这一点上看来似乎不及另两份杂志那么可靠。按照《地址报》，在1847年有三次汤姆森在星期五没有做布道，亦即，7月2日（有神职授职仪式）以及6月的18和25日，广告上登的是"一个候选人"。很有可能是在这6月的两个日子中的一个，克尔凯郭尔做了自己的第一次圣餐礼讲演。因为圣母教堂圣餐礼记录本上记录了，他6月25日去参加圣餐礼，这样，他在这同一天做布道的可能性就不大了；不管怎么说，他没有在8月27日去参加圣餐礼。剩下的星期五就只有6月18日。侄女汉丽耶特的《家中回忆》（Henriette Lunds *Erindringer fra Hjemmet*，Kbh. 1909，s. 146）中保留了克尔凯郭尔的马车旅行账单，书中说他在6月17日星期四突然不做解释地中止了他在索惹的彼得堡教区牧师住所（Pedersborg præstegård ved Sorø）他哥哥彼得·克里斯蒂安·克尔凯郭尔家三天的逗留，可能是因为他要回哥本哈根做第二天的布道。

I 《路加福音》（22：15）[1]

祈 祷

在天上的父！我们很清楚地知道：你是那同时给出"去想要"和"去完成"的[2]；还有，那渴望[3]，在它拉着我们去更新与我们拯救者和赎罪者的同在[4]的时候，也是来自你。但是在渴望抓住我们的时候，哦，这时我们也必须抓住渴望；在它想要把我们拖出我们的理智的时候，这时我们也必须听任自己出离理智；在你在呼唤[5]之中与我们靠近的时候，这时我们也必须让我们在我们对你的呼唤之中靠近你；在你在渴望之中提供出"那至高的"的时候，这时我们也必须购买下它适宜的瞬间[6]，必须紧握它，在一个宁静的小时[7]、在各种严肃的想法中、在各种虔诚的意念[8]之中尊它为圣，这样，它就会成为强烈的，但却又是得到了很好的考验的衷心的渴望[9]，——那些够格去想要参与领圣餐礼上的神圣餐食[10]的人们被要求要有这渴望！在天上的父，这渴望是你的馈赠；没有人能够给予自己这馈赠，没有人能够，如果它不是被给予的，没有人能够购买它，即使他想要卖掉所有的一切，——但是，在你赠出它的时候，那么他还是能够卖掉所有的一切来购买它[11]的。然后，我们为这些在此聚集的人们祈祷，愿他们带着衷心的渴望可以走到主的餐桌前，并且在他们从那里离开的时候可以带着对他[12]我们的拯救者和赎罪者的强化了的渴望离开那里。

《路加福音》（22：15）：我衷心地渴望了，在我受难之前，和你们一起吃这逾越节的筵席。[13]

这被宣读的神圣话语，它们是基督自己说的话，确实不属于圣餐立约的一部分，但它们在圣经的叙述之中却就与圣餐立约有着最密切关联了[14]，紧随着这些话语在后面直接跟上的就是那些立约的话语。那是在祂被出卖的夜晚[15]，或者更确切地说，那时祂已经被出卖了，犹大已经被收买了要卖祂，并且已经卖了祂[16]；叛徒现在只是在寻找"适宜的时间他能够在没有人的时候把祂出卖给祭司长"（《路加福音》22：6）[17]。为此他选择了夜的宁静，在这宁静之中，基督最后一次与自己的门徒们聚在一起。"时候到了，耶稣坐席，十二使徒也和他同坐。耶稣对他们说，我衷心地渴望了，在我受难之前，和你们一起吃这逾越节的筵席。"[18]——这将是最后一次，他[19]不是在事后知道的；他[20]在事先知道，这是最后一次[21]。然而他[22]却不忍心让门徒们完全地知道，危险有多近——这危险就在这夜里，这是什么样的危险——这是那最不光彩的死亡，以及这是如何地不可避免。祂这单独承担世界的罪的人[23]，他[24]也在这里单独地承担对那将要发生的事情的了知；祂这单独在客西马尼斗争的人，单独，因为使徒们在睡觉[25]，他[26]在这里也是单独的，尽管他与自己的这些仅有的亲密者同坐一桌。因而，在这夜里将会发生什么，它将怎样发生，它将发生在谁身上，在那个小小的圈子之中只有一个人知道，他[27]这被出卖的人，——是的，然后还有一个人，他[28]，那叛徒，他也在场[29]。然后耶稣与门徒们坐下就餐，在他[30]在桌前坐下的时候，他说：我衷心地渴望了这餐。

现在，难道你不觉得，我的听者，这在一种更深刻的意义上，既是真挚地又是作为一种榜样地，属于圣餐礼仪式的一部分，而不仅仅只是这样从历史的角度出发属于那神圣叙述[31]的一部分？因为，难道不是吗，衷心的渴望在本质上是属于神圣圣餐礼仪式的一部分。如果这是可能的，有人出于习惯，或者因为那是习俗，或者也许是被完全偶然的境况所驱动，简言之，如果有人不带着衷心的渴望而去神圣仪式上领受圣餐，这岂不也会是"那关于'立约者怎样衷心地渴望这餐'神圣的叙述"的最可怕的对立面，这难道不是最可怕的对立面！因此这些被宣读的神圣话语，如果我敢这样说的话，就是圣餐立约的引言，这对于每个单个的人则又是真正的关联到上帝的引言或者入门词：带着衷心的渴望来。

这样，就让我们使用圣餐仪式之前为我们预留的这些瞬间来

371

谈论[32]：

对圣餐仪式神圣餐食的衷心渴望[33]

这我们想要教你的东西不是什么新的东西，更不是我们想要通过"把你引到信仰之外"来把你引进各种麻烦的考究。我们只是想要努力表达出那"当你感受到对领受圣餐的渴望时在你内心之中翻动起伏"的东西，——那种衷心的渴望，今天你就是带着它来到了这里[34]。

暴风想往哪里刮就往哪里刮吧，你感觉到它的呼啸，但没有人知道它从哪里来，或者它要往哪里去[35]。渴望的情形也是如此，对上帝和"那永恒的"的渴望，对我们的拯救者和赎罪者的渴望。你无法把握它，你也不应当把握它，是啊，你甚至就不敢去想要做这方面的尝试，——但是，你应当使用渴望。如果商人不使用那时机恰当的瞬间，他是不是有责任；如果水手不使用那有利于他的风，他是不是有责任；那么如果有渴望的机会被给出，如果一个人不去使用这机会，那么他有怎样的更大责任！哦，人们虔诚地谈论，一个人不可以浪费上帝的馈赠；但是除了每一次心灵[36]的激励、每一次灵魂的牵引、每一次心灵内在真挚的骚动、每一个神圣的心境、每一种虔诚的渴望之外，又有什么是一个人在一种更深刻的意义上最好应当称作"上帝的馈赠"的东西呢，而上面的这些，比起食物和衣物，却无疑在远远更深刻的意义上是上帝的馈赠[37]，这不仅仅是因为给出它们的是上帝，而也是因为在这些馈赠之中上帝也给出了他自己！然而，一个人又是怎样时不时地在浪费这些上帝的馈赠啊！唉，如果你能够观照进人们的内心深处，并且真正深刻地观照进你自己的内心，你无疑会带着惊骇发现，从不让自己不得见证的上帝[38]，他是怎样把自己的这些最好的馈赠挥霍在每一个人身上，而相反每一个人又是怎样或多或少地浪费着这些馈赠，也许就完全地丢失掉了它们。多么可怕的责任啊，有时候，如果不是更早，那么就是在永恒之中，在各种回忆指控着地站起来找上这个人的时候，这些回忆——关于那许多次和以许多方式，上帝以这些方式，但却是徒劳地，在他的内在之中对他说话。这些回忆，是啊，因为，即使一个人自己早已忘却了那被浪费的东西，因而他不会去回忆它；上帝和永恒却不

第四部分　在星期五圣餐礼仪式上的讲演

曾忘却它，它被为他而回忆起来，并且在永恒之中成为他的回忆。——渴望的情形就是如此。一个人能够忽略它的呼唤，他能够将它转化成一瞬间的冲动、转化为一种无影无踪地消失在下一个瞬间的突发奇想，他能够抵抗它，他能够在自己这里阻止它更深地进入存在，他能够让它像一种没有结果的心境那样地不被使用地死灭掉。但是，如果你带着感恩把它作为上帝的馈赠接受下来，那么，这时它对于你就也成为祝福。哦，因此在神圣的渴望想要来访你的时候，永远都别让它徒劳地走掉；即使你在有时会觉得，因为追随它，你徒劳地白跑；不要相信这个，事情不是如此，事情不可能会是如此，它对于你必定还是会成为祝福。

于是，渴望就在你的灵魂之中醒来。即使它是不可解说的，以这样的方式，当然，只要它是来自那"在它之中牵引你"的上帝；即使它是不可解说的，以这样的方式，只要它是通过祂，那"若从地上被举起来，就要吸引所有人来归他"（《约翰福音》12∶32）[39]的祂；即使它是不可解说的，以这样的方式，只要它是灵[40]在你身上的作用；那么，你就仍然明白，那向你提出的要求是什么。因为确实，尽管上帝给予一切，但他也要求一切，这样，人自己应当做一切，以求正确地去使用上帝所给予的东西。哦，在日常生活的习惯性劳作之中，从精神的意义上理解，是多么容易进入瞌睡；在一式性（Eensformigheden）习惯成自然的流程中，是多么难以找到一个中断！在这个关联上，上帝通过这"他在你灵魂中唤醒的渴望"来帮助你。不是吗，于是你许诺你自己和上帝，你现在也会感恩地使用它。你对你自己说：正如现在渴望把我从那很容易将一个人纠缠进一种魔法的东西中拉了出来，同样我也将通过各种严肃的想法来帮它一手，以求把我自己从那仍然会抓着我不放的东西之中拉脱出来。并且，我想要通过各种神圣的意念（Forsætter）努力去真正地让自己坚守在那"各种严肃的想法让我理解的东西"之中；因为这意念对于"去让自己坚守于自己所明白了的东西之中"是有好处的。

"这尘俗的和现世的东西是怎样的一种纯粹的虚空啊[41]！即使我迄今的生活是如此幸福，如此无忧无虑，对于'那可怕的'，或者甚至只是对于'那忧伤的'，如此完全没有经验之认识；现在我仍想要召唤出那些严肃的想法，我将，在与对'那永恒的'的渴望和与我眼前的

373

'没有人敢不在做了很好的准备之后来领取'[42]的神圣餐食的约定之中，不害怕变得严肃。因为，基督教毕竟不是沉郁（Tungsind），相反，它是如此令人喜悦，乃至它是对所有沉郁者们（Tungsindige）的快乐消息；只有对于轻率者（Letsindige）和对抗者（Trodsige），它才会使得心念黑暗。——看，这是一切，我所看见的一切，这就是，只要这一切存在，它就是虚空和无常变换，最终它就是生灭流转的猎物。因此我愿与那个敬神的人一起，在月亮升起进入其光环的时候，这时我将对星辰说'我对你无所谓，你现在不是已经黯然了吗'[43]；然后在太阳升起进入其荣光并且使得月亮黯然的时候，这时我将对月亮说'我对你无所谓，你现在不是已经黯然了吗'；然后在太阳落山的时候，这时我将说：我其实事先就知道，因为，因为这一切就是虚空[44]。在我看见奔流的水的忙碌的时候，这时我想说：继续奔流吧你却永远充不满大海[45]；对暴风我想说，是的，尽管它把一些树木连根拔起，我想对它说：刮吧你尽管刮吧，在你之中却没有意义与思想，你无常之象征[46]。原野的美丽风光慑人心魂地吸引着目光，飞鸟歌唱柔美的回响带着生命至欢落进耳中，森林的和平邀请着为心灵带来清爽，尽管它们用上它们所有的说服力，我却还是不想让自己被说服，不想让自己被欺骗，我会提醒我自己，所有这一切都是欺骗。尽管那些星辰几千年下来仍如此在天上牢牢地坐定而不改变位置，虽然那样，我也还是不让自己被这种无条件的可靠性欺骗，我将提醒我自己，它们将在某个时间坠落[47]。——于是我将提醒自己，一切是多么不确定，一个人在出生时被扔进世界，从这一瞬间起就处于千寻[48]之深，未来对于他来说每一个瞬间，是的，每一个瞬间都像最黑暗的夜。我将回想起，从不曾有谁会是如此地幸福，以至于他从不会变得不幸，从不曾有谁会是如此地不幸，以至于他从不会变得更不幸。[49]即使我成功地让我的所有愿望都得以实现，并且把它们高高地载进一座建筑[50]，——却还是没有人，没有人能够为我担保，保证这整个建筑不会在同一瞬间向我坍塌下来。如果我成功地（如果这一般的情况下能够被称作是一种幸福的话）从这一毁灭之中救回了我从前的幸福的一点可怜的剩余，如果我让我的灵魂准备好了耐心地满足于此，——却还是没有人，没有人能够为我担保，保证这点剩余不至于也在下一个瞬间被从我这里剥夺走！如果有某种不

第四部分　在星期五圣餐礼仪式上的讲演

幸，某种恐怖，短暂地或者缓慢地折磨着的、我尤其惧怕的一种，而即使我已经成了一个老翁，——却还是没有人，没有人能够为我担保，保证这种不幸或者恐怖不会在最后的瞬间仍还是降临于我！——于是我将提醒自己，正如每个下一瞬间之中的不确定性都像是黑暗的夜，同样，对每一个单个的事件或者遭遇的解说也像一个无人猜出谜底的谜。没有任何按照永恒的理解想要说出真相的人能够确确实实地对我说，什么是什么，'我让我的所有愿望都得以实现'是否真正地是那对我更有益的事情，抑或'它们对我而言全都被拒绝'才是。即使我就像海难中一样在一块破船板上把自己从确定的死亡中救出来[51]，即使我的亲友们在海岸上高兴地向我致意，惊叹我的得救，——不管怎么说，那个智慧者[52]会袖手旁观并且说'也许，也许如果你死于波浪的话，对你来说还是更好一点[53]'，并且也许，也许他恰恰说出了真相！我将提醒自己，曾在世上生活过的最智慧的人和曾在世上生活过的最有局限的人所达到的距离是一样的，如果我们所说的是去为下一个瞬间作担保，如果我们所说的是去解释那最微不足道的事件，所达到的距离是一样的，达到的是一个也许，一个人带着越多激情疾冲向这个也许，他就只是越趋近于丧失理智。因为没有任何有限生命曾突破或者强行穿越，是的，甚至这个被关在七阿棱[54]厚的墙壁之内的囚徒，手脚上了锁链，锁链钉在墙上，也不像'每一个在这一以乌有构造出来的镣铐之中、在这个可能之中的有限生命'这样以如此的方式受强制。我会提醒我自己，即使我的灵魂落在一个唯一的愿望之中，即使我让我的灵魂如此绝望地落在这愿望之中，乃至我想要为这愿望的满足而抛弃掉天上的至福，——没有任何人能够确确实实地在事先对我说，这愿望，在它得到了满足之后，到底会不会让我觉得是空虚而不具意味。那最可悲的是，要么是愿望没有得以实现，而我则保留了悲哀与痛楚对那'没得到的幸福'的想象[55]，要么它得以实现，并且我保留了它，因对'它有多么空虚'的确定而感到怨恨！——于是我将记着，死亡是唯一确定的：它讥嘲着，讥嘲着我和所有尘世生命的不确定性——在每一个瞬间都是同样地不确定，它则在每一个瞬间都是同样地确定；死亡对于老翁并不比对昨日刚出生的小孩子更确定；不管我是健康之中得意洋洋还是我躺在病床之上，死亡对于我在每一个瞬间都同样地确定，这一点只有尘世

375

的惰性能够对之保持一无所知。我会记着,在人与人之间不会达成任何约定,即使是最温情的,即使是最真挚的,也不会达成,如果不是也有死亡一同参与,死亡因为职责的关系参与一切。——我会提醒我自己,每一个人说到底都是孤独的,在无限的世界里是孤独的。是的,在好日子里,风和日丽,在幸运微笑的时候,这时,事情看起来确实是仿佛我们生活在一个共同的社交圈里,但我会让自己记得,没有人知道,在那些讯息要到达我这里的时候,不幸之讯息、悲惨之讯息、惊骇之讯息,它们在带来恐怖的同时也还要使得我孤独[56],或者揭示出'我,正如每一个人,有多么孤独',使得我孤独,被我的亲人离弃、被我最好的朋友误解,成了一个恐惧之对象,令所有人避之不及。我会让自己记起各种惊骇,但这些惊骇是任何恐惧的尖叫、任何泪水、任何祈祷都无法阻挡的,这些惊骇,它们把一个爱人从被爱者那里分隔开,把一个朋友从朋友那里分隔开,把父母从孩子们那里分隔开;我会让自己记起,怎样的一个小小误解,在它如此不幸地出了岔子的时候,有时候会足以可怕地拆分开他们。我会让自己记起,站在人的角度上说,没有任何人,根本没有任何人是可以去相信的,甚至天上的上帝都不行。因为,如果我真正坚持要依附于他,那么我就成为他的朋友[57];哦,又有谁会比他受难更多,又有谁会在所有各种苦难之中比他经受更多考验,他,这'是上帝的朋友'的虔敬者。"

你就是以这样的方式与自己说话;你越是投入在这些想法里,对"那永恒的"的渴望就越多地在你心中胜利,对"通过你的赎罪者与上帝同在[58]"的渴望就越多地胜利,并且你说:我衷心地渴望这餐。哦,不过,朋友就只有一个,一个在天上和地上的无条件忠诚的朋友[59],我们的主耶稣·基督。唉,为了让另一个人帮一下自己的忙,一个人要费上多少口舌,他要走上多少次;如果这另一个人只是以一些牺牲来帮他忙,而他已经认识了人类,并且知道,在不可能有回报的时候,帮忙是多么罕见的事情,这样,他又怎么会不紧抱着自己的恩主!但是,祂,也是为我,是的为我[60](因为,"他为所有其他人做这同样的事情"无疑不应当减少我的感恩,这感恩当然是为"他为我所做的事情"的感恩),"为我而走向死亡"的祂;难道我不应当渴望与祂的同在!还从不曾有任何朋友能够比忠诚至死不渝做更多,但是祂恰恰在死亡之中仍然忠诚[61]，——对啊，祂的死是我的拯救。然而，任何朋友都无法做出比"在那至高的之中通过自己的死亡来拯救另一个人的生命"更多的事情[62]，但祂通过自己的死亡来给予我生命；那死去的是我，而祂的死亡给予我生命。

"然而，罪是人众[63]的、并且是每一个人的败坏[64]，那么我怎样能严肃地考虑生命，如果不去真正地考虑这基督教所教我的'世界躺在那恶的之中'[65]！即使我迄今的生活过得如此宁静，如此平和地流逝，如此不受恶的世界的攻击和迫害，即使在我看来，我所认识的为数不多的人，全都是善良、亲切而友爱的，我还是会想着，这之中的原因必定是在于，不管是他们还是我都没有被引入这样的一些'精神的生命危险'之定决[66]，在这些定决之中，各种事件的量级根据一种非凡的尺度真正地揭示出怎样的善或恶驻留在一个人内心中。事情就会是如同启示录所教导的，并因此这教导是一种必需，这是一个人无法通过他自己知道的：人类沉陷得有多深。"

"于是我会让自己记起，我所听到的，关于所有这些人对人，敌人对敌人，唉，还有朋友对朋友，所做下的这些令人发指的行为，关于暴力和谋杀和嗜血和兽性的残暴，关于所有无辜但却被如此残暴地溅洒出的血，这血向天哭叫着[67]，关于狡猾和诡诈和欺骗和无信，关于所有那些无辜的，但却恐怖地，可以说是被扼杀的人们，固然他们的血没有溅洒，尽管他们仍被剥夺了生命。最重要的，我要提醒自己，那神圣者，在他[68]行走在这大地上的时候，其情形如何，他[69]在罪人们这里承受了怎样的抵制[70]，祂的整个生命怎样'因为属于这堕落了的族类[71]'，而是纯粹的灵魂苦难——他[72]想要拯救这族类，但这族类不想被拯救，乃至那被以镣铐残暴地与一个死人锁在一切的人所承受的折磨，都比不上祂因为在人类之中被化作肉身为人而在灵魂中所承受的折磨！我会想着，祂是怎样被嘲辱的，每一个人，在想出了一种新的嘲辱方式后，是怎样受到掌声鼓舞的，人们是怎样丝毫不再谈及，甚至想都不想及，祂的无辜、祂的神圣，那被人说出的唯一缓痛的话怎样地就是那句怜悯的话：看，怎样的一个人啊！[73]——设想我若生活在这一可怕事件的同时代，设想我若曾在这嘲辱祂、对祂吐唾沫的'人群'[74]之中在场！设想我若曾在这人群之中在场，——因为我不敢相信我会这样

377

做：我在一整代人之中要作为十二个中的一个[75]，——设想我若曾在场！就这样，但是我也不会相信我自己会这样做：我为了参与这嘲辱而在场。但是，假如现在，那些在我周围站着的人们留意到了我，发现我没有参与，——哦，我已经看见了这些狂野的目光，看见瞬间里这攻击转而针对我，我已经听见那尖叫声'他也是加利利人[76]，一个追随者，打死他，或者让他参与进嘲辱，参与进人们的事业！'仁慈的上帝啊！唉，每一代人里到底会有多少个人，在面临嘲辱之危险的时候，在面对生死抉择的时候，在另外还如此意外地有着危险之定决[77]可怕地出现在一个人面前的时候，是有勇气去坚持一种信念的！我当然不是一个信仰者、一个追随者，我该从哪里得到力量去冒险，或者怎么会有这可能，我在这瞬间里成为一个信仰者，因而，危险之定决，尽管是以另一种方式，就像帮助那个十字架上的强盗[78]那般，会以同样奇妙的方式来帮助我；如果我没有以这样的方式被改变，那么我又该从哪里获得勇气来为一个对于我来说只还是一个陌生人的人去冒这个险！仁慈的上帝啊，那样的话——为了拯救我自己的生命——我肯定就会去参与了这嘲辱，为了拯救我自己的生命——我肯定会一同叫喊'他的血归到我'[79]；是啊，真是如此，这是为了拯救我的生命！哦，我很清楚地知道，牧师以另一种方式来讲；在他讲的时候，他描述那些同时代的可怕的盲目，——但是，我们这些在他的布道之中在场的人，我们则不是这样的人。也许牧师不忍心对我们讲得太严厉，——是啊，如果我是牧师，我也不会讲得有所不同，我不敢对任何其他人说，他必定会这样做，有些东西是一个人不敢对另一个人说的。但对我自己，我还是敢说，并且很遗憾，我不得不说这个：我的情形并不会比那人群更好！"

你就是以这样的方式与自己说话。你越是让自己投身于这些想法，在你心中想要与祂那神圣者同在的渴望就越是胜利，你对你自己说：我衷心地渴望这餐；远离这个"罪实施着统治"的恶世界，我想要渴望与祂的同在！远离它；然而这却并非那么容易。我能够愿自己远离世界的虚妄与流转，即使一个愿望无法做到这点，那么，那对"那永恒的"的衷心渴望还是能够带领我远离；因为这渴望本身是"那永恒的"，正如上帝是在那种依着他的悲哀之中[80]。但是罪有着一种自身特有的拘留权力，它有着一种"未偿债务"可要求，一种它在它放走罪人之前要让他支付的所欠[81]。罪知道该怎样维护自己的权利,它真正是不让自己被胡言[82]欺骗,哪怕人类完全地废除"罪"这个词并用弱点来取代,哪怕它按照最严格的语用法只是弱点——一个人变得在之中有辜的弱点,它不会被骗。但正因此我恰就更衷心地渴望更新我与祂的同在,祂也圆满地偿还了我的罪[83],圆满地偿还了我的真正的罪的每一分每一毫,而且也圆满地偿还了那也许是隐藏在我灵魂的最深处——甚至连我自己都意识不到的——并且在我被引入那最可怕的定决[84]时却有可能会突发出来的罪。因为,难道那些犹太人比起别的人们是更大的罪犯[85]吗,哦,不[86],但是,这"他们与这神圣者同时代",使得他们的罪行[87]无限地更可怕。

我衷心地渴望这餐,这对祂的记忆[88]的餐食。但是,在一个人带着衷心的渴望去参加了圣餐礼仪式的时候,于是,这渴望就止息了吗,在他从那里离开的时候,这渴望是不是将减少?看,如果你有一个过世的亲人,那么事情无疑也会是这样,渴望一次次在你心中醒来,渴望记住他。于是,你也许就去他的墓;正如他现在躺着下沉到了大地的怀抱里[89],于是你就让你的灵魂下沉到关于他的回忆之中。由此,渴望就好像是得到了满足。生命再一次向你施展它的权力;即使你忠实不移继续想念着死者,更频繁地渴望他,然而,这样的做法却是毫无意义的:你"在越来越大的程度上出离着你的生活"地生活下去,以便让自己生活进这坟墓到死者那里,于是每一次你探访他的坟墓,对他的渴望就增长。当然,你自己承认,如果这样的事情发生在一个人身上,那么,不管我们多么尊敬他对于死者的忠诚,在他的悲伤里还是有着某种病态的东西。不,你明白,你们道路在本质上是分开各通一方了,你属于生命以及生命对你所提出的那些要求,你明白,渴望并不应当随着岁月增长乃至令你越来越多地成为一个同葬者。哦,但是对于想要与你的拯救者和赎罪者同在的渴望,它则自然恰恰应当随着你每次记起祂而增长。祂也不是一个死者,而是一个生者,是的,你确实应当真正地让你生活进祂并且与祂一同生活,祂确实应当是并且成为你的生命,这样你就不是过你自己的生活,不再自己活着,而是基督在你里面[90]。因此,并且因此,正如衷心的渴望属于那"够格的记性"的一部分,同样这又是属于那衷心的渴望的一部分:渴望通过记性而增长,这样,只有那带着衷心的渴望走向圣餐桌并且带着增长了的衷心的渴望从那里离开的人，只有他才够格走向圣餐桌[91]。

注释：

[1]〔《路加福音》（22：15）〕　　所指句子见下文所引。另外也看日记 NB2：170，也许是出自 1847 年 9 月："星期五的布道/文本：我真挚地渴望和你们一起吃这逾越节的筵席。/ 主题：想要去领圣餐的真实的真挚渴望"（*SKS* 20, 208）。

[2]〔你是那同时给出"去想要"和"去完成"的〕　　一方面指向《腓利比书》（2：13），之中保罗写道："因为你们立志行事，都是神在你们心里运行，为要成就他的美意。"一方面也指向《腓利比书》（1：6），之中保罗写道："我深信那在你们心里动了善工的，必成全这工，直到耶稣基督的日子。"

[3]〔渴望〕　　指去领圣餐的渴望。

[4]〔同在〕　　这里也许是指向《哥林多前书》（10：16）之中保罗写道："我们所祝福的杯，岂不是同领基督的血吗？我们所掰开的饼，岂不是同领基督的身体吗？"

同在（Samfundet），有时译作"共同体"。在正常的意义中，丹麦语的 Samfund 意思是"社会"。但是在神学或者圣经的意义上，它常常被用来指"（与上帝或基督或永恒）同在"或者"（与上帝或基督或永恒）共同体"。

[5]指"你对我们的呼唤"。

[6]〔购买下它适宜的瞬间〕　　在和合本《歌罗西书》（4：5）之中，有保罗写给歌罗西教众的："你们要爱惜光阴，用智慧与外人交往。"而这句在丹麦语圣经中是《Omgaaes viseligen med dem, som ere udenfor, saa I kiøbe den beleilige Tiid》，直接用中文翻译出来就是"要智慧地与外人交往，这样你们就购买下适宜的时间"。

[7]〔一个宁静的小时〕　　明斯特尔（J. P. Mynster）主教常常使用的关于在（作祷告用的）私屋和在教堂之中默祷的说法。

丹麦语文献：Se fx *Betragtninger over de christelige Troeslærdomme*, 2. opl., bd. 1 – 2, Kbh. 1837〔1833〕, ktl. 254 – 255; bd. 1, s. 240; bd. 2, s. 298, s. 299, s. 301 og s. 306. Se endvidere *Prædikener paa alle Søn – og Hellig – Dage i Aaret*, 3. oplag, bd. 1 – 2, Kbh. 1837〔1823〕, ktl. 229 – 230 og 2191; bd. 1, s. 8 og s. 38; og *Prædikener holdte i Kirkeaaret* 1846 – 47, Kbh. 1847, ktl. 231, s. 63.

[8]这个"意念"，译者本来将之译作"决心"，而在《非此即彼》之中，译者也曾将之译作"意图"。在这"意念"之中蕴含有"决心"，并且它是一种有着

第四部分　在星期五圣餐礼仪式上的讲演

"决心"的意图，但"决心"不是准确的翻译，在这里出现的"意念"是复数的，丹麦语是 Forsætter，是 Forsæt 的复数。丹麦语 Forsæt 的词义是："下了决心要去达成的意图或意向"，"单个的人在周密考虑之后做出的决定"，"关于要'以某种特定方式去行动或者生活'的决定"。德语中有对应的词 Vorsatz，因为这个词就是渊源于中低地德语的 vorsat。英语则没有这对应，Hong 将之译作"resolve"。Tisseau 的法译是"dessein"。

［9］［衷心的渴望］　参看对这篇讲演标题"《路加福音》（22：15）"的注释。

［10］［够格去想要参与领圣餐礼上的神圣餐食］　指向牧师对圣餐领取者们的最初的话："最亲爱的基督之友们！若你们要能够正当而够格地领取高贵的圣餐，那么，你们就尤其应当知道这两件事，就是，你们所要去信和去做的事情。"见《丹麦圣殿规范书》（*Forordnet Alter – Bog for Danmark*, Kbh. 1830［1688］, ktl. 381, s. 252）。

［11］［卖掉所有的一切来购买它］　指向《马太福音》（13：44—46）之中耶稣关于宝贝和珠子的比喻："天国好像宝贝藏在地里。人遇见了，就把它藏起来。欢欢喜喜地去变卖一切所有的买这块地。天国又好像买卖人，寻找好珠子。遇见一颗重价的珠子，就去变卖他一切所有的，买了这颗珠子。"

［12］这里的"他"，尽管是指"基督"，但是在丹麦语原文中所用的是正常的 han，就是说没有用第一个字母大写的 Han，因此，译者也就不使用"祂"。

［13］这一句是译者根据作者所引的丹麦语圣经段落的直接翻译。中文和合本的《路加福音》（22：15）是："我很愿意在受害以先，和你们吃这逾越节的筵席。"

［14］［在圣经的叙述之中却就在圣餐立约有着最密切关联了］　路加福音版的圣餐建制是在《路加福音》（22：19—20）："又拿起饼来祝谢了，就掰开递给他们，说，这是我的身体，为你们舍的。你们也应当如此行，为的是记念我。饭后也照样拿起杯来，说，这杯是用我血所立的新约，是为你们流出来的。"

［15］［那是在祂被出卖的夜晚］　指向在圣餐仪式上的约词（*verba testamenti*）："我们的主耶稣基督在他被出卖的这夜，拿起饼来祝谢了，掰开，给自己的门徒，并且说，拿起它，吃掉它，这是我的身体，为你们舍的，你们也应当如此行，为的是记念我。他在吃了晚餐之后，也同样地拿起杯子，祝谢了，给他们，并且说，把这之中的全都喝掉，这杯是用我血所立的新约，是为你们流出来的以达到罪的赦免。你们正如常常喝，也常常如此行，为的是记念我。"见《丹麦圣殿规范书》（*Forordnet Alter – Bog for Danmark*, Kbh. 1830［1688］, ktl. 381, s. 253f.）。

［16］［犹大已经被收买了要卖祂，并且已经卖了祂］　指向《路加福音》

381

(22：3—6)："这时，撒旦入了那称为加略人犹大的心，他本是十二门徒里的一个，他去和祭司长并守殿官商量，怎么可以把耶稣交给他们。他们欢喜，就约定给他银子。他应允了，就找机会要趁众人不在跟前的时候，把耶稣交给他们。"

［17］［适宜的时间他能够在没有人的时候把祂出卖给祭司长］　对《路加福音》（22：6）的随意引用。和合本圣经这里是："他应允了，就找机会要趁众人不在跟前的时候，把耶稣交给他们。"

［18］［时候到了……和你们一起吃这逾越节的筵席。］　对《路加福音》（22：14—115）的引用。和合本圣经这里是："时候到了，耶稣坐席，使徒也和他同坐。耶稣对他们说，我很愿意在受害以先，和你们吃这逾越节的筵席。"

在誊清稿的边上，克尔凯郭尔写了并又删除一段（*Pap.* VIII 2 B 125，7）本来是在一个稍稍不同的版本之中的草稿里的文字，在1847年10月加了标题"取自星期五讲演第一"写进了日记NB2："在那个他被出卖的夜晚。那是深夜；睡眠降临全城，人口众多的城如死一般，在夜中，一切如此寂静，如此平和。只有叛卖在夜里出门，溜进黑暗；只有恶毒，把黑夜弄成白天，就仿佛现在是白天一样地醒着；只有'祭司长是高兴的'（《路加福音》22：5），黑暗胜利了并且必须'不会有什么人群聚集'（《路加福音》22：6）地胜利。'在大楼里'他最后一次与门徒们同坐一桌。没有被用上，——这里也有一个错，因为这是晚上，而不是半夜。不过在《约翰福音》（13：30）中写有，那是夜里"（NB2：256，i *SKS* 20，236.）。

在这引文里，指基督的"他"（丹麦文han）第一个字母是小写，因此，译者不用"祂"。

［19］这个"他"是指耶稣，但第一个字母是小写。

［20］这个"他"是指耶稣，但第一个字母是小写。

［21］［他在事先知道，这是最后一次］　一方面指向《路加福音》（22：16），耶稣对门徒们说："我告诉你们，我不再吃这筵席，直到成就在神的国里。"一方面指向《路加福音》（22：18），耶稣对他们说："我告诉你们，从今以后，我不再喝这葡萄汁，直等神的国来到。"

［22］这个"他"是指耶稣，但第一个字母是小写。

［23］［祂这单独承担世界的罪的人］　指向《约翰福音》（1：29），之中施洗者约翰说及耶稣："看哪，神的羔羊，背负世人罪孽的。"

［24］这个"他"是指耶稣，但第一个字母是小写。

［25］［祂这单独在客西马尼斗争的人，单独，因为使徒们在睡觉］　指向《路加福音》（22：39—46）："耶稣出来，照常往橄榄山去。门徒也跟随他。到了那地方，就对他们说，你们要祷告，免得入了迷惑。于是离开他们，约有扔一块石头那么远，跪下祷告，说，父阿，你若愿意，就把这杯撤去。然而不要成就我的意

第四部分　在星期五圣餐礼仪式上的讲演

思，只要成就你的意思。有一位天使，从天上显现，加添他的力量。耶稣极其伤痛，祷告更加恳切。汗珠如大血点，滴在地上。祷告完了，就起来，到门徒那里，见他们因为忧愁都睡着了。就对他们说，你们为什么睡觉呢？起来祷告，免得入了迷惑。"根据《马太福音》（26∶30—45）的平行叙述，这事情发生在客西马尼，橄榄山脚下的一座花园里。

　　［26］这个"他"是指耶稣，但第一个字母是小写。

　　［27］这个"他"是指耶稣，但第一个字母是小写。

　　［28］这个"他"是指犹大。

　　［29］［那叛徒，他也在场］　见《路加福音》（22∶21）。关于犹大知道将发生的对耶稣的叛卖，见《约翰福音》（18∶2）。

　　［30］这个"他"是指耶稣，但第一个字母是小写。

　　［31］［神圣叙述］　就是说福音书关于耶稣的叙述。

　　［32］［这样，就让我们使用圣餐仪式之前为我们预留的这些瞬间来谈论］在明斯特尔（J. P. Mynster）布道的时候，他总是一次又一次使用这一表述的不同变体形式，作为一次布道的主题的引言。丹麦文文献可参看 *Prædikener paa alle Søn - og Hellig - Dage i Aaret*（所有礼拜日与节日的各种布道）。

　　预留的这些瞬间：这是宗教改革最初时期的一个规则，在平常日的礼拜上举行圣餐仪式的时候，要有布道，这一规则在作为全国榜样教堂的圣母教堂之中一直被遵守着。这一圣餐布道——相对于礼拜日和圣日的布道而言——非常短，差不多十到十五分钟，以随意选出的文字布道。可参看明斯特尔（J. P. Mynster）的《给丹麦教堂仪式的建议》（《Forslag til et ; Kirke - Ritual for Danmark》 收录于 *Udkast til en Alterbog og et Kirke - Ritual for Danmark*, Kbh. 1838）§ 28（s. 19）以及对之的说明（《Bemærkninger ved Forslagene》, s. 39），尽管这一建议没有被正式认可，但是它在极大范围里反映出当时的习俗。

　　［33］［对圣餐仪式神圣餐食的衷心渴望］　参看日记 NB2∶170 中所写的讲演主题。（参看对这篇讲演标题"《路加福音》（22∶15）"的注释。）

　　［34］这一句，因为最后部分其实是对"渴望"的补充描述，所以，其句子结构也可以这样安排："我们只是想要努力表达出那当你感受到对领受圣餐的渴望（那种衷心的渴望，今天你就是带着它来到了这里）时在你内心之中翻动起伏的东西。"

　　丹麦文原文是："vi ville blot stræbe at udtrykke hvad der bevægede sig i Dig, da Du fornam Længselen efter at gaae til Alters, den hjertelige Længsel, med hvilken Du kom herhid idag."

　　Hong 的英译是："We want only to try to express what was stirring within you when

383

you felt the longing to receive Communion, the heartfelt longing with which you came here today."

Hirsch 的德译是："wir wollen lediglich auszudrücken streben, was sich da in dir geregt hat, als du das Verlangen empfandest nach dem Altargang, das herzliche Verlangen, mit dem du heute hieher gekommen."

[35]［暴风想往哪里刮就往哪里刮吧，你感觉到它的呼啸，但没有人知道它从哪里来，或者它要往哪里去］指向《约翰福音》（3：8）之中耶稣对尼哥底母说的："风随着意思吹，你听见风的响声，却不晓得从哪里来，往哪里去。凡从圣灵生的，也是如此。"

[36] 在基督教的关联上，常被译作"灵"；但"精神"（Aanden），在哲学的关联上，尤其是在德国唯心主义哲学的关联上，通常译作"精神"。

[37]［食物和衣物……是上帝的馈赠］ 指向《马太福音》（6：24—34）。

[38]［从不让自己不得见证的上帝］ 指向《使徒行传》（14：17）。

[39]［"若从地上被举起来，就要吸引所有人来归他"（《约翰福音》12：32）］ 对《约翰福音》（12：32）的随意引用，耶稣在这段落中说："我若从地上被举起来，就要吸引万人来归我。"

[40] Aanden。在基督教的关联上，常被译作"灵"；但在哲学的关联上，尤其是在德国唯心主义哲学的关联上，通常译作"精神"。

[41]［纯粹的虚空］ 指向《传道书》（1：2）："传道者说，虚空的虚空，虚空的虚空。凡事都是虚空。"

[42]［没有人敢不在做了很好的准备之后来领取］ 参看前面对"够格去想要参与领圣餐礼上的神圣餐食"的注释。

[43]［与那个敬神的人一起……你现在不是已经黯然了吗］ 指向《传道书》（12：1—2）："你趁着年幼，衰败的日子尚未来到，就是你所说，我毫无喜乐的那些年日未曾临近之先，当记念造你的主。不要等到日头，光明，月亮，星宿，变为黑暗，雨后云彩反回"。

[44]［这一切就是虚空］ 指向《传道书》（12：8）："传道者说，虚空的虚空，凡事都是虚空。"

[45]［继续奔流吧你却永远充不满大海］ 指向《传道书》（1：7）："江河都往海里流，海却不满。江河从何处流，仍归还何处。"

[46]［刮吧你尽管刮吧，在你之中却没有意义与思想，你无常之象征］ 指向《传道书》（1：6）："风往南刮，又向北转，不住地旋转，而且返回转行原道。"

[47]［它们将在某个时间坠落］ 指向《马太福音》（24：29）："那些日子的灾难一过去，日头就变黑了，月亮也不放光，众星要从天上坠落，天势都要震

第四部分　在星期五圣餐礼仪式上的讲演

动。"也可参阅《启示录》（6：13）和（8：10）。

[48] 寻，是中国古代长度单位，译者用来翻译丹麦从前的水深度量单位 Favn（也可译作"浔"），一个 Favn 相当于 1.88 米。丹麦在 1926 年之前，Favn 是官方正式的度量单位，1907 年才开始使用米制长度单位。

[49]［从不曾有谁会是如此地幸福……他从不会变得更不幸］　也许指向关于富有的吕底亚国王克罗伊斯的故事，出自希罗多德（Herodot）的史书（Historiarum）第一书第三十二章和第八十六章。克罗伊斯邀请了雅典的智慧的梭伦，向他展示所有自己的财富，并且想知道梭伦怎么看他的幸福。雅典的梭伦说："这是我所看见的，你是极其富有并且统治着许多人；但是你问我的问题则是我所无法对你说的，因为我还没有看见你幸福地终结你的生命。"后来，在公元前 546 年，克罗伊斯被波斯王居鲁士打败并俘虏。居鲁士让人把他烧死；在克罗伊斯不幸地站在柴堆上时，他想起梭伦对他说的话"只要一个人还活着，就不能算是幸福的"，他大喊三声"梭伦"。居鲁士听见这个，让一个翻译问他为什么叫喊这个，并且在他知道了原因之后，他让人把火灭了，并且克罗伊斯得以免死。

（Jf. Die Geschichten des Herodotos, overs. af F. Lange, bd. 1 – 2, Berlin 1811, ktl. 1117; bd. 1, s. 18f. og s. 49f.）

[50]［让我的所有愿望都得以实现，并且把它们高高地载进一座建筑］　也许是指向诗人亚当·欧伦施莱格尔喜剧《阿拉丁（Aladdin, eller Den forunderlige Lampe）》第三幕之中，神灯精灵在与古尔纳尔的新婚夜之前为阿拉丁实现其愿望而弄出来的大理石荣华宫殿。

（Adam Oehlenschlägers Poetiske Skrifter bd. 1 – 2, Kbh. 1805, ktl. 1597 – 1598; bd. 2, s. 219 – 239.）

[51]［我就像海难中一样在一块破船板上把自己从确定的死亡中救出来］参看前一部分对"就像海难中的人在一块破船板上自救……凝视向陆地"的注释。

[52]［一个智慧者］　指苏格拉底。见下一个注释。

[53]［也许，也许如果你死于波浪的话，对你来说还是更好一点］　指向柏拉图《高尔吉亚篇》511d – 512b，之中苏格拉底拿对话的技艺与航海的技艺作比较："因为我假定，这个船老大能想到自己对这些没有淹死的旅客所起的作用是不确定的，他不知道自己到底是给他们带来了恩惠还是伤害，只知道这些旅客在身体和灵魂两方面都没有比上船时更好些。他知道，如果有人在船上患了难以治愈的重病而又逃避了被扔下海去淹死，那么这个人的不死是不幸的，并没有从自己这里得到什么好处：由此也可推论，灵魂比身体更珍贵，如果有人在灵魂上得了许多难以治愈的疾病，那么这样的人的生命是没有价值的，如果船老大从海上，或从法庭上，或从任何危险中，把他救出来，那么这样做对这个人来说并没有什么好处。"

385

（译者在这里所引是《柏拉图全集》第1卷第407页中的文字。王晓朝译，人民出版社2001年版）

［54］阿棱，丹麦语 alen。1 alen ＝ 0.6277 米。

［55］这一句译者本来是译作"我则保留了悲哀与痛楚对于那'没得到的幸福'的观念"，因为丹麦语 Forestilling 既可以被理解为抽象的"观念"也可以被理解为具象的"想象"。在这里将之理解为"观念"其实有点牵强。后来发现 Hong 的英译——可能恰恰因为把 Forestilling 理解为抽象的"观念"（idea）——是作了改写，译成"I would retain the sad and painful idea of the – missed good fortune"（保留了对"那没得到的幸福"的悲哀与痛楚的观念），把本来作为名词的"悲哀与痛楚"改成了形容词。因此，译者认为 Forestilling 在这里应当被翻译为"想象"。这句的丹麦语原文是："jeg beholdt Sorgens og Smertens Forestilling om den – savnede Lykke"。

［56］［在那些讯息要到达我这里的时候……在带来恐怖的同时也还要使得我孤独］指向《约伯记》（1：13—19），之中叙述说耶伯得到消息说，他的牛和驴被示巴人掳了，他的仆人被杀，他的羊和另一些仆人被天火烧死，迦勒底人又来掳走他的骆驼，并又杀死一个仆人，然后儿女正在长兄家吃饭喝酒时房屋倒塌都被压死了。

［57］［成为他的朋友］也许是指向《雅各书》（2：23）："这就应验经上所说，亚伯拉罕信神，这就算为他的义。他又得称为神的朋友。"也参看比如说《历代志下》（20：7）。

［58］同在（Samfundet），有时译作"共同体"。在正常的意义中，丹麦语的 Samfund 意思是"社会"。但是在神学或者圣经的意义上，它常常被用来指"（与上帝或基督或永恒）同在"或者"（与上帝或基督或永恒）共同体"。

［59］［无条件忠诚的朋友］在虔信文学和赞美诗文学中，耶稣基督作为"无条件忠诚的朋友"是一个众所周知是主题。比如说，格伦德维的赞美诗篇《让我们想念一个无限忠诚的朋友》，尤其是第四段："耶稣·基督！无限忠诚的朋友！/在我们内心中创造虔诚之心吧，/直到我们不久后再见，/这样你总是在记忆之中/这虔诚之心在你的名之中寻找生命，/在你的怀抱中寻找喜悦！"（nr. 372 i hans *Sang - Værk til den Danske Kirke* bd. 1，Kbh 1837，ktl. 201，s. 726. *DDS*，nr. 455.）

［60］［为我］参看前面的"为我"的注释。

［61］［在死亡之中仍然忠诚］指向《腓立比书》（2：8）："既有人的样子，就自己卑微，存心顺服，以至于死，且死在十字架上。"

［62］任何朋友都无法做出比"在那至高的之中通过自己的死亡来拯救另一个人的生命"更多的事情］也许是指向《约翰福音》（15：13）："人为朋友舍命，

人的爱心没有比这个大的。"

［63］这里这个 folkene（人们，人众），Hirsch 是译作所有格的 der Leute（人们）。Hong 译为 the nation。

［64］罪是……每一个人的败坏］ 参看前面对"罪是人的败坏"的注释。

［65］［世界躺在那恶的之中］ 指向《约翰一书》（5：19）："我们知道我们是属神的，全世界都卧在那恶者手下。"

［66］［这样的一些'精神的生命危险'之定决］ 这样的一些属于"精神的生命危险"的定决。

这里的这个"定决"其实就是"决定"（Afgjørelse）。这个"决定"（Afgjørelse）是一个人对外在的人的命运或者事物的走向做出的决定，或者一个人的命运受外来的权力所做出的决定。另有一个"决定"（Beslutning）概念则是指一个人所做的选择，选择让自己做什么。

［67］［溅洒出的血，这血向天哭叫着］ 指向《创世记》（4：10），在该隐杀死了自己兄弟亚伯之后，上帝对该隐说："你作了什么事呢？你兄弟的血，有声音从地里向我哀告。"

［68］这个"他"是指耶稣，但第一个字母是小写。

［69］这个"他"是指耶稣，但第一个字母是小写。

［70］［他在罪人们这里承受了怎样的抵制］ 指向《希伯来书》（12：3）："那忍受罪人这样顶撞的，你们要思想，免得疲倦灰心。"

［71］［这堕落了的族类］ 在罪的堕落之后的有罪的人类。

［72］这个"他"是指耶稣，但第一个字母是小写。

［73］［怎样的一个人啊］ 见《约翰福音》（19：5）："耶稣出来，戴着荆棘冠冕，穿着紫袍。彼拉多对他们说，你们看这个人。"

［74］［这嘲辱他、对他吐唾沫的'人群'］ 也许是指向《马太福音》（26：57—68），关于大祭司该亚法为犹太全公会对耶稣的审讯，当时也有很多其他犹太人在场，该亚法宣布了耶稣是讥嘲上帝之后，大家一致认为耶稣有该死的罪，这时（26：67—68）"他们就吐唾沫在他脸上，用拳头打他。也有用手掌打他的，说，基督阿，你是先知，告诉我们打你的是谁。"也参看《路加福音》中的平行叙述（22：65）："他们还用许多别的话辱骂他。"

［75］［十二个中的一个］ 就是说，十二门徒中的一个。

［76］［他也是加利利人］ 指向《路加福音》（22：54—62）之中关于彼得不认耶稣的叙述："他们拿住耶稣，把他带到大祭司的宅里。彼得远远地跟着。他们在院子里生了火，一同坐着。彼得也坐在他们中间。有一个使女，看见彼得坐在火光里，就定睛看他，说，这个人素来也是同那人一伙的。彼得却不承认，说，女

387

子,我不认得他。过了不多的时候,又有一个人看见他,说,你也是他们一党的。彼得说,你这个人,我不是。约过了一小时,又有一个人极力地说,他实在是同那人一伙的。因为他也是加利利人。彼得说,你这个人,我不晓得你说的是什么。正说话之间鸡就叫了。主转过身来,看彼得。彼得便想起主对他所说的话,今日鸡叫以先,你要三次不认我。他就出去痛哭。"

[77] 这里的这个"定决"其实就是"决定"(Afgjørelse)。这个"决定"(Afgjørelse)是一个人对外在的人的命运或者事物的走向做作出的决定,或者一个人的命运受外来的权力所做出的决定。另有一个"决定"(Beslutning)概念则是指一个人所做的选择,选择让自己做什么。

[78] [帮助那个十字架上的强盗] 指向《路加福音》(23:39—43)之中关于耶稣和两个十字架上的强盗的叙述:"那同钉的两个犯人,有一个讥诮他说,你不是基督吗?可以救自己和我们吧。那一个就应声责备他说,你既是一样受刑的,还不怕神吗?我们是应该的。因我们所受的,与我们所作的相称。但这个人没有作过一件不好的事。就说,耶稣阿,你的国降临的时候,求你记念我。耶稣对他说,我实在告诉你,今日你要同我在乐园里了。"

[79] [他的血归到我] 指向《马太福音》(27:25)。在所有人们叫喊了耶稣应当被钉上十字架之后,彼拉多洗干净自己的手并说"你们承当",人们回答说:"他的血归到我们,和我们的子孙身上。"

[80] [那种依着他的悲哀] 对上帝的哀伤或者忧虑的渴望,回溯到原本就是:因为罪的堕落之后的分离。《哥林多后书》(7:9—10)就是在论述这种想法,这里,保罗对哥林多教众写道,他很快乐,"是因你们从忧愁中生出懊悔来。你们依着神的意思忧愁,凡事就不至于因我们受亏损了。因为依着神的意思忧愁,就生出没有后悔的懊悔来,以致得救。但世俗的忧愁,是叫人死。"另外可参看 1839 年 2 月 10 日的日记 EE:16:"在这之中显现出了传承之罪的深刻通透的意义:基督教在单个的人身上从悲哀开始——依着上帝的悲哀"(*SKS* 18,11.)。

[81] "所欠(Skyld)",就是"辜"。

[82] [胡言] 也许是关联到《路加福音》(24:11):妇女们看见耶稣复活,去告诉使徒,"她们这些话,使徒以为是胡言,就不相信"。

[83] [也圆满地偿还了我的罪] 指向圣餐礼仪式之后的遣散词:"被钉上十字架而又复活的基督耶稣,现在已提供餐食并且给予你们自己的神圣身体和血,以此,他圆满地偿还了你们的罪,由此在一种真实的信仰之中强化并存留你们直至永恒的生命!"见《丹麦圣殿规范书》(*Forordnet Alter – Bog*, s. 254.)。

[84] 这里的这个"定决"其实就是"决定"(Afgjørelse)。这个"决定"(Afgjørelse)是一个人对外在的人的命运或者事物的走向做出的决定,或者一个人

第四部分　在星期五圣餐礼仪式上的讲演

的命运受外来的权力所做出的决定。见前面对此的注释。或者参看后面"一个陶冶性的讲演"中对这个词的注释。

［85］见下面的注释。

［86］［难道那些犹太人比起别的人们是更大的罪犯吗，哦，不］　参看前面（第二部分）对"他的生命当然从来就没有表达过任何偶然的东西"的注释。

这里的这个"罪犯"，丹麦语是 Forbrydere（Forbryder 的复数），是普通意义上的犯罪者，而不是基督教意义上的"罪人"（丹麦语是 Synder）。

［87］这里的这个"罪行"，丹麦语是 Forbrydelse，是普通意义上的犯罪行为，而不是基督教意义上的"罪的堕落"的——"罪"（丹麦语是 Synd）。

［88］［对祂的记忆］　参看前面对"那是在祂被出卖的夜晚"的注释。也参看《哥林多前书》（11：24—25）。

［89］［下沉到大地的怀抱里］　参看《三个想象出的场合讲演（1845 年）》中的三篇讲演《在一座墓旁》有这样的文字："如果一个人在青春期就已经变得疲倦，忧伤要开始照料这孩子，这时，去想一想自己温馨舒适地躺在大地的怀抱中，这应当会对他起到缓和作用，去想一想这一安慰，并且这样地想它：那永恒者终于成为了不幸的人，就像守夜妇那样，在我们所有其他人都在酣眠的时候，她却不敢睡！于是，这应当会对他起到缓和作用。"（社科版克尔凯郭尔文集第八卷《陶冶性的讲演集》第 291 页）。其中有一个对"将死亡称作一个夜晚……称作一场睡眠"的注释：明斯特尔（J. P. Mynster）在圣三主日之后第 24 个星期天的布道书"睡眠之画面下的死亡"中谈论"死亡之夜"并且把死亡比作睡眠。《年度所有礼拜日和神圣庆典日的所有布道》（*Prædikener paa alle Søn - og Hellig - Dage i Aaret*）第 63 号，第二卷第 378—391 页。关于死亡如同睡眠，他写道："圣经谈论那些沉睡在大地的怀抱里的人们，它谈论关于那睡去者，所谈的是那些死者，并且以这样的方式来给予我们一种观念，比单纯自然地审视在我们这里所能够唤出的关于人的最终命运的观念，更为温和、更安慰性"，……"许多时候，痛楚在死亡之前出现，我们的身体剧烈地受打击，最后的搏斗常常是很艰辛的，就仿佛是生命并非必然地就愿意让自己的敌人战胜，但是不管它怎样强劲地守卫着，它到最后还是屈服。这观念是黑暗而令人憎厌的，而为了去掉它的恐怖性我们使用更温和的比喻，并且把死亡称作睡眠。"（社科版克尔凯郭尔文集第八卷《陶冶性的讲演集》第 314 页，注释 44）。

［90］［不再自己活着，而是基督在你里面］　指向《加拉太书》（2：19—20），之中保罗写道："我因律法就向律法死了，叫我可以向神活着。我已经与基督同钉十字架。现在活着的，不再是我，乃是基督在我里面活着。并且我如今在肉身活着，是因信神的儿子而活，他是爱我，为我舍己。"

[91][够格走向圣餐桌] 在虔诚的基督徒们那里，尤其是在虔信派教徒们那里有着一种经常被表达出的犹疑感情（anfægtelse）。这种感情特别地应当归因于保罗在《哥林多前书》（11∶27—29）中的警告："所以无论何人，不按理吃主的饼，喝主的杯，就是干犯主的身主的血了。人应当自己省察，然后吃这饼，喝这杯。因为人吃喝，若不分辨是主的身体，就是吃喝自己的罪了。"另见前面关于"够格去想要参与领圣餐礼上的神圣餐食"的注释。

II[1] 《马太福音》(11:28)[2]

祈 祷

在天上的父！按教众代祷[3]通常的祷词，你自己想要去安慰所有生病的和悲伤的人们[4]，这样，在这个时分，代祷词就是：你将给予那些劳苦的和担重担的人们，为他们灵魂的安息[5]。然而这却不是什么代祷，又有谁敢认为自己是如此健康，以至于他只该为别人祈祷。唉，不，每个人都为自己祈祷，你将给予他为灵魂的安息。那么你就给予，哦，上帝，分别给予你所见的每个人（他在对自己的罪的意识之中艰苦劳作），为灵魂的安息！

《马太福音》(11:28)：凡劳苦担重担的人，可以到我这里来，我就使你们得安息。

"凡劳苦担重担的人，可以到我这里来"。怎样的一个奇妙的邀请啊。因为，通常，在人们聚在一起快乐或者要联合在一起工作的时候，这时，他们会对那强壮的和喜悦的人们说：到这里来，参与我们，把你们的力量同我们的联合在一起。但是，关于担忧者，他们说：不，他是我们所不想要一起的，他只是打扰快乐并且耽误工作。是的，不用对他说这个，那担忧者非常明白这个；也许有许多担忧的人就是以这样的方式游离而孤独，不想参与到别人那里，这样他就不会去打扰他们的快乐或者耽误工作了。但是这个邀请是对所有那些劳苦担重担的人，这当然必定也是对他有效的，既然它对所有担忧的人都有效；在这里又怎么会有任何担忧的人敢说：不，这邀请与我无关！

"凡劳苦担重担的人"，所有这些人，没有人例外，一个都没有。

唉，通过这些话所标示出的，是怎样的一种多样的差异性啊。那些劳作的人！因为，不仅仅是那满头大汗为日常饮食而工作[6]的人劳作，不仅仅是在卑贱的职位上承受着白天的炎热和辛苦[7]的人劳作；哦，那与繁难的思想斗争的人也劳作，那在忧虑之中关怀一个人或者许多人的人也劳作，那沉陷于怀疑的人[8]也劳作，正如游泳者当然也被人说是在劳作[9]。那些担重担的人！因为，不仅仅是那显然地挑着重担的人担重担[10]，而那没有人看得见他的担子——也许甚至是努力地想要隐蔽起这担子的人也担重担；不仅仅是那也许有着一种处于匮乏、处于艰辛、处于忧虑的回忆中的漫长生活的人担重担，而那，唉，那看来是没有任何未来的人，也是担重担的。

但是这个讲演又怎么结束得了，如果它要提及所有这些差异性，并且即使它想做这样的努力，它也许会误导而不是指导，把注意力分散开地引导到各种差异性上去，而不是把心念集中在唯一不可少的事情[11]上。因为，即使各种差异性是如此之多，难道福音书的意义所在就是应当有一小部分剩余或者一个更大的剩余人口数量可以被称作"是幸运的"，得免于劳作和重担吗？难道福音书的意义所在就是：在它邀请所有劳苦和担重担的人的时候，仍会有一些人，因为他们事实上是健康人并且不需要医治[12]，所以是这一邀请所不涉及的？我们在通常的情况下就是以这样的方式谈论的。因为，如果你看见孩子们快乐的圈子，这时有一个孩子是有病的，一个有爱心的人对他说：你，来我这里吧，我的孩子，这样，我们一起玩，这时，他当然是说，这孩子病了，而且也是在说，其他的人真地是健康的。现在，福音难道是以同样的方式在说吗，抑或是我们在以这样一种痴愚的方式谈论福音？如果事情是如此的话，那么福音就不是涉及所有人，那么它就当然不是在宣示对于所有人的平等性，而相反是设出一种分别，排除掉快乐的人们，正如人类的邀请通常会排除掉忧虑的人。看，正因此这邀请要以不同的方式去理解，它邀请所有人，福音不想是一种为一些忧虑者准备的逃避、安慰和缓解，不，它所面向的是所有那些劳苦和担重担的人，这就是说，它所面向的是所有人，并且要求着每一个人：他应当知道什么是劳苦和担重担。比如说，如果你是那最幸运的，唉，你甚至被别人羡嫉；然而福音还是同样完全地让自己面向着你，并且要求你：你劳苦并且担重担。或者，比如说，如果你不是那最幸运的、那罕有地受宠于命运的，如果你现在生活在幸福的知足之中——你心爱的愿望得以实现，不缺乏任何东西；然而福音仍带着邀请的要求同样完全地让自己面向着你。尽管你处于尘世的贫穷与困乏之中，你也仍并非因此就是福音所谈论的那个人。[13]是的，尽管你是如此悲惨，以至于你成了一句成语[14]，你也仍并非因此就是福音所谈论的那个人。

因而，这邀请不能够以一种现世的方式被虚妄地对待；它因此而蕴含有一种要求，它要求，被邀请者在更深刻的意义上劳苦并且担重担。因为有一种依着上帝的悲哀[15]；它与尘俗的和现世的东西无关，与你的外在境况无关，与你的未来无关；它是依着上帝。那在心中宁静而谦卑地承担着这一悲哀的人，——他劳苦地工作[16]。有一种重担；没有任何世俗的权力能够将之置于你的双肩，但是除了你自己之外也没有任何人能够那么容易地放下它：它是辜，和辜的意识，或者更沉重，是罪和罪的意识。那承担着这担子的人，哦，是的，他是担着重担，非常重的重担，但也恰恰如此是如福音的邀请所要求的那么沉重。有一种忧虑，一种深远的，一种永恒的忧虑；它与外在的东西无关，与你的命运无关，不管是过去的还是将来的，它与你的各种行动有关，唉，它恰恰与那些"一个人最好想要忘却"的行动有关，因为它与那些"你通过它们来冒犯上帝或者其他人"的行动有关，不管是隐蔽的还是公开的。这一忧虑是悔；他，悔着地叹息的人，是的，他劳苦地工作[17]着，然而这恰是福音的邀请所要求去做的事情。

但是，正如福音通过其邀请来要求，它同样也宣示出那应许："我将给予你们，为灵魂的安息。[18]"安息！这是那疲惫的劳作者、那困倦的跋涉者所想要的；在大海里颠簸的水手寻找安息；累了的老人渴望安息；不安地躺在病榻上找不到缓解的姿势的病人，他欲求安息；在思想的大海之中看不见立足的支点的怀疑者，他欲求安息。哦，但只有悔者才真正明白什么是祈求"为灵魂的安息"，——在唯一的一个"对于悔者而言'之中有安息'"的想法之中的安息，这就是宽恕；在唯一的一个"能够让悔者安宁"的陈述之中的安息，这陈述是，他被宽恕了；在唯一的一个"能够承受起悔者"的地基上的安息，这地基是，所欠已圆满偿还[19]。

但是，福音也应许了这个：他将找到为灵魂的安息。你们当然是应这个邀请在这个时分来到这里的，专注的听者。尽管这安息无法被以这样一种方式来给出：就仿佛它是以这唯一的一次就永恒地得到了决定的，这样你就不再需要常常找到这神圣的地方来寻求安息；——然而，为灵魂的安息却还是被应许的。你是在路上，上帝的家[20]是一个寄宿处（Bedested）[21]，你在那里寻求为灵魂的安息；然而，即使你再次来寻求这安息，这事情仍是很确定：某一天，在你的最后瞬间来到的时候，你最后一次为你的灵魂寻找安息，这时，你所找的，就是这同样的安息。因为，无论是在你的青春岁月还是到了相当大的年龄，你今天来到这里是为了寻找安息；哦，在你的最后时刻到来的时候，在死亡的时分，你被遗弃并且孤独，在这样的时候，你所欲求的，作为在这个你将不再属于的世界的最后欲求，你所欲求的就是你今天所欲求的东西。

这是邀请之中的应许。然而，谁是邀请者？因为，如果在世界里听到这样一个邀请——"来这里"，但却又没有给定你是该去哪里，那么，这当然就是一个可怕的令人困惑的说法了。因此，如果没有邀请者，或者，如果遗忘和怀疑拿掉了邀请者，而这时，这邀请的话语继续响在那里，这又有什么用呢，——那样一来，人们就不可能响应这邀请，因为要找到这地方是一种不可能。但是你当然知道，我的听者，知道谁是邀请者，为了更紧密地去靠向他，你已经响应了这邀请。看，祂张开自己的双臂说：来这里，来我这里，你们所有劳苦和担重担的人；看，祂打开自己的怀抱[22]，在祂怀中我们全都能够同样安全同样至福地安息，因为只在我们的拯救者的尘世生命之中，约翰曾是最近地靠在他[23]胸前的[24]。你是怎么到这里来的，在什么样的意义上你能够被说成是劳累负重地工作的，你是冒犯得太多或者太少，辜是不是旧的并且，——可是，不，它没有被忘却，哦，不，但是旧的并且常常被悔，或者它是新鲜的，没有任何柔化的回忆曾缓解过它；哦，在祂那里，你还是将得到为灵魂的安息。我不知道，那特别地让你负重的事情是什么，我的听者，也许我也无法明白你的悲哀，并且无法知道怎样带着洞见去谈论它。哦，但是你当然不会走向任何人；在向暗中的上帝[25]忏悔过之后[26]，你走向祂，仁慈的邀请者，他[27]，所有"人的悲哀"的知者，他[28]，曾自己在一切之中经受了考验但却没有罪的他[29]。祂也

第四部分　在星期五圣餐礼仪式上的讲演

了知尘世的困乏，在沙漠里挨饿的他[30]，在十字架上口渴的他[31]；他也了知贫穷，没有地方可让他枕头的他[32]；祂的灵魂也曾忧伤，几乎要死[33]；是的，祂了知所有人的悲哀，体验过比任何人更沉重的悲哀，在极端的终结——在他[34]承担起全世界的罪[35]的时候——被上帝离弃的他[36]。祂当然不仅仅是你的灵魂辅导师[37]，他[38]当然也是你的拯救者；他[39]不仅仅理解你的所有悲哀，而且比你自己更好地理解这悲哀，哦，但是，他[40]恰恰想要从你这里拿走担子并且给予你为灵魂的安息。沉重的，——是的，确实——"不被理解"是沉重的；但是，如果存在那完全能够理解你的全部悲哀但却无法从你这里拿走它的人，如果存在那完全能够理解你的所有搏斗但却无法给予你安息的人，这对你又有什么用呢！

于是，这里有着一个邀请：凡劳苦担重担的人，到这里来；并且这邀请包含有一个要求：受邀者在罪的意识中劳累地工作；有一个无条件的可靠的邀请者，仍然守着自己的诺言并且邀请了所有人的祂。愿上帝担保，寻找的人也必定会找到[41]；那寻找正确的东西的人，也必定会找到那唯一不可少的[42]；那寻求去正确的地方的人，也必定找到为灵魂的安息。因为，在你跪向圣餐桌的桌脚的时候，固然这是一个休息的姿势，但是，愿上帝担保，这其实却只是一种对于"你的灵魂通过对于罪的宽恕的意识而在上帝那里找到安息"的微渺暗示。

注释：

　　［1］［II］　见前面对前言中"有两篇（II 和 III）是在圣母教堂里给出的"这句话的注释。

　　［2］［《马太福音》（11：28）］　所指句子见下文所引。

　　［3］代理祷告，就是说，为别人或者为别人的事情而祷告，而不是为了自己的缘故。

　　［4］［按教众代祷……安慰所有生病的和悲伤的人们］　指向星期五礼拜仪式的布道之后规定的教堂祈祷："我们的主，耶稣·基督的安宁永远在我们这里！上帝安慰所有生病的和悲伤的人们，不管他们在远在近！"《丹麦圣殿规范书》（*Forordnet Alter – Bog*，s. 228）。尽管完整的表述也没有出现在礼拜日和圣日的早祷仪式布道之后规定的教堂祈祷中（《丹麦圣殿规范书》/ *Forordnet Alter – Bog*，s. 228），但这在实际的运用中还是获得了其位置。见明斯特尔的"丹麦的教堂仪式

的一个提议",在丹麦语的《圣殿与仪式书的草案》(*Udkast til en Alter – og Ritualbog*) 第 51 页,教堂祈祷的开始是:"上帝安慰所有生病的和悲伤的人们,不管他们在远在近!"

[5] [给予那些劳苦的和担重担的人们,为他们灵魂的安息] 参看《马太福音》(11:28—29):"凡劳苦担重担的人,可以到我这里来,我就使你们得安息。我心里柔和谦卑,你们当负我的轭,学我的样式,这样,你们心里就必得享安息。"

"为他们灵魂的安息"就是说,这安息是为他们的灵魂提供的安息,是对他们的灵魂而言的安息。

[6] [满头大汗为日常饮食而工作] 指向《创世记》(3:17—19) 说亚当在罪的堕落之后:"你必汗流满面才得糊口,直到你归了土"。

[7] [承受着白天的炎热和辛苦] 指向《马太福音》(20:1—16) 中葡萄园主雇人去葡萄园工作的比喻。其中第 12 句写到先雇的工人抱怨说"我们整天劳苦受热,那后来的只做了一小时,你竟叫他们和我们一样吗?"

[8] [沉陷于怀疑] 丹麦语有一种表述叫做:那怀疑者在思想的大海里找不到立足点。

[9] [游泳者当然也被人说是在劳作] 丹麦有一种说法,说游泳者辛苦地在陆地上劳作,让自己移动,移动到一艘船上。或者是诸如此类的说法。

[10] [重担] 比较《马太福音》(11:30):"因为我的轭是容易的,我的担子是轻省的。"

[11] [唯一不可少的事情] 指向《路加福音》(10:41—42)。

[12] [健康人并且不需要医治] 指向《马太福音》(9:12),其中耶稣说:"康健的人用不着医生,有病的人才用得着。"

[13] 这一句强调了"那个人",就是说"如果你处于尘世的贫穷与困乏之中,你也并不因此就是福音专门针对所谈论的人"。克尔凯郭尔在这句子中特别把代词"你(Du)"和"那……的人(Den)"的第一个字母大写来表示强调,但翻译往往会丢失掉这强调的效果,而使得句子成为"如果你处于尘世的贫穷与困乏之中,尽管这样,你却仍还不是福音所谈论的人"。Hong 的英译通过另外加上 only one(唯一的)来强调。

这句的丹麦语是:"Og om Du sad i jordisk Nød og Trang: derfor er Du endnu ikke Den, om hvem Evangeliet taler."

Hong 的英译是:"And if you are in earthly need and indigence, you nevertheless are not the only one about whom the Gospel speaks." (如果你处于尘世的贫穷与困乏之中,尽管这样,你仍不是福音所谈论的唯一者)

Hirsch 的德译是："darum bist du doch noch nicht der, von welchem das Evangelium spricht."

［14］［成了一句成语］ "成了一句成语"是一种说法，就是说"成为了贬损的谈论的对象"。《申命记》（28：37）的和合本翻译将之译作"笑谈"："你在耶和华领你到的各国中，要令人惊骇，笑谈，讥诮。"另可比较《列王记上》（9：7）和《耶利米书》（24：9）。

［15］［依着上帝的悲哀］ 对上帝的哀伤或者忧虑的渴望，回溯到原本就是：因为罪的堕落之后的分离。见前面对"那种依着他的悲哀"的注释。

［16］前面文中的"劳苦"都是取和合本圣经中的译法。按丹麦语直接翻译就是"工作"。这里译者折中一下，译为"劳苦地工作"。

［17］前面文中的"劳苦"都是取和合本圣经中的译法。按丹麦语直接翻译就是"工作"。这里译者折中一下，写为"劳苦地工作"。

［18］［我将给予你们，为灵魂的安息］ 对《马太福音》（11：29）的随意引用。见前面注释。

［19］［所欠已圆满偿还］ 见前面"圆满地偿还了我的罪"的注释。

［20］［上帝的家］ 见前面对"在主的家中一切是那么的宁静，那么的安全"的注释。

［21］［寄宿处（Bedested）］ 丹麦语 Bedested 有两个意思，一个是指旅行中的歇脚处或寄宿处，另一个意思是祷告的地方，也就是说，忏悔室或者祷告室。忏悔室或者祷告室是一个封闭性的小房间，在教堂或者圣器储藏室举行忏悔的地方。在大一些的教堂诸如哥本哈根的圣母教堂（克尔凯郭尔自己总在那里忏悔），有两个忏悔室，各能容下 30—50 人。

［22］［他张开自己的双臂说：来这里，来我这里……他打开自己的怀抱］指向哥本哈根圣母教堂（见前面"在石头上雕出这些图案的人"的注释）的基督雕像，在底座上有"到我这里来/马太福音．XI．28．"，见插图。

关于托尔瓦尔德森想要在耶稣雕像上表述的文字可以看凯斯特纳尔的《罗马研究》（A. Kestner *Römische Studien*, Berlin 1850, s. 78）："'Simpel muß so eine Figur sein', sagte er［Thorvaldsen］, 'denn Christus steht über Jahrtausenden. Dies ist', fuhr er fort,'die ganz gerade stehende menschliche Figur' - und stellte sich aufrecht, die Arme niederhängend, ohne alle Bewegung und Ausdruck. Jetzt entfernte er, mit gelinder Bewegung, die Arme und beide offenen Hände mit leise gekrümmten Ellenbogen vom Körper. So hielt er inne und sagte：'kann eine Bewegung simpler sein, als ich jetzt bin? und zugleich drückt es seine Liebe, seine Umarmung der Menschen aus, so wie ich es mir gedacht habe, daß der Haupt - Charakter von Christus ist'"（"一个这样的形象要简

单",他/托尔瓦尔德森/说,"因为基督站着,超过几千年。这是"他继续说,"完全直立着的人的形象",——并且站直,两臂下垂,没有任何形式的动作和表达。现在他以一个软软的动作,稍弯起肘,让手臂和两只张开的手离开身体。然后他收起,并且说:"难道还会有什么动作比我现在的动作更简单,并且在同时表达出他的爱,他对人类的拥抱,就像我现在所想像的这样,这是基督的首要特征")。

也可参看 J. M. Thiele *Thorvaldsens Biographi*,3. del,Kbh. 1854,s. 127f.

[23] 这个"他"是指耶稣,但第一个字母是小写。

[24] [约翰曾是最近地靠在他胸前的] 指向《约翰福音》(13:18—30)中犹大的叛卖的叙述:耶稣说"我这话不是指着你们众人说的。我知道我所拣选的是谁。现在要应验经上的话,说,同我吃饭的人,用脚踢我。如今事情还没有成就,我要先告诉你们,叫你们到事情成就的时候,可以信我是基督。我实实在在地告诉你们,有人接待我所差遣的,就是接待我。接待我,就是接待那差遣我的。耶

第四部分　在星期五圣餐礼仪式上的讲演

稣说了这话，心里忧愁，就明说，我实实在在地告诉你们，你们中间有一个人要卖我了。门徒彼此对看，猜不透所说的是谁。有一个门徒，是耶稣所爱的，侧身挨近耶稣的怀里。西门彼得点头对他说，你告诉我们，主是指着谁说的。那门徒便就势靠着耶稣的胸膛，问他说，主阿，是谁呢？耶稣回答说，我蘸一点饼给谁，就是谁。耶稣就蘸了一点饼，递给加略人西门的儿子犹大。他吃了以后，撒旦就入了他的心。耶稣便对他说，你所作的快作吧。同席的人，没有一个知道是为什么对他说这话。有人因犹大带着钱囊，以为耶稣是对他说，你去买我们过节所应用的东西。或是叫他拿什么周济穷人。犹大受了那点饼，立刻就出去。那时候是夜间了。"

[25]［在暗中的上帝］　《丹麦挪威教堂仪式》第四章第一条（s. 143—147）中单个的人面对牧师的认罪忏悔的私密忏悔仪式在克尔凯郭尔的时代早已不用，被一场忏悔讲演取代。"向在暗中的上帝"以这样一种方式可以指向单个的人自己面对上帝对自己的罪的宁静的坦白。这里指向《马太福音》（6：6），之中耶稣说："你祷告的时候，要进你的内屋，关上门，祷告你在暗中的父，你父在暗中察看，必然报答你。"

[26]［忏悔过之后］　所指的是，忏悔仪式在忏悔室或者祷告室进行，之后忏悔礼拜者们回到了教堂空间，有的是听圣餐礼布道，有的是领圣餐。关于"忏悔仪式"，在1685年的《丹麦挪威教堂仪式》（Danmarks og Norges Kirke-Ritual）第四章第一条中这样定性："那想要用圣餐的人，要在前一天，或者（如果在前一天因为重要原因而无法做到的话）在同一天布道之前，让自己面对坐在忏悔椅中的牧师，在他面前承认他们的罪并且请求恕免"（第143页）。这样，忏悔仪式被弄成一种对于一个人要参与圣餐仪式的不可避免的条件。这一仪式规定在克尔凯郭尔的时代仍有效。如果忏悔者们要参加星期天的礼拜仪式，一般就是在早上八点半举行忏悔仪式；如果他们要参加星期五的领圣餐礼，圣餐礼仪式就在早上九点，而八点半则举行忏悔仪式。在克尔凯郭尔的时代，忏悔仪式一般总是在礼拜仪式的同一天举行，而不是如同之前的"要在前一天"。

[27]　这个"他"是指耶稣，但第一个字母是小写。

[28]　这个"他"是指耶稣，但第一个字母是小写。

[29]［曾自己在一切之中经受了考验但却没有罪的他］　指向《希伯来书》（4：15）之中关于耶稣的描述："因我们的大祭司，并非不能体恤我们的软弱。他也曾凡事受过试探，与我们一样。只是他没有犯罪。"

这个"他"是指耶稣，但第一个字母是小写。

[30]［在沙漠里挨饿的他］　指向《马太福音》（4：1—11）中的叙述，耶稣在沙漠受试探，他禁食四十个日夜，后来就饿了。

这个"他"是指耶稣，但第一个字母是小写。

[31]［在十字架上口渴的他］　指向《约翰福音》（19：28）之中耶稣说："我渴了"。

这个"他"是指耶稣，但第一个字母是小写。

[32]［没有地方可让他枕头的他］　指向《马太福音》（8：20）。

这个"他"是指耶稣，但第一个字母是小写。

[33]［他的灵魂也曾忧伤，几乎要死］　指向《马太福音》（26：38），耶稣在客西马尼，彼得，和西庇太的两个儿子，雅各和约翰说："我心里甚是忧伤，几乎要死"。

[34] 这个"他"是指耶稣，但第一个字母是小写。

[35]［他承担起全世界的罪］　指向《约翰福音》（1：29）。

[36]［在极端的终结……被上帝离弃的他］　指向《马太福音》（27：46）："约在申初，耶稣大声喊着说，以利，以利，拉马撒巴各大尼？就是说，我的神，我的神，为什么离弃我？"

这个"他"是指耶稣，但第一个字母是小写。

[37]［你的灵魂辅导师］　灵魂辅导师，丹麦语 Sjelesørger，这个词一方面指耶稣是那辅导你（意识到罪）的灵魂，并且给予你"为灵魂的安息"，一方面是指，作为忏悔神父的牧师被称作是灵魂辅导者。

[38] 这个"他"是指耶稣，但第一个字母是小写。

[39] 这个"他"是指耶稣，但第一个字母是小写。

[40] 这个"他"是指耶稣，但第一个字母是小写。

[41]［寻找的人也必定会找到］　指向《马太福音》："你们祈求，就给你们。寻找，就寻见。叩门，就给你们开门。因为凡祈求的，就得着。寻找的，就寻见。叩门的，就给他开门。"

[42]［那唯一不可少的］　指向《路加福音》（10：41—42），耶稣说："马大，马大，你为许多的事，思虑烦扰。但是不可少的只有一件。"

III[1]　《约翰福音》(10：27)[2]

祈　祷

在天上的父！你的恩典和仁慈没有在时间的变化之中有所改变[3]，不随着岁月的流逝而变老，仿佛你，就像一个人，这一天比那一天更和蔼，第一天比最后一天更和蔼；你的恩典保持不变，正如你不变地是那同样者[4]，永恒年轻，每个新的一天都是新的——因为你每天都说"就在今日"[5]。哦，但是如果一个人留意这句话，被它抓住，在神圣的决定[6]之中，严肃地对自己说"就在今日"；那么，这对他当然就意味着：他正希望就在这一天被改变，正希望这一天真正会对于他来说比其他的日子更意义重大，因"在他曾选择的善之中更新了的力量"而意义重大，或者也许甚至因选择善而意义重大。每天不变地说着"就在今日"的，是你的恩典和仁慈[7]，但是，如果一个人以这样的方式每天都不变地想要说"就在今日"，那么这就是在丢弃你的仁慈和恩典的时间[8]；就是说，那"就在今天"给出恩典的时间的是你，而人则是那应当"就在今天"抓住恩典的时间的。我们以这样的方式同你说话，哦，上帝；在我们之间有着一种语言差异，然而我们却还是努力追求着要理解你并且使得我们能够让你理解；你并不以被称作"我们的上帝"为耻[9]。这是对于你的不变的恩典和仁慈的永恒表达；在你，哦，上帝，说出它的时候，这同样的表述，在一个人在正确的理解之下重复它的时候，它就对那最深刻的变化与定决[10]的最强烈表达，——是的，就仿佛是这样：如果变化与定决不是就在今日发生的话，那么一切就都丧失了。这样，祈求你为他们恩准，这些今天在这里聚集的人们[11]，这些没有任何外在要求而因此是更真挚地[12]决定了就在今天在罪的坦白[13]之中寻求与你和解的人们，祈求你为他们恩准：这一天会是为他们的真正祝福,他们会听见祂的声音,你派往这世界的祂[14],好牧人的声音[15],祂会认出他们,而他们则会追随祂。

《约翰福音》(10:27):"我的羊听我的声音,我也认识他们,他们也跟着我。"[16]

在教众们圣日[17]里聚集在主的家[18]的时候,上帝自己其实是这样地对此作出了规定和指令。今天则不是什么圣日[19];然而一个小小的圈子仍在这圣殿里聚集,因而,不是因为这是指令了所有人的(既然没有人是受了指令),而是因为每一个单个的在场者,尽管以不同的方式,必定是特别地感受到了"恰恰在今天寻来这里"的需要。今天不是圣日,今天每个人通常是各去自己的田里、去自己的买卖、去做自己的工作[20];只有这些单个的人在今天到主的家里。——这样,那单个的人离开自己的家来到这里。在一个圣日,当那自己上教堂的人碰到一个路过的人时,这时他不禁想到,这个路过的人肯定也是去教堂;因为,在一个圣日,尽管绝非总是如此,这路过的人就是:一个去教堂的人。但是,那因一种内在真挚的需要而今天来到这里的人,到底会不会有什么在路过时碰上他的人想到,他是去上帝的家?现在,这来上帝之家的到访是不是因此就不那么庄严了?我觉得,这一神秘性必定可能会使之更真挚。公然在每个人的眼前,但这单个的人却是隐蔽地去教堂,隐蔽地,或者沿着一条隐秘的路;因为除了上帝,没有人认识他的路,不会有任何一个路过的人会想到:你是去上帝之家,你自己又不说这事情,因为你说你去圣餐仪式,就仿佛这比去教堂更真挚、更庄严。你不像在一个圣日那样,预期着路过的人走同样的路,带着同样的想法,因此你作为一个陌生人要隐蔽在许多人之间。你不预期看见在路过的人的脸上会表达出同样的意念(Forsæt),因此你让自己的目光停留在自己这边,不像在喜庆日里那样地去庄严地问候。不,路过的人对于你来说根本不存在:两眼向下看,神秘地,就仿佛你是逃来这里。你的意图当然也不仅仅只是像在那些"你因此而无法希望是单独一人"的喜庆的日子里那样,来崇拜、来赞美、来感谢上帝;你的意图是寻求罪的赦免——这样,你必定就会希望是单独一人。现在,多么宁静,并且多么庄严！在圣日里，外面一切都是宁静的；寻常的劳作都息止了；甚至那不入访上帝之家的人也感觉到：这是一个圣日。相反，今天不是圣日。外面，日常生活的运作喧嚣嘈杂着，在这些穹窿建筑的里面几乎也能够听得见，恰恰因此，建筑里面的神圣宁静就更宏大。因为，市民权威机构在世俗的意义上所能够规定出的那种宁静[21]，其实并不是与上帝有关的陶冶性宁静；而这种在世界喧嚣嘈杂同时的宁静，恰恰就是陶冶性的宁静。——因而，今天来这里不是你的义务，这是今天你内心中的一种需要；没有任何外在的召唤决定你，你必定是自己内心真挚地决定了要这样做；没有人能够因你不来而责怪你，你来，这是你自己的自由选择；你不因为其他人这样做而这样做，因为其他人恰恰就在今天各去自己的田里、去自己的买卖、去做自己的工作了——但是你到了上帝之家，走向了主的圣餐桌。

由此，你以完全特别的方式表达了，你把自己算作是那些想要属于基督的人中的一个；在被宣读出的、取自福音的神圣词句中有着对那些想要属于基督的人的描述，基督拿自己与好牧人作比较而拿那些真正的信仰者与羊群作比较[22]。关于这些比较，有一个三重性的关系：他们听他的[23]（基督的）声音；祂（基督）认出他们；他们追随他[24]（基督）。

他们听见祂的声音。今天是很特别的，那要被听见的，唯独是祂的声音。在这里本来所做的其他事，只是为了把心念的注意力集中到此：那要被听见的是祂的声音。今天不布道[25]。一个忏悔讲演[26]不是布道；它不想教你，也不想向你强调那人所周知的老教条[27]；它只想在去圣餐桌的路上阻止你，这样你就能够借助于讲演者的声音通过你自己向暗中的上帝[28]忏悔。因为你不是要从忏悔讲演中学到"什么是忏悔"，这也太迟了[29]，而是通过它你面对上帝忏悔。今天不布道。这里，我们在这预留的短暂瞬间[30]里所谈则又一次不是布道；在我们说了阿门的时候，礼拜仪式并非像通常那样在本质上结束了[31]，而是在这时，本质性的礼拜仪式才开始。因此，我们的讲演只是想要在一瞬间里、在去圣餐桌的路上阻止你；因为今天礼拜仪式并非像往常一样围着布道台，而是围着圣餐桌[32]。在圣餐桌前，最重要的事情是听祂的声音。就是说，一个布道当然也应当见证关于祂，宣示祂的话和祂的教

403

导；但是一个布道却并非因此就是祂的声音。相反，在圣餐桌前，你要听见的，是祂的声音。就算是另一个人对你说出那在圣餐桌前被说出的话，就算是所有人想要联合起来对你说这个[33]，——但如果你听不见祂的声音，那么你就是白领了圣餐。在主的仆人在圣餐桌前准确地说出每一句话——完全就如同它被从神父们那里传下[34]——的时候，在你准确地听见了每一句话——因而你没有漏掉一字一词乃至一逗一点——的时候，——但如果你听不见祂的声音，说这话的是祂，那么你就是白领了圣餐。如果你信着地吸收那所说的每一句话；如果你严肃地决定将之拿取到内心中并且与之一致地安顿你的生活，——如果你听不见祂的声音，那么你就是白领了圣餐。在他说，来这里吧，所有你们这些劳作者和担重担者[35]的时候，你所听见的，必须是祂的声音，因而是祂的声音在邀请你；在祂说，这是我的身体[36]的时候，你所听见的，必须是祂的声音。因为，在圣餐桌前没有任何关于祂的讲演；在那里，祂自己是亲自在场的[37]，那说话者是祂，——如果不是那样，那你就不是在圣餐桌前。就是说，在感官的意义上理解，一个人能够指着圣餐桌说："它就在那里[38]"；但是在精神的意义上理解，它真正地却在这样的情况下是在那里，——如果你是在那里听见了祂的声音。

　　祂认识他们。就是说，那些没有听祂的声音的人，那些人是祂所不认识的；而那些祂所不认识的，也就不是祂的自己人。因为，祂的情形不同于一个"想要有朋友和追随者却不想对相关者有所知、不认识相关者的人"的情形；相反，基督不认识的人，也就不是祂的自己人，因为基督是全知者[39]。——祂认识他们，祂认识他们中的每一个人。祂所给出的牺牲，祂并非就是这样为普遍意义上的人类给出这牺牲，祂也不是想要拯救这样的普遍意义上的人类，——以这种方式，这拯救也是不可能达成的。不，祂献祭自己是为了个别地拯救每一个人，这样，难道祂会不个别地认识每一个人；因为，难道你不应当认识那你为之献祭出自己的生命的人[40]！——在教众们在那些节庆的日子里作为数量极大的人群聚集在一起的时候，这时，祂也认识他们，而那些祂所不认识的人们，则不是祂的自己人。然而，也许有人很容易就会在这样的场合上欺骗自己，就仿佛那单个的人是躲藏在人群里的。在圣餐桌前则相反；不管有多少人聚集起来，即使他们全都在圣餐桌前聚集，在圣餐桌

第四部分　在星期五圣餐礼仪式上的讲演

前没有人群。祂自己是亲自在场的，祂认识那些是祂的自己人的人们。祂认识你，不管你是谁，你是被很多人认识抑或是所有人都不认识的，如果你是祂的自己人，祂认识你。哦，"被祂认识"，这是怎样的永恒之严肃啊；哦，"被祂认识"，这是怎样至福的安慰啊。是的，即使你逃到世界的至极边界，祂认识你，即使你躲藏在深渊之中[41]，祂认识你，——但是当然，没有任何理由去逃跑，没有任何理由去躲藏，因为"祂认识你"，这恰是至福。然而，任何第三者都无法知道，祂是否认识你，你必须与祂和与你自己一同知道这个，——但是，如果祂不认识你，那么你也就不是祂的自己人。看，太阳每天早晨带着破晓的这一天走到大地王国的上方，它的射线穿透进每一个点，不存在任何偏远得这光线无法也照明着地穿透到的地方；然而它在自己对大地的这种了解之中不作任何区分，它平等地照射所有地方[42]并且知道每一个地方。但是祂，人类的永恒太阳，祂对人类的了解也像光线一样到处穿透到每一个人那里；但是祂做出区别。因为也有那些祂不认识的人，那些对他们祂会说"我不认识你们，我从来就不认识你"的人，那些对他们祂会这样说尽管他们声称自己认识祂[43]的人！如果你走向主的圣餐桌并参与神圣的活动，如果你确实如此肯定地证明：你去领过圣餐，如果主的仆人为你见证，他特别地对你，正如对其他人中的每一个，递出了圣饼和红酒，——如果祂不认识你，那么，你还是白领了圣餐。因为一个人能够在感官的意义上指着圣餐桌说："看，它就在那里[44]"，但是，在灵的[45]意义上理解，圣餐桌只在这样的情况下是在那里：如果你在那里是祂所认识的。

　　他们追随祂。因为，你不会留在圣餐桌旁，你也不应当留在那里。你再次回去，回到你的作为、回到你的工作、回到那也许等待着你的快乐，唉，或者回到悲哀——所有这些你在今天旁置的东西；但是如果你是祂的自己人，那么你就跟随祂。在你追随祂的时候，那么，在你从那里离开时，你当然是离开了圣餐桌，但这时就仿佛是圣餐桌追随着你；因为祂在哪里，哪里就是圣餐桌，——在你追随祂的时候，祂就伴随着你。哦，怎样的永恒之严肃啊，不管你去哪里，不管你做什么，祂都还是伴随着你；哦，怎样至福的安慰啊，祂伴随着你；哦，怎样奇妙的关联啊，永恒之严肃也是至福的安慰！圣餐桌确实仍立在原地，因此你走

405

向圣餐桌；但它只在这样的情况下才是圣餐桌：如果祂在那里是在场的，就是说，哪里是祂所在的地方，圣餐桌就在哪里。祂自己说，"你在祭坛上献祭你的礼物时，若记起有人有与你作对的事情，那么就先离开，去同你的敌对者和好，然后才来献礼物"[46]；哦，你认为哪一种祭品是祂更珍视的，是那你通过与你的敌人和好而送上的祭品，也就是说把你的愤怒献祭给上帝，还是你能够在圣餐桌上所能够献祭的东西！但是，如果和好之祭品是上帝、是基督所最珍视的祭品，那么，圣餐桌当然也肯定就在那里——在最令上帝欢心的祭品被奉出的地方。亚伯在祭坛上献祭，但该隐没有，因为上帝看中亚伯的祭品，——因此这就是一个祭坛；但是该隐的祭品是祂所看不中的[47]。哦，不要忘记，哪里是祂所在的地方，圣餐桌就在哪里，祂的圣餐桌既不是在摩利亚山上也不在基利心山上，也不在那看得见的那里，但它是在祂所在的地方[48]。如果事情不是如此，那么你就必须留在圣餐桌前，在那里扎下自己的居所，从不离开那里[49]；但是如此的迷信不是基督教。今天不是圣日，今天有日常日的礼拜仪式；哦，但是一个基督徒的生活就是每一天礼拜仪式！事情并非是这样：就仿佛如果什么人偶尔去领受一次圣餐，那因此一切就都被决定了；不，这任务是：在你离开圣餐桌的同时却仍然留在圣餐桌前。今天我们所说的所有其他事情只是为把心念的注意力集中到圣餐桌前。但是，在你现在离开那里的时候，要记住，事情并不因此就结束了，哦，不，由此这事情恰恰才开始，善的事情，或者如圣经所说，你身上的善的作为，那开始了这作为的上帝将在我们的主耶稣基督的日子里完成这善的作为[50]。固然，你可能会虔敬地称呼"今天这一天"（它是上帝将给予你的，如果它真正对你有着重大的意义）是一个耶稣基督的日子；然而，当然，那在严格的意义上被称作耶稣基督的日子的，只有唯一的一天[51]。"今天这一天"则相反，它马上将过去；愿上帝担保，在它在什么时候早已消失并且被遗忘的时候，这天的祝福对于你还必定会在清醒的心念之中许许多多次地被回忆，这样，这对祝福的记忆必定会在祝福之中。

走吧，你，日子，我的眼睛
在这里，在时间之中，永不再见的日子，
去坠入黑夜的阴影！

第四部分　在星期五圣餐礼仪式上的讲演

我大步迈向天国
将永远看着我的上帝
我的信仰将在那里建起。[52]

注释：

〔1〕〔III〕　见前面对前言中"有两篇（II和III）是在圣母教堂里给出的"这句话的注释。

〔2〕〔《约翰福音》（10：27）〕　所指句子见下文所引。

〔3〕〔没有在时间的变化之中有所改变〕　指向《雅各书》（1：17）："各样美善的恩赐，和各样全备的赏赐，都是从上头来的。从众光之父那里降下来的。在他并没有改变，也没有转动的影儿。"

〔4〕〔不变地是那同样者〕　见前面有过的注释。

〔5〕〔就在今日〕　参看《希伯来书》（4：7）："所以过了多年，就在大卫的书上，又限定一日，如以上所引的说，你们今日若听他的话，就不可硬着心。"另参看《路加福音》（23：43），之中主对十字架上的犯人说："我实在告诉你，今日你要同我在乐园里了。"和（3：7）"圣灵有话说，你们今日若听他的话"。最后参看丹麦主教和赞美诗人布洛尔森（H. A. Brorson）的赞美诗《今天是恩典之时》（1735年），特别是第六段："仍有恩赐可得，／对于碎裂的心的叫喊，／仍有上帝可及，／仍有天大开。／哪怕你听见他的话／爱的教导，／恩典仍是伟大的。／现在这叫做：今天"。——《信仰的美好宝藏》（*Troens rare Klenodie*），由哈根（L. C. Hagen）出版。从第193页起。

〔6〕这个"决定（Beslutning）"是一个人所做的选择，选择让自己做什么，是他在内心之中作出的决定，或者说是意愿之决定。

〔7〕〔每天不变地说着"就在今日"的，是你的恩典和仁慈〕　也许是指《耶利米哀歌》（3：22—23）："我们不至消灭，是出于耶和华诸般的慈爱。是因他的怜悯不至断绝。每早晨，这都是新的。你的诚实极其广大。"

〔8〕如果一个人以这样的方式每天都不变地想要说"就在今日"，那么这就是在丢弃你的仁慈和恩典的时间〕　布洛尔森（H. A. Brorson）的赞美诗《今天是恩典之时》（1735年），特别是第二段："看！多么舒适／恩典的光芒灿烂，／但是对你的祷告，／不容拖延，／也许你的钟声敲响／今天是最后的一声／灵魂伤口要医好／现在这叫做：今天"。还有第三段："今天开始，并且不保留／不保留到明天／明天的日子／可等待的，是隐秘的，／在如此重要的事情上／不可拖延，／现在你就会看见／现在这叫做：今天。"——《信仰的美好宝藏》（*Troens rare Klenodie*），由哈根

407

(L.C. Hagen)出版。从第193页起。

［9］［你并不以被称作我们的上帝为耻］《希伯来书》（11∶16）：说那些古老的信仰见证人，"羡慕一个更美的家乡，就是在天上的。所以神被称为他们的神，并不以为耻。因为他已经给他们预备了一座城。"

［10］这里的这个"定决"其实就是"决定"（Afgjørelse）。这个"决定"（Afgjørelse）是一个人对外在的人的命运或者事物的走向做出的决定，或者一个人的命运受外来的权力所做出的决定。见前面对此的注释。或者参看后面"一个陶冶性的讲演"中对这个词的注释。

［11］［今天在这里聚集的人们］就是说，1847年8月27日星期五聚集在哥本哈根圣母教堂参加圣餐礼拜仪式的人们。

［12］［更真挚地（inderligere）］参看1848年3月日记NB4∶105，其中克尔凯郭尔谈论"所有上帝礼拜仪式中最宁静而最真挚的：星期五的圣餐礼"（SKS 20，336.）。

这是丹麦语形容词/副词 inderlig 的比较级。译者一般把 inderlig 译作"真挚的"、"内在的"或"内在真挚的"。

［13］［罪的坦白］就是说在忏悔仪式中承认各种罪。

［14］［你派往这世界的祂］在《约翰福音》中，耶稣一次次地说，他是由天父所派；这里可能特别是指《约翰福音》（10∶36）："父所分别为圣，又差到世间来的"以及《约翰福音》（17∶18）"你怎样差我到世上，我也照样差他们到世上"。

［15］［好牧人的声音］指向《约翰福音》（10∶1—31）之中关于好牧人的段落。第11句："我是好牧人，好牧人为羊舍命。"；第3和4句："羊也听他的声音。他按着名叫自己的羊，把羊领出来。既放出自己的羊来，就在前头走，羊也跟着他，因为认得他的声音。"第16和27句也都有"听我的声音"。

［16］这一句是中文和合本的《约翰福音》（10∶27）

［17］是指礼拜日和各种圣日。

［18］［主的家］指教堂。参看前面对"主的家"或"上帝的家"的注释。

［19］［今天则不是什么圣日］这是一个平常的星期五。

［20］［通常是各去自己的田里、去自己的买卖、去做自己的工作］在《马太福音》（22∶1—14）耶稣有一个国王儿子婚礼的比喻。其中3—5句写国王"打发仆人去请那些召的人来赴席。他们却不肯来。王又打发别的仆人说，你们告诉那被召的人，我的筵席已经预备好了，牛和肥畜已经宰了，各样都齐备。请你们来赴席。那些人不理就走了。一个到自己田里去。一个作买卖去"；而在《路加福音》（14∶16—24）里耶稣也讲了一个主人摆筵席请客的比喻，客人以各种借口不

第四部分　在星期五圣餐礼仪式上的讲演

参加，其中第18—20句写道："头一个说，我买了一块地，必须去看看。请你准我辞了。又有一个说，我买了五对牛，要去试一试。请你准我辞了。又有一个说，我才娶了妻，所以不能去。"

〔21〕〔市民权威机构在世俗的意义上所能够规定出的那种宁静〕　关于"礼拜日和圣日的法定神圣肃穆"的各种新的定性随1845年3月26日的法规开始被实施。它强调了商店的关闭时间，并且在白天，尤其是在教堂仪式的时间里，禁止喧嚣嘈杂。

〔22〕〔基督拿自己与好牧人作比较而拿那些真正的信仰者与羊群作比较〕基督自比好牧人而把信仰者比作羊群，在《约翰福音》（10：1—31）之中关于好牧人的段落中描述得很详细。而相反的，是第26句，耶稣对犹太人们说："只是你们不信，因为你们不是我的羊。"

〔23〕指"耶稣的"，但是丹麦文"他的"第一个字母是小写。

〔24〕指耶稣，但是丹麦文"他"第一个字母是小写。

〔25〕〔今天不布道〕　就是说没有礼拜日和别的圣日在礼拜仪式上所作的布道。

〔26〕〔忏悔讲演〕　其实这不是克尔凯郭尔所说的忏悔讲演，而是一种圣餐礼的布道，在礼拜式中是位于忏悔仪式和圣餐仪式之间。忏悔讲演则相反是由那有神职的牧师作的，作为忏悔仪式的一部分，有差不多十分钟的长度。只有有神职的牧师可以主持忏悔仪式。参看明斯特尔的"丹麦的教堂仪式的一个提议"，在丹麦语的《圣殿与仪式书的草案》（*Udkast til en Alter – og Ritualbog*）第51页。

〔27〕〔它不想教你，也不想向你强调那人所周知的老教条〕　可以看关于礼拜日和圣日的讲演内容的法规定性第一章"关于教堂中的礼拜仪式"，第一条"关于礼拜天和圣日"，在《丹麦挪威教堂仪式》（*Danmarks og Norges Kirke – Ritual*）第21—24页，尤其是从21页起的："牧师应当按着他们的布道的文字，这文字根据上帝的话和真正的教堂的教条以这样一种方式正确地解说，这样那些简单的人们能够很好地明白它，由此概括出教条、教学、安慰、训诫、惩罚和责备"。

〔28〕〔暗中的上帝〕　见前面对"在暗中的上帝"的注释。

〔29〕〔太迟了〕　所指的是忏悔讲演在忏悔室里开始了。

〔30〕〔这预留的短暂瞬间〕　见前面对"预留的这些瞬间"的注释。

〔31〕〔礼拜仪式……像通常那样在本质上结束了〕　按照旧时的仪式，圣餐仪式不是礼拜日和圣日的礼拜中的一部分，而是在对礼拜仪式的延长之中的独立的教堂活动；正如忏悔仪式是一个礼拜仪式之前进行的教堂活动。丹麦语文献参看明斯特尔的"丹麦的教堂仪式的一个提议"（Se § 17, § 71 og § 76 i J. P. Mynsters《Forslag til et: Kirke – Ritual for Danmark》, s. 19, s. 51 og s. 75f., og《Bemærkninger

409

ved Forslagene》, s. 39 og s. 45f. , i *Udkast til en Alter - og Ritualbog.*)。

［32］［礼拜仪式并非像往常一样围着布道台，而是围着圣餐桌］　根据过去的礼拜仪式神学，礼拜日礼拜仪式是围着布道台，星期五的礼拜是围着圣餐桌。

［33］［另一个人对你说、或者所有人想要联合起来对你说这这话，就是说，这不是祂的声音在说这话。

［34］［主的仆人在圣餐桌前准确地说出每一句话……被从神父们那里传下］指向圣餐立约之词，就如它们被一代代传下来的那样，见《哥林多前书》（11：23），保罗写道："我当日传给你们的，原是从主领受的"，接下来就是圣餐立约词，这些立约词在新约之中多处出现：《马太福音》（26：26—28）；《马可福音》（14：22—24）；《哥林多前书》（11：23—25）。

主的仆人：指牧师。

［35］［来这里吧，所有你们这些劳作者和担重担者］　指向《马太福音》（11：28）："凡劳苦担重担的人，可以到我这里来"。

［36］［这是我的身体］　指向在圣餐仪式上的约词（*verba testamenti*）："我们的主耶稣基督在他被出卖的这夜，拿起饼来祝谢了，掰开，给自己的门徒，并且说，拿起它，吃掉它，这是我的身体，为你们舍的，你们也应当如此行，为的是记念我。……"（详见前一讲演中对"那是在祂被出卖的夜晚"的注释）

［37］［在那里，他自己是亲自在场的］　这在圣餐礼的引言之中有所表达："根据立约词的意思，耶稣·基督在圣餐仪式中自己带着自己的血和身体在场"，见《丹麦圣殿规范书》（*Forordnet Alter - Bog for Danmark*, Kbh. 1830 ［1688］, ktl. 381, s. 252.）。在这背后有着路德的"到处遍在学说（Ubiquitätslehre）"，该学说认为基督到处遍在，既是在他天上在天父右手边的神圣本性，也是在他在圣餐礼之中作为身体和血的人的本性，后者是说在我们领圣餐的时候，那些作为外在象征的圣饼和红酒，他是在它们之中、与它们一同、在它们背后当场在场的。可参看路德《协同书》（*Formula Concordiae* (1577 - 78, udg. i 1580)，第二部分，《Solida Declaratio》，第 7 条，论圣餐礼，35, 见 *Libri symbolici ecclesiae evangelicae sive Concordia*, udg. af K. A. Hase, 2. udg. , Leipzig 1837 ［1827］, ktl. 624, s. 735 (*Die Bekenntnisschriften der evangelisch - lutherischen Kirche. Herausgegeben im Gedenkjahr der Augsburgischen Konfession* 1930, 11. udg. ［ty. /lat.］, Göttingen 1992, s. 983).）

在这背后还有"communicatio idiomatum（本性相通）"学说，在这里就是说，在基督的本性之中，神性有着向人性的转达交流（jf. 《Solida Declaratio》, art. 7, 4, se *Libri symbolici*, s. 726 (*Die Bekenntnisschriften*, s. 974). Se også § 123 i K. Hase *Hutterus redivivus*, s. 316.）。

［38］［它就在那里］　这是对《马太福音》（24：23）中耶稣所说的"那时

若有人对你们说,基督在这里。或说,基督在那里,你们不要信"的随意引用。

[39] [基督是全知者] 正如上帝是全知者。可参看前面关于上帝全知的注释。

[40] [那你为之献祭出自己的生命的人] 也许是指向《约翰福音》(10:14—15),之中耶稣说:"我是好牧人。我认识我的羊,我的羊也认识我。正如父认识我,我也认识父一样。并且我为羊舍命。"

[41] [即使你逃到世界的至极边界……即使你躲藏在深渊之中] 指向《诗篇》(139:8—10):"我若升到天上,你在那里。我若在阴间下榻,你也在那里。我若展开清晨的翅膀,飞到海极居住。就是在那里,你的手必引导我,你的右手,也必扶持我。"

[42] [它平等地照射所有地方] 也许是指向《马太福音》(5:45)之中耶稣说关于上帝,他"日头照好人,也照歹人,降雨给义人,也给不义的人。"

[43] ["我不认识你们,我从来就不认识你"……声称自己认识他] 部分地引自《路加福音》(13:25—27),耶稣说:"至家主起来关了门,你们站在外面叩门,说,主阿,给我们开门,他就回答说,我不认识你们,不晓得你们是哪里来的。那时,你们要说,我们在你面前吃过喝过,你也在我们的街上教训过人。他要说,我告诉你们,我不晓得你们是哪里来的。你们这一切作恶的人,离开我去吧。"部分地引自《马太福音》(7:22—23),耶稣说:"当那日必有许多人对我说,主阿,主阿,我们不是奉你的名传道,奉你的名赶鬼,奉你的名行许多异能吗?我就明明地告诉他们说,我从来不认识你们,你们这些作恶的人,离开我去吧。"

[44] [看,它就在那里] 这是对《马太福音》(24:23)的随意引用。

[45] 这个词,丹麦语是 aandelig,在基督教的关联上,常被译作"灵的";但"精神的",在哲学的关联上,尤其是在德国唯心主义哲学的关联上,通常译作"精神的"。

[46] [他自己说,"你在祭坛上献祭你的礼物时……然后才来献礼物"] 对《马太福音》(5:23—24)的随意引用,之中耶稣说:"所以你在祭坛上献礼物的时候,若想起弟兄向你怀怨,就把礼物留在坛前,先去同弟兄和好,然后来献礼物。"

[47] [亚伯在祭坛上献祭……该隐的祭品是他所看不中的] 指向《创世记》(4:3—5)之中的关于亚伯和该隐兄弟献祭的叙述,其中有:"耶和华看中了亚伯和他的供物,只是看不中该隐和他的供物。"

[48] [既不是在摩利亚山上也不在基利心山上……但它是在他所在的地方] 指向《约翰福音》(4:7—42)中耶稣与撒玛利亚妇人的对话,耶稣说:"耶稣

411

说，妇人，你当信我，时候将到，你们拜父，也不在这山上，也不在耶路撒冷。"（第21句）摩利亚山是所罗门建造耶路撒冷神庙的地方，见《历代志下》（3：1）："所罗门就在耶路撒冷，耶和华向他父大卫显现的摩利亚山上，就是耶布斯人阿珥楠的禾场上，大卫所指定的地方预备好了，开工建造耶和华的殿。"基利心山是指撒玛利亚人的圣山，撒玛利亚人将之认同为摩利亚山，他们在那里建神庙，在公元前100年被毁。在《约翰福音》（4：20—24）反映出耶路撒冷和基利心间神庙间争议。耶稣说："我们的祖宗在这山上礼拜。你们倒说，应当礼拜的地方是在耶路撒冷。耶稣说，妇人，你当信我，时候将到，你们拜父，也不在这山上，也不在耶路撒冷。"

［49］［在那里扎下自己的居所，从不离开那里］ 也许是指向旧约赞美诗中谈论（总是）住在耶和华或主的殿中，比如说《诗篇》（23：6；27：4；61：4；84：4）。

［50］［如圣经所说……将在我们的主耶稣基督的日子里完成这善的作为］ 对《腓利比书》（1：6）的随意引用。和合本《腓利比书》（1：6）中把"善的作为"译作"善工"："我深信那在你们心里动了善工的，必成全这工，直到耶稣基督的日子。"

［51］［那在严格的意义上被称作耶稣基督的日子的，只有唯一的一天］ 亦即基督重归并且那来临的审判发生的日子。

［52］［走吧，你，日子……我的信仰将在那里建起］ 在草稿中克尔凯郭尔在纸页边上作注释："这讲演可以以京果的第五晨叹的最后一句诗结尾" *Pap.* VIII 2 B 108，s. 213）。所引的是赞美诗诗人托马斯·京果的赞美诗"再见你不得安息的夜"的最后一段（Thomas Kingos morgensalme《Farvel Du hvilesøde Nat》，nr. 184 i *Psalmer og aandelige Sange af Thomas Kingo*，udg. af P. A. Fenger，Kbh. 1827，ktl. 203，s. 391f.；s. 392.）。

IV[1]　《哥林多前书》(11：23)[2]

祈　祷

哦，耶稣，常常让我的心
想着你的苦难、剧痛和艰辛
让我想着你的灵魂痛楚[3]，

是的，你，我的主和拯救者，甚至在这方面，我们也不敢去相信自己的力量，不敢去以为我们仿佛能通过我们自己而足够深刻地召唤，或者足够牢固地坚持，对你的这种记忆，我们，在远远更大的程度上更愿意逗留在快乐的事物中、而不愿在悲哀的事物中耽搁，我们全都欲求着美好日子、幸福时光的和平与安宁，我们如此想要在更深刻的意义上保持对所有恐怖的一无所知而让它们（如我们所愚蠢地认为的）不来令我们的幸福生活变得黑暗而严肃，哦，或者令我们的（在我们自己看来是）不幸的生活变得愈加黑暗而严肃。[4]因此我们向你祷告，你，那是"我们所想要纪念的"[5]的你，我们向你祷告，愿你自己会提醒我们纪念你。哦，在一个人要与你说话的时候，他所说的是怎样一种奇怪的语言啊；在它要被用来描述我们与你的关系或者你与我们的关系时，它当然就好像是不可用的。在那要被回忆的东西自己要去提醒那回忆者的时候，这是否也是一种记忆啊！在人的角度上看，只有那高高在上的、有着如此多如此重要的事情要去想的权势者才以这样的方式说话，他对卑微者说：你要自己提醒我记着我要回忆你。唉，我们对你说着同样的话，你，世界的拯救者和赎罪者[6]；唉，这同样的话，在我们对你说这话的时候恰恰是对于我们的卑微、我们与你相比的"什么都不是"的表达，你，在上帝那里是超越所有诸天至高[7]的你；我们向你祷告，愿你自己会提醒我们想着你的受难和死亡，常常提醒我们[8]，在我们的工作中、在我们的喜悦和我们的悲哀之中，提醒我们想着你被出卖的那个夜晚[9]。我们为这个向你祷告，在你提醒我们的时候，我们感谢你，正如现在，他们这些在今天聚集的人们，我们也以这样的方式感谢你，通过走向你的圣餐桌来更新与你的同在[10]。

《哥林多前书》（11∶23）：……就是主耶稣被卖的那一夜。

在他被卖的那一夜[11]。因为，现在就让这只成为围绕着你的夜，这当然也属于神圣的历史情节中的一部分。在这里聚集起来的[12]，为记念我们的主耶稣基督[13]而参与这在那个夜晚被立约定出的餐食[14]的你们，你们肯定自己向祂祷告了，祈请祂会把自己的受难和死亡真正活生生地展示在你们眼前[15]。哦，有一些人，他们也许祈请了可以让他们获准去看见那王侯们徒劳地欲求着想看见的东西，祂的荣耀的日子之一[16]；不要为你们的选择[17]后悔，因为那首先是祈求了要让可怕的东西能活生生地展示在他面前的人，他确实是选择了更好的部分[18]。——在祂被卖的那一夜。现在事情就是这样，在人的角度上说，祂的处境是败退[19]。祂，本来人们曾想要拥戴为王的[20]祂；在后来大祭司们因为人众跟随着祂而仍不敢动手碰的[21]祂；通过其强有力的作为使得无数人群围拢向自己的[22]祂；在其教导之权威面前所有人都屈从[23]、法利赛人要作对而被折服[24]、人众欢喜而充满期待的祂；——现在祂就像是被排斥出了世界，祂独自与十二门徒一同坐在一个房间里[25]。但是骰子已被扔出[26]，在天父的旨意和在大祭司们的公会[27]的裁决中，祂的命运已被决定[28]。在祂从桌前起身走进外面的黑夜中[29]的时候，这时祂也是去迎接自己的死亡，这时恐怖的戏剧开始了，为此一切都已准备就绪，这时祂还要再一次在恐怖的再现之中体验那过去的事情，在某种意义上可怕地终结于开始：祂要被作为王致意，却是出自嘲弄；祂将真地穿上紫袍，但作为一种侮辱[30]；祂将聚集人们以更大的数量围向自己，但是大祭司们不会再怕出手动祂，相反倒是不得不阻拦住人众的手[31]，以便让这事情看起来有这样的表象：祂被判了死罪[32]；这当然也是法律诉讼[33]，祂当然是"就像人们抓住一个盗贼"一样地被抓住了[34],并且"作为一个犯罪者被钉上十字架"[35]!以这样一种方式,祂的生命是在倒退而不是在前进,那与"人的心念自然地所想的和所欲求的东西"正相反的。因为,世俗地看,一个人一级一级地在荣誉和名望和权力中向上攀登[36],不断地有越来越多的人赞同他的事业,直到他,一直是站在多数者一边的他,到最后受所有站在最高一级上的人们钦敬。但是祂则反过来一级一级地向下走,然而祂却在向上登;以这样的方式,真理必须受难,——或者在世界里被标记出来(udmærkes)[37],只要祂是真理[38]。在最初的瞬间,这真理看来是让所有人欣悦的;但是随着它越是渐渐地变得更清晰,越确定并且越明了,越有决定性,越多的幻觉之伪装脱落下来,也就有越多的人不断地离去[39],——最后祂一个人单独站在那里[40]。但是,即使在那里,祂也还不停下,现在一级一级地穿过所有下降之标记[41],直到祂最终被钉上十字架。终于,然而这终结却并不持续很久;因为从"恐怖之戏剧在祂被出卖的那夜开始"的瞬间起,那决定[42]就已经带着"那突然的"的速度就绪了,就像在风暴在一瞬之间使天地发暗。这一夜是边界;然后,怎样的变化啊![43]然而在某种意义上一切都是同一回事。地点是同一个地点,同样的大祭司们,同样的巡抚[44],同样的人众,——是的,祂也是同样的祂;在人们从前想要推举祂做王的时候,那时祂逃走了[45],而在人们全副武装地来抓祂的时候,祂则迎接那兵并且说"你们找谁"[46];祂可是曾以一吻来问候过作为门徒的犹大,祂也不拒绝犹大那一吻,祂以这吻知道犹大将出卖祂[47],——难道祂不是同样的祂?

哦,我的听者,作为一个人,有时候也许有一天或者一夜是他必定会希望不要出现在自己的生活中的;这个夜晚,人类必定会希望这个夜晚不曾在自己的历史中出现过!因为,如果祂出生的那个午夜[48]是黑暗的;那么,祂被出卖的这夜则更为黑暗!人类必定是希望这个夜晚不在自己的历史中,是的,每一个单个的人必定会希望它不在人类的历史之中;因为这当然绝不是完成了的并且过去已久的事件,基督的受难当然是我们所不应当也不敢像我们记念那些无辜地死去的荣耀者们[49]的受难那样地来记念的,关于这些荣耀者们的死,我们会说:现在这早已过去。祂的无辜的牺牲没有结束,尽管受难的杯子已空[50];不是一个

415

从前的事件，尽管它已经过去；没有成为了一个已完成的往事，尽管它是在一千八百年前；并不会变成了往事，即使它是在一万八千年前。祂不是在病榻之上死于一个自然的死亡；祂也不是因为灾难而去世；也不是个别的一些人袭击祂而打死了祂；也不是当时那一代人把祂钉上十字架；是"人类"[51]，而如果我们本来就是人，那我们则当然也是属于这人类的一部分。因而我们不敢洗我们的手，——至少我们是不能够，除非是像彼拉多能这样做[52]；因而我们不是一个经过的事件的观众和旁察者，我们当然是一个在场事件之中的同犯。因此我们不去放肆地自欺欺人地认为这是以诗人的方式[53]对我们所要求的怜悯；这当然是祂的血，这血也是对"属于人类一部分的我们"所要求的[54]。哦，甚至那与祂最像的仿效者：他没有像迷信所渴求的那样在自己的身上承受祂的伤[55]，他的生命也是倒退而非前进，他也根据基督教的衔位法规[56]一步一步地，被取笑、被嘲辱、被迫害、被钉上十字架；甚至他，在他想起那个夜晚的时候，那个夜晚，它确确实实地对于他就是在思想之中当场，他也是作为同犯在场的。在教众（每次在这话"我们的主耶稣基督在祂被出卖的这夜"[57]被说出的时候）恐慌但真挚地围着祂就好像是要阻止这叛卖的发生，就好像是为了向祂许诺忠诚——甚至即使是所有其他人都离开了祂[58]——的时候，却没有人敢忘记，他在那个夜里也是在场作为同犯的，没有人敢忘记这一可悲的榜样——他在别的方面倒是并不怎么像这个榜样——使徒彼得[59]。唉，我们人类，尽管我们是属真理的[60]、尽管我们还是在"真理"[61]的这一边；在我们要与一个是"真理"的人并肩行走的时候，在"真理"是尺度的时候，我们就还是像一个巨人[62]身旁的小孩子，在定决[63]的瞬间，我们还是变成了同犯。

在祂被卖的那一夜。除了叛卖，又有什么样的犯罪与夜有更大的相似之处呢；哦，除了叛卖，又有什么样的犯罪与爱有更大的不同呢，唉，在这叛卖是通过一吻而发生的情况下，则是极至的！然而，犹大当然是叛徒，但在根本上他们其实全是叛徒，只有犹大是唯一为钱而这样做的[64]。犹大把祂出卖给大祭司们，大祭司们把祂出卖给人众，人众把祂出卖给彼拉多；出于对凯撒的畏惧，彼拉多把祂出卖给死亡[65]，畏惧人众的使徒也做同样的事情——他们在夜里逃跑[66]，还有在庭院里拒绝认祂的彼得[67]。这是最后的,哦,就仿佛这是最后的一星火点灭了,——然后一切就是黑暗。在全人类之中没有一个人,哪怕是唯一的一个,是愿意与祂有关系的,——而祂是真理!哦,如果你认为,你还是绝不会做这事情,你绝不会对祂动手、也不会去参与嘲辱,——但是出卖祂,这是你会做的:你逃跑,或者你聪明地待在家里,让自己置身事外,让一个仆人告知你发生的事情。唉,但是,叛卖是你能够为爱带来的最痛楚的一击;没有任何事情,哪怕是最痛苦的肉体煎熬,爱在之中所遭的折磨会像"爱在'被叛卖'之中所受的灵魂上的折磨"那么剧痛,因为对于爱来说,没有任何东西是像忠诚那样有着如此至福的!

哦,这事件发生了,这足以让我永远不再会以这样的方式快乐,就像自然人不再轻率而世俗地快乐,就像少年不再在不识世故之中快乐,就像小孩子不再在无邪之中快乐。我无需看更多,如果还能有任何更可怕的事情发生在了这世界的话,任何能够令心灵感到更恐怖的东西;因为,那能够在更大程度上令感官感到恐怖的东西无疑是存在的。无需有任何可怕的事情发生在我身上,——对于我这已足够:我看见了"爱"[68]被叛卖,我明白了某种关于我自己的事情,亦即:我也是一个人,"是人"就是"是一个有罪的人"。我并不因此而变得憎恶人类,我绝不会去恨别人;但是我绝不忘记这一情景,也不会忘记我所明白了的关于我自己的事情。人类钉上十字架的,是赎罪者[69];恰是因此,属于人类的我感觉到对一个赎罪者的需要;这对一个赎罪者的需要,是再也没有比在人类把赎罪者钉上十字架时更清楚的。从这一瞬间起,我不再相信我自己,我也不想让我自己被欺骗,就仿佛因为自己没有像那些同时代的人们那样地经受同样的考验,我就是更好的。不,我变得对自己如此害怕,我想要在祂——这被钉上了十字架的人——那里寻找皈依处。对祂,我想要祷告:愿祂救我远离恶[70],救我远离我自己。只有在"通过祂并且在祂那里得到了拯救"的情况下,在祂紧紧扶持住我[71]的时候,我知道,我不会出卖祂。这种要把我从祂那里吓跑的恐惧——"我也会出卖祂",恰恰这恐惧,把我与祂结合在一起,这样,我敢希望我将紧紧抓住祂[72],——在那要把我吓跑的东西恰恰就是那要把我吸引向祂的东西时,我又怎么会不敢去希望这个![73]我不愿(并

417

且我无法这么做,因为祂不可抗拒地打动我)[74],我不愿在我自身之中带着这种对我自己的恐惧内闭起自己[75]而没有对祂的信任;我不愿带着这种恐惧或者带着这种辜的意识——"我也会出卖祂"——在我自己之中内闭起自己;我宁可,作为一个有辜者,得到了拯救地属于祂。

哦,在祂在犹太到处游走的时候,祂通过自己行善的各种奇迹作为打动了许多人[76];但是被钉上了十字架,祂做出了更大的奇迹,祂做出了爱之奇迹:祂什么都不做——通过受难来打动每一个有着一颗心的人!

祂被出卖了——但祂是爱:在祂被卖的那一夜,祂立约定出了爱的餐食[77]!总是那同样的!那些将祂钉在十字架上的人们,祂为他们祷告[78];在祂被卖的那一夜,祂用上了这机会(哦,无限的爱之深度,它恰恰觉得这瞬间是适当的!),祂用这机会来立约定出和解之餐食[79]。确实,祂来到这个世界不是为了接受服务而不作回报[80]!一个女人用香膏浇祂的头,作为回报,她所有这几千年下来一直被人纪念[81]!是的,祂回报人们对祂所做的!人们把祂钉上十字架,作为回报,祂的这在十字架上的死亡是,为世界的罪、也是为"人们把祂钉上十字架"这罪,给出的和解之献祭[82]!人们出卖祂;作为回报祂为所有人立约定出和解之餐!如果彼得没有拒绝认他,那么就当然会有一个人并没有像人类之中的每一个其他人那样需要和解。但是,现在所有人都出卖了祂,于是所有人也就需要参与这和解之餐!

看,现在一切都已就绪[83];有福了,那在自己所应做的事上也已就绪的人!看,在那里,祂在自己神圣的桌前等待着:那么,为记念祂,为祝福你们自己,而去这样做吧[84]!

注释:

[1] [IV] 见也许是1847年8月的日记NB2:151:"星期五布道的文字／我们的友爱在天上。／……尤其是今天,我们感受到这个,——因为,每一次这些话被重复,我们的主耶稣·基督'在那个他被出卖的夜晚',在这时候,教众就越来越紧密地围着靠近他,就仿佛叛徒又一次在靠近"(*SKS* 20, 201)。

[2] [《哥林多前书》(11:23)] 所指句子见下文所引。

[3] [哦,耶稣,常常让我的心……想着你的灵魂痛楚] 引自丹麦神学家、历史学家和作家马岭(Ove Malling)的赞美诗《哦,耶稣,常常让我的心想着》,

第四部分　在星期五圣餐礼仪式上的讲演

收于《福音基督教赞美诗》（*Evangelisk – christelig Psalmebog til Brug ved Kirke – og Huus – Andagt*（1798）som nr. 147.）。

根据1845年的一个版本，这首诗的全诗为："哦，耶稣，常常让我的心／想着你的苦难、剧痛和艰辛／让我想着你的灵魂痛楚／让我想着你的十字架和你的死亡！／我的生命要赞美你，／我的死亡要赞美你。／你将让我的尘土重生，／给予我胜利的宝座。"

[4] 译者对句子稍作调整，按原文直译是："是的，你，我的主和拯救者，甚至在这方面我们也不敢去相信自己的力量，仿佛我们能够通过自己足够深刻地召唤或者足够牢固地坚持对你的这种记忆，我们，在远远更大的程度上更愿逗留在快乐的事物中、而不愿留在悲哀的事物中的我们，全都欲求着美好日子、幸福时光的和平与安宁的我们，如此想要在更深刻的意义上对所有恐怖保持无知而令它们，如我们愚蠢地认为的那样，不来使我们的幸福生活变得黑暗而严肃，哦，或者使得我们的，在我们自己看来是，不幸生活变得甚至更黑暗而严肃的我们"。

丹麦文原文是："ja, Du vor Herre og Frelser, end ikke i denne Henseende turde vi ＊ fortrøste os til egen Kraft, som formaaede vi ved os selv dybt nok at fremkalde eller stadigt at fastholde dette Dit Minde, vi, der saa langt hellere dvæle ved det Glædelige end ved det Sørgelige, vi, der alle begjere gode Dage, lykkelige Tiders Fred og Tryghed, vi, der saa gjerne ønske at blive i dybere Forstand uvidende om Rædslerne, at de ikke, som vi daarligen mene, skulle gjøre vort lykkelige Liv mørkt og alvorligt, o, eller vort, som det synes os, ulykkelige Liv, dog alligevel for mørkt og alvorligt."

Hong 的英译是："Yes, you our Lord and Savior, not even in this do we dare to trust our own strength, as if by ourselves we were able to summon deeply enough or constantly to hold fast your memory, we who much prefer to dwell on the joyful than on the sorrowful, we who all crave good days, the peace and security of happy times, we who so very much wish to remain in the deeper sense ignorant of the horrors lest they, as we foolishly think, would make our happy life dark and earnest, or our unhappy, so it seems to us, life even darker and more earnest."

Hirsch 的德译是："ja, Du unser Herr und Heiland, noch nicht einmal hierbei dürfen wir uns unsrer eignen Kraft getrösten, so als ob wir es aus uns selber vermöchten, dies Dein Gedächtnis tief genug in uns wachzurufen oder stetig festzuhalten, wir, die wir so weitaus lieber bei dem Frohmachenden verweilen denn bei dem Betrübenden, wir, die wir allesamt guter Tage begehren, des Friedens und der Sicherheit glücklicher Zeiten, wir, die wir so sehnlich wünschen in tieferem Sinne unwissend zu bleiben von den Schrecknissen, auf daß sie nicht, wie wir törlich meinen, unser glückliches Leben düster und ernst

419

machen, o, oder unser uns unglücklich scheinendes Leben doch gleichwohl allzu düster und ernst."

［5］［我们所想要记念的］　指向耶稣关于圣餐礼立约之中所说的话。见前面对"那是在祂被出卖的夜晚"的注释。

［6］［赎罪者］　亦即基督。参看比如说《以弗所书》（1：7）："我们借这爱子的血，得蒙救赎，过犯得以赦免，乃是照他丰富的恩典。"也可参看《歌罗西书》（1：14）和《希伯来书》（9：12），之中说，耶稣作为真正的大祭司，"乃用自己的血，只一次进入圣所，成了永远赎罪的事"。

［7］［在上帝那里是超越所有诸天至高］　一方面是指向《腓利比书》（2：9），之中保罗在基督颂之中写道："神将他升为至高，又赐给他那超乎万名之上的名"，一方面也指向《希伯来书》（7：26）之中写耶稣："像这样圣洁，无邪恶，无玷污，远离罪人，高过诸天的大祭司，原是与我们合宜的。"

［8］［提醒我们想着你的受难和死亡，常常提醒我们］　见前面对所引诗句的注释。另外也参看牧师对领圣餐者们所说的引言："因为他（基督）给予了我们他的身体和血，让我们吃下喝下，以达罪的宽恕，另外也记着他的死亡和痛苦。"见《丹麦圣殿规范书》（*Forordnet Alter - Bog for Danmark*, Kbh. 1830 ［1688］, ktl. 381, s. 253.）。

［9］［想着你被出卖的那个夜晚］　指向耶稣关于圣餐礼立约之中所说的话。见前面对"那是在祂被出卖的夜晚"的注释。

［10］同在（Samfundet），有时译作"共同体"。在正常的意义中，丹麦语的 Samfund 意思是"社会"。但是在神学或者圣经的意义上，它常常被用来指"（与上帝或基督或永恒的）同在"或者"（与上帝或基督或永恒的）共同体"。

［11］［在他被出卖的那一夜］　在草稿边上，克尔凯郭尔在划有着重强调性的双道下划线的"注"下面写："如果这个讲演要被讲，那么整个引言就会被取掉。直接在那文字后面，它就开始了。在那个他被出卖的夜。因为不要让环境打扰你，不要管这穹窿的牢固性，不要管美丽和豪华，不要管艺术的创作，不管，唉，这一在这里面的对许多人来说却也许是狡猾的安全感，只让夜围绕着你。在那个他被出卖的夜！这夜是他的生命中的转折点，等等等等"（*Pap.* VIII 2 B 112, s. 215）。

［12］［在这里聚集起来的］　就是说，在教堂里面，在忏悔仪式之后，在圣餐礼仪式之前。另外还可以看 1848 年 1 月的日记 NB4：25："自一篇可能的星期五布道……/……但是，现在在这里聚集起来的、为记念我们的主耶稣基督而参与这在那个夜晚被立约定出的餐食的你们，你们肯定自己向他祷告了，祈请他会把自己的受难和死亡真正活生生地展示在你们眼前。哦，有一些人，他们也许祈请了可以

让他们获准去看见那王侯们徒劳地欲求着想看见的东西,他的荣耀的日子之一;不要为你们的选择后悔,因为那首先是祈求了要让可怕的东西能活生生地展示在他面前的人,他确实是选择了更好的部分"(*SKS* 20,299)。

[13][为记念我们的主耶稣基督] 指向耶稣关于圣餐礼立约之中所说的话。见前面对"那是在祂被出卖的夜晚"的注释。

[14][在那个夜晚被立约定出的餐食] 根据《哥林多前书》(11:23)耶稣是将圣餐仪式定在夜里;根据前三个福音,它是在一个庆典性的复活节晚餐上,可参看日记(NB2:256)。

[15][祈请他会把自己的受难和死亡真正活生生地展示在你们眼前] 也许是指向《加拉太书》(3:1),其中保罗写道:"无知的加拉太人哪,耶稣基督钉十字架,已经活画在你们眼前,谁又迷惑了你们呢?"

[16][看见那王侯们徒劳地欲求着想看见的东西,他的荣耀的日子之一] 指向《路加福音》(10:24),之中耶稣对门徒们说:"我告诉你们,从前有许多先知和君王,要看你们所看的,却没有看见。要听你们所听的,却没有听见。"还有《约翰福音》(8:56),之中耶稣对犹太人们说:"你们的祖宗亚伯拉罕欢欢喜喜地仰望我的日子。既看见了,就快乐。"

[17]"你们的选择"是"活生生地看见基督的受难和死亡",不同于那"有一些人",他们看见的东西是"耶稣的荣耀的日子"。

[18][选择了更好的部分] 指向《路加福音》(10:42),之中耶稣对马大说她的坐在耶稣脚前听他的道的妹妹马利亚:"马利亚已经选择那上好的福分,是不能夺去的。"其中"那上好的福分"按丹麦文圣经是"更好的部分"或"好的部分"。

[19]这一句的丹麦文是:"Saaledes var det nu, menneskelig talt, gaaet tilbage for Ham";

Hong 的英译是 "It was in this way, humanly speaking, that he has now come down in the world";

Tisseau 的法译是 "Ainsi, à vues humaines, il avait subi un échec";

Hirsch 的德译是:"So war es denn nunmehr, menschlich gesprochen, mit Ihm rückwärts gegangen"。

[20][本来人们曾想要拥戴为王的祂] 指向《约翰福音》(6:15)。而因为下面的文字,也可以考虑这是指耶稣进入耶路撒冷的时候,人众欢迎他,欢呼他为王的叙述,见《马太福音》(21:1—11)和《路加福音》(19:28—40)。

[21][在后来大祭司们因为人众跟随着祂而仍不敢动手碰的] 见《马太福音》(21:33—46)。进入耶路撒冷的第二天,耶稣讲了邪恶的葡萄园户的比喻;

421

当大祭司和法利赛人明白它是针对他们的时候,"他们想要捉拿他,只是怕众人,因为众人以他为先知"(第 46 句)。在《路加福音》(21∶33—46)有平行的叙述:"文士和祭司长,看出这比喻是指着他们说的,当时就想要下手拿他。只是惧怕百姓"(第 19 句)。另外,在《路加福音》(19∶47—48)有"耶稣天天在殿里教训人。祭司长,和文士,与百姓的尊长,都想要杀他。但寻不出法子来,因为百姓都侧耳听他"。

[22][通过其强有力的作为使得无数人群围拢向自己的] 见《路加福音》(19∶28—40)耶稣进入耶路撒冷的叙述,其中有:"将近耶路撒冷,正下橄榄山的时候,众门徒因所见过的一切异能,都欢乐起来,大声赞美神,说,奉主名来的王,是应当称颂的。"另见《约翰福音》(6∶2):"有许多人,因为看见他在病人身上所行的神迹,就跟随他。"

[23][在其教导之权威面前所有人都屈从] 见《马太福音》(7∶28—29),在耶稣登山宝训之后:"耶稣讲完了这些话,众人都希奇他的教训。因为他教训他们,正像有权柄的人,不像他们的文士。"另见见《马太福音》(7∶22—33);《约翰福音》(7∶46)。

[24][法利赛人要作对而被折服] 见《约翰福音》(12∶42),之中讲述,尽管有先知以赛亚关于犹太人的顽固的预言,"虽然如此,官长中却有好些信他(耶稣)的。只因法利赛人的缘故,就不承认,恐怕被赶出会堂"。也参看《约翰福音》(7∶45—53)。

[25][祂独自与十二门徒一同坐在一个房间里] 根据马可福音和路加福音关于耶稣与十二门徒的最后晚餐的叙述,那是在耶路撒冷的一幢房子的"一间大楼"(厅)里,见《马可福音》(14∶12—16)和《路加福音》(22∶7—13)。

[26][骰子已被扔出] 指向一句据说是凯撒说过的话。在凯撒在公元前 49 年离开自己的省份作为军事首领与自己的军队一同越过卢比肯河(卢比肯河是意大利本土和诸省份间的边界,并且作为将领是不能与自己的军队一同越过这河的)的时候,他说"Jacta est alea"(骰子已被掷出)。这是一个违法的决定,由此引发出了罗马的第二次内战。这内战导致了凯撒的独裁。见罗马历史学家斯维通(Sveton)所写的《十二凯撒生平》(*De vita Caesarum*),1,32。

(Jf. Caji Svetonii Tranqvilli Tolv første Romerske Keiseres Levnetsbeskrivelse, overs. af J. Baden, bd. 1 – 2, Kbh. 1802 – 03, ktl. 1281; bd. 1, s. 31)。

[27][大祭司们的公会] 或者在大公会(《马太福音》5∶22)它代表着耶路撒冷的犹太人集会,在耶稣时代,这是犹太人在罗马人允许其具备的自治事务中的最高的管理和司法权力机构。在这大公会中有 71 个成员,有一个执行大祭司作为首席。这里暗示了在大公会前对耶稣的审讯,他被判有死罪。见《马太福音》

第四部分 在星期五圣餐礼仪式上的讲演

(26：57—68)。

[28] 丹麦语 Raad，既有忠告、劝告、裁决和决定的意思，又有议事机构的意思。在这里句子结构其实是"在天父的和在大祭司们的 Raad 中，祂的命运已被决定……"，就是说，作定语的名词"天父"和"大祭司们"共享 Raad 这个名词，但其实它跟在"天父"后的意思是"旨意"而跟在"大祭司们"后的意思是"公会"。

这一句的丹麦文原文是："Men Loddet er kastet, Hans Skjebne er afgjort, i Faderens og i Ypperstepræsternes Raad."

Hong 的英译是 "But the die has been cast; his fate has been decided by the decree of the Father and the high priests."

[29]［祂从桌前起身走进外面的黑夜中］ 在耶稣与十二门徒吃完了最后的晚餐之后，星期四晚上，他立了圣餐礼的约，在《马太福音》（26：30）中说："他们唱了诗，就出来往橄榄山去。"但按《约翰福音》（13：30），那则是夜里（就是说，是深夜，而不是晚上）。见克尔凯郭尔在 1847 年 10 月带有标题"取自星期五讲演第一"日记 NB2：256。

[30]［祂要被作为王致意，却出自嘲弄；祂将确实穿上紫袍，但作为一种侮辱］ 见《马太福音》（27：27—31）：在彼拉多洗手之后，"巡抚的兵就把耶稣带进衙门，叫全营的兵都聚集在他那里。他们给他脱了衣服，穿上一件朱红色袍子。用荆棘编作冠冕，戴在他头上，拿一根苇子放在他右手里。跪在他面前戏弄他说，恭喜犹太人的王阿。又吐唾沫在他脸上，拿苇子打他的头。戏弄完了，就给他脱了袍子，仍穿上他自己的衣服，带他出去，要钉十字架。"在《约翰福音》（19：1—7）中说，"当下彼拉多将耶稣鞭打了。兵丁用荆棘编作冠冕，戴在他头上，给他穿上紫袍。又挨近他说，恭喜犹太人的王阿。他们就用手掌打他。彼拉多又出来对众人说，我带他出来见你们，叫你们知道我查不出他有什么罪来。耶稣出来，戴着荆棘冠冕，穿着紫袍。彼拉多对他们说，你们看这个人。祭司长和差役看见他，就喊着说，钉他十字架，钉他十字架。彼拉多说，你们自己把他钉十字架吧。我查不出他有什么罪来。犹太人回答说，我们有律法，按那律法，他是该死的，因他以自己为神的儿子。"另看《马太福音》（27：42）。

[31]［祂要让人们以更多人数围向自己……大祭司们……不得不阻拦住人众的手］ 比如可参看《马太福音》（27：20—26）："祭司长和长老，挑唆众人，求释放巴拉巴，除灭耶稣。巡抚对众人说，这两个人，你们要我释放哪一个给你们呢？他们说，巴拉巴。彼拉多说，这样，那称为基督的耶稣，我怎么办他呢？他们都说，把他钉十字架。巡抚说，为什么呢？他作了什么恶事呢？他们便极力地喊着说，把他钉十字架。彼拉多见说也无济于事，反要生乱，就拿水在众人面前洗手，

423

说，流这义人的血，罪不在我，你们承当吧。众人都回答说，他的血归到我们，和我们的子孙身上。于是彼拉多释放巴拉巴给他们，把耶稣鞭打了，交给人钉十字架。"和《约翰福音》（19：13—16）："那日是预备逾越节的日子，约有午正。彼拉多对犹太人说，看哪，这是你们的王。他们喊着说，除掉他，除掉他，钉他在十字架上。彼拉多说，我可以把你们的王钉十字架吗？祭司长回答说，除了该撒，我们没有王。于是彼拉多将耶稣交给他们去钉十字架。"

[32]［这样的表象：袮被判了死罪］　也许是指向《约翰福音》（19：6—7），彼拉多说他不认为耶稣有罪，但是"犹太人回答说，我们有律法，按那律法，他是该死的，因他以自己为神的儿子。"

[33]［法律诉讼］　对耶稣的审判在这样一种意义上有着一种"法律诉讼"的形式，他既在公会被大祭司审讯（《马太福音》26：57—68），被彼拉多审讯（见《马太福音》27：11—14；《路加福音》23：1—5；《约翰福音》18：28—19：16），被希律审讯（见《路加福音》23：8—12），然后又被彼拉多审讯（见《路加福音》23：13—25）。在《约翰福音》（19：13）直接说，在彼拉多决定把耶稣交给犹太人钉十字架的时候，他是坐在法庭上。

[34]［"就像人们抓住一个盗贼"一样地被抓住了］　对《马太福音》（26：55）："当时，耶稣对众人说，你们带着刀棒，出来拿我，如同拿强盗吗？"和《路加福音》（22：52）："耶稣对那些来拿他的祭司长，和守殿官，并长老，说，你们带着刀棒，出来拿我，如同拿强盗吗？"的随意引用。

[35]［"作为一个犯罪分子被钉上十字架"］　参看《路加福音》（23：26—43）耶稣被钉上十字架的叙述：耶稣被与两个盗贼一同带往骷髅地，被钉上十字架。两个盗贼分别在他左面和右面。

[36]［一个人一级一级地在荣誉和名望和权力中向上攀登］　就是说按照世俗的衔位法规。

[37]［被标记出来（udmærkes）］　一方面是指被标出来，就是说，被特别地区分出来，被筛选掉（被迫害），一方面是被表彰，就是说，被认可、被表扬。

[38]［袮是真理］　指向《约翰福音》（14：8）。

[39]［越多的人不断地离去］　比如说看《约翰福音》（6：66），上面说，许多门徒在听了耶稣关于他的作为生命食粮的长篇讲演之后，说"这话甚难，谁能听呢？"，从此多有退去的，不再和他同行。

[40]［最后袮一个人单独站在那里］　指向新约中的叙述：犹大出卖耶稣（《马太福音》26：14—16.48），在他被抓的时候，所有门徒不再顾他而逃走（《马太福音》26：56），在他在大公会被大祭司审讯时，彼得三次不认他（《马太福音》26：69—75）。

第四部分　在星期五圣餐礼仪式上的讲演

[41]［穿过所有下降之标记］　从他被出卖开始，然后进入他审判过程中的各种经历，最后终结于被钉上十字架。一个沉降的过程。

[42] 这里的"决定"（Afgjørelse），是一个人对外在的人的命运或者事物的走向做出的决定，或者一个人的命运受外来的权力所做出的决定。另有一个"决定"（Beslutning）概念则是指一个人所做的选择，选择让自己做什么。若在丹麦文中这两个词同时出现，那么译者就会把这个"决定（Afgjørelse）译作"定决"。

[43]［这一夜是边界；然后，怎样的变化啊！］　见前面对"在他被卖的那一夜"的注释。

[44]［巡抚］　本丢·彼拉多，是罗马帝国犹太和撒玛利亚行省的第五任总督（26—36年在任）。《马太福音》第27章和《约翰福音》第18章述及他，把他说成是巡抚。

[45]［在人们从前想要推举祂做王的时候，那时祂逃走了］　指向《约翰福音》（6∶14—15）："众人看见耶稣所行的神迹。就说，这真是那要到世间来的先知。耶稣既知道众人要来强逼他作王，就独自又退到山上去了。"

[46]［在人们全副武装地来抓祂的时候，祂则迎接那兵并且说"你们找谁"］《约翰福音》（18∶3—7）："犹大领了一队兵，和祭司长并法利赛人的差役，拿着灯笼，火把，兵器，就来到园里。耶稣知道将要临到自己的一切事，就出来，对他们说，你们找谁？他们回答说，找拿撒勒人耶稣。耶稣说，我就是。卖他的犹大也同他们站在那里。耶稣一说我就是，他们就退后倒在地上。他又问他们说，你们找谁？"

[47]［祂也不拒绝犹大那一吻，祂以这吻知道犹大将出卖祂］　指向前三个福音的关于耶稣的被抓。犹大与大祭司们和长老约定了吻是指出谁是耶稣。关于耶稣知道这个，见前一注释。

[48]［祂出生的那个午夜］　指向《路加福音》（2∶1—20）。耶稣的诞生是在夜里。

[49]［荣耀者］　指基督教的烈士。见前面关于"荣耀者"的注释。

[50]［受难的杯子已空］　见《马太福音》（20∶20—23）："那时，西庇太儿子的母亲，同她两个儿子上前来拜耶稣，求他一件事。耶稣说，你要什么呢？她说，愿你叫我这两个儿子在你国里，一个坐在你右边，一个坐在你左边。耶稣回答说，你们不知所求的是什么。我将要喝的杯，你们能喝吗？他们说，我们能。耶稣说，我所喝的杯，你们必要喝。只是坐在我的左右，不是我可以赐的，乃是我父为谁预备的，就赐给谁。"《马太福音》（26∶39）：耶稣"他就稍往前走，俯伏在地祷告说，我父阿，倘若可行，求你叫这杯离开我。然而不要照我的意思，只要照你的意思。"《马太福音》（26∶42）："第二次又去祷告说，我父阿，这杯若不能离

开我,必要我喝,就愿你的意旨成全。"《约翰福音》(18:11)"耶稣就对彼得说,收刀入鞘吧。我父所给我的那杯,我岂可不喝呢?"

[51] [不是当时那一代人把祂钉上十字架;是"人类"] 见前面第二部分中对"他的生命当然从来就没有表达过任何偶然的东西"的注释。

当时那一代人:指耶稣时代的犹太人。

[52] [我们不敢洗我们的手,——至少我们是不能够,除非是像彼拉多能这样做] 指向《马太福音》(27:24):"彼拉多见说也无济于事,反要生乱,就拿水在众人面前洗手,说,流这义人的血,罪不在我,你们承当吧。"

[53] [诗人的方式] 就是说,正如"怜悯"是由悲剧作家创作出来的。按照亚里士多德的《诗学》,悲剧唤醒怜悯与畏惧。《诗学》第六章中给出了悲剧的引导性定义:"悲剧是对一个严肃、完整、有一定长度的行动的摹仿,它的媒介是经过'装饰'的语言,以不同的形式分别被用于剧的不同部分,它的摹仿方式是借助人物的行动,而不是叙述,通过引发怜悯和恐惧使这些情感得到疏泄。"亚里士多德:《诗学》,陈中梅译注,商务印书馆 1996 年,第 63 页。这里也说明一下:本书译文中的"畏惧"在这部译著中是被译作"恐惧"。

(If. Aristoteles' *Poetik*, 6. bog (1449b 27f.), vækker tragedien medlidenhed og frygt, jf. *Aristoteles graece*, udg. af I. Bekker, bd. 1-2, Berlin 1831, ktl. 1074-1075; bd. 2, s. 1449; og *Aristoteles Dichtkunst*, overs. af M. C. Curtius, Hannover 1753, ktl. 1094, s. 11f.)

也参看克尔凯郭尔《有辜的——无辜的》之中的"给读者的信"§ 5 中的相关讨论。(商务印书馆《人生道路诸阶段》/ 2017 年/625—626 页,以及对这两页内容的相关注释。)

[54] [这血也是对"……我们"所要求的] 也许是指向《以西结书》(3:18),主对以西结说:"我何时指着恶人说,他必要死。你若不警戒他,也不劝戒他,使他离开恶行,拯救他的性命,这恶人必死在罪孽之中。我却要向你讨他丧命的血。"也参看《马太福音》(27:25)和《使徒行传》(5:28)。

[55] [像迷信所渴求的那样在自己的身上承受祂的伤] 见 1847 年 10 月的日记 NB2:227:"……中世纪的迷信所推重的与基督的一致性,去拥有基督的在自己身上的伤口(方济各),这是纯粹的夸张。但是在'被嘲辱'等等之上的一致性,则是真正的一致性"(*SKS* 20, 227)。这里所指是圣伤(stigmatisation),就是这种现象:基督的"伤口"或者受伤的标记(希腊语"stigmata")能够在一个人的身体上重新再现,比如说,头上的荆冠的标记,手上和脚上的钉钉子处,身侧的矛刺伤口,双肩上十字架的压痕。在罗马天主教教会之中,我们知道有多个中世纪人物有着这圣伤标记的例子,其中有圣方济各(1182—1226 年,方济各会的创

第四部分　在星期五圣餐礼仪式上的讲演

办者，在1228年被尊为圣）。在方济各作为传教士到处旅行并且建立了自己的修道士会的规则之后，他在1224年退隐到拉维纳山，1224年的9月，方济各在拉维纳山上祈祷时，他领受了五处圣伤，在他的手、足与肋旁都出现了基督苦难的标记。

[56]　［基督教的衔位法规］　在拿世俗的衔位法规游戏，通过1746年和1808年的法规以及后来的附加条款制订出的衔位法规，之中包括九个不同的级别。

[57]　［我们的主耶稣基督在祂被出卖的这夜］　指向在圣餐仪式上的约词，见前面对"那是在他被出卖的夜"的注释。

[58]　［所有别的人都离开祂］　见前面"最后祂一个人单独站在那里"的注释。

[59]　［使徒彼得］　见前面第三部分对"使徒彼得"的注释，这个部分前面对"他也是加利利人"的注释。

[60]　［尽管我们是属真理的］　指向《约翰福音》（18：37），彼拉多审讯耶稣的时候，耶稣说："我为此而生，也为此来到世间，特为给真理作见证。凡属真理的人，就听我的话。"

[61]　［真理］　亦即，基督。见《约翰福音》（14：6）。

[62]　丹麦语Kæmpe，既有"巨人"的意思，也有"武士"的意思。Hong的英译是giant（巨人），而Hirsch的德译是Recken（武士）。

[63]　这里的这个"定决"其实就是"决定"（Afgjørelse）。见前面的注释。或者参看后面"一个陶冶性的讲演"中对这个词的注释。

[64]　［只有犹大是唯一为钱而这样做的］　指向《26：14—16》关于犹大的叙述：犹大的，"去见祭司长说，我把他交给你们，你们愿意给我多少钱。他们就给了他三十块钱。"丹麦语老版本是三十块"银钱"。

[65]　［出于对凯撒的畏惧，彼拉多把祂出卖给死亡］　指向《约翰福音》（18：28—19：16）中关于彼拉多对耶稣的审讯并试图说服犹太人明白耶稣的无辜。其中（19：12）："从此彼拉多想要释放耶稣。无奈犹太人喊着说，你若释放这个人，就不是该撒的忠臣。（原文作朋友）凡以自己为王的，就是背叛该撒了。"于是彼拉多怕了，把耶稣交出去钉十字架。

[66]　［他们在夜里逃跑］　指向《马太福音》（26：56）和《马可福音》（14：50—51），在耶稣被抓的时候，门徒们扔下他不管，自己逃跑了。

[67]　［在庭院里拒绝认祂的彼得］　指向《马太福音》（26：69—75）和《路加福音》（22：54—62），使徒彼得在大祭司的院子和在公会审讯耶稣时拒绝认识耶稣。

[68]　［爱］　亦即：基督；保罗多次谈论耶稣的爱，见《罗马书》（8：35）；《哥林多后书》（5：14）；《以弗所书》（3：19），其中说"这爱是过于人所能测度

427

的"。

[69]［赎罪者］，亦即基督；可看比如说《以弗所书》（1：7），保罗写道："我们借这爱子的血，得蒙救赎，过犯得以赦免，乃是照他丰富的恩典。"也参看《歌罗西书》（1：14）和《希伯来书》（9：12）。

[70]［救我远离恶］　指向主祷文中的句子，《马太福音》（6：13）。

[71]［他紧紧扶持住我］　指向《诗篇》（139：10）。

[72] 这里Hong的英译是"then I dare to hope that I will hold fast to him"，这英译在这里和后面的几个"我不愿"句子中用的都是"will"（就是说同时蕴含了意愿和将来时态）。但是在丹麦语原文在后面的几个"我不愿"和"我宁可"中都使用vil（亦即表达了意愿），但只在这里使用skal（就是说同时蕴含了应当和将来时态）。这一句的丹麦语原文是"da tør jeg haabe, at jeg skal holde mig fast ved Ham"。

[73] 这句的丹麦语原文是："Den Angest, som vil skrække mig bort fra Ham, at ogsaa jeg kunde forraade Ham, netop den skal slutte mig til Ham, da tør jeg haabe, at jeg skal holde mig fast ved Ham – hvorledes skulde jeg ikke turde haabe det, naar Det, der vil skrække mig bort, netop er Det, der fængsler mig til Ham！"

Hong的英译稍有改写："The anxiety that wants to frighten me away from him, so that I, too, could betray him, is precisely what will attach me to him; then I dare to hope that I will hold fast to him – how would I not dare to hope this when that which wants to frighten me away is what binds me to him！"（那想要把我从他那里吓跑——以至于我也会出卖他——的恐惧，恰是那将使我与他结合在一起的东西；这样，我敢希望我将紧紧抓住他，——在那要把我吓跑的东西恰恰就是那要把我与他绑在一起的东西时，我又怎么会不敢希望这个！）

Hirsch的德译是："Die Angst, die mich von Ihm fortscheuchen möchte, die Angst, daß auch ich Ihn verraten könnte, eben sie wird mich eng knüpfen an Ihn; da darf ich denn hoffen, daß ich midl an Ihm festhalten werde – wie sollte ich das nicht hoffen dürfen, wenn eben das, was mich fortscheuchen möchte, mich an Ihn bindet！"

[74] 这里的括号是译者加的。按原文直译是"我不愿，并且我不能够这么做，因为祂不可抗拒地打动我"。

[75]［我不想在我自己之中带着这种对我自己的恐惧内闭起自己］　可参看《恐惧的概念》第四章第二节"对于'那善的'的恐惧（那魔性的）"。社科版克尔凯郭尔文集第六卷：《畏惧与颤栗　恐惧的概念　致死的疾病》第334—350页，尤其是338—344页。

[76]［在祂在犹太……行善的各种奇迹作为打动了许多人］　见前面对"通过其强有力的作为使得无数人群围拢向自己的"的注释。犹太：又译作犹地亚。

428

第四部分　在星期五圣餐礼仪式上的讲演

按照福音叙述,耶稣在犹太(犹地亚)和加利利到处走并且行神迹。在大希律王在公元前4年死去之后巴勒斯坦被分成三个省;最南的被称作犹太(犹地亚,首府耶路撒冷),北上是加利利。在新约里是狭义地使用犹太的地名意义,克尔凯郭尔在这里看来则似乎是广义地把整个巴勒斯坦称作犹太。

[77][在祂被卖的那一夜,祂立约定出了爱的餐食]　参看《巴勒的教学书》第七章,第4部分"圣餐献祭仪式"§2.e:"通过回忆那在圣餐礼中被向我们展示的耶稣不可理解的爱,对他的真挚的回爱在我们的灵魂中将被点燃,并且我们还将由此被打动来相互相爱,作为同得赎救的兄弟"(*Balles Lærebog*, s. 108.)。

[78][那些将祂钉在十字架上的人们,祂为他们祷告]　指向耶稣在十字架上所说的话。《路加福音》(23:34):"当下耶稣说,父阿,赦免他们。因为他们所作的,他们不晓得。"

[79][和解之餐食]　参看《巴勒的教学书》第七章,第4部分"圣餐献祭仪式"§2.e:"在领受圣饼和红酒的时候,我们进入了与耶稣基督——那'使得我们能够加入其的最神圣的身体和血'的我们的拯救者的最准确的结合,并且由此为我们对新的恩典契约进入加封,他作为中介通过自己的受难和死亡在上帝和我们之间立下了这个恩典契约"(*Balles Lærebog*, s. 107f.)。

[80][祂来带这个世界不是为了接受服务而不作回报]　见《马太福音》(20:28)耶稣这样说他自己:"正如人子来,不是要受人的服事,乃是要服事人。并且要舍命,作多人的赎价。"

[81][一个女人用香膏浇祂的头,作为回报,她所有这几千年下来一直被人纪念!]　见《马太福音》(26:6—13):"耶稣在伯大尼长大麻疯的西门家里,有一个女人,拿着一玉瓶极贵的香膏来,趁耶稣坐席的时候,浇在他的头上。门徒看见,就很不喜悦,说,何用这样的枉费呢?这香膏可以卖许多钱,周济穷人。耶稣看出他们的意思,就说,为什么难为这女人呢?她在我身上作的,是一件美事。因为常有穷人和你们同在。只是你们不常有我。她将这香膏浇在我身上,是为我安葬作的。我实在告诉你们,普天之下,无论在什么地方传这福音,也要述说这女人所行的,作个纪念。"

也参看《路加福音》(7:36—50)关于一个女人以香膏抹耶稣脚的叙述。

[82][为世界的罪……给出的和解之献祭]　参看《巴勒的教学书》第四章"关于耶稣基督我们的拯救者"§7.c,说明b:"既然耶稣为世界之罪的和解献祭出自己,那么,他显示了自己是真正的由上帝派遣的至高祭司,给出一个和解的祭品,唯这祭品在永恒之中对所有人具备有效性。"(*Balles Lærebog*, s. 45)。也参看《约翰福音》(1:29)和《约翰一书》(2:2)。

[83][现在一切都已就绪]　指向《路加福音》(14:16—24)之中的比喻

429

(其中在和合本被译作"齐备"的,就是"就绪"的意思):"耶稣对他说,有一人摆设大筵席,请了许多客。到了坐席的时候,打发仆人去对所请的人说,请来吧。样样都齐备了。众人一口同音的推辞。头一个说,我买了一块地,必须去看看。请你准我辞了。又有一个说,我买了五对牛,要去试一试。请你准我辞了。又有一个说,我才娶了妻,所以不能去。那仆人回来,把这事都告诉了主人。家主就动怒,对仆人说,快出去到城里大街小巷,领那贫穷的,残废的,瞎眼的,瘸腿的来。仆人说,主阿,你所吩咐的已经办了,还有空座。主人对仆人说,你出去到路上和篱笆那里,勉强人进来,坐满我的屋子。我告诉你们,先前所请的人,没有一个得尝我的筵席。"

[84][为记念祂……去这样做吧] 指向耶稣关于圣餐礼立约之中所说的话。见前面对"那是在祂被出卖的夜晚"的注释。

V 《提摩太后书》(2：12—13)[1]

祈 祷

主耶稣基督，先爱我们[2]的你，直到最后仍爱着那些你开始时所爱的人[3]的你，直到日子的终结继续爱着每一个想要属于你的人的你；你的信无法背乎你自己[4]，——唉，只有在一个人不认你的时候，他就像是强迫你，你有爱心者，也去不认他[5]。那么就让这是我们的安慰吧，在我们，因我们所违反的东西、我们所该做而没做的事情、我们在各种诱惑之中的虚弱[6]、我们在那善的之中的缓慢进步，这就是，对你（我们在最初的青春中曾向你许下而且经常重复地向你表许信誓[7]）的失信，而必须指控自己的时候，让这句话作为我们的安慰吧：即使我们失信，你仍是可信，你不能背乎你自己[9]。

《提摩太后书》（2：12—13）：……我们若不认他，他也必不认我们。我们纵然失信，他仍是可信的。因为他不能背乎自己[10]。

这被宣读的神圣语句，看起来似乎是可以包含有一种自相矛盾，而如果事情就是如此的话，那么，去强调这些语句，这就不仅仅只是会看起来奇怪，而且这就会是奇怪的。然而事情却绝非如此。矛盾肯定会是在于：在一句句子中说，如果我们不认祂，祂也应当是不认我们，而在另一句句子中则说，祂不能背乎祂自己。但是，难道在"不认祂"与"对祂失信"之间就没有差异[11]吗？当然，我们要说，这是很明白的：那不认祂的人也是对祂失信，因为任何人都不可能在不属于祂的情况下不认祂；但由此我们无法得出结论说，每一个对祂失信的因此也就不认祂。在事情是如此的时候，那么当然就没有什么矛盾了。一句话是严厉的，另一句话是温和的，在这里有着律法与福音[12]，但两句话都是真理。在这语句里也没有任何双重性，相反，这把人类分别开的是完全同一句真理之语句，正如那永恒的真理既是在时间里也是在永恒中把他们分别开，在善之中和在恶之中[13]。这就像是各种神圣叙述中所说的，在法利赛人走了之后，这时，基督才开始真挚地与门徒们说话[14]；以这样一种方式，第一句话是在去除，它驱逐，唉，就仿佛是往左边[15]，那些不认的人，他们也是祂不想认的；后一句话，安慰之温和语句，被说出来，就仿佛是对那些右边的人们[16]说的。因为祂，那吩咐自己的门徒不可将他们的珍珠丢在猪前[17]的祂，祂的爱，尽管它能够拯救所有人，它不是一种软弱在哀怨地需要那些要被拯救的人[18]，相反它是对每一个需要被拯救的人的仁慈。

但是你们，为参与神圣的餐食在这里聚集起来[19]的你们，你们当然没有不认祂，或者你们不管怎么说是为认罪[20]而聚集起来，或者通过今天在这里聚集起来，并且通过你们在这里聚集的意图，你们还是为了向他[21]作承认[22]。因此，即使这会是有好处的：严厉的话被带入回忆、作为那当然是同属的部分被一起听见，我们不应在任何瞬间分开那上帝在基督身上所结合起来的东西[23]，既不添加什么但也不去掉什么[24]，不从温和之中拿掉那在它之中的严厉，不从福音之中拿掉那在它之中的律法，不从拯救之中拿掉那在它之中的迷失[25]；即使如此[26]，后一句话也无疑仍是更优先地适合于在今天谈论的[27]。我们让"那可怕的"在思想旁过去，不是作为某种与我们无关的东西；哦，不，这样一来，任何人，只要他活着，他就不会得救，因为他当然是有可能会迷失。只要有生命在就有希望在[28]，——但是只要有生命在，同样也就会有危险之可能，因而有畏惧；因而也就一直有着畏惧与颤栗[29]。我们让"那可怕的"在思想旁过去；但是这样我们就把希望寄托在上帝那里，在我们以福音的温和语句安慰自己的同时，我们敢让它走过划过。

祂仍是可信的。这样，比起任何人在任何时候能够与另一个人所具的关系之中所可能具备的忧虑和至福，你在你与祂的关系中就少了一种忧虑，或者更确切地说，多了一种至福。在两者间的关系中，在人的角度上说，每一个单个的人都一直有着双重的忧虑，他有着为自己的忧虑，他想要一直保持是信的；哦，但是，他当然还有对于"那另一个人是否保持是信的"的忧虑。但是，祂，耶稣基督，祂仍是可信的。因此在这关系之中有着完全的永恒之安宁与至福；你只有一种忧虑，自我忧虑，"你要保持对基督信"——因为祂保持永远地可信。哦，然而，没有什么爱是完全地幸福的，除了一个人用来爱上帝的那种[30]；然而，没有什么信誓是完全地至福的，除了一个人用来使自己投身于基督的那种。一切，无条件地，一切上帝所做的，都是对你有好处的；你无需惧怕会有什么对你有好处的事情是他[31]会漏掉的，因为只有祂知道什么是对你有好处的；你无需惧怕你会无法让自己被他[32]理解，因为他[33]完全理解你，远远比你自己更好地明白你；你只须（哦，无限的爱之幸福）去在他[34]的爱中感到快乐，——只须沉默和感恩！沉默并且感恩；是的，因为在你沉默的时候，你就理解，而在你完全沉默的时候，你就是在最完好地理解他[35]；在你感恩的时候，这时，他[36]就理解你，而在你一直感恩的时候[37]，他[38]就最完好地理解你。一个人的爱，他用来爱上帝的爱，它就是这么幸福。但一个人用来使自己投身于基督的那种信誓的情形也是如此。哦，在每一个人灵魂最深处的内在里住着一种隐秘的恐惧：那他在最大程度上信着的人也会对他失信[39]。任何单纯的人际间的爱都无法完全地驱逐掉这种恐惧[40]，这恐惧能够在幸福的生活关系的友好的安全感之中继续隐藏着不被察觉，但是它有时候却还是会莫名其妙地在那里面蠢动着，并且，在生活的风暴开始的时候，它马上就会在你手头出现。只有一种爱，它的信誓能够驱逐掉这种恐惧，这爱就是耶稣基督。祂继续保持信，即使所有的信誓都失败了，祂仍在你的生命中的每一天里保持着信，不管有什么事情发生在你身上；祂在死亡中对你保持着信[41]；在彼世，祂作为一个无条件忠诚的朋友[42]与你再会。在你与祂的关系之中，你根本没有任何对于"祂的不忠信"的忧虑；这种"在你现在全身心完全地投身于祂、在祂之中有着你的全部生命的时候，祂倒会对你无信"的恐惧，这种恐惧不会，是的，它永远都不敢来寻访你。是的[43]，在因那"对'祂的忠诚'的永恒之确定"而得到了强化之后，你增强了（而这恰恰也是祂的馈赠）"去运用一切，以求你会对祂忠信"的力量。你不用，像在通常的情况下那样，带着各种忧心忡忡的想法在两个地方努力[44]；祂会

433

通过祂的忠诚（这忠诚是他[45]自己永恒地担保的）来使得你没有顾虑，来使你感到安宁，来支持你，但当然，也是通过一种这样的忠诚来要求你保持着对祂忠信。

我们纵然失信，他仍是可信的。这样，比起任何人在任何时候能够与另一个人所具的关系之中所可能具备的忧虑和至福，你在你与他的关系中就少了一种忧虑，或者更确切地说，多了一种至福。因为在两个人的关系中，如果有一个变得不忠信，但却又对自己的不忠诚感到悔恨，并且回头，——唉，也许他的不忠诚已经有了去改变另一个人的力量，这样，这另一个就无法令自己去宽恕他。但是祂，我们的主耶稣基督，祂仍是可信的。如果有人想要认为因自己的不忠信而有力量去改变祂、有力量去使得祂变得比祂所曾是（亦即祂所是）要少一些爱心，那么这当然就会是放肆而亵渎上帝的。但如果有人虚妄地滥用祂的忠诚，那么，这当然也是不敬神的。你不可妄称主你神的名[46]，哦，但也记住，你不可虚妄地滥用基督的忠诚，如果你滥用，那么你就是在将之弄成一种对你自己的惩罚；因为，祂不变的忠诚，正如它是对悔者的宽恕，以这样一种方式，难道它又岂不是对于那无力地对抗并僵化自己的人的诅咒！

我们纵然失信，祂仍是可信的。在祂在这里行走大地的时候，没有什么走向祂的受苦者是得不到帮助的，也没有什么忧虑者在离开祂的时候是没有得到了安慰的，更没有什么病者在触摸了祂的衣服的褶边之后是不痊愈的（马可6：56）[47]，但是，如果有一个人第七十次走向祂并且祈求祂给予对自己的不忠信的宽恕[48]，你以为祂会变得厌倦吗，你以为，如果这是七乘七十次的话[49]，祂会变得厌倦吗？只要天空还没有变得对承担星辰感到厌倦并且把它们从自己这里抛开，祂就绝不会对"去宽恕"感到疲倦而把一个满心悔恨的人从自己这里抛开。哦，真是至福的想法，"仍还是有着一个可信的无条件忠诚的朋友，而这就是祂"，真是至福的想法，如果还有一个人敢去信靠这个想法的话，因此更为至福的是：祂就是那些悔罪者们的、那些失信者们的无条件忠诚的朋友！唉，完全的忠诚在世界里其实是永远也不存在的——尽管会有人觉得有权去在别人那里寻找它；但是，对不忠诚者们的完全的忠诚，这则只能在我们天上的老师和朋友那里找到，——而这则是我们当然全都

434

第四部分　在星期五圣餐礼仪式上的讲演

有需要去寻找的。是的，如果，这是可能的，你，我的老师和拯救者，会在什么时候变得厌倦于我们不停的对忠诚的保证，这些保证，尽管它们确实不是虚伪的或者虚构出来的，但它们对你来说，却常常或者总是，听起来会是那么稚嫩，那么孩子气；如果你什么时候会在心里觉得想要真正严肃地考验我们的信誓，如果你想把我们抛进激流之中，就像老师对门徒所做的那样，并且说"现在我根本就没有想要帮你，相反我只是考验一下你的忠诚"，那么，我们当然就马上会迷失！哦，在我们要描述我们与神圣的关系的时候，这人类的语言则总是一种平庸而半真的语言；哪怕是在我们以其最强烈的表达来说"上帝考验我们"的时候，这说法也仍总是毫无意义的，如果其中的这一层意思没有被作为一种理所当然默契地得以理解：上帝在根本上扶持着我们。在我们看见母亲与孩子玩着这样的游戏的时候，孩子单独地走，尽管母亲在后面牵着他，这时我们看见孩子的这不可描述的快乐烂漫的脸，他的这种对自己和自己雄赳赳表演的得意；于是我们会对这孩子莞尔一笑，因为我们看见了这之中的关联。但是，在我们自己谈论我们与上帝的关系时，那么这在我们的"独行"上就应当是极端严肃的，这时我们就是以各种最强烈的表达来谈论上帝沉重地把手放在我们身上，就仿佛他确实是根本没有用手做别的事，或者就仿佛他不是有两只手，因而，甚至在这样的一个瞬间，他也是在用这唯一的一只手扶持着我们。以这样的方式，我们确实不会放肆地要求你，你，我们的老师和拯救者，把我们对你的信誓至于考验之中；因为我们很清楚地知道，你自己在考验的瞬间必定扶持着我们，就是说，我们很清楚地知道，我们在根本上是失信的，并且在每一个瞬间，在根本上是你在扶持着我们。

　　专注的听者，你们今天是为了更新你们的信誓承诺[50]而在这里聚集；但是，你们要沿着哪一条路走往你们的这一定性呢？当然是通过忏悔仪式。这岂不是在绕弯路吗，为什么你不直接走向圣餐桌呢？哦，即使没有以这样一种方式根据神圣的条例来作出规定[51]，难道你自己就没有感觉到"要沿着这条路走向圣餐桌"的需要吗！忏悔仪式当然不想把不忠信的辜作为担子放在你肩上，相反，通过坦白承认，它帮助你放下担子；忏悔仪式不会强迫你做坦白承认，相反它是通过坦白承认而让你放松；在忏悔室里，如果你不指控你自己，没有人指控你。我的听

435

者，那牧师在忏悔室里所说的[52]，你们全都听见；但是，你在你自己这里对你自己说的，除了说出它的你和听见它的上帝之外，没有人知道。然而那要领圣餐的当然不是牧师[53]，而是你；那作忏悔的也不是牧师，他甚至不听你的忏悔，相反是你，在对暗中的上帝[54]忏悔。上帝听见了这个，但是上帝所听见的，这些祂也听见，祂，你在圣餐桌前所寻找的祂；如果你忘记了什么，唉，或者如果你以欺骗的方式忘记了什么，这上帝知道，这祂也知道，祂，你在圣餐桌前所寻找的祂。我们绝非（甚至根本就不是以这讲演来尝试）好像是要就"一个人能够就什么样的不忠信而责备自己"来试验我们自己，这"不忠信"当然也可以是如此极端地不同的。不，根据我们教会的神圣条例，这是被托付给了"你对上帝的诚实"[55]。但是，要记住，尽管在"你上一次更新了你与你的拯救者的同在[56]"之后的这段时间，属于那一个人从人的角度可以称作是"一段更好的时光"的时间；唉，因此在你对祂的关系之中会有多么多的不忠信啊——对祂，你对祂所许诺的信誓，不是在于某件单个的事情，不是在于这个或者那个，而是无条件地在一切之中！唉，唉，谁认识自己呢！难道这不正是那严肃而诚实的自我试验[57]——就像是通往自己最后的和最真实的东西——所导向的东西吗，这一谦卑的坦白："谁能知道自己的错失呢？愿你赦免我隐而未现的过错。"（诗篇19：13）[58]。而在一个人试验自己与基督的关系时，又有谁会是那完全地能够认识到自己的不忠信的人呢，有谁会是那敢去认为在自我试验之中就不再会有不忠信的人！因此，以这种方式你找不到安息。那么，安息吧；那么就在那至福的安慰里为你的灵魂寻找安息[59]吧：我们纵然失信，祂仍是可信的。

因为祂不能背乎自己。不，出于爱而为世界奉献出自己[60]的祂，祂无法带着自己的爱在祂自己之中内闭起自己。但是那在他自己之中内闭起自己而不愿与别人有什么关系的人，他当然背乎自己。在你来找他的时候，他拒绝承认自己在家；如果你终究还是见到了他，你想要抓他的手只会是徒劳，因为他缩回手并且背乎自己；你想要抓他的目光只会是徒劳，因为他收回目光并且背乎自己；你想要在他的形象里寻找同情之表达只会是徒劳，因为他躲避开并且背乎自己。但是祂，我们的主耶稣基督，祂不背乎自己，祂不能背乎自己。看，因此祂在那边圣餐桌前

第四部分　在星期五圣餐礼仪式上的讲演

张开自己的双臂，祂为所有人打开自己的怀抱[61]；你在祂身上看见这个，祂不背乎自己；现在，在你更新你对祂的信誓许诺的时候，祂也不拒绝你"你所祈求祂的东西"。祂是那同一个；祂曾对你有信，并且祂继续对你有信。

注释：

　　[1]［《提摩太后书》（2：12—13）］　所指句子见下文所引。在草稿的边上，克尔凯郭尔指向日记"Journalen NB2 p. 157"，亦即，也许是1847年8月的日记NB2：153："一个星期五布道的文本/提摩太后书：2：12—13/'我们若不认他，他也必不认我们。我们纵然失信，他仍是可信的。因为他不能背乎自己。'/不认与失信之间的差异，每一个信仰者或多或少是失信的，虚弱，等等/因而，这里是律法与福音"，(*SKS* 20，202)。

　　[2]［先爱我们的你］　指向《约翰一书》（4：19）："我们爱，因为神先爱我们。"

　　[3]［直到最后仍爱着那些你开始时所爱的人的你］　指向《约翰福音》（13：1）其中说耶稣："他既然爱世间属自己的人，就爱他们到底。"

　　[4]［你的信无法背乎你自己］　指向《提摩太后书》（2：12—13）。

　　[5]［只有在一个人不认你的时候，他就像是强迫你，你有爱心者，也去不认他］　指向《提摩太后书》（2：12—13）。

　　[6]［虚弱］　参看日记NB2：153。见对本篇标题的注释。

　　[7]［在最初的青春中曾向你许下而且经常重复地向你表许信誓］　可能是指向坚信礼仪式上的许诺（在1736年颁行的）。参看1736年1月13日关于坚信礼的法规，第11条，按照这一法规，牧师向受坚信礼的人们指出"他们的受洗的约定的重要性，并且警醒他们去牢记：他们现在要自己重复他们教父的许诺；然后他问他们每一个人：（……）他是否会这样地留守在自己的受洗契约之中，直到最后至福的终结；然后被问者必须以一声清楚的'是'来确认，并同时把自己的手伸向他"。按照1759年5月25日的法规，小孩子，在他们满"14或15岁"之前（§1）不得被接受去受坚信礼，但反过来，他们必须在他们满19岁之前受坚信礼（§2)。

　　重复地向你表许信誓：在后文中有"更新你们的信誓许诺"。

　　另见《巴勒的教学书》第七章"关于恩典工具"，第3部分，§5："通过坚信礼我们自己必须重复并且以衷心的方式更新那在我们的童年由其他人代表我们在我们的受洗仪式上许出的神圣誓言，就是说我们要放弃所有不敬神的东西，信上帝

437

圣父、圣子和圣灵,并且在我们的善的作为里证明我们的信。但这许诺必须在我们一生的时间里一直被记住,不断地提醒我们关于我们的信誓,对于上帝我们是有辜的,我们不能让我们的信和德因肉体上的轻率而被丢失"(*Balles Lærebog*, s. 105)。

[8] 这个句子从头到这里是一个从句,这个"在我们……必须指控自己的时候"形式的从句很长。

[9] [即使我们失信,你仍是可信,你不能背乎你自己] 指向《提摩太后书》(2:12—13)。

[10] [《提摩太后书》(2:12—13):……我们若不认他……他不能背乎自己] 引自《提摩太后书》(2:12—13)。

[11] [在"不认他"与"对他失信"之间就没有差异] 参看日记 NB2:153。见对本篇标题的注释。

[12] [律法与福音] 参看日记 NB2:153。见对本篇标题的注释。按照保罗—路德关于律法与福音的学说,其中律法审判人,见比如说《罗马书》第七章,是一种通往基督的训蒙师,见《加拉太书》(3:23—24),而与此同时,福音则是关于"律法的总结就是基督,使凡信他的都得着义"(《罗马书》10:4)的快乐消息。在这样的意义上就可以说,律法与福音分别就是严厉与温和。

[13] [那永恒的真理既是在时间里……在善之中和在恶之中] 指向耶稣在《马太福音》(25:31—46)之中所说的,人子把万民分别安置在左右两边,义人在右,不义人在左。

在这里不要在句子前面的"在时间里也是在永恒中"与后面的"在善之中和在恶之中"分别对应起来。就是说,这意思是:"那永恒的真理既是在时间里把他们分别开,在善之中和在恶之中;也是在永恒中把他们分别开,在善之中和在恶之中"。

[14] [在法利赛人走了之后,这时,基督才开始真挚地与门徒们说话] 见《马太福音》(15:1—20),之中说,一些法利赛人和文士来问耶稣,为什么他的门徒在吃饭之前不洗手。耶稣反驳他们,谈论什么是污秽的和不污秽的。之后,他的门徒进来说法利赛人不服他的话。然后,因为彼得的要求,耶稣解释他的污秽和不污秽的比喻是怎么一回事。

[15] [就仿佛是往左边] 见前面"那永恒的真理既是在时间里……在善之中和在恶之中"的注释,对左面的那些人人子会说:"你们这被咒诅的人,离开我,进入那为魔鬼和他的使者所预备的永火里去。"(《马太福音》25:41)他们将往永刑中去。(《马太福音》25:46)。

[16] [对那些右边的人们] 见前面"那永恒的真理既是在时间里……在善之中和在恶之中"的注释,对右面的那些人人子会说:"你们这蒙我父赐福的,可

来承受那创世以来为你们所预备的国。"(《马太福音》25∶34),他们将往永生中去,(《马太福音》25∶46)。

[17]［吩咐自己的门徒不可将他们的珍珠丢在猪前］ 指向《马太福音》(7∶6)耶稣说:"不要把圣物给狗,也不要把你们的珍珠丢在猪前,恐怕它践踏了珍珠,转过来咬你们。"

[18] 这一句译者不考虑语法的保留着一气呵成的语流。如果正常地直译的话应当是"它不是一种'哀怨地需要着那些要被拯救的人'的软弱"。

[19]［为参与神圣的餐食在这里聚集起来］ 就是说,在教堂里面,在忏悔室或者祷告室的忏悔仪式之后,在圣餐礼仪式之前。

[20]［为认罪］ 就是说为在领圣餐仪式之前的忏悔仪式中承认你们的罪。

[21] 这个"他"是指耶稣,但第一个字母是小写。

[22]［作承认］ 要么是向他认罪,要么是承认他是基督。

[23]［不应在任何瞬间分开那上帝在基督身上所结合起来的东西］ 指向《马太福音》(19∶3—12)中耶稣谈论休妻与不娶时所说的"神配合的,人不可分开"(第6句)。

[24]［既不添加什么但也不去掉什么］ 指向《启示录》(22∶18—19):"我向一切听见这书上预言的作见证,若有人在这预言上加添什么,神必将写在这书上的灾祸加在他身上。这书上的预言,若有人删去什么,神必从这书上所写的生命树,和圣城,删去他的分。"

[25]［不从拯救之中拿掉那在它之中的迷失］ 见前面"那永恒的真理既是在时间里……在善之中和在恶之中"的注释。

[26] 这里的"即使如此"是译者添加出来,概括分号前面的"即使这会是有好处的:……"让步状语从句,以便连接上后面的主句意思。

[27] 这样,重点就落在"后一句"之上:祂不能背乎祂自己。

[28]［只要有生命在就有希望在］ 丹麦成语(nr. 1022 i N. F. S. Grundtvig *Danske Ordsprog og Mundheld*, s. 38.)。

[29]［畏惧与颤栗］ 这是一个在新约中多次出现的固定表述。参看前面对"畏惧与颤栗"的注释。

[30]［一个人用来爱上帝的那种］ 参看比如说《约翰一书》(5∶3):"我们遵守神的诫命,这就是爱他了。并且他的诫命不是难守的。"也可参看"爱之诫命"。

[31] 这个"他"是指上帝,但第一个字母是小写。

[32] 这个"他"是指上帝,但第一个字母是小写。

[33] 这个"他"是指上帝,但第一个字母是小写。

[34] 这个"他"是指上帝，但第一个字母是小写。

[35] 这个"他"是指上帝，但第一个字母是小写。

[36] 这个"他"是指上帝，但第一个字母是小写。

[37] [在你一直总是感恩的时候] 也许是指向《以弗所书》（5：20），之中保罗对以弗所教众写道："凡事要奉我们主耶稣基督的名，常常感谢父神。"

[38] 这个"他"是指上帝，但第一个字母是小写。

[39] 这里使用的是新约中的语言，如果在日常人际关系上，这句话可以这样说："那他在最大程度上所忠诚待之的人也会对他不忠"。

[40] [任何单纯的人际间的爱都无法完全地驱逐掉这种恐惧] 对比《约翰一书》（4：18）："爱里没有惧怕。爱既完全，就把惧怕除去。因为惧怕里含着刑罚。惧怕的人在爱里未得完全。"

[41] [祂在死亡中对你保持着信] 也许是指向《罗马书》（14：7—8）。

[42] [无条件忠诚的朋友] 见前面对"无条件忠诚的朋友"的注释。

[43] 因为前一句是否定句，所以这里，丹麦语原文是"不"，按汉语习惯就是"对（它不会出现）"。

[44] 这一句的丹麦语是"Du skal ikke som ellers med bekymrede Tanker arbeide paa to Steder"，但是 Hong 英译则做了改写："You are not to be engaged in two places, as is usually the case with troubled thoughts（你不用投身于两个地方，如'带着各种烦恼的想法'通常所具的情形）"。

Hirsch 的德译和 Tisseau 的法译都没有做改写，Hirsch 的德译是"Du mußt nicht wie sonst mit sorgenvollen Gedanken zugleich an zwei Orten dich mühn"；Tisseau 的法译是"Tu n'as pas comme d'ordinaire à nourrir de deux côtés des pensées inquiètes"。

[45] 这个"他"是指耶稣，但第一个字母是小写。

[46] [你不可妄称主你神的名] 摩西十诫中的第三条。《出埃及记》（20：7）："不可妄称耶和华你神的名，因为妄称耶和华名的，耶和华必不以他为无罪。"

[47] [更没有什么病者在触摸了他的衣服的摺边之后不痊愈的（马可6：56）] 《马可福音》（6：56）："凡耶稣所到的地方，或村中，或城里，或乡间，他们都将病人放在街市上，求耶稣只容他们摸他的衣裳繸子。凡摸着的人，就都好了。"

[48] [有一个人第七十次走向他并且祈求他……宽恕] 指向《马太福音》（18：22）。

[49] [七乘七十次的话] 指向《马太福音》（18：22）。

[50] [信誓承诺] 见前面对"在最初的青春中曾向你许下而且经常重复地向你表许信誓"的注释。

第四部分 在星期五圣餐礼仪式上的讲演

［51］［通过忏悔仪式……以这样一种方式根据神圣的条例来作出规定］ 参看前面对"忏悔过之后"的注释。在哥本哈根的圣母教堂，忏悔仪式的过程是这样的：寻求忏悔的人们在教堂里聚集，这过程以一首赞美诗和一篇由唱诗者从唱诗班的门口读出的忏悔祷告开始。然后他们被敲钟人引进忏悔室（见前面对此的注释），他们在长凳上坐下。牧师坐上自己的椅子并作一简短的忏悔讲演（见前面对此的注释）。在这讲演之后，牧师在忏悔者们所坐的地方走动着，两个两个地（牧师把手放在他们头上）应许罪之宽恕："你们出自真心悔过你们的罪，并且在坚定的信仰之中在耶稣基督之中皈依于上帝的仁慈，除此之外还通过上帝的恩典而承诺在以后让自己努力有一个更好和更和平的生活，于是，为了上帝和我的职责，根据上帝自己从天上赋予我让我在这里免除地上的诸罪的权力和权威，我现在以上帝圣父、圣子和圣灵的名对你们应许你们的罪之宽恕，阿门"（《丹麦挪威教堂仪式》，第146页起）。在牧师一圈走完之后，牧师说："上帝自己在你们身上开始了那善，他在主耶稣基督的日子完成这全部，为耶稣基督，你们要保持让自己处于一种坚定而不灭的信仰直到终结。阿门！（第147页）"然后，忏悔者们回到教堂，如果有更多，那么新的一批进入"忏悔室"。在全部过程结束的时候，唱一段赞美诗。

［52］［那牧师在忏悔室里所说的］ 指向有神职的牧师的忏悔讲演。见前面对"忏悔讲演"和"通过忏悔仪式……以这样一种方式根据神圣的条例来作出规定"的注释。

［53］［那要领圣餐的当然不是牧师］ 根据《丹麦挪威教堂仪式》第四章，第146页，任何牧师都不可以为自己领圣餐。在明斯特尔的《给丹麦教堂仪式的建议》也是这样强调的（J. P. Mynsters《Bemærkninger ved Forslagene》, § 72, s. 45, i *Udkast til en Alter – og Ritualbog*）。

［54］［暗中的上帝］ 见前面对"在暗中的上帝"的注释。

［55］根据我们教会的神圣条例，这是被托付给了你对上帝的诚实］ 也许指向忏悔仪式的仪式中的免罪词。见前面对"通过忏悔仪式……以这样一种方式根据神圣的条例来作出规定"。

［56］［同在］ 这里也许是指向《哥林多前书》（10：16）之中保罗写道："我们所祝福的杯，岂不是同领基督的血吗？我们所掰开的饼，岂不是同领基督的身体吗？"

同在（Samfundet），有时译作"共同体"。在正常的意义中，丹麦语的Samfund意思是"社会"。但是在神学或者圣经的意义上，它常常被用来指"（与上帝或基督或永恒）同在"或者"（与上帝或基督或永恒）共同体"。

［57］［自我试验］ 也许是指向《哥林多后书》（13：5）之中保罗写道："你们总要自己省察有信心没有。也要自己试验。岂不知你们若不是可弃绝的，就

441

有耶稣基督在你们心里吗？"另参看《哥林多前书》（11∶28）。

［58］"谁能知道自己的错失呢？愿你赦免我隐而未现的过错。"（诗篇19∶13）］ 在中文和合本中是《诗篇》（19∶12）。

［59］［为你的灵魂寻找安息］ 指向《马太福音》（11∶29）

［60］［出于爱而为世界奉献出自己］ 见前面对"为世界的罪……给出的和解之献祭"的注释。

［61］［张开自己的双臂，他为所有人打开自己的怀抱］ 见前面对"他张开自己的双臂说：来这里，来我这里……他打开自己的怀抱"的注释。

VI 《约翰一书》（3：20）[1]

祈 祷

你是伟大的，哦，上帝[2]；尽管我们只仿佛在谜中和镜中[3]认识你，然而我们还是景仰着地崇拜你的伟大，——在什么时候，当我们更实足地认识了它时，那我们会在怎样的程度上作出更大的赞美啊！在我站在天穹之下，被造化之奇环拥的时候，这时我感动而崇拜地赞美你的伟大，你轻松地把群星置于"那无限的"之中，慈父般地关心着那麻雀[4]。但是在我们聚集在这里，在你神圣的家的时候，这时我们当然也是在所有地方都被那在更深刻的意义上令人记念起你的伟大的东西所环拥。因为你是伟大的，世界之创造者和维持者[5]；但是在你，哦，上帝，宽恕世界的罪并且让自己与堕落了的人类和解[6]的时候，啊，这时，在你不为人理解的慈悲之中，你当然就是更伟大！在这里，在你的神圣的家，一切都在提醒着我们，尤其是提醒着这些为接受罪的宽恕并且为在耶稣身上重新获取与你的和解而今天在这里聚集的人们[7]，应当信着地赞美和感恩和崇拜你，我们又怎么会不信着地赞美和感恩和崇拜你![8]

《约翰一书》（3：20）：……我们的心若责备我们，神比我们的心大[9]。

尽管我们的心责备我们。在法利赛人和文士们带了一个在公开的罪中被抓的妇人来到殿堂里找基督指控她的时候，以及在他们随后因祂的回答感到羞愧而全都走掉了的时候，基督对她说"没有人定你的罪吗"？她回答"主啊，没有"[10]。因而没有人定她罪。同样，在这里也是如此，在这个圣殿里，没有定你罪的人；你的心是不是定你罪，那就必定只有你一个人自己知道。没有任何别人可以知道；因为这别人在今天当然也是专注于他自己的心，这心是不是定他罪。你的心是不是定你的罪，这与任何别人都无关；因为这别人也只与他自己的心有关，它的指控着的或者无罪认定的各种想法。在这话"我们的心若责备我们"被宣读出的时候，你的感觉是怎样的，这与任何别人都无关；因为这别人也只专注地把一切都运用在自身上，只想着他的感觉如何，这句话是否像一种突然的想法令他意外，或者他听见，唉，他自己曾对自己说过的话，或者他听见了他自己认为并不适用于他的话。就是说，一颗心无疑是能够指控自己的，但由此并不导出结论说，它必定会定自己的罪；我们当然不是在教导沉郁的夸张，正如我们同样也不教导轻率的原宥。但是，在今天，来到了这里的人们，他们不是来自世界的各种消遣娱乐活动，而是来自忏悔室的集会[11]；在忏悔室里，他们当然各自向上帝核对了自己的账，各自让他们的心做了指控者；这心也是最适合于作这指控者，因为它是同知者，这心当然也最好及时地成为这指控者，以免它到了什么时候会可怕地与一个人自己的意愿作对地成为这指控者；——而在我们要谈论这被宣读出的话的时候，我们又能够在什么时候比这样的一天更好地找到听众、在哪里找得到比在今天来到这里的这些人们更好的听众呢![12]在辜与辜之间有着差异；这是介于欠五百芬尼抑或只欠五十芬尼之间的差异[13]；一个人可以比另一个人有着远远更多可责备自己的东西；也会有人可以对自己说，他的心在定他罪；也许可能也会有一个这样的人在这里在场，或者也许就没有一个这样的人在这里在场；但是，安慰，则当然是我们全都需要的。而这一点却无疑是不会令任何人感到丧气的：这安慰的话是如此富于慈悲，以至于它包容了每一个人；这当然不会令一个人丧气，哪怕他的心在定他罪。在本质上看，我们——我们的心没有认定我们无罪——我们所有人需要的其实是同一种安慰：上帝之伟大，"他比我们的心更大"。

　　上帝之伟大在于宽恕，在于仁慈，在他的这种伟大之中，他比那定自己罪的心更大。看，这是上帝的这种伟大，关于这种伟大，人们尤其应当在那些神圣的地方[14]谈论；因为，在这里面，我们当然是以另一种方式认识上帝，更亲近，如果我们可以这样说的话，是从另一个地

第四部分 在星期五圣餐礼仪式上的讲演

方，而不是在那外面，在外面他固然是明显的，可以在他的作为之中认出他[15]，而在这里，他则可让人按他揭示出自己的方式[16]，按他想要被一个基督徒认识的方式，来认识他。上帝之伟大在自然之中由之被认出的各种标志[17]，是每个人都能够惊奇地看见的，或者更确切地说，在严格的意义上并不存在标志，因为这些造化之作本身就是这些标志；比如说，每一个人都能够看得见虹[18]，并且在他看见虹的时候感到惊奇。但是，上帝在"让自己慈悲"之中的伟大只是为信仰而在的；这一标志是圣餐。上帝之伟大在大自然中是公开显示出来的；但是上帝之伟大在"让自己慈悲"之中则是一个必须被信的秘密。恰恰因为它不是直接地对每一个人都公开的，恰恰因此，它被称作，并且就是，那被揭示出的。上帝之伟大在自然之中马上唤起惊叹，然后唤起崇拜；上帝之伟大在"让自己慈悲"中首先是引起人的愤慨的，然后是为信仰的。在上帝创造出了一切的时候，他看着，并且看"这一切是非常地好"[19]；对于每一件他所创造的作品就仿佛都有附加的：赞美、称颂、崇拜造物主。但是对于"让自己慈悲"中的他的伟大所附加的则是：有福了，那不愤慨的[20]。

所有我们的关于上帝的说法[21]，自然地，是人的说法。不管我们怎样地努力去通过再重新撤销我们所说的东西来预防误解，——如果我们不愿意完全沉默的话，那么，在我们，人类，谈论上帝的时候，我们就还是不得不使用人的尺度。那么现在，什么是真正的人的[22]伟大？无疑，那是心之伟大。在严格的意义上，我们不说那有着极大权力和统治地位的人是伟大的，是的，如果有一个或者曾有过一个国王活在世上，其统治权覆盖全球，——不管我们的"马上就称他是伟大"的惊奇出现得多快，深刻的人不让自己被外在的东西[23]打扰。而相反，如果这是一个曾在世上生活过的最卑微的人，你在定决[24]之瞬间成为他的行动的见证，他确实是做出高贵的行为，慷慨地出自全心地宽恕自己的敌人[25]，在自我拒绝之中作出极端的牺牲，或者你成为他用以年复一年带着爱心地忍受恶的那种内在的克制的见证，在这样的时候，你说"他其实是伟大的，确确实实，他是伟大的"。因而，心之伟大是真正的人的[26]伟大；但是心之伟大恰恰是在爱之中战胜自己。

现在，在我们，人类如我们所是，想要为自己弄出一种关于上帝之

445

伟大的观念的时候，我们就必须想着那真正的人的[27]伟大，也就是，想着爱，想着那宽恕着的并且慈悲为怀的爱。但这意味了什么呢，这是不是说，我们倒是想要拿上帝与一个人来做比较，即使这个人是曾在人世间生活过的最高贵的、最纯洁的、最能与人和解的、最有爱心的人？绝非如此。使徒[28]也不是以这样的方式说的。他不说，上帝比那最有爱心的人更伟大，而是说，上帝比那定自己罪的心更伟大。以这样的方式，上帝和人因而就只是反过来地相像。你不是沿着那直接的相像之台阶：伟大、更伟大、最伟大，而达到比较之可能性，它只有在反过来的时候才是可能的；这也不是通过越来越高地抬起自己的头，人类就越来越靠近上帝，而是反过来，通过越来越深地投身于崇拜。定自己罪的那颗被碾碎的心[29]，它无法得到，徒劳地试图找到一个对它来说是"强烈得足以用来表述它的辜、它的悲惨、它的传染性"的表达；上帝在"让自己慈悲"之中更伟大！多么奇怪的比较！所有人的[30]纯洁、所有人的[31]慈悲对这比较是没有用的；但是一颗定自己罪的悔着的心，上帝在"让自己慈悲"之中的伟大是在拿这颗心作比较，只是它[32]甚至更伟大；正如这颗心能够将自身降得如此之深，但对它自己而言却又总是永远不够深，在同样的程度上，上帝之伟大在"让自己慈悲"之中是如此无限地高，或者是如此无限地更高！看，语言就仿佛是被炸开并且破碎，只为描述上帝的慈悲着的伟大；思想徒劳地寻求比较，然后它终于找到，那在人的角度上说并不是比较的东西，一颗悔恨的心的破碎[33]，——上帝的慈悲则更伟大。一颗完全投入在悔中的心，在它在破碎不堪之中定自己罪的时候；是的，这颗心不让自己得到安宁，任何哪怕只一瞬间的安宁，它找不到任何能够让他逃出自己而躲进去的藏身处，它不觉得任何藉口是可能的，觉得去寻找藉口是一种新的，最可怕的辜，它找不到任何、任何缓解，即使是所有仁慈之真挚所能想出的最慈悲的语句，对于这颗不敢也不想要让自己得到安慰的心，听起来也都像是对它的一种新的定罪；上帝之伟大在"让自己慈悲"之中就是如此地无限，或者它甚至更伟大。它是瘸的，这一比较，——在人与上帝角斗之后总是会如此[34]。它是牵强的，这一比较，确实，因为它是通过"以敬畏着上帝的方式拒绝所有'人的[35]相似性'"而被找到的；如果人不敢为自己弄出任何上帝的像[36]，那么他当然就也不敢去为自己幻想"那人的"[37]直接就能够是这比较。任何人都别去急着寻找，任何人都别匆忙地想要为在"让自己慈悲"之中的上帝之伟大找到一种比较；每一张嘴都应当被塞住[38]，每一个人都应当捶打自己的胸[39]，——因为只有一种比较，它倒算是差不多可以：一颗定自己罪的焦虑的心。

但上帝比这颗心伟大！那么就让你得到安慰吧。也许你从你以前的经验之中得知，有着这样的一颗心是多么地沉重，被置于法利赛人和文士的审判之下[40]，或者进入那只知道怎样把这颗心碾压得更破碎的误解，或者进入那把心挤迫得更焦虑的狭隘，你，"在极大的程度上需要一个伟大者"的你。诸天之上的上帝，他是更伟大的；他不是比法利赛人和文士更伟大，也不是比误解与狭隘更伟大，也不是比那个"知道怎么对你说缓解的语句，并且你在他那里能够得到抚慰，因为他不狭隘、不会更多地把你往下压而是令你振作"的人更伟大，——上帝不是比他更伟大（多么沮丧的比较！），不，上帝是比你自己的心更伟大！哦，不管这是灵魂的病症以这样的方式黑夜般地使你的心念昏暗，以至于你最终在致死的恐惧之中，因关于上帝的神圣性的观念而濒于疯狂，认为你必须定你自己罪；抑或这是那可怕的东西以这样一种方式令你的良心负重，以至于你的心定你自己罪；上帝是更伟大的！如果你不愿信，如果你看不见标志就不敢信[41]，那么，现在这当然是被给出的。祂，来到这个世界并且死去的祂，祂也是为你[42]而死，也是为你。祂不是为普遍意义上就这样的人类而死，哦，恰恰相反，祂特别地为某人而死，这里，这是为这一个，而不是为那九十九个[43]，——唉，你当然是太糟糕，因而不能够被随便地凑进一个整数中，"悲惨"与"辜"的强调重音如此可怕地落在你身上，以至于你只能被算作是之外的。祂，在你对于祂还是一个陌生人的时候为你而死[44]的祂，难道祂会丢下祂自己的人[45]！如果上帝是以这样的方式爱着世界，以至于他交出了自己的独生子来不让任何人迷失[46]，他怎么又会不保护那些重价买来的[47]！哦，不要折磨你自己；如果那羁绊住你的是沉郁的各种恐惧，那么上帝知道一切[48]，——他是伟大的！如果那压在你身上的是沉重的辜的百斤之重，那么他因他自己而对世界怀着慈悲（这是任何人心不会想到的[49]），他是伟大的！不要折磨你自己，记住那个女人，没有

447

人定她罪,并且要想着,这同样的事情也可以以另一种方式来表达:基督在场。正因为祂在场,因此没有人定她罪。祂把她从法利赛人和文士们的定罪之中救了出来;他们羞愧地走掉了[50],因为基督在场,没有人定她罪。然后只剩下基督和她,——但是没有人定她罪。恰是这"祂一个人与她留下",在一种远远更深刻的意义上意味了:没有人定她罪。法利赛人和文士们走了,这只能帮上她一小点,他们当然还会带着定罪的论断再来。但是,拯救者单独与她留下,因此没有人定她罪。唉,只有一种辜是上帝无法宽恕的,这就是"不愿相信他的伟大"的辜!

因为他比定自己罪的心更伟大。但相反没有任何说法是关于他比那"愚蠢地算计着上帝在'宽恕之中'想来会有的伟大"的世俗的、轻率的、痴愚的心更伟大的。不,上帝是并且能够是,如他在"让自己慈悲"之中是伟大并且能够是伟大的一样地,精准地算计着的。以这样的方式,上帝的本质总是与那对立的东西在一体之中,正如在那五只小饼的奇迹中的情形。人们没有东西吃,借助于奇迹弄来了盈余;但是看,然后基督吩咐人们小心地收集起每一小点剩下的零碎[51]。多么有神性!因为,一个人会浪费,另一个人会节俭;但是,如果有一个人,他以一个奇迹在每个瞬间都能够——以神的方式弄出盈余,你难道不认为他——会以人的方式把这些残碎不当一回事吗,你认为他会——以神的方式收集起这些残碎吗?在"让自己慈悲"之中的上帝之伟大的情形也是如此,几乎不会有人哪怕去想象一下"上帝能够是多么精准地算计"。让我们不要欺骗自己,不要对自己撒谎;让我们别,这是同样的一回事,通过"想要把我们自己弄得比我们自己所是更好、更少辜",或者通过"以各种更轻率的名目来提及我们的辜"来贬低上帝之伟大;就是说,以这样的做法,我们就是在贬低在"宽恕"之中的上帝之伟大。但是,让我们也不要疯狂地想去行罪更多以使得宽恕变得更大[52],因为上帝在"算计精准"之中也是同样地伟大的。

那么,让我们于是就在这里,在你神圣的家[53]中赞美你的伟大吧,哦,上帝,你,以人所无法参透的方式让自己慈悲并且让世界与你和解[54]的你。看,外面有星辰在宣示你的尊荣[55],有万物之完美在宣示你的伟大;但是在这里面则是不完美的人们,是罪人们,在赞美你更伟

第四部分　在星期五圣餐礼仪式上的讲演

大的伟大！——记忆之餐食[56]已再次就绪，愿你在事先已因你在"让自己慈悲"之中的伟大而被记念并且被感恩。

注释：

[1]［《约翰一书》（3∶20）］　所指句子见下文所引。另外见也许是1847年8月的日记NB2∶152："一个星期五布道的文本/约翰一书3∶20，'我们的心若责备我们，神比我们的心大'。/这不是今天所表达的东西吗。今天，在罪的承认中，我们全都站出来——因而我们审判我们自己——但上帝更大"（*SKS* 20，201）。

[2]［你是伟大的，哦，上帝］　参看比如说《诗篇》（77∶13）："神阿，你的作为是洁净的。有何神大如神呢？"

[3]［仿佛在谜中和镜中］　指向《哥林多前书》（13∶12）其中保罗写道："我们如今仿佛对着镜子观看，如同猜谜。到那时，就要面对面了。我如今所知道的有限。到那时就全知道，如同主知道我一样。"

[4]［慈父般地关心着那麻雀］　指向《马太福音》（27∶35），《路加福音》（12∶6）。也参看《马太福音》（6∶26）。

[5]［世界之创造者和维持者］　路德小教理问答之中的第一信条及其附注："我信上帝，全能的父，创造天地的主。这是：我信上帝造了我和万物；……并不仅仅如此，我也信他维持一切本来会消失的东西"（路德小教理问答·信经·第一条）（丹麦语版本为 *Dr. Morten Luthers lille Catechismus*）。

[6]［宽恕世界的罪并且让自己与堕落了的人类和解］　参看前面"为世界的罪……给出的和解之献祭"的注释。

堕落了的人类：在罪的堕落之后的人类。

[7]［今天在这里聚集的人们］　见前面"为参与神圣的餐食在这里聚集起来"的注释。

[8]　这个复合句的句型比较复杂，译者对这句子的结构进行了重构。直译的话是："在这里，在你的神圣的家，我们又怎么会不信着地赞美和感恩和崇拜你，——在这'一切都在提醒着我们这一点，尤其是提醒着这些为接受罪的宽恕并且为在耶稣身上重新获取与你的和解而今天在这里聚集的人们'的地方！"

这句句子的丹麦文原文是："Hvorledes skulle vi da ikke troende prise og takke og tilbede Dig her i Dit hellige Huus, hvor Alt minder os derom, særligen dem, som idag ere forsamlede for at annamme Syndernes Forladelse, og for paa ny at tilegne sig Forligelsen med Dig i Christo！"

Hong的英译是："How would we not, then, in faith praise and thank and worship

449

you here in your holy house, where everything reminds us of this, especially those who are gathered here today to receive the forgiveness of sins and to appropriate anew reconciliation with you in Christ!"

Hirsch 的德译是:"Wie sollten wir Dich da nicht gläubig preisen und anbeten und Dir danken, hier in Deinein heiligen Hause, wo alles daran uns mahnt, vor allem die daran mahnt, welche heute versammelt sind, um der Sünden Vergebung zu empfangen und um aufs Neue die Versöhnung sich anzueignen mit Dir in Christus"。

[9] [《约翰一书》(3:20):……我们的心若责备我们,神比我们的心大] 引自《约翰一书》(3:20),不过克尔凯郭尔没有一同引上最后一句"一切事没有不知道的"。

[10] [在法利赛人和文士们带了一个在公开的罪中被抓的妇人……她回答"主啊,没有"] 指向《约翰福音》(8:2—11)中关于"被抓的行淫妇人"的叙述:"清早又回到殿里。众百姓都到他那里去,他就坐下教训他们。文士和法利赛人,带着一个行淫时被拿的妇人来,叫她站在当中。就对耶稣说,夫子,这妇人是正行淫之时被拿的。摩西在律法上吩咐我们,把这样的妇人用石头打死。你说该把她怎么样呢?他们说这话,乃试探耶稣,要得着告他的把柄。耶稣却弯着腰用指头在地上画字。他们还是不住地问他,耶稣就直起腰来,对他们说,你们中间谁是没有罪的,谁就可以先拿石头打她。于是又弯着腰用指头在地上画字。他们听见这话,就从老到少一个一个地都出去了。只剩下耶稣一人。还有那妇人仍然站在当中。耶稣就直起腰来,对她说,妇人,那些人在哪里呢?没有人定你的罪吗?她说,主阿,没有。耶稣说,我也不定你的罪。去吧。从此不要再犯罪了。"

法利赛人:见前面对"法利赛人"有过的注释。

文士:在耶稣的时代,犹太社会中学院阶层成员的名称;文士在法律和神学方面受过教育,在法利赛人中扮演着重要角色。

[11] [来自忏悔室的集会] 就是说来自忏悔仪式,这忏悔仪式就是在忏悔室里进行的。参看前面各个与忏悔相关的注释。

[12] 这句句子的丹麦语又是一句典型的克尔凯郭尔式复合感叹句,译者对之作了改写。按原文直译是:"但是,在我们要谈论这被宣读出的话时,我们又能在哪里比在如这天般的一天里更好地找到听众,又能在哪里找得到比像这些今天来到了这里、不是来自世界的各种消遣娱乐活动、而是来自忏悔室的集会(在那里这些人当然各自向上帝核对了自己的账、各自让他们的心做了指控者——这心也是最适合于作这指控者,因为它是同知者,这心当然也最好及时地成为这指控者,以免它到了什么时候会可怕地与一个人自己的意愿作对地成为这指控者)的人们这样的听众呢。"

第四部分　在星期五圣餐礼仪式上的讲演

这句的丹麦文原文是："Men naar der skulde tales over de forelæste Ord, hvor skulde man finde bedre Tilhørere end paa en saadan Dag som denne, og end saadanne, som de, der her idag ere komne hid, ikke fra Verdens Adspredelser, men fra Skriftestolens Samling, hvor de jo hver især have gjort Gud Regnskab, hver især have ladet deres Hjerte være Anklageren, hvad det ogsaa bedst kan være, da det er Medviderne, og hvad det jo ogsaa helst maa blive itide, at det ikke engang forfærdeligt skal blive det mod Menneskets egen Villie."

Hong 的英译是："But when it is a matter of speaking about the words just read, how would one find better hearers than on a day such as this and better than such as these who have come here today, not from the distractions of the world, but from the concentration of the confessional, where each one separately has made an accounting to God, where each one separately has let his heart be the accuser, which it can indeed do best since it is the confidant, and which it also had better do betimes lest at some time it must in a terrible way become that against a person's own will."

Hirsch 的德译是："Soll aber über die verlesenen Worte gesprochen werden, wo könnte man bessere Zuhörer finden als an solch einem Tage wie heut, und als solche, wie sie heute hieher gekommen sind, nicht von den Zerstreuungen der Welt her, sondern von der Sammlung der Beichtfeier her, in der sie, ein jeder bei sich selbst, Gott Rechenschaft abgelegt haben und ein jeder bei sich ihr Herz · den Verkläger haben sein lassen, und dies vermag es auch aufs Beste zu sein, sintemal es der Mitwisser ist, und muß es am besten beizeiten sein, auf daß es nicht dermaleinst erschreckend der Verkläger werde wider des Menschen Willen."

［13］［介于欠五百芬尼抑或只欠五十芬尼之间的差异］　指向《路加福音》（7：36—50）："有一个法利赛人，请耶稣和他吃饭。耶稣就到法利赛人家里去坐席。那城里有一个女人，是个罪人。知道耶稣在法利赛人家里坐席，就拿着盛香膏的玉瓶，站在耶稣背后，挨着他的脚哭，眼泪湿了耶稣的脚，就用自己的头发擦干，又用嘴连连亲他的脚，把香膏抹上。请耶稣的法利赛人看见这事，心里说，这人若是先知，必知道摸他的是谁，是个怎样的女人，乃是个罪人。耶稣对他说，西门，我有句话要对你说。西门说，夫子，请说。耶稣说，一个债主，有两个人欠他的债。一个欠五十两银子，一个欠五两银子。因为他们无力偿还，债主就开恩免了他们两个人的债。这两个人哪一个更爱他呢？西门回答说，我想是那多得恩免的人。耶稣说，你断的不错。于是转过来向着那女人，便对西门说，你看见这女人吗？我进了你的家，你没有给我水洗脚。但这女人用眼泪湿了我的脚，用头发擦干。你没有与我亲嘴，但这女人从我进来的时候，就不住地用嘴亲我的脚。你没有

451

用油抹我的头，但这女人用香膏抹我的脚。所以我告诉你，他许多的罪都赦免了。因为他的爱多。但那赦免少的，他的爱就少。于是对那女人说，你的罪赦免了。同席的人心里说，这是什么人，竟赦免人的罪呢？耶稣对那女人说，你的信救了你，平平安安地回去吧。"

芬尼：一种小面值的硬币。

[14]［神圣的地方］　参看第三部分中对"神圣的地方"的注释。

[15]［在外面他固然是明显的，可以在他的作为之中认出他］　指向《罗马书》（1：19—20），保罗写道："神的事情，人所能知道的，原显明在人心里。因为神已经给他们显明。自从造天地以来，神的永能和神性是明明可知的，虽是眼不能见，但借着所造之物，就可以晓得，叫人无可推诿。"

[16]［按他揭示出自己的方式］　就是说，在基督身上。

[17]　就是说，上帝之伟大是通过这些标志而在自然之中被认出的。

[18]［虹］　指向《创世记》第八第九章。洪水之后，上帝以虹作为立约的记号。《创世记》（9：12—17）："神说，我与你们并你们这里的各样活物所立的永约，是有记号的。我把虹放在云彩中，这就可作我与地立约的记号了。我使云彩盖地的时候，必有虹现在云彩中，我便记念我与你们和各样有血肉的活物所立的约，水就再不泛滥，毁坏一切有血肉的物了。虹必现在云彩中，我看见，就要记念我与地上各样有血肉的活物所立的永约。神对挪亚说，这就是我与地上一切有血肉之物立约的记号了。"

[19]［看着，并且看"这一切是非常地好"］　指向《创世记》（1：31），和合本为："神看着一切所造的都甚好。"

[20]［有福了，那不愤慨的］　指向《马太福音》（11：6），和合本为："凡不因我跌倒的，就有福了。"

[21]　这个"说法"在丹麦语中是"Tale"，可译作讲演、说话、话题、说法等等，但是一般不含有"语言"的意思。Hong 的英译则译作"language"。

这句的丹麦语原文是："Al vor Tale om Gud er, som naturligt, menneskelig Tale."

Hong 的英译是："All our language about God is, naturally, human language."

Hirsch 的德译是："All unser Reden von Gott ist naturgemäß menschliche Rede."

Tisseau 的法译是："Tout ce que nous disons de Dieu est humain, et c'est naturel."

[22]　"人的（menneskelige）"，就是说"人的意义上的"、"人性意义上的"、"世人的意义上的"、人之常情的；不同于"神圣的"、"神圣意义上的"、永恒的或者上帝的。这里是说：真正的"从人的角度上说的"伟大。

[23]　亦即，这"'马上就称他是伟大'的惊奇"是对外在之物的惊奇。

[24]　这里的这个"定决"其实就是"决定"（Afgjørelse）。这个"决定"

第四部分　在星期五圣餐礼仪式上的讲演

（Afgjørelse）是一个人对外在的人的命运或者事物的走向做出的决定，或者一个人的命运受外来的权力所做出的决定。见前面对此的注释。或者参看后面"一个陶冶性的讲演"中对这个词的注释。

［25］［宽恕自己的敌人］　指向耶稣在登山宝训之中关于对仇敌之爱的说法，《马太福音》（5：43—48）。另见《马太福音》（5：23—24）.

［26］"人的（menneskelige）"，见前面的注释。

［27］"人的（menneskelige）"，见前面的注释。

［28］［使徒］　保罗。

［29］［那颗被碾碎的心］　也许是指向《诗篇》（51：17）。

［30］"人的（menneskelige）"，就是说"人的意义上的"、"人性意义上的"、"世人的意义上的"、人之常情的；不同于"神圣的"、"神圣意义上的"、永恒的或者上帝的。

［31］"人的（menneskelige）"，见前面的注释。

［32］这个它是指"上帝在'让自己慈悲'之中的伟大"。

［33］［一颗悔恨的心的破碎］　"忏悔之前和之后的祈祷以及圣餐桌的圣餐桌前对圣餐仪式的运用"，收于《福音基督教赞美诗》（*Evangelisk - christelig Psalmebog* s. 603—618），其中有祷告词"关于真正的改善和赎罪"，这样祈祷："哦，神圣、公正而仁慈的上帝！我在你面前带着一颗悔恨、破碎而被打烂的心和碾裂的精神哀叹我的违犯和错误的行为"（603页），在这个祷告词的更后面部分："给我一个破碎的精神、一颗充满悔恨的被打烂的心"（605页）。

［34］［瘸的……在人与上帝角力之后总是会如此］　指向《创世记》（32：24—32）：在夜里，雅各一个人的时候"有一个人来和他摔跤，直到黎明。那人见自己胜不过他，就将他的大腿窝摸了一把，雅各的大腿窝正在摔跤的时候就扭了。那人说，天黎明了，容我去吧。雅各说，你不给我祝福，我就不容你去。那人说，你名叫什么？他说，我名叫雅各。那人说，你的名不要再叫雅各，要叫以色列。因为你与神与人较力，都得了胜。雅各问他说，请将你的名告诉我。那人说，何必问我的名，于是在那里给雅各祝福。雅各便给那地方起名叫毗努伊勒（就是神之面的意思），意思说，我面对面见了神，我的性命仍得保全。日头刚出来的时候，雅各经过毗努伊勒，他的大腿就瘸了。故此，以色列人不吃大腿窝的筋，直到今日，因为那人摸了雅各大腿窝的筋。"

［35］"人的（menneskelige）"，就是说"人的意义上的"、"人性意义上的"、"世人的意义上的"、人之常情的；不同于"神圣的"、"神圣意义上的"、永恒的或者上帝的。

［36］［人不敢为自己弄出任何上帝的像］　指向摩西十诫之中的第二条，

《出埃及记》（20：4）："不可为自己雕刻偶像，也不可作什么形象仿佛上天，下地，和地底下，水中的百物。"

[37]"那人的（det Menneskelige）"或者"人的东西"，就是说"人的意义上的东西"、"人性意义上的东西"、"人所理解的东西"、人之常情的东西；不同于"神圣的东西"。

[38]［每一张嘴都应当被塞住］ 指向《罗马书》（3：19），之中保罗写道："我们晓得律法上的话，都是对律法以下之人说的，好塞住各人的口，叫普世的人都伏在神审判之下。"

[39]［捶打自己的胸］ 指向《路加福音》（18：9—14）之中对法利赛人与税吏的比较。《路加福音》（18：13）："那税吏远远地站着，连举目望天也不敢，只捶着胸说，神阿，开恩可怜我这个罪人。"

[40]［被置于法利赛人和文士的审判之下］ 指向《约翰福音》（8：2—11），是讲一个女人行淫时被抓，法利赛人和文士认为她应当被石头打死。

[41]［看不见标志就不敢信］ 也许是指向《约翰福音》（6：30）其中人群对耶稣说："他们又说，你行什么神迹，叫我们看见就信你。你到底作什么事呢？"和（4：48）："耶稣就对他说，若不看见神迹奇事，你们总是不信。"另见《约翰福音》（2：23）、（20：29）和《马太福音》（12：38—39）。这"标志"亦即圣经中的神迹。

[42]［为你］ 见前面第二部分之中对"为我"的注释。

[43]［这是为这一个，而不是为那九十九个］ 见《马太福音》（18：12—14）"一个人若有一百只羊，一只走迷了路，你们的意思如何。他岂不撇下这九十九只，往山里去找那只迷路的羊吗？若是找着了，我实在告诉你们，他为这一只羊欢喜，比为那没有迷路的九十九只欢喜还大呢。你们在天上的父，也是这样不愿意这小子里失丧一个。"

[44]［在你对于他还是一个陌生人的时候为你而死］ 指向《罗马书》（5：10），其中保罗写道："因为我们作仇敌的时候，且借着神儿子的死，得与神和好，既已和好，就更要因他的生得救了。"

[45]［他自己的人］ 指向《哥林多前书》（6：19）和《约翰福音》（13：1）。

[46]［上帝……爱着世界……不让任何人迷失］ 《约翰福音》（3：16）："神爱世人，甚至将他的独生子赐给他们，叫一切信他的，不至灭亡，反得永生。"

[47]［那些重价买来的］ 指向《哥林多前书》（6：19—20）："岂不知你们的身子就是圣灵的殿吗？这圣灵是从神而来，住在你们里头的。并且你们不是自己

第四部分　在星期五圣餐礼仪式上的讲演

的人。因为你们是重价买来的。所以要在你们的身子上荣耀神。"

[48] [上帝知道一切]　《约翰一书》(3：10) 而后半句。

[49] [这是任何人心不会想到的]　指向《哥林多前书》(2：9)。

[50] [他们羞愧地走掉了]　指向《约翰福音》(8：2—11) 中关于"被抓的行淫妇人"的叙述，其中第9句，和合本："他们听见这话（丹麦文圣经这里是：被他们的良心打击），就从老到少一个一个地都出去了。只剩下耶稣一人。还有那妇人仍然站在当中。"

[51] [五个饼的奇迹……收集起每一小点剩下的零碎]　指向《约翰福音》(6：1—15) 耶稣给五千人吃食的叙述。其中《约翰福音》(6：8—13)："有一个门徒，就是西门彼得的兄弟安得烈，对耶稣说，在这里有一个孩童，带着五个大麦饼，两条鱼。只是分给这许多人，还算什么呢？耶稣说，你们叫众人坐下。原来那地方的草多，众人就坐下。数目约有五千。耶稣拿起饼来，祝谢了，就分给那坐着的人。分鱼也是这样，都随着他们所要的。他们吃饱了，耶稣对门徒说，把剩下的零碎，收拾起来，免得有糟蹋的。他们便将那五个大麦饼的零碎，就是众人吃了剩下的，收拾起来，装满了十二个篮子。"

另外参看1847年3月或者4月的日记 NB：176："在五千人吃食（约6：1—15）中展示出了一个对于财富与节俭的统一的值得注意的例子。在为五千人弄得足够的食物的奇迹（怎样的盈余又可以与此作比较的）之后，人们会以为，剩下的肯定就被浪费掉了。唉，不，上帝绝非是如此，按新约的描述一切都被仔细地收集起来，看，'那人性的'是：不能够作奇迹，但却浪费剩余物；'那神性的'是作这弄出盈余的奇迹，并且还把那些残碎收集起来"，(*SKS* 20, 110)。

[52] [但是，让我们也不要……行罪更多以使得宽恕变得更大]　也许是指《罗马书》(6：1—2)，之中保罗写道："这样，怎么说呢？我们可以仍在罪中，叫恩典显多吗？断乎不可。"也可参看《罗马书》(3：7—8)。

[53] [神圣的家]　参看前面的相关注释。

[54] [让世界与你和解]　参看前面对"为世界的罪……给出的和解之献祭"的注释。另见《哥林多后书》(5：19)，保罗写道："这就是神在基督里叫世人与自己和好，不将他们的过犯归到他们身上。并且将这和好的道理托付了我们。"

[55] [星辰在宣示你的尊荣]　也许指向《诗篇》(148：3) "日头月亮，你们要赞美他。放光的星宿，你们都要赞美他。"和 (148：3) "愿这些都赞美耶和华的名。因为独有他的名被尊崇。他的荣耀在天地之上。"。

[56] [记忆之餐食]　亦即圣餐。参看前面关于圣餐立约的相关注释。

455

VII 《路加福音》(24∶51)[1]

祈 祷

你，从天上降临[2]以把祝福带给堕落的人类的你；你，在贫困与卑微之中，不为人所认，被叛卖，被嘲辱，被定罪，——但却祝福着地行走在大地上的你；在你重新升天的时候正祝福着地离开了你的自己人[3]的你，我们的拯救者和赎罪者，愿你也祝福这些今天在这里聚集的人们，祝福他们对为记念你的神圣圣餐礼[4]的参与。哦，如果没有这祝福，那么在每次餐食的时候就总会缺少什么；如果没有你的祝福，这神圣的恩典餐食[5]又会是什么呢，那样的话，它就根本不存在，因为它其实就是祝福之餐食[6]！

《路加福音》(24∶51)："正祝福的时候，他就离开他们，被带到天上去了"[7]。

"在祂祝福他们的时候，祂离开了他们。"这些话包含了关于祂的升天的叙述，祂与他们分离，并且"被带到天上去了"(路加福音24∶51)[8]；"有一朵云彩把祂接去，便看不见祂了"（使徒行传1∶9)[9]，但是那祝福则被留下了；他们再也不会看见祂，但是他们感觉到那祝福；"他们定睛望天"（使徒行传1∶10)[10]，因为祂祝福着地离开了他们。但是，祂当然一直是以这样的方式离开祂的自己人[11]，祝福着地；哦，祂也一直是以这样的方式走向祂的自己人的，祝福着地；哦，祂也一直是以这样的方式与祂的自己人在一起的，祝福着地。祂不以别的方式离开什么人，除非是这个人自己可怕地承担起对此的责任。正如那个与上帝角斗过的犹太民族的祖先说"你不给我祝福，我就不容你去"[12]；以同样的方式，祂说类似的"若不祝福你，我就不会离开你，而每次你重新与我相会，我都不会不祝福你而离开你"。在这些为了与祂相会而今天在这里聚集起来的人们从这一相会回家的时候，这时，我们就愿他们得到祝福[13]；因为对此我们是确定的：在他们离开祂的时候，或者在祂离开他们的时候，这时，祂是祝福了他们的。

专注的听众！不管一个人要做什么，不管这工作是伟大而意义深远的，抑或是卑微而无足轻重的，如果上帝不祝福的话，那么他就什么都做不了。如果上帝不祝福，建筑师傅工作徒劳[14]，如果上帝不祝福，智者深思徒劳，如果上帝不祝福，富人集聚盈余的财富徒劳；因为这是在最初正如在最终，如果你有盈余富足，那使得人满足的是祝福[15]，并且，那使得贫困变成富足的是祝福。但是，这不也是真的：若没有上帝祝福，任何工作都不会成功或者有进展？哦，我们常常看见"人的[16]事业"得到成功，甚至是非凡的成功，尽管上帝肯定没有祝福这事情。是的，这确是如此，因此我们必须说，那只是为了让那事业，在人的角度上说，得到成功，而想要具备上帝的祝福作为帮助的人，他不是以一种够格的方式祈祷，他自己并不知道他所祈祷的是什么，或者，他甚至放肆得想要让上帝应当事奉他而不是他应当事奉上帝。不，祝福本身是好东西；它是那唯一不可少的[17]，比所有幸福都更无限地荣耀而至福。什么是祝福？祝福是，上帝对于"一项事业被从事"的同意，而这事业就是人祈求上帝祝福的。"他祈求祝福"意味了什么？这意味了：他把自己和自己的事业奉献给了"事奉上帝"——这样，在人的角度说不管是不是成功、不管有没有进展，都是无所谓的。因此我们必须说，每一项与上帝有关的事业，如果上帝不祝福它，都是徒劳的；因为只有通过"上帝祝福它"，它才是一项与上帝有关的事业。

确实，这样每一项事业都可以是也应当是一项与上帝有关的事业；但这在越是决定性的意义上是一项与上帝有关的事业，一个人越是清楚地意识到他所着手的是一项与上帝有关的事业，他也就带着越大的清晰性并且越深刻地感觉到：他需要祝福；如果上帝不祝福它，那么它就是徒劳的。比如说，做祷告是一项与上帝有关的事业；但是，对于那祷告者来说最直接地进入他头脑的想法难道不也是"上帝祝福他的祷告"吗，——他首先想的不是上帝会准许他的欲求，而是上帝会祝福他的祷

457

告，这样他这祷告就会是或者会成为正确的祷告？一个人祷求的是什么？是祷求祝福，——但最首要的是祷求对"去祷告"的祝福和对"能够祷告"的祝福。上主的家，是一个与上帝有关的事；但是难道这岂不是最临近的想法；这会成为祝福！一个人在上帝之家中寻找什么？祝福，——但因而首先是，上帝想要，如虔敬的话所说，祝福他的进入[18]。你要做的是一个与上帝有关的行为，这一点变得越是明确，在同样的程度上，对祝福的需要对你来说也变得越清晰；因为你越多地让自己与上帝相关，"你自己所能够做的事情有多么地少"这一点就越清晰。如果你尽全心尽全力地[19]让自己与上帝有关，这样，你完全清楚地明白：你自己根本一无所能；这一点也就变得越清晰：你完全地需要祝福。

但是，领受圣餐当然是在最严格的意义上的神圣行为，一项与上帝有关的事业。你领圣餐，——你们今天是为做出这一神圣的行为而聚在一起；你为与祂相遇而领圣餐，祂——你因每次与他[20]分开而更思慕的祂。但是，如果你作为人在上帝面前是乌有，因而完全是急需着地——在圣餐桌前，作为罪人，相对于和解者，比乌有更微不足道，这样，你就越是深刻地感觉到对祝福的需要。在圣餐桌前你一无所能。然而恰恰是在这圣餐桌前，有着关于"辜与罪的圆满清偿"、关于"你的辜和你的罪"的讲说[21]。这样，"你有能力做什么事情"的需求就越是变得更大；在你其实却是一无所能的时候，这[22]就越是成为必要，因此也就越明了，并且你就越深刻地明白你的所能比无能更少，但对于祝福的需要却因而越清晰，或者说，你明白这需要就是一切。在圣餐桌前你一无所能。圆满的清偿已作，但却是由另一个人作出；牺牲已献，但却是由另一个人献出；和解已确立，是通过那和解者；因而这一点就越是明确：祝福是一切并且做一切。在圣餐桌前，你所能比无能更少。正是在圣餐桌前，你是那处于罪之债中的人，你是那通过罪而被与上帝分开了的人，你是那如此无限远的人[23]，你是那违犯了一切的人，你是那不敢站出来的人；另一个人是偿还这债的人，另一个人是建立出这和解的人，另一个人是带你靠近上帝的人，另一个人是为重建一切而受难并死去的人；另一个人是为你而站出来的人。如果你在圣餐桌前哪怕能够做一丝一毫，甚至只是"能够自己站出来"，那么你就会打扰一

第四部分　在星期五圣餐礼仪式上的讲演

切、阻碍和解、使得圆满清偿成为不可能。在圣餐桌前，就如同对那个在风暴中向上天祈求拯救的不敬神者所说的："无论如何不要让神知道你在场"[24]；一切都在于有另一个人在场，上帝看着这另一个人而不是看着你，你能够信托——因为你自己只是退隐——的这另一个人。因此，祂在圣餐桌前是祝福着地在场的，祂，这曾祝福着地离开祂自己的人的祂，祂，"你就像'在祂祝福婴儿时这婴儿与祂发生关联[25]'一样地让自己与祂有关系"的祂，祂，你的拯救者与和解者。你不能把祂当作同工者而在圣餐桌前遇会祂，就如同你完全能够在你的作为之中作为同工与上帝相遇[26]。相对于和解而言的"基督之同工"是你所不能作的，哪怕以最含糊的方式来理解，你也绝不能。债务完完全全是你欠下的债务，圆满清偿则完完全全是他在偿还这债务。这一点是越来越明了的：祝福是一切。什么是祝福？祝福是上帝所做的事情；上帝所做的一切，这就是祝福；这一部分的作为（相对于这作为而言你将自己称作是上帝的同工），这上帝所做的部分就是祝福。但是在圣餐桌前，基督就是祝福。和解之神圣的作为是基督的作为，人相对于这作为所能做的只是比乌有更少的事情；因而祝福就是一切；但是若这作为是基督的作为，那么基督当然就是祝福。

　　在圣餐桌前你根本就是什么都做不了，甚至都不能做这，哪怕是"坚持关于'你的毫无价值'的想法"和"在这想法之中使得你自己变得能够接受祝福"。或者，难道你敢吗，哪怕这是你走向圣餐桌的最后一瞬间，难道你敢吗，甚至只是相对于那"认识这'自己的无价值'"的想法，难道你敢为自己担当、敢信靠你自己而认为"你自己会有能力去拒斥一切干扰的因素，拒斥每种回忆之令人焦虑的，哦，各种从背后伤害的想法[27]，拒斥每一种突然醒来的转向针对你自己的不信任——就仿佛你仍尚未有足够的准备，拒斥每一种关于'你自己内心中的安全'的最飘忽的幻觉"吗？唉，不，你根本就是一无所能，甚至都不能够以一己之力来保持让你的灵魂停留在意识的锋尖上，以至于你完完全全地需要恩典和祝福。正如在摩西祈祷的时候，有另一个人支撑着他[28]，同样，在圣餐桌前你必须有祝福支持，在你要接受祝福的时刻，它必定在它被转达给你的同时环拥着地支撑住你。圣餐桌旁在场的牧师，他不能够向你转达祝福，也不能够支持你；只有祂能够，自己

459

亲身在场的祂，"不仅仅是转达者、而是圣餐桌前的祝福"的祂。祂自己在场；在饼被掰开的时候，祂祝福这饼[29]，在那被递给你的杯子里的，是祂的祝福[30]。但那受祝福的不仅仅是各种礼物，不，圣餐本身就是祝福。你不仅仅是享用着受了祝福的饼和葡萄酒，在你享用饼与葡萄酒之时，你也是享用着这祝福，这则是严格意义上的主餐。只有立约定出这餐的祂，只有祂能够准备出这餐[31]，——因为，在圣餐桌前，祂就是祝福。

看，因此祂在圣餐桌前伸展开自己的双臂，祂向你低下自己的头[32]，——祝福着地！祂就是以这样的方式在圣餐桌前在场。然后你又与祂分开，或者，然后祂又与你分开——但是祝福着地。愿上帝保佑：这也会对于你成为祝福！

注释：

[1]［《路加福音》（24∶51）］　所指句子见下文所引。另外见也许是1847年8月的日记NB2∶146："一个星期五布道的主题/路加福音24∶51.'正祝福的时候，他就离开他们，被带到天上去了。'。/这在严格的意义上是关于升天；但基督一直是以这样的方式离开人们的"（*SKS* 20，200）。

[2]［从天上降临］　指向《约翰福音》（3∶13），其中耶稣说："除了从天降下仍旧在天的人子，没有人升过天。"还有《约翰福音》（3∶31）：其中施洗的约翰说"从天上来的，是在万有之上。"

[3]［在你重新升天的时候正祝福着地离开了你的自己人］　指向《路加福音》（24∶51）："正祝福的时候，他就离开他们，被带到天上去了。"

[4]［为记念你的神圣圣餐礼］　见前面与圣餐礼有关的注释。

[5]［神圣的恩典餐食］　见"在人们去主的圣餐仪式之前的祈祷词"收于《福音基督教赞美诗》（*Evangelisk – christelig Psalmebog* s. 614—616）："主耶稣基督（……）你将出于恩典使得我够格去你桌前和天上的餐食，你的爱的和恩典的杯子，在上面为我斟满"（614页）。

[6]［祝福之餐食］　也许是指《哥林多前书》（10∶16），也参看《路加福音》（24∶30）。

[7]［《路加福音》（24∶51）："正祝福的时候，他就离开他们，被带到天上去了"］　引自《路加福音》（24∶51）。

[8]［"被带到天上去了"（路加福音24∶51）］　见前面注释。

第四部分　在星期五圣餐礼仪式上的讲演

［9］［"有一朵云彩把祂接去，便看不见祂了"（使徒行传1：9）］　引自《使徒行传》（1：9）："说了这话，他们正看的时候，他就被取上天，有一朵云彩把他接去，便看不见他了。"

［10］［"他们定睛望天"（使徒行传1：10）］　引自《使徒行传》（1：10）："当他往上去，他们定睛望天的时候，忽然有两个人，身穿白衣，站在旁边"。

［11］［祂当然一直是以这样的方式离开祂的自己人］　见日记NB2：146。

［12］［那个与上帝角力过的犹太民族的祖先说"你不给我祝福，我就不容你去"］　指向《创世记》（32：24—32）中关于雅各在夜里与上帝角力的故事。

［13］［我们就愿他们得到祝福］　指向那作为对去领受过圣餐的人的问候的固定表述："祝贺并祝福！"

［14］［如果上帝不祝福，建筑师傅工作徒劳］　指向《诗篇》（127：1）："若不是耶和华建造房屋，建造的人就枉然劳力。"

［15］［那使得人满足的是祝福］　指向《诗篇》（145：16）："你张手，使有生气的都随愿饱足！"，这一句在路德小教理问答中被用到了餐桌上的祷告之中。

［16］"人的（menneskelige）"，就是说"人的意义上的"、"人性意义上的"、"世人的意义上的"、人之常情的；不同于"神圣的"、"神圣意义上的"、永恒的或者上帝的。

［17］［那唯一不可少的］　指向《路加福音》（10：41—42），耶稣说："马大，马大，你为许多的事，思虑烦扰。但是不可少的只有一件。"

［18］［上帝想要，如虔敬的话所说，祝福他的进入］　也许是指向受洗仪式，按仪式规范，牧师说："上帝保佑你进你出，从今时直到永远！"见《丹麦圣殿规范书》（Forordnet Alter – Bog for Danmark, Kbh. 1830 [1688], ktl. 381, s. 246）。也参看《诗篇》（121：8）。

［19］［尽全心尽全力地］　指向《马太福音》（12：30）中的爱的诫命。

［20］这个"他"是指耶稣，但第一个字母是小写。

［21］［在这圣餐桌前，有着关于"辜与罪的圆满清偿"……的讲说］　指向圣餐礼仪式之后的遣散词。见前面对"也圆满地偿还了我的罪"的注释。

［22］这个"这"就是指"你有能力做什么事情"。

［23］［你是那如此无限远的人］　指向《路加福音》（18：9—14）之中耶稣的比喻，其中说到"那税吏远远地站着"（13）。

［24］［对那个……不敬神者所说的"无论如何不要让神知道你在场"］　指向一句据说是希腊七贤中的一个毕阿斯所说的话，在第欧根尼·拉尔修的哲学史第一卷第五章第86段中有记录："他曾有一次与一些鄙视神的人们一同出海，这些人在船处于危险中的时候祈求诸神；闭嘴，他说，诸神不该感觉到你们是在这船

461

上"。

　　[25]［在祂祝福婴儿时这婴儿与祂发生关联］　　指向《马可福音》（10：13—16）中的故事："有人带着小孩子来见耶稣，要耶稣摸他们，门徒便责备那些人。耶稣看见就恼怒，对门徒说，让小孩子到我这里来，不要禁止他们。因为在神国的，正是这样的人。我实在告诉你们，凡要承受神国的，若不像小孩子，断不能进去。于是抱着小孩子，给他们按手，为他们祝福。"

　　[26]［就是说，你不能如同"你完全能够在你的作为之中作为同工与上帝相遇"那样地把他当作同工者而在圣餐桌前遇会他。在你的作为之中作为同工与上帝相遇］　　保罗在哥林多的前后两封信中都使用了上帝的"同工"这个表达。《哥林多前书》（3：9）和《哥林多后书》（6：1）。

　　[27]［各种从背后伤害的想法］　　指向第三部分"从背后伤害的一些想法——作为陶冶"。

　　译者说明：这里其实是"拒斥每种回忆之令人焦虑的各种从背后伤害的想法"，但作者插入了一声叹息"哦"，所以句子有断裂。

　　[28]［摩西祈祷的时候，有另一个人支撑着他］　　指向《出埃及记》（17：8—13）："那时，亚玛力人来在利非订，和以色列人争战。摩西对约书亚说，你为我们选出人来，出去和亚玛力人争战。明天我手里要拿着神的杖，站在山顶上。于是约书亚照着摩西对他所说的话行，和亚玛力人争战。摩西，亚伦，与户珥都上了山顶。摩西何时举手，以色列人就得胜，何时垂手，亚玛力人就得胜。但摩西的手发沉，他们就搬石头来，放在他以下，他就坐在上面。亚伦与户珥扶着他的手，一个在这边，一个在那边，他的手就稳住，直到日落的时候。约书亚用刀杀了亚玛力王和他的百姓。"

　　[29]［在饼被掰开的时候，祂祝福这饼］　　在新约关于耶稣圣餐立约的描述中，他不是祝福这饼，而是在掰开之前祝谢，这叙述在圣餐建制之中被再现出来（见前面的相关注释）。在这里，也许是指《路加福音》（24：13—32）中的叙述："正当那日，门徒中有两个人往一个村子去，这村子名叫以马忤斯，离耶路撒冷约有二十五里。他们彼此谈论所遇见的这一切事。正谈论相问的时候，耶稣亲自就近他们，和他们同行。只是他们的眼睛迷糊了，不认识他。耶稣对他们说，你们走路彼此谈论的是什么事呢？他们就站住，脸上带着愁容。二人中有一个名叫革流巴的，回答说，你在耶路撒冷作客，还不知道这几天在那里所出的事吗？耶稣说，什么事呢？他们说，就是拿撒勒人耶稣的事。他是个先知，在神和众百姓面前，说话行事都有大能。祭司长和我们的官府，竟把他解去定了死罪，钉在十字架上。但我们素来所盼望要赎以色列民的就是他。不但如此，而且这事成就，现在已经三天了。再者，我们中间有几个妇女使我们惊奇，她们清早到了坟墓那里。不见他的身

第四部分　在星期五圣餐礼仪式上的讲演

体，就回来告诉我们说，看见了天使显现，说他活了。又有我们的几个人，往坟墓那里去，所遇见的，正如妇女们所说的，只是没有看见他。耶稣对他们说，无知的人哪，先知所说的一切话，你们的心，信得太迟钝了。基督这样受害，又进入他的荣耀，岂不是应当的吗？于是从摩西和众先知起，凡经上所指着自己的话，都给他们讲解明白了。将近他们所去的村子，耶稣好像还要往前行他们却强留他说，时候晚了，日头已经平西了，请你同我们住下吧。耶稣就进去，要同他们住下。到了坐席的时候，耶稣拿起饼来，祝谢了，掰开，递给他们。他们的眼睛明亮了，这才认出他来。忽然耶稣不见了。他们彼此说，在路上，他和我们说话，给我们讲解圣经的时候，我们的心岂不是火热的吗？"也参看《马太福音》（14：19）。

[30]［在那被递给你的杯子里的，是祂的祝福］　指向《哥林多前书》（10：16），其中保罗说："我们所祝福的杯，岂不是同领基督的血吗？我们所掰开的饼，岂不是同领基督的身体吗？"

[31]［只有祂能够准备出这餐］　也许是说，圣餐按《马可福音》（14：15）是由使徒们准备的。也参看《希伯来书》（10：5）。

[32]［祂在圣餐桌前伸展开自己的双臂，祂向你低下自己的头］　参看前面对"他张开自己的双臂说：来这里，来我这里……他打开自己的怀抱"的注释。

463

"大祭司"——"税吏"——"女罪人"[1]

在星期五圣餐礼仪式上的三个讲演[2]

索伦·克尔凯郭尔

哥本哈根

大学书店 C. A. 莱兹尔出版

毕扬科·鲁诺的皇家宫廷印书坊印刷

1849

前　言

"那个单个的人，我带着欣喜和感恩将之[3]称作我的读者[4]"，愿他接受这礼物。固然"给予"比"接受"更有至福[5]；但是，若事情是如此，那么，给予者就恰恰在某种意义上是需求者，需求着那"去给予"的至福；如果事情是如此，那么，那接受者，他的善举当然就是最大的善举，——这样，"接受"其实就还是比"给予"更有至福。

愿他接受它！我第一次，在我发送出那本（参看1843年的两个陶冶性的讲演的前言[6]）被与——并且也最好是能够被与——"在大森林的遮掩之下的一朵无足轻重的小花"[7]作比较的小书[8]的时候，我在那一次以为自己看见的那情景，我再一次看见它，"那只被我称作是我的读者的鸟怎样突然地看见了它，展翅俯冲下来，摘下它，将它带回自己家"[9]；或者从另一方面，在另一个比喻之中，我再次看见我那次所看见的情景，这本小书是怎样"在一条孤独的道路上行走，或者，孤独地走在所有人行走的康庄大道上，……直到它最终遇上了那个单个的人——我将之称作我的读者的，它所寻找的、它就仿佛是向之伸展出自己的双臂的那个单个的人"[10]；就是说，我曾看见并且正看见这本小书被那个它所寻找并且也寻找它的单个的人接受。

1849年9月初[11]。
S. K.

克尔凯郭尔讲演集（1848—1855）

注释：

　　[1]［"大祭司"——"税吏"——"女罪人"]　　关于这三个讲演与假名约翰纳斯·克利马库斯和安提—克利马库斯间的关系，见1849年十月的日记NB13：79，其中克尔凯郭尔写道："关于三个讲演（大祭司、税吏、女罪人）/现在它们被送去了印刷坊。/1）一个驻息点是我必须有的；但一个假名是我不能在之上驻息的；它们对应于安提—克利马库斯；以及这处境：在星期五圣餐礼仪式上的几个讲演一了百了地被选为所有作品的驻息点。/2）既然人们现在正在拉出我的假名（克利马库斯），那么，要去指向那陶冶的方向，这就很重要。/再一次，治理［说明1］是多么有爱心，我所需要和将要使用的东西总是就绪地在那里。/3）'前言'让人回想起1843年的陶冶讲演；因为对于我来说这一点是很重要的：我马上是作为宗教作家而开始；这对于重复［说明2］是很重要的"，SKS 22，322，可参看对之的注释。《致死的疾病》于1849年7月30日出版（详见tekstredegørelsen，s. 121），这本在10月29日被送交印刷坊的《大祭司、税吏、女罪人》则在1849年11月14日出版（详见tekstredegørelsen，s. 253）。

　　译者对引文的说明：

　　［说明1］"治理"亦即"上帝的治理"。参看《巴勒的教学书》第二章"论上帝的作为"第二段"《圣经》中关于上帝的眷顾以及对受造物的维持"，§3："作为世界之主和统治者的上帝，以智慧和善治理，世上所发生的任何事情，因而那善的和那恶的都获得他认为是有用的结果"，§5："在生活中与我们相遇的事物，不管是悲哀的还是喜悦的，都是由上帝以最佳的意图赋予我们的，所以我们总是有着对他的统管和治理感到满意的原因。"

　　［说明2］这个"重复"所用的单词是外来语的Repetitionen，而不是丹麦语"重复：Gjentagelsen"。

　　[2]［在星期五圣餐礼仪式上的讲演]　　在克尔凯郭尔的时代，每个星期五的九点钟在哥本哈根圣母教堂举行忏悔仪式和圣餐礼。在忏悔仪式中的忏悔讲演之前也会有一段简短的布道，在这里被克尔凯郭尔称作是"讲演"，介于忏悔仪式和圣餐礼之间。克尔凯郭尔自己在圣母教堂的星期五圣餐礼仪式上作过三次布道，第一次是1847年7月18日，关于《马太福音》（11：28），第二次是1847年8月27日，关于《约翰福音》（10：27），第三次是1848年9月1日，关于《约翰福音》（12：32）。这些布道词一部分被收入《基督教讲演》作为之中第四部分"在星期五圣餐礼仪式上的讲演"的第二和第三个讲演，一部分被作为安提—克利马库斯的《修习于基督教》（1850年）的第三部分"从至高他将把一切吸引向自己。一

"大祭司"——"税吏"——"女罪人"

些基督教的演绎"的第一篇。

[3] 这个"之"就是指"那个单个的人"。

[4]［那个单个的人，我带着欣喜和感恩将之称作我的读者］ 引自《两个陶冶性的讲演，1843年》的前言（见《克尔凯郭尔文集》第八卷《陶冶性的讲演集》第5页）。类似的表述方式也出现在1843年的另两个陶冶性的讲演集的前言、1844年的三个陶冶性的讲演集的前言、1845年的三个想象场合讲演的前言（见《克尔凯郭尔文集》第八卷《陶冶性的讲演集》）、1847年的《不同精神中的陶冶性的讲演集》的第一部分"一个场合讲演"的前言和第二部分"我们向原野里的百合和天空下的飞鸟学习什么"的前言以及《原野里的百合和天空下的飞鸟》（见中国社科版《克尔凯郭尔文集》第八卷《陶冶性的讲演集》）的前言之中。

丹麦语的指示代词"那个（hin）"通常是指向一个在前文中提及过或者已被认识了的人、事件或者对象。在克尔凯郭尔的日记中有很多地方提及了，他在这里所想到的是一个很确定的人，瑞吉娜·欧伦森（克尔凯郭尔与欧伦森在1840—41年期间曾一度订婚并解除婚约）。

当然，尽管"那个单个的人"所指在作者的意识中是一个"她"，但作为代词出现的时候，作者在文字之中所用的人称代词却是"他"。

[5]［给予比接受更有至福］ 指向《使徒行传》（20：35），保罗在之中对以弗所人说："我凡事给你们作榜样，叫你们知道，应当这样劳苦，扶助软弱的人，又当记念主耶稣的话，说，施比受更为有福。"

[6]［参看1843年的两个陶冶性的讲演的前言］ 参看《两个陶冶性的讲演》（1843年。哥本哈根）的前言（见社科版《克尔凯郭尔文集》第八卷《陶冶性的讲演集》第5页）。

[7]［在大森林的遮掩之下的一朵无足轻重的小花］ 对《两个陶冶性的讲演，1843年》的前言中"它站在那里，像一朵无足轻重的小花，在大森林的遮掩之下"的随意引用（见社科版《克尔凯郭尔文集》第八卷《陶冶性的讲演集》第5页）。

[8]［这本……小书］ 《两个陶冶性的讲演，1843年》的前言（见上一个注释）是以这样的句子开始的："尽管这本小书（……）"（见社科版《克尔凯郭尔文集》第八卷《陶冶性的讲演集》第5页）。

[9]［那一只被我称作是我的读者的鸟怎样突然地看见了它，展翅俯冲下来，摘下它，将它带回自己家］ 对《两个陶冶性的讲演，1843年》的前言中"那只被我称作是"我的读者"的鸟是怎样突然地看见了它，展翅俯冲下来，摘下它，

469

将它带回自己家"的随意引用（见社科版《克尔凯郭尔文集》第八卷《陶冶性的讲演集》第 5 页）。

［10］［在一条孤独的道路上行走……它就仿佛是向之伸展出自己的双臂的人］
对《两个陶冶性的讲演，1843 年》的前言中"这样，我看见了，它到底是怎样在一条孤独的道路上行走的，或者，是怎样孤独地走在所有人行走的康庄大道上的。在一些个误解之后，因为被倏然飘过的相同性欺骗，它最终遇上了那个单个的人，我带着欣喜和感恩将之称作我的读者，那个单个的人，它所寻找的人，它就仿佛是向之伸展出自己的双臂，……"的随意简化的引用（见社科版《克尔凯郭尔文集》第八卷《陶冶性的讲演集》第 5 页）。

［11］1849 年 9 月初　　在草稿和印刷校样中，克尔凯郭尔都是首先写了 49 年 9 月 10 日，然后把 10 改成 8（见 tekstredegørelsen, s. 272）。这里是指向克尔凯郭尔与瑞吉娜·欧伦森的订婚。克尔凯郭尔在"我与'她'的关系。／49 年 8 月 24 日。／某种诗性的东西"之中回顾性地描述了自己与她的关系（见 *SKS* 19, 431—445, Notesbog 15）。在这里，他叙述说，他在 1849 年 9 月 8 日向瑞吉娜·欧伦森求婚，他在两天之后，9 月 10 日下午得到了她肯定的回答（Not15：4／ *SKS* 19, 433, 19—434, 9）。对这婚约最终的取消发生在 1841 年 10 月 12 日（比较 Not15：4／ *SKS* 19, 435f. 以及 1849 年 11 月的 NB14：44. a 的页边上的记录，也参看对之的注释）。另外，参看 NB14：44. g 的页边上的记录："如果这是可能的话，那么，与'她'的和解就会与三个讲演（大祭司、税吏、女罪人）同时发生，这些讲演在前言之中——为对全部作品的重述［说明 1］的缘故——包含了对 1843 年两个陶冶性的讲演的前言的重复［说明 2］，我知道，她当时是阅读了这文本的"（*SKS* 22, 370*m*）。

译者对引文的说明：

［说明 1］这个"重述"所用的单词是外来语的 Repetitionen，而不是丹麦语"重复：Gjentagelsen"。

［说明 2］这个'重复'所用的单词是丹麦语"Gjentagelsen"。

I[1]　《希伯来书》（4：15）[2]

祈　祷

如果不是走向你，我们该走向哪里，主耶稣基督[3]！如果不是在你这里，痛苦者该去哪里找到体恤呢，如果不是在你这里，唉，悔过者该去哪里找到体恤呢，主耶稣基督！

―――――――――

《希伯来书》（4：15）：因我们的大祭司，并非不能体恤我们的软弱。他也曾凡事受过试探，与我们一样。只是他没有犯罪。

―――――――――

我的听者，不管你是自己曾是，可能正是，一个痛苦者，抑或你曾认识了痛苦者，也许有着最美的意图想要去安慰，你肯定常常听见这说法，这痛苦者的普遍的抱怨，"你不理解我，哦，你不理解我，你不置身于我的位置；如果你在我的位置上，如果你能够置身于我的位置，如果你能够完全地置身于我的位置，因而也就是完全地理解我，那么你就会以另一种方式说话了"。你会以另一种方式说话，这按照痛苦者的意思就是说，你也会认识到并且明白：不存在任何安慰。

因而这是那抱怨；痛苦者几乎就总是在抱怨，那想要安慰他的人不置身于他的位置。固然这痛苦者也一直在某种意义上是对的；因为没有任何人会完全地体验与另一个人完全相同的东西，即使事情是如此，对各自不同的每一个人来说，这就是普遍而共有的局限：无法完全地置身于另一个人的位置，即使是有着最好的意愿也无法完全地像另一个人那样地去感受、感觉和考虑。但在另一种意义上痛苦者仍是不对的，若他想要认定这应当是意味了"对痛苦者不存在安慰"；因为这也可以是意味了：每个痛苦者都应当试图在自己身上寻找安慰，这就是说，在上帝那里找到安慰。"一个人要能够在另一个人那里找到完全的安慰"，这根本就不是上帝的意愿；相反，"每一个人都应当在他那里寻找这安慰，在其他人向他提供的安慰依据变得对他来说是淡然无味的时候，他于是就去按着圣经上的话'要在你们自己这里有盐并且彼此和睦[4]'，去寻向上帝"，这才是上帝愉悦的意愿。哦，你这痛苦者，哦，你这也许是真诚而善意地想要安慰的人；还是不要在相互间打无用的仗吧[5]！你这体恤者，通过不去要求"能够完全地让你置身于另一个人的位置"来展示你真正的体恤吧；你这痛苦者，通过不向另一个人要求那不可能的事情来展示真正的审慎吧；——然而却有一个人，他能够完全地置身于你的，正如他能够完全地置身于每一个痛苦者的位置：主耶稣基督。

　　这些被宣读出的神圣词句就是谈论关于这个。"因我们的大祭司，并非不能体恤我们的软弱"，这就是说，我们有着一个这样的能够体恤我们的脆弱的人；继续，"他也曾凡事受过试探，与我们一样"。就是说，这是"能够有真正的体恤"的条件；——因为无经验者和未受考验者的体恤是误解，是一种在最通常的情况下对痛苦者或多或少构成厌烦或者伤害的误解，——这是条件：以同样的方式经受过考验。如果事情是如此，那么一个人就也能够完全地置身于痛苦者的位置；并且，在一个人以同样的方式在所有事情之中经受了考验的时候，那么，他就能够完全地置身于每一个痛苦者的位置。我们有着一个这样的大祭司，祂能够具备体恤。并且，祂必定会具备体恤，你可以由此看出这一点：祂以同样的方式在所有事情之中经受了考验，这是因为体恤；体恤当然就是那决定了祂来临于世界的东西；为能够具备真正的体恤，祂，这个"完全地能够置身于并且已完全地置身于你的、于我的、于我们的处境"的祂，祂按照自由选择以同样的方式在所有事情之中经受了考验，这再次是体恤。

　　这就是我们在这预留出的短暂瞬间里将要谈论的东西[6]。

　　基督完全地置身于你的位置。祂是神并且成为人[7]，——他[8]就是以这样的方式置身于你的位置。这就是说，这是真正的体恤所想要

"大祭司"——"税吏"——"女罪人"

的,它想要完全地置身于痛苦者以便能够真正地安慰。但这也是人类的体恤所无法做到的;只有神圣的体恤能够做到这一点——并且上帝成为人。祂成为人;并且祂成为那在所有、所有人中无条件地承受最多苦难的人;从来就不曾有,从来就不会也无法会有一个将如祂般受苦难的人出生。哦,在祂的体恤面前有怎样的安全感啊,哦,给出一种这样的安全感是怎样的一种体恤啊!祂体恤地向所有痛苦者张开双臂;到这里来,祂说,你们所有劳苦担重担的人[9];到我这里来,祂说;祂为祂所说的东西做担当,因为祂——这是第二次邀请——祂无条件地是那承受最多苦难的人。如果人类的体恤敢于去承受与那痛苦者几乎同样多的痛苦,那么这就已经是伟大的了;而出于体恤,为了保证安慰,去承受比那痛苦者所受更无限多的痛苦,这是怎样的体恤啊!人类的体恤通常总是颤栗地退缩,最好是同情地停留在安全的海岸边;或者,如果它是敢于冒险出去,它也仍还是不愿到达那如此远、远得如痛苦者所在的地方;而出到更远处,这是怎样的体恤啊!你这痛苦者,你要求什么?你要求体恤者要完全地置身于你的位置;而祂,体恤者,祂不仅仅是完全置身于你的位置,祂会去承受比你所受无限地更多的痛苦!哦,"体恤让自己稍有保留",对于一个痛苦者,有时候这看起来也许,令人沮丧地,几乎像是叛卖;但在这里,在这里这体恤在你的背后,是在那无限地更大的痛苦之中!

你这痛苦者,不管你在哪里,祂都置身于,祂都能够完全地置身于你的位置。——这是现世和尘俗的忧虑、贫困、为生计愁苦以及属于这类的事情吗:祂也承受饥渴之苦[10],并且恰是在祂的生命中那些艰难的瞬间,祂还在精神上搏斗着,在沙漠中,在十字架上;就日常需用,祂所拥有的并不比原野上的百合与天空下的飞鸟所拥有更多[11]——哪怕是最穷的人也还是拥有如此之多!而祂,被生在马厩里、包在布中、放在马槽中[12]的祂,在祂一生之中没有东西可让祂枕头[13]——哪怕是无家可归的人也还是有如此之多的避身处!难道祂会无法置身于你的位置而理解你吗!——或者这是伤心之悲吗:祂也曾有过一些朋友,或者更确切地说,祂曾认为有过这些朋友;但是,随后在决定时刻到来的时候,他们全都离开了祂[14],不,还不是全部,有两个留下的,一个出卖了祂[15],另一个不认祂[16]!祂也曾有过一些朋友,或者祂曾认为有

473

过这些朋友，他们如此亲近地围拢向祂，甚至他们为了谁将坐上祂右边和谁将坐上祂左边的位子而争执[17]，直到决定时刻到来，而祂，不是被提高到宝座上，而是被举到了十字架上[18]；这时，两个盗贼被强迫进入了在祂右边的空位和祂左边的空位[19]！难道你不认为祂会完全地置身于你的位置吗！——或者，这是不是对世界之恶、对"你和'那善的'不得不承受怎样的对抗"的悲哀，如果这本来只是完全很明确的，那想要"那善的和真的"的其实是你？哦，在这方面，你，一个人，肯定是不会敢拿自己去与祂作比较的，你一个罪人，肯定是不会敢拿自己去与祂作比较的，祂，那神圣者，祂首先经历了这些苦难，——于是你至多能够类似于祂那样地受苦——并且永恒地把这些痛苦神圣化——因而，如果你本来也是类似于祂那样地受苦的话，也神圣化了你的痛苦，——祂，被鄙视[20]、被迫害[21]、被嘲辱[22]、被讥笑[23]、被唾弃[24]、被鞭打[25]、被虐待、遭酷刑[26]、被钉上十字架、被上帝离弃[27]在公众的欢呼之中被钉上十字架[28]的祂，不管你经受了怎样的痛苦，不管你是谁，难道你不认为，祂是能够完全地置身于你的位置的吗！——或者，这是不是对世界之罪与不虔诚的悲哀、对"世界处于'那恶的'之中"的悲哀、对"人类沉沦得多么深"的悲哀、对"黄金是美德、权力是正确、人众是真理[29]、唯谎言有发展、唯'那恶的'取胜、唯自爱被人爱、唯中庸受祝福、唯聪明被看重、唯折中[30]是受赞美、唯卑鄙得以成功"的悲哀！哦，在这方面，你，一个人，肯定不会敢拿你的悲哀来与祂——世界的拯救者[31]——身上的这种悲哀作比较吧，就仿佛祂会不能够完全地置身于你的位置！——每一种苦难的情形都是如此。

因此，你这痛苦者，不管你是谁，不要绝望地带着你的痛苦内闭起你自己，就仿佛根本没有人，乃至祂都不能够理解你；也不要不耐烦地大声抱怨你的痛苦，就仿佛它们是如此可怕，甚至连祂都不能够完全地置身于你的位置；不要放肆地让你进入这种虚假；记住，祂无条件地，并且是不可比拟地无条件地，是那所有痛苦者之中最痛苦的人。如果你想知道谁是那最痛苦者，那么好吧，让我来告诉你。不是那"沉默的绝望"的闷叫，并且，不是那让他人恐怖的情形：尖叫的高声决定结果，不，恰恰相反。这样的一个人，在他身上，这"他除了这'去安

"大祭司"——"税吏"——"女罪人"

慰别人'的安慰之外无条件地没有任何别的安慰"的情形——通过"他这样地去做"——真正地是真实的,这样的一个人无条件地就是最痛苦者;因为这,并且只有这,是对于"真正是没有人能够置身于他的位置,并且这是他身上的真相"这事实的真理之表达。祂,主耶稣基督的情形就是如此;祂不是一个在他人那里寻找安慰的痛苦者;这事实更不是"祂在他人那里找到安慰",更不是"祂抱怨在他人那里找不到安慰";不,祂是这样的痛苦者:祂的唯一的,无条件地就是如此,祂的唯一的安慰就是安慰别人。看,在这里你到达了各种痛苦的至高点,但也到达了各种痛苦的边界,在这里一切都翻转过来;因为祂,恰恰祂正是"那安慰者"[32]。你抱怨没有人能够置身于你的位置;你日日夜夜专注于这想法,我可以想象,你也许从来就不会想到过,你要去安慰别人;而祂,"安慰者",祂是唯一的这样的人,对于祂事情真正地就是这样:没有人能够置身于祂的位置,——多么真实啊,如果祂这样抱怨的话!——祂,"安慰者",没有人能够置身于祂的位置,祂能够完全地置身于你的和每一个痛苦者的位置。如果这"根本没有人能够置身于你的位置"是真相,那么好吧,证明它;然后,对于你只剩下一件事:自己去成为那安慰他人的人。这是能够用来证明这"没有人能够置身于你的位置"是真相的唯一证明。只要你谈论"没有人能够置身于你的位置",那么你就不是无条件地认定这一点,否则的话,你至少会沉默。但即使你沉默,只要这没有起到这样的作用,使得你让自己去安慰别人,那么你就不是无条件地认定这"没有人能够置身于你的位置";你只是沉浸在沉默的绝望之中,一再不断地专注于这想法,"没有人能够置身于你的位置",这就是说,你必定是在每一个瞬间都在让这个想法固定下来,这就是说,这想法并不是固定的,你没有无条件地认定它,这就是说,这在你心中不是完全的真相。然而,这也确实不会在任何人心中成真:没有人,无条件地,没有人能够置身于他的位置;因为正是祂,耶稣基督,没有人,不管是完全地抑或仅仅只是或多或少地,能够置身于祂的位置,正是祂,祂能够完全地置身于你的位置。

祂完全地置身于你的位置,不管你是谁,你这个在诱惑与犹疑[33]之中受考验的人,祂能够完全地置身于你的位置,"在所有事情之中以同样的方式受考验"。

正如痛苦者的情形，受诱惑者与犹疑者的情形也是如此，他也常常会抱怨，那想要安慰或者忠告或者警示他的人并不理解他，不能够完全地置身于他的位置。"如果你是在我的位置上的话"，他说，"或者说，如果你能够置身于我的位置，你就能够理解，这诱惑是以怎样恐怖的权力紧拥住我，你就能够理解，这犹疑是怎样可怕地来讥嘲我的每一个努力；那么你就会做出不一样的论断。但是你，自己对之毫无感觉的你，你倒是很容易就平静地谈论这事，很容易就利用这机会来让你自己感觉更好，因为你没有陷于诱惑之中，没有处于犹疑之下，也就是说，因为你既不曾在这样也不曾在那样的事情之中受过考验。想一下，如果你是在我的位置上！"

哦，我的朋友，不要作无用的争执吧，这只会进一步为你自己和别人加重生活的苦涩；那能够完全地置身于你的位置的人还是存在的，主耶稣基督，"他自己既然被试探而受苦，就能搭救被试探的人"（《希伯来书》2：18）；那能够完全地置身于你的位置的人是存在的，主耶稣基督，祂通过"祂在每一种诱惑之中坚持过来"[34]而真正地认识了每一种诱惑。——这是不是[35]对生计给养的担忧，并且完全从字面的最严格的意义上理解，对生计给养的担忧，这样，饥饿在威胁着：祂也曾以这样的方式受诱惑[36]；这是不是愚鲁的冒险在诱惑：祂也曾以这样的方式受诱惑[37]；这是不是你被诱惑要去脱离上帝：祂也曾以这样的方式受诱惑[38]；祂能够完全地置身于你的位置，不管你是谁。你是不是在孤独之中受诱惑：祂也曾，我们都知道，恶的灵把祂引到了孤独之中来诱惑祂[39]。你是不是在世界之困惑中受诱惑：祂也曾，其善的灵阻止祂，使祂在祂完成其爱之作为前[40]不从世界中退离。你是不是在事关"要放弃一切"的时候，在决定[41]之伟大瞬间受诱惑：祂也曾[42]；或者这是不是在下一个瞬间，你受诱惑要反悔自己牺牲了一切：祂也曾[43]。你是不是在那可能性之下晕到而受诱惑去希望"危险之现实马上就绪"：祂也曾[44]；你是不是受诱惑哀伤得去希望自己死去：祂也曾[45]。这诱惑是不是"被人类遗弃"的诱惑：祂也被诱惑[46]；它是不是那种，然而不，那样的信仰之犹疑可不曾有任何人经历过，那"被上帝离弃"的信仰犹疑[47]：然而祂就是这样地被诱惑的[48]。并且，

"大祭司"——"税吏"——"女罪人"

在每一种的方式上都是这样的。

因此你，受诱惑者，不管你是谁，不要在绝望之中默不作声，就仿佛这诱惑是超人的，并且无人能够理解它；也不要不耐烦地描绘出你的诱惑的大小，就仿佛甚至祂都无法完全地置身于你的位置！如果你想要知道，"要能够判断出一种诱惑真正有多大"真正要求的是什么，现在，让我对你说这个吧。这所要求的是：你承受住了诱惑。在这样的情况下，你才得知"这诱惑有多大"的真相；只要你在这诱惑之中没有过关，你就只知道非真相，只知道诱惑恰为去诱惑而骗你相信的"它有多么可怕"。"去向诱惑要求真相"，这就是要求得太多了；诱惑是欺骗者与撒谎者[49]，它当然提防"说真相"，因为它的权力恰是非真相。如果你想要从它那里得出"它确实有多大"的真相，那么你就必须设法成为更强者[50]，设法在诱惑之中过关；然后，你就得知真相，或者说，你就从它那里得出真相。因此，只有一个人，祂真正是完全地准确地认识到每一个诱惑的大小，并且能够完全地置身于每一个被诱惑者的位置：祂，自己在所有事物之中以同样的方式经受了考验，被诱惑，并且在每一个诱惑之中都过了关。你要当心，你越来越充满激情地描述和抱怨诱惑的大小，在这条路上，你每向前走一步，你都只是在越来越多地指控你自己。为你自己就"你屈服于诱惑"所做的一个辩护，也绝不可能以这样的方式，通过越来越夸张地描述诱惑的大小，来展开；因为你以这样的方式所说的一切，都是非真相，因为你只能够通过"在诱惑之中过关"来得知真相。也许另一个人能够帮助你，如果你想要让自己得到帮助的话，另一个"是被以同样的方式诱惑但却在诱惑之中过了关"的人；因为祂知道真相。但即使不存在另一个能够对你说出真相的人，也还仍存在着一个，祂能够完全地置身于你的位置，那在所有事物之中以同样的方式受到了考验，被诱惑，但却在诱惑之中过了关的祂。从祂那里，你能够得知真相，然而只在这样的情况下：祂看出，"想要在诱惑之中过关"是你诚实的意念（Forsæt）。然后，当你在诱惑之中过了关时，那么，你就能够完全地理解这真相。只要你还没有在诱惑之中过关，你就抱怨没有人能够完全地置身于你的位置，因为，如果你在诱惑之中过关了，那么这对于你就会是无所谓了，就不会有什么可抱怨的，即使没有人能够置身于你的位置。这一抱怨是那"处在诱惑之中的非真相"的一个发明物；这一非真相的意思是：如果有人会完全地理解你的话，那么这就必定会是一个也屈服于诱惑的人，因而你们两个人相互理解——在非真相之中。这是相互"理解"吗？不，这里有着"一切都翻转过来"的界限：只有一个，祂，能够真正完全地置身于每一个受诱惑者的位置，——并且祂之所以能够如此，只因为祂独自在每一个诱惑之中过了关。但是，哦，也不要忘记，祂能够完全地置身于你的位置。

祂完全地置身于你的位置，在所有事物之中以同样的方式被考验——但除了罪之外。因而，在这一方面[51]祂没有置身于你的位置，祂无法完全地置身于你的位置，祂，神圣者，这怎么可能！如果说那介于在天上的上帝和在地上的你之间差异是无限的，那么介于神圣者和罪人间的差异就是无限地更大的。

哦，然而在这一方面也是，尽管是以另一种方式，祂完全地置身于你的位置。因为，在祂，在和解者的苦难与死亡就是你的罪与辜的圆满清偿[52]的时候，——在它[53]是圆满清偿的时候，那么它当然就是代替你步入这位置，或者祂，这圆满清偿者，步入你的位置，在你的位置上承受着罪的惩罚——这样你就可以得救，在你的位置上为你承受死亡——这样你就可以活着[54]；难道祂不是完全地已经并且正在置身于你的位置吗？这里更是按字面意义的："祂完全地置身于你的位置"，而不是如我们在前面的文字中对此的谈论，前面只是被用来描述"祂完全能够理解你"，但同时你仍是在你的位置上而祂则在祂的位置上。但和解之圆满清偿则意味了：你让开了，祂进入你的位置；那么，难道祂不是完全地置身于你的位置吗？

这就是说，除了"一个完全地置身于你的和我的位置的替代者"之外，这"和解者"难道还会是别的什么吗；除了这"那替代者圆满清偿着地完全地置身于你的和我的位置"之外，这和解之安慰难道又会是哪一种别的安慰！这样，在那惩罚着的公正于此世上或者于彼审判中寻找这地方、这"我这罪人带着我的全部辜、带着我的许多罪所站"的地方时，——这时它碰不上我；我不再站在这地方；我离开了它；有另一个人站在我的位置上，另一个完全地置身于我的位置的人；我在得救之后站在这另一个人的身旁，在祂——我的完全地置身于我的位置的

"大祭司"——"税吏"——"女罪人"

和解者——的身旁；因此接受我的感谢吧，主耶稣基督！

我的听者，我们有着一个这样的体恤之大祭司；不管你是谁，不管你怎样受苦，祂能够完全地置身于你的位置；不管你是谁，不管你怎样受诱惑，祂能够完全地置身于你的位置；不管你是谁，哦，罪人，如我们全是的罪人，祂完全地置身于你的位置！现在你走向圣餐桌，面包被再次递给你，还有葡萄酒[55]，祂的神圣的肉和血[56]，再一次做永恒的质抵[57]：祂通过自己的受难和死亡也置身于你的位置，你在祂的身后得救，审判过后，可以进入生命，在那生命里祂再次为你预备好了地方[58]。

注释：

[1] [I] 在"星期五布道"的标题之下，克尔凯郭尔在写有日期1848年9月1日的日记NB7：14中为这个讲演写下了很完整的构思，还有附属的页边标注NB7：14.a-d。在日记的正文之中首先给出这讲演的主题"基督怎样置身于我们的位置"，然后是对内容和过程的构思："1）一个痛苦的人总是抱怨那安慰他的人不置身于他的位置。这种设身处地也是一个人相对于另一个人永远都无法完全地做到的，这里有着一种边界。但是基督做到了这个。他是上帝而成为人，因此他置身于我们的位置。他以所有的方式置身于所有痛苦者的位置。如果这是贫困和灾难，那么他也是贫穷的。如果这是耻辱等等，——他也是被鄙视的。如果这是对死亡的惧怕，——他也经受死亡之难。如果这是对死者的哀思，——他也为拉撒路而哭泣。如果这是对世界之困惑与败坏的忧伤，——他也为耶路撒冷而哭泣。//2）在一切之中受考验。他像你一样地受诱惑。在这里事情也是如此，那感受到诱惑的人说：别人不理解他，不置身于他的位置。但是基督置身于你的位置。要完成。//3）但不是罪的情形。在这方面他无法置身于你的位置。然而在完全不同的意义上他却是这样做的，基督的和解着的死亡，他为你而死，在你的位置上遭受罪的惩罚"（*SKS* 21，83f.）。前两个页边记录是联系到构思中的第一点。14a是："他能够对我们的脆弱有怜悯，——因为他在一切之中以同样的方式经受了考验（这是怜悯的条件），并且他会对我们的脆弱有怜悯，因为恰恰是为了能够有怜悯，他根据他自愿的定性在一切之中以同样的方式经受了考验"，（s.83m）。14.b："是的，他也在一种意义上不仅仅只是置身于我们的位置；因为，在一个人已是富有的时候变得贫困、在一个人已是幸福的时候变得不幸，这是最沉重的事情；任何人都不像这样的一个人那样在如此的变换之中受考验；是上帝并且成为一个卑微的仆人，从天上降临到地上"（s.83m）。第三和第四个页边记录是联系到构思中的第三点。

14c 是:"3)他完全地置身于你的位置,在所有事情之中以同样的方式经受考验——不过除了罪之外",(s. 84m)。14. d:"在那惩罚性的公正在此在世界中或者在彼在审判之中寻找这'我这罪人带着所有我的辜、带着我的许多罪站立的位置'时,它碰不上我;我不再站在这个位置上,我离开了这位置;有另一个人代我站在我的位置上;我得救站在这另一个人的旁边,他,我的和解者,置身于我的位置的他;因此接受我的感谢吧,主耶稣基督。/在这里考虑让这讲演在本质上是结束了;然后只是几句对那些正要领受圣餐的人说的话"(s. 84m)。

[2] [《希伯来书》(4:15)] 见下一页对《希伯来书》(4:15)的引用。

[3] [我们该走向哪里,主耶稣基督] 指向《约翰福音》(6:68);在耶稣的许多门徒离开他之后,他问十二门徒他们是不是也要离开西门彼得回答他说:"主阿,你有永生之道,我们还归从谁呢?"

[4] [要在你们自己这里有盐并且彼此和睦] 引自《马可福音》(9:50),其中耶稣对十二门徒说:"盐本是好的,若失了味,可用什么叫它再咸呢?你们里头应当有盐,彼此和睦。"

[5] [不要在相互间打无用的仗吧] 也许是联系到《提摩太后书》(4:7)之中保罗所写的"那美好的仗我已经打过了。当跑的路我已经跑尽了。所信的道我已经守住了",也参看《提摩太前书》(1:18)。

[6] [这就是我们在这预留出的短暂瞬间里将要谈论的东西] 在明斯特尔(J. P. Mynster)布道的时候,他总是一次又一次使用这一表述的不同变体形式,作为一次布道的主题的引言。丹麦文文献可参看 *Prædikener paa alle Søn - og Hellig - Dage i Aaret*(所有礼拜日与节日的各种布道)。

预留出的短暂瞬间:这是宗教改革最初时期的一个规则,在日常日的礼拜上举行圣餐仪式的时候,要有布道,这一规则在作为全国榜样教堂的圣母教堂之中一直被遵守着。这一圣餐布道——相对于礼拜日和圣日的布道而言——非常短,差不多十到十五分钟,以随意选出的文字布道。可参看明斯特尔(J. P. Mynster)的《给丹麦教堂仪式的建议》(《Forslag til et: Kirke - Ritual for Danmark》)收录于 *Udkast til en Alterbog og et Kirke - Ritual for Danmark*, Kbh. 1838) § 28 (s. 39) 以及对之的说明(《Bemærkninger ved Forslagene》, s. 39),尽管这一建议没有被正式认可,但它在极大范围里反映出当时的习俗。

[7] [祂是神并且成为人] 也许是指向《腓利比书》(2:5—11)的基督赞词,之中保罗对腓立比人写道(5—8):"你们当以基督耶稣的心为心。他本有神的形象,不以自己与神同等为强夺的。反倒虚己,取了奴仆的形象,成为人的样式。既有人的样子,就自己卑微,存心顺服,以至于死,且死在十字架上。"

[8] 这个"他"是指耶稣,但第一个字母是小写。

"大祭司"——"税吏"——"女罪人"

　　[9]［到这里来,他说,你们所有劳苦担重担的人］　　指向《马太福音》(11:28—29):"凡劳苦担重担的人,可以到我这里来,我就使你们得安息。"

　　[10]［承受饥渴之苦］　　部分地指向《马太福音》(4:1—11)关于耶稣在荒漠受试探,其中第二句:"他禁食四十昼夜,后来就饿了。"部分地指向《约翰福音》(19:28)之中耶稣说:"我渴了"。

　　:"何必为衣裳忧虑呢?你想,野地里的百合花怎样长起来。它也不劳苦,也不纺线。然而我告诉你们:就是所罗门极荣华的时候,那他所穿戴的还不如这花一朵呢!"以及《马太福音》(6:26):"你们看那天上的飞鸟,也不种,也不收,也不积蓄在仓里,你们的天父尚且养活它。你们不比飞鸟贵重得多吗?"

　　[11]［祂所拥有的并不比原野上的百合与天空下的飞鸟所拥有更多］　　指向《马太福音》(6:28—29):"何必为衣裳忧虑呢?你想,野地里的百合花怎样长起来。它也不劳苦,也不纺线。然而我告诉你们:就是所罗门极荣华的时候,那他所穿戴的还不如这花一朵呢!"以及《马太福音》(6:26):"你们看那天上的飞鸟,也不种,也不收,也不积蓄在仓里,你们的天父尚且养活它。你们不比飞鸟贵重得多吗?"

　　[12]［被生在马厩里、包在布中、放在马槽中］　　指向《路加福音》(2:1—20)中关于耶稣诞生的叙述的第7句:马利亚"就生了头胎的儿子,用布包起来,放在马槽里,因为客店里没有地方。"

　　[13]［没有东西可让他枕头的他］　　指向《马太福音》(8:20)耶稣对一个要跟随他的文士说:"耶稣说,狐狸有洞,天空的飞鸟有窝,人子却没有枕头的地方。"

　　[14]［随后在决定时刻到来的时候,他们全都离开了祂］　　指向《马太福音》(26:47—56)中关于耶稣在客西马尼被抓的叙述。第56句最后是"当下门徒都离开他逃走了"。

　　[15]［一个出卖了他］　　指犹大出卖耶稣,见《马太福音》(26:14—16和48)。

　　[16]［另一个不认他］　　指彼得在全公会被大祭司审讯的时候不认耶稣,见《马太福音》(26:69—75)。

　　[17]［他们为了谁将坐上祂右边和谁要坐上祂左边的位子而争执］　　指向《马可福音》(10:35—41):"西庇太的儿子雅各,约翰进前来,对耶稣说,夫子,我们无论求你什么,愿你给我们作。耶稣说,要我给你们作什么。他们说,赐我们在你的荣耀里,一个坐在你右边,一个坐在你左边。耶稣说,你们不知道所求的是什么。我所喝的杯,你们能喝吗?我所受的洗,你们能受吗?他们说,我们能。耶稣说,我所喝的杯,你们也要喝。我所受的洗,你们也要受。只是坐在我的左右,

481

不是我可以赐的。乃是为谁预备的，就赐给谁。那十个门徒听见，就恼怒雅各，约翰。"

　　[18][被举到了十字架上]　也许是指向《约翰福音》(3；14)，耶稣在与尼哥底母的对话中说："摩西在旷野怎样举蛇，人子也必照样被举起来。"在《民数记》(21：8—9)中有："耶和华对摩西说，你制造一条火蛇，挂在杆子上。凡被咬的，一望这蛇，就必得活。摩西便制造一条铜蛇，挂在杆子上。凡被蛇咬的，一望这铜蛇就活了。"因此背景，教会有传统把铜蛇作为被钉在十字架上的基督的比喻。

　　[19][两个盗贼被强迫进入了在祂右边的空位和祂左边的空位]　指向耶稣被与两个犯人同钉十字架的叙述。尤其是《路加福音》(23：31—33)。

　　[20][被鄙视]　也许是指向关于人子要被人鄙视的预言，见《马可福音》(9：12)。也参看《以赛亚书》(53：3)。

　　[21][被迫害]　指向耶稣被犹太人迫害，见《约翰福音》(5：16)。也参看《约翰福音》(15：20)。

　　[22][被嘲辱]　指向耶稣被希律和他的兵丁"藐视"和"戏弄"，见《路加福音》(23：11)。以及两个盗匪在十字架上"讥诮"耶稣，见《马可福音》(15：32)。

　　[23][被讥笑]　指向《路加福音》(22：63)"看守耶稣的人戏弄他，打他"和(22：65)"他们还用许多别的话辱骂他"；以及在《马太福音》(27：29)之中巡抚的兵"用荆棘编作冠冕，戴在他头上，拿一根苇子放在他右手里。跪在他面前戏弄他说，恭喜犹太人的王阿"并且(27：41)"祭司长和文士并长老，也是这样戏弄他"，还有《路加福音》(23：39)："那同钉的两个犯人，有一个讥诮他说，你不是基督吗？可以救自己和我们吧。"也看前面注释中的《路加福音》(23：11)："希律和他的兵丁就藐视耶稣，戏弄他，给他穿上华丽衣服"

　　[24][被唾弃]　指向《马可福音》(14：65)："就有人吐唾沫在他脸上，又蒙着他的脸，用拳头打他，对他说，你说预言吧。差役接过他来用手掌打他。"《马可福音》(15：19)："又拿一根苇子，打他的头，吐唾沫在他脸上屈膝拜祂。"进一步参看《路加福音》(18：32)。

　　[25][被鞭打]　指向《马太福音》(27：26)："彼拉多释放巴拉巴给他们，把耶稣鞭打了，交给人钉十字架。"

　　[26][被虐待、遭酷刑]　也许是指向《路加福音》(22：63)"看守耶稣的人戏弄他，打他"，《马太福音》(27：29)之中巡抚的兵"用荆棘编作冠冕，戴在他头上"以及(27：30)"拿苇子打他的头"。

　　[27][被上帝离弃]　指向《马太福音》(27：46)："约在申初，耶稣大声

喊着说，以利，以利，拉马撒巴各大尼？就是说，我的神，我的神，为什么离弃我？"

[28]［在公众的欢呼之中被钉上十字架］ 《马太福音》（27：39—43）："从那里经过的人，讥诮他，摇着头说，你这拆毁圣殿，三日又建造起来的，可以救自己吧。你如果是神的儿子，就从十字架上下来吧。祭司长和文士并长老，也是这样戏弄他，说，他救了别人，不能救自己。他是以色列的王，现在可以从十字架上下来，我们就信他。他倚靠神，神若喜悦他，现在可以救他。因为他曾说，我是神的儿子。"

[29]［黄金是美德、权力是正确、人众是真理］ 在1849年11月的日记NB14：43中，克尔凯郭尔写道："在那个句段中（在关于'大祭司'希伯来书6的讲演中）'黄金是美德、权力是正确、人众是真理'，本可加上'结果就是判断'。这个范畴与其他的这些是属于同一种类型的"（*SKS* 22，368）。

[30]"折中"也就是说，不彻底。按丹麦语直译就是："半性（Halvhed）"。

[31]［世界的拯救者］ 在《约翰福音》（4：42）之中，"救世主"被用来称呼耶稣，但也参看《约翰福音》（3：17）："因为神差他的儿子降世，不是要定世人的罪（或作审判世人），乃是要叫世人因他得救。"

[32]［"安慰者"］ 也许是指向《马太福音》（11：28）。也参看《哥林多后书》（1：5），之中保罗写道："我们既多受基督的苦楚，就靠基督多得安慰。"还有《帖撒罗尼迦后书》（2：16—17）："但愿我们主耶稣基督，和那爱我们，开恩将永远的安慰，并美好的盼望，赐给我们的父神，安慰你们的心，并且在一切善行善言上，坚固你们。"

[33]"犹疑"（anfægtelse）。

Anfægtelse：Anfægtelse是一种内心剧烈冲突的感情。在此我译作"犹疑"，有时候我译作"考验"，有时候我译作"对信心的冲击"，有时我译作"在宗教意义上的内心冲突"或者"内心冲突"，有时候我译作"信心的犹疑"，也有时候译作"试探"。

按照丹麦大百科全书的解释：

Anfægtelse是在一个人获得一种颠覆其人生观或者其对信仰的确定感的经验时袭向他的深刻的怀疑的感情；因此anfægtelse常常是属于宗教性的类型。这个概念也被用于个人情感，如果一个人对自己的生命意义或者说生活意义会感到有怀疑。在基督教的意义上，anfægtelse的出现是随着一个来自上帝的令人无法理解的行为而出现的后果，人因此认为"上帝离弃了自己"或者上帝不见了、发怒了或死了。诱惑/试探是anfægtelse又一个表述，比如说在"在天之父"的第六祈祷词中"不叫我们遇见试探"（马太福音6：13）。圣经中的关于"anfægtelse只能够借助于信

483

仰来克服"的例子是《创世记》(22：1—19) 中的亚伯拉罕和《马太福音》(26：36—46；27：46) 中的耶稣。对于比如说路德和克尔凯郭尔, anfægtelse 是核心的神学概念之一。

后面出现的"犹疑者", 丹麦语则是 Anfægtede。

［34］［祂在每一种诱惑之中坚持过来］ 指向《马太福音》(4：1—11) 之中关于耶稣在荒漠之中受诱惑 (耶稣经受住了魔鬼对他的三种诱惑) 的叙述, 见后面的注释。

［35］因为作者在这里是在作感叹, 因此主谓倒置形式的句子就变得模棱两可, 读者既可以将这主谓倒置的句子形式理解为提问式的反诘性感叹, 也可以将之理解为假设句的从句。这种模棱两可在整个段落持续。译者将之解读为反诘, 但 Hong 的英译则将之理解为假设从句: "如果这是对生计给养的担忧, 并且完全从字面的最严格的意义上理解, 对生计给养的担忧, 这样, 饥饿在威胁着, 那么, 祂也曾以这样的方式受诱惑; 如果这是愚鲁的冒险在诱惑: 那么, 祂也曾以这样的方式受诱惑; 如果这是你被诱惑要去脱离上帝: 那么, 祂也曾以这样的方式受诱惑; 祂能够完全地置身于你的位置, 不管你是谁……"

这句句子的丹麦文是: "Er det Sorg for Næring, og ganske bogstaveligen i strengeste Forstand Sorg for Næring, saa Hungersdøden truer: ogsaa Han fristedes saaledes; er det den dumdristige Voven, der frister: ogsaa Han fristedes saaledes; er det til at affalde fra Gud Du fristes: ogsaa Han fristedes saaledes; ganske kan Han sætte sig i Dit Sted, hvo Du end er."

Hong 的英译是: "If it is worry about livelihood, and quite literally and in the strictest sense worry about livelihood, so that starvation threatens – he, too, was tempted in this way. If it is a reckless venture that tempts – he, too, was tempted in this way. If you are tempted to fall away from God – he, too, was tempted in this way. Whoever you are, he is able to put himself completely in your place."

Hirsch 的德译是: "Ist es Nahrungssorge und ganz buchstäblich in strengstem Sinne Nahrungssorge, so daß der Hungertod droht: auch Er ward auf die Art versucht; ist es das tollkühne Wagen, das versucht: auch Er ward auf die Art versucht; versucht es dich, abzufallen von Gott: auch Er ward auf die Art versucht; Er vermag ganz sich zu setzen an deine Statt, wer immer du bist."

［36］［饥饿来威胁：祂也曾以这样的方式受诱惑］ 指向《马太福音》(4：2—4): "他禁食四十昼夜, 后来就饿了。那试探人的进前来对他说, 你若是神的儿子, 可以吩咐这些石头变成食物。耶稣却回答说, 经上记着说, 人活着, 不是单靠食物, 乃是靠神口里所出的一切话。"

"大祭司"——"税吏"——"女罪人"

[37]［愚鲁的冒险在诱惑：祂也曾以这样的方式受诱惑］　指向《马太福音》（4：5—7）："魔鬼就带他进了圣城，叫他站在殿顶上，对他说，你若是神的儿子，可以跳下去。因为经上记着说，主要为你吩咐他的使者，用手托着你，免得你的脚碰在石头上。耶稣对他说，经上又记着说，不可试探主你的神。"

[38]［被诱惑要去脱离上帝：祂也曾以这样的方式受诱惑］　指向《马太福音》（4：8—10）："魔鬼又带他上了一座最高的山，将世上的万国，与万国的荣华，都指给他看，对他说，你若俯伏拜我，我就把这一切都赐给你。耶稣说，撒旦退去吧。因为经上记着说，当拜主你的神，单要事奉他"。

[39]［恶的灵把祂引到了孤独之中来诱惑祂］　指向《马太福音》（4：1）："当时，耶稣被圣灵引到旷野，受魔鬼的试探。"

[40]［在祂完成其爱之作为前］　也许是指向《约翰福音》（17：4）："我在地上已经荣耀你，你所托付我的事，我已成全了。"也可以是考虑到耶稣在十字架上的死亡《约翰福音》（19：30）："耶稣尝了那醋，就说，成了。便低下头，将灵魂交付神了。"

[41]"决定"（Afgjørelse）。

[42]［在事关"要放弃一切"的时候，在决定之伟大瞬间受诱惑：祂也曾］　在新约里没有找到对此的典故来源。

[43]［在下一个瞬间，你受诱惑要反悔自己牺牲了一切：祂也曾］　在新约里没有找到对此的典故来源。

[44]［受诱惑去希望"危险之现实马上就绪"：祂也曾］　也许是指向《约翰福音》（13：18—30）之中对犹太之叛卖的语言。其中第27句："他吃了以后，撒旦就入了他的心。耶稣便对他说，你所作的快作吧。"

[45]［受诱惑哀伤得去希望自己死去：祂也曾］　在新约里没有找到对此的典故来源。

[46]［"被人类遗弃"的诱惑：祂也被诱惑］　指向《马太福音》（26：47—56）中关于耶稣在客西马尼被抓的叙述。第56句最后是"当下门徒都离开他逃走了。"

[47]［那"被上帝离弃"的信仰犹疑］　指向《马太福音》（27：46）："约在申初，耶稣大声喊着说，以利，以利，拉马撒巴各大尼？就是说，我的神，我的神，为什么离弃我？"

信仰犹疑，见前面对"犹疑"（anfægtelse）的注释。

[48]这整个段落，因为作者感叹的主谓倒置形式使得句子的解读变得模棱两可，读者既可以将这主谓倒置的句子形式理解为提问式的反诘性感叹"是不是……"，也可以将之理解为假设的"如果……"。见前面注释中对此的说明。

485

[49]［诱惑是欺骗者与撒谎者］　一方面指向《哥林多后书》(11：3)，保罗说"我只怕你们的心或偏于邪，失去那向基督所存纯一清洁的心，就像蛇用诡诈诱惑了夏娃一样"；一方面指向《约翰福音》(8：44)，耶稣谈论魔鬼说："你们是出于你们的父魔鬼，你们父的私欲，你们偏要行，他从起初是杀人的，不守真理。因他心里没有真理，他说谎是出于自己，因他本来是说谎的，也是说谎之人的父。"

[50]［更强者］　也许是指向《路加福音》(11：14—23)的叙述："耶稣赶出一个叫人哑吧的鬼。鬼出去了，哑吧就说出话来众人都希奇。内中却有人说，他是靠着鬼王别西卜赶鬼。又有人试探耶稣，向他求从天上来的神迹。他晓得他们的意念，便对他们说，凡一国自相分争，就成为荒场。凡一家自相分争，就必败落。若撒旦自相分争，他的国怎能站得住呢？因为你们说我是靠着别西卜赶鬼。我若靠着别西卜赶鬼，你们的子弟赶鬼，又靠着谁呢？这样，他们就要断定你们的是非。我若靠着神的能力赶鬼，这就是神的国临到你们了。壮士披挂整齐，看守自己的住宅，他所有的都平安无事。但有一个比他更壮的来，胜过他，就夺去他所倚靠的盔甲兵器，又分了他的赃。不与我相合的，就是敌我的。不同我收聚的，就是分散的。"

[51]　就是说，"罪"的这方面。

[52]［你的罪与辜的圆满清偿］　指向圣餐礼仪式之后的遣散词："被钉上十字架而又复活的基督耶稣，现在已提供餐食并且给予你们自己的神圣身体和血，以此，他圆满地偿还了你们的罪，由此在一种真实的信仰之中强化并存留你们直至永恒的生命！"见《丹麦圣殿规范书》(*Forordnet Alter – Bog*, s. 254.)。

圆满清偿（Fyldestgjørelsen）。

[53]　这个"它"是"和解者的苦难与死亡"。

[54]［祂，这圆满清偿者……在你的位置上承受着罪的惩罚……这样你就可以活着］　指向那关于基督的替代性圆满的教理学说，就是说，代替人类去清偿，这样：他作为上帝自己的儿子，以自愿的苦难和死亡满足或者和解了上帝对人类罪的堕落的审判性怒火，并且以这样的方式，就清偿了人类原因其罪而有辜要去承受的死亡惩罚，这样人类就能够活着并且得救。

[55]［面包被再次递给你，还有葡萄酒］　指向在圣餐仪式上的约词（*verba testamenti*）："我们的主耶稣基督在他被出卖的这夜，拿起饼来祝谢了，掰开，给自己的门徒，并且说，拿起它，吃掉它，这是我的身体，为你们舍的，你们也应当如此行，为的是记念我。他在吃了晚餐之后，也同样地拿起杯子，祝谢了，给他们，并且说，把这之中的全都喝掉，这杯是用我血所立的新约，是为你们流出来的以达到罪的赦免。你们正如常常喝，也常常如此行，为的是记念我。"见《丹麦圣殿规

范书》(*Forordnet Alter – Bog for Danmark*, Kbh. 1830〔1688〕, ktl. 381, s. 253f.)。

[56]〔祂的神圣的肉和血〕 指向圣餐礼仪式之后的遣散词,见前面对"你的罪与辜的圆满清偿"的注释。

[57]〔质抵〕 Pant。在路德的《教理小问答》中,有问"你从哪里得知,耶稣基督为你而死"?回答是:"得知于圣经福音,得知于关于圣餐的那些话,通过圣餐中祂的肉和血而得知,这血和肉是作为'耶稣基督为我而死'的质抵,为我而给出的"。译自丹麦语1847版 *Dr. Morten Luthers lille Catechismus*(马丁·路德博士小问答)。

[58]在那生命里他再次为你预备好了地方〕 指向《约翰福音》(14:2),其中耶稣对门徒说:"在我父的家里,有许多住处。若是没有,我就早已告诉你们了。我去原是为你们预备地方去。"

II[1]　《路加福音》(18:13)[2]

祈　祷

　　主耶稣基督，愿你让你的圣灵真正地向我们启明并且让我们确信我们的罪[3]，这样就会谦卑地，带着下垂的目光[4]认识到，我们站得非常非常远，并且叹息：上帝，慈悲恩典我这个罪人[5]；但是愿你也通过你的恩典让这也发生在我们身上，如你就那个走到神殿去祷告的税吏所说的话：他成义之后回自己家去了[6]。

　　《路加福音》(18:13)：那税吏远远地站着，连举目望天也不敢，只捶着胸说，神阿，开恩可怜我这个罪人。

　　专注的听者，这里读出的神圣语句是，如你所知，福音关于法利赛人和税吏的描述[7]：法利赛人是欺骗自己并且想要欺骗上帝的伪善者，税吏是上帝指认作"为义"的诚实者。但是也存在另一类伪善，一些与法利赛人相似的伪善者，与此同时他们却选择了税吏为榜样，一些按圣经就法利赛人所述"仗着自己是义人，藐视别人"[8]的伪善者，与此同时他们却仍以"与税吏相像"来构建出他们自己的形象，伪虔信地远远地站着而不是像法利赛人那样骄傲地站着自言自语，伪虔信地让目光向着地面而不是像法利赛人那样骄傲地让目光对向天空，伪虔信地叹息"上帝愿你慈悲恩典我这罪人"而不是像法利赛人那样骄傲地感谢上帝，他是义人，——如同法利赛人在自己的祷告中讥嘲上帝地说"我感谢你，上帝，我不像这个税吏"[9]一样伪虔信地说"我感谢你，上帝，我不像这个法利赛人"的伪善者。唉，是啊，确实如此；基督教进入世界教谦卑[10]，但不是所有人都从基督教学谦卑，伪善学了改变面具而保持原样，或者更确切地说变得更糟。基督教进入世界教导，你不应当骄傲而虚荣地在宴席上寻找至高的位置，而应当坐在最低[11]，——骄傲与虚荣就马上虚荣地坐到了桌前最低的位置，还是同样的骄傲与虚荣，哦，不，不是那同样的，而是更糟的。这样一来，我们也许可以认为，考虑到伪善和骄傲和虚荣和现世心念可能会颠倒所有关系，有必要将这段话以及几乎全部的福音都翻转过来。而这又会有什么用？这"想要是如此聪睿，以至于借助于这聪睿而能够阻止滥用"只会是一种病态的精明、一种虚荣的聪睿所具的想法。不，只有一样东西，是"战胜，并且比战胜更多，从一开始就无限地战胜了所有诡诈"的东西，它就是福音的简单，它简单得就仿佛是任自己被骗，但却仍简单地继续是"那简单的"。这也是"福音之简单"中的陶冶性的东西："那恶的"无法得到对之的权力去使之变得聪睿，或者得到对之的权力去让它想要变得聪睿。确实，在"那恶的"打动了"简单"去想要"是聪睿的"——以便让自己有保障的时候，它就已经赢得了一场，并且是一场令人忧虑的胜利。因为"简单"，只有通过简单地让自己被欺骗，才是得到保障的，永恒地得到保障的，不管它怎么清楚地看穿这欺骗。

那么，让我们在这些预留出的短暂瞬间里[12]简单地观察一下税吏吧。他在所有的时代都一直被展示为"一个诚实而虔敬的教堂礼拜者"的榜样。然而在我看来，那说"上帝，慈悲恩典我这个罪人"的人，他使自己与"接受圣餐"有更紧密的关系，——难道这不像是他这时正在走向圣餐桌！他，关于他人们所说的是"他成义之后回自己家去了"[13]，——难道这不像是他这时正离开圣餐桌回家！

税吏远远地站着。这所说的是什么？这是在说，自己站着，一个人单独在上帝面前，——这样你就是远远的，距离人类远远的，距离上帝远远的，尽管你还是单独地与上帝在一起；因为相对于一个人是如此，在你与他单独在一起的时候，你就是与他最密切的，而在别人在场的时候，你就是距离很远；但是相对于上帝则是这样的：在更多人在场的时候，你会觉得仿佛你与上帝更密切，在你从字面上说是与祂独处的时候，你才发现，你是多么距离遥远。哦，尽管你不是一个像那"也被人类的正义感论断为是有辜的"的税吏[14]一样的罪人；如果你自己单独面对上帝的话,那么你也是远远地站着。一旦在你和上帝之间有什么人,你就很容易被欺骗,就仿佛你不是那么距离遥远;是的,即使事情是如此,那对于你来说是介于上帝与你之间的人或者人们在你的想法之中比你更好更完美,你也仍不像你单独在上帝面前那样地距离遥远。一旦有人进入上帝和你之间,不管这是一个你认为比你更完美的,抑或是一个你认为是比你更不完美的,你就获得了一个欺骗性的尺度,人类的比较之尺度。这时事情则就是,仿佛它能够量出你的距离有多远,这样你就不是距离很远。

但是法利赛人,他按圣经上的话说当然是"自己站着"[15],难道他就站得不是很远吗?很远,如果他真正是自己站着,那么,他就也会是远远地站着;但是他并非是真正地自己站着。福音说,他自己站着感谢上帝,"他不像那些别人"[16]。在一个人有着其他人与自己在一起的时候,那么他就不是自己站着。恰在这之中有着法利赛人的骄傲:他骄傲地使用其他人来测量自己与他们的距离,他不想在上帝面前放弃掉这关于那些别人的想法,而是想要坚持这想法,以便骄傲地自己站着——对立于那些别人;但这当然不是"自己站着",更绝非是"在上帝面前自己站着"。

税吏远远地站着。他意识到自己的辜和逆犯(Brøde),对于他来说,也许更轻松的是:不被那关于"那些'他当然不得不承认是比他更好'的别人"的想法[17]诱惑。然而,对此我们不想做任何决定[18];但确定的是:他忘记了所有别人。他是一个人,单独地带着那对自己的辜和逆犯(Brøde)的意识,他完全地遗忘了,除他之外还有许多其他税吏,他觉得就仿佛他是那唯一的。他不是单独地带着自己的辜直接面对一个义人,他是单独面对上帝:哦,这是"距离遥远"。因为,距离辜与罪,又有什么是比上帝之神圣[19]更遥远的,——于是,自己是一个罪人,单独与这神圣在一起:这岂不是无限地距离遥远吗!

他连举目望天也不敢,因而他是目光朝下。是啊,又有什么可奇怪的!哦,甚至在生理上说,在"那无限的"之中有着某种东西能够把一个人压倒,因为人的目光无法找到任何可让自己焦注的东西,人们把这东西的作用称作晕眩[20],——这样人就不得不闭上眼睛。那单独与自己的辜和自己的罪在一起的人,他知道,如果他抬起自己的目光,他

"大祭司"——"税吏"——"女罪人"

就看见上帝的神圣,而不是任何别的东西,他当然就学会了让目光向下;或者他也许向上看了并且看见上帝的神圣,——他让自己的目光向下。他向下看,看自己的悲惨;疲惫的眼皮上比睡眠更沉重,比死亡之睡眠向下压得更沉重,对上帝之神圣的观念向下重压着他的眼睛;就像那精疲力竭者,就像那正死去的人,以这样的一种方式,他无法抬起自己的目光。

他连举目望天也不敢;但是他——这个以朝下的目光,内向地,只向内洞观自己的悲惨的人——他也不向旁边看,如那看"这个税吏"的法利赛人,因为我们读到:他[21]感谢上帝,他并非如同这个税吏。这个税吏,是的,我们所谈论的就是这个税吏;这是那去神殿做祷告的两个人。圣经不说有两个人一起去神殿祷告,——与一个税吏一同去神殿,这也当然不会是法利赛人认为得体的找同伴的做法;在神殿里他们看起来尽可能地不相互作为对方的同伴,法利赛人自己站着,税吏远远地站着;然而,然而,法利赛人看见税吏,这个税吏,但是税吏啊,——哦,好吧,在特别的意义上,你也应被称作是这个税吏!——税吏没看见法利赛人;在法利赛人回到家的时候,他很清楚地知道,这个税吏曾到圣堂,但这个税吏不知道法利赛人曾在圣堂。法利赛人骄傲地在"看见税吏"中找到了满足;税吏谦卑地没有看见任何人,也没看见这个法利赛人,带着朝下的、带着内向的目光,他真正地是:面对上帝。

他只捶着胸说,神啊,开恩可怜我这个罪人。哦,我的听者,在一个人在沙漠的孤独之中遭到一只凶残的猛兽袭击时,那么其叫声就会自然而然地发出;在你在偏僻的道路上落入强盗的包围时,惊恐自然就会驱使你叫喊[22]。那无限的更可怕的东西的情形也是如此。在你单独一人的时候;单独在一个比荒漠更孤独的地方,——因为,即使是在最孤独的荒漠仍有这样的可能,会出现另一个人;单独地在那比最偏僻的道路——在最偏僻的道路上也仍有可能出现另一个人——更孤独的地方;单独地在"简单"之中,或者作为简单者并且直接面对上帝的神圣;这时,叫喊就会自己冒出来。如果你单独地在上帝的神圣面前学会了去知道:尽管你的叫声想要招来什么别人来帮你,但这帮不了你;在那你是那单个的人的地方,按照字面上的意义说除你之外没有别人,一切之中最不可能的就是"那里会有或者会出现除你之外的任何别人";那么,恐怖就驱使你,正如灾难驱使人祈祷,它就驱使你发出这一"神啊,开恩可怜我这个罪人"的叫喊[23]。叫喊、叹息在你身上是如此诚实,——是啊,这又怎么会不是如此!一个人,对于他,深渊在海难中张开大口,他叫喊,在这之中又会有什么虚伪呢;尽管他知道,风暴讥嘲他细微的声音,那里的飞鸟们漠不关心地听他,他仍然叫喊,在这样的程度上,这叫喊是真实的,并且是真相。那在完全另一种意义上是无限地更可怕的东西的情形也是如此,关于上帝之神圣的观念,在一个人,自己是罪人,单独地面对着它时,这叫喊声里又会有什么样的虚伪呢:神啊,开恩可怜我这个罪人!只要危险和恐怖是真实的,这叫喊就总是诚实的,而另外,赞美上帝,也不是徒劳的。

相反,那法利赛人并不在危险之中,他骄傲而安全地站着,自我满足,从他那里听不见任何叫喊;这意味了什么?这还说出了某种完全是另外的事实:他也不是面对上帝。

现在是结局。税吏成义之后回自己家去了。[24]

他成义之后回自己家去了。因为,圣经所说的关于所有税吏和罪人的情形,他们都挨近基督[25],这也是这个税吏的情形:恰是通过远远地站着,他让自己挨近祂,而法利赛人则在放肆的过分近乎中站得非常远。这画面翻转过来。它是以"法利赛人站得近,税吏距离遥远"开始的,它终结于"法利赛人站得非常遥远,税吏则很近"。——他成义之后回自己家去了。他的目光向下;但是这垂下的目光看见上帝,垂下的目光是心的提升[26]。没有任何目光是像信仰的目光那么锐利,然而信仰,从人的角度说,却是盲目的;因为理性、知性[27]是,从人的角度说,那看得见的,而信仰则是反对知性的。以这样一种方式,下垂的目光是看得见的,下垂的目光的意味是:谦卑,谦卑是提升[28]。在两个人从神殿回家时,这画面再次翻转过来:那被提升起的人,他是税吏,这事情就以此作为终结;但那以"骄傲地抬起自己的目光向天空"作为开始的法利赛人,他对立于上帝,上帝的对立是毁灭性的下压。在从前的那些时代,不像现在,现在天文学家在高地上建起建筑,他想要在这建筑中观察星辰;在从前,他则会是在地上挖洞去找到一个地方观察星辰[29];在与上帝的关系中没有发生过任何变化,不发生任何变

"大祭司"——"税吏"——"女罪人"

化——"被提升向上帝"只可能是通过"向下走"而达成；正如水不会改变自己的本性而向山上跑，同样一个人也不可能通过骄傲而成功地把自己提升向上帝。——他成义之后回自己家去了。因为自我指控是成义之可能。税吏指控自己。没有人指控他；这不是那公民的正义[30]在抓住他的前胸并说"你是一个罪犯"；这不是那些他也许欺骗过的人们捶打他的前胸并说"你是个骗子"，——相反，他捶着胸说，神啊，愿你慈悲恩典我这个罪人；他指控自己，他在上帝面前是一个罪人。这画面再次翻转过来。那绝非指控自己而是骄傲地赞美自己的法利赛人——在他离开时，他在上帝面前是被指控的；他对此一无所知，但是在他走开时，他在上帝面前是在指控自己；税吏是以指控自己开始的。法利赛人带着新的、在最严格的意义上的血天呼冤的罪[31]，带着他所保留的全部先前的罪之外的更多一项新罪，回家去了；税吏成义之后回家去了。就是说，在上帝面前，"想要使自己显得有义"[32]，这就是举报出作为罪人的自己；但是在上帝面前"捶着胸说，神啊，愿你慈悲恩典我这个罪人"，这则恰是在为自己成义，或者，这至少是"上帝将宣告你成义"[33]的条件。

税吏的情形就是如此。但现在，你，我的听者！相似性如此临近地显现出来。你从"作了忏悔"走向圣餐桌[34]。但是"作忏悔"，这恰恰就是远远地站着；你忏悔越诚实，你站得越远，——然后"你跪在圣餐桌前"就越真实，因为"跪下"就是这"远远地站着"的象征，距离那在天上者极其遥远，在你跪着瘫沉向地的时候，你与祂的距离是可能有的最大距离，——然而在圣餐桌前你却是与上帝最近的。——"作忏悔"，这恰恰就是让目光向下，不想要向天空抬起目光，不想要看什么别人；你忏悔越诚实，你越想让目光向下，你就越是不想看什么别人，——然后"你跪在圣餐桌前"就越真实，因为"跪下"就是那对于"让目光向下"所意味的东西的进一步更强烈的表达，因为那只让目光向下的，仍自己是多少直立地站着，——然而在圣餐桌前你的心却是被提升向了上帝。——"作忏悔"，这恰恰就是捶打着自己的胸，不被关于那些单个的罪的想法打扰，把一切，最简要最真实地，集中在一件事情上：愿上帝慈悲恩典我这个罪人；你忏悔越真挚，你的全部忏悔就会越多地终结于这一沉默的征象"你捶打着自己的胸"和这一叹

493

息"愿上帝慈悲恩典我这个罪人"之中，然后"你跪在圣餐桌前"就越真实，一个表现出"他谴责着自己而只求恩典慈悲"的跪着的人，——然而这"成义"却是在圣餐桌前。

他成义之后回自己家去了。你，我的听者，在你离开圣餐桌回自己家去的时候，虔诚的同情会在这时带着这愿望问候你：贺喜并祝福[35]，为确保，你在圣餐桌前得以成义，去那里对于你成为幸运和祝福。现在，在你走向圣餐桌之前，同样的愿望：愿这对于你成为幸运和祝福。哦，自然的人在"直立行走"[36]之中找到了最大的满足；那真正地"认识了上帝并且通过认识上帝而认识了自己"的人，他只在"跪下自己的双膝，——在他想着上帝时就崇拜、在他想着自己时就悔罪"之中找到至福。不管你向他提供什么，他只欲求一件事，就像那个女人所欲，在她坐在拯救者的两脚旁时，她选择了，不是那最好的福分，哦，不，在这里怎么能说得上比较[37]！——不，按圣经里的话说，选择了上好的福分[38]，——他只欲求一件事情：去跪在祂的圣餐桌前。

注释：

[1][II] 在"一篇星期五布道的文本"的标题之下，克尔凯郭尔在写有日期1849年5月或者6月的日记NB11：129中为一篇关于《路加福音》（18：13）的星期五圣餐礼的讲演写下了构思："只是福音中关于税吏和法利赛人的那一句：/但那税吏远远地自顾自站着，甚至不敢抬起自己的目光，只说，神啊，愿你慈悲恩典我这个罪人。/你们现在倒是更近，——你们现在可是走向了圣餐桌，尽管你们却仍是非常之远。但是在圣餐桌旁当然在一种意义上是这样的地方，在这里你最靠近上帝。/'他成义之后回自己家去了。'到时候，这被用于终结。"（SKS 22，77）。另外看页边记录129. a："基督徒在罪的意识的真挚性之中（这一真挚性决定出距离）站得更远，——然而在圣餐桌的脚旁他距上帝却是可能有的最近的距离。这种远和近，而与此同时，法利赛人则在放肆的过分近乎之中是近的——但却非常远"（SKS 22，77m）。更早，克尔凯郭尔也曾在1848年4月的日记NB4：149中思考过关于税吏与法利赛人的差异："法利赛人与税吏。//一个目光向上/另一个目光朝下//真正的祷告者怎么让目光向上，他怎样让它向下"（SKS 20，355）。在1848年9月初一天的日记NB7：17中又有："法利赛人与税吏间的差异。//1）税吏远远地自顾自站着/法利赛人想来是选了最高的位子，在那里他自己站着/2）法利赛人与自己说话。/税吏与上帝说话。/因为，确实，法利赛人自己以为自己是

"大祭司"——"税吏"——"女罪人"

与上帝说话,但是我们很容易看出,这是一种幻觉。/这是一个大差异。/3)税吏目光朝下。/法利赛人想来是骄傲地向上提高了目光。/4)法利赛人感谢上帝——在严格的意义上却是在嘲弄他。/税吏指控自己,祈祷——赞誉上帝。/5)税吏成义回家。/甚至设想,法利赛人有义地来到了神殿——不管怎么说,他到上帝家的方式,成为了一种他带回家去的辜。想来他是忽略了这一点:他的辜在于,诸如他以这样的方式走到了主的家;如果他待在家里的话,他本会少一项辜的。"(SKS 21,85)。

[2] [《路加福音》(18:13)] 见下面对《路加福音》(18:13)的引用。

[3] [让你的圣灵真正地向我们启明并且让我们确信我们的罪] 指向《约翰福音》(16:8),耶稣说及圣灵:"他既来了,就要叫世人为罪,为义,为审判,自己责备自己。"

[4] [下垂的目光] 指向税吏,《路加福音》(18:13)中说他"连举目望天也不敢"。

[5] [站得非常非常远,并且叹息:上帝,慈悲恩典我这个罪人] 指向《路加福音》(18:13)。

[6] [走到神殿去祷告的税吏……成义之后回自己家去了] 指向《路加福音》(18:9 和 14)。

[7] [福音关于法利赛人和税吏的描述] 《路加福音》(18:9—14)中耶稣说的关于法利赛人和税吏的比喻,按照《丹麦圣殿规范书》(s.135f.),圣三一主日之后的第 11 个礼拜日的福音所讲:"耶稣向那些仗着自己是义人,藐视别人的,设一个比喻,10、说,有两个人上殿里去祷告。一个是法利赛人,一个是税吏。11、法利赛人站着,自言自语地祷告说,神阿,我感谢你,我不像别人,勒索,不义,奸淫,也不像这个税吏。12、我一个礼拜禁食两次,凡我所得的,都捐上十分之一。13、那税吏远远地站着,连举目望天也不敢,只捶着胸说,神阿,开恩可怜我这个罪人。14、我告诉你们,这人回家去,比那人倒算为义了,因为凡自高的,必降为卑,自卑的,必升为高。"——在 1849 年,圣三一主日之后的第 11 个礼拜日是 8 月 19 日。

法利赛人:法利赛党的成员。法利赛党是希腊和罗马时代(亦即从公元前 100 年到公元 70 年耶路撒冷的毁灭)犹太教的一个宗教政治群体。他们强调对摩西十诫持守,其中也包括祭司要持守的纯洁诫命的复杂文本,谴责每一种对律法的违犯;除了摩西律法之外,他们还建立出一种很全面的诠释摩西律法各种诫命的口述传统。另外他们相信死人复活受审判,相信天使的存在。在耶稣的时代,他们的数量应当是差不多六千。

[8] [圣经就法利赛人所述"仗着自己是义人,藐视别人"] 《路加福音》

（18：9），见上面的注释。

［9］［"我感谢你，上帝，我不像这个税吏"］ 《路加福音》（18：11），见上面的注释。

［10］［教谦卑］ 见《路加福音》（18：14），以及（14：11）。

［11］［教导，你不应当骄傲而虚荣地在宴席上寻找至高的位置，而应当坐在最低］ 《路加福音》（14：7—11）："耶稣见所请的客拣择首位，就用比喻对他们说，你被人请去赴婚姻的筵席，不要坐在首位上。恐怕有比你尊贵的客，被他请来。那请你们的人前来对你说，让座给这一位吧。你就羞羞惭惭地退到末位上去了。你被请的时候，就去坐在末位上，好叫那请你的人来，对你说，朋友，请上坐，那时你在同席的人面前，就有光彩了。因为凡自高的必降为卑。自卑的必升为高。"

［12］［让我们在这些预留出的短暂瞬间里］ 在明斯特尔（J. P. Mynster）布道的时候，他总是一次又一次使用类似表述的不同变体形式，作为一次布道的主题的引言。丹麦文文献可参看 *Prædikener paa alle Søn - og Hellig - Dage i Aaret*（所有礼拜日与节日的各种布道）。

预留出的短暂瞬间：这是宗教改革最初时期的一个规则，在日常日的礼拜上举行圣餐仪式的时候，要有布道，这一规则在作为全国榜样教堂的圣母教堂之中一直被遵守着。这一圣餐布道——相对于礼拜日和圣日的布道而言——非常短，差不多十到十五分钟，以随意选出的文字布道。丹麦语文献见前面有过的对此的注释。

［13］［他成义之后回自己家去了］ 指向《路加福音》（18：9 和 14）。

［14］［那"也被人类的正义感论断为是有辜的"的税吏］ 在通常人们的普遍论断中，税吏一般总是为宗教和民族的共同体所鄙视的。在耶稣的时代，巴勒斯坦是罗马外族政权统治的地区，罗马人把征税的事情承包给能上交出最多税钱的当地征税者，这些征税者则通过收取比应收的税更高的数目来让自己获得额外收入（见《路加福音》（3：13）和（19：8）。在新约里税吏常常是被与罪人（《马太福音》（9：10—11）、（11：19）和《路加福音》（5：30）、（15：1））、与娼妓（《马太福音》（21：31—32）、与匪盗、不义之徒、奸淫者（《路加福音》（18：11））、与外邦人（亦即异教徒）（《马太福音》（5：46—48）、（18：17））。（参看比如说 G. B. Winer *Biblisches Realwörterbuch zum Handgebrauch für Studirende，Candidaten，Gymnasiallehrer und Prediger*，2. udg.，bd. 1 - 2，Leipzig 1833 - 38［1820］，ktl. 70 - 71；bd. 2，s. 854 - 856.）。

"人类的"也就是"人的"，而不是"神的"或"神圣的"。

［15］"自己站着" 按照和合本圣经的中文描述是："站着，自言自语"（《路加福音》18：11）。

［16］［福音说，他自己站着感谢上帝，"他不像那些别人"］　对《路加福音》（18：11）的简述。克尔凯郭尔在自己的新约《路加福音》（18：11）页面上用墨水笔对"那些别人"和"像这个税吏"下面划了下划线，并且在页脚上带着增补记号写了："这里恰恰是法利赛人的罪之所在：他在上帝面前拿自己与'这个税吏'作比较并且谈论：那些别人"。（Pap. X 6 C 1, 56）。

［17］这里的丹麦语是"ikke at fristes af den Tanke om de andre Mennesker, hvilke han jo maatte tilstaae vare bedre end han"。这想法是他的想法，他的关于别人的想法，而这些别人是他不得不承认"比他更好"的人。Hong 对此的英译是"not to be tempted by the thought of other people, who, after all, he had to admit were better than he"，其实也是说"关于'那些别人'的想法"，但是会被误读为"那些别人的想法"。因为考虑到读英译版的读者，所以译者在这里强调一下：这想法不是"那些令他不得不承认比自己更好的别人"的想法。不是他们的想法，而是他的"关于他们的想法"。Hirsch 的德译译作"sich von dem Gedanken an die andern Menschen nicht versuchen zu lassen, welche, das mußte er gestehen, besser waren denn er"；Tisseau 的法译是"éviter la tentation de penser à d'autres qui, il lui fallait l'avouer, étaient meilleurs que lui"。

［18］"对……作决定"（afgjøre）。

［19］［上帝之神圣］　《巴勒的教学书》。第一章"论上帝及其性质"第三段，§9："上帝是神圣的，并且总是爱'那善的'，但是对所有那'是恶的'的东西有着极大的憎恶"。

［20］［甚至在生理上说……人们把这东西的作用称作晕眩］　可比较《关于阿德勒尔的书》（1846年）的第3章§2，之中有："人们，在生理学的意义上很正确地，强调了，在眼睛没有任何固定点可停留的时候，晕眩就出现了。因此，从高塔上向下看，人就变得晕眩，因为目光向下坠落，它找不到边界、限定。（……）那令人晕眩的是那宽广的、那无限的、那无边界的、那不确定的；晕眩本身是感官之放任无羁。（……）晕眩之辩证法（……）在自身之中有着这样的矛盾：想要一个人不想要的、一个人因之惊悚的东西，而这一惊悚却又只吓唬——诱惑着地吓唬他"（Pap. VII 2 B 235 ［BOA］, s. 161）。

［21］这个"他"是法利赛人。

［22］译者做了改写，按原文直译是"惊恐自然就会发明出叫喊"。这个"发明（opfinder）"Hong 的英译是"produce"。

［23］译者做了改写，按原文直译是"那么，恐怖就发明了，正如灾难发明了祈祷，它就发明了这一'神啊，开恩可怜我这个罪人'的叫喊"。这"发明（opfinder）"Hong 的英译是"produce"及其过去完成时。

497

灾难发明了祈祷］　丹麦有成语"灾难教会人祈祷"。

［24］［现在是结局。税吏成义之后回自己家去了］　比较日记 NB11：129。见前面对"Ⅱ"的注释。

［25］［圣经所说的关于所有税吏和罪人的情形，他们都挨近基督］　指向《路加福音》（15：1）："众税吏和罪人，都挨近耶稣要听他讲道。"

［26］［心的提升］　也许是指向旧教会的圣餐礼拜仪式，按照这规定，神职人员，常常是主持圣餐仪式的主教说："Sursum corda!（提升起（你们的）心!）"，教众答："Habemus ad Dominum（我们已（把心提升起）向主）"。参看（J. C. W. Augusti *Handbuch der christlichen Archäologie. Ein neugeordneter und vielfach berichtigter Auszug aus den Denkwürdigkeiten aus der christlichen Archäologie* bd. 1 - 3, Leipzig 1836 - 37, ktl. 388 - 390; bd. 2, 1836, s. 585.）。这个"提升"丹麦语是 Opløftelse，德语是 Erhebung。

［27］　知性（Forstand）在德国哲学中是一个概念，德语是 Verstand，康德将它定义为一种能够同时运用感性直观和理性逻辑去判断事情的认知能力。在黑格尔那里，也有感性、知性和理性的等级之分。丹麦语 Forstand 在一般日常的意义上都被译作"理智"，但在这里的关联上可被看作是从属于德国唯心主义的概念运用，因此译作"知性"。

［28］［谦卑是提升］　也许是指向《路加福音》（18：14）和（14：11）。

［29］［天文学家在高地上建起建筑……在地上挖洞去找到一个地方观察星辰］　指向古代有名的天文观测站；比较海贝尔在《乌剌尼亚》（亦即《乌剌尼亚，1846 年年书》）上对第谷·布拉赫在汶岛的天文观测站的星堡的描述"汶岛，从前丹麦的观测站"（*Urania. Aarbog for* 1846, udg. af J. L. Heiberg, Kbh. 1846, s. 55 - 169; s.84）："在宫殿里有四个观测站，在里面陈列有天文观测器具。但是一些年之后，这对于他（第谷·布拉赫）来说仍不够，因此他在 1584 年建出了一个被他称作是星堡的地下观测站，在南面距离乌剌尼亚堡七十步的地方，由五个地窖或者地下室构成，每一个都有着自己重要的器具。他将这个观测站置于地下，是因为各种器具能够比高高的建筑之中更稳固地安置（……）。很奇怪，在现代，人们没有去关注这简单的想法"（见 1846 年《乌剌尼亚》）。

［30］［那公民的正义］　见前面对"那'也被人类的正义感论断为是有辜的'的税吏"的注释。

［31］［血天呼冤的罪］　衍生自拉丁语表述 peccata clamantia，按一些天主教伦理学，是一些极其重的罪。

［32］［想要使自己显得有义"］　就像法利赛人在自言自语的祷告中所为。也可以译作"想要使自己显得有理"，参看《路加福音》第十章，其中（10：29）

"大祭司"——"税吏"——"女罪人"

有这句"那人要显明自己有理"。这叙述是关于一个律法师要试探耶稣,问做什么才可以承受永生。耶稣对他说,按律法上写的、他念的"要尽心,尽性,尽力,尽意,爱主你的神;又要爱邻舍如同自己"做,就必得永生。"那人要显明自己有理,就对耶稣说,谁是我的邻舍呢?"于是耶稣就说出了仁慈的撒玛利亚人的比喻。

〔33〕〔"上帝将宣告你成义"〕 按照关于"法定的成义"的教理学说。按这学说,"宣告成义"是说,上帝在对有罪的人的审判中将之宣称作是义的,这样,在这个人的伦理性质之中就不会有什么直接的变化,但这只是在上帝对这人的看法中,并且也因而是在他与上帝的关系之中。哈泽的《Hutterus redivivus 或路德教会神学教理》中的§109"成义"。(《Retfærdiggjørelsen》i K. A. Hase Hutterus redivivus eller den Evangelisk – Lutherske Kirkes Dogmatik. Et dogmatisk Repertorium for Studerende, overs. af A. L. C. Listow efter 4. udg. , Kbh. 1841 〔ty. 1828; 4. forbedrede udg. 1839, ktl. 581〕, s. 282 – 287, især s. 284f.)

〔34〕〔从"作了忏悔"走向圣餐桌〕 所指的是:忏悔仪式在忏悔室或者祷告室进行,之后忏悔礼拜者们回到了教堂空间,有的是听圣餐礼布道,有的是领圣餐。关于"忏悔仪式",在1685年的《丹麦挪威教堂仪式》(Danmarks og Norges Kirke – Ritual)第四章第一条中这样定性:"那想要用圣餐的人,要在前一天,或者(如果在前一天因为重要原因而无法做到的话)在同一天布道之前,让自己面对坐在忏悔椅中的牧师,在他面前承认他们的罪并且请求恕免"(第143页)。这样,忏悔仪式被弄成一种对于一个人要参与圣餐仪式的不可避免的条件。这一仪式规定在克尔凯郭尔的时代仍有效。如果忏悔者们要参加星期天的礼拜仪式,一般就是在早上八点半举行忏悔仪式;如果他们要参加星期五的领圣餐礼,圣餐礼仪式就在早上九点,而八点半则举行忏悔仪式。在克尔凯郭尔的时代,忏悔仪式一般总是在礼拜仪式的同一天举行,而不是如同之前的"要在前一天"。

〔35〕〔贺喜并祝福〕 旧时丹麦问候一个刚刚去领了圣餐的人的固定表述。

〔36〕〔自然的人……直立行走〕 也许是指向对人的直立行走的神话解释。西塞罗在《论神性》(Cicero De natura deorum)第二卷第56章140中说到诸神分派给人类的各种礼物,其中就有让人从大地上升起。诸神"让他们从大地上升起,这样他们就能够高高直立地到处走,就能够望向天空并以这样的方式认识诸神。就是说,人类出自大地,不是作为其居住者,而是作为一种类型的对各种超凡和天上的事物的观者"。(Ciceros filosofiske skrifter, udg. af Franz Blatt, Thure Hastrup og Per Krarup, bd. 1 – 5, Kbh. 1969 – 75; bd. 3, 1970, overs. af F. Blatt, s. 209)。

〔37〕"最好的"是比较之中的最高,但还是比较出来的结果,所以前面感叹说"不是那最好的福分"。

[38][那个女人……坐在拯救者的两脚旁时,……选择了上好的福分] 指向《路加福音》(10:38—42):"他们走路的时候,耶稣进了一个村庄。有一个女人名叫马大,接他到自己家里。她有一个妹子名叫马利亚,在耶稣脚前坐着听他的道。马大伺候的事多,心里忙乱,就进前来说,主阿,我的妹子留下我一个人伺候,你不在意吗?请吩咐她来帮助我。耶稣回答说,马大,马大,你为许多的事,思虑烦扰。但是不可少的只有一件。马利亚已经选择那上好的福分,是不能夺去的。"

III 《路加福音》(7∶47)[1]

祈 祷

主耶稣基督，为真正地能够向你祈求一切，我们首先向你祈求一样东西：帮助我们，这样我们可以爱你许多[2]，增大这爱，让它燃烧起来，净化它。哦，这个祷告是你会听的，你是爱，当然并非——残酷地——是这样的爱：你只是对象，而无所谓某人爱你或者不爱；你是爱，当然并非——在怒火之中——是这样的爱：你只是审判，忌邪[3]，而不管谁爱你、谁不爱你。哦，不，你不是这样的，如果你是这样，那么你就只会是灌输畏惧与恐惧，那么这"到你这里来"[4]就会是恐怖的，"常在你里面"[5]就会是可怕的，那样的话，你就不是除去惧怕的完美的爱[6]。不，仁慈地，或者充满爱心地，或者在爱中你是这样的爱：你自己爱出（elsker）那爱（elsker）你的爱来[7]，培育（opelsker）[8]它去爱你许多。

《路加福音》(7∶47)：所以我告诉你，她许多的罪都赦免了。因为她的爱多。[9]

我的听者，你知道，这讲演是在说谁，它是关于那个女人，其名字是：罪人[10]。"她知道基督在法利赛人家里坐席，就拿着盛香膏的玉瓶；她站在他背后挨着他的脚，哭着，眼泪湿了他的脚，就用自己的头发擦干，又连连亲吻他的脚，把香膏抹上它们。"[11]

是的，她爱得多。有各种对立面，各种相互生死对立着的对立面，或者对于对立面中的一方来说要靠近另一方就像是那最可怕的毁灭。在一个人是一个罪人，或者一个女罪人的时候，"去靠近神圣者，直接在祂面前，就是说，在神圣之光照之下，被揭示出来"的情形就是这样。哦，黑夜受惊吓地逃离那想要毁灭它的白天，而如果有鬼魂的话，在黎明破晓的时候，幽灵充满恐惧地逃走，这都比不上罪人在那"如白天般使得一切清清楚楚"的神圣者面前颤栗地退缩。罪人逃避开（尽他所能地远远避开这一通往死亡的通道）这与光的遇会[12]，想方设法找出各种逃避责任的借口和遁辞和欺骗和粉饰。但是她爱得多；什么是对"爱得多"最强烈表达？它就是"恨自己"——她走进去到神圣者那里。她，一个罪人！唉，一个女人；在一个女人身上，矜持的权力是最强的，比生命更强，她宁可放弃生命也不愿放弃矜持。确实，这一矜持本该是不让她、阻止她去行罪的；然而进一步说，事情又肯定会是这样：在一个女人随后恢复了常态的时候，这矜持只会更强有力，碾压着，毁灭着。也许那使"她走向毁灭"变得更容易些的，是这"她已经被毁灭了"。然而，从人的意义上说，这仍可以是一种宽待；哦，甚至一个真正地认了罪或者在自己内心中认识到了这"他被毁掉了"的罪人，如果他要面对面地在神圣者面前暴露出自己的话，他也许仍会宽待自己；他会宽待自己，这就是说，他仍在这么大的程度上爱他自己。但是她——难道就没有宽待，一点都没有？不，没有任何宽待！——她恨自己；她爱得多。——她走进去到神圣者那里，那是在法利赛人家里，许多法利赛人聚集着[13]，他们会论断她[14]，也会这样论断她："冲到人前说自己的罪"，这是虚荣，而一个女人这样做，尤其是可鄙的虚荣，她本该是到世界上的一个偏僻角落躲起来避开所有人的目光的。她本来是可以在世界上漂泊，肯定不会在什么地方碰上这样一个在法利赛人的家里等着她的、由那些骄傲的法利赛人作出的苛判；而在另一方面，也许没有什么痛苦是像那在法利赛人的家里等着她的、由那些骄傲的法利赛人作出的讥嘲之残酷是那样地专门地就是要被用于折磨女人的。但是她，——难道就没有任何怜悯[15]来让她得免于这一残酷？不，没有任何怜悯！——她恨自己；她爱得多。——她走进去到神圣者那里，那是在法利赛人家里，在筵席上[16]。在筵席上！你颤栗，你颤栗地退回，不再跟着她；这有多么令人颤栗，你是很容易信服的，因为你一直是忍不住要去忘记：这一切是发生在一场筵席上，这不是"遭丧的家"而是"宴乐的家"[17]。在筵席上进来一个女人；她带着一只盛香膏的玉瓶，——是的，这与筵席相应；她坐在其中一个客人的脚旁——哭着：这与筵席不相应。确实，她打扰这筵席，这个女人！是的，但这不打扰她，这个女罪人，她固然并非没有颤栗，并非没有颤栗着退缩，然而却还是向前走去筵席——并且去忏罪；她恨自己：她爱得多。哦，比任何别的东西都更重，罪的沉重的秘密压在一个人身上；只有一样东西是更沉重的："要去忏罪。"哦，比任何别的秘密都更可怕的是罪的秘密；只有一样东西是更可怕的："忏罪"。因此，人类的怜悯就同情着地发明出了那能够为这一艰难的分娩提供缓痛和支持的东西。在那"一切都是宁静而充满严肃的庄严"的神圣的地方[18]，在那里面的一个"如坟墓之沉默的沉默和如对死者们的论断般的呵护就是一切"的隐蔽小房间之中，就在那里，罪人被提供机会来忏悔自己的罪。人类的怜悯发明出缓痛的方式，那接受忏悔的人是隐蔽的[19]，他的无形使得"卸载良心的负担"不至于太沉重，——是的，对于罪人不至于太沉重。在最后，人类的怜悯就发明出了：根本就不需要有这样的一种忏罪，也不需要一个这样的隐蔽听者[20]；忏悔只应当是面对那在暗中的"当然是无论如何都知道一切[21]"的上帝[22]，以这样的方式它就能够继续隐藏在一个人的内心深处。但是，在一个筵席上——并且，一个女人！一个筵席；这不是什么隐蔽的偏僻地点，光线也不是半明半暗的，氛围也不是像在坟茔之间，听者既非沉默亦非无形地在场。不，如果隐蔽和昏黯和偏僻以及所有一切从属于这类的东西相对于"忏悔自己的罪"是缓痛剂的话，那么一场筵席则就是最残酷的设计了。谁是这个残酷者，我们能够以我们的祈求来使他软化下来宽待她吗？不，任何，任何残酷者的设计都不会是如此残酷，这种设计唯她，女罪人，发明了出来；她——哦，一般说来那残酷者是一个人，而那被折磨的是另一个！——她自己发明出这酷刑折磨，自己是那残酷者，她恨自己：她爱得多。

是的，她爱得多。"她坐在基督的脚旁，以眼泪湿了它们，用自己的头发擦干它们"——她表达出：我从字面的意义上说就是一无所能，祂无条件地能一切。但这当然就是爱得多。在一个人自己认为有能力做什么的时候，他固然能够爱，但他爱得不多；一个人在怎样的程度上认为自己有能力做更多，他就在同样的程度上爱得更少。她则相反爱得多。她一语不发，她也不做出担保，——哦，担保，实在太司空见惯了，这样的欺骗性表达，如此轻易地使新的担保成为必要，去担保"事情确实是如同一个人所担保的那样"。她不担保，她行动：她哭泣，她亲吻祂的脚。她根本没有想到要中止自己的眼泪，不，哭泣就是她的作为。她哭泣；这不是她的眼睛，但她用头发所擦的是祂的脚；她从字面的意义上说一无所能，祂无条件地能一切；——她爱得多。哦，永恒的真相，祂无条件地能一切；哦，这个女人身上的不可描述的真相，哦，这个女人身上的不可描述的真相的权力，强有力地表述着这无能：她从字面的意义上说一无所能：她爱得多。

是的，她爱得多。她哭着坐在祂的脚旁：她完全地忘记了自己，忘记了在她自己内心中的每一个打扰的想法，完全是安静的，或者进入了安静，像一个在母亲的乳旁安静下来的病孩，他在这乳房边上哭尽了气力，忘记了自己；因为一个人做不到"忘记这样的一些想法但却又记得想着自己"；如果想要做到这样的事，那么一个人就必须忘却自己，——因此她哭，在她哭的时候她忘记自己。哦，至福的哭，哦，在哭泣之中也有着这祝福：是遗忘！她完全地忘却了自己，忘却了带着所有其打扰性因素的环境；因为，如果一个人不忘记自己的话，就不可能忘记一个这样的环境，这环境当然就是专为令她可怕而痛苦地回想着她自己而存在的；但是她哭，在她哭的时候，她忘记自己。哦，至福的自我遗忘之泪，在这——"她哭"，在这[23]都不再令她回想起，她所哭的是什么的时候：以这样的方式，她完全忘却了她自己。但是"爱得多"的真正表达当然就恰是"安全地遗忘自己"。在一个人记着自己的时候，他固然能爱，但无法爱得多；一个人在怎样的程度上更多地记得自己，他就在怎样的程度上爱得更少。而她则完全忘却了她自己。但是，在同样的瞬间，让一个人去记得或者想着自己的推动力越大，如果他仍忘却自己并想着另一个人，那么，他就爱得越多。人与人之间的爱的关系中的情形当然就是如此的，尽管这些关系并非完全地对应于这里所谈论的东西，但它们却能够阐明我们所谈的东西。如果一个人，在他自己是最专注的瞬间，在那对于他自己来说是最宝贵的瞬间，忘却自己而想着另一个人，那么他爱得多；如果一个人，自己饥饿着，忘却自己而给予另一个人那只够一个人的少量给养，那么他爱得多；如果一个

"大祭司"——"税吏"——"女罪人"

人,在生命危险中,忘却自己而把唯一的救生设备交给另一个人,那么他爱得多。同样,如果一个人在"那所有他的内在中的和所有围绕着他的东西都不仅仅提醒他想着他自己,而且还想要强迫他违背自己的意愿去想着他自己"的瞬间,——如果他在这瞬间仍忘记他自己,那么他就爱得多,正如她所做的。"她在祂的脚旁坐着,用香膏涂抹它们,用自己的头发擦干它们,亲吻它们——并且哭着。"她一语不发,因而也不是她所说的东西;但她是她所不说的东西,或者她所不说的东西,这就是她,她是标志,就像一个画面:她忘记了嗓音和语言和各种思想之不安和比不安更多的东西,忘记了这个自我,忘记了她自己,她这迷失者——现在她是迷失在自己的拯救者之中,迷失在祂之中——依在祂的脚旁,就像一个画面。这几乎就仿佛是拯救者自己在一瞬间之中这样地观察她和这事情,就仿佛她不是一个真人,而是一个画面。确实,为了将之更严肃地运用于那些在场者,祂不对她说话,祂不说"你的许多罪都被宽恕,因为你爱得多",祂是说及她,祂说:她的许多罪都得赦免了,因为她爱得多;尽管她是在场的,这就几乎像她是不在场的,这就几乎像是祂把她转化成一个画面,一个比喻,几乎就仿佛是祂在说:西门,我有事情要对你说[24]。从前有个女人,她是一个罪人。在人子[25]有一天坐在一个法利赛人家的筵席上的时候,她也走了进来。法利赛人讥嘲她并论断她:她是一个罪人。但是她坐在祂的脚旁,用香膏涂抹它们,用自己的头发擦干它们,亲吻它们并且哭;——西门,我有事情要对你说:她的许多罪都得赦免了,因为她爱得多。这几乎就像是一个故事,一个神圣的故事,一个比喻,但在同一瞬间,这同一件事却真正地发生这地方。[26]

但是"她的许多罪也都被赦免了"[27]——又有什么样的表述能够把这句话表述得比这通过"一切都被忘却,她这大罪人被转化成一个画面"而表述出来的东西更强烈、更真实呢。在"你的罪都被宽恕"[28]被说出的时候,哦,那关于自己的回忆是多么容易就回到她那里,如果她自己不是通过这无限的遗忘而得以强化:她的许多罪被赦免了。"她爱得多",因此她完全地忘记她自己;她完全地忘记她自己,"因此她的许多罪被赦免了",——忘记了,是的,它们简直就像是与她一同被淹没在遗忘之中,她被转化成一个画面,她成为一种回忆,然而这回忆

505

却不让她忆起她自己，不，正如她通过忘记自己而忘记所有这一切，这回忆，不是早已而是马上，也忘记了她叫什么，她的名字是：女罪人[29]，既不多也不少。

如果有人现在要说：在这个女人的爱之中仍有着某种自爱的东西；那些法利赛人当然反感于她向基督靠近，因此会得出某种不利于祂的结论，"祂不是先知"[30]，——这是她陷祂于之中的，她以自己的爱，就是说，以自己的自爱。如果有人说：在这个女人的爱之中仍有着某种自爱的东西，在需要之中，她在根本上仍还是爱她自己。如果有人这样说，那么我就会回答：自然，接着加上：不幸的是，事情就是不会有什么别的样子，然后加上：千万不要让我受诱惑去想要以别的方式去爱我的上帝或者我的拯救者；因为，如果在这样的意义上，在我的这种爱之中没有任何自爱的东西，那么我就会让自己去以为，我能够爱他们却不需要他们，——愿上帝帮我远离这亵渎！

我的听者，这个女人是一个罪人。法利赛人们论断她，他们甚至论断基督：祂想要与她有什么关联，他们论断——并且恰恰是由此来论断——祂不是什么先知，更不用说是世界的拯救者了，而其实祂正是通过这么做来展示出自己是世界的拯救者。这个女人是一个罪人，——然而她却成了并且继续是一个榜样[31]；那在"爱得多"上像她的人，有福了！基督在祂活着的时候所给出的"罪的赦免"继续一代又一代地被提供给所有在基督之中的人。这是对所有人说的，分别各对每一个人，你的罪都被赦免了[32]；所有人都各自在圣餐桌前接受的"他们的罪被赦免"的质抵[33]；那在"爱得多"上像这女罪人的人，有福了！因为，尽管这是对所有人说的，它却只是在它被对那"像那个女人那样地爱得多"的人说出时才是真的！这是真的，你的各种罪在基督身上被赦免；但是这真的东西，它也是因此而分别对每一个人说的，在另一种意义上仍不是真的，它必须由每一个人来做成是真的。以这样一种方式，那个女人就是一个永恒的画面[34]；通过她伟大的爱，她使得自己，如果我敢这样说的话，对拯救者来说是不可或缺的。因为祂为人类获取的东西，是罪的赦免，她将之做成真实，爱得多的她。因此，你可以随你的意愿翻覆它，而在根本上你只是说同样的东西。你能够赞美她至福，她的许多罪被赦免，你能够赞美她至福，她爱得多：在根本上你

"大祭司"——"税吏"——"女罪人"

是在说同样的东西,——如果你这时很好的留意到,她所爱得多的,恰是基督,如果你这时也不忘记基督是恩典和恩典之给予者。就是说,她的爱在之中受试探的是怎样的一种考验,在什么方面她能被说是爱得多,她爱得少的是什么呢?这考验是不是:爱基督高过爱父母[35]、黄金财物、荣誉和声望?不,这女人受试探的考验是:爱自己的拯救者多于爱自己的罪。哦,也许会有这样的人,他爱基督多于爱父母和黄金财物和荣誉和生命,但却爱自己的罪多于爱自己的拯救者,不是在"想要停留在罪之中、要继续行罪"的意义上,而是在"不想要真正忏悔这罪"的意义上,爱这罪。这在某种意义上是可怕的,然而这却是真的,每一个只要稍稍对人类的心有所认知人都会体验到这个:没有什么东西是能够像一个人的罪那样地让他如此绝望地紧缠不放的。因此,一种彻底诚实的、深刻的、全然真实的、完全毫不宽待的罪之忏悔,这才是完美的爱,一种这样的罪之忏悔,这才是爱得多。

现在这讲演结束了。然而不是这样吗,我的听者,尽管法利赛人论断了,那个女人极不得体地在筵席中闯进来,但今天她却并没有来错地方,介于忏悔室和圣餐桌[36]!哦,忘记在这里作了讲演的讲演者吧,忘记他的讲演技艺,如果他曾展示出任何技艺的话,忘记他的错处,可能是会有许多,忘记关于她的讲演吧,——但不要忘记她;她在这条路上是一个引路人,爱得多并且因此其许多罪被赦免的她。她绝非是某一幅把人吓退的画面,她相反是比所有讲演者的鼓励更具鼓舞性,如果所要做的事情是去响应那引向圣餐桌的邀请"凡劳苦担重担的人,你们全都到这里来"[37];因为在那里她领着头,爱得多的她,因此也为自己的灵魂在"爱得多",是的,或者在"她的许多罪都被赦免"之中找到安息[38]的她,是的,或者,因为爱得多因而在"她的许多罪都被赦免"之中找到安息的她。

注释:

[1][《路加福音》(7:47)] 见下面对《路加福音》(7:47)的引用。

[2][爱你许多] 见《路加福音》(7:47)。

[3] 这里的"忌邪"这个词,在丹麦语中是 nidkjer,英文对应的 jealous,一般在世俗的意义上译作"妒忌"。在基督教的意义上就是说,严厉地不允许信仰者

去信他之外的其他。见《出埃及记》（20：5）"不可跪拜那些像，也不可事奉它，因为我耶和华你的神是忌邪的神。恨我的，我必追讨他的罪，自父及子，直到三四代"和《出埃及记》（34：14）"不可敬拜别神，因为耶和华是忌邪的神，名为忌邪者。"

[4]["到我这里来"] 指向《马太福音》（11：28）。

[5]["常在你里面"] 指向比如说《约翰福音》（6：56）"吃我肉喝我血的人，常在我里面，我也常在他里面。"和《约翰福音》（15：4）"你们要常在我里面，我也常在你们里面。枝子若不常在葡萄树上，自己就不能结果子。你们若不常在我里面，也是这样。"。

[6][除去惧怕的完美的爱] 指向《约翰一书》（4：18）"爱里没有惧怕。爱既完全，就把惧怕除去。因为惧怕里含着刑罚。惧怕的人在爱里未得完全。"

[7]"爱出那爱你的爱来"，之中的第一个"爱（elsker）"是动词，第二个"爱（elsker）"是从句中的动词，第三个"爱（Kjerligheden）"是名词。也可以说"把'那爱（elsker）你的爱（Kjerligheden）'爱（elsker）出来"（而在这说法中，则第一个"爱"是动词，第二个是名词，第三个是动词）。

[8] 动词"培育（opelsker）"是动词爱（elsker）加上前缀"op-"（有"向上引、引出、作成等等"的意思）。其实"培育"也就是"带着爱心去帮助……成长"的意思。

[9][《路加福音》（7：47）：所以我告诉你，她许多的罪都赦免了。因为她的爱多。] 引自《路加福音》（7：47），但是克尔凯郭尔略过了后面的"但那赦免少的，他的爱就少"。这个句子是《路加福音》（7：36—50）关于女罪人在法利赛人家中的叙述。

[10][那个女人，其名字是：罪人] 指向《路加福音》（7：37）："那城里有一个女人，是个罪人"。这个"罪人"，Synderinden，按丹麦文直译是有性别的"女罪人"。但这里除了标题，译者取用和合本圣经中的"罪人"。

[11][她知道基督在法利赛人家里坐席……把香膏抹上它们。] 引自《路加福音》（7：37—38），和合本为："知道耶稣在法利赛人家里坐席，就拿着盛香膏的玉瓶，站在耶稣背后，挨着他的脚哭，眼泪湿了耶稣的脚，就用自己的头发擦干，又用嘴连连亲他的脚，把香膏抹上。"

[12][这与光的遇会] 也许是指向《约翰福音》（3：20）中耶稣所说的："凡作恶的便恨光，并不来就光，恐怕他的行为受责备。"

[13][在法利赛人家里，许多法利赛人聚集着] 指向《路加福音》（7：36）："有一个法利赛人，请耶稣和他吃饭。耶稣就到法利赛人家里去坐席。"

[14][他们会论断她] 见前面对"法利赛人"的注释。法利赛人对违反摩

"大祭司"——"税吏"——"女罪人"

西律法有着一种谴责审判的态度。

[15]"怜悯",在前文中因与新约引文相关,为与和合本圣经中的用词统一也被译作"体恤"。

[16][她走进去到神圣者那里……在筵席上] 比较1849年9月份的日记NB12:161:"这既是一个女人又是一个罪人的女罪人,她敢走进法利赛人的家,那法利赛人们聚集的筵席上,去到基督那里,——自认为义人的尼哥底母也只敢在夜里来他这里"(*SKS* 22,241)。关于尼哥底母夜访耶稣,可参看《约翰福音》(3:1—21)以及(7:50)和(19:39)。

在筵席上:见《路加福音》(7:36)。

[17][这不是"遭丧的家"而是"宴乐的家"] 指向《传道书》(7:2):"往遭丧的家去,强如往宴乐的家去,因为死是众人的结局。活人也必将这事放在心上。"

[18][神圣的地方] 教堂的空间在这样一种意义上被视作是神圣的:教堂是通过一个庆典性的神圣仪式由主教宣布启用的,在这典礼上,乡村教区司铎和本教区及附近教区牧师都会在场。丹麦语可参看明斯特尔(J. P. Mynsters)的"丹麦的教堂仪式的一个提议"中的"论教堂落成典礼",在丹麦语的《*Udkast til en Alter - og Ritualbog*(圣殿与仪式书的草案)》第79—83页。按照这反映出当时的教会实践的提议,主教在典礼讲演开始的时候会说:"于是,我在我的职位上以上帝圣父圣子和圣灵的名义启用这个教堂。我令这一空间变得神圣并且使之隔离世间的喧嚣和所有尘俗的生意,这样上帝之名将留驻之中,这里将是上帝之家,这里是通往天堂的前庭"(第81页起)。

[19][那接受忏悔的人是隐蔽的] 指向老式的、在18世纪终结了的教会实践:在忏悔室中只有一个忏悔者的位子,听忏悔的神父,牧师,对忏悔者来说是隐蔽的。今天的天主教仍保留这一忏悔形式。

[20][根本就不需要有这样的一种忏罪,也不需要一个这样的隐蔽听者] 在18世纪中期渐渐成形的教会实践:先是单个的忏罪形式被一种共同的忏罪祷告或者由一个人代表所有人说出的忏悔取代,然后这一集体忏悔形式又被由牧师作出的简短的忏悔讲演取代,这个牧师既是作为主持忏悔又是主持圣餐仪式的神父。为此,在教堂里或者在教堂的圣器储藏室里被安排出空间更大的忏悔室。克尔凯郭尔自己一直去的,典型的丹麦教堂,哥本哈根的圣母教堂,有两个可以容下30—50人的忏悔室。在哥本哈根的圣母教堂,忏悔仪式的过程是这样的:寻求忏悔的人们在教堂里聚集,这过程以一首赞美诗和一篇由唱诗者从唱诗班的门口读出的忏悔祷告开始。然后他们被敲钟人引进忏悔室,他们在长凳上坐下。牧师坐上自己的椅子并作一简短的忏悔讲演。在这讲演之后,牧师在忏悔者们那里走动着,两个两个地

509

（牧师把手放在他们头上）应许罪之宽恕："你们出自真心悔过你们的罪，并且在坚定的信仰之中在耶稣基督之中皈依于上帝的仁慈，除此之外还通过上帝的恩典而承诺在以后让自己努力有一个更好和更和平的生活，于是，为了上帝和我的职责，根据上帝自己从天上赋予我让我在这里免除地上的诸罪的权力和权威，我现在以上帝圣父、圣子和圣灵的名对你们应许你们的罪之宽恕，阿门"。（《丹麦挪威教堂仪式》，第146页起）在牧师一圈走完之后，牧师说："上帝自己在你们身上开始了那善，他在主耶稣基督的日子完成这全部，为耶稣基督，你们要保持让自己处于一种坚定而不灭的信仰直到终结。阿门！"（第147页）然后，忏悔者们回到教堂，如果有更多，那么新的一批进入"忏悔室"。在全部过程结束的时候，就在教堂里唱一段赞美诗。

[21]［当然是无论如何都知道一切］　参看《巴勒的教学书》第一章"论上帝及其性质"第三段"《圣经》中关于上帝及其性质的内容"，§4："上帝是全知的，并且不管什么事情，已发生、或者正发生、或者在未来将发生，他同时都知道。我们的秘密想法无法对他隐瞒。"然后有对《约翰一书》（3∶20）的引用："我们的心若责备我们，神比我们的心大，一切事没有不知道的。"

[22]［暗中……的上帝］　以这样一种方式可以指向单个的人自己面对上帝对自己的罪的宁静的坦白。这里指向《马太福音》（6∶6），之中耶稣说："你祷告的时候，要进你的内屋，关上门，祷告你在暗中的父，你父在暗中察看，必然报答你。"

[23] 这个"这"就是"她哭"。

[24]［西门，我有事情要对你说］　指向《路加福音》（7∶40），之中耶稣对请他的法利赛人说："西门，我有句话要对你说"。

[25]［人子］　在福音中耶稣常常称自己为"人子"——"人的儿子"。

[26]［尽管她是在场的……一个比喻……这同一件事却真正地发生这地方］　比较下面的1850年10月底或11月初的日记NB21："女罪人几乎只是 in effigie（拉丁语：根据其形式或图像）在场，但她却是那事情所围绕着的人，那当场者"（*Pap.* X 3 A 566［NB21∶123］）。

[27] 在丹麦语中，重复出现的句子中用词或表述常常会有细微的差异。比如说，这一句中作者以"*bleve jo ogsaa*"（无疑也被）代替了前面类似句子中的"ere"（是）。

[28]［你的罪都被宽恕］　《路加福音》（7∶48），之中耶稣"于是对那女人说，你的罪赦免了"。

[29]［她的名字是：女罪人］　参看后面对"一个永恒的画面"的注释。

[30]［那些法利赛人……得出某种不利于祂的结论，"祂不是先知"］　指向

《路加福音》（7：39）："请耶稣的法利赛人看见这事，心里说，这人若是先知，必知道摸他的是谁，是个怎样的女人，乃是个罪人。"

[31]［榜样］　参看后面对"一个永恒的画面"的注释。丹麦语榜样（Forbillede）是由"for（前）"和"Billede（画面）"构成的，所以"榜样"和"画面"有着这样一种构词上的关系。

[32]［这是对所有人说的……你的罪都被赦免了］　也许指向忏悔仪式的免罪词，亦即，在牧师把手放在忏悔者头顶上时所说的话。参看前面对"根本就不需要有这样的一种忏罪，也不需要一个这样的隐蔽听者"的注释。

[33]［所有人都各自在圣餐桌前接受的"他们的罪被赦免"的质抵］　指向圣餐立约。圣餐中的圣饼和葡萄酒是耶稣的血和肉的象征，作为"罪的赦免"的质抵。

[34]［一个永恒的画面］　比较下面的1849年9月的日记NB12：167："榜样是无名的或者永恒的画面：'税吏'、'女罪人'——一个名字很容易打扰，开启人的话匣子，这样，人们就会开始忘记自己。一个无名的榜样强迫一个人尽可能地想着自己"（*SKS* 22，244）。

[35]［爱基督高过爱父母］　指向《马太福音》（10：37）：其中耶稣说"爱父母过于爱我的，不配作我的门徒，爱儿女过于爱我的，不配作我的门徒"。

[36]［介于忏悔室和圣餐桌］　圣餐礼的布道是在忏悔室的忏悔仪式之后，在圣餐桌前的圣餐仪式之前。

[37]［那引向圣餐桌的邀请"凡劳苦担重担的人，你们全都到这里来"］　对《马太福音》（11：28）的随意引用。

[38]［为自己的灵魂……找到安息］　指向《马太福音》（11：29）"我心里柔和谦卑，你们当负我的轭，学我的样式，这样，你们心里就必得享安息"。和合本圣经中的"心"，在丹麦语圣经（NT—1819）中是Siele（灵魂）。

一个陶冶性的讲演[1]

索伦·克尔凯郭尔

哥本哈根

大学书店 C. A. 莱兹尔出版

毕扬科·鲁诺的皇家宫廷印书坊印刷

1850

这本小书
献给

我的父亲

已故的

米凯尔·彼得森·克尔凯郭尔

作为纪念[2]

前 言[3]

见1843年两个陶冶性的讲演的前言[4]

1850年12月12日[5]

"女罪人"[6]

《路加福音》（7：37及之后诸多句子）[7]

一个女人被作为老师、作为虔敬方面的榜样展示出来，不会让任何知道"虔敬和敬神根据其本质而言是女人性（Qvindelighed）"的人感到意外。尽管"女人在会众之中要沉默"[8]，并且在这样的意义上不该教人；——现在，恰恰这"在上帝面前沉默"，恰恰这在本质上是属于真正敬神的一部分，因而你应当是能够在女人那里学习这个的。

因此，从一个女人那里，你也学习这相对于"那非凡的"的"谦卑的信仰"，这谦卑的信仰，它不会不信而怀疑着地问"为什么？"、"什么缘故？"、"怎么会可能？"[9]，而是像马利亚那样谦卑地信，并且说"看，我是主的使女"[10]——她说这个，但是看，说这个，就是真正在严格意义上的沉默。从一个女人那里，你学习对这话的正确听法，从马利亚那里，尽管她"不明白所说的这话"[11]，但却"把它们都存在心里"[12]；因而首先不是想要去明白，而是沉默地把这话存在恰当的地方；因为，在这话，这好种，"被保存在诚实而美丽的心中"[13]的时候，它恰就是在恰当的地方。从一个女人那里，你学习那宁静、深沉、敬畏上帝的悲哀，那"在上帝面前沉默"的悲哀，从马利亚那里；因为，固然就像预言所说的那样，确是有一把剑穿透她的心[14]，但她不绝望，既不对预言绝望，也不在事情发生[15]时绝望。从一个女人那里，你学习对那唯一必要的事情的关心，从马利亚，拉撒路的姐姐那里，她沉默地坐在耶稣的脚旁，带着她的心的选择：那唯一必要的。[16]

以同样的方式，你能够从一个女人那里学习对自己的罪的恰当的悲哀，从那女罪人那里，"其许多罪在很久很久以前已不再存留而是被遗忘，但自己却变得永恒地不被遗忘[17]"的她。除了人们在这方面可以去向一个女人学习之外，事情又怎么可能会有什么不一样的！因为，固然男人，与女人相比有着许多想法，如果这本来，特别是在这方面，无条件地是一种优越，既然他另外还有着许多"半想法"；固然男人强过那弱者，女人[18]，有着远远更多的应急方案，有远远更大的能力来解决问题；但是，在这样的情况下，女人则又有着一样东西，一样东西——是的，正是这"她的要素是：一样东西"。一个愿望，不是很多愿望，不，只一个愿望，但这样一来灵魂也完全地被注入之中；一个想法，不是很多想法，不，只一个想法，但是通过激情之权力而是一种巨大无比的权力；一种悲哀，不是许多种悲哀，不，一种悲哀，但如此深地在心中，乃至一种悲哀确实是比那许多悲哀无限地更多；一种悲哀，是的，只一种悲哀，但这样也是最深地内在的，——对自己的罪的悲哀，如同那女罪人。那么，什么是严肃？让男人在想法的方面有更多严肃吧，在感情、激情、定决[19]的方面，在"不因各种想法、各种意念和各种决定[20]而去阻碍自己和这定决[21]"的方面，在"不因'达到距离这定决[22]非常近的地方但却又没有使之成为一个定决[23]'，而欺骗自己"的方面，在这方面，女人有着更多严肃；但定决[24]恰恰正是（尤其是在与上帝有关的意义上，并且再一次：尤其是相对于"对自己的罪的悲哀"）严肃。

那么就让我们[25]注目于这女罪人，并且注目于"我们能够从她那里学习什么"。

首先，我们能够学习：变得像她那样，无所谓所有别的东西，处在对我们的各种罪的无条件的悲哀之中，不过却是以这样的方式，只一件事情对我们来说是重要的，并且是无条件地重要的：找到宽恕。

我的听者。我们在生活中看见太多担忧的人们；担忧的人们，他们有时有这样有时有那样东西要担忧，不时会是一下子同时要为所有各种不同东西担忧；担忧的人们，他们自己并不真正知道自己为什么会担忧；但是很少会有可能见得到这样的人，哪怕只是看见一个：他只为一件事担忧、并且以这样的方式无条件地对这一件事担忧，以至于所有别的事情对他来说都变得无条件地无关紧要。

然而这事情是看得见的，尽管并非是寻常的；我看见过——而你无疑也——看见过，那在爱情之中失意的人，对这人来说一切永久地或者在一段时间里变得无所谓；但这却肯定不是"对自己的罪的悲哀"。那"其大胆的计划一下子突然在一种意外的障碍上完全搁浅"的人，然后一切对于他来说在很长一段时间里或者永久地变得无所谓；但这不是"对自己的罪的悲哀"。那随着时间的持续一直在搏斗并且搏斗已久的人，他忍耐着并且仍忍耐着，甚至昨天仍忍耐着，内在的更新之生命在今天没有出现，他崩溃，一切对他变得无所谓；但这不是"对自己的罪的悲哀"。那"其本性是沉郁"的人，沉郁者怎样陌生而无所谓地看待一切，怎样在某种意义上，正如空气可以是如此之轻，以至于一个人无法呼吸它[26]，一切对于他也是如此之轻，因为他的内心是如此沉重；但是，"对自己的罪的悲哀"则不是这个。那一年又一年带着可怕的生命愿望把一次犯罪堆到另一次犯罪之上的人，其绝大部分的时间都用在行罪之上——直到遭受了毁灭的打击，他站在那里，一切对他都变得无所谓；但说真的，这不是"对自己的罪的悲哀"，——有足够多的罪，相反，"对罪的悲哀"则不存在。在总体上说，有一样东西，它是完全很普通的，你能够在所有人那里和在每一个人那里，在你自己这里，找到它，正如我能够在我自己这里找到它：它是罪和各种罪；有一样东西是很罕见的：它是"对自己的罪的悲哀"。

然而我看见了——也许你也——看见了那无条件地只能够对一样东西哀伤并且是为自己的罪哀伤的人：这悲哀到处都跟着他，是的，或者它追击着他，在白天，在夜晚的梦里，在工作的时候，以及在他在工作之后徒劳地寻找安息的时候，在孤独之中，以及在他徒劳地寻求与他人一起消遣的时候；在他转向未来的时候，它从背后伤害他，在他转向往昔的时候，从前面伤害他；它教他想要死亡并且畏惧生活，然后又反过来畏惧死亡并且想要生活，这样，它没有杀他但却仿佛是剥夺了他的生命，对自己恐惧就像是对鬼的恐惧；它使得一切对于他来说，一切都是无限地无所谓，——但是看，这一悲哀是绝望。在总体上有一样东西，它是完全地普通的东西，你能够在所有人那里和在每一个人那里，在你自己这里，找到它，正如我能够在我自己这里找到它：罪和各种罪；有一样东西是非常罕见的："一种对自己的罪的真正的悲哀"，正因此，这就无疑成了一种必要，在每一个圣日在礼拜仪式上开始时的教堂祷告词中必须这样祈祷："我们可以学习为我们的各种罪而悲哀"[27]。有福了，那在自己身上找到这种对自己的罪的真正悲哀的人，这样所有别的东西对于他来说就都是无限地无所谓的，都只是对那肯定性的东西的否定性的表达，这肯定性的东西就是"一样东西对他来说是无条件地重要的"，这样，"所有别的东西对于他都是无条件地无所谓的"是一种死亡病症，这种死亡病症却如此绝非是通向死亡[28]，而正是通往生命的，因为生命是在这个事实之中——"一样东西是无条件地重要的：去找到宽恕"。有福了，他；他是非常罕见的。因为，我的听者，在世界上我们常常能看见，一个人，对于他来说，不重要的东西变得重要，更常见的是一些人，对于他们所有各种不同的东西都变得重要；但是这样的一个人是罕见的，对于他只有一样东西是重要的，而更罕见的是这样的人，对他来说，那唯一的对他无条件地重要的东西也真正地是那唯一重要的东西。

因此，注目这女罪人，这样你可以向她学习。

对于她，所有其他东西已变得无所谓，除了对于她的罪的忧虑，她没有任何别的忧虑，或者说，她所具的每一个忧虑就仿佛是不存在的，因为那种悲哀对她来说是无条件的。这就是，如果你想这样说的话，那与"只具有一种悲哀"联系在一起的祝福，相关于所有其他东西的无忧无虑（Sorgløshed），这就是"只具有一种悲哀"的标志。

女罪人的情形就是如此。但是通常在生活中所发生的东西，确实啊，是多么地不同啊！在一个人，并非得免于——当然没有人是得免的——罪与辜，也有着其他忧虑，这样他是担忧的，抑郁的，于是他也许就混淆了，他想要让这一沮丧被当成"对自己的罪的忧虑"，就仿佛那所要求的东西只是"一个人应当是忧虑的"，而不是在要求"他应当为自己的罪担忧，他应当不去为其他东西忧虑"；但是他混淆这个，并且感觉不到"如果他所悲哀的是自己的罪，更不用说如果他唯一所悲哀的是自己的罪，那么他就会更少或者根本就不会感觉到那些别的忧虑，而同时利用这机会去通过'他更轻松地承担起所有这些其他的忧虑'来表达出'对自己的罪的真正悲哀'"。[29]有可能他不是以这样的方式来理解它,相反是希望:他可以得免于自己的其他各种忧虑,他于是就能够只为自己的罪悲哀。唉,他几乎就是没有完全明白他所欲求的是什么,这样,更确切地说,事情对他来说就无疑会变得过于严苛。因为,在上帝在严厉的审判中想要把一个人的罪展示到他面前的时候,他有时候会这样做,他说:我想要免除这个人每一个别的忧虑,一切都将对着他微笑,一切都顺从他,他所触及的一切都成功,——而这样一来,他就越发难以成功地忘却,他就越是强烈地感觉到那折磨着他的东西。于是,这就不是真的,我们经常听见的这借口:一个人因为其他忧虑而不能真正为自己的罪而悲哀。不,"其他的忧虑"恰恰是表达对自己的罪的真实悲哀的最恰当机会,通过更轻松地承担起这些其他的忧虑;"其他的忧虑"不是一种剧烈化,相反,更确切地说,倒是一种缓痛,因为任何可让各种思想进入迷途的活动空间都不会出现,相反,倒是马上有着这方面的任务:通过更耐心、更谦卑、更轻松地承受起其他忧虑来表达对自己的罪的悲哀。

对于这女罪人所有其他东西都变得无所谓了:所有现世的东西、尘俗的东西、世间的东西、荣誉、声望、美好的日子、未来、家族、朋友、人类的论断;以及所有忧虑,不管它们的名字会叫什么,她很轻松地承受起它们,几乎就是一种乌有,因为在忧虑之中,只有一样东西无条件地让她专注:她的罪。她为之悲哀,而不是为其后果——蒙羞、耻辱、丢丑——而悲哀,不,她不混淆病症和药剂。唉,多么罕见,一个这样的人,如果他在这样的条件下能够接受对自己的各种罪的宽恕,他会愿意去承受这惩罚——"被完全地公开暴露在人类面前,这样,人们能够直观进他的灵魂,看见每一个隐藏的辜"!唉,多么罕见,一个人变得如此无条件地无所谓;同样的罪,他为这罪而谴责自己,他为这罪而祈求上帝宽恕,这同样的罪也许会被人"以一个吝啬鬼焦虑的谨慎"隐藏起来,没有人能看得见它。

相反,对于这女罪人一切都变得无所谓:周围人们的反对,筵席的抗议,法利赛人[30]冷漠的优越感或者粗暴的讥嘲[31],是的,这地方确实像一座无法攻克的堡垒,被以这样的方式设防:它必定会使得她的闯入成为不可能——若不是所有其他东西对她都是无所谓的话。那也许任何没有意识到"自己是罪人"——因而也就是有着较少的危险——的其他女人都不敢冒险去做的事情,她就敢去做,对她来说一切都变得无所谓。

然而不,事情并非是完全如此,她敢这样做,因为有一件事情对于她是无条件地重要的:找到宽恕。这宽恕可以在那里面被找到——因此她敢去做这事,正是这使得她出发并且推动她向前;但是这"所有其他东西对她都变得无所谓",这是那"使得她几乎就感觉不到任何对立面"的东西。"这是绝望的勇气",你会说。是的,但她其实却绝非是绝望的人,或者,若对一个人来说只有一样东西是无条件地重要的——如果这一样东西就是那无条件地重要的东西,难道这个人会是一个绝望者!她有着绝望的各种力量。是它们使得她对一切都无所谓并且强过周围环境的反对力量,使她坚强而不在耻辱中晕瘫、不从讥嘲中逃走;但是,具备着这些力量的她,她不是绝望的,她是信着的。以这样的方式,她进入,无所谓任何别的东西。然而她的这一无条件的无所谓并不唤起任何骚动、任何喧哗,因为她是一个信仰者,并且因此,如此平静、低调、谦卑,因此在其对一切的无限的无所谓之中如此不为人留意,因此在她进入的时候,她没有招致任何人的注意力。对她来说,"表达出自己对一切的无所谓"也根本就是丝毫不重要的;但是一件事情对于她来说却是无限地重要的:找到宽恕。然而,如果这一件事情不是在这样的程度上对她这么重要,以至于所有别的东西对于她都是无条件地无所谓的,那么她就不会找到进入那法利赛人的家[32]的路——然后她在那里找到了宽恕[33]。

你能够从女罪人学习的下一件事是,这是她所明白的:她在"找到宽恕"方面自己根本就无法做任何事情[34]。

如果我们从头到尾地要描述出她的全部行为,那么我们可以说:她根本就什么都不做。

她不作等待地去了那家房子,她会找到拯救者与拯救的那家房子,她不等到她觉得自己是值得被拯救的。不,如果她等待的话,那么她就会很久都不出现,也许永远都不会去那里或者进入那里;她决定马上走，就在她的"不值不配"之中，正是"不值不配"的感觉驱动着她，因而这决定就是"马上去"——以这样方式，她自己不做任何事，或者她明白，她自己没有能力做任何事情；在"不值不配"的感觉正是那决定她的东西时，难道还能够有什么更强烈的方式来表达出这一点吗！

这样，她准备了要去，然而却不是准备她将要说的话或者其他类似的东西，哦，不，她买了一只盛有香膏的玉瓶随身带着[35]。以这样的方式，她就是按圣经中的话做："你禁食的时候，要以油膏梳头洗脸，不叫人看出你禁食来，只叫你暗中的父看见。"[36]然后她喜庆地去了筵席[37]，——确实，又有谁会猜出她去那里的意图是什么，或者说她进入那家房子对她意味着什么！然而她却完全地明白，她自己没有能力做任何事情。也许可以投身于自扰[38]，就仿佛她通过这自扰能够更好地获得上帝的欢喜，并且她就会更靠近上帝，不，她不这样做，相反她是挥霍，——是的，这是犹大的意思[39]——她轻率地挥霍，——是的，这是自扰者的看法——她挥霍于那在世俗的意义上与欢庆有关的事情上，她带着一只盛有香膏的玉瓶，在欢庆的意义上对应于那筵席[40]。

她进入。她完全地明白，她自己没有能力做任何事情。因此她在表达之中并不是投身于自我指控的激情，就仿佛这能够把她带到距离拯救更近的地方，或者就仿佛这会使她更好地获得上帝的欢喜；她不夸张，确实，任何人都不能指控她这一点。不，她根本就是什么都不做，她沉默——她哭[41]。

她哭。也许有人会说：那样的话，她还是做了什么。现在，是的，她无法屏住眼泪。然而，如果这想法会在她那里闪过，"这些眼泪本身会做出一些什么"，那么她就也会忍着不让这些眼泪落下。

因而她哭。她坐在了基督的脚旁[42]，她哭着坐在那里。然而，让我们仍不要忘记欢庆，正如她不忘记它，正因为她完全明白：她在"找到宽恕"方面自己根本就无法做任何事情；让我们不要忘记欢庆——和她所带的香膏。她没有忘记它，她在相当严格的意义上将之理解为自己的作为：她把香膏涂抹在基督的脚上，以自己的头发来擦干它们，哭着[43]。

如果你不是已经知道这一点的话，你能够猜出这画面意味着什么吗？是的，既然她什么都不说，在某种意义上这当然就是不可能的；对于她来说，这两者化成了一体：这对应于欢庆的"在他脚上抹膏油"和那对应于完全是另一样东西的"哭"。然而这意味了什么，这当然也与别人无关，除了她，她完全明白：她在"找到宽恕"方面自己根本就无法做任何事情，并且他，关于他，她完全地明白：他无条件地能够做一切[44]。

然后她就听他与那些在筵席上在场的人们说话[45]。她完全明白，在他谈论下面的东西时，他是在谈论她：欠债者是有差异的，一个欠五百币，一个欠五十币，但在两个人都得到了宽恕的时候前者比后者爱得更多的话，这也是合情合理的[46]。她当然明白，怎么，唉，这一个，和怎样，赞美上帝，还有那另一个，被用在她身上。但是她也完全地明白，她自己一无所能。因此她不凑进谈话，她沉默，保持让目光留在自己这里或者留在她所进行的自己的作为上，她把香膏涂抹在他的脚上，以自己的头发来擦干它们，哭着。哦，这是对"不做任何事情"的多么强有力而真实的表达啊：以这样一种方式，尽管是在场者，却如不在场者，是的，尽管是那被人所谈论的在场者[47]。

于是，她听他说："她许多的罪都赦免了"[48]……这她听见；他说更多，他接着说："因为她的爱多。"[49]我假定，她就根本没有听见这话，这也许会打扰她：这之中有一个"因为"，并且这个"因为"是指向她的；也许这也会让爱感到不安宁，如果它以这样一种方式得到赞美的话。因此我假定，她没有听见这话，或者，也许她听见了，但听错了，这样她就以为他是说，因为他爱得多[50]，因而这所谈就是关于他的无限的爱，因为它是如此无限，因此她许多的罪都赦免了，这是她能够如此完美的理解的，这简直就仿佛是，她自己就会这样说。

然后她就又回家了——这整个场景之中的一个无声的人物。谁又能够猜测，这一次对她意味了什么，她带着罪和悲哀去那里以及她带着宽恕和喜悦离开那里的这一次。

因而，这个我们要向她学习的女人，她又做什么呢？回答是：什么都不做，她什么都不做；她演习了那高度的、罕见的、极艰难的、真正女人性的艺术：什么都不做，或者，明白一个人在"找到宽恕"方面自己无法做任何事情。"多么容易！"是的，如果不是说容易恰就是艰难的话。确实，那克服了自己的人比占领一座城的人更伟大[51]；比那使得一切都动起来只为自己也做一些什么的人更伟大的，在与上帝的关系之中并且相对于"接受自己的罪的宽恕"，是这样的一种人：他能够保持完全的平静以便敬畏神地让上帝做一切，他完全明白：自己在这方面根本就无法做任何事情；一切，一个人自己所能做的一切，哪怕它是最出色的、最令人惊奇的事情，在这方面也无限地什么都不是，如果说它在通常按人类的说法是真正的好事而不是那欺诈的心的可悲的自我欺骗，它也没有哪怕是在最微渺的程度上为"为他获取诸罪的赦免"给出任何——哪怕是一丁点的——帮助，以至于它其实倒是更多地在把他带进一种新的，一种对于那无限的恩典（另外也是这恩典让他做成了这件事）的新的感恩之债中。不，——哦，可悲的偏离，或者说，可怕的放肆，哪怕是在最微渺的程度上，如果一个人有诸如此类的想法的话！——不，在"获取诸罪的宽恕"方面，或者，面对上帝，一个人根本就什么都做不了；这又怎么会是可能的，既然一个人，哪怕是相对于那他在人的角度上说所能做的最微不足道的事情，当然是什么都做不了，除非是通过上帝！

> 最后，我们向女罪人学习，——固然不是直接向她，而是通过考虑我们的境况，与她的相比较——我们有一种她所没有的安慰。

也许有人会说：是的，她因为相信自己罪的宽恕而得以释怀，她可是从基督自己的嘴中听见这个的；那通过好几百年由千千万万人经历的东西，那通过许许多多代人作为经验被一代代传下来的东西，"他的一句话永恒地治愈"[52]，她又怎么会不感受和体验到这个呢，她，从他自己的嘴里听见了这治愈性的话的她！

在这一点上无疑是有着一种普遍的误解，在自己的幻觉的欺骗之下，一个人不是真正地让自己在场于这事情之中，并且因此而忘记了：正是与基督的同时代性[53]在一种意义上使得"去信"变得最艰难。但当然，那冒着所有艰难和危险仍真正信仰的人，对于他也有着一个与每个后来者相比的优越处：从基督自己的嘴里听见这话，而不像我们是阅读它并且在通常是阅读关于"在基督身上有着罪的赦免"，他是从基督那里听见对自己说的这话，因而就不可能对此有任何怀疑：所说的是我，"我的罪得到了仁慈的赦免"，对于我来说这是确实的，同样对于"这是基督的话"也不会有什么好怀疑的。

但是，这样，事情又有另一面。有一种安慰是在基督活着的时候尚未进入存在的，因而他不能够自己向任何人提供这安慰："他的死亡作为和解[54]、作为'诸罪得到赦免'的质抵"的安慰。在活着的生命中，基督对于那与他同时代的人来说首先是榜样，尽管他是拯救者，尽管他的生命是苦难，这样他甚至在活着的生命中就可以说是承担着世界的诸罪[55]；但特别突出的则是：他是榜样。既然基督教不是这样的一种"不管谁是宣示者都一样"的学说，而是相对于"谁是宣示者"、相对于"宣示者的生命有多么真实地表达出这学说"，那么，因此这看来也就是，在基督宣示基督教并且是作为榜样的时候，那时，没有人能够完全地忍受与他在一起，他们离去，甚至使徒们也是[56]。

但后来他死了。他的死亡无限地改变一切。并非是仿佛他的死亡取消了"他也是榜样"的意义，不，但他的死成为了无限的安慰，无限的领先[57]，追求者会以此为开始，有无限完满的清偿，这样，至高的质抵被提供给那怀疑者、那沮丧者——不可能再找得到任何更可靠的了！——基督为拯救他而死去[58]，基督的死是和解，这是圆满清偿[59]。这安慰是女罪人所没有的。她从他自己的嘴中听见了，她的许多罪都得赦免了，这是真的；但是她不能通过他的死亡来安慰自己，而这是后来的人所能的。如果你想象这女罪人在后来的一个瞬间里经受信仰的犹疑而怀疑"现在她的许多罪是不是真的都得赦免了"，这时她想要，因为她没有再次能够直接地从基督自己这里听见这话、在"似乎听见基督说：信这个吧，你可是从我自己的嘴里听见它的"之中找到安宁。相反，生活在基督之后好几百年的人，在他受到这种关于"他的许多罪是不是已得赦免"的怀疑的考验时，他就会在"似乎听见基督对他说：'信这个吧，我是让我的生命来为你获取对你的诸罪的赦免，因而信这个吧，不可能有更大的保障了'"之中找到安宁。对那生活在同时代的人，基督只能说：我将作为一个祭品而奉献出我自己，为世界的罪[60]，也为你的。现在，比起"他已这样做了、已献身了"的情形，这是不是更容易让人去信，或者安慰是不是因为"他说他将去这样做"而不是"他已这样做"而更大？一个人为另一个人押上了自己的生命，没有什么爱是比这更大的[61]；但是在哪一种情况下是更容易去相信，在哪一种情况下所得的安慰更大：是在那爱者说"我将这样做"的时候，还是在他已经这样做了的时候？不，在他已这样做了的时候，在这时，那怀疑才是被弄成了不可能，尽可能地不可能；在基督已被作为和解之祭品献祭了的时候，在这时，那使得"对自己诸罪之赦免的怀疑"变得如此不可能（是的，如此尽可能地不可能）的安慰才进入了存在；因为这安慰，它是只为信仰而在的。

注释：

[1] [一个陶冶性的讲演]　这个标题从原本的"在星期五圣餐礼仪式上的一个讲演"被改为"一个陶冶性的讲演"，关于其中细节，在 SKS K12 中有描述（se kladden ms. 1.1 og trykmanuskriptet ms. 2.1, i tekstredegørelsen, s. 289 og s. 294f.）。

在这个讲演中，用来标识基督的单数第三人称"他"在丹麦语中第一个字母没有大写，所以译者都译作"他"而不是"袘"。

[2] [献给我的父亲已故的米凯尔·彼得森·克尔凯郭尔作为纪念]　米凯尔·彼得森·克尔凯郭尔（Michael Pedersen Kierkegaard，出生用名是 Michel），1756 年 12 月 12 日出生；他在四十岁的时候带着相当可观的财富退出了商界。他在 1797 年与安娜·伦德（Ane Lund）结婚，与她生了七个孩子，索伦·克尔凯郭尔是最小的。他 1809 年在新广场 2 号买下了一幢房子（在今天是菲特烈堡街），这之后一直住在那里，直到他去世于 1838 年 8 月 9 日，终年 81 岁。

题献词可与"两个陶冶性的讲演，1843 年"、"三个陶冶性的讲演，1843 年"、"四个陶冶性的讲演，1843 年"、"三个陶冶性的讲演，1844 年"、"四个陶冶性的讲演，1844 年"的扉页题献词（这些讲演献给/我的父亲/本城的前毛织品商/已故的/米凯尔·彼得森·克尔凯郭尔）比较；也可与"三个想象出的场合讲演"的扉页题献词（献给/我已故的父亲/米凯尔·彼得森·克尔凯郭尔/作为纪念）比较。从付印稿上的题献词（这本小书/献给/我已故的父亲/米凯尔·彼得森·克尔凯郭尔/作为/纪念）可能看得出这些以前的题献词的痕迹。

[3] [前言]　关于这篇未被使用的前言在 SKS K12 中有描述（se tekstredegørelsen, s. 297f. og s. 304—308.）。

[4] [见 1843 年两个陶冶性的讲演的前言]　所指的前言为：

尽管这本小书（它被称作是"讲演"而不是布道，因为它的作者是没有布道的权威的；它被称作是"陶冶性的讲演"而不是"用于陶冶的讲演"，因为讲演者绝对不是在要求作为老师）只是想要尽自己的本分，作为一种多余，并且只是想要继续留在隐蔽的状态之中，正如它在隐蔽之中进入存在，尽管如此，如果没有一种几乎是幻想般的希望的话，我仍不会就此与它作别。因为被出版，在比喻的意义上，它就是以某种方式开始了一场漫游，于是我就让我的目光仍追随它一段时间。这样，我看见了，它到底是怎样在一条孤独的道路上行走的，或者，是怎样孤独地走在所有人行走的康庄大道上的。在一些个误解之后，因为被倏然飘过的相同性欺骗，它最终遇上了那个单个的人，我带着欣喜和感恩将之称作我的读者，那个单个的人，它所寻找的人，它就仿佛是向之伸展出自己的双臂，那个单个的人，他心甘情愿，在黑暗之瞬间，不管它是欣悦而渴盼着地还是"困倦而沉思地"与他相遇，他都有足够的意愿来让自己被找到，有着足够的意愿来接受它。——相反，通过出版，它在更确实的意义上继续驻留在静止之中，不出离所在之处，这样，我就让我的目光在它之上停靠片刻。它站在那里，像一朵无足轻重的小花，在大森林的遮掩之下，既不因为自己的华丽、也不因为自己的芬芳和自己的营养成分而为人所寻。然而，我也看见，或者说是以为自己看见，那只被我称作是"我的读者"的鸟是怎样突然地看见了它，展翅俯冲下来，摘下它，将它带回自己家。既然我看见了这个，我就不再看下去了。（《克尔凯郭尔文集》第八卷《陶冶性的讲演集》第 5 页，并参看其中注释）。

[5]［1850 年 12 月 12 日］　　索伦·克尔凯郭尔的父亲，米凯尔·彼得森·克尔凯郭尔在 1756 年 12 月 12 日出生于丹麦赛丁（Sædding），并受洗于赛丁教堂。

[6]［"女罪人"］　　比较《"大祭司"——"税吏"——"女罪人"在星期五圣餐礼仪式上的三个讲演》中的"III《路加福音》（7：47）"。

[7]［《路加福音》（7：37 及之后诸多句子）］　　《路加福音》（7：37—50）："那城里有一个女人，是个罪人。知道耶稣在法利赛人家里坐席，就拿着盛香膏的玉瓶，38 站在耶稣背后，挨着他的脚哭，眼泪湿了耶稣的脚，就用自己的头发擦干，又用嘴连连亲他的脚，把香膏抹上。39 请耶稣的法利赛人看见这事，心里说，这人若是先知，必知道摸他的是谁，是个怎样的女人，乃是个罪人。40 耶稣对他说，西门，我有句话要对你说。西门说，夫子，请说。41 耶稣说，一个债主，有两个人欠他的债。一个欠五十两银子，一个欠五两银子。42 因为他们无力偿还，债主就开恩免了他们两个人的债。这两个人哪一个更爱他呢？43 西门回答说，我想是那多得恩免的人。耶稣说，你断得不错。44 于是转过来向着那女人，便对西门说，你看见这女人吗？我进了你的家，你没有给我水洗脚。但这女人用眼泪湿了我的脚，用头发擦干。45 你没有与我亲嘴，但这女人从我进来的时候，就不住地用嘴亲我的脚。46 你没有用油抹我的头，但这女人用香膏抹我的脚。47 所以我告

诉你,她许多的罪都赦免了。因为她的爱多。但那赦免少的,他的爱就少。48 于是对那女人说,你的罪赦免了。49 同席的人心里说,这是什么人,竟赦免人的罪呢?50 耶稣对那女人说,你的信救了你,平平安安地回去吧。"

[8] [女人在会众之中要沉默] 对《哥林多前书》(14:33—34)的随意引用,其中保罗对哥林多人说:"妇女在会中要闭口不言,像在圣徒的众教会一样"。

[9] [怎么会可能?] 也许是指向《路加福音》(1:26—38)中的叙述:"到了第六个月,天使加百列奉神的差遣,往加利利的一座城去,这城名叫拿撒勒。到一个童女那里,是已经许配大卫家的一个人,名叫约瑟,童女的名字叫马利亚。天使进去,对她说,蒙大恩的女子,我问你安,主和你同在了。马利亚因这话就很惊慌,又反复思想这样问安是什么意思。天使对她说,马利亚不要怕。你在神面前已经蒙恩了。你要怀孕生子,可以给他起名叫耶稣。他要为大,称为至高者的儿子。主神要把他祖大卫的位给他。他要作雅各家的王,直到永远。他的国也没有穷尽。马利亚对天使说,我没有出嫁,怎么有这事呢?天使回答说,圣灵要临到你身上,至高者的能力要荫庇你。因此所要生的圣者,必称为神的儿子(或作所要生的必称为圣称为神的儿子)。况且你的亲戚以利沙伯,在年老的时候,也怀了男胎。就是那素来称为不生育的,现在有孕六个月了。因为出于神的话,没有一句不带能力。马利亚说,我是主的使女,情愿照你的话成就在我身上。天使就离开她去了。"第37句"因为出于神的话,没有一句不带能力的"按照丹麦语新约1819年版翻译则是"因为没有什么东西对于神是不可能的"。

[10] [看,我是主的使女] 指向《路加福音》(1:38)"马利亚说,我是主的使女,情愿照你的话成就在我身上。天使就离开她去了。"

[11] [不明白所说的这话] 对《路加福音》(2:41—52)中第50句"他所说的这话,他们不明白"的随意引用。马利亚和约瑟夫在耶路撒冷寻找十二岁的耶稣,最后在神殿里找到了他,他问他们为什么找他,对他们说"岂不知我应当以我父的事为念吗?"然后就是这句"他所说的这话,他们不明白"。

[12] [把它们都存在心里] 对《路加福音》(2:8—20)中第19句"马利亚却把这一切的事存在心里,反复思想",是讲天使向牧羊人们宣示救主出生,作为标志,他们将看见一个婴孩,包着布,卧在马槽里。牧羊人们急忙去了伯利恒,发现马厩里的马利亚和约瑟,以及婴孩耶稣卧在马槽里。他们把天使关于这孩子的话传开了。听见的人们就诧异。"马利亚却把这一切的事存在心里,反复思想。"

[13] [这话,这好种,"保存在诚实而美丽的心中"] 指向《路加福音》(8:9—15)中耶稣对播种的比喻的解释:耶稣说一个撒种的出去撒种,种子有落在路旁的、有落在磐石上的、有落在荆棘里的,也有落在好土里的。"门徒问耶稣说,这比喻是什么意思呢?他说,神国的奥秘,只叫你们知道。至于别人,就用比

喻，叫他们看也看不见，听也听不明。这比喻乃是这样。种子就是神的道。那些在路旁的，就是人听了道，随后魔鬼来，从他们心里把道夺去，恐怕他们信了得救。那些在磐石上的，就是人听道，欢喜领受，但心中没有根，不过暂时相信，及至遇见试炼就退后了。那落在荆棘里的，就是人听了道，走开以后，被今生的思虑钱财宴乐挤住了，便结不出成熟的子粒来。那落在好土里的，就是人听了道，持守在诚实善良的心里，并且忍耐着结实。"和合本圣经中的"持守在诚实善良的心里"按照丹麦语新约1819年版翻译则是"持守在诚实而美丽的心中"。

这好种：在《马太福音》（13：24—30）和（13：36—43）的两个比喻中也用到这"好种"作比喻。

［14］［就像预言所说的那样，确是有一把剑穿透她的心］　指向《路加福音》（2：35），在耶稣的父母抱着耶稣进入耶路撒冷的圣殿时，名叫西面的老人对孩子的母亲马利亚说，"……你自己的心也要被刀刺透"。

［15］［事情发生］　指向《约翰福音》（19：25—27），在耶稣被钉上十字架的时候，耶稣的母亲马利亚和使徒约翰一同站在髑髅地。

［16］［对那唯一必要的事情的关心，从马利亚，拉撒路的姐姐那里……：那唯一必要的］　指向《路加福音》（10：38—42）的叙述：耶稣去马大和马利亚家里。马利亚"在耶稣脚前坐着听他的道"。马大忙于待客问耶稣说，，他不在意我一个人伺候吗？请他让她来帮助自己。耶稣回答说，她为许多的事思虑烦扰。并接着说（第42句）："但是不可少的只有一件。马利亚已经选择那上好的福分，是不能夺去的。"另外，在《约翰福音》（11：1—44）关于拉撒路病死和耶稣使他复活的叙述中有说及马利亚是拉撒路的姐姐。

［17］［自己却变得永恒地不被遗忘］　指向《马太福音》（26：6—13）中的与《路加福音》（7：36—50）平行的叙述的结尾处："耶稣在伯大尼长大麻疯的西门家里，有一个女人，拿着一玉瓶极贵的香膏来，趁耶稣坐席的时候，浇在他的头上。门徒看见，就很不喜悦，说，何用这样的枉费呢？这香膏可以卖许多钱，周济穷人。耶稣看出他们的意思，就说，为什么难为这女人呢？她在我身上作的，是一件美事。因为常有穷人和你们同在。只是你们不常有我。她将这香膏浇在我身上，是为我安葬作的。我实在告诉你们，普天之下，无论在什么地方传这福音，也要述说这女人所行的，作个纪念。"

［18］［男人强过那弱者，女人］　也许是指向《彼得前书》（3：7）："你们作丈夫的，也要按情理和妻子同住。因她比你软弱，与你一同承受生命之恩的，所以要敬重她。"

［19］为了在细微差别上把两个都可以用"决定"一词来表述的概念区分开，译者决定在这里使用"定决"来表述其中的一个概念。这里，"定决"所表述的这

个"决定"（Afgjørelse）概念是一个人对外在的人的命运或者事物的走向做作出的决定，或者一个人的命运受外来的权力所做出的决定；在对一件事情所做的决定也往往是指有着分歧的事情，或带有仲裁的色彩（"某大学作出录取某人读博士的决定"）；或者对某种局势的结果发生的关键性影响（"这个民族的未来就被决定下来了"）。

另有一个"决定"（Beslutning）概念则是指一个人所做的选择，选择让自己做什么。译者则使用"决意"这一译词。

这两个丹麦单词，Afgjørelse 和 Beslutning，如果不是在同时出现，那么，它们在汉语中的最佳翻译词就都是"决定"。而且这不是在汉语翻译中面临的问题，在英语里也是：Afgjørelse 和 Beslutning，如果不是在同时出现，那么，它们在英语中的最佳翻译词就都是 decision。比如说我作出决定要在 2019 完成《陶冶性讲演》的翻译工作，这个"决定"，丹麦语则叫做 Beslutning，而英文则叫做 decision。而上面的"某大学录取某人读博士的决定"，丹麦语是 Afgjørelse，英文则也是 decision。

如果这两个词同时出现，那么，英语的译者对这两个丹麦词想来也很难有固定的对应翻译。

在这个段落中，Hong 以 decision 来翻译 Afgjørelse，而以 resolution 来翻译 Beslutning。但这并不是准确的对应。其实在别的地方 Hong 也以 decision 来翻译 Beslutning。比如说后文中的"不，如果她等待的话，那么她就会很久地在远处，也许永远都不会去那里或者进入那里；她决定马上走，就在她的'不值不配'之中，正是'不值不配'的感觉驱动着她，因而这决定（丹麦语 Beslutningen/Hong 的英译 decision）就是'马上去'——以这样方式，她自己不做任何事，或者她明白，她自己没有能力做任何事情；在'不值不配'的感觉正是那决定她的东西时，难道还能够有什么更强烈的方式来表达出这一点吗！"

[20] 这个"决定（Beslutning）"是一个人所做的选择，选择让自己做什么，是他在内心之中作出的决定，或者说是意愿之决定。或可写作"决意"。

[21] 这里的这个"定决"其实就是"决定"（Afgjørelse）是指一个人对外在的人的命运或者事物的走向做作出的决定，或者一个人的命运受外来的权力所做出的决定。见前面的注释。

[22] 这里的这个"定决"其实就是"决定"（Afgjørelse）。见前面的注释。

[23] 这里的这个"定决"其实就是"决定"（Afgjørelse）。见前面的注释。

[24] 这里的这个"定决"其实就是"决定"（Afgjørelse）。见前面的注释。

[25] [那么就让我们……] 在明斯特尔（J. P. Mynster）布道的时候，他总是一次又一次使用这一表述的不同变体形式，作为一次布道的主题的引言。丹麦文文献可参看 *Prædikener paa alle Søn - og Hellig - Dage i Aaret*（所有礼拜日与节日的

一个陶冶性的讲演

各种布道）。

［26］［空气可以是如此之轻，以至于一个人无法呼吸它］　就是说：空气可以是如此稀薄，以至于一个人无法呼吸。

［27］［每一个圣日在礼拜仪式开始……祈祷："我们可以学习为我们的各种罪而悲哀"］　根据在克尔凯郭尔时代作为规则的《丹麦与挪威教堂仪式》（*Dannemarkes og Norges Kirke – Ritual*, Kbh. 1762）第一章"关于教堂中的礼拜仪式"的第一条："礼拜仪式在城市和乡村的所有布道中都是以这一小祷告开始并且在后面是主祷文等等。教堂执事在唱诗班的门口站着，或者说在教堂地板中央，以高而慢声音这样读：主！我进入了你的这神圣的家听你上帝父我的创造者，你主耶稣我的拯救者，你尊贵的圣灵在生与死中我的安慰者要对我说的东西。主！现在以这样的方式为耶稣基督的缘故通过你的圣灵充满我的心，我能够通过这布道学习为我的各种罪而悲哀，在生死之中相信耶稣，每天在神圣的生命和生活中改善；我愿上帝通过耶稣基督听见并且接受这祷告，阿门！"

［28］［通向死亡］　指向《约翰福音》（11：4），其中耶稣得到消息说拉撒路病了，对此他回答说："这病不至于死，乃是为神的荣耀，叫神的儿子因此得荣耀。"

［29］这个句子，丹麦文原文是："Naar et Menneske, ikke fri – hvad jo intet Menneske er – for Synd og Skyld, tillige har andre Bekymringer, og han da er bekymret, nedbøiet, da forvexler han det maaskee, vil lade denne Nedtrykthed gjælde for Bekymring over sin Synd, som var det blot det, der forlangtes, at et Menneske skal være bekymret, istedetfor at det der fordres er, at han *skal* være bekymret over sin *Synd*, og at han skal *ikke være* bekymret over *Andet*; men han forvexler det, og mærker ikke, at hvis det var sin Synd han sørgede over, end sige, hvis han ene sørgede over den, vilde han mindre eller slet ikke føle de andre Bekymringer, benyttende Leiligheden til at udtrykke sand Sorg over sin Synd derved, at han bar disse andre Bekymringer lettere."

Hong 的英译是："But how different this is from what usually happens in life! When a person, not free of sin and guilt – which no human being is! – has other concerns also and then is concerned, weighed down, he perhaps then mistakenly confuses this dejection with concern over his sin, as if all that is required is that a person shall be concerned, rather than that the requirement is that he *shall* be concerned over his *sin*, and that he shall *not* be concerned over *anything else*; but he mistakenly confuses things and does not perceive that if it was his sin that he sorrowed over, not to mention if he sorrowed over this alone, he would feel the other concerns less or not at all and would use the opportunity to express true sorrow over his sin by bearing these other concerns more lightly."

533

Hirsch 的德译是:"Wenn ein Mensch, der nicht frei ist – kein Mensch ist es – von Sünde und Schuld, zugleich andre Kümmernisse hat, und er also betrübt, niedergebeugt ist, so begeht er vielleicht eine Verwechslung, will diese Niedergeschlagenheit gelten lassen für Betrübnis über seine Sünde, gleich als wäre es allein dies, das verlangt würde, daß ein Mensch betrübt sein solle, wo doch vielmehr die Forderung die ist, daß er betrübt sein s o l l über seine s ü n d e, und daß er n i c h t betrübt sein soll über andres; aber er verwechselt es, und merkt nicht: wo es seine Sünde wäre, über die er Leid trüge, geschweige, wo er einzig über sie Leid trüge, würde er die andern Kümmernisse minder spüren oder überhaupt nicht, indem er die Gelegenheit nützte, wahres Leid über seine Sünde damit auszudrücken, daß er diese andern Kümmernisse leichter trüge."

[30][法利赛人] 法利赛党的成员。法利赛党是希腊和罗马时代（亦即从公元前100年到公元70年耶路撒冷的毁灭）犹太教的一个宗教政治群体。他们强调对摩西十诫持守，其中也包括祭司要持守的纯洁诫命的复杂文本，谴责每一种对律法的违犯；除了摩西律法之外，他们还建立出一种很全面的诠释摩西律法各种诫命的口述传统。另外他们相信死人复活受审判，相信天使的存在。在耶稣的时代，他们的数量应当有差不多六千。

[31][筵席的抗议，法利赛人冷漠的优越感或者粗暴的讥嘲] 可对照《路加福音》（7：36、39）。

[32][那法利赛人的家] 见《路加福音》（7：36）："有一个法利赛人，请耶稣和他吃饭。耶稣就到法利赛人家里去坐席。"从（7：40）我们可以看出，这个法利赛人叫西门。

[33][她在那里找到了宽恕] 指向《路加福音》（7：48）。

[34][自己根本就无法做任何事情] 比较下面《"大祭司"——"税吏"——"女罪人"在星期五圣餐礼仪式上的三个讲演（1849年）》中的"III 《路加福音》（7：47）"中的句子："是的，她爱得多。'她坐在基督的脚旁，以眼泪湿了它们，用自己的头发擦干它们'——她表达出：我从字面的意义上说就是一无所能，祂无条件地能一切。"以及同一段中下面的："哦，永恒的真相，祂无条件地能一切；哦，在这个女人身上的不可描述的真相，哦，在这个女人身上的不可描述的真相的权力，强有力地表述着这无能：她从字面的意义上说一无所能：她爱得多。"

[35][她买了一只盛有香膏的玉瓶随身带着] 指向《路加福音》（7：37）"。

[36][你禁食的时候，要以油膏梳头洗脸，不叫人看出你禁食来，只叫你暗中的父看见。] 引自《马太福音》（6：17—18）"。

一个陶冶性的讲演

[37][然后她喜庆地去了筵席] 这是指抹膏油意味了准备去欢庆。(参看《诗篇》45：8 和《以赛亚书》61：3)，往自己身上抹膏油是在表达喜悦和好的状态，而不抹膏油则往往是悲哀或者斋戒的标志（参看比如说《撒母耳记下》12：20 和 14：2)。

[38][自扰（Selvplagelse)] 以某些事物来烦扰自己。

[39][她是挥霍，——是的，这是犹大的意思] 部分地指向《马太福音》(26：6—13)，部分地指向《约翰福音》(12：1—8)："逾越节前六日，耶稣来到伯大尼，就是他叫拉撒路从死里复活之处。有人在那里给耶稣预备筵席。马大伺候，拉撒路也在那同耶稣坐席的人中。马利亚就拿着一斤极贵的真哪哒香膏，抹耶稣的脚，又用自己头发去擦。屋里就满了膏的香气。有一个门徒，就是那将要卖耶稣的加略人犹大，说，这香膏为什么不卖三十两银子周济穷人呢？他说这话，并不是挂念穷人，乃因他是个贼，又带着钱囊，常取其中所存的。耶稣说，由她吧，她是为我安葬之日存留的。因为常有穷人和你们同在。只是你们不常有我。"

[40][在欢庆的意义上对应于那筵席] 也许是指向《诗篇》(23：5)："在我敌人面前，你为我摆设筵席。你用油膏了我的头，使我的福杯满溢。"和《路加福音》(7：46)。好客的主人有义务在客人的头上涂香膏。

[41][她哭] 指向《路加福音》(7：38)。

[42][她坐在了基督的脚旁] 指向《路加福音》(7：38)。

[43][她把香膏涂抹在基督的脚上，以自己的头发来擦干它们，哭着] 指向《路加福音》(7：38)。

[44][他无条件地能够做一切] 见前面注释。也暗示了《马太福音》(19：26) 和《路加福音》(1：37)。

[45][他与那些在筵席上在场的人们说话] 指向《路加福音》(7：40—47)。

[46][他谈论……前者比后者爱得更多的，这也是合情合理的] 指向《路加福音》(7：41—43)。

[47][尽管是在场者，却如不在场者，是的，尽管是那被人所谈论的在场者] 比较下面《"大祭司"——"税吏"——"女罪人"在星期五圣餐礼仪式上的三个讲演（1849 年)》中的"Ⅲ《路加福音》(7：47)"中的句子："这几乎就仿佛是拯救者自己在一瞬间之中这样地观察她和这事情，就仿佛她不是一个真人，而是一个画面。确实，为了将之更严肃地运用于那些在场者，祂不对她说话，祂不说'你的许多罪都被宽恕，因为你爱得多'，祂是说及她，祂说：她的许多罪都得赦免了，因为她爱得多；尽管她是在场的，这就几乎像她是不在场的，这就几乎像是祂把她转化成一个画面，一个比喻"。也比较下面的 1850 年 10 月底或 11 月初的日

535

克尔凯郭尔讲演集（1848—1855）

记 NB21："女罪人几乎只是 in effigie（拉丁语：根据其形式或图像）在场，但她却是那事情所围绕着的人，那当场者"（*Pap.* X 3 A 566 [NB21：123]）。

[48]［她许多的罪都赦免了］　对《路加福音》（7：47）的随意引用。

[49]［因为她的爱多］　对《路加福音》（7：47）的随意引用。

[50]　［因为他爱得多］　纯粹在语法上看，相应句子在希腊文中（ὅτι ἠγάπησεν πολύ（hóti ēgápēsen poly）），被翻译为"因为她爱得多"，同样地可以被再现为"因为他爱得多"。也许在克尔凯郭尔假定这女人可能是听错，把她听成他的时候，他把希腊语中的这一语法关系转化进丹麦语的关系。

[51]［那克服了自己的人比占领一座城的人更伟大］　指向《箴言》（16：32）："不轻易发怒的，胜过勇士。治服己心的，强如取城。"

[52]［他的一句话永恒地治愈］　作者的随意引用，引自丹麦作家和赞美诗人英格曼（B. S. Ingemann）的赞美诗"哦，主！在悲哀的时刻降临"第五段："哦，能够改变所有世界之痛的你！/你甚至在苦恼之中教我天国的喜悦；/你的一句话拯救并治愈我/直到永远"，《福音基督教赞美诗之附录》（丹麦语文献说明：*Tillæg til den evangelisk - christelige Psalmebog*, Kbh. 1845, nr. 596, s. 38f. (tillægget blev, separat pagineret, optaget bagest i *Evangelisk - christelig Psalmebog*, Kbh. 1845 [1798], ktl. 197). Salmen udkom i B. S. Ingemanns *Høimesse - Psalmer til Kirkeaarets Helligdage*, Kbh. 1825, som nr. XIII med angivelsen:《Tredie Søndag efter Helligtrekongersdag. / (Evang. Matth. 8 C. 1 V. Jesus gik ned af Bjerget.)》）

[53]［与基督的同时代性］　可参看《修习于基督教》（1850 年）的第一部分"'凡劳苦担重担的人，可以到我这里来，我就使你们得安息。'作为唤醒和真挚化"中"停止"的第四篇"基督教作为那绝对的；与基督的同时代性"（*SKS* 12，74—78），以及第三部分"从至高他将把一切吸引向自己。一些基督教的演绎"的第六篇（*SKS* 12，227—249）。

[54]［他的死亡作为和解］　参看《巴勒的教学书》第四章"论人通过上帝的儿子耶稣基督从自身的败坏中的康复"的§ 7. c（*Lærebog i den Evangelisk - christelige Religion, indrettet til Brug i de danske Skoler*（af N. E. Balle og C. B. Bastholm, gerne omtalt som *Balles Lærebog*）, Kbh. 1824 [1791], ktl. 183, s. 44：）："耶稣，为我们所有人，忍受了自己在所有罪人的位置上的苦难，这样他能够，通过承受我们所有人应得的惩罚，来为我们的诸多违犯作出和解；通过这样做，'上帝宽恕我们的罪，而无需与自己的义作对或者冒犯自己的律法并减弱自己的统治'成了可能。"

[55]［他甚至在活着的生命中就可以说是承担着世界的诸罪］　指向《约翰福音》（1：29），其中施洗的约翰说："看哪，神的羔羊，背负世人罪孽的"。

[56]［在基督宣示基督教并且是作为榜样的时候……他们离去，甚至使徒们

也是] 比较下面的1849年11月或者12月的日记NB14：78："所有关于'希望与基督同时代'的说法，在进一步的考察之下看的话甚至是放肆的；这'人有能力是使徒'当然就是自欺。甚至使徒都离去，他们必定是以非凡的神圣力量装备起来以便是，就是说，以便能够忍受'与他同时代'。基督的生命也有着另一种意义，它就是和解。如果基督只是一个榜样，那么这'把这事业推得如此之高'就会仿佛是他的一种残酷；但是，他必须死——为了拯救世界"（SKS 22, 390）。比较下面的1850年1月的日记NB15：32（SKS 23, 26f.）和1850年夏天的日记NB20：23（SKS 23, 404f）。

他们离去，甚至先知们也是：也许是指向《马太福音》（26：56），在耶稣被抓的时候，门徒们扔下耶稣不管，只顾自己逃走。也可以是指犹大把耶稣出卖给大祭司（《马太福音》26：14—16、48）。还有彼得三次不认耶稣（《马太福音》26：69—75）。

[57][它的死亡无限地改变一切……无限的领先] 比较1849年2月或者3月的日记NB10：54："也可以说，在一种意义上，在基督死后成为和作基督徒对于人类来说比与基督同时代更容易了。他的和解之死必须被估量为一种对此的媒介。另外，在他活着的时候，他自己有着'表达出榜样'和'提高真相的价格'的任务，直到他们杀了他。但是在他死后他也能够帮助基督徒"（SKS 21, 284, 30—35）。

[58][达成了的满足……基督为拯救他而死去] 指向那关于基督的替代性圆满的教理学说，就是说，代替人类去清偿，这样：他作为上帝自己的儿子，以自愿的苦难和死亡满足或者和解了上帝对人类罪的堕落的审判性怒火，并且以这样的方式，就清偿了人类原本因其罪而有辜的死亡惩罚，于是人类就能够活着并且得救。

圆满清偿（Fyldestgjørelsen）。比较圣餐礼仪式之后的遣散词："被钉上十字架而又复活的基督耶稣，现在已提供餐食并且给予你们自己的神圣身体和血，以此，他圆满地偿还了你们的罪，由此在一种真实的信仰之中强化并存留你们直至永恒的生命！"见《丹麦圣殿规范书》（Forordnet Alter - Bog, s. 254.）。

[59][基督的死是和解，这是圆满清偿] 《巴勒的教学书》第四章"论人通过上帝的儿子耶稣基督从自身的败坏中的康复"的§ 7. c，注释d（Lærebog i den Evangelisk - christelige Religion, indrettet til Brug i de danske Skoler (af N. E. Balle og C. B. Bastholm, gerne omtalt som Balles Lærebog), Kbh. 1824 [1791], ktl. 183, s. 45:)："我们应当唯通过耶稣基督在上帝那里寻求恩典，他一次性地为所有人圆满了清偿，通过自己的受难和死亡为我们打开了门，为我们的罪获得了宽恕，——如果我们发自内心地皈信并且信仰他。"

［60］［我将作为一个祭品而奉献出我自己，为世界的罪］ 《巴勒的教学书》第四章"论人通过上帝的儿子耶稣基督从自身的败坏中的康复"的§7.c，注释b (*Lærebog i den Evangelisk – christelige Religion, indrettet til Brug i de danske Skoler* (af N. E. Balle og C. B. Bastholm，gerne omtalt som *Balles Lærebog*)，Kbh. 1824 ［1791］，ktl. 183，s. 45；）："因为耶稣牺牲了自己去为世界的罪作和解，他显示了自己是真正的由上帝派遣的至高祭司，给出一个和解的祭品，唯这祭品在永恒之中对所有人具备有效性。"

［61］［一个人为另一个人押上了自己的生命，没有什么爱是比这更大的］指向《约翰福音》（15：13），其中耶稣说："人为朋友舍命，人的爱心没有比这个大的。"也参看《约翰一书》（3：16）。

在星期五圣餐礼仪式上的
两个讲演[1]

索伦·克尔凯郭尔

哥本哈根

大学书店 C. A. 莱兹尔出版

毕扬科·鲁诺的皇家宫廷印书坊印刷

1851 年

1849年年底。

以这本小书，从最开始起的
全部作家活动

题献给

一个未指名的人
其名字将在有一天被提及[2]

前　言[3]

以"非此即彼"[4]为其开始的逐步前进的作家活动，在这里，在圣餐桌的脚旁[5]，寻找其决定性的休憩点，在这里，这作家，自己最好地意识到了自己的不完美和辜，绝非是要将自己称作一个真理见证者，而只自称是一种特别类型的诗人和思想者[6]，这类诗人和思想者，"没有权威地"[7]，不曾有任何新的东西可拿出，但却"曾想要再一次，尽可能以一种更内在真挚的方式，通读各种个体的人类存在关系的原始文本，那老旧的、众所周知的、从祖先那里传下来的东西"（参看我为"终结性的后记"所写的后记）[8]。

在以这样的方式转向之后，我在这里没有任何进一步可补充的东西。然而，让我只是把这一点说出来，它以一种方式是我的生命，对于我，是我生命的内容，其充实、其幸福、其安宁和满足，——这一点或者说这一生命观，它是"人性（Menneskelighed）"的和"人—相同性（Menneske-Liigheden）"的想法[9]：从基督教的意义上说，每一个人（单个的人），无条件地每一个人，再一次无条件地每一个人都与上帝同样近，——怎样地近和同样近？为他所爱。因而，相同性存在着，人与人之间的那无限的相同性。有没有任何差异，哦，这一差异，如果它存在，它就像是平和性[10]本身；不受打扰，它绝不打扰相同性，这差异是：一个人考虑着，他是被爱的，也许日日夜夜，也许在七十年[11]里日日夜夜，也许只带着一种渴望，向着永恒，为求真正地能够着手去做并且继续，忙于这至福的投入，考虑着，他——唉，不是为了自己的德行的缘故！——是被爱的；另一个人也许并不想着，他是被爱的，也许一年一年过去，一天一天过去，他不想着他是被爱的，或者他也许是为被自己的妻子、自己的孩子、朋友、同时代的人爱而喜悦而感恩，但他不想着他是被上帝爱的，或者他也许为不被任何人爱而叹息，他不想着他是被上帝爱的。"然而"那前者无疑会这样说，"我是无辜的，如果另一个人忽略或者藐视那挥霍般如此大量地被投在他身上的爱（与被投在我身上的爱同样大量），那我也没什么办法"。不作任何区分的，无限的神圣的爱！[12]唉，人类的不知感恩！如果，以这样的方式，这就是在我们人与人之间的相同性的话——在这种相同性之中我们完全相像：我们中没有人真正想着，他是被爱的！

在我随后转向另一面的时候，我希望，并且我允许自己（感谢那可能会被向我展示的同情与善意[13]）就似乎是把这些文稿递出去并且推荐给那些人——我带着子女般的奉献之心和几乎是女人性的恋慕，为有这荣幸书写他们的语言而感到骄傲，而同时也感到慰藉：我写下这些，这不是令人感到羞愧的事情。

哥本哈根，1851 年晚夏。[14]
S. K.

注释：

[1]［在星期五圣餐礼仪式上的两个讲演］ 《在星期五圣餐礼仪式上的两个讲演》与《关于我的作家活动》一同在 1851 年 8 月 7 日的《地址报》第 184 期上作为新出版的书籍被介绍。这两本书都被在 1851 年 8 月 7 日的《飞邮报（*Flyveposten*）》第 181 期上被谈及；一个匿名书评家在简短介绍了《关于我的作家活动》的内容之后，继续写道："他因此看来是终结了自己真正的作家活动，这不仅仅可以在上面提及的书中的各种表述中看出，而且也能够从那在同一个出版者这里同时出版的《在星期五圣餐礼仪式上的两个讲演》的前言中看出，这两个讲演可以被视作是神性的雄辩之典范。"这评论几乎是原封不动地被登载在 1851 年 8 月 9 日的《菲英报》第 187 期上．可比较 1851 年 8 月 13 日的日记 NB24：128（*SKS* 24, 403f）。

星期五圣餐礼仪式：在克尔凯郭尔的时代，每个星期五的九点钟在哥本哈根圣母教堂举行忏悔仪式和圣餐礼。在忏悔仪式中的忏悔讲演之前也会有一段简短的布道，在这里被克尔凯郭尔称作是"讲演"，介于忏悔仪式和圣餐礼之间。克尔凯郭尔自己在圣母教堂的星期五圣餐礼仪式上作过三次布道，第一次是1847年7月18日，关于《马太福音》（11：28），第二次是1847年8月27日，关于《约翰福音》（10：27），第三次是1848年9月1日，关于《约翰福音》（12：32）。这些布道词一部分被收入《基督教讲演》作为之中第四部分"在星期五圣餐礼仪式上的讲演"的第二和第三个讲演，一部分被作为安提—克利马库斯的《修习于基督教》（1850年）的第三部分"从至高他将把一切吸引向自己。一些基督教的演绎"的第一篇。

[2][以这本小书，从最开始起的全部作品题献给一个未指名的人其名字将在有一天被提及] 指向瑞吉娜·施莱格尔，出生姓欧伦森（Regine Schlegel, f. Olsen / 1822—1904）。1840年9月10日与索伦·克尔凯郭尔订婚，直到1841年10月12日婚约被撤销，在1843年8月28日与施莱格尔（J. F. Schlegel）订婚，并于1847年11月3日在克里斯蒂安港的救主教堂与后者结婚。

在克尔凯郭尔决定出版《在星期五圣餐礼仪式上的两个讲演》的时候，他在草稿中写道："账目上的题献用在这里"，草稿（ms. 1.6（se tekstredegørelsen, s. 340））。比较下面的1850年的《关于我的作家活动》的草稿中的句子："题献给瑞吉娜·施莱格尔，/如果在我活着的生命之中能够说及一个这样的，无疑可以被置于一个星期五讲演的小集子的前面，尽管在本质上却属于关于我的作家活动的那些文稿。在我以这样的方式决定性地进入'那宗教的'的角色（正如我从一开始就想要的）的时刻，在这一瞬间，她是唯一重要的人，因为我与她有着一种上帝之关系。/题献可以写成：以此书，由那完全属于她的人将一种在一个程度上是属于她的作家活动题献给R. S./或者以一个星期五讲演的集子：/这本小书题献给R. S."（Pap. X 5 B 263［NB13：4］）。在草稿材料中有一系列对克尔凯郭尔考虑要放在《关于我的作家活动》中的题献词的完全不同说法的构思，其主要部分由"账目"构成，比如说"给'账目'。/题献词会是这样/被题献给/一个未指名的人/其名字将在某一天被提及/等等"（Pap. X 5 B 261）以及"以这小书/整个从头开始的/作家活动/题献给/一个同时代的人/对其名字至今只能沉默，但是这名字/历史会提及，——这会是/更长或者更短的时间，——只要/历史提及我"（Pap. X 5 B 264［NB15：130］）。在与《在星期五圣餐礼仪式上的两个讲演》同一天出版的《关于我的作家活动》正式印刷版本中，则没有任何题献。

从最开始起：参看后面关于《非此即彼》的注释。

[3][前言] 关于这篇未被使用的前言在 SKS K12 中有描述（se tekstredegørelsen, s. 348—351.）。

[4][一个以"非此即彼"为其开始] 《非此即彼。一个生命的残片》由维克多·艾莱米塔出版，第一和第二部分，哥本哈根1843年，在1843年2月20日

545

出版（中文译本收在社科版《克尔凯郭尔文集》，作为其中的第二和第三卷）。比较《关于我的作家活动》中的"账目"中克尔凯郭尔所写的："作品集所描述的运动是：从'诗人'——从那审美的，从'哲学家'——从思辨的到对'那基督教的'中最真挚内在的定性的指向：从笔名著作'非此即彼'通过'终结中的后记'，以我的名字作为出版者，到'在星期五圣餐礼仪式上的讲演'其中有两个是在圣母教堂里讲演的"（注："在星期五圣餐礼仪式上的讲演"是指《基督教讲演》（1848年）第四部分"在星期五圣餐礼仪式上的讲演。基督教讲演"）（SKS 13，12）。

[5]［在圣餐桌的脚旁］　在圣餐桌前跪着。

[6]［绝非是要将自己称作一个真理见证者，而只自称是一种特别类型的诗人和思想者］　可看对前面所引的"账目"中的文字中的注释："后来还出版了一个新的笔名：安提—克利马库斯。但'这是一个笔名'恰恰意味了这名字（安提—克利马库斯）所暗示的东西：他相反是刹止着的。以前的整个假名创作都是低于'陶冶性的作家'；新的笔名是一种更高的假名创作。然而以这样一种方式当然就被刹止了：有一种更高的东西被展示出来，这恰恰强迫我回到我的边界之内，论断着我：我的生活没有对应于一种如此高的要求，因而转达出的内容是一种诗歌性的东西。——稍稍更早一点，在同一年，一本小书，H. H. 的《两篇伦理—宗教性的小论文》出版了。这本小书（这小书并没像它对全部作品在总体上作出考虑那样地去考虑作品中的内容，基于这个原因，它也是以笔名出版的，以便能够被完全排除在外）意义并不是那么容易给出，除非是进入总体来看。它就像是一个航标，人们要根据它来掌舵驶船，这里要注意，是以这样的方式：舵手明白，他恰恰应当与之保持一定的距离。它定义出创作的界限。'一个天才与一个使徒的差异'（第二篇论文）是：'天才是没有权威的'。但恰恰因为天才，就其本身而言，是没有权威的，他在自身之中就也没有那为'去在为真理而让自己被杀的方向上作出强调'给出力量和合理性的最终凝聚（第一篇论文）。就其本身而言的天才停留在反思之中"（SKS 13，12）。也参看下面的在克尔凯郭尔死后（由 P. C. Kierkegaard）在1859年出版的《我的作家活动的观点》的附录"'单个的人'。关于我的作家活动的两个'手记'"的第二"关于我的作家活动与'那单个的人'的关系的一句话"中的一句话："作者并不称自己是一个'真理见证人'（……），不，哦，不，绝非如此。这样的一个，真的不可以被理解作是每一个说出某种真的东西的人（……）。不，一个'真理见证人'，我们必须相对于所说的东西从伦理的意义上去看个人人格意义上的存在，这个人人格意义上的存在是不是表达出这所说的东西"。（SKS 16，99—100）

[7]［没有权威地］　见前面的注释。也参看《关于我的作家活动》中的

"账目"后面延续的两个独立页面（SKS 11, 18—19, 其中第19页）克尔凯郭尔写道："'没有权威地'让人去留意那宗教的、那基督教的，是在作出了总体性的考虑之后为我的整个作家活动所定的范畴。我是'没有权威的'，我从第一瞬间起就一直着重强调并且原封不动地重复着这话；我更愿意把自己看成是这些书的读者，而不是作者"。在1843—1844年的六个陶冶讲演集的前言之中，克尔凯郭尔重复说，作者"没有布道的权威"（比如说，可参看社科版《克尔凯郭尔文集》第八卷《陶冶性的讲演集》第5页和第71页）；克尔凯郭尔直接就把第一个集子《两个陶冶性的讲演，1843年》的前言沿用到《一个陶冶性的讲演，1850年》中。也可以比较《三个想象出的场合讲演。1845年》的前言（社科版《克尔凯郭尔文集》第八卷《陶冶性的讲演集》第205页）和《不同精神中的陶冶性的讲演，1847年》第一部分"一个场合讲演"的前言之中重复的表述，说该书不具备"使人成为讲演者并且使他有权威的场合"。最后可比较1847年1月的日记NB：120，他在之中写道："布道的操作是绝对的，纯粹只通过权威，圣经的权威、基督使徒们的权威。（……）一篇布道预设了一个牧师（神职）为前提"（SKS 20, 87），以及《基督教讲演。1848年》第四部分"在星期五圣餐礼仪式上的讲演。基督教讲演"的前言的这个句子：这些讲演"缺乏一种对布道而言是本质的东西并且因此也不被称作是布道"。

[8] [曾想要……以一种更内在真挚的方式，通读各种个体的人类存在关系……（参看我为"终结中的后记"所写的后记）] 出自以 S. Kierkegaard（索伦·克尔凯郭尔）署名的"一个初次和最后的解说"的稍作修改的引用。这篇短文被放在约翰纳斯·克利马库斯著 S. Kierkegaard1846年出版的《哲学片断的终结中的非科学的后记》的最后部分（SKS 7, 573, 1—4），其中克尔凯郭尔写道：这些笔名的意味在于"以一种'作为双重反思之远'的距离想要单独地，尽可能以一种更内在真挚的方式，通读各种个体的人类存在关系的原始文本（de individuelle, humane Existents – Forholds Urskrift），那老旧的、众所周知的、从祖先那里传下来的东西"。

[9] ["人性（Menneskelighed）"的和"人—相同性（Menneske – Liigheden）"的想法] 可比较日记NB2：154（可能是写于1847年8月），克尔凯郭尔在之中写道："什么是人性（Menneskelighed），它是人—相同性（Menneske – Lighed）。不相同性是那不人性的东西"（SKS 20, 202）。也可以比较下面《我的作家活动的观点》的附录"'单个的人'。关于我的作家活动的两个'手记'"中的前言中的话："没有任何政治曾能够，没有任何政治能够，没有任何世俗性（Verdslighed）曾能够，没有任何世俗性（Verdslighed）能够，深入到最终后果地想透或者实现这想法：人—相同性（Menneske – Lighed）。在'世俗—相同性（Verds – Lighed）'这个

媒介之中实现完美的相同性，就是说，在这'其本质是差异性'的媒介之中，并且以一种'世俗—相同的'方式，亦即以一种做出差异区分的方式，来实现它，这是永恒地不可能的，我们可以在各种范畴上看出这一点。因为，如果要达成完美的相同性，那么'世俗性（Verdslighed）'就纯粹地必须消失，并且在完美的相同性被达成的时候，'世俗性（Verdslighed）'就被终止了；然而，难道这不是一种占有性吗：'世俗性（Verdslighed）'获得了想要强行达成完美相同性的想法并且想要以世俗的方式——在世俗性/世俗—相同性（Verdslighed）中——强行达成它！只有那宗教的能够通过永恒之助，直到最终，完成人—相同性（Menneske-Lighed），那与上帝有关系的、那本质性的、那非世俗的、那真正的、那唯一可能的人—相同性（Menneske-Lighed）；并且因此也就是说——作为对其荣耀的赞美：那宗教的是那真正的人性（Menneskelighed）"（*SKS* 15, 83—84）。最后，比较原先所想的但却没有被用在《一个陶冶性的讲演，1850年》的前言的誊清稿，克尔凯郭尔在之中写道：作为陶冶性的作家，他获得许可在一切本质性的东西之中包括自己的"思想活动"，在"这唯一的想法：那单个的人。/'那单个的人'；那单个的人，自然是在宗教的意义上理解的，因而就是这样理解的：每一个人，无条件地每一个人，是的，无条件地每一个人，正如每一个人都有或者都应当有良心，都可以是这单个的人，也应当是这人，投入自己的荣誉去作这个人，但也在'是这个人'之中找到至福，这是对于真正'对神的敬畏'的表达，真正的对邻人的爱，真正的人性（Menneskelighed）和真正的人—相同性（Menneske-Lighed）"见（tekstredegørelsen til *En opbyggelig Tale*, *SKS* 12, 304—308）。

（译者对上面这段引文的说明："想透或者实现这想法：人—相同性"丹麦语是"gjennemtænke eller realisere denne Tanke: Menneske-Lighed"，其中的这个"想法/Tanke"在丹麦语中只有"想法"或"思想"的意思，而绝无"理念"的意思。Hong把Tanke（想法）译成idea——"to think through or to actualize to the ultimate consequences this idea: human-equality, humanlikeness [Menneske-Lighed].", 因此译者要指出，在英文中这里的这个idea也要理解为"想法"；而在后面的"世俗性获得了想要强行达成完美相同性的想法并且想要以世俗的方式——在世俗性/世俗—相同性中——强行达成它！"这句，丹麦语是"'Verdslighed' har faaet den Idee at ville fremtvinge fuldkommen Lighed, og verdsligt at ville fremtvinge den - i Verdslighed!", 其中的"想法/Idee"在丹麦语中则根据不同的关联既可以领会作"理念"也可以理解为"想法"，Hong把Idee（想法）译成idea——"that worldliness has gotten the idea of wanting to force perfect equality, likeness, and to force it in a worldly way - in worldliness, world-likeness!", 而对这个Idee，按译者的理解在这关联之中也是"想法"。）

548

[10] 平和性（Fredsommelighed），和平友善、不具攻击性的性质。

[11] ［七十年］　按传统的说法所给出的一个人的寿命，在《诗篇》（90：10) 中有"人们一生的年日是七十岁。若是强壮可到八十岁。但其中所矜夸的，不过是劳苦愁烦。转眼成空，我们便如飞而去。"

[12] ［不作任何区分的，无限的神圣的爱］　也许是指向新旧约中的许多关于上帝对人不做区分的叙述，比如说《申命记》（10：17)、《历代志下》（19：7)、《约伯记》(34：19)、《使徒行传》(10：34)；《罗马书》（2：11)、《加拉太书》（2：6)、《彼得前书》（1：17)。

[13] ［感谢那可能会被向我展示的同情与善意］　比较《关于我的作家活动》中的"账目"的引言中的结束句，之中克尔凯郭尔写道："那与我有关的事情，那对于我来说是如此珍爱而以至于与我有关的事情，是将要去并且也应当要去感谢，所有各种，在通常的意义上和在单个的特别情形中，被向我展示出的恩惠和善意和慷慨和欣赏"。

[14]　　［哥本哈根，1851 年晚夏］　关于在付印稿上日期的改变，见 tekstredegørelsen *SKS* 12，351。

I 《路加福音》(7：47)

祈 祷

主耶稣基督！固然不是为了来审判而来到这个世界[1]的你,然而通过"是那不被爱的爱",你却是对世界的审判。我们称自己是基督徒,我们说,除了你我们不知道有任何人可去归从,——唉,如果恰恰通过你的爱,"我们爱得少"对于我们成为审判,那样的话,我们该去归从谁[2]？归从谁呢,哦,怎样的无告无慰啊,如果不是归从你的话；归从谁呢,怎样的绝望啊,如果你真的会不愿仁慈地接受我们、宽恕我们对你和对爱犯的大罪,唉,因爱得少而行许多罪的我们[3]！

《路加福音》(7：47)：但那赦免少的,他的爱就少。[4]

专注的听者。在圣餐桌前,邀请词当然是："凡劳苦担重担的人,到这里来,我将使你们得安息。"[5]那单个的人就跟从这邀请；他去领圣餐。在那之后,他回来,离开圣餐桌,——这时有另一句话,这可以是教堂内侧门上方的铭文,不是让进教堂的人们读,而是让那些走出教堂的人读的,这词句是：那赦免少的,他的爱就少。第一句话是圣餐桌的邀请,第二句话是圣餐桌的成义,就仿佛是在说：如果你在圣餐桌前没感觉到你的各种罪,你的每一个罪的赦免,那么,这是在于你自身,圣餐桌是没有辜的,这辜是你的,因为你只爱得少。哦,正如在"正确地祈祷"中要能够达到阿门是一件艰难的事情（因为那从不祷告的人,在他看来,这是足够容易的,要马上完成是足够容易的；但是,那感觉到需要去祈祷并且开始去祈祷的人，无疑会碰上这样的事情发生：对他来说一直就仿佛是他在心里有着更多的东西，就仿佛他既不能够把一切都说出来，也不能够把要说的一切按他想要说的那样说出来，这样，他就到不了阿门[6]），同样，要正确地在圣餐桌前接受罪的赦免，也是一件艰难的事情。在那里，对你所有罪的恩典赦免[7]被向你宣告出来。[8]要正确地听它，要完全从字面的意义上去理解它，你的所有罪的赦免[9]；从圣餐桌前，你要能够离开，这样，在宗教的意义上理解，心灵轻松得就像一个新生儿，没有任何东西，没有任何东西使之受重的新生儿，因而可以说，这心灵更轻松，因为曾有那么多东西在你心上压着；那里，在圣餐桌前不会有任何人留你的罪[10]，哪怕你各种罪中的一丁点都不会留下，没有人——如果你自己不这样做的话。这样，把它们全都从你这里扔掉吧；对它们的回忆——你不在回忆之中保留它们；对"你将他们从你这里扔掉"的回忆——你不在回忆之中把它们保留在你这里；把那一切都从你这里扔掉，你除了"信着地从你自己这里扔弃"之外根本就没有任何事情可做，把那当然是让你沉重让你艰辛的东西都从你自己这里扔弃掉。有什么会是更轻松的！本来，要让自己扛起各种担子，这是沉重的事情；但是敢于去，将要去从自己这里丢弃！然而，又是多么艰难！是的，比起一个把所有担子都挑起的人还更罕见，还更罕见的是一个完成了那表面看起来如此轻松的任务的人：在接受下了关于自己诸罪的仁慈赦免的保证和对之的质抵[11]之后，感觉自己完全地卸下了每一个——哪怕是最小的罪，或者说，卸下了每一个——也包括最大的罪！如果你能够看入人心，你当然会看见，许多人是怎样，艰辛地，叹息着地，在沉重的担子之下走向圣餐桌；而在人们后来从那里离开的时候，如果你能够看进人心，那么你会有可能看见，在根本上却没有一个是完全释然地离开那里的，有时候你也许会看见，有这样的人，他离开时反而更有艰难沉重，因为他被这样的想法压着：他在圣餐桌前时必定没有是一个够格的客人[12]，因为他没有找到对痛苦的缓解。

事情就是如此，关于这一点我们不想相互保密，我们不想以这样的方式说话，乃至这讲演不让人知道事情是怎样进入现实的，把一切描述得如此完美，以至于它根本不适合于我们真正的人类。哦，不，那样的话，这讲演又能帮得上什么呢！但是相反，如果这讲演使我们如我们本身所是那样不完美，那么它就帮助我们，保持让我们处于不断的追求之中，既不在梦中陶醉而自欺地以为一切在这"一次"中就被决定了，也不因为这次我们没有成功地达成自己的愿望、事情没有如我们所祈求和欲望的那样地发生，而在静止的沮丧之中放弃。

这样，让我们在规定的这些短暂瞬间里考虑这句话[13]：但那赦免少的，他的爱就少，一句审判的话，但也是一句安慰的话。

而你，我的听者，不要让你因我在你走向圣餐桌之前的这个瞬间以这样的方式讲演[14]而被打扰，也许你在走向圣餐桌之前会设想和要求，那应当在这个瞬间讲演的人，他本应以另一种方式来讲，竭尽全力来抚慰那单个的人并使他感到安全；如果他在后来得知，这神圣的行为没有完全地为一个单个的人带来喜悦和祝福[15]，那么他当然可以以另一种方式来对他讲。哦，我的朋友，一方面，事情确实不是"没有成功地达成那完美的只是一个单个的人"，不，这事情是"只是一个单个的人达成那完美的"；另一方面，人有一种忧虑，一种内在真挚的忧虑，它也许是更好的支持，让一个人有可能达到那至高的，比那过份的信赖和过于无忧无虑的乐观更好。有一种对上帝的渴慕，一种对上帝的信任，一种信靠，一种对上帝的希望，一种爱，一种乐观；但是那最确定地会找到他的，则也许是"向上帝的悲哀"[16]；向上帝的悲哀——它不是什么在人趋近上帝时倏然即逝的飘忽心境，正相反，恰在它最近地靠向上帝的时候，它也许是最深刻的，正如一个以这样的方式悲哀着的人，他越趋近上帝，他就越是在最大的程度上害怕他自己。

那赦免少的，他的爱就少。这是审判之词。

在通常这肯定会是被这样展示的：公正[17]，它是严厉的审判；爱是那不作审判的温和者，而如果它审判，爱的审判是温和的审判。不，不，爱的审判是最严厉的审判。那降临于世界的最严厉审判，比大洪水[18]更严厉、比巴别塔的语言混乱[19]更严厉、比所多玛和蛾摩拉的毁灭[20]更严厉，它岂不正是基督无辜的死[21]，而它却是爱的牺牲[22]？这是怎样的审判？这当然是"爱"不被爱。这里的情形也是如此。审判之词不是"那赦免少的，他的罪多"，这样，他的罪就因而太大太多，以至于它们无法被宽恕；不，这审判是：他的爱就少。因而那严厉地拒绝诸罪的宽恕与赦免的，不是公正；它是那温和而仁慈地说"我宽恕你一切"的爱——你被赦免只一小点，那么这是因为你只爱一小点。公正严厉地定出界限并且说：不可越过[23]，极限已达，对你没有赦免；而事情到此不再改变[24]。爱说：你的一切都被宽恕——你被赦免只一小点，那么这是因为你只爱一小点；于是就又有新的罪，一个新的辜，它归咎于只被赦免一小点，不是归咎于被做下的罪，而是因爱之匮乏。如果你要学习惧怕，那么去学习，不是惧怕公正之严厉，而是惧怕爱之温和！——公正审判着地看着一个人，罪人无法忍受它的目光；但是爱，在它看着他的时候，是的，即使是他想要逃避开它的目光，眼睛向下看[25]，然而他却仍感觉得到，它看着他；因为，比起公正，爱远远更真挚地挤迫进生命、进入到那生命出来的地方；公正令人不愉快地在罪人和自身之间建立出了无底的深渊[26]，而爱则站在他的一边，不指控，不审判，宽恕和赦免。公正之审判着的声音是罪人所无法忍受的，他寻求着，尽可能地，在它面前闭上眼睛；然而，即使他想要拒绝，对于他来说，不听见爱也是不可能的，这爱的审判，哦，可怕的审判，是：你的罪被赦免了！可怕的审判，其言辞就其本身而言根本不是那可怕的；正因此罪人忍不住要去听那其实是审判的言辞。我逃往哪里去躲避公正，我若取朝霞的翅膀，飞到辽远的海极，它就在那里，我若躲进深渊，它就在那里[27]，在每一个地方都是如此，然而不，有一个地方，我能够逃往那里：到爱中；但是如果爱审判你，并且这审判是——哦，恐怖啊！——这审判是：你的诸罪被赦免了！你的诸罪被赦免了——然而却有某物（是的，这某物是在你内心之中；在整个世界，它又能去什么别的地方找到落脚处，如果爱宽恕一切！），在你内心中有着某物，它使得你觉得，你的这些罪没有被赦免。与这种恐怖相比，那最严厉审判的恐怖又算什么！与这一审判——你的诸罪被赦免了——相比，怒火的严厉审判、诅咒又算什么！公正则说，正如你也这样说："不，你的这些罪没有被赦免"，这样看来这公正反而几乎就是温情了！[28] "兄弟谋杀犯"，在他，飘忽而不稳定地，惧怕每个人会在那审判他的公正之标记上认出他的时候，有他的痛苦[29]；——在"你的诸罪被赦免了"对于一个人来说成为审判而不是拯救的时候，与这个不幸的人的苦恼相比，兄弟谋杀犯的痛苦又算什么呢！可怕的严厉！爱，它是爱，宽恕着的爱，不，唉，这不审判、自己在此中承受痛苦[30]的爱，但却被转化成审判；爱，宽恕着的爱，——它不愿意像公正那样使辜变得公开，相反想要通过宽恕和赦免来隐藏[31]起这辜，然而它却是那自己在这之中受难的，——这爱以一种比公正更可怕的方式使得辜公开！——想一下这个想法："那自找的"。这是自找的，公正说，对这个人来说没有任何宽恕；它相反是由此想着他的许多罪，因为公正无法忘记任何东西。爱说：这是自找的，——它由此并不想着他的许多罪，哦，不，它愿意去忘记所有这些罪，它忘记了所有这些罪；然而，这是自找的，爱说。哪一种是最可怕？无疑是后一种，它几乎就像是疯狂的说法；因为这指控不是他的罪，不，这指控是：他的罪被宽恕了，他的所有罪都被宽恕了。想一下一个沉陷在深渊的罪人，听这时的恐惧喊叫——这时他在最后的叹息之中承认他的生命所讥嘲过的公正是对的，并且说：这是自找的。可怕！只有一样是更可怕的，如果他说话的对象不是公正，而是爱，并且说：这是自找的。如果公正不允许自己被讥嘲[32]，那爱自然就更是不得讥嘲的。比公正对最大的罪人的最严厉的审判更严厉的是爱的审判：他被赦免得少，因为他爱得少。

那赦免少的，他的爱就少。这是审判的话，但也是安慰的话。

我不知道，我的听者，你违犯的是什么，你的辜、你的罪是哪一项；但这一项辜却无疑是我们，或多或少，全都有责的：只爱得少。那么，以这话来安慰你自己吧，正如我以这话来安慰我自己。我是怎样安慰我自己的？我通过这样的理解来安慰自己：这话当然没有说出任何与神圣的爱有关的东西，但只说出某种与我的爱有关的东西。这话没有说：现在这神圣的爱厌倦于"是爱"，它现在变了、厌倦于"在无法描述的仁慈之中似乎是被浪费在不感恩的人类或者浪费在我这不感恩的人身上"[33]，它现在变成了某种别的东西、一种较小的爱，因为爱在不感恩的人类或在我这不感恩的人身上变冷所以它的热情冷却下来。不，这话根本没有说这个。安慰你自己吧，正如我安慰我自己，——以什么？是以此：这话之所以不这么说，原因是神圣的话不撒谎，因而它不会——在事实上的确是"上帝的爱厌倦于爱"的同时——偶然地或者残酷地被在这话中压制住。不，之所以这话不这么说，是因为事情确实不是如此；即使这话是这么说，——不，这话不能这么说，因为这话无法撒谎。哦，在最深的悲哀之中的最至福的安慰！假如上帝的爱真的变了；假如你没有听到任何对此的说法，但却为自己担心：你迄今只爱得很少，以虔诚的意念作出了努力让你内心中的爱燃烧起来，并且以同样的方式——你使之燃烧起来所用的方式，滋养了这火焰，——而现在，尽管在对于"你的爱是多么不完美"的感觉之中有了羞愧，现在你却想要靠近上帝，以便，根据圣经的说法，让自己去与他和解[34]；但是他却变了![35]设想一个爱着的女孩；她担忧地向自己承认，她迄今爱得很少，——现在我也想要，她对自己说，成为纯粹的爱。她成功了；她在对自己的悲哀之中所滴下的这些忧虑的眼泪，这些眼泪，——它们灭不掉这火，不，这些泪水燃烧得太强烈而无法灭火，哦，不，正是这些泪使得火焰熊熊燃烧；然而那被爱者却变了，他不再是那有爱心的人。哦，一份对一个人的忧虑！哦，对一个人，一份忧虑就足够了，更多没有人能够承担；如果一个人，在他在自我忧虑中不得不向自己坦白自己迄今对上帝爱得很少时，为一种想法而焦虑：现在上帝会不会变了；然后，是的，然后我将绝望，我会马上绝望，因为那样一来我就不再有更多可等待的了，不管是在时间之中还是在永恒之中。但是，因此我以这话来安慰我自己；我关闭掉每一种逃避的可能，我让所有藉口都靠边，以及所有粉饰，并且袒露出我的胸膛，我将在这胸膛之中受这话的伤害，它审判着地挤迫进来[36]，审判着"你曾只爱得很少"[37]。哦，只管挤迫得更深吧，更深，你这治愈性的痛楚，"你根本不曾爱"[38]——甚至是在审判辞是如此的时候，我在一种意义上感觉不到任何痛楚，我感觉到一种不可描述的至福；因为，恰是我的审判，对我和我可怜的爱的死亡审判，它包含了某种别的东西：上帝是不变的爱[39]。

我以这样的方式安慰自己。我发现有一种安慰隐藏在这话中，这无疑也是你所发现的，我的听者，如果你正是以这样的方式听这话——这话伤害着你。因为，这话中没有说出，那赦免少的，他"曾爱"得少，不，它说的是：爱得少[40]。哦，在公正审判的时候，它作出清算，它结案，它使用往昔的时间，它：他曾爱得少，以此是在说：现在这案子是一了百了地决定了，我们两个分开了，相互不再有任何关系。这话，爱的话则相反在说：那赦免少的，他爱得少[41]。他爱得少；他爱，这就是说：现在就是这样的，现在，就在这瞬间——爱不说更多；无限的爱，你以这样的方式保持对甚至是你最少的表达的忠实！他在现在爱得少，在这个现在。但什么是这"现在"，什么是这瞬间——迅速地，它迅速地过去；而现在，在这下一瞬间，现在一切都变了，现在他爱，尽管不是很多，他却是努力去爱得多；现在一切都变了，只是"爱"不变，它是不变的，不变地是那同一样东西：带着爱心等着他的、带着爱心不忍就此与他作出决定性终结的、不忍寻求与他分开而已经留在了他那里的同一样东西；现在不是公正在终结性地说：他曾爱得少；现在是爱欢喜地在天上说[42]：他曾爱得少，就是说，现在变了，那时曾是那样，现在，现在他爱得多。

但是，难道事情在根本上不是如此吗：罪的赦免是赢得的[43]，固然不是通过作为，但却是通过爱；在说"那赦免少的，他的爱就少"的时候，难道这不是在说："一个人的罪是否和怎样被宽恕"决定性的因素是爱——然后罪的赦免还是要去赢得的？哦，不。在同一篇福音稍稍前面（第42句到结束），基督讲关于两个欠债者，其中一个欠多，另一个欠少，两个都得到恩免，——他问：这两个人哪一个应当爱更多？回答是：那被恩免得多的[44]。现在，注意看，我们怎么才不进入那善功酬报[45]的险恶区域，怎样让一切留在爱之内！在你爱得多的时候，你被赦免得多，——在你被赦免得多时，你爱得多。看这里，这至福的"拯救在爱中的回返"！首先你爱得多，于是你被赦免得多，——哦，看，爱更强地增大了，这"你被赦免得如此多"再一次扶植（fremelsker）[46]爱，你爱得多，因为你被赦免许多！在这里，爱的情形正如信仰的情形。想象一下基督通过奇迹来治愈的那些不幸者中的一个。为能够被治愈，他就必须信，——现在他信，并且被治愈了[47]。现在他被治愈了——现在，在他得救了的时候，信仰翻倍地更强了。事情不是如此：他信，然后奇迹发生，然后事情就过去；不，圆满的实现又翻倍增大信仰，在圆满实现之后，他的信仰比起在他得救之前他所信的程度又强了一倍。"爱得多"的情形也是如此。这爱是强的，是在软弱之中神圣地强[48]，这爱得多并且被赦免得如此多的爱；但在这同一的爱因为被赦免了许多而第二次爱的时候，更强的是爱的第二次。

我的听者，你肯定还记得这个讲演的开始。一个人能够在庄严的瞬间以两种方式打扰：通过谈论不相干的事情，尽管本来这话题是重要的而讲演是意义重大的；或者通过打扰着地谈论那在这样的瞬间与一个人最相近的事情。"那赦免少的，他的爱就少"——你将去圣餐桌前领受你所有罪的赦免，现在，恰是在你正走向圣餐仪式之前的这一瞬间，这看来会是打扰性的。哦，但是，正如那陶冶性的东西在其最初总是那让人感到恐怖的[49]，正如所有真正的爱在其最初总是不安，正如对上帝的爱在其最初总是悲哀[50]；同样那看起来是打扰性的东西并非总是那打扰性的，真正抚慰性的东西在其最初总是令人不安的东西。但是，在这两种危险之间有没有什么比较：那"在欺骗性的安全感之中被抚慰"和那"通过被提醒到关于'那令人不安的'而变得不安"，——那么现在，是关于怎样的一种"那令人不安的"呢？是关于这种令人不安的东西：如果一个人迄今只爱得少，这也能被宽恕。这令人不安的东西的情形是特别的；那真正通过它而被教育出来的人，真的是这样，他看起来不如那对这个一无所知的人那么刚强。但在最后的瞬间，他，则恰是通过这无能，而也许就是最强者；他在最后的瞬间，恰恰是通过无能，也许就成功地达成那最强者达不成的事情。

于是，愿上帝祝福这个令人不安的讲演，这样，它就只为好的目的而会来令你不安，这样，你可以在圣餐桌前安宁地感觉到：你领受着你的所有罪的恩典赦免。

注释：

[1]［不是为了来审判而来到这个世界］　指向《约翰福音》（3∶16—19）其中耶稣说："神爱世人，甚至将他的独生子赐给他们，叫一切信他的，不至灭亡，反得永生。因为神差他的儿子降世，不是要定世人的罪，乃是要叫世人因他得救。信他的人，不被定罪。不信的人，罪已经定了，因为他不信神独生子的名。光来到世间，世人因自己的行为是恶的，不爱光倒爱黑暗，定他们的罪就是在此。"也参看《约翰福音》（12∶47）。

[2]［我们该去归从谁］　指向《约翰福音》（6∶68）在耶稣问十二门徒是否要离开他时，西门彼得回答说："主阿，你有永生之道，我们还归从谁呢？"

[3]［因爱得少而行许多罪的我们］　指向《路加福音》（7∶47），见下面的注释。

[4]［《路加福音》（7∶47）：但那赦免少的，他的爱就少。］　《路加福音》（7∶47）。所引经文是关于法利赛人家筵席上女罪人的叙述。可与《"大祭

司"——"税吏"——"女罪人"。在星期五圣餐礼仪式上的讲演》第三部分以及《一个陶冶性的讲演，1850年》比较。

［5］［凡劳苦担重担的人，到这里来，我将使你们得安息］ 对《马太福音》（11：28）耶稣的话"凡劳苦担重担的人，可以到我这里来，我就使你们得安息"的随意引用。也许也是指向托尔瓦尔德森在哥本哈根圣母教堂（见前面"在石头上雕出这些图案的人"的注释）的基督雕像。

［6］［要能够达到阿门是一件艰难的事情……他就到不了阿门］ 比较1849年5月底或者6月初的日记NB11：90，克尔凯郭尔在之中写道："祈尽就如人们说哭尽。/如果你这样说，祈尽你的祷告，那么就只剩下一样东西：阿门。"（SKS 22，52）以及日记NB11：90，克尔凯郭尔在标题"一个陶冶性的讲演的主题"之下写："到达阿门的艺术。/这不是那么容易。看起来总是会有更多东西要加上。一个决定，信仰的决定。"（SKS 22，52）

［7］ 就是说：对"你的所有罪"的"恩典的赦免"。

［8］［在那里，对你所有罪的恩典赦免被向你宣告出来］ 指向罪的赦免仪式。牧师在忏悔者们那里走动着两个两个地（牧师把手放在他们头上）应许罪之宽恕："你们出自真心悔过你们的罪，并且在坚定的信仰之中在耶稣基督之中皈依于上帝的仁慈，除此之外还通过上帝的恩典而承诺在以后让自己努力有一个更好和更和平的生活，于是，为了上帝和我的职责，根据上帝自己从天上赋予我让我在这里免除地上的诸罪的权力和权威，我现在以上帝圣父、圣子和圣灵的名对你们应许你们的罪之宽恕，阿门"（《丹麦挪威教堂仪式》，第146页起）。

［9］ 就是说：对"你的所有罪"的赦免。

［10］［留下的罪］ 指向《约翰福音》（20：23）耶稣复活后对门徒说："你们赦免谁的罪，谁的罪就赦免了。你们留下谁的罪，谁的罪就留下了。"

［11］［对之的质抵］ 指向圣餐元素，圣餐中的圣饼和葡萄酒是耶稣的血和肉的象征，作为质抵，也就是对"罪的赦免"的确认。在路德的《教理小问答》中，有问"你从哪里得知，耶稣基督为你而死？"回答是："得知于圣经福音，得知于关于圣餐的那些话，通过圣餐中袖的肉和血而得知，这血和肉是作为'耶稣基督为我而死'的质抵，为我而给出的"。译自丹麦语1847版 *Dr. Morten Luthers lille Catechismus*（马丁·路德博士小问答）。

［12］［他在圣餐桌前时必定没有是一个够格的客人］ 指向牧师对圣餐领取者们的最初的话："最亲爱的基督之友们！若你们要能够正当而够格地领取高贵的圣餐，那么，你们就尤其应当知道这两件事，就是，你们所要去信和去做的事情。基督说的这些话：这是我的身体，为你们舍的。同样：这是用我的血，是为你们流出来的，以达到罪的赦免，你们应当完全地相信事情是真正地如此，耶稣·基督在

圣餐仪式上根据这词句所说是以自己的血和肉在场的。然后，你们也应当由基督的话相信，'作为诸罪的赦免'，耶稣基督为你们献出自己的血肉来作为对你们的所有罪的赦免的确认。最后你们要去实现基督的命令，他这样地对你们要求说，接受并且吃掉它。同样：喝掉所有这些。同样：这是记念我；因为他给予我们自己的血肉吃喝作为罪的赦免，并且另外也记住他神圣的死亡和受难。因此在你们以这样一种方式相信基督的这些话并按他的这命令去做的时候，你们就真正受到了考验，如保罗所说，可以够格地吃基督的身体和基督的血来得到罪的赦免！"见《丹麦圣殿规范书》（*Forordnet Alter – Bog for Danmark*, Kbh. 1830［1688］, ktl. 381, s. 252f.）。在虔诚的基督徒们那里，尤其是在虔信派教徒们那里有着一种常常被表达出的犹疑感情（anfægtelse）。这种感情尤其应当归因于保罗在《哥林多前书》（11∶27—29）中的警告："所以无论何人，不按理吃主的饼，喝主的杯，就是干犯主的身主的血了。人应当自己省察，然后吃这饼，喝这杯。因为人吃喝，若不分辨是主的身体，就是吃喝自己的罪了。"

［13］［让我们在规定的这些短暂瞬间里考虑这句话］　在明斯特尔（J. P. Mynster）布道的时候，他总是一次又一次使用这一表述的不同变体形式，作为一次布道的主题的引言。丹麦文文献可参看 *Prædikener paa alle Søn – og Hellig – Dage i Aaret*（所有礼拜日与节日的各种布道）。

在规定的这些短暂瞬间：这是宗教改革最初时期的一个规则在日常日的礼拜上举行圣餐仪式的时候，要有布道，这一规则在作为全国榜样教堂的圣母教堂之中一直被遵守着。这一圣餐布道——相对于礼拜日和圣日的布道而言——非常短，差不多十到十五分钟，以随意选出的文字布道。可参看明斯特尔（J. P. Mynster）的《给丹麦教堂仪式的建议》（*Forslag til et*：*Kirke – Ritual for Danmark* 收录于 *Udkast til en Alterbog og et Kirke – Ritual for Danmark*, Kbh. 1838）§ 28（s. 19）以及对之的说明（《Bemærkninger ved Forslagene》, s. 39），尽管这一建议没有被正式认可，但是它在极大范围里反映出当时的习俗。

［14］［在现在你走向圣餐桌之前的这个瞬间以这样的方式讲演］　指向圣餐布道，在忏悔仪式之后在教堂空间宣讲。忏悔仪式在忏悔室或者祷告室进行，之后忏悔礼拜者们回教堂空间领圣餐。忏悔室或者祷告室是一个封闭性的小房间，在教堂或者圣器储藏室举行忏悔的地方。在大一些的教堂诸如哥本哈根的圣母教堂（克尔凯郭尔自己总在那里忏悔），有两个忏悔室，各能容下 30—50 人。

［15］［喜悦和祝福］　旧时丹麦问候一个刚刚去领了圣餐的人的固定表述是"贺喜并祝福"。

［16］［向上帝的悲哀］　充满悲哀的、忧虑的对上帝的渴慕，背后的想法是：因为罪的堕落之后与上帝的分离。《哥林多后书》（7∶9—10）中的思路也参

与在之中,保罗写给哥林多人说,他是很高兴,"如今我欢喜,不是因你们忧愁,是因你们从忧愁中生出懊悔来。你们依着神的意思忧愁,凡事就不至于因我们受亏损了。因为依着神的意思忧愁,就生出没有后悔的懊悔来,以致得救。但世俗的忧愁,是叫人死。"另外参看标有1839年2月10日的日记NB:16,克尔凯郭尔写道:"这之中显示出传承之罪深入透彻的意义:全部的基督教在单个的人身上开始,以悲哀开始——向上帝的悲哀。"(SKS 18, 11)

[17]"公正"也就是圣经上常出现的"义"。

[18][大洪水] 指向《创世记》第6—9章中关于洪水的叙述。这里叙述,上帝看见人类的罪恶太大,决定发送出大洪水来除灭人和走兽,并昆虫,以及空中的飞鸟。

[19][巴别塔的语言混乱] 指向《创世记》(11:1—9)中关于巴别塔的叙述:"那时,天下人的口音,言语,都是一样。他们往东边迁移的时候,在示拿地遇见一片平原,就住在那里。他们彼此商量说,来吧,我们要作砖,把砖烧透了。他们就拿砖当石头,又拿石漆当灰泥。他们说,来吧,我们要建造一座城和一座塔,塔顶通天,为要传扬我们的名,免得我们分散在全地上。耶和华降临,要看看世人所建造的城和塔。耶和华说,看哪,他们成为一样的人民,都是一样的言语,如今既作起这事来,以后他们所要作的事就没有不成就的了。我们下去,在那里变乱他们的口音,使他们的言语彼此不通。于是,耶和华使他们从那里分散在全地上。他们就停工,不造那城了。因为耶和华在那里变乱天下人的言语,使众人分散在全地上,所以那城名叫巴别(就是变乱的意思)。"

[20][所多玛和蛾摩拉的毁灭] 指向《创世记》(18:16到19:28)中关于所多玛和蛾摩拉的毁灭的叙述。上帝知道所多玛和蛾摩拉的罪恶甚重,因而决定毁灭这两座城。所多玛和蛾摩拉可能是位于死海的西南面。

[21][基督无辜的死] 参看《巴勒的教学书》第四章"论人通过上帝的儿子耶稣基督从自身的败坏中的康复"的§ 7. a (*Lærebog i den Evangelisk - christelige Religion, indrettet til Brug i de danske Skoler* (af N. E. Balle og C. B. Bastholm, gerne omtalt som *Balles Lærebog*), Kbh. 1824 [1791], ktl. 183, s. 43:):"耶稣是完全无辜的,必须受难,在他自己这边没有任何错处或者违犯。"这里指向《路加福音》(23:4)和《马太福音》(27:4、18—19、23—24)。

[22][爱的牺牲] 参看《巴勒的教学书》第四章"论人通过上帝的儿子耶稣基督从自身的败坏中的康复"的§ 7. b (s.43:):"耶稣自愿让自己受难,出于对我们罪人的爱和怜悯,依照天父的嘱托和意愿,因为我们本来是在我们的罪中永恒地不幸。"这里指向《腓利比书》(2:6—8)和《约翰福音》(10:11—18),也参看《巴勒的教学书》第四章§ 7. c,注释b (s.45:):"因为耶稣牺牲了自己去

为世界的罪作和解,他显示了自己是真正的由上帝派遣的至高祭司,给出一个和解的祭品,唯这祭品在永恒之中对所有人具备有效性。"

[23] [定出界限并且说:不可越过] 指向《约伯记》(38:8—11):"海水冲出,如出胎胞,那时谁将它关闭呢?是我用云彩当海的衣服,用幽暗当包裹它的布,为它定界限,又安门和闩,说,你只可到这里,不可越过。"

[24] 就是说,不像爱那样还有更多的宽恕等后续步骤。没有了,到此为止。

[25] [眼睛向下看] 指向《路加福音》(18:9—14)之中对法利赛人与税吏的比较。见《路加福音》(18:13):"那税吏远远地站着,连举目望天也不敢,只捶着胸说,神阿,开恩可怜我这个罪人。"克尔凯郭尔曾在1848年4月的日记NB4:149中思考过关于税吏与法利赛人的差异:"法利赛人与税吏。//一个目光向上/另一个目光朝下//那真正的祷告者怎么让目光向上,他怎样让它向下"(SKS 20,355)。在1848年9月的日记NB7:17中又有对税吏和法利赛人的比较:"/3)税吏目光朝下。/法利赛人想来是骄傲地向上提高了目光。"(SKS 21,85)。可比较《"大祭司"——"税吏"——"女罪人"。在星期五圣餐礼仪式上的三个讲演》的"II《路加福音》(18:13)"其中关于税吏写道:"他连举目望天也不敢,因而他是目光朝下。"

[26] [建立出了无底的深渊] 也许是隐指耶稣关于富人和乞丐拉撒路的比喻,见《路加福音》(16:19—31)。拉撒路死后,天使将他送到亚伯拉罕的怀里;富人死后在阴间受苦,见到遥远的亚伯拉罕和他怀中的拉撒路。富人祈求亚伯拉罕的慈悲,但是亚伯拉罕拒绝了,因为富人已经得到他所得到的东西,并且说:"不但这样,并且在你我之间,有深渊限定,以致人要从这边过到你们那边,是不能的,要从那边过到我们这边,也是不能的。"

[27] [我往那里去躲避公正,我若取朝霞的翅膀……它就在那里] 指向《诗篇》(139:7—10):"我往哪里去,躲避你的灵。我往哪里逃,躲避你的面。我若升到天上,你在那里。我若在阴间下榻,你也在那里。我若展开清晨的翅膀,飞到海极居住。就是在那里,你的手必引导我,你的右手,也必扶持我。"

"辽远的海极",丹麦语是 det yderste hav,来自丹麦语旧约《诗篇》,中文和合本《诗篇》译作"海极",按丹麦语直译是"极外的海"或"最外边的海"。本来译者将这句子译作"我若取朝霞的翅膀,飞到极外的海里……",后来发现安徒生曾写有童话 Ved det yderste hav,叶君健将之译作《在辽远的海极》,因此就取和合本《诗篇》和叶君健《安徒生童话》的译法。

[28] 译者稍作改写,按原文直译是:"这样,那说着正如你所说的'不,你的这些罪没有被赦免'的公正当然就几乎是温和了!"这句丹麦文原文是:"Saa er jo næsten Retfærdigheden Mildhed, der siger, som Du siger: nei, de ere Dig ikke for-

ladte!"；Hong 的英译是 "Thus it is indeed almost leniency on the part of justice to say as you say: No, they are not forgiven!"，Hirsch 的德译是 "So ist denn die Gerechtigkeit beinahe Milde, die so spricht wie du es tust: nein, sie sind dir nicht vergeben!"

［29］［"兄弟谋杀犯"……痛苦］　指向《创世记》（4：1—16）关于该隐杀死自己的弟弟亚伯的叙述。因为上帝接受了亚伯的牺牲，但没有接受该隐的，该隐杀死了亚伯。上帝告诉该隐，他将在大地上被驱逐，漂泊流离不得安宁。该隐说惩罚太大无法忍受，因为这样每一个遇见他的人都可以杀死他。上帝就在他的额头上留下标记，免得人遇见他就杀他。

［30］"在此中承受痛苦"，就是说，这宽恕的爱在这"宽恕"之中承受痛苦。要宽恕的话，这宽恕者就必须向被宽恕者揭示出这要被宽恕的是什么，这就是说，要向被宽恕者揭示出他是有辜的，但是如果被宽恕者根本就不知道自己被宽恕的，这种揭示对宽恕者就是一种痛苦。

［31］［隐藏］　指向《彼得前书》（4：8）。

［32］［公正不允许自己被讥嘲］　指向《加拉太书》（6：7）："不要自欺，神是轻慢不得的。人种的是什么，收的也是什么。"

［33］这里，"厌倦于'在无法描述的仁慈之中似乎是被浪费在不感恩的人类或者浪费在我这不感恩的人身上'"，丹麦文是 "træt af i ubeskrivelig Forbarmelse ligesom at ødsles paa * Menneskenes utaknemlige Slægt eller paa mig Utaknemlige"，Hong 的英译对之做了改写，把"在仁慈中被浪费"改写成"浪费仁慈"："weary of the wasting, as it were, of indescribable mercy on the ungrateful race of human beings or on me, the ungrateful one"。

Hirsch 的德译是 "dessen müde, in unbeschreiblichem Erbarmen sich gleichsam zu verschwenden an der Menschen

undankbar Geschlecht oder an mich Undankbaren"。

［34］［根据圣经的说法，让自己去与他和解］　《哥林多后书》（5：20），之中保罗对哥林多人说："我们替基督求你们与神和好。"

［35］这里，这"但是他却变了"仍是这整个假设句的一部分：假设他变了。

［36］［审判着地挤迫进来］　《希伯来书》（4：12）："神的道是活泼的，是有功效的，比一切两刃的剑更快，甚至魂与灵，骨节与骨髓，都能刺入剖开，连心中的思念和主意，都能辨明。"

［37］"你曾只爱得很少"。这里"曾……爱"在丹麦语原文中是动词"爱"的过去时。

［38］这里"曾爱"在丹麦语原文中是动词"爱"的过去时。

［39］［上帝是不变的爱］　《约翰一书》（4：8）："没有爱心的，就不认识

神。因为神就是爱。"

[40]"曾爱"在丹麦语原文中是动词"爱"的过去时。和合本圣经中的"但那赦免少的,他的爱就少"("爱"在这里是名词),在丹麦语中是"Men hvem Lidet forlades elsker lidet",直接翻译出来是:"但是那赦免少的人爱得少"。这之中的动词"爱"是现在时。

[41] 和合本圣经中的文字是"但那赦免少的,他的爱就少",在一般的意义上,对圣经文字,译者会使用和合本的中文文字,但是这里译者按原书中的丹麦文翻译,译成"那赦免少的,他爱得少"。

[42][爱欢喜地在天上说] 《路加福音》(15:7),耶稣在说完失去羊的比喻之后说:"我告诉你们,一个罪人悔改,在天上也要这样为他欢喜,较比为九十九个不用悔改的义人,欢喜更大。"

[43][罪的赦免是赢得的] 就是说凭善功去赢得。见后面关于"善功酬报"注释。

这是一句反诘。武大的博士生蔡玮在研究克尔凯郭尔《重复》时阅读了这个讲演。当时她曾提出,粗看之下,这里似乎是这讲演想要表明:这"罪的赦免是赢得的"不能理解为凭善功赢得,而要理解为紧随其后的"通过爱"赢得。对此我们进行了讨论,并对这个段落做了更深入的解析。这里的意思其实是恰恰反过来的:这通过先正话反说来详细描述反面观点的方式恰恰克尔凯郭尔的反诘的特征。这一整段是通过这样的一个反诘引导的。这反诘的弦外之音就是:事情并非如此,事情不仅仅不是"罪的赦免是通过作为(亦即作为'作为'的善功)赢得的",而且也不是"罪的赦免是通过爱(亦即作为'爱'的善功)赢得的";——并非是我们能够通过爱而赚得"罪的赦免",而是我们因罪的赦免而爱更多。女罪人不是为"罪的赦免"而"爱很多",但是,她爱很多,因而耶稣说她的罪得免了,而因为她的罪得免了,她爱更多。这"爱很多"不是为赚得"罪的赦免"而作的有偿工作。

[44][在同一篇福音稍稍前面……那被恩免得多的] 指向《路加福音》(7:41—43),耶稣耶稣与法利赛人西门的对话:"耶稣说,一个债主,有两个人欠他的债。一个欠五十两银子,一个欠五两银子。因为他们无力偿还,债主就开恩免了他们两个人的债。这两个人哪一个更爱他呢?西门回答说,我想是那多得恩免的人。耶稣说,你断的不错。"

[45][善功酬报(Det Fortjenstlige)] 就是说,"那凭善功赢得的"。在路德教理之中这被用来表达这样一种错误的解读:以为一个人可以通过自己的行为而在上帝面前变得是"应得拯救与义"的。可参看与此相关的马丁·路德《奥斯堡信条》:第四条、论称义:我们教会教导人:人在上帝面前不能凭自己的能力、功劳

或善行称义，乃是因基督的缘故，借着信，白白地得称为义，就是相信因基督的缘故得蒙恩宠，罪得赦免，他借着死为我们的罪作了挽回祭，上帝在自己面前就算这信为义。（参《罗马书》三、四章）。第六条、论顺从：我们教会教导人：这信必须结出好果子来；并且人应当行上帝所吩咐的善事，是因上帝的旨意如是，不要以为借着行可以在上帝面前称义，因为赦罪和称义是由信而得，又如基督的话见证说：你们"做完了一切所吩咐的，只当说：'我们是无用的仆人。'"（《路加福音》17：10）古教会的著述家也如此教训人。因为安布罗斯说："相信基督，就可以得救，白白的得蒙赦罪；非凭善功，单由于信。这是上帝所定的。"第二十条、论善功：……因此信的道理应为教会第一要紧的……因为这缘故，我们的传道人曾如此训勉各教会：第一，我们的善功不能使我们与上帝和好，或配得免罪、蒙恩、称义；这些事单因信而得，就是我们相信因基督的缘故被接入恩宠之中；惟有他是所设立的中保和挽回祭，父借着他才与我们和好。所以凡靠善功博取恩典的，就是藐视基督的功劳和恩典，想不要基督而凭人力可找到往上帝那里去的路；然而基督论到自己说："我是道路、真理、生命。"（《约翰福音》14：6）保罗到处讲论信的道理："你们得救本乎恩，也因着信，这并不是出于自己，乃是上帝所赐的；也不是出于行为，免得有人自夸。"（《以弗所书》2：8—9）……这一个道理虽为没有经验的人所藐视，但敬虔和心怀忧惧的人从经验上得知这道理能赐给人大大的安慰：因为无论靠什么善功，良心总得不着平安，单因信才能得着，就是他们确实相信因基督的缘故他们与上帝复和了……所以凡在这事上没有经验的和属乎世俗的人，梦想基督教的义不过是世俗和哲理的义，他们就是拙于判断的人。从前人的良心被善功的道理搅扰得不安；他们没有听见过从福音而来的安慰。有的人为良心所驱使，逃到旷野和修道院，指望在那些地方借着修道博取上帝的恩典；有的又造作别类善功，想赚恩补罪。所以现在必须的是要传讲并恢复这信基督的道理使忧惧的良心满有安慰，更知道恩典、赦罪、称义乃是因信基督而得。我们又教导人：这里所说"信"这名词，不是单指历史的知识，因恶人和魔鬼也可以有那种知识；乃是指着不单信历史，也是信那历史的功效，就是信那赦罪的条文：我们因基督可以有恩典、有义、罪得赦免。这样，凡借基督而认识这位仁慈天父，这样的人是真认识上帝的，他晓得上帝眷念他，他求告他……魔鬼和恶人断不能信这赦罪的条文，所以恨恶上帝如同仇敌，他们不求告他，不指望从他手里得什么好处……奥古斯丁也这样……教导人说：这"信"字在《圣经》上不是指着像恶人所有的那种知识，乃是一信靠的心，能安慰、鼓励心怀忧惧的人。再者，我们教会教导人必须行善，但不是叫我们相信因行善就配得恩典，但因行善乃是上帝的旨意。单因信才可以白白地得蒙赦罪，而且既借信得了圣灵，我们的心就更新了，并有了新的情意，这样，才能行出善事来。因为安布罗斯如此说："信为善念、善行之母"。因为，没有圣灵，人的能力就充满了恶念，软弱无能，不能在上帝面前行善，并且他们是在魔鬼的权势之下，激动他们行各样恶事，怀亵渎意念，做明显不法的事，像许多文人哲士，他们尽力做诚信的人，不但做不到反为许多明显不法的事玷污了。人没有信，没有圣灵，只有自己本性的能力，没有别的引导，人的软弱就是如此。……没有信，人的本性就不求靠上帝、仰望上帝、背十字架，他只求人的帮助，依赖人的帮助……因此基督也说：'若没有我，你们不能作什么。'（《约翰福音》15：5）。又教会所唱的诗说：'没有你的能力，人里面一无所有，没有无罪之事。'

[46]"扶植（fremelsker）"如果把这个词按照词根动词及其前缀来直译的话，就是"爱出"。Hong 的英译使用的动词是 love forth，Hirsch 的德译是使用动词 auf‐wecken。

[47][为能够被治愈，他就必须信，——现在他信，并且被治愈了] 可参看《马太福音》（9：27—31）："耶稣从那里往前走，有两个瞎子跟着他，喊叫说，大卫的子孙，可怜我们吧。耶稣进了房子，瞎子就来到他跟前，耶稣说，你们信我能作这事吗？他们说，主阿，我们信。耶稣就摸他们的眼睛，说，照着你们的信给你们成全了吧。他们的眼睛就开了。耶稣切切地嘱咐他们说，你们要小心，不可叫人知道。他们出去，竟把他的名声传遍了那地方。"另外也可看《约翰福音》第九章关于耶稣治愈生来瞎的人的叙述。

[48][在软弱之中神圣地强] 可能是指向《哥林多后书》（12：9—10），保罗写道："他对我说，我的恩典够你用的。因为我的能力，是在人的软弱上显得完全。所以我更喜欢夸自己的软弱，好叫基督的能力覆庇我。我为基督的缘故，就以软弱，凌辱，急难，逼迫，困苦，为可喜乐的。因我什么时候软弱，什么时候就刚强了。"

[49][那陶冶性的东西在其最初总是那让人感到恐怖] 比较1847年2月或者3月的日记 NB：145.a 的页边记录："对'那陶冶性的'的最初印象则是让人感到恐怖的，如果人们用足够的时间去正确地领会它，因为经受一次痛苦就像生病一次，就是说，整个一辈子。但是尘世的聪睿和不耐烦也不能够要求，在一个人谈论基督教的东西的时候，他可以安慰它；因为'那基督教的'的安慰在人的不耐烦纯粹地想要绝望的时候才会开始。'那基督教的'就是在如此之深的地方；首先，一个人必须仔细看，去找到'那让人感到恐怖的'，然后再仔细看，然后你就找到'那陶冶性的'。唉，在通常，人们既不会去在第一个关系之中仔细看，也不会在那第二个关系之中仔细看。"

[50][对上帝的爱在其最初总是悲哀] 参看前面对"向上帝的悲哀"的注释。

II 《彼得前书》(4：8)

祈 祷

主耶稣基督！飞鸟有窝，狐狸有洞，你却没有能够枕你头的地方[1]，你在世上无家可归，然而你却是躲避处，那唯一的"罪人能够逃向的地方"。哦，以这样的方式，你当然就在今日是这躲避处；在罪人逃向你、躲在你之中[2]的时候，这时，他就是永恒地安全的，这时，"爱"遮掩许多的罪。

《彼得前书》(4：8)：爱能遮掩许多的罪。[3]

在这讲演是关于人类的爱的时候，这一点有着双重的意义，这是我们在别的地方论述得更为详尽的。那在其身上有爱的人，那有爱心者，隐藏许多的罪[4]、不看邻人的错，或者即使他看见了这些错，他也仍像那没有看见它们的人一样，从自己眼前和从其他人眼前隐藏起他们，爱使他，在一种比坠入爱河更美的意义上，盲目[5]，对邻人的罪盲目。从另一方面，那在其身上有爱的人，那有爱心者，尽管他另外也有错、不完美，尽管他的罪是许多的；爱，这"在他身上有爱"，隐藏许多的罪。

在讲演是关于基督的爱的时候，那么这句话就只在一种意义上被理解；"祂是爱"并不有助于隐藏起在祂身上所具的不完美，祂——神圣者，在其身上没有罪[6]，在其嘴中没有诡诈[7]，自然，既然在他身上只有爱，爱在他的心中并且只有爱，在每一句他的话中，在所有他的作为之中，在整个他的生命中，在他的死亡中，直到最后。哦，在一个人的身上，爱不是那么完美，因此他似乎是，或者，尽管如此他也似乎是由此得到好处：在他有着爱心地隐藏起诸多的罪的时候，爱则又对他做他对别人做的事情，隐藏起他的罪。以这样的方式，他自己需要爱，这爱是他所展示的，以这样的方式他自己也从他身上的爱之中得到好处，然而不管怎么说，只要它是外向的，在隐藏着诸多的罪的同时，不像基督牺牲性的爱拥抱全世界，而只是包容了非常少的几个。唉，一个人是有爱心的，这尽管是非常罕见的，又有什么奇怪，人们不禁会说，又有什么奇怪，一个人努力去做这有爱心的人，他自己就是需要爱的人，并且，在这个层面上，通过"有爱心"，他在某种意义上也还是寻自己的好处[8]。但是基督不需要爱。想象一下，若他不是爱的话；想象一下，若他以一种没有爱心的方式只想要是他所是——那神圣者；想象一下，若他不是去拯救世界和隐藏许多的罪，而是为了在神圣的怒火之中审判世界而来到这个世界[9]；为了更真挚地考虑，这"他的爱隐藏许多的罪"在一种独一无二的意义上就是他的情形，想象一下这个：这是"爱"，如圣经所说，只有一位是善的：上帝[10]，以这样一种方式他就是，唯一的，那有爱心的，他隐藏许多的罪，不是一些单个的人的，而是全世界的罪。

那么，让我们在规定的这些短暂瞬间里谈论这句话[11]：

爱（基督的爱）能遮掩许多的罪。

不是吗？你有着对此的需要，并且正是今天，需要一种能遮掩各种罪、遮掩你的各种罪的爱——因此你就在今天走向主的圣餐桌。因为，路德所说实在是太对了，每一个人在自己这里都有一个布道者，与他一起吃饭、与他一同喝水、与他一同醒来、与他一同睡觉，简言之，总是围绕着他，总是与他在一起，不管他在哪里，不管他在做什么，一个说教者，名叫血和肉、情欲和激情、习惯和倾向[12]；同样也肯定在每一个人的内心深处有一个同知者，他同样准确地到处都和你在一起，良心。一个人也许能够成功的对世界隐藏起自己的罪，他也许能够痴愚地为自己成功地这样做而高兴，或者，还算稍稍更诚实一点，承认，"他没有勇气坦白自己"是可悲的虚弱和怯懦；但是一个人无法在自己面前隐藏自己的罪。这是不可能的；因为那完全无条件地对一个人自己也隐藏着的罪，当然就不会是罪，同样如果它在上帝面前隐藏着，那么它就也不会是罪；而既然一个人，一旦他对自己有所知，并且是在一切他对自己有所知的事情之中也是对上帝有所知，并且上帝对他有所知，事情就不会是如此[13]。他[14]之所以是如此强有力，如此准确算计，并且总是如此在场，并且如此不可收买，因为他与上帝达成约定，他这同工的说教者，他到处都跟着这人，在他醒来和在他睡觉的时候[15]，如果他[16]不是以自己的说教来使他[17]失眠的话！到处都跟着，在世界的喧哗之中——唉，如果他没有以自己的声音为他把世界的喧嚣转化成宁静！在孤独中——唉，如果他没有阻止他在那甚至是最孤独的地方感觉到孤独！在日常的工作中——唉，如果他没有使他变得对之陌生而让他像一个魂不守舍的人！在欢庆的环境里——唉，如果他没有为他把这环境弄得如同一座阴郁的监狱！在那些神圣的地方[18]——唉，如果他没有阻止他去那里；这个同知的说教者，追随着这人，与他同知，知道他现在，现在，在这一瞬间做或者不做什么，知道那很久很久——不，不是那已被遗忘很久的事情，这不是这有着一种可怕的记忆的同知者所关心的，而是——很久很久以前已做下了的事情。逃避开这同知者，是一个人所无法做到的，正如他，以那位异教徒的话说，无法骑马驰离他身后同坐在马上的悲哀[19]，正如"那鹿奔跑得再快也无法逃离插在胸前的箭：它跑得越猛，它就越是让这箭在身上插紧"[20]。

然而今天你也绝非是想要作出"逃离或者避开这一同知的说教者"的徒劳尝试，你恰恰给予了他发言权。因为，在忏悔室里说教的固然是牧师[21]；但是真正的说教者却是他，你内心之中的同知者。牧师，他只能够在完全一般的意义上说教布道；在你内心之中的说教者，他则恰恰是那相反的，他唯独谈关于你、对你谈、在你内心之中谈。

我并不想作任何让人恐怖的尝试，尽管感觉到了极大的恐怖；但不管你是谁，从人的意义上说，几乎是纯洁而无辜的——在这个同知说教者在你的内心之中为你说教的时候，你也感觉到那别人也许会更恐怖地感觉到的东西，你感觉到一种想要隐藏起来的需要；尽管这被对你说了千遍又千遍，要找这隐藏处是不可能的，你却仍感觉到这需要。哦，若我知道怎样逃往一个从来没有任何人曾来或者会来的荒岛上，哦，若有一个逃避处，我能够以这样的方式逃向那里，远离我自己；若有一个藏身地，我能在那里如此隐藏，乃至关于我的罪的意识都无法找到我；若有一个边界，哪怕是如此狭窄，只要它仍在罪与我之间给出间隔；若在无底深渊的另一侧有一个哪怕是那么小的斑点能够让我站立，而关于我的罪的意识则必须是被留在对面的那一边；若有一种宽恕，一种不让我感觉到我的罪已增长、而确实是在把辜以及关于辜的意识从我这里拿走的宽恕；若能有遗忘的话！

但现在这事情当然就是如此；因为爱（基督的爱）隐藏诸多的罪。看，一切都变成了新的[22]！那在异教之中徒劳地尝试又尝试的东西，那在律法的统治之下曾是并且正是一种毫无结果的努力的东西，福音使之成为了可能[23]。在圣餐桌前，拯救者张开自己的手臂，并且正是为这个"想要逃离关于自己的罪的意识、逃离那——比被追击更糟的——逃离那在内心中啮咬着的东西"的逃亡者，他张开双臂，他说"到我这里来"[24]——而这"他张开双臂"这已经是在说"来这里"了；这"他，张开双臂，说'来这里'"，这则也是在说：爱遮掩许多的罪。

哦，信他！难道你会以为这拯救着地为你张开双臂的人，你会以为他在搞文字游戏、以为他在使用一种空洞无物的说辞、以为他欺骗你，并且，正是在这他说出"到这里来"的瞬间，在这你过来而他拥抱住你的瞬间，仿佛事情是如此，就好像你被捕捉住了；因为在这里，正是在这里，没有任何遗忘，在这里，在——这神圣者这里！不，你不会这样以为；如果你是这样想的话，你当然就不会到这里来：但是，有福了[25]，那按字面上的意义相信"爱（基督的爱）遮掩许多的罪"的人。因为，一个有爱心的人，即使他是那最有爱心的，他能够带着宽厚有爱心的论断，有爱心的在你的罪前闭上自己的眼睛，——哦，但是他无法关闭掉你对着它们的目光；他固然能够通过有爱心的言谈和同情来寻求也在你的眼中缓和你的辜，在这样的范围里，就像是对你隐藏起它，或者说在一定的程度上差不多对你隐藏起它，——哦，但是真正地对你隐藏起它的，按字面上的意义对你掩藏起它，这样它被隐藏得就如同那被隐藏在大海底部的东西，如同那永远都不会有人再看得见的东西，以这样的方式被隐藏得就如同"那如血一样红的东西变得比雪更白"的情形，被隐藏得以至于罪被转化为洁净[26]，并且你自己敢去相信你是成了义而洁净的，——这只有他，其爱遮掩许多的罪的主耶稣基督，能做到。一个人没有任何权威，无法命令你去信并且就凭这"带着权威命令"来帮你去信。但是，如果"去教"就已经被要求有"教之权威"[27]，这是怎样的一种权威啊，乃至如果可能，比那命令波涛汹涌的大海安静下来的人[28]的权威更大，怎样的一种权威，去命令那绝望者、那在悔的苦恼之中无法并且也不敢去忘记的人、那无法并且也不敢停止注视着自己的辜的崩溃者，怎样的权威，去命令他闭上自己的眼睛，怎样的权威，又在之后命令他打开信仰的眼睛，这样，他就在他先前看见辜和罪的地方看见洁净！这神圣的权威唯他有，耶稣·基督，其爱遮掩许多的罪。

完全是按字面意义所说的那样：他遮掩起许多的罪。如果说一个人置身于另一个人面前，以自己的身子完全地覆盖起他，以至于没有人，没有人能够看见那躲在后面的这个人，那么同样，耶稣也是以其神圣的身体[29]掩盖住你的罪。如果公正随后发怒，它还想要什么更多的呢？当然，有圆满清偿[30]；如果你内心之中的悔如此令你心碎地认为要帮助你身外的公正来发现辜：那么，就有圆满清偿，一种圆满清偿，一个圆满清偿者，他完全地覆盖起你的辜而使得"去看见这辜"成为不可能，对于公正不可能，而因此又对于你内心中或者你面前的悔来说不可能，因为在悔所诉求的公正说"我什么都看不见"的时候，这悔也失去自己的视景。

完全是按字面意义所说的那样：他遮掩起许多的罪。正如母鸡在危险的瞬间忧虑地让小鸡们集中到自己的翅膀下[31]，遮掩起它们，宁可放弃自己的生命也不让人剥夺它们的这使得敌人的目光不可能发现它们的隐藏处；同样，他也以这种方式遮掩起你的罪。以这同样的方式；因为他也是忧虑的，在爱之中无限地忧虑；他宁可放弃自己的生命也不让人把你的在他的爱之下的安全隐藏处从你这里剥夺走。宁可放弃自己的生命，——然而不，正因此他放弃了自己的生命，以求为你保障一个在他的爱之下的隐藏处。因此也是：并未如同母鸡那样，就是说，只是像母鸡遮掩自己的小鸡，或者比母鸡遮掩自己的小鸡无限更多，但在其他方面则不是如此；因为祂是以自己的死亡来遮掩。哦，永恒地保障着，哦，至福地有了保证的隐藏处！对于那些小鸡来说，仍还是有一种危险；尽管是隐藏的，它们仍持恒地处于危险之中：在母亲做了自己最后的事情，出于爱为它们放弃了自己的生命的时候，于是，这隐藏处就被从它们那里剥夺走了。但是他相反——是的，如果他以自己的生命来遮掩你的罪，那么本来在这里当然有着危险的可能性：他们从他那里剥夺掉生命，而从你这里剥夺掉隐藏处。然而，在他以自己的死亡来遮掩你的罪的时候，事情则不同；他宁可——如果有这个必要，如果一切不是在这一次都被决定[32]，——他宁可再一次放弃生命，以求通过自己的死亡来为你找到一个隐藏处，也不让隐藏处被从你这里剥夺走。这是完全按字面上的意思所说的：他遮掩你的罪，正因为他是以自己的死亡来遮掩的。死亡当然能够把一个活人置于一边；但是一个死者则无法被置于一边，因此你的隐藏处无法被从你这里夺走。如果公正在之后发怒，除了死刑，它还能够要什么更多的；但这死刑当然已经被承受，他的死亡是你的隐藏处。无限的爱！人们谈论爱的各种作为，可以提及的有很多[33]。但是如果所谈的是"这爱"的作为或许这"爱之作为"，那么就只有，对，就只有一个作为，够奇妙的，这样，你也马上就知道，所谈的是谁，是关于他，关于耶稣基督，关于他和解性的死亡——这死亡遮掩起许多的罪。

这在圣餐桌前被宣示出来；因为，从布道台上被宣示出来的，在本质上是他的生命；但在圣餐桌前宣示的则是他的死亡[34]。他死去，一次，为整个世界和我们的罪；他的死亡不重复，但这重复：他也是为你而死，你，在他的肉和血之中接受了对于"他也是为你[35]而死"的质抵[36]的你，在圣餐桌前，在这里他把他自己给你作隐藏。哦，罪人的安全的隐藏处，哦，至福的隐藏处，尤其是，在你得知了这意味着什么之后：在良心指控、律法审判、公正都在惩罚性地追击着的时候，精疲力竭直至绝望，这时，去在这可找到的唯一隐蔽处找到安息！一个人，甚至那最有爱心的，他也至多只能给你缓解、藉口，在你能够用得上的范围里交由你使用；但是他自己却是他所不能给你的。只有耶稣基督能够这样做，他把自己给你作为隐蔽；他给予你的不是一些安慰依据，他不是传授一种学说给你，不，他把自己给予你。正如黑夜弥漫开隐藏起一切，同样他献出了自己[37]而变成隐藏处，而在这隐藏处的背后是一个他所拯救的有罪的世界；公正穿过这个隐藏处，不仅仅是变得柔和，

571

如同太阳的光线穿过有色的玻璃时的情形，不，它精疲力竭地在这隐藏处失去了自己的力量，无法穿透。他为全世界献出自己作为隐藏处，也是为你和为我。

因此你，我的主和拯救者，你，你的爱遮掩起许多的罪，在我真正感觉到我的罪和我许多的罪的时候，在天上的公正只有对于我和对于我的生活的怒火的时候，在大地上只有一个我所恨且鄙视的人、一个我为避开而想要逃离乃至不惜逃到世界的尽头的人——我自己——的时候，这时，我不会去开始那徒劳无益的事情，它只会要么让人更深地陷于绝望、要么让人走向疯狂，相反我会马上逃向你，你不会拒绝让我进入你充满爱心地提供给所有人的隐藏处，你会把我从公正之目光下遮蔽开、把我从这个人和他用来折磨我的回忆那里拯救出来，你会帮助我，通过成为一个被改变了的、一个不一样的、一个更好的人，而敢停留在我的隐藏处，为公正和那个我所鄙视的人所遗忘。

专注的听者，你今天寻往圣餐桌前，你所寻找的是那遮掩起许多的罪的爱。你从教堂的侍者[38]那里接受了对你各种罪的恩典赦免的保证[39]；你在圣餐桌前接受对此的质抵。不仅仅是这个；因为，你接受这质抵，不仅仅像你从一个人那里接受一个"他怀有这种对你的感情或者这种向你的心念"的质抵，不，你接受这质抵，是作为"你接受他自己"的质抵；你接受这质抵时，你接受他自己，他在这有形的标志中并且以这标志把他自己给予你[40]作为对你的各种罪的遮掩。正如他是真理，你并不从他那里得知真理是什么，现在你的决定要由你自己来作出，而你只通过留在他之中而留在真理之中[41]；正如他是道路，你并不从他那里得知你该走哪一条路，现在要由你自己决定去走你的路，但是你只通过留在他之中而留在这道路上；正如他是生命[42]，你并不从他那里接手得到生命，现在必须自谋生路，但是你只通过留在他之中而有生命[43]；以同样的方式，他也是隐藏处；只有通过留在他里面、只有通过让自己活到他里面，你才是在隐蔽中，才会有对你许多的罪的遮掩。因此圣餐被称作是与一种他的同在[44]；它不仅仅是作为对他的记念[45]，不仅仅是作为"你与他同在"的质抵，而且，它就是同在，这同在——你应当通过越来越多地让你活出你自己而让你自己活进他[46]、活在他"遮掩起许多的罪"的爱之中而努力将之保存在你的日常生活里的同在。

注释：

[1]［飞鸟有窝，狐狸有洞，你却没有能够枕你头的地方］　见《马太福音》（8：20）："耶稣说，狐狸有洞，天空的飞鸟有窝，人子却没有枕头的地方。"

[2]［躲在你之中］　也许是指向《歌罗西书》（3：3），在之中保罗写道："因为你们已经死了，你们的生命与基督一同藏在神里面。"

[3]［《彼得前书》（4：8）：爱能遮掩许多的罪。］　见《彼得前书》（4：8）："最要紧的是彼此切实相爱。因为爱能遮掩许多的罪。"在克尔凯郭尔自己的《丹麦圣殿规范书》（Forordnet Alter – Bog for Danmark），现收藏于皇家图书馆，克尔凯郭尔在第 96 页的复活节后第六个礼拜日所用的《彼得前书》（4：7b—11）后续文本上的第八句的前半句的部分和全部后半部分划了着重线，并在边上分别写了《路加福音》（7：47）（见前面注释）和《雅各书》（5：20）（经文是"这人该知道叫一个罪人从迷路上转回，便是救一个灵魂不死，并且遮盖许多的罪。"）

[4]［在这讲演是关于人类的爱的时候……在别的地方论述得更为详尽的……有爱心者隐藏许多的罪］　指向《爱的作为》第二系列"V 爱遮掩许多的罪"（见社科版《克尔凯郭尔文集》第七卷《爱的作为》304—320 页）。

[5]［爱使他……盲目］　在丹麦和德国都有"爱是盲目的"的成语（丹麦语 'kærlighed er blind', optegnet som nr. 1427 i N. F. S. Grundtvig *Danske Ordsprog og Mundheld*, Kbh. 1845, ktl. 1549, s. 54；和德语 'Die Liebe ist blind und macht blind, wer's nicht glaubt, ist ein Kind'（爱是盲目的，并且使人盲目，不相信的人是一个孩子）nr. 145 i K. F. W. Wander *Deutsches Sprichwörter – Lexikon* bd. 1 – 5, Leipzig 1867 – 80；bd. 3, 1873, s. 135f.；se også nr. 532, i bd. 3, s. 152.）。

可比较《三个陶冶性的讲演，1843 年》中的第一个讲演"爱应当遮掩许多的罪"中克尔凯郭尔所写："一句老古话说，爱使人盲目。"在《爱的作为》的"第一系列"的 II C 中也有类似的表述（见社科版《克尔凯郭尔文集》第七卷《爱的作为》第 74 页）。

[6]［神圣者，在其身上没有罪］　指向《希伯来书》（4：15）之中关于耶稣的描述："因我们的大祭司，并非不能体恤我们的软弱。他也曾凡事受过试探，与我们一样。只是他没有犯罪。"也参看《约翰福音》（8：46）和《哥林多后书》（5：21）以及下面的注释。

[7]［在其嘴中没有诡诈］　指向《彼得前书》（2：22—23）之中关于耶稣的描述："他并没有犯罪，口里也没有诡诈。他被骂不还口。受害不说威吓的话。

克尔凯郭尔讲演集（1848—1855）

只将自己交托那按公义审判人的主。"也参看《以赛亚书》（53：9）。

[8]［寻自己的好处］ 指向《哥林多前书》（13：5），其中保罗描述爱："不求自己的益处。"

[9]［不是去拯救世界和隐藏许多的罪，而是为了在神圣的怒火之中审判世界而来到这个世界］ 指向《约翰福音》（3：17）。

[10]［如圣经所说，只有一位是善的：上帝］ 见《马太福音》（19：16—17）："有一个人来见耶稣说，夫子，我该作什么善事，才能得永生。耶稣对他说，你为什么以善事问我呢？只有一位是善的，你若要进入永生，就当遵守诫命。"

[11]［让我们在规定的这些短暂瞬间里讨论这句话］ 见前面"这样，让我们在规定的这些短暂瞬间里考虑这句话。"

[12]［路德所说……血和肉、情欲和激情、习惯和倾向］ 见下面的马丁·路德在复活节前最后一个星期四对《哥林多前书》（11：23—32）福音布道："因为在你这里有一个说教者，与你一起吃喝睡醒，或者那老亚当，你与他一同上床一同起床，然后你又与他一同躺下。他不断地向你布道，他知道巧妙地选择自己的言辞，时间越长你就沉得越深，变得越冷漠，是的，变得呆滞，最后你忘记主耶稣和他的福音，并且不再问这方面的东西。这不会错：如果今天你冷漠而懒惰，那么你明天更冷。这是你的日常师傅，这老欺骗者造成的，他把你从那里完全地拉走，尽管你每天都听见上帝的话，你却总是想着某些别的事，并且认为，你更应当去忙碌世俗的事情。因为，对我说吧，你什么时候碰上过一个厌倦于自己的吝啬的人？放高利贷的不是越来越贪婪吗？其他罪恶的情形也是如此。一种肉欲者总是谈着堕落，想着堕落，他想得越长久，他频繁地想着，他就越是急切地往这上面转变。所有这些都是老亚当的所为。他不断地向你布道，直到你淹没在罪之中。／现在，正如这贪婪的老亚当不停地向你说教金钱和财物、权力和荣誉，同样，有爱心的主基督停在另一边，把你叫向自己，忠告你想着永恒的生命，恳请你记住你的那为你而死在十字架上的拯救者，点燃你的心——这样你会思念他、把你的心思转离尘俗的生活，并且说：'唉，主，我看见我无法停止行罪，我无法为邪恶的事情而难过。因此我请求你，帮助我成为世界之敌，帮助我，抓住向你的爱！'我们每天都需要这一提醒来抵抗那堕落说教者老亚当，他日日夜夜都在往我们的耳朵里灌输，继续不断地让我们完全地在这生活的悲哀和欲乐之中沉陷。"另有一段："一种罪或者诱惑的火星在心中继续闷燃着，一种向着愤怒、仇恨等等的有罪的倾向继续在他们心中深处蠕动着，这样，他们应当呼唤上帝并且祈祷：'啊主，给予我对每个人的温柔宁静的心思，并且洗净我，为基督的缘故，洗去我全部的罪！'"

路德：马丁·路德（Martin Luther／1483—1546年），德国神学家，奥斯定会修道士（1505—24年），维滕贝格大学的教授。与中世纪神学传统、教皇权力和罗马教会决裂的十六世纪德意志宗教改革的中心人物,这宗教改革通向了一种新的礼拜仪式和教会生活,构建出了一系列福音路德教派的新教规,尤其是在北欧。他是一系列神学、释经、陶冶和教会政治的著作,无数布道文和赞美诗;另外他还把圣经译成德文。

血和肉:新约中对人的标示。可参看比如说《马太福音》(16:17);《加拉太书》(1:16);《以弗所书》(6:12). 也参看《哥林多前书》(15:50):"弟兄们,我告诉你们说,血肉之体,不能承受神的国。必朽坏的,不能承受不朽坏的。"

[13]"事情就不会是如此",重新指向前面的话题,就是说:能够在上帝面前和一个人自己面前被隐藏起来的,就不会是罪。

[14] 这个"他"是指前面提及的"同知者"——良心。

[15]"在他醒来和在他睡觉的时候"中的两个"他"是指"那人"。

[16] 这个"他"是指"同知者"——良心。以下的分句中的主语"他"也是如此。

[17] 这个"他"是指"那人"。以下的分句中的宾语"他"也是如此。

[18] [神圣的地方] 教堂的空间在这样一种意义上被视作是神圣的:教堂是通过一个庆典性的神圣仪式由主教宣布启用的,在这典礼上,乡村教区司铎和本教区及附近教区牧师都会在场。丹麦语可参看明斯特尔(J. P. Mynsters)的"丹麦的教堂仪式的一个提议"中的"论教堂落成典礼",在丹麦语的《Udkast til en Alter - og Ritualbog(圣殿与仪式书的草案)》第79—83页。按照这反映出当时的教会实践的提议,主教在典礼讲演开始的时候会说:"于是,我在我的职位上以上帝圣父圣子和圣灵的名义启用这个教堂。我令这一空间变得神圣并且使之隔离世间的喧嚣和所有尘俗的生意,这样上帝之名将留驻于之中,这里将是上帝之家,这里是通往天堂的前庭"(第81页起)。

[19] [他,以那位异教徒的话说,无法骑马驰离他身后同坐在马上的悲哀]
指向罗马诗人贺拉斯的颂歌第三卷第一首第37—40句(jf. *Q. Horatii Flacci opera. Nova editio stereotypa iteratis curis castigata et expolita*, Leipzig 1828, ktl. 1248, s. 65):《sed Timor, et Minae / Scandunt eodem, quo dominus; neque / Decedit aerata triremi, et / Post equitem sedet atra Cura.》(但是惧怕与威胁与主人一同爬上;黑色的忧虑不离开包铜的大船,并且上马坐在了骑手后面)。

[20] [那鹿奔跑得再快也无法逃离插在胸前的箭:它跑得越猛,它就越是让这箭在身上插紧] 对弗朗索瓦·芬乃伦的话的随意引用。引自芬乃伦《芬乃伦宗教内容的著作》的《不同的基督教思想和指令》中的第十四篇"从上帝的内在作用出发,以求把人带回到他为我们创造的真正目标"(nr. XIV《Von den innerlichen Wirkungen Gottes, um den Menschen zu dem wahren Ziel, dazu er uns geschaffen

hat, zurück zu bringen》 i《Verschiedene christliche Gedanken und Weisungen》 i *Fenelon's Werke religiösen Inhalts*, overs. af Matthias Claudius, bd. 1 – 3,《Neue Auflage》, Hamborg 1823 [1800 – 11], ktl. 1914; bd. 1, s. 219):《Man ist wie ein Hirsch, der verwundet worden, und den Pfeil, der ihn getroffen hat, in seinen Seiten trägt; je mehr er durch den Wald rennt, um sich davon zu befreyen, desto tiefer rennt er ihn in sich ein》（一个人就像一头受伤的鹿，在身侧插着那击中了他的箭，它也是穿进森林猛跑想要挣脱，这箭就在身上插得越深）。比较可能是1849年8月的日记NB12：119，其中克尔凯郭尔写道："一个异教徒曾说过，想要骑马驰离那身后同坐在马上的悲哀，是徒劳的。一个虔诚的人（芬乃伦）曾说：悲哀就像胸上插了一支箭——这鹿越剧烈地奔跑想要摆脱它，它越是让这箭在身上插紧。/注意，芬乃伦可能没有完全这样编辑它，也没有拿这与贺拉斯的句子放在一起；但是这想法是来自芬乃伦的。"（*SKS* 22，213）。

芬乃伦（François de Salignac de la Mothe – Fénelon /1651 – 1715），法国主教和作家。

[21]［在忏悔室里说教的固然是牧师］ 忏悔讲演是由那有神职的牧师作的，是在忏悔室里，作为忏悔仪式的一部分，有差不多十分钟的长度。只有有神职的牧师可以主持忏悔仪式。参看明斯特尔的"丹麦的教堂仪式的一个提议"，在丹麦语的《*Udkast til en Alter – og Ritualbog*（圣殿与仪式书的草案）》第51页。

[22]［看，一切都变成了新的］ 参看《哥林多后书》（5：17）："若有人在基督里，他就是新造的人。旧事已过，都变成新的了。"

[23]［那在律法的统治之下曾是并且正是一种毫无结果的努力的东西，福音使之成为了可能］ 保罗—路德关于律法与福音间关系的学说：律法审判人（比如说，《罗马书》第七章），是通往基督的训蒙师傅（《加拉太书》3：23—24），而福音则是令人欢喜的消息"律法的总结就是基督，使凡信他的都得着义。"（《罗马书》10：4）

[24]［在圣餐桌前，拯救者张开自己的手臂……他说"到我这里来"］ 可能指向哥本哈根圣母教堂（见前面"在石头上雕出这些图案的人"的注释）的基督雕像，在底座上有"到我这里来/马太福音. XI. 28."，见插图。关于托尔瓦尔德森想要在耶稣雕像上表述的文字可以看凯斯特纳尔的《罗马研究》（A. Kestner *Römische Studien*, Berlin 1850, s. 78）："'Simpel muß so eine Figur sein', sagte er [Thorvaldsen], 'denn Christus steht über Jahrtausenden. Dies ist', fuhr er fort, 'die ganz gerade stehende menschliche Figur' – und stellte sich aufrecht, die Arme niederhängend, ohne alle Bewegung und Ausdruck. Jetzt entfernte er, mit gelinder Bewegung, die Arme und beide offenen Hände mit leise gekrümmten Ellenbogen vom Körper. So

hielt er inne und sagte: 'kann eine Bewegung simpler sein, als ich jetzt bin? und zugleich drückt es seine Liebe, seine Umarmung der Menschen aus, so wie ich es mir gedacht habe, daß der Haupt – Charakter von Christus ist'"（"一个这样的形象要简单"，他〔托尔瓦尔德森〕说，"因为基督站着，超过几千年。这是"他继续说，"完全直站的人的形象"，——并且站直，两臂下垂，没有任何形式的动作和表达。现在他以一个软软的动作，稍弯起肘，让手臂和两只张开的手离开身体。然后他收起，并且说："难道还会有什么动作比我现在的动作更简单，并且在同时表达出他的爱，他对人类的拥抱，就像我现在所想像的这样，这是基督的首要特征"）。

也可参看 J. M. Thiele *Thorvaldsens Biographi*, 3. del, Kbh. 1854, s. 127f.

"到我这里来"是引自《马太福音》（11：28）"凡劳苦担重担的人，可以到我这里来，我就使你们得安息。"

[25] [有福了] 指向《马太福音》（5：3—10）以及（11：6）的赞词。

[26] [如血一样红而比雪更白……罪被转化为洁净] 指向《以赛亚书》（1：18）"耶和华说，你们来，我们彼此辩论。你们的罪虽像朱红，必变成雪白。虽红如丹颜，必白如羊毛。"以及《诗篇》（51：10）"神阿，求你为我造清洁的心，使我里面重新有正直的灵。"。

[27] ["去教"就已经被要求有"教之权威"] 指向《马太福音》（7：28—29）在登山宝训之后"耶稣讲完了这些话，众人都希奇他的教训。因为他教训他们，正像有权柄的人，不像他们的文士"。在这里也可以考虑到牧师"教"，亦即，布道，的权威。根据《丹麦与挪威教堂仪式》（Dannemarkes og Norges Kirke – Ritual, Kbh. 1762），关于神职授职仪式，第十章第二条规定，在接受职位者们在圣坛前跪着的同时，主教要以这样的方式来传授他们"这神圣职位，同时说祷告词并把手盖向他们：'于是我根据使徒的传统，以神圣父圣子圣灵的名，将这神圣的牧师和布道者的职位授予你们，并且在之后给你们权力和权威，作为上帝和耶稣基督的真正侍者，在教堂中秘密和公开地传布上帝的言辞，根据基督自己创建的制度分发高贵的圣餐，把罪与顽固者捆绑一处，解除悔过者的罪，并且，根据上帝的言辞以及我们基督的传统，去做所有其他与这上帝的神圣职务有关的事情。"（370页）只有得到授职的神学候选人并且在满足了一系列其他条件之后，才可以在丹麦教堂里布道。

[28] [那命令波涛汹涌的大海安静下来的人] 指向《马太福音》（8：23—27）在登山宝训之后"耶稣上了船，门徒跟着他。海里忽然起了暴风，甚至船被波浪掩盖。耶稣却睡着了。门徒来叫醒了他，说，主阿，救我们，我们丧命啦。耶稣说，你们这小信的人哪，为什么胆怯呢？于是起来，斥责风和海，风和海就大大地平静了。众人希奇说，这是怎样的人，连风和海也听从他了"。

[29]［神圣的身体］　指向在圣餐仪式上的约词（*verba testamenti*）："我们的主耶稣基督在他被出卖的这夜，拿起饼来祝谢了，掰开，给自己的门徒，并且说，拿起它，吃掉它，这是我的身体，为你们舍的，你们也应当如此行，为的是记念我。他在吃了晚餐之后，也同样地拿起杯子，祝谢了，给他们，并且说，把这之中的全都喝掉，这杯是用我血所立的新约，是为你们流出来的以达到罪的赦免。你们正如常常喝，也常常如此行，为的是记念我。"见《丹麦圣殿规范书》（*Forordnet Alter – Bog for Danmark*, Kbh. 1830 [1688], ktl. 381, s. 253f.）。

[30]［圆满清偿］　指向那关于基督的替代性圆满的教理学说，就是说，代替人类去清偿，这样：他作为上帝自己的儿子，以自愿的苦难和死亡满足或者和解了上帝对人类罪的堕落的审判性怒火，并且以这样的方式，就清偿了人类原本因其罪而有辜于的死亡惩罚，这样人类就能够活着并且得救。比较圣餐礼仪式之后的遣散词："被钉上十字架而又复活的基督耶稣，现在已提供餐食并且给予你们自己的神圣身体和血，以此，他圆满地偿还了你们的罪，由此在一种真实的信仰之中强化并存留你们直至永恒的生命！"见《丹麦圣殿规范书》（*Forordnet Alter – Bog*, s. 254.）。

[31]［母鸡在危险的瞬间忧虑地让小鸡们集中到自己的翅膀下］　指向《马太福音》（23：37）耶稣对耶路撒冷说："我多次愿意聚集你的儿女，好像母鸡把小鸡聚集在翅膀底下，只是你们不愿意。"对此和对下面文字，对比马丁·路德在三一节（复活日）后第十八个星期日对《马太福音》（22：34—46。关于律法之中最大诫命和关于基督是大卫之子或者大卫之主）福音布道，路德说，基督必须"代替我们来面对上帝的怒火而作为我们的罪之隐藏处。对于我们，我说，他必须是一个罪的隐藏处，作为把我们的罪拿到自己身上的人，但是对于上帝是一个恩典的宝座，正如那洁净于所有罪，满是美德与荣誉，谨慎如一只在我们之上展开自己的翅膀防鸢的母鸡，就是说抵抗魔鬼、罪和死亡，这样，上帝，为了他的缘故宽恕我们一切并且保护我们不进入凶恶。但是你应当留在这翅膀之下；如果你这样做，你不冒险出去，那么那仍在你身上的罪就不是罪，为了他的缘故，他以自己的公正遮掩住它。"也可以比较路德在第二圣诞日对《马太福音》（23：34—39。关于对耶路撒冷的审判）福音布道。

[32]［如果一切不是在这一次都被决定］　指向《希伯来书》（7：27）："他不像那些大祭司，每日必须先为自己的罪，后为百姓的罪献祭，因为他只一次将自己献上，就把这事成全了。"也参看《希伯来书》（9：12、25—26、28和10：10—14）。

[33]［人们谈论爱的各种作为，可以提及的有很多］　比较《爱的作为。一些基督教的审思以讲演的形式写出。1847年》第一系列和第二系列的前言的终结

[译者注：书的标题"爱的作为"若是严格地直译应当是"爱的各种作为"，因为这个"作为"是复数。但因为在当时没有单数复数对比的问题，因而译者将书名译作"爱的作为"。但这里，在下一句，出现了对单数的强调，因此译者强调了复数而加上了"各种"]："因此，这是'基督教的审思'，并非关于'爱'，而是关于各种'爱的作为'。／这是各种'爱的作为'，这里并不是说，仿佛所有爱的作为就在这里全都被计算在内并且被描述了，哦，差得远了；这里甚至也没有这样的意思，仿佛那单个的被描述的作为就在这里一了百了地得到了完全的描述，上帝知道，绝非如此！如果一样东西在本质上是有着永不枯竭的财富，那么，这东西，甚至就其最小的作为而言，它也是在本质上无法描述的，之所以如此，恰恰是因为在本质上它是在一切之中完全在场的，并且在本质上是无法描述的。"（见社科版《克尔凯郭尔文集》第七卷《爱的作为》第1页和第227页）。

[34][如果所谈的是"这爱"的作为或许这"爱之作为"……圣餐桌前宣示的则是他的死亡] 比较1849年9月日记NB12：170中对这讲演的想法："在'圣餐桌前'这恰恰而完全地特别地是如此，'爱'，就是说，基督的爱，遮掩许多的罪。基督的和解在最严格意义上是'那爱'的作为或者那'爱之作为' κατ' εξοχην（希腊语：在非凡的意义上）"（SKS 22, 246, 5—9）。比较《爱的作为》第一系列的祷告词中的句子："如果你被忘记了，人们将怎样正确地谈论爱呢?！你，是你揭示了什么是爱，你，我们的拯救者和解赎者，为了拯救所有人你牺牲了你自己"（见社科版《克尔凯郭尔文集》第七卷《爱的作为》第1页）。

[35][为你] 马丁·路德在自己书籍里面一次又一次使用这形式"为我"和"为你"（或者如他以拉丁语表达pro me和pro te），在信仰关系之中强调这"个人性的"，比如说，信仰和基督教是"为我"、基督"为我"而死。比如说可参看下面的马丁·路德在降临节第一个星期日对《马太福音》（21：1—9）的福音布道："如果你们想要成为一个基督徒，那么你就必须感觉这些话：为你，为你，并且继续停留在那里，并且没有怀疑地信：发生在你身上，——如这些话所说"。还有"他（基督）到你这里，到你这里，到你这里，那是什么？他是你的王，这不够吗？如果他是你的，为什么他需要说，他到你这里（……）基督把我们从罪、死亡、地狱的暴政之中解救出来，并且因此而成为了我们的王，难道这不够吗，但是他把他自己也交给了我们让我们拥有，这样，他所是所有都变成了我们的。"

[36][质抵] 指向圣餐元素，圣餐中的圣饼和葡萄酒，是耶稣的血和肉的象征，作为质抵，也就是对"罪的赦免"的确认。在路德的《教理小问答》中，有问"你从哪里得知，耶稣基督为你而死？"回答是："得知于圣经福音，得知于关于圣餐的那些话，通过圣餐中他的肉和血而得知，这血和肉是作为'耶稣基督为我而死'的质抵，为我而给出的"。译自丹麦语1847版 *Dr. Morten Luthers lille*

579

Catechismus（《马丁·路德博士小问答》）。

［37］［他献出了自己］ 参看比如说《加拉太书》（1：4）："基督照我们父神的旨意为我们的罪舍己，要救我们脱离这罪恶的世代。"

［38］亦即牧师。

［39］［你从教堂的侍者那里接受对你各种罪的恩典赦免的保证］ 参看前面对"在那里，对你所有罪的恩典赦免被向你说出"的注释。

［40］［他在这有形的标志中并且以这标志把他自己给予你］ 参看路德关于"基督全在"的理论，基督真实地既在天上天父的右手，又在圣餐元素中作为肉和血——"在这外在有形的标志——饼和酒——中、并且以这标志、并且在这标志之下"——在这里在场，并且"在这给予那享受圣餐者的饼和酒中、并且以这饼和酒、并且在这饼和酒之下"，参看路德的协和信条（Formula Concordiae，第二部分《Solida Declaratio》，第七条关于圣餐35—39）。在其背后有着 communicatio idiomatum（拉丁语"性质之转达"）的学说，这在这里就是说，一种对来自神圣者的各种本性在基督身上向人的本性的转达（《Solida Declaratio》，第七条4）（拉丁语 Libri symbolici ecclesiae evangelicae sive Concordia，udg. af K. A. Hase, 2. udg., Leipzig 1837［1827］, ktl. 624（forkortet Libri symbolici），s. 735f. 和 s. 726；德语拉丁语 Die Bekenntnisschriften der evangelisch – lutherischen Kirche. Herausgegeben im Gedenkjahr der Augsburgischen Konfession 1930, 11. udg.［ty./lat.］, Göttingen 1992（forkortet Die Bekenntnisschriften），s. 983f. 和 s. 974）。也可参看哈泽的《Hutterus redivivus 或路德教会神学教程》（Jf. fx K. Hase Hutterus redivivus eller den Evangelisk – Lutherske Kirkes Dogmatik, overs. af A. L. C. Listow, Kbh. 1841［ty. 1828；4. udg 1839, ktl. 581］, § 123, s. 316）。

［41］［只通过留在他之中而留在真理之中］ 也许是指向《约翰福音》（8：31—32）："耶稣对信他的犹太人说，你们若常常遵守我的道，就真是我的门徒。你们必晓得真理，真理必叫你们得以自由。"

［42］［正如他是真理……他是道路……他是生命］ 见《约翰福音》（14：6）："耶稣说，我就是道路，真理，生命。若不借着我，没有人能到父那里去。"

［43］［通过留在他之中而有生命］ 也许是指向《约翰福音》（6：56—58），耶稣谈论自己作为生命的粮："吃我肉喝我血的人，常在我里面，我也常在他里面。永活的父怎样差我来，我又因父活着，照样，吃我肉的人，也要因我活着。"也参看《约翰福音》（15：4—8）中，耶稣说自己是葡萄树："你们要常在我里面，我也常在你们里面。枝子若不常在葡萄树上，自己就不能结果子。你们若不常在我里面，也是这样。我是葡萄树，你们是枝子。常在我里面的，我也常在他里面，这人就多结果子。因为离了我，你们就不能作什么。人若不常在我里面，就像枝子丢

在外面枯干，人拾起来，扔在火里烧了。你们若常在我里面，我的话也常在你们里面，凡你们所愿意的，祈求就给你们成就。你们多结果子，我父就因此得荣耀，你们也就是我的门徒了。"

　　[44][圣餐被称作是与一种他的同在]　　指向《哥林多前书》（10：16），其中保罗写道："我们所祝福的杯，岂不是同领基督的血吗？我们所掰开的饼，岂不是同领基督的身体吗？"另可参看见哈泽的《Hutterus redivivus 或路德教会神学教理》的第 305 页起。

　　同在（Samfund），有时译作"共同体"。在正常的意义中，丹麦语的 Samfund 意思是"社会"。但是在神学或者圣经的意义上，它常常被用来指"（与上帝或基督或永恒的）同在"或者"（与上帝或基督或永恒的）共同体"。

　　[45][对他的记念]　　见前面对"神圣的身体"的注释。

　　[46][让你自己活进他]　　指向《加拉太书》（2：19—20），其中保罗写道："我因律法就向律法死了，叫我可以向神活着。我已经与基督同钉十字架。现在活着的，不再是我，乃是基督在我里面活着。并且我如今在肉身活着，是因信神的儿子而活，他是爱我，为我舍己。"

581

上帝的不变性

一个讲演[1]

索伦·克尔凯郭尔

哥本哈根

C. A. 莱兹尔的柏及继承者出版

毕扬科·鲁诺的印书坊

1855 年

献给

我已故的父亲
米凯尔·彼得森·克尔凯郭尔

本城的前毛织品商

作为纪念[2]

1855 年 8 月

前　　言

这个讲演在 1851 年 5 月 18 日讲于卡斯特雷特教堂[3]。这段文字是我最初所用的[4]，后来它更经常地被使用[5]，现在我回到它上面。

1854 年 5 月 5 日[6]

S. K.

克尔凯郭尔讲演集（1848—1855）

祈　祷

你，不变者，对于你任何东西都不变！你，爱之中的不变者，正是为了我们的最好福祉，不让你自己被改变：愿我们也会想要我们自己的福祉，通过你的不变性让我们得教，在无条件的顺从之中，到你的不变性中找到安息并且安息在你的不变性中！你不同于一个人；如果他要去保留只些许不变性的话，那么他就不可有太多能够打动他的东西，不可让自己被打动太多。你，则相反，一切都打动你[7]，并且在无限的爱之中打动你；甚至那我们人类称作是一种琐事并且不被打动地忽略着走过的东西，麻雀的需要，它打动你[8]；那我们在寻常几乎不会去留意的东西，一声人的叹息，它打动你，无限的爱；但是没有任何东西改变你，你不变者！哦，你，在无限的爱中让自己被打动，我们的这祈祷也会打动你，你祝福它，于是，这祈祷改变祈祷者，使之与你不变的意志一致，你，不变者！

《雅各书》（1∶17—22）

各样美善的恩赐，和各样全备的赏赐，都是从上头来的。从众光之父那里降下来的。在他并没有改变，也没有转动的影儿。他按自己的旨意，用真道生了我们，叫我们在他所造的万物中，好像初熟的果子。我亲爱的弟兄们，这是你们所知道的。但你们各人要快快地听，慢慢地说，慢慢地动怒。因为人的怒气，并不成就神的义。所以你们要脱去一切的污秽，和盈余的邪恶，存温柔的心领受那所栽种的道，就是能救你们灵魂的道。[9]

我的听者，你听了这文字的宣读。现在这又是多么自然而然，去想一下这对立面：各种现世的、尘世的事物的可变性，和人类的可变性！

令人沮丧的事，令人疲倦的事，一切都是虚空的流转[10]，人类是可变性，你，我的听者，和我！可悲的是，变化常常是通向那更糟的！营养匮乏的人类安慰，但却仍是一个安慰：在那可变的东西上还是有着一个变化：它有一个结束！

然而，如果我们想要这样谈，尤其是在这一阴沉性之精神中，因而不是以这样一种方式，就像是带着严肃谈论虚空流转、谈论"人类的无常性"[11]时的情形，那么，我们就不仅不是让自己保持与文字一致，不，我们是在离开它，是的，我们在改变它。因为在这段文字中所谈的是相反的东西，是关于上帝的不变性。这段文字是纯粹的喜悦和快乐；就像是来自沉默所居住的群山之巅，以同样的方式，使徒[12]的讲演被提升到所有尘世生活的可变性之上；他谈论关于上帝的不变性，而没有谈别的。关于一个住在那上面"没有变化，甚至没有这变化的影子"的地方的"众光之父"。关于从上头下来的、来自这天父（他，作为"众光"或者光之父，他无限地了知怎样保证"那些来自他的东西真正地也是善的和完美的东西"，并且作为"父亲"，他宁可不想要任何东西、除了不变地发送善的和完美的赐物之外不想别的事情）的"各样美善的全备的恩赐"。因此，我心爱的兄弟们，愿每一个人都"快快地去听"，就是说，不是去听这样那样的各种说法，而是向上听，因为在从那上面人们只持恒地听到好消息；"慢慢地说"，因为我们人类，尤其是在这个关联上，并且尤其是马上，能够说出的话，它寻常就只起到这样的作用：使得那些美善全备的恩赐变得不怎么美善全备；"慢慢地动怒"，这样，我们就不会，在这些恩赐在我们看起来并不美善全备的时候，变得愤怒，而使得那为我们的福祉而特定的美善全备的东西因我们自身的缘故而被败坏，这正是人的愤怒所能够成就的事，并且"人的怒气，并不成就那上帝认为是正确的事情"。"所以要脱去一切的污秽，和残余的邪恶"，——就像人们打扫和装饰自己的家并且自己衣冠堂皇地坐着，喜庆地等待客人来访：我们也以同样的方式庄严地接受美善全备的赐物。"以轻柔来领受那栽种在你们心中、并且有力量使你们灵魂获至福的道"。以温柔！确实，如果这说话的不是使徒，如果我们不是马上遵从"慢慢地说，慢慢地动怒"这命令，我们肯定会说，这是一个奇怪的说法，难道我们在这样的程度上是愚人，乃至我们需要被告诫，相对于那只想让我们得到福祉的人要轻柔？以这样一种方式使用"轻柔"这个词，这无疑就仿佛是在讥嘲我们。因为，看，如果一个人不公正地想要来打我，而在这时有另一个人站在旁边，训诫说：轻柔地让你自己将就忍着；这是很直接的说法。但是，设想一下，最友善的存在体[13]，爱本身；它挑出了一件礼物，特定为我的，并且这里我是美善全备的，是的，就像爱本身那样；它到来并且想要赐我这礼物，——这时有另一个人站在那里，他训诫着地对我说：现在，让我看，你带着轻柔地让你将就这个。然而，我们人类的情形就是如此。一个异教徒，并且只是一个——[14]人，古代的那位简单智者[15]，抱怨说，他常常经历这样的事情：在他想要从一个人那里拿掉某种痴愚以便为这人提供一种更好的知识，就是说，要为这人好，的时候，这人会变得如此愤怒，乃至这人，如这简单的人在严肃之中开玩笑所说的，很想要咬他[16]。唉，上帝在6000年[17]里又有什么会是不曾经历的，上帝每天从早上到晚上在这么多百万人中的每一个人那里又有什么是不经历的；有时候，就在他为我们造就最大福祉的时候，我们变得最愤怒。是的，如果我们人类真正知道我们自己的福祉、并且在最深刻的意义上真正地想要我们自己的福祉的话，那么，在这种关系之中就无需任何要求轻柔的训诫。但是，我们人类（又有谁不曾有过亲身的体验！），我们在与上帝的关系之中却如同孩子。因此，相对于"接受那美善和完备的东西"需要那要求轻柔的训诫——正如在同样的程度上，使徒确信：从他，那永恒不变者，那里下来，只会有美善与完备的赐物。

不同的观点！那单纯人类的（这当然是异教文化所展示的）对上帝谈论的比较少，对于"悲哀地想要谈论关于人类的事物的可变性"有着压倒性的倾向；使徒唯独只想谈论上帝的不变性。使徒的情形就是这样。对于他，关于上帝的不变性的想法是唯一的一个纯粹的安慰、安宁、喜悦和至福。这当然也是永恒地真实的。但是，让我们不要忘记，之所以"对于使徒事情是如此"，那是因为使徒就是使徒，他早就已经在无条件的顺从之中完全地投身于上帝的不变性，他没有站在开始，更确切地说他是靠近路的尽头，那窄的路[18]，但那也是善的路，他放弃一切选择这路，不变地追随，不向后看[19]，迈着越来越强劲的步子疾速地奔向永恒。相反，我们则仍只还是新开始者，仍在受教育，在我们这里，上帝的不变性必定也有可让我们看它的另一个方面；如果我们忘记这一点，那么我们很容易陷于"虚妄地对待使徒的庄严崇高"的危险之中。

> 那么，我们在这里就将谈论[20]，如果可能，既是在恐怖之中也是在抚慰之中，谈论你，你，不变者，或者谈论你的不变性。

上帝是不变的。他全能地创造出了这个有形的世界[21]，——并且使自己变得无形[22]；他穿上有形的世界作为衣服[23]，他改变它如同人换衣服——而自己不变[24]。这感官性的世界[25]里的情形就是如此。在各种事件的世界，他在每一个瞬间里到处都在场；比起那据说是在一切地方在场的最警醒的人类的公正，在一种更真实的意义上，他，从不被任何凡类看见，全在地在场，在一切地方在场[26]，在那最卑微的事物上及在那最伟大的事物上，在那只能在比喻性的意义上能够被称作是一个事件的事情上及在那是唯一的事件的事情上，在一只麻雀死去的时候和在人类的拯救者出生的时候[27]；他在每一个瞬间把所有现实的东西作为可能[28]握在自己全能的手[29]中，在每一瞬间都一切就绪，在一个此刻之中改变一切，人类的各种看法、论断，人类的高贵和甚至卑微，他改变一切[30]——自己不变。在一切都是在表面看起来的未变（因为这只是表面：那外在的在某一特定的时间里是未被改变的；它总是被改变），在一切的巨变之中他仍是同样地不被改变，没有任何变化触及他，甚至连变化的影子都没有；在不变的明朗之中，他，众光之父，是永恒地不被改变的。在不变的明朗之中，——是的，正因此他是不变的，因为他是纯粹的明朗，一种在自身之中没有任何昏暗并且任何昏暗都无法靠近的明朗。我们人类的情形不是这样，我们并非以这样一种方式是明朗，正因此我们是可变的，在我们心中有时候稍稍更亮堂，有时候变得有点昏暗，我们被改变，有时候在我们周围有变化，变化的影子变化着地滑向我们，有时候从外部世界有一道变化着的光线落向我们，而我们自己则在所有这变化的同时在我们内心之中被改变。但上帝是不变的。

这个想法是令人感到恐怖的，纯粹的畏惧与颤栗[31]。在通常，这一点也许不怎么被强调；人们悲叹人类的可变性、悲叹"那现世的"的可变性，但上帝是不变的，这是安慰，纯粹的安慰，甚至轻率性[32]都这样说。是的，确实，上帝是不变的。

但是首先，你是不是也与上帝有着一致，你是不是真正严肃地考虑，你是不是努力诚实地去理解，——这是上帝对于你、也是对于每一个人的永恒不变的意志，每一个人应当去为之努力，——你是不是努力诚实地去领会：对于你，上帝的意志会是什么？或者难道你就这样一天一天地活下去，而根本就没有想到过这一点？多么恐怖，这样，他是那永恒不变者！因为，这一不变的意志，你必定会在什么时候，或早或晚，与之有冲突，这一"因为想要为你谋福祉所以想要让你去考虑这个问题"的不变的意志，这一"若你以另一种方式与之发生冲突那么就必定会碾碎你"的不变的意志。其次，与上帝还算是有着一致的你，你到底是不是也与他有着真正很好的一致[33]，你的意志，它是不是，并且是不是无条件地，是他的意志，你的各种愿望，你的每一个愿望是不是他的诫命，你的各种想法，你的首先的和最后的想法，是不是他的各种想法；如果不是，多么恐怖：上帝是不变的，永恒，永恒地不变的！想一下，哪怕只是与一个人有不一致！不过，也许你是更强者并且这样说那另一个人：好吧，是啊，他肯定会改变。但如果他是那更强者；也许你还是会认为能够坚持更久。但如果这是一整个同时代的人；也许你还是会说：70 年[34]不是永恒。但是那永恒的不变者，——如果你是与他有不一致，这可是一个永恒：多么恐怖！

想象一个漂泊者；他停在了一座巨大的、不可攀越的山的脚下。这是他……，不，他不应当，但这是他想要越过的，因为他的各种愿望、他的各种思念、他的各种欲求、他的灵魂（它们有着一种更轻易类型的旅行工具）已经越过而到了另一边，所缺的事情只是他随后跟上。想象一下，他到了七十岁；但是这山仍不变地站着，不可攀越。让他再过七十年；但这山仍不变地挡着他的路，不变地，不可攀越。这样，他也许在这样的情况下有所改变，他死心放弃自己的各种思念、自己的各种愿望、自己的各种欲求，他几乎不再认识自己，以这样一种方式，一个下一代的人现在碰上他，他坐着，没有改变地，坐在没有改变而无法攀越的山的脚下。让这是一千年前的事情吧；他这不变的人，他早已死去，只有传说在叙述着他的故事，这是唯一剩下的，——是的，然后，这不变而不可攀越地站着的山。现在，这永恒的不变者，对于他一千年就像一天[35]，唉，这甚至都已经说得太多了，它们对于他就像是一个此刻，是的，在严格的意义上它们对于他就仿佛是它们对他不存在，——如果你有，哪怕只是丝毫，这样的想法要去沿着一条不同于"他想让你走的路"走的话：多么恐怖！

确实，如果你的，如果我的，如果这千千万万个人的意志恰不是完全与上帝的意志一致：但是在那所谓的现实的世界的忙碌之中事情仍按其最好的状态进行着，上帝并不在严格的意义上让自己显得是感觉到了什么；更确切地说，事情肯定是如此：如果有一个义人[36]——如果有着一个这样的义人的话！——他观察这世界，如圣经所说，一个卧在恶中的世界[37]，他必定会因为"上帝没有让自己显得是感觉到什么"感到沮丧。但是你是不是因此就以为上帝改变了自己，或者是不是这"他没有让自己显得是感觉到什么"，在他确实是永恒地不变的时候，就是不怎么恐怖的事情了？我觉得事情不是这样的。考虑一下这个，然后说哪一种情形是更恐怖的，是这种吗：那无限的更强者，他厌倦于被讥嘲，在其权柄之中站起来碾碎那些顽冥不化的作对者，——这是恐怖的，并且，在人们说上帝不可讥嘲[38]的时候，在人们于是就指向"他的惩罚审判毁灭性地落在人类之上"的那些记载[39]的时候，事情也是以这样的方式被描述的；然而，难道这真的是严格意义上的最恐怖的事情吗？难道下面这情形不是更恐怖吗：那无限强者，他——永恒不变地！——完全静止地坐着看，没有任何面部表情的变化，几乎就仿佛他不存在，然而，以这样的方式，义人肯定就不得不哀叹，谎言在挺进、把持了权力，暴力与不义战胜，并且甚至是如此，一个更好的人会被诱惑得认为自己不得不稍稍使用同样的手段，如果还要有希望去为"那善的"做成一点什么的话；这样，这就似乎是在讥嘲他，他这无限强者，这既不容讥嘲也不容改变的永恒不变者，——难道这不是最恐怖的事情吗？因为，你想啊，他又为什么如此宁静？因为他自己知道，他是永恒不变的。一个不是自己永恒地确定自己是不变者的，他是无法以这样的方式保持安静的，他会在自己的权柄之中站起来；而只有那永恒不变者能够以这样的方式安静地坐着。他给出时间，他也能给出时间，他有永恒，并且他是永恒地不变的；他给出时间，并且他有意这样做，然后，一份永恒的账目[40]就来了，在之上任何东西都没有被遗忘，那些被说出的不得体的话，哪怕只是其中的一句[41]，他是永恒地不变的。然而，他以这样的方式给出时间，给出回头和改善的时间，这也可以是仁慈；但是，如果这时间没有以这样的方式被使用的话，那就可怕了，因为那样的话，我们内心中的痴愚性和轻率性就会希望，他最好是马上就让惩罚就绪，而不愿他这样地给出时间，就仿佛没事一样但却永恒地不变。去问一个教育者吧（在与上帝的关系之中我们或多或少地仍全都是孩子！），去问那与走上了迷途的人们有关系的人（我们中的每一个人至少有一次曾进入过迷途[42]，不管是长时间或短时间、有着更大或者更小的间歇），你会听他将向你确认，这对于轻率性，或者更确切地说，对于"去阻止轻率性"，是一种极大的帮助（又有谁敢说自己完全得免于轻率性？）：惩罚的痛苦尽可能在违犯的同一时刻马上就跟上，这样，轻率者的记性就习惯于在记住辜的同时记住惩罚。是的，如果事情是如此，迷途与惩罚以这样的方式处于一种相互间的关系之中，就像一个人在一把双管的射击武器[43]上按下一个弹簧，就在他抓住禁忌的欲乐[44]或者走上了迷途的一刹那，惩罚就也在这同一个刹那跟上：那么，我相信这轻率性会当心了。但是，在辜与罚之间的时间越长（按确切的理解，它表达出测量这事情之严肃的尺度），对轻率性的诱惑就越大，就仿佛这一切也许能够被忘记，或者公正自身也许会改变自己并且到了那个时间会获得各种完全不同的其他概念，或者至少会是这样：就仿佛这事情发生在如此久远之前，乃至要毫无改变地描述这事情都会是不可能的。然后，轻率性改变自己，没有向那更好的方向变；然后，轻率性变得有安全感；然后，在轻率性变得有安全感的时候，它就越胆大，然后一年又一年过去，——惩罚不出现，遗忘入场，惩罚再次不出现，但是新的迷途没有保持不出现，现在那旧的迷途变得更为恶性；然后这就结束了；然后死亡作出终结，——对于所有这些（这只是轻率性！）有着一个永恒不变者是见证者：这也是轻率性吗？一个永恒的不变者[45]，那你有账目要与之作清算的，是他。在现世性的指针，分针，指向70年的这瞬间，这人死了，在这个时候，永恒之指针几乎就没有任何移动，在这样一种程度上，一切对永恒和对他，那不变者，都是在场的。

因此，不管你是谁，记住，（这是我对我自己说的），对于上帝没有什么意义重大的也没有什么毫无意义的东西，在一种意义上，那意义重大的东西对于他是毫无意义的，在另一种意义上甚至那最微渺的无足轻重之事也是某种无限地意义重大的。这样，如果你的意愿与他的不一致，考虑一下这个：你永远都无法摆脱他；感谢他，如果他通过温和或者通过严厉来教你，使你的意愿一致于他的；——如果他不让自己显得是感觉到什么，这会是多么可怕；如果一个人会走这样的极端，以至于他几乎就要坚持认为，要么上帝不存在，要么他变了，要么甚至他只是太伟大而不能去留意到那被我们称作是无足轻重之物的东西，这会是多么可怕，因为，他是存在的，并且他也是永恒不变的，并且他的无限伟大恰恰也正是这种伟大：他看见，即使是最微不足道的，他记得，即使是最微不足道的，是的，如果你不想要他所要，他会不变地在永恒之中记住这一点！

因而对于我们，轻率而不稳定的人类，在这关于上帝的不变性的想法之中有着纯粹的畏惧与颤栗。哦，好好考虑一下这个！不管他是否让自己显得是感觉到什么，他是永恒不变的。他是永恒不变的，好好考虑一下这个，如果你，如人们所说的，仍有某些尚未与他结清的账目的话，他是不变的。也许你许诺了他什么，因神圣的诺言你有了义务去……但是随着时间的流失，你变了，你现在很少想到上帝（也许你作为年长者有更重要的事情要去想？），或者你也许对上帝有别的想法：他并不关心你生活中各种无足轻重的事情，这样的信仰是孩子气；不管怎么说，反正你就是这样地忘记了你许诺他的事情，然后也忘记了"你许诺他这事"，接着，在最后也忘记了，忘记了，是的，忘记了"他什么都不忘记，他这永远的不变者；而'认为有什么东西对上帝会是无足轻重的、认为上帝，他，这永恒不变者，会忘记什么'，这则正是年岁倒转的孩子气"！

在人与人的关系中，变化性如此不时地被抱怨，这一个抱怨那另一个，"他变了"；然而，甚至就在这人与人的关系之中，有时候，其中一个人的"未变性"会变得像是一种折磨。也许一个人对另一个人谈起他自己。也许他所谈的是孩子气的情有可原的东西。但也许事情更严重：痴愚而虚荣的人心会忍不住大声谈论自己的热情、自己的情感之持久、自己在这个世界中的意愿。另一个人平静地听着，他甚至没有微笑，也没有去阻止他说；他让他说，他听着，他沉默，只许诺被要求的事——"不忘记这所说的东西"。然后，时间流逝；其中说话的这人早已忘记了所有这些；另一个人则相反没有忘记，是的，让我们以更奇怪的方式来想一下，他被"说话的这人"在一个心境的瞬间所说出的，唉，简直就是赠送出的，这些想法感动，在诚实的努力中相对于这些想法构建出了自己的生活；他的记性的"未变性"是一种怎样的折磨啊，他，他只是太清晰地展示了：在那个瞬间里被说出的这些话，他全都记得，甚至最小的细节！

　　现在，那永恒不变者——和这颗人类的心！哦，这颗人类的心，在你那秘密的内闭空间里，不为他人所知的——这还不是最糟的——有时候几乎对相应者自己而言也是不认识的，在那之中有什么是你所不隐藏的！当然几乎就是这样，一旦一个人哪怕只是变得稍有一点年岁，它就几乎像是一个墓穴，这颗人的心！在那里，在遗忘之中被埋葬着的：各种承诺、各种意念、各种决定[46]、各种整体的计划和各种计划的碎片，以及还有什么，上帝知道，——是的，我们人类以这样方式说话，因为我们人类很少考虑自己说什么；我们说：那里有着什么，上帝知道。我们这样说，一半是轻率地，一半是疲倦于生活，——然后这恰恰就如此恐怖地是真的：上帝知道这"什么"，他知道这个，直到最小的细节，你所遗忘的东西，他知道那对于你的记性来说是已变了的东西，他不变地知道这个，他甚至都不是回忆起这个，就仿佛还是在不久之前，不，他知道这个，就仿佛这就是在今天，并且他知道，相对于这些愿望、意念、决定之中的一些，是否有着所谓是对他说的关于这方面的东西，——并且，他是永恒未变而永恒不变的。哦，如果另一个人的记性会对一个人成为负担，——那么，它也仍永远都不会如此完全地可靠，并且不管怎么说，这情形也不会是永久持续的，我还是会摆脱这另一个人及他的记性；但是一个全知者[47]，以及一种永远不变的记性，这是你所无法摆脱的，在永恒之中最不可能；这是多么可怕！不，一切对他都是永恒不变地永恒在场的，永恒地在同样的程度上在场，既没有早上的也没有晚上的、既没有青春的也没有老年的、既没有遗忘的也没有藉口的流转的影子[48]来改变他,没有,对于他没有影子;如果我们是,如人们所说,影子[49],他在其永恒的不变性中是永恒的明朗;如果我们是疾速出发的影子,——我的灵魂,好好留意,因为不管你是否想要这么做,你都是在急速奔向永恒,向他,他是永恒的明朗!因此他不仅记账目,而且他就是账目;这就是说,我们人类应当把账算清,就仿佛距离算账的时候也许还有很久,然后,为了保持让这账目有条理,也许还有无法克服的一大堆麻烦;哦,我的灵魂,在每个瞬间,这账目都被清算出来;因为他不变的明朗就是账目,直到最小的细节都由他完全算清并且保留,他,永恒的不变者,"没有忘记任何我所忘记的东西、也没有像我那样地以并不同于某事物在事实上所是的样子记住这事物"的他。

于是,在这种关于上帝的不变性的想法之中有着纯粹的畏惧与颤栗,要与一种这样的不变性有任何关系,这几乎就仿佛是一件远远地远在一个人的力量之外的事情,是的,就仿佛这想法会把一个人扔进恐惧和不安,直至绝望。

然而,事情也是如此,在这想法之中有着抚慰与至福;事情确实是如此:在你,厌倦于所有这人类的、所有这现世的和尘俗的变化与流转、厌倦于你自己的不稳定,会希望有一个地方,你能够在那里安放你疲倦的头、疲倦的思想、疲倦的心念,以便能休息,安安静静地休息的时候[50];哦,在上帝的不变性之中有着安息!如果你为此而让他的这种不变性为你服务,如他所愿,来求你的最大福祉、你的永恒福祉,如果你让你自己受教育,这样你的自身意愿[51](并且在严格的意义上,那可变性,比起"自外而来",更多地是来自它)死绝[52],越早越好,自身意愿的抵触当然是帮不了你的,不管愿意不愿意,你都应当去顺从;想象一下在"想要与一种永恒的不变性不一致"之中那徒劳的东西;去像孩子一样——在这孩子真正深刻地感觉到自己直面一种意愿的时候,能帮得上他的只有一种做法:去顺从;——如果你让自己通过上帝的不变性来得到教育,以便让自己放弃不稳定和可变性与反复无常和任性,那么在这时,你就总是不断越来越安全并且越来越充满至福并且越来越充满至福地安息在这一"上帝的不变性"之中。[53]因为,关于上帝的不变性的想法是充满至福的,是啊,这一点又有谁怀疑;但只是要留意，让你自己变得如此，这样你能够至福地安息于这不变性中！哦，正如那有着一个幸福的家的人，一个这样的人以这样的方式说：我的家是永恒地得到了保障的，我安息在上帝的不变性之中。这一安息，除了你自己之外无人能够打扰你；如果你能够在不变的顺从之中变得完全地顺从，那么你就会在每一瞬间，带着就像沉重的落体坠向大地一样的必然性，或者带着那很轻的东西升向天空一样的必然性，自由地安歇在上帝之中。

那么就让那一切别的东西如其所为地变化吧。如果你让你的活动发生在一个更大的舞台上，那么你会以更大的尺度来体验一切的可变性；但在一个比较小的舞台上，在最小的舞台上，你也还是会体验到这同样的东西，也许是同样地痛苦。你将经历，人们怎样变化，你自己怎样变化；有时候事情也会是，仿佛上帝变了，这也是属于教育中的一部分。关于这个话题，关于一切的可变性，一个年长者能够比我更好地谈论，而也许我所能够说的东西会在完全年轻的人看来是某种新的东西。然而这一点我们就不再继续深入谈论了，还是让生活的丰富多样性，按照那为每个人所特定出的方式，来为这每一个人作论述，这样他就能够去经历在他之前所有其他人曾经历过的事情。有时候，变化会是这样的，你想起这话：变化取悦人[54]，——是的，真是太不可言说了！也会有这样的时候出现，你自己想出一句被语言遮蔽起了的话[55]，你说：变化并不让人欢悦，——我又怎么能说：变化取悦人？在事情是如此的时候，你就会是被特别地导向（这是你无疑在第一种情形之中也不会忘记的事情）去寻向他，那不变者。

我的听者！现在，这一个小时[56]马上就过去了，这讲演也将结束。如果你自己不想让事情有所不同的话，那么这一个小时也很快就会被遗忘，这讲演也将被遗忘。如果你自己不想让事情有所不同的话，那么关于上帝的不变性的想法也将在可变性之中被忘却。然而这无疑不是他的过错，他这不变者！但是，如果你自己不想成为遗忘它的原因，那么，你就在这一想法之中获得了维持你的一生、一个永恒的给养。

你想象一下，在荒漠之中，一个孤独的人，他几乎是被烈日烧灼，在干渴乏力的状态之中，他发现了一眼甘泉。哦，美味的凉爽！现在我终于到了，赞美上帝，他说，——然而他只是找到一眼甘泉，那找到了上帝的人会怎么说！他也必定会是说"赞美上帝"，我找到了上帝！——现在我，赞美上帝，终于得到了给养。因为你忠实的甘泉，哦，心爱的甘泉，并不隶属于变化之下。在冬天的寒冷中，如果它到达了这里，你并不变得更冷，而是恰恰保留了同样的凉爽，泉中的水并不冻结！在夏天中午的炎热之中，你恰恰保留着你不变的凉爽，泉中的水并不变得温热！在他所说的话中没有任何不真的东西（他，在我看来没有选择任何不知感恩的对象来进行赞美，一眼甘泉，每一个人——只要他越多地知道荒漠与孤独意味了什么，他就越明白这甘泉的意义），在他的赞美之中没有任何不真实的夸张。然而，他的生活以一种完全不同于他曾想象的方式发生转折。他有一次就走上了歧路，然后被扯进那浩瀚的世界之中。许多年之后，他归返回来。他首先想到的是甘泉，——它不在那里，它干涸了。他沉默地在悲哀之中站了一小会儿；然后他打起精神，说：不，我并不收回我曾过的对你的赞词中的任何一词一句，它们全都是真理。如果我在你在的时候赞美你美味的凉爽，哦，心爱的甘泉，那么，就现在，在你消失了的时候，让我也赞美它吧；这必定是真的，在一个人的胸膛里有着不变性。我也不能说，你欺骗我；不，我若是找到了你的话，我确信，你的凉爽会是不变的，——你没有承诺更多。

但是你，哦，上帝，你，不变者，你不变地总是让人能找到，并且让自己不变地总是被找到，没有人，不管是在生在死，能旅行如此之远乃至你无法被找到、乃至你不在，你当然是无处不在的；——这也不是大地上甘泉所在的方式，那些甘泉只存在于一些单个的地点。另外，——这是多么震撼性的安全保障啊！——你当然不像甘泉那样留在固定地点，你随同旅行；唉，没有人能够在歧路上走得如此之远乃至他无法找到回归向你的路，你，"不仅仅像一眼让自己被人找到的甘泉"的你，——这是对你的实质[57]的多么意义贫乏的描述！——你，就像一眼自己去寻找那燥渴者、那歧行者的甘泉（我们从不曾听说过任何水泉会是如此）的你[58]。以这样的方式，你不变地在所有时间、在所有地方让人能找到。哦，在任何时候，只要一个人走向你，不管他在什么年岁，不管在这天的什么时候，不管在怎样的状态之中：只要他是诚实地来到，他总是会发现（正如甘泉不变的凉爽）你的爱是同样地温

克尔凯郭尔讲演集（1848—1855）

暖，你，不变者！阿门。

注释：

[1]［上帝的不变性/一个讲演］　比较草稿（ms.1.3）中的封面，其中克尔凯郭尔写道："上帝的不变性/一个讲演"，和誊清页（ms.3.3）他删去了"布道"。另外比较书名页的誊清稿（ms.3.4），其中克尔凯郭尔在一个讲演下面删去了"讲演于卡斯特雷特教堂1851年5月18日礼拜日"。

[2]［献给我的父亲已故的米凯尔·彼得森·克尔凯郭尔作为纪念］　米凯尔·彼得森·克尔凯郭尔（Michael Pedersen Kierkegaard，出生用名是Michel），1756年12月12日出生。1768年到哥本哈根，在他舅舅毛织品商尼尔斯·安德森那里学生意。他在四十岁的时候带着相当可观的财富退出了商界。他在1797年与安娜·伦德（Ane Lund）结婚，与她生了七个孩子，索伦·克尔凯郭尔是最小的。他1809年在新广场2号买下了一幢房子（在今天是菲特烈堡街），这之后一直住在那里，直到他去世于1838年8月9日，终年81岁。

题献词可与"两个陶冶性的讲演，1843年"、"三个陶冶性的讲演，1843年"、"四个陶冶性的讲演，1843年"、"三个陶冶性的讲演，1844年"、"四个陶冶性的讲演，1844年"的扉页题献词（这些讲演献给/我的父亲/本城的前毛织品商/已故的/米凯尔·彼得森·克尔凯郭尔）比较；也可与"三个想象出的场合讲演"的扉页题献词（献给/我已故的父亲/米凯尔·彼得森·克尔凯郭尔/作为纪念）比较。最后，还有"一个陶冶性的讲演，1850年"的题献词（献给/我的父亲/已故的/米凯尔·彼得森·克尔凯郭尔/作为纪念）。

[3]［这个讲演在1851年5月18日讲于卡斯特雷特教堂］　1851年5月17日的《地址报》115期上的布道者名单"Citadellets, Hr. Mag. S. Kierkegaard, Kl. 9 $\frac{1}{2}$."。5月21日收到克尔凯郭尔两封女听者来信。一个是自称"e-e"的，其中写道："星期天您作为布道者被挂名于卡斯特雷特教堂。除了去那里之外我又能够做什么别的呢，并且我没有失望。这不是我所听过并且在它结束之前就忘记的布道中的一个。不，这讲演从丰富而热情的心中涌出，让人感到惧怕，但又是陶冶性而抚慰性的，为永不被忘却、但也为结出永恒而充满祝福的果实而挤迫进心中"（B&A，nr.277，bd.1，s.298f.［Brev 313］）。另一个自称是"S.F:"的，在信中指向克尔凯郭尔在卡斯特雷特教堂的布道："对于我这一天是一个陶冶的喜庆日，我相信更多人的情形象我一样"（B&A，nr.278，bd.1，301［Brev 314］）。另外，比较1851年5月底或者6月初的日记NB24：74，克尔凯郭尔在之中写道："5月18日礼拜日，我在卡斯特雷特教堂布道。这是我最初的，我心爱的这段文字，雅各书第

上帝的不变性

1 章［见下面的注释］。也还是，这我承认，带着关于'她'［克尔凯郭尔前未婚妻，与施莱格尔结婚的瑞吉娜·欧伦森］的想法，item［拉丁语：同样地］，如果听我讲演她会喜欢的话。/我在事先为各种可能的努力所苦，就如在我要使用我的肉身时一直发生的情形。/我做这讲演。过程挺傻的，但是我讲得如此轻，以至于人们抱怨听不见。/在我回家的时候，我甚至感觉非常好，情绪很高。我的想法本来是在夏天做一些这样的布道，自然是在一些加工之后。/现在，我明确地意识到，非常大量的时间过去，对我的消耗还是太大。/于是，我突然有了这样的想法：你当然可以 ex tempore［拉丁语：当场的，没有准备］布道。/这一下子触动我。我宁可冒险到极端。/但是发生了什么事？星期一我是如此无力和疲惫，这是很可怕的。/然后好几天过去了。我固然不会放弃关于 ex tempore［拉丁语：当场的，没有准备］布道的想法，然后是在存在性的意义上尽可能极端地强调出那基督教的。/不过，我还是感觉，这是与我的全部的存在体（Væsen）作对。/我越来越疲惫。然而我却并不完全放弃这想法。/然而下一次我却必定会放弃它。/然后我真的病了。不幸的苦恼的痛楚，它是我人格的边界，现在开始可怕地骚动起来，某种迄今已很久很久没有在我身上发生过的事情。/在某个瞬间，我把这理解为惩罚：我没有足够快地出手。/我变得更糟糕。/（……）然后，我以另一种方式来理解它。我还是想再次越过我的边界，而现在安息于'让你安心满足于我的恩典'。内在化（Inderliggjørelse）是我的任务，我在极大的意义上是一个诗人。/18 日礼拜日早上，我向上帝祷告：在我内心中必定有某种新的东西诞生（我不知道，这是怎么发生的），另外，这想法挤迫向我，就像父母教育他们的孩子，并且在最后带他们去受坚信礼，以同样的方式，现在这就是上帝带我去受的我的坚信礼。/这也以一种方式发生了。在我内心中有某种新的东西诞生；因为我以另一种方式来理解我的作家任务，现在它是被以完全另一种方式投入到了'直接地传播宗教性'之中。在这之上我也得到了坚信礼，对于我事情就是如此。"（SKS 24，365—367。也看对之的注释）。

1851 年 5 月 18 日是复活节之后的第四个礼拜日。

（译者对引文的说明："直接地传播宗教性"，就是说，去直接作为宗教（讲演）作家，而不是像文学诗人或者哲学家那里地间接触及宗教。这个直接地（ligefrem）是指一种简单自然的"直接"。克尔凯郭尔的大多数假名著作的作者都不是在直接地谈宗教）。

［4］［这段文字是我最初所用的］ 指向《雅各书》（1：17—21），是《两个陶冶性的讲演，1843 年》之中第二个讲演 "所有善的和所有完美的馈赠都是从上头来的" 的圣经文字依据。见（社科版《克尔凯郭尔文集》第八卷《陶冶性的讲演集》第 41—66 页）。

601

克尔凯郭尔讲演集（1848—1855）

　　[5]［后来它更经常地被使用］　《雅各书》（1∶17—21），既是《两个陶冶性的讲演，1843年》之中第二个讲演"所有善的和所有完美的馈赠都是从上头来的"的圣经基础，见（社科版《克尔凯郭尔文集》第八卷《陶冶性的讲演集》第41—66页），也是《四个陶冶性的讲演，1843年》之中第三个讲演"所有善的和所有完美的馈赠都是从上头来的"的圣经基础（SKS 5, 143—158）。

　　[6]［1854年5月5日］　索伦·克尔凯郭尔41岁生日。

　　[7]［你，不变者，对于你任何东西都不变！（……）则相反，一切都打动你］　比较1851年5月的日记NB24∶56，之中克尔凯郭尔在"对于上帝的不变性的布道的各种新主题"标题下写了："一切打动他——没有任何东西改变他"（SKS 24, 358, 3）。

　　[8]［麻雀的需要，它打动你］　指向《马太福音》（10∶29）之中耶稣说："两个麻雀，不是卖一分银子吗？若是你们的父不许，一个也不能掉在地上。"《路加福音》（12∶6）之中耶稣说："五个麻雀，不是卖二分银子吗？但在神面前，一个也不忘记。"《马太福音》（6∶26）之中耶稣说："你们看那天上的飞鸟，也不种，也不收，也不积蓄在仓里，你们的天父尚且养活它。你们不比飞鸟贵重得多吗？"也比较《基督教讲演，1848年》第四部分中的第六个讲演中的祈祷"在我站在天穹之下，被造化之奇环拥，这时我感动而崇拜地赞美你的伟大，你轻松地把群星置于'那无限的'之中，慈父般地关心着那麻雀"。

　　[9]［《雅各书》（1∶17—22）：各样美善的恩赐……能救你们灵魂的道。］　复活节之后第四个星期天的使徒信文。参看《丹麦圣殿规范书》第87页，引文想来是出自那里。参看誊清稿（ms. 3. 3）写道："《雅各书》/复活节之后第四个星期天的使徒信文。"（Se tekstredegørelsen, s. 517）。

　　译者在这里使用和合本《雅各书》（1∶17—22）之中的经文。

　　[10]［一切都是虚空的流转］　对照《传道书》（1∶2）："传道者说，虚空的虚空，虚空的虚空。凡事都是虚空。"

　　[11]［人类的无常性］　"人类的无常性（menneskelig Ustadighed）"出现在《三个陶冶性的讲演，1844年》的第二个讲演"一种永恒至福的期待"之中（SKS 5, 258, 30）。也参看《雅各书》（1; 6—8）："只要凭着信心求，一点不疑惑。因为那疑惑的人，就像海中的波浪，被风吹动翻腾。这样的人，不要想从主那里得什么。心怀二意的人，在他一切所行的路上，都没有定见。"

　　[12]［使徒］　根据老式教会传统看，《雅各书》的作者是耶稣的十二门徒之一；在克尔凯郭尔的时代，一般人都认为，这个使徒小雅各（见《马可福音》15∶40）是亚勒腓的儿子（见马太福音10∶3）。

　　（jf. fx M. Gottfried Büchner's biblische Real – und Verbal – Hand – Concordanz oder

Exegetisch – homiletisches Lexicon, 6. udg., forøget og udg. af H. L. Heubner, Halle 1840 〔1740〕, ktl. 79, s. 781, § 5, d, i artiklen《Jacob, Jacobus》.)

根据四位西方教会圣教父之一圣哲罗姆（Hieronymus，或译圣热罗尼莫或圣叶理诺，也译作圣杰罗姆）的说法，这个雅各则应当是耶稣的兄弟雅各，也被称作主的兄弟雅各；这一解读也推导出，耶稣的兄弟雅各也是他的使徒；在克尔凯郭尔的时代，这解读是人们争议的话题。（jf. G. B. Winer *Biblisches Realwörterbuch zum Handgebrauch für Studirende, Kandidaten, Gymnasiallehrer und Prediger*, 2. udg., bd. 1 – 2, Leipzig 1833 – 38〔1820〕, ktl. 70 – 71（forkortet *Biblisches Realwörterbuch*）; bd. 1, s. 620 – 623; W. M. L. de Wette *Lehrbuch der historisch – kritischen Einleitung in die Bibel Alten und Neuen Testaments* bd. 1 – 2, 4. udg., Berlin 1833 – 42〔1817 – 26〕, ktl. 80; bd. 2, § 167, s. 302 – 306; og Ph. Schaf *Das Verhältniss des Jakobus, Bruders des Herrn, zu Jakobus Alphäi*, Berlin 1842, ktl. U 94.）

〔13〕存在体（Væsen），也被译作"在"。

〔14〕破折号为译者所加，为避免被读成"单独一个人"意义上"只一个人"。这里是说他只是一个"人"而非其他，比如说"神"。

〔15〕〔古代的那位简单智者〕克尔凯郭尔常常使用这说法来指称苏格拉底。苏格拉底常常自己谈论自身的简单天真，比如说在柏拉图《会饮篇》198d 中，苏格拉底说"由于这种无知，我原来以为一开始就讲些事实，然后就选择最吸引人的要点加以列举，按最有利的方式加以排列"（我在这里引用《柏拉图全集》第 2 卷第 238 页中的文字。见王晓朝译，人民出版社 2001 年版。当然，我引用的版本中"简单天真"是被翻译成"无知"，但意思差不多）。

苏格拉底：（约前 470—前 399 年）古希腊哲学家。他在与自己同时代人的对话中发展出自己的思想，寻求通过助产妇的手法帮助那些在事先就已经"怀有"知识的人，生产出这知识，并且帮助他们摆脱他们的错误观念。这种助产妇的方法总是以对话形式来运用。他被以"引进国家承认的神之外的神"和"败坏青年"的罪名，他被以一杯毒药处决，他心情平和地喝下毒药。他没有留下任何文字，但他的人格和学说被同时代的三个作家记录下来：阿里斯托芬在喜剧《云》之中，色诺芬尼在四篇"苏格拉底的"文本中以及柏拉图在各种对话录中。

〔16〕〔抱怨说……这人会变得如此愤怒……很想要咬他〕指向柏拉图的《泰阿泰德篇》（151c），其中苏格拉底说："人们经常对我怀有那样的感觉，并想指责我消除了他们孕育的某些愚蠢的观念。他们看不到我正在对他们行善。他们不知道神不会恶意对待人，也不知道我的行为并非出于恶意。"（我在这里引用《柏拉图全集》第 2 卷第 664 页中的文字，王晓朝译，人民出版社 2001 年版。当然，这个版本中"他们简直是要来咬我"没有被翻译出来。可对照英译本，比如说网

上 Benjamin Jowett 的英译本 http：//classics. mit. edu/Plato/theatu. html：" For I have actually known some who were ready to bite me when I deprived them of a darling folly; they did not perceive that I acted from good will, not knowing that no god is the enemy of man – that was not within the range of their ideas...")。

[17]［6000年］ 以旧约中不同段落为出发点，人们从基督教的古代时就一直认为，世界是在公元前差不多4000年前被创造的。爱尔兰英格兰大主教詹姆斯·乌雪在其旧约年表 *Annales Veteris Testamenti*（1659年）之中指出根据圣经记载及历法考证，认为世界创造于公元前4004年10月23日礼拜天。甚至到了19世纪，许多人仍把这年历以及类似推算认作是权威的，因此他们在他们的年代里把世界的历史年龄推算为大致6000年左右。比如说在1851年的一本官方认可的日历中写有："目前这一年，闰年之后第三年，根据基督诞辰为1851年。/在世界被创造之后5818年。"

[18]［那窄的路］ 指向《马太福音》（7：13—14）："你们要进窄门。因为引到灭亡，那门是宽的，路是大的，进去的人也多。引到永生，那门是窄的，路是小的，找着的人也少。"

[19]［不向后看］ 指向《路加福音》（9：61—62）："又有一人说，主，我要跟从你。但容我先去辞别我家里的人。耶稣说，手扶着犁向后看的，不配进神的国。"

[20]［我们在这里就将谈论］ 在明斯特尔（J. P. Mynster）布道的时候，他总是一次又一次使用这一表述的不同变体形式，作为一次布道的主题的引言。丹麦文文献可参看 *Prædikener paa alle Søn – og Hellig – Dage i Aaret*（所有礼拜日与节日的各种布道）。

[21]［他全能地创造出了这个有形的世界］ 比如说可看《使徒信经》的第一条"我信上帝，全能的父，创造天地的主。"

[22]［使自己变得无形］ 关于上帝的无形，可见于《罗马书》（1：20）；《歌罗西书》（1：15）和《提摩太前书》（1：17）。

[23]［他穿上有形的世界作为衣服］ 《诗篇》（104：2）："披上亮光，如披外袍，铺张穹苍，如铺幔子。"

[24]［他改变它如同人换衣服——而自己不变］ 《希伯来书》（1：10—12）："又说，主阿，你起初立了地的根基，天也是你手所造的。天地都要灭没，你却要长存。天地都要像衣服渐渐旧了。你要将天地卷起来，像一件外衣，天地就都改变了。惟有你永不改变，你的年数没有穷尽。"

[25]［感官性的世界］ 可以以各种感官来把握的世界。

[26]［在每一个瞬间里到处都在场……全在地在场，在一切地方在场］ 在

上帝的不变性

《巴勒的教学书》（14页）第一章"论上帝及其性质"第三部分第六节："上帝是在一切地方全在的，带着自己的力量在一切东西上起作用。他不会在任何地方不关注自己的造物"。上帝作为永恒既没有空间也没有时间的限定，因此可以说既是"全时在场的"也可以说"全在的（全处在场的）"。

[27][在人类的拯救者出生的时候] 见《路加福音》（2：1—20）关于耶稣诞生的叙述。也参看《加拉太书》（4：4—5）。

[28][所有现实的东西作为可能] 也许是指向《马太福音》（19：26）耶稣说："在神凡事都能。"

[29][自己全能的手] 参看比如说《巴勒的教学书》第一章《论上帝及其性质》第三段"圣经之中所教的关于上帝之本质和性质的内容"§3："上帝是全能，能够做一切他想做的事不费工夫。但他只做确定而好的事情，因为除了唯独这个之外，他不想要别的"。

[30][人类的高贵和甚至卑微，他改变一切] 指向《路加福音》（1：52）"他叫有权柄的失位，叫卑贱的升高。"

[31][畏惧与颤栗] 这是一个固定表述。参看《腓利比书》（2：12—13）。保罗在信中说："这样看来，我亲爱的弟兄你们既是常顺服的，不但我在你们那里，就是我如今不在你们那里，更是顺服的，就当恐惧战兢，作成你们得救的工夫。因为你们立志行事，都是神在你们心里运行，为要成就他的美意。"（"畏惧与颤栗"在这里的经文里被译作"恐惧战兢"。）也参看《歌林多前书》（2：3）、《歌林多后书》（7：15），《以弗所书》（6：5）。

[32]"轻率（Letsind）"这个名词在克尔凯郭尔这里常常出现，并且常常是与它的对立面"沉郁（Tungsind）"一同出现的。但克尔凯郭尔在这个讲演中使用的名词却是"轻率"的同义词"轻率性（Letsindighed）"（"轻率"形容词化之后变成"轻率的（letsindig）"；而"轻率的（letsindig）"再次名词化，变成"轻率性（Letsindighed）"。

[33]这种感叹式的升级强调也是克尔凯郭尔典型的修辞手法：这个"他"就是上帝，不是另有别的指向，这句话其实也就是：与上帝还算是有着一致的你，你到底是不是也与上帝有着真正很好的一致。

这个句子的丹麦文原文是："Du som dog er i Forstaaelse med Gud, er Du ogsaa i god Forstaaelse med ham";

Hong 的英译是："you who are still on good terms with God, are you indeed on good terms with him;"

Hirsch 的德译是："Du, der Du Dich doch mit Gott verstehst, verstehst Du Dich auch gut mit ihm".

605

[34][70年] 按传统的说法所给出的一个人的寿命，在《诗篇》（90：10）中有"我们一生的年日是七十岁。若是强壮可到八十岁。但其中所矜夸的，不过是劳苦愁烦。转眼成空，我们便如飞而去。"

[35][对于他一千年就像一天] 指向《彼得后书》（3：8）："亲爱的弟兄啊，有一件事你们不可忘记，就是主看一日如千年，千年如一日。"也可看《诗篇》（90：4）

[36][如果有一个义人] 指向《创世记》（18：16—33），其中上帝与亚伯拉罕有一段很长的对话，上帝要毁灭所多玛和蛾摩拉，亚伯拉罕祈求上帝不要动怒，上帝最后答应如果有十个义人，他就不毁灭这两个城。但最后上帝毁了这两座城（《创世记》19：23—25）。

[37][一个卧在恶中的世界] 指向《约翰一书》（5：19）"我们知道我们是属神的，全世界都卧在那恶者手下。"

[38][上帝不可讥嘲] 指向《加拉太书》（6：7）"不要自欺，神是轻慢不得的。人种的是什么，收的也是什么。"

[39]["他的惩罚审判毁灭性地落在人类之上"的那些记载] 也许是指向《创世记》第六章上帝后悔造人在地上，并要将所造的人和走兽，并昆虫，以及空中的飞鸟，都从地上除灭，以及让挪亚造方舟的叙述。

因为后面马上出现了"的时候"所以译者在这里做了改写。按原文直译应当是"'他的惩罚审判毁灭性地落在人类之上'的那些时候"。

[40][一份永恒的账目] 对上帝清算账目、人类在审判日面对他清账的想象多次出现在新约之中。比如说《马太福音》（12：36）、《罗马书》（9：28）、《彼得前书》（4：5）。也参看《马太福音》（25：31—46）耶稣对世界审判的描述。

[41][那些被说出的不得体的话，哪怕只是其中的一句] 指向《马太福音》（12：36）："我又告诉你们，凡人所说的闲话，当审判的日子，必要句句供出来。"。

[42][至少有一次曾进入迷途] 指向单个的人的罪的堕落，或者说"初罪"。

[43][双管的射击武器] 也许是指一种双管猎枪，可以有两种不同的枪膛设计，有的是有两个用于弹药的平滑枪管，有的是有一个用于弹药的平滑枪管和一个用于弹珠的膛线枪管。

[44][抓住禁忌的欲乐] 暗示《创世记》第三章中关于"罪的堕落"的叙述。在蛇引诱女人去吃上帝禁止人吃的善恶知识树的果实之后，其中第六句说："于是女人见那棵树的果子好作食物，也悦人的眼目，且是可喜爱的，能使人有智

慧，就摘下果子来吃了。又给她丈夫，她丈夫也吃了。"

［45］在 Hong 的英译本中，他跳过了"这也是轻率吗？一个永恒的不变者"这两句。

［46］各种决定（Beslutninger）。

［47］［全知者］　参看《巴勒的教学书》第一章"论上帝及其性质"第三段"《圣经》中关于上帝及其性质的内容"，§4："上帝是全知的，并且不管什么事情，已发生、或者正发生、或者在未来将发生，他同时都知道。我们的秘密想法无法对他隐瞒。"然后有对《约翰一书》（3：20）的引用："我们的心若责备我们，神比我们的心大，一切事没有不知道的。"

［48］［流转的影子］　也就是《雅各书》（1：17）中的"转动的影儿"。

［49］［我们是，如人们所说，影子］　也许是指向《约伯记》（8：9）："我们不过从昨日才有，一无所知。我们在世的日子好像影儿。"以及（14：2）："出来如花，又被割下。飞去如影，不能存留。"；《诗篇》（102：11）："我的年日，如日影偏斜。我也如草枯干。"以及（144：4）："人好像一口气。他的年日，如同影儿快快过去。"等等。

［50］这个时间状语从句因为有过多插入成分而会令读者困惑，其实它的主体就是"在你……会希望有一个地方……能休息……的时候"。

［51］自身意愿（Egenvillie）：Hong 的英译是 self-will；Hirsch 的德译是 Eigenwille；Tisseau 的法译是 volonté proper。

［52］死绝（uddøer）：Hong 的英译是 expires；Hirsch 的德译是 abstirbt；Tisseau 的法译是 disparaisse。

在《四个陶冶性讲演，1844 年》中的"真正的祈祷者在祈祷之中斗争——并且因为上帝战胜——而战胜"中也用到"死绝"这个词："这样，愿望之火就变得越来越黯然，最后这愿望的时间就过去了，欲望之虫渐渐死灭，欲望死绝，于是忧虑之警醒渐渐地沉睡，再也无法醒来，然而真挚内在之时间永远也不会过去。"（参看社科版《克尔凯郭尔文集》第八卷《陶冶性的讲演集》第 186 页。）

［53］在翻译这句的时候，译者遇到两个麻烦：一个是"自身意愿的抵触当然是帮不了你的"，原文是 det hjælper Dig jo ikke（直译是"这帮不了你什么"），这个 det（这）肯定不是指前面的"自身意愿"，因为"自身意愿"是个通性名词，这个"这"是个中性代词。看 Hong 的英译和 Hirsch 的德译都是直译的（就是说，在译者进入了英语或德语译文之后，仍面临这同样的问题）。后来看到 Tisseau 的法译作了改写"il ne sert à rien de résister"（抵制是没有用的），因此译者就取用了法译本的改写，中译改写为"自身意愿的抵触当然是帮不了你的"。第二个麻烦是"不管愿意不愿意，你都应当去顺从"，丹麦语原文 Du skal enten med det Gode eller

607

med det Onde 给译者在字面上的直接感觉是"你将要么随那善的,要么随那恶的";Hong 的英译也给译者这感觉:you must be either with the good or with the evil。但是这种理解让译者自己觉得很牵强,但又一时找不到让译者觉得合理的答案(在普通的丹麦语词典里找不到"enten med det Gode eller med det Onde"这个成语)。然后看 Hirsch 的德译"Du mußt, sei es im Guten oder im Bösen",这里的理解就不一样了。最后,找来 Tisseau 的法译看,觉得法译的改写很合理:car il te faudra obéir bon gré mal gré。于是,译者谷歌了"bon gré mal gré"这个法语成语,结果在网络上找到 1837 年的《麦亚外来语辞典(Meyers Fremmedordbog)》中对"bon gré mal gré"和拉丁语 nolens volens 的丹麦语释义,就是"enten man vil eller ikke; gerne eller ugerne; med det gode eller med det onde"。最后译者在 1700—1950 年《丹麦语言词典(Ordbog over det danske Sprog)》中又仔细查了一下词条 god,里面有对 med det Gode 的解释,是"好言相劝"的意思,而其反义 med det Onde 当然就是"强制,以暴力迫使"的意思,最终确认了丹麦语 enten med det Gode eller med det Onde 作为成语的意思应当是"不管是听从善言还是被强制";在这句子中,达意的则正是"不管愿不愿意",而成语中所用的"善言强制"等等本不是要强调的意象,因而跳过(就像把"胸有成竹"翻译成外语,翻译出"成"中的"了然"之意就够,"胸"和"竹"皆多余)。译者仍没有弄清楚英语 you must be either with the good or with the evil 是不是也有"不管是/是好是坏/愿不愿意,你都必须"的意思。不过译者觉得 Hong 的英译在这里是理解有误。如果 Hong 作直译的话,或许应当是"you must, either with the good or with the evil",因为在原文里没有这个 be(være)。译者经过反复对照,也是增长经验了。以后就知道,碰上该有 være 出现但却没有出现的,必有蹊跷,应换一种理解。

这句长句子的丹麦文原文是:"Naar Du derfor lader denne hans Uforanderlighed tjene Dig, som han vil, til Dit Bedste, Dit evige Bedste, naar Du lader Dig opdrage, saa Din Egenvillie(og det er fra den Foranderligheden egenligen kommer, endnu mere end udenfra)uddøer, jo før jo hellere, det hjælper Dig jo ikke, Du skal enten med det Gode eller med det Onde, tænk Dig det Forgjeves i at ville være ueens med en evig Uforanderlighed, vær som Barnet, naar det ret dybt fornemmer, at det lige over for sig har en Villie, hvor der kun hjælper Eet, at lystre – naar Du lader Dig ved hans Uforanderlighed opdrage, saa Du forsager Ustadighed og Foranderlighed og Lune og Egenraadighed: da hviler Du stedse tryggere og saligere og saligere i denne Guds Uforanderlighed."

Hirsch 的德译是"Wenn Du darum diese seine Unveränderlichkeit Dir, wie er es will, zu Deinem Besten dienen lässest, zu Deinem ewigen Besten, wenn Du Dich erziehen lässest, so daß Dein Eigenwille(und er ist es, von dem die Veränderlichkeit eigentlich kommt, noch mehr als von außen) abstirbt, je eher je lieber, – es hilft Dir ja nichts, Du mußt, sei es im Guten oder im Bösen; denk Dir das Vergebliche, uneins sein zu wollen mit einer ewigen Unveränderlichkeit; sei wie das Kind, wenn es recht tief empfindet, daß ihm ein Wille gegenübersteht, wo nur eines helfen kann, zu gehorchen – wenn Du Dich durch seine Unveränderlichkeit erziehen lässest, so daß Du Absage tust an tinbestand und Veränderlichkeit und Laune und Eigensinn: so ruhst Du immer sicherer und immer seliger in dieser göttlichen Unveränderlichkeit."

Hong 的英译是:"If for that reason you allow his changelessness to serve you as he wills, for your good, your eternal good, if you allow yourself to be brought up so that your self – will (and this, even more than external factors, accounts for changefulness) expires, the sooner the better – it does not help you; you must be either with the good or with the e-vil. Imagine the futility of wanting to be at odds with an eternal changelessness; be like the child when it really profoundly senses that it is in the position of being face – to – face with a will where only one thing helps, to obey. When you allow yourself to be brought up by his changelessness so that you renounce instability and changefulness and caprice and willfulness – then you rest ever more blessedly in this changelessness of God."

Tisseau 的法译是:"Quand donc tu lui permets de te server comme il l'entend, pour ton bien, et pour ton bien éternel, quand tu te laisses instruire pour que ta volonté propre (et c'est elle, à vrai dire, plus que les circonstances extérieures, qui produit le change-ment) disparaisse au plus tôt, et il ne sert à rien de résister, car il te faudra obéir bon gré mal gré, pense alors combien il est vain de vouloir être en désaccord avec！'éternellement Immuable, sois comme l'enfant : il ressent avec force qu'une volonté s'oppose à lui et que, devant elle, il n'est qu'un remède : obéir. Si tu te laisses instruire par son immuabilité et qu'ainsi tu renonces à l'inconstance, au changement, au caprice et à l'obstination: c'est alors que tu reposes dans cette immuabilité divine, toujours plus confiant, avec une félicité croissante."

［54］［变化取悦人］　　这句格言有不同的变形。可以回溯到古希腊的文学之中，比如说古希腊诗人欧里庇得斯的悲剧《俄瑞斯特斯》中的第234句诗句，亚里士多德在《尼各马可伦理学》第七卷第14章之中引用了这句（《Daß nach dem Dichter, im Menschen nichts süßer ist, als die Veränderung: das kommt von einer Un-vollkommenheit desselben.》 *Die Ethik des Aristoteles*, C. Garve 翻译注释, bd. 1 – 2, Breslau 1798 – 1801, ktl. 1082 – 1083; bd. 2, s. 423）。克尔凯郭尔在1852年10月的日记NB27:32对此有翻译:"根据诗人的话，对一个人，再也没有比变化更令人欢愉的，它是来自这人的不完美"（*SKS* 25, 148, 15—16）。

［55］丹麦文"et Ord, som Sproget har fortiet",直译是"一句语言隐瞒住了的话"。

［56］［这一个小时］ 在克尔凯郭尔的时代,一次布道一般持续一小时。可参看明斯特尔（J. P. Mynster）的《给丹麦教堂仪式的建议》（《Forslag til et Kirke - Ritual for Danmark》收录于 *Udkast til en Alterbog og et Kirke - Ritual for Danmark*, Kbh. 1838）§ 15（s. 11），在之中规定了："布道不应当超过至多一小时,但绝不可短于半小时。"

［57］这个"实质"直译应当是"在（Væsen）",Hong 的英文译作"being"。德语则是 Wesen。

［58］［就像一眼自己去寻找那燥渴者、那歧行者的甘泉……的你］ 也许是指向《马太福音》（18：12—13）中关于迷途羔羊的比喻："一个人若有一百只羊,一只走迷了路,你们的意思如何。他岂不撇下这九十九只,往山里去找那只迷路的羊吗？若是找着了,我实在告诉你们,他为这一只羊欢喜,比为那没有迷路的九十九只欢喜还大呢。"